Rômulo Moreira de Deus
Cândido Bittencourt de Albuquerque
(Organizadores)

PAULO BONAVIDES DEFENSOR DA CONSTITUIÇÃO

(Perfil de um Constitucionalista)

MALHEIROS EDITORES

PAULO BONAVIDES
Defensor da Constituição
(Perfil de um Constitucionalista)

Cândido Bittencourt de Albuquerque
(Organizadores)

ISBN 978-85-392-0154-9

Direitos reservados desta edição por
MALHEIROS EDITORES LTDA.
Rua Paes de Araújo, 29, conjunto 171
CEP 04531-940 — São Paulo — SP
Tel.: (0xx11) 3078-7205 Fax: (0xx11) 3168-5495
URL: www.malheiroseditores.com.br
e-mail: malheiroseditores@terra.com.br

Composição
PC Editorial Ltda.

Capa:
Criação: Vânia Lúcia Amato
Arte: PC Editorial Ltda.

Impresso no Brasil
Printed in Brazil
04-2015

Sumário

Agradecimento

Os Coordenadores agradecem, penhorados, a colaboração que receberam de Giacomina Borrini e Mirella Aderaldo Martins Rodrigues na digitação de textos e revisão desta obra, trabalho levado a efeito com zelo e dedicação.

1
Apresentação

RÔMULO MOREIRA DE DEUS

Grandes homens se distinguem pelos feitos, pelo pensamento e pela arte. Pelos feitos se conhecem os líderes; pelo pensamento, os sábios; pela arte, os gênios. A plenitude está na suma virtude de fazer da própria existência a realização mais sublime, enriquecendo-a pelas obras, enaltecendo-a pela palavra, valorizando-a pela beleza.

Mas somente poucos – os verdadeiramente bons – estão predestinados a fazer história com a própria vida, agindo como protagonistas do acontecido, atuando como agentes do acontecer.

Reverenciados por gerações, esses raros exemplares da humanidade sabem caminhar abrindo caminhos, removendo as pedras que Drummond, admiravelmente, visionou. E entre a constatação e a antevisão, abraçam o que há de bom para alcançar o melhor, garimpando o imperecível em meio ao impermanente, na intuição dos valores universais que dignificam o homem e enobrecem a existência.

Celebrar-lhes a vida e a obra é dever do Estado e da sociedade, na condição de curadores da memória de seu povo, de guardiães do talento de sua gente. Iniciativas dessa natureza também partem de amigos que, no convívio com a grandeza e a inteligência de quem homenageiam, veem-se motivados a festejá-los, consagrando-os pelo merecimento da glória bem conquistada e da vida bem vivida.

Daí a razão de ser desta homenagem ao Professor PAULO BONAVIDES, Mestre que, ao longo de sua existência, vem trabalhando, corajosa e incansavelmente, em defesa da cidadania plena e da justiça social, buscando incutir no consciente coletivo uma nova visão de democracia, realisticamente participativa, moralmente ética, dignamente cívica. Uma democracia onde o decoro não se desfigure em decorativo, a dignidade não se converta em privilégio, a igualdade não se reduza a retórica, a segurança não degenere em opressão. Onde a liberdade, enfim, não se transmude em indiferença, forjando a convivência da absoluta pobreza e da ostensiva opulência.

Paulo Bonavides se distingue pelo exemplo, alcançando a plenitude de realizar o que existe no pensamento, no sentido da completa identidade entre a vida vivida e a vida pensada, na exata correspondência entre realidade e idealidade. *Nele*, discurso e atitude se conjugam no mesmo e cristalino tom. Não se pode separar a sua vida da sua obra. Uma e outra são coerentes, justapostas, iguais, valendo aqui o que dito alhures, pela definição de Saramago: "os livros carregam uma pessoa dentro: o autor".

A ser assim, não impressiona a consagração, que tantos ambicionam sem condições para fruí-la. Raríssimas pessoas, já se disse, integram essa distinta categoria de criaturas ideais, predestinadas a impressionar pela palavra, a persuadir pela ação.

Falar é fácil; fazer é difícil. Mas combinar o agir e o pensar, passando da exaltação retórica dos valores para a concreta vivência deles, isso é quase um milagre. Só os divinos entre humanos são capazes de atingi-lo. Nós, o comum dos viventes, experimentamos a inquietude de uma vida que é vivida e outra vida que é pensada. "E a única vida que temos é essa que é dividida entre a verdadeira e a errada", poetizava Fernando Pessoa.

Vamos convir, então, dar como certa a sabedoria popular: os bons já nascem feitos, vêm ao mundo como graça de Deus.

Aplaudido por alunos que se tornaram discípulos, respeitado pela sociedade, amado pelos amigos, o Professor Paulo Bonavides se viu alçado à condição de paradigma, prestigiado por intelectuais de diversos matizes e de muitos povos, elevando-se às alturas entre sábios de maior fama e segundo as doutrinas mais fidedignas. Um cidadão do mundo, honrando a bandeira de sua pátria e de sua gente, fazendo-se próximo, ainda que longe, mas invariavelmente ao lado dos seus.

Muito além de um constitucionalista emérito, de um jurista provado, de um cientista político atuante, realizou o *Mestre* algo de mais valioso e de mais profundo para o resgate da esperança e da consciência cívica, honrando a nossa terra e a nossa gente, pois uma Nação agraciada com a sua genialidade e a sua grandeza, decerto, já está pronta para ensinar algo de novo ao mundo.

E como se tudo isso não fosse o bastante, o Professor consegue espelhar, aos olhos dos que lhe admiram a inteligência, um coração ainda maior, permeado pela generosa disposição para um mais aproximado convívio, abstraindo a desproporção entre o que nos concede e o que lhe podemos oferecer, provando ser, exemplarmente, um ser convivente.

É, então, à volta de Paulo Bonavides que a comunidade cearense se reúne para festejá-lo, expressar deferência pelo seu trabalho, contemplar a fidelidade às convicções pessoais, documentando as recordações de sua vida, os tesouros de sua história, riquezas que não podem ficar encobertas pela humildade, tolhidas pelas algemas da modéstia do Agraciado.

Têm, portanto, os leitores desta coletânea, a chance de interagir com o Mestre, vislumbrando trechos inéditos de sua trajetória, colocando-se ao alcance de todos a grandeza de seus feitos e de sua personalidade, de seus escritos e de seus valores, tudo isso expresso em cartas, discursos, homenagens, depoimentos e dissertações.

Se esta homenagem perde em originalidade, ganha em significação, pois retrata, com fidelidade, as virtudes do nosso *Mestre*, reavivando, pela palavra e pelo pensamento, momentos idos e vividos, aquecendo-os com o mesmo calor de vida do instante que o tempo não apagou. Assim, coisas ausentes se fazem tão presentes, como se nunca tivessem passado.

Paulo Bonavides fez por merecer o destino sagrado, dando-lhe a melhor resposta e o mais profundo sentido, naquilo que Eça de Queirós soube explicitar com exatidão: “o grande homem é aquele que pelo raciocínio atingiu uma maior soma de verdade, pela imaginação as maiores formas de beleza, pela ação os mais altos resultados”.

E é bom que tenhamos guardado nos arquivos da alma, nos refolhos do sentimento, na intimidade do coração, o exemplo quase impensável, mas provado e real, de que a perfeição é possível neste mundo. E de que a realidade, como expressão de pura verdade, também pode ser bela. Porque dentre todas as belas verdades, a maior delas é uma vida bela.

Incapaz de saudá-lo como devo, prezo de admirá-lo quanto posso. E na sua luminosa presença, nela reconheço uma nobreza singular, que não se resume aos títulos ou honrarias merecidamente conquistadas, antes se afirma pelo cotidiano de uma vida devotada ao trabalho, ao estudo e ao progresso da humanidade. Marca indelével que distingue o espírito de liderança dos que nasceram para abrir novos caminhos, cultivando valores eternos e verdades universais, resistindo ao efêmero e circunstancial.

Sendo, no dizer de Shakespeare, a grandeza um caminho para algo que não conhecemos, mas pressentimos, fica a certeza de que o nosso

MESTRE é dos raros. E, entre os poucos escolhidos, seu lugar está soberanamente marcado, pelo orgulho de ser bom, pelo privilégio de ser justo, reservando-lhe o destino a coroa da felicidade, que a poucos reis é dado usar.

A glória, diria Josué Montello, "é uma descoberta da juventude que a maturidade deve um dia ratificar". PAULO BONAVIDES é prova disso.

MESTRE: sua jornada continua aberta no rumo de novas travessias. Integridade e inteligência, determinação e talento serão companheiros na viagem. Coragem para a luta. Quem realiza um sonho, constrói uma parcela de sua própria eternidade.

Assim seja.

2
Prefácio

CÂNDIDO BITTENCOURT DE ALBUQUERQUE

O presente trabalho tem a missão de preservar parte importante da história do direito constitucional brasileiro. A ideia é executar a tarefa mostrando alguns dados que permitam que o leitor conheça e se torne íntimo do pensamento jurídico do professor PAULO BONAVIDES, exatamente por ser ele um dos principais responsáveis pela formação do pensamento juspublicista e político do Brasil no século XX, e certamente o será no século em andamento.

Importa registrar, de igual modo, que ter o professor BONAVIDES como um erudito formador de opinião conecta o Brasil com o resto do mundo democrático, considerando que nas grandes universidades do mundo as obras do Mestre cearense são adotadas e estudadas como significativa base de orientação acadêmica. E é nas universidades de excelência – sabemos todos – onde se constrói o pensamento que formata e conforma os modelos políticos adotados pelos diversos Países, notadamente nos Estados Democráticos.

Foi a partir deste mundo acadêmico, onde ensinava e aprendia, que o professor PAULO BONAVIDES se tornou uma das mais autorizadas vozes em defesa da democracia, do Estado de Direito e dos direitos humanos.

E isso não é de agora. De fato, a obra *Do Estado Liberal ao Estado Social*, um dos monumentos do pensamento jusfilosófico moderno, já ultrapassou os 50 anos, período durante o qual formou várias gerações, refletindo, com invulgar atualidade, o que há de mais sólido em termos de pensamento político democrático.

A solidez do pensamento, a firmeza da doutrina e a clareza das ideias fizeram do professor Bonavides um dos mais acatados pensadores dos séculos XX e XXI, e não apenas no Brasil. Professor Visitante e *Honoris Causa* de várias universidades da Europa, América do Sul e do Norte, tem o professor Paulo Bonavides contribuído, de forma efetiva, para a construção de uma doutrina jusfilosófica que garanta às Nações a estabilidade democrática.

Na coletânea que ora se apresenta tem-se com clareza a importância da contribuição do nosso professor, não só pelas lições doutrinárias mas, sobretudo, pela constante preocupação e pelo envolvimento militante com as instituições.

Na Faculdade de Direito da Universidade Federal do Ceará, onde transcorreu parte considerável de sua carreira acadêmica, o professor Paulo Bonavides tem sido, nos últimos 50 anos, um exemplo sólido de dedicação e uma referência para alunos e professores. É, certamente, a nossa melhor e mais conhecida referência.

Havendo pautado sua doutrina pela renovação e coerência de pensamento, as lições do Mestre evoluíram sem traumas ou mudanças súbitas de orientação – o que permitiu, e continua permitindo, que gerações se sucedam sob sua orientação intelectual. Construiu e defendeu com vigor o reconhecimento dos direitos de terceira, quarta e quinta gerações, sem abandonar os de primeira e de segunda. A propósito, são internacionalmente reconhecidos a originalidade e o pioneirismo do professor Paulo Bonavides na formulação e difusão de um teoria dos direitos fundamentais de quarta geração, identificados em torno da noção de democracia participativa, e ainda, mais recentemente, dos direitos fundamentais de quinta geração, refletidos no direito à paz – o que representa outra demonstração expressiva da universalidade, atualidade e influência do pensamento jurídico do autor cearense.

O professor Paulo Bonavides jamais permitiu que seu pensamento jurídico, político ou filosófico fosse seduzido por doutrinas de momento ou por ideologias de multidão, âmbito em que não é permitida a reflexão científica. Ao contrário, sempre pautou sua lição em princípios sólidos e democráticos, o que o converteu em oráculo dos princípios democráticos universais.

De igual modo, jamais o nosso Mestre se permitiu a omissão diante das dificuldades institucionais pelas quais passou nosso País. Nos momentos mais difíceis fez ouvir a sua voz equilibrada e sábia, mostrando que o caminho da democracia, com a construção de instituições fortes, é sempre a melhor opção. Pluralista por convicção, jamais se deixou seduzir por ideias totalitárias e excludentes. Para o nosso Mestre, o Estado é de todos.

Temos, portanto, o dever de preservar essa história, não apenas como homenagem ao seu protagonista, mas como forma de cultivar os bons exemplos e permitir que futuras gerações também tenham a oportunidade de conhecer e refletir diante das lições do grande Mestre. Cultivar e preservar o conhecimento jurídico é, certamente, o caminho mais fácil para edificar uma Nação forte, democrática e comprometida com seu passado, de onde pode extrair os exemplos que impedirão os erros futuros.

Eis, portanto, uma obra que gratifica seus coordenadores, pela certeza de que, ao apresentar este trabalho, além de fazer justiça ao nosso Mestre, presta-se relevante serviço à preservação da nossa história.

Sinto-me honrado e gratificado com essa oportunidade.

3

Aposição da estátua do Jurista Paulo Bonavides no Fórum Clóvis Beviláqua

Discurso proferido pelo Des. Rômulo Moreira de Deus

Estátuas não são cinzeladas pelo escultor nem se erguem em gratuidade. É mister que o modelo inspirador dessas obras atinja aquele grau de excelência capaz de acrescer à matéria inerte o movimento luminoso de sua existência, impondo-se ao tempo pela grandeza de espírito e pureza dos ideais. Como diria Anatole France, "tudo quanto de bom e de belo perdura", porque "lentamente, mas sempre, a humanidade realiza os sonhos dos sábios".

A ser assim, alçado merecidamente à condição de homem superior, o Professor Paulo Bonavides vê-se admitido aos umbrais da História, imortalizado na memória de sua gente e de seu país, enaltecido pela coragem na defesa intransigente das liberdades públicas, do Estado Democrático, das virtudes cívicas e dos princípios de justa convivência política. De seus títulos, honrarias e realizações, seria pleonástica a citação, uma vez que se alteiam em relevância plena, personificando a celebridade e a deferência conquistadas pelo trabalho, pelo estudo e pelo talento, marca indelével que distingue o espírito de liderança dos que nasceram para conduzir e abrir novos caminhos, incutindo no consciente coletivo verdades eternas em meio à força célere do circunstancial.

Atravessando fronteiras – não para entesourar cultura, mas para socializá-la – nosso eminente Jurista se fez cidadão do mundo, reverenciado por intelectuais de diversos matizes e de muitos povos. Seu livro *Do Estado Liberal ao Estado Social*[1] – tido, e justamente, por clássico da teoria constitucional – consagrou-lhe internacionalmente, impressionando as elites acadêmicas estrangeiras pela extrema clareza de ideias, conjugada à densa verticalidade dos conceitos, em busca da superação do individualismo desenfreado sem perda das liberdades fundamentais.

Mas como a plenitude pressupõe ser inteiro no mínimo que se faça, em PAULO BONAVIDES o idealismo vai além da exaltação retórica dos valores para avançar sobre a real vivência deles, mesclando-se o agir e o pensar no mesmo e cristalino tom, a traduzir perfeita identidade entre a vida vivida e a vida pensada.

Infenso à vaidade, imune aos aplausos de ocasião, o MESTRE jamais sufragou posições em troca de favores intelectuais, mantendo-se altivo e austero, sempre a postos para denunciar desmandos e apontar deformidades, primando pela veemência em consolidar a superioridade da Democracia participativa, cujo diferencial se molda no governo legítimo, nunca distante do cidadão, mas invariavelmente ao lado dele.

Acredito, pois, que o reencontro de PAULO BONAVIDES com a imortalidade de CLÓVIS BEVILÁQUA era mesmo inevitável.

Ombro a ombro, na eloquência silenciosa das linhas e na sugestão abstrata do movimento, as estátuas dos gênios dialogarão pelo tempo afora, mentores que são de ideias fascinantes, mestres que se farão amigos, antes que, finalmente, se façam irmãos pela afinidade de raras, e grandes virtudes harmônicas: inteligência com retidão; sensibilidade com justiça; humildade com firmeza; ímpeto com prudência, franqueza com respeito, independência com dignidade.

Aos que hão de vir, levados à contemplação diante da imponência de CLÓVIS e BONAVIDES, representados pelos monumentos erguidos em homenagem indelével da Justiça, impõe-se a compreensão da vida no plano insofismável do conceito machadiano: nem tudo se faz somente com o patrimônio dos antigos, nem tudo se faz com os haveres do presente, mas com os dois constrói-se o começar comum de um futuro promissor.

E como a trajetória dos astros humanos de ímpar grandeza não se faz em rota solitária, os feitos dos paladinos das grandes causas, via de regra, são secundados por uma grande mulher. Honra-nos, então, a personalidade de D. IEDA, a companheira de todas as horas, que fidelizou

1. 11ª ed., 2ª tir., São Paulo, Malheiros Editores, 2014.

sua presença junto ao Professor Paulo Bonavides, dona do saber maior de que o sucesso do casamento requer algo mais importante do que encontrar a pessoa certa: é ser a pessoa certa.

À posteridade, enfim, resta confiar o exemplo imperecível de uma vida devotada aos superiores interesses da humanidade, tomando de empréstimo os sábios dizeres de D. Helder Câmara: "É graça divina começar bem. Graça maior persistir na caminhada. Mas a graça das graças é não desistir nunca".

21 de janeiro de 2011. Professor Paulo Bonavides se faz, de novo, como em tudo o que fez na vida, *um dos grandes entre os maiores*.

Discurso do Professor Paulo Bonavides

Clóvis Beviláqua - Um Jurista Imortal

A oração de agradecimento que estou a proferir da tribuna deste Fórum tem por epígrafe: Clóvis Beviláqua, um jurista imortal.

Representa Clóvis para o direito no Brasil o que José de Alencar representou para a literatura, Farias Brito para a filosofia, Capistrano de Abreu para a historiografia.

Quatro cearenses, portanto; todos de projeção que não ficou adstrita tão somente a limites provinciais, senão que se estendeu ao país inteiro, em razão da obra que ergueram com engenho, arte, inteligência e incomparável saber, irradiando luz e provocando atração ao longo de sucessivas gerações.

De Clóvis, designadamente, me senti, contudo, mais perto na reverência e admiração depois de ler-lhe as produções que a crítica já consagrou. Foram seus livros dos primeiros que me vieram à mão quando iniciei os estudos jurídicos na querida e centenária Faculdade de Direito do Ceará.

Em distintas ocasiões de minha travessia no mundo das letras, deparou-se-me ensejo de apertar laços de estima e apreço à obra do jurisconsulto, compulsando-lhe as publicações, estudando nelas o direito exposto com elegância e meridiana clareza, aprendendo suas memoráveis lições, admirando o estilista primoroso, festejando o jusfilósofo da

Escola do Recife, meditando sobre as reflexões do excelso pensador e, ao mesmo passo, venerando-lhe a humildade, a envergadura de sábio, a dimensão de humanista, a latitude cristã estampada na lhaneza de seu trato, a vastidão erudita de seus trabalhos em distintíssimos domínios do direito, da sociologia e da filosofia, e, por derradeiro, a familiaridade do civilista com as mais avançadas correntes de pensamento de sua época.

Este, por conseguinte, o Clóvis Beviláqua que nos fascinou; aquele que a história recolheu aos seus anais jurídicos; aquele cujo legado à Ciência do Direito o Brasil há de louvar sempre e perpetuar e fazê-lo chegar ao culto agradecido das idades porvindouras.

Aliás, a generosidade acadêmica me premiou no Ceará com duas medalhas que levam o nome do insigne Autor do Código. A primeira eu a recebi a 4 de outubro de 1959, outorgada pelo Ministro da Educação e Cultura Clóvis Salgado. A segunda, em 15 de dezembro de 2008, conferida por esta colenda Corte de Justiça na gestão do eminente Desembargador Fernando Ximenes.

Tornando ao exame do contributo do Codificador cearense, urge assinalar o seguinte: dado que ultrapassada em alguns pontos e aspectos teóricos, nem por isso a obra de Clóvis Beviláqua, vazada em moldes racionalistas e positivistas, envelhece ou perde importância, significado e interesse.

Continua, ao revés, viva e prestativa e valiosa qual instrumento de estudo e preparação jurídica pertinente a institutos que hão de sobreviver por pertencerem à natureza mesma do direito.

A doutrina, todavia, há variado sim. O pós-positivismo constitucionalizou o direito civil, e essa constitucionalização chegou, em maior ou menor grau, a todas as províncias do direito privado. Mas a decadência civilista se explica com facilidade porque a evolução do Direito invariavelmente reflete e acompanha, e em certa maneira retrata as grandes metamorfoses sociais e humanas na marcha do tempo e na progressão das ideias.

Não pode desse modo a ordem jurídica furtar-se ao influxo de tamanhas transformações, mediante as quais ela se aperfeiçoa e renova na adequação necessária às determinantes imperativas de cada época, de cada sistema de governo, de cada forma de Estado, de cada modelo de organização política e social, de cada instituição legitimadora do poder e propulsora do adiantamento na civilização moral dos povos.

Considerável parte do acervo de conceitos e ideias que Clóvis Beviláqua desenvolveu tem continuidade e resiste ao tempo por estar filosoficamente assentada sobre alicerces indestrutíveis que se não deixam estremecer; alicerces de humanismo, de lógica, e de justiça, ou seja, de valores que inspiram a criatividade do jurista e pensador.

Tudo isso fez sua glória e faz inarredável a presença e perenidade do Codificador, invulnerável à crítica dos raros coetâneos que sem razão o repreenderam; alguns do tomo de Rui Barbosa, autor de objeções e reparos dirigidos unicamente à face gramatical do Projeto. Mas sem alcançar-lhe o substrato jurídico que permaneceu grandemente intangível.

E ainda em questão de linguagem logrou o Código a defesa e o louvor de Ernesto Carneiro Ribeiro, mestre e diretor do ginásio onde cursou Rui as primeiras aulas e deu os primeiros passos de sua caminhada de escritor, de humanista, de clássico do vernáculo.

Da polêmica, meramente idiomática, que se feriu entre Rui Barbosa e Ernesto Carneiro Ribeiro, quem saiu mais engrandecido não foi o discípulo nem o mestre: foi Clóvis Beviláqua e seu Código!

Façamos a seguir ligeiro paralelo dos dois gigantes, Rui e Clóvis, partindo da averiguação de que ambos no Direito brasileiro da contemporaneidade não são ausência e passado, mas vida e atualidade.

Ambos se completam: Beviláqua, lume do direito privado; Rui, lanterna constitucional do direito público. Ambos patriarcas das letras jurídicas de mais alto quilate, de mais fama, de mais influxo sobre legiões de estudiosos do Direito.

Isto desde ocasiões que nunca se apagarão da memória deste País porquanto foram eles a capacidade jurídica da nação, positivada com Beviláqua no Código de 1916 e com Rui Barbosa na Constituição republicana de 1891.

Nem tudo no Código do século passado caiu em rejeição, velhice e anacronismo normativo. Miguel Reale, Supervisor da Comissão Elaboradora e Revisora do Novo Código aprovado ao começo deste século, assinalou na Exposição de Motivos que centenas de artigos do Código de Beviláqua haviam sido mantidos no Anteprojeto.

Textual e taxativo, asseverou o Professor Reale:

"Ao contrário do que poderia parecer a juízo superficial, o Código de 1916, não obstante ter mais de meio século de vigência, conserva intactas no fundo e na forma, soluções dotadas de vitalidade atual, que seria erro substituir, só para atender ao desejo de uma redação modernizada" (Miguel Reale, in *Novo Código Civil, Exposição de Motivos e Texto Sancionado*, Brasília, Senado Federal, 2002, p. 36).

Minhas Senhoras e meus Senhores: as raízes espirituais e afetivas mais profundas de minha formação estão situadas no Ceará, na lembrança das escolas que aqui frequentei, dos Mestres inesquecíveis que conheci, dos colegas que escreveram comigo no convívio das classes páginas de amizade inderrogável; em suma, na suave recordação dos momentos em que a terra abençoada me abriu as oportunidades da profissão para exercer a cátedra ou para subir à tribuna da imprensa e servir e amparar e desfraldar contra a opressão das ditaduras a bandeira da democracia, da liberdade e da justiça social.

Ao inaugurar-se, pois, esta estátua que tanto me comove e penhora por me colocar ao lado daquela onde o insigne jurisconsulto Clóvis Beviláqua foi perpetuado no bronze da gratidão de seu povo, só me resta completar, com mais considerações, o discurso de agradecimento a esta terra que tem sido tão generosa com seu filho adotivo; terra de heróis e bravos, em que as passagens históricas de suas lutas constitucionais, republicanas e federativas gravam episódios que honram a crônica e os anais da nacionalidade.

A devoção deste povo à causa dos homens livres se espelha em 1824 com os mártires republicanos da Confederação do Equador – entre outros, Tristão Gonçalves, Mororó, Carapinima e Pessoa Anta. E tocada da mesma força sugestiva no ato da Câmara dos Vereadores de Quixeramobim, antiga Campo Maior, ao lavrar a ata da sessão em que se proclamou, com a efemeridade de uma noite e a antecedência de meio século, a república no Brasil. Do mesmo passo se decretou naquele ato histórico a destituição do Imperador, o banimento da Família Imperial, a queda da dinastia dos Bragança.

Mas não se confina a estes acontecimentos toda a grandeza e presença do Ceará nos fastos da nação. Volvidas algumas décadas, foi na província do Padre Alencar, nas praias cearenses que ressoou primeiro o grito da emancipação dos escravos pela voz do Dragão do Mar, figura lendária que a História imortalizou como um dos heróis da liberdade.

Nosso breviário de Ciência da Constituição e de Ciência do Direito é idêntico ao de Clóvis Beviláqua com relação à filosofia e às letras jurídicas em geral, ou seja, resume a mesma crença no direito, na liberdade, na moral, na justiça, na democracia e no patriotismo.

Não hei de cerrar, porém, esta oração, que já vai deveras longa, sem primeiro expressar ao Desembargador Rômulo Moreira de Deus, excelente Amigo e antigo discípulo nas classes do bacharelado e da pós-graduação, meu reconhecimento à generosidade do ato que mandou insculpir na pedra a láurea desta homenagem, coroamento de um currículo de 60 anos devotados aos estudos constitucionais.

Muito obrigado, meu nobre Amigo Desembargador Rômulo Moreira de Deus.

Tampouco posso me eximir de agradecer também o concurso e o brilho que trouxe a esta solenidade o Presidente do Tribunal de Justiça do Estado do Ceará, Desembargador Ernani Barreira, meu ex-aluno e velho Amigo.

Não menos indeclinável a extensão desse preito a Ivens Dias Branco, por haver simbolicamente associado Portugal a esta cerimônia com a doação da estátua: Portugal que está hoje em nossos corações como esteve ontem no sangue dos nossos antepassados; Portugal que é a imortalidade de Camões e a glória de Herculano; Portugal dos navegantes e dos grandes juristas contemporâneos, de Jorge Miranda a Gomes Canotilho, de Marcelo Rebelo de Sousa a Paulo Ferreira da Cunha, de Avelãs Nunes a Sérvulo Correia e Paulo Otero e tantos outros de igual conspicuidade e ilustração e saber jurídico.

Invocando Fernando Pessoa, o poeta, e concretizando-lhe a imagem, poder-se-á dizer que os brasileiros e portugueses tem a mesma pátria, a saber, a língua de Frei Luiz de Souza e Bernardes, de Vieira e Machado de Assis e do mesmo modo asseverar, com o autor da *Ceia dos Cardeais*, Júlio Dantas, que as duas nacionalidades possuem uma só alma.

Que alma é esta?

Aquela que nasceu do passado, da tradição, das origens. Aquela que ele vazou em termos imperecíveis:

“Alma, depósito sagrado das gerações, voz dos berços e dos túmulos, complexo de valores que os mortos criaram e os vivos perpetuam, mundo hereditário de ideias, de sentimentos, de aspirações e de crenças; cidade de Deus, fonte de ternura e de fé (...)” (Júlio Dantas, *Discursos*, Lisboa, Livraria Bertrand, s/d, p. 274).

É a esse Portugal das nossas raízes nacionais, de idêntica genealogia espiritual e moral, da poesia e da saudade, que eu, esta noite, ao lado de Clóvis Beviláqua rendo os protestos do meu afeto e as saudações da minha admiração.

Esta homenagem não me pertence unicamente.

Em rigor, traduz ela o tributo devido a todos aqueles juristas que nunca se apartaram da fé no Direito, que nunca desertaram a causa da

Justiça, que nunca arrefeceram a confiança na Constituição; juristas dispostos a percorrerem humildes, mas desassombrados, com a coragem do espírito e a pureza da consciência, a mesma trilha traçada por Clóvis Beviláqua.

Clóvis se imortalizou pela obra que escreveu e pela lição de vida que nos ministrou.

Minhas Senhoras e meus Senhores!

Muito obrigado! Muito obrigado ao Tribunal de Justiça por esta escultura!

Muito obrigado, também, a todos por vossa presença neste recinto!

4
A Figura do Homenageado no Meio Jurídico

1. Adroaldo Leão

Nota dos Organizadores: Em Conferência durante o II Congresso Brasileiro de Direito do Estado celebrado na Bahia em homenagem ao professor PAULO BONAVIDES, o professor Adroaldo Leão, da Universidade de Salvador/UNIFACS e ex-Presidente do Instituto dos Advogados da Bahia, fez uma saudação ao homenageado, da qual destacamos o seguinte trecho:

As palavras que seguem transcendem a justa homenagem que este vitorioso II Congresso Brasileiro de Direito do Estado, idealizado pelos professores Paulo Modesto e Oscar Mendonça, presta ao insigne constitucionalista e cidadão exemplar, o professor Paulo Bonavides.

Mais que um rito, este momento é para mim extremamente prazeroso porque tenho a imerecida oportunidade de, publicamente, externar o mais profundo respeito e reverência intelectual ao ilustre agraciado por tudo que, como constitucionalista magnífico e de vida honrada, tem proporcionado às gerações de brasileiros.

Tem o eminente Mestre a simplicidade dos sábios. A clareza daqueles que dominam o saber científico. A convicção imorredoura dos idealistas que alavancam o mundo. A afetuosidade que as perdas da vida não hão de diminuir. Parodiando-o, quanto ao inesquecível filho Paulo Bonavides Jr., também ao homenageado deve-se dizer: “Tudo que o mundo te dá é pouco. Tudo que dás ao mundo é muito”.

O professor Paulo Bonavides nasceu em 1923, na Paraíba, na cidade de Patos. Bacharelou-se na Universidade do Brasil em 1948 e doutorou-se pela Universidade do Ceará, onde nela ingressou para honrar os seus umbrais em memorável concurso. Lecionou na Graduação e na Pós-Graduação da Faculdade de Direito, em Fortaleza, onde vive, de cuja Universidade Federal é Professor Emérito.

2. *Amintore Fanfani (1990)*

Nota dos Organizadores: O senador Amintore Fanfani, ex-Primeiro-Ministro e ex-Presidente da Itália, discursando em 4.4.1990 no Instituto Ítalo-Latino-Americano de Roma, em saudação aos autores da *História Constitucional do Brasil*, assim se expressou em lugares de sua oração:

As duas personalidades que honram o nosso Instituto com a sua presença são: Paulo Bonavides, desde 1959, cultor e depois notável Professor de várias áreas do Direito em universidades brasileiras e estrangeiras, que demonstraram reconhecer seus grandes méritos; e Paes de Andrade, primeiramente eleito como representante popular em Assembleias locais e depois na Assembleia Nacional dos Deputados, que na última década o escolheu para seu presidente (...). Exatamente a competência científica do professor Paulo Bonavides e a experiência política do Presidente Paes de Andrade atraíram a atenção de muitos leitores para a validade das evocações e para a força dos destaques feitos pelos dois autores da História Constitucional do Brasil, que será apresentada nesta Assembleia".

3. *Ari Cunha*

Nota dos Organizadores: Ari Cunha, em sua coluna cinquentenária, publicada desde 1960, no *Correio Brasiliense*, jornal que dirige há várias décadas, tendo sido um de seus fundadores, escreveu, na edição de 13.8.2005 daquele diário, artigo de crítica à classe política, intitulado "Comportamento Hipócrita", do qual extraímos o seguinte trecho:

Hoje de manhã estou lendo entrevista do constitucionalista Paulo Bonavides na imprensa local. A visão do saber é clara: "Criar legislação seria admitir que a Constituição não tem instrumentos capazes de ultrapassar e debelar a crise. Sem a ética dos órgãos de governo, não há poder, Estado, nem sociedade que se legitimem ou se regenerem". Trocando em miúdos, não vale trocar o texto da lei. Melhor seria instituir mentalidade e caráter aos homens que lidam com a coisa pública. Bonavides enviou carta a Busato, Presidente da OAB, manifestando ponto de vista contrário à instituição de Assembleia Nacional Constituinte. "A democracia participativa – diz Bonavides –, sendo a um tempo resposta e solução, se levanta a esta altura no horizonte político da República sobre os destroços do regime representativo".

4. *Arthur Virgílio*

Voto de Aplauso

REQUERIMENTO N. 1.335, DE 2005

Requer VOTO DE APLAUSO ao professor PAULO BONAVIDES, agraciado com o Grande Colar do Mérito, conferido pelo Tribunal de Contas da União.

Requeiro, nos termos do art. 222 do Regimento Interno, e ouvido o Plenário, que seja consignado nos *Anais* do Senado VOTO DE APLAUSO ao professor PAULO BONAVIDES, agraciado com o Grande Colar do Mérito, conferido pelo Tribunal de Contas da União.

Requeiro, ainda, que o Voto de Aplauso seja levado ao conhecimento do homenageado e ao Presidente do TCU, Min. Valmir Campelo.

Justificativa

Ao ensejo do 115º aniversário de sua criação, o TCU conferiu, no dia 16.11.2005, a Medalha do Grande Colar do Mérito a sete personalidades de relevo na vida pública ou política do País, entre eles o professor Paulo Bonavides, ilustre Constitucionalista brasileiro que honra as tradições jurídicas do País. É autor de numerosas obras desse ramo, além de outras sobre a vida institucional brasileira, incluindo uma obra que se tornou referência, alusiva à história das Constituições do País, escrita em parceria com o deputado Paes de Andrade.

Sala das Sessões, 21 de novembro de 2005

Senador Arthur Virgílio

5. *Barbosa Lima Sobrinho*

Nota dos Organizadores: Barbosa Lima Sobrinho, antigo Constituinte de 1946, Presidente da Associação Brasileira de Imprensa, consagrado publicista e autor de várias obras, visitando o Ceará em 1985 e proferindo conferência no 60º aniversário da Associação Cearense de Imprensa, sobre o tema "A Imprensa e a Constituinte", afirmou:

Nada disso é novo para o Ceará, que possui na sua Universidade um notável cultor das ciências políticas no professor Paulo Bonavides. Tive o prazer de ler recentemente o excelente estudo publicado no *Jornal do Brasil* sob o título "Constituinte Aberta: a Revolução sem Armas". Lembra esse ilustre Professor que, "limitando poderes, estabelecendo competências e declarando direitos, toda Constituição, segundo o sentido que a tomem, é, em primeiro lugar, um sistema de valores. Serve de base ao Estado Democrático, que ela provê de um denso teor democrático. A Constituinte e a Constituição significam passos fundamentais no processo de legitimação do poder em cada sociedade democrática".

(...). Concordo também com o professor Paulo Bonavides quando considera ideal uma Assembleia Constituinte de que não estejam ausentes candidatos que representem os diversos órgãos da sociedade civil, a igreja, os sindicatos, as universidades, as associações de classe.

Nota dos Organizadores: Por último, o mesmo Barbosa Lima Sobrinho, no artigo "O Essencial é a Convocação", publicado no *Jornal do Brasil* em 13.10.1985, declara:

Haverá solução total para todos esses casos se partirmos da tese de que a Constituinte terá todos os poderes para resolver o problema como achar melhor. Concordo com o professor Paulo Bonavides e me coloco ao lado dos que defendem todo o poder para a Constituinte. Inclusive para resolver, na aprovação de um Regimento Interno, a situação que deverá caber aos senadores de 1982. Se devem discutir, se devem votar, se devem estar presentes aos debates constitucionais. Uma vez reunida, a Constituinte encarna a própria soberania nacional. É a tese de um constitucionalista tão notável como o professor Paulo Bonavides, da Universidade do Ceará, completada pela circunstância de que não haverá a quem recorrer das decisões aprovadas pela Constituinte. Pois é ela que vai elaborar a futura Constituição e a composição dos Poderes da República!

6. Bernardo Cabral

Nota dos Organizadores: Sobre a obra, o pensamento e a contribuição de PAULO BONAVIDES às letras jurídicas do País, Bernardo Cabral, Relator da Constituinte de 1987-1988, declarou, em 2003:

Nas minhas lides docentes e parlamentares – ao longo de 40 anos de vida pública – sempre recorri aos ensinamentos do professor catedrático Paulo Bonavides contidos na sua exuberante obra no campo do direito constitucional. Não só pela densidade, como pelo fio condutor filosófico de sua produção, dela constando ainda os monumentais *Textos Políticos da História do Brasil*, em nove volumes.

Participei, em sua companhia, de um Colóquio de Direito Constitucional em Münster/Alemanha, e pude confirmar as razões do alto respeito que lhe tributam no Exterior (México, Espanha e outros Países), do qual é digno de registro o grau de Doutor *Honoris Causa* a ele conferido pela Universidade de Lisboa, tão rigorosa nas suas raríssimas distinções.

Do Conselho Federal da OAB – que tive a honra de presidir de abril/1981 a abril/1983 –, ao receber ele a sua mais alta condecoração (Medalha Ruy Barbosa), que provou a sua luta indormida em favor do retorno do Estado de Direito, do *habeas corpus*, das prerrogativas do Poder Judiciário, da Justiça Social e da dignidade humana.

Quando exerci as funções de Ministro de Estado da Justiça jamais se recusou a prestar a colaboração que lhe era solicitada, sem que isso, mesmo importando sacrifício pessoal, pelo tempo despendido, lhe trouxesse alguma vantagem pecuniária ou resultasse em ônus para os cofres públicos.

E, por fim, na Assembleia Nacional Constituinte – da qual fui seu Relator-Geral – o Professor Paulo Bonavides era o Mestre incansável, sempre atento no apontar caminhos e indicar soluções. (...).

7. *Ministro Carlos Mário Velloso*

Nota dos Organizadores: Proclamada direito de quarta geração por proposta do professor Paulo Bonavides, acolhida à unanimidade num congresso internacional celebrado em Foz do Iguaçu pela OAB em 1996, a democracia tem sido encarecida por esse aspecto na palavra de um grande jurista de nosso País, o Min. Carlos Mário Velloso, que a ela se referiu numa aplaudida conferência proferida em Brasília, na OAB, em 5.12.2005. Disse o Min. Carlos Mário Velloso:

E porque acreditam os integrantes da Justiça Eleitoral brasileira, como acreditamos nós todos, que o melhor dos regimes políticos é o regime democrático, que a democracia – está aqui o Professor de nós todos, professor Paulo Bonavides, que nos ensina – constitui-se hoje num direito fundamental de quarta geração, quer dizer, àqueles direitos de primeira, segunda, terceira, ajunta-se esse direito, que é de quarta geração. Direito fundamental que têm as pessoas de viverem num regime democrático. Com consequências graves, Professor. No campo interno gera o direito à resistência e no campo externo a possibilidade de um órgão supraestatal intervir para – as palavras são do professor Paulo Bonavides – apear do poder as ditaduras absolutistas.

Isto nós vimos em Kosovo e daqui para frente poderá ser visto em outros Países que não primam pela prática da democracia, porque estas lições, professor Paulo Bonavides, elas vão frutificar.

8. *Celso Antônio Bandeira de Mello*

Nota dos Organizadores: Em sua obra clássica *Curso de Direito Administrativo*, já em 32ª edição (São Paulo, Malheiros Editores, 2015), Celso Antônio

Bandeira de Mello, Professor da PUC/SP, em nota de rodapé (nota 53, p. 227), retratou em breves linhas, de expressivo teor, a contribuição doutrinária do laureado em defesa do Estado Social, bem como lhe enalteceu a posição de combate às correntes antagônicas do neoliberalismo contemporâneo:

O insigne mestre Paulo Bonavides, luminar do direito constitucional brasileiro e modelo de exemplar cidadania, em obra monumental, na qual examina *ex professo* temas de máxima atualidade, faz candente defesa do Estado Social, com as seguintes palavras, que de muito bom grado avalizamos: "Quando a crise estalar porém sobre o capitalismo globalizante do modelo neoliberal – já a esta altura impugnado e açoitado das forças de resistência que lhe arriaram a máscara e lhe patentearam a brutalidade com que oprime –, o mundo outra vez se há de inclinar para a alternativa do Estado Social" (*Do País Constitucional ao País Neocolonial*, 4ª ed., Malheiros Editores, 2009, p. 21).

9. Celso Furtado

Nota dos Organizadores: Mensagem de Celso Furtado, dirigida ao economista paraibano Ronald Queiroz, de apoio à candidatura de Paulo Bonavides à Academia Brasileira de Letras.

Meu caro Ronald,

estou ainda na França, de partida para o Rio no fim de semana.

Recebo com entusiasmo o seu pedido, creio que o Paulo Bonavides é um candidato muito bem lembrado, e cuja eleição honrará a todos nós. Por estar longe, ainda não tenho nenhuma ideia dos possíveis candidatos. Mas, pelo que entendi, o Bonavides já se candidatou, não é mesmo?

Quando chegar ao Rio tomarei contato com alguns acadêmicos para fazer o que for possível em favor do Bonavides.

Com o abraço amigo de

Celso Furtado

10. Ministro César Asfor

Nota dos Organizadores: Ao receber o grau de Doutor *Honoris Causa* da Universidade de Fortaleza/UNIFOR, em 24.6.2010, o Min. César Asfor, ex-Presidente do STJ, enalteceu nosso homenageado, igualmente distinguido pela mesma Universidade com idêntico galardão. Do discurso então proferido (publicado na íntegra pelo *Diário do Nordeste*, de Fortaleza, em 25.6.2010) destacamos a seguinte passagem:

Avulta para mim ainda mais a relevância da outorga o fato auspicioso de me ser conferido tão nobilitante título no momento em que também o recebe o eminente professor Paulo Bonavides, meu Mestre três vezes: a primeira, na centenária Faculdade de Direito do Ceará, sempre querida, onde me graduei e tive a boa fortuna de ser professor, uma das mais enriquecedoras e inesquecíveis experiências da minha vida; a segunda, como mestrando em Direito na UFC, instituição na qual ele pontifica como o mais erudito e profundo de todos os docentes, por ser conhecedor vertical da Ciência que ensina, ministrando com inexcedível proficiência as lições mais aguçadas e completas; a terceira, nos altos afazeres da Magistratura nacional, em que tenho seguido com atenção e zelo as suas recomendações doutrinárias atinentes à sobrevalência dos princípios sobre as regras, da equidade sobre as dicções secas das normas positivas e da justiça sobre tudo e sobre todos os valores.

11. Ciro Gomes

Nota dos Organizadores: Ao transcurso dos 80 anos do professor Paulo Bonavides, o Ministro de Estado da Integração Nacional, Ciro Gomes, enviou, no dia 26.4.2005, a Hélio Leitão, Presidente da Seccional da OAB cearense, a seguinte mensagem:

Sr. Presidente,

compromisso anteriormente agendado impede-me de estar presente, como era do meu desejo, à abertura do Congresso Brasileiro de Operadores e Estudantes de Direito, do Seminário Nacional sobre o Ensino Jurídico, do Salão Nacional do Livro Jurídico e, principalmente, do ato com que essa Entidade, na mesma ocasião, homenageará o eminente professor Paulo Bonavides pela passagem do seu 80º aniversário.

Ex-aluno do professor Paulo Bonavides, sou dele não apenas um modesto amigo, mas um entusiasta admirador de sua obra jurídica, que orgulha e ilumina o Direito pátrio.

Rogo a V. Sa. que transmita ao professor Bonavides meus votos de congratulações por mais essa justa e merecida homenagem e a renovação dos meus sentimentos de amizade e admiração.

Cordialmente

Ciro Gomes

Ministro de Estado da Integração Nacional

12. Conselho Universitário da PUC/RS

Nota dos Organizadores: Publicamos abaixo extrato de ata do Conselho Universitário da PUC/RS que, em sua reunião de 2.4.2004, aprovou por unanimidade a concessão do título de Mérito Universitário ao professor Paulo Bonavides, "uma Medalha justíssima para um dos publicistas mais densos e estudados em nosso País e no Exterior", segundo as razões do Diretor da Faculdade de Direito e Relator da proposta, conselheiro professor Áttila Sá d'Oliveira.

Aos 22 dias do mês de abril de 2004, às 9h, o Conselho Universitário da Pontifícia Universidade Católica do Rio Grande do Sul, sob a presidência de seu Magnífico Reitor, professor Norberto Francisco Rauch, examinou, no item 3 da pauta, a indicação do Conselho Departamental da Faculdade de Direito de concessão do título de Mérito Universitário ao professor Dr. Paulo Bonavides. Para a apresentação da proposta, o Presidente do Conselho concedeu a palavra ao Relator, Diretor da Faculdade de Direito, conselheiro professor Attila Sá d'Oliveira, que, ao justificar a indicação do homenageado pelo Programa de Pós-Graduação em Direito da PUC/RS, assim se expressou: "Trata-se, no dizer do grande constitucionalista português Jorge Miranda, de um dos maiores publicistas em língua portuguesa; como seu currículo atesta, é nome de projeção internacional, além de fortemente afinado com o ideário de nosso Programa, sendo um constante incentivador das pesquisas e livros de nossos professores e alunos; trata-se de grande referência constitucionalista no Conselho Federal da OAB e de nome de prestígio incontestável e consensual na comunidade brasileira de Pós-Graduação em Direito. É autor de um dos melhores e mais festejados *Cursos de Direito Constitucional*. Já colaborou com brilho em evento de projeção internacional que foi marcante na afirmação de nosso Programa; é pesquisador e escritor incansável, a despeito de seus mais de 80 anos. Por tais razões, parece-nos uma Medalha justíssima para um dos publicistas mais densos e estudados em nosso País e no Exterior". Após o relato, a matéria foi colocada em discussão e aprovada por unanimidade. Cópia do Processo foi anexada à presente Ata e dela passa a fazer parte integrante sob o Parecer n. 06/4.

Nada mais havendo a tratar, para constar, eu, Mário Hamilton Vilela, Chefe do Gabinete da Reitoria e Secretário do Conselho Universitário, lavrei o presente Extrato de Ata, que vai por mim assinado.

Porto Alegre, 28 de maio de 2004

Prof. Me. Mário Hamilton Vilela

Chefe do Gabinete da Reitoria e Secretário do Conselho Universitário

13. Conselho Universitário da UFC

Em 11 de junho de 1991

Do Assessor do Gabinete ao Prof. Paulo Bonavides

Sr. Professor,

de ordem, apraz-me informar-lhe que o Conselho Universitário da UFC, em sua reunião de 10 de junho em curso, aprovou, por unanimidade, proposição do Diretor da Faculdade de Direito no sentido de conceder a V. Sa., nos termos do inciso I do art. 137 do Regimento Geral, o título de Professor Emérito da Universidade Federal do Ceará, tendo em vista sua distinguida atuação no exercício das atividades de magistério superior.

Valho-me do ensejo para reafirmar-lhe meus protestos da mais elevada consideração.

Francisco de Oliveira Carvalho – Assessor

14. Daladier Pessoa Cunha Lima

Nota dos Organizadores: Do artigo intitulado "Honras ao Jurista PAULO BONAVIDES", publicado em 28.8.2008 na *Tribuna do Norte*, de Natal, pelo Reitor, Daladier Pessoa Cunha Lima, da Faculdade Natalense para o Desenvolvimento do Rio Grande do Norte/FARN, extraímos os seguintes trechos:

Paulo Bonavides, pelos notórios serviços prestados ao Direito, à Justiça e à democracia, através de obras universais e perenes, as quais colidem com o arbítrio e pugnam pela paz, merece e recebe as honras de homens e mulheres do seu País, além de pessoas das diversas regiões do Planeta. Daí se poder dizer, com orgulho: é um guerreiro nordestino – nasceu na Paraíba, vive no Ceará e tem laços afetivos com o Rio Grande do Norte –, é um brasileiro altivo, é um cidadão do mundo!

(...). Paulo Bonavides é visto com o maior respeito por toda a comunidade jurídica do País. É o mais reconhecido entre os mais reconhecidos constitucionalistas brasileiros. Sua biografia é um belo quadro de glórias, emoldurado pela coragem no combate aos regimes totalitários e na defesa da paz como direito dos povos.

(...). Insigne jurista e escritor, pensador, poliglota, professor, cientista social, filósofo, Paulo Bonavides já foi homenageado pela FARN com o título de Professor *Honoris Causa*. Na verdade, a Instituição se autodignificou ao outorgar-lhe esse título. Aqui em Natal, onde tem muitos amigos – dois são especiais, Noilde Ramalho e Paulo Lopo Saraiva –, ele recebe esta semana outra justa homenagem da FARN, com a realização do I Congresso Brasileiro de Direito e Processo Constitucional. Durante o Congresso, a assembleia, em uníssono, prestará honras ao Dr. Paulo Bonavides, aclamando-o "Guardião Maior da Constituição e da Democracia Brasileiras".

15. Dalmo de Abreu Dallari

Nota dos Organizadores: Em 15.5.2013 o professor Paulo Bonavides recebeu, em sessão solene, o título de Doutor *Honoris Causa* que lhe foi outorgado pela Faculdade Nacional de Direito da Universidade Federal do Rio de Janeiro (antiga Universidade do Brasil), por onde se graduou em 22.12.1948. A iniciativa da outorga, aprovada por unanimidade, partiu do Centro Acadêmico Cândido de Oliveira (o CACO). Dentre as mensagens de congratulações enviadas à Faculdade figura uma do professor Dalmo de Abreu Dallari, dirigida ao Diretor, Dr. Flávio Martins, e do seguinte teor:

Eminente Sr. Diretor:

com entusiasmo e grande satisfação, venho externar minha calorosa adesão à justa e merecida homenagem prestada ao grande jurista Paulo Bonavides, com a outorga do honroso título de Doutor *Honoris Causa* dessa prestigiosa Instituição. Lamentavelmente estarei impossibilitado de comparecer à solenidade em homenagem ao ilustre agraciado, por motivo de compromisso inadiável anteriormente assumido. Quero, entretanto, congratular-me com os ilustres Colegas da Universidade Federal do Rio de Janeiro, e em especial dessa notável Escola de Direito, pela sábia e oportuna decisão de homenagear Paulo Bonavides, reconhecidamente uma das mais notáveis figuras do Direito Brasileiro, rogando-lhe, Sr. Diretor, que transmita ao ilustre homenageado e torne pública minha entusiástica adesão a essa justa homenagem.

Com os mais respeitosos cumprimentos, cordialmente

Dalmo de Abreu Dallari

16. Dean Ken Penegar

University of Tennessee – College of Law

August 21, 1984

Memorandum

To: The Faculty

Please join me on Monday, August 27, 1984, at 7:00 p.m. for a reception in the Deans' Room at the Faculty Club.

On this occasion we will be welcoming Suellen Wideman, Ruth Hill, Dr. Paulo Bonavides and William Beintema to our Faculty as well as welcoming back Grayfred Gray and Gerald McGinley. Additionally, we will be bidding farewell for a while to Jerry Phillips.

Plan to join us as we "kick-of" the new academic year with this reception. Your spouse/guest is invited, also. Please let Judy know by Friday, April 24th if you plan to attend.

Ken P.

17. Elio Gaspari

Pesquisa de Peso (1983)

Textos Políticos da História do Brasil, de Paulo Bonavides e R. A. Amaral Vieira, Imprensa da UFC, 808 pp., Cr$ 50,00

Com 808 páginas, 1,20kg de peso e pequena tiragem, *Textos Políticos da História do Brasil* chega a ser uma espécie de catálogo telefônico. Sem grandes comentários, contém uma coleção de 86 documentos que vão desde a Inconfidência Mineira até o decreto de banimento de D. Pedro II. Assim, à primeira vista, o mérito dos professores Paulo Bonavides e R. A. Amaral Vieira está apenas no fato de terem reunido uma grande papelada. Contudo, num País onde o ensino da História sofre de um pavor endêmico de documentos, a Imprensa Universitária do Ceará prestou uma contribuição muito importante à tarefa de iluminar o passado brasileiro.

Graças ao trabalho dos dois Professores, as leis eleitorais do Império, as Atas do Conselho de Estado onde foi discutida a Questão Religiosa e as tentativas legais de salvação da Coroa podem ser consultadas sem a necessidade de esperas em bibliotecas, peregrinações por livrarias e intoxicação pela poeira de obras apodrecidas.

Buracos da Imaginação

Evidentemente, como o catálogo telefônico, não se trata de um livro de utilidade geral. Se o outro só interessa àqueles que dispõem de um aparelho, este exige alguma curiosidade pela história do País. Tem pouco de pitoresco, mas nunca será uma perda de tempo ler a Ata do Conselho de Estado de 18.7.1868, quando o Imperador, em plena guerra com o Paraguai, pretendia fechar a Câmara e era desaconselhado, apesar de ela ter negado verbas para pagar a tropa. Da mesma forma, é interessante verificar como o princípio da autodeterminação dos povos era usado em correspondência diplomática para justificar o tráfico negreiro.

O fato de o trabalho ter sido editado pela imprensa de uma Universidade pobre mostra como são grandes os buracos da imaginação de entidades milionárias que muitas vezes publicam bobagens literárias em Francês ou Inglês. Os *Textos Políticos*, que formarão o conjunto de seis volumes, da Colônia aos dias atuais, não oferecerão fantásticas descobertas. Mas, graças a eles, muitas pesquisas ficarão mais fáceis.

Não é um trabalho sem erros, pois lhe faltam textos como os depoimentos de Tiradentes, importantes debates parlamentares, ao mesmo tempo em que a iconografia, apressada, resume-se à questão diplomática com a Inglaterra, provocada pela escravidão e pelo Ministro Christie. Nenhuma de suas falhas, no entanto, compromete o conjunto do trabalho. Embora os Autores e a Editora devessem explicar ao interessado o que precisam fazer para conseguir os *Textos*, uma vez que eles dificilmente deverão irromper nas livrarias, onde, por sinal, a cada dia as estantes de história do Brasil ficam menores.

Elio Gaspari

Nota dos Organizadores: Em 16.3.1997 o jornal *O Povo*, de Fortaleza, publicou texto intitulado "Uma Lição de Amor à História do Brasil", de autoria de Elio Gaspari, extraído da coluna daquele periodista estampada na *Folha de S. Paulo*, vazada nos seguintes termos:

Uma Lição de Amor à História do Brasil (1997)

Esgotaram-se as 400 coleções completas dos nove volumes de *Textos Políticos da História do Brasil* que a Editora do Senado vinha guardando. Os pedidos justificaram a ideia de uma reedição, e seus dois autores, o professor Paulo Bonavides e o advogado Roberto Amaral, entendem que ela deve passar por uma revisão.

Verdadeira preciosidade, a coleção reúne 3.000 documentos, e não 300, como aqui se informou. Neles vai contada a história brasileira da Colônia a 1988, com um hiato para a ditadura militar. Sua tiragem de 1.000 exemplares foi dada de graça, mas a reedição custará alguma coisa. De qualquer forma, será possível levar a bibliotecas e centros de pesquisa os textos dos principais papéis da vida política de Pindorama.

Enquanto o prédio do Senado abriga a lavanderia da CPI dos Títulos Públicos, nada melhor do que se olhar para a bela história de Amaral e Bonavides, os autores do trabalho. Um é advogado, e o outro, professor de Direito Constitucional da UFC.

Consumiram 20 anos no projeto. Amaral copiou a mão debates parlamentares que estão apodrecendo nas estantes do Congresso. Quando não havia *xerox*, fotografaram papéis. Pagaram do bolso o trabalho dos copistas do Arquivo Nacional e desembolsaram R$ 3.000,00 pela revisão do último volume. Nunca tiveram uma homenagem.

Quanto ganharam pelo serviço? Nada.

Quanto querem ganhar com a reedição, mesmo admitindo que os livros sejam vendidos? Nada.

E o que é que eles querem?

"Nada. Nós trabalhamos para oferecer aos pesquisadores e aos estudantes um acervo para o conhecimento de nossa história. O que queremos é a certeza de que nosso trabalho acabará nas mãos de quem realmente precisa dele."

18. Faculdade de Direito

Universidad Nacional Mayor de San Marcos (Peru – 2011)

Ciudad Universitaria, 27 de octubre de 2011

Visto: El *Currículum Vitae* del Dr. Paulo Bonavides

Considerando:

que es política de la Facultad de Derecho y Ciencia Política reconocer a aquellas personalidades científicas nacionales o extranjeras que han sobresalido en el desarrollo académico y social, además por su participación en eventos académicos realizados en el ámbito jurídico;

que el docente Dr. Paulo Bonavides es merecedor de un reconocimiento por parte de la Facultad de Derecho y Ciencia Política, por sus aportes en los eventos académicos organizado por la Facultad, en el que participó como expositor en el campo del derecho constitucional en compañía de otros prestigiosos juristas brasileños;

que el Dr. Paulo Bonavides es Doctor *Honoris Causa* de la Universidad de Lisboa, Profesor Emérito de la Facultad de Derecho de la Universidad Federal de Ceará y la Universidad Metropolitana de Santos/SP, Profesor Visitante en las Universidades de Colonia (1982), Tennessee (1984) y Coimbra (1989), Miembro-Correspondiente de la Academia de Ciencias de Renania del Norte-Westfalia (Alemania), Instituto de Derecho y Ciencias Sociales de la Universidad Nacional de la Plata en Argentina, Asociación Argentina de Derecho Constitucional, Profesor Distinguido de la Facultad de Derecho de la Universidad Nacional Mayor de San Marcos, entre otros méritos académicos;

estando a lo dispuesto por la Ley Universitaria n. 23733 y modificatoria, los arts. 98º y 100º del Estatuto de la Universidad Nacional Mayor de San Marcos,

Se resuelve:

1. Expedir el Diploma de Reconocimiento y la Medalla de Honor de la Facultad de Derecho y Ciencia Política de la Universidad Nacional Mayor de San Marcos al Dr. Paulo Bonavides, en mérito a su reconocida larga vida académica y fecunda actuación profesional en el mundo jurídico.

Regístrese, Comuníquese y Archívese.

Dr. Juan Morales Godo

Decano

19. Faculdade de Direito da Universidade de Buenos Aires/ UBA (Argentina)

Nota dos Organizadores: Os doutorandos da Faculdade de Direito da Universidade de Buenos Aires/UBA, na Argentina, festejaram em sessão solene dessa Academia, no dia 22.9.2011, o lançamento da obra *Reflexiones sobre Derecho Latinoamericano – Estudios en Homenaje al Profesor Paulo Bonavides*, com "Prólogo" de Leandro Vergara e "Apresentação" de Ricardo D. Rabinovich-Berkman, Catedráticos daquela Universidade. Trata-se de livro de 844 páginas da Editorial Quorum, coordenado por Paulo Aragão, José Marco Tayah e Letícia Danielle Romano, sendo o segundo de uma Coleção, a propósito da qual escreve o professor Dr. Ricardo Rabinovich-Berkman, da Faculdade de Direito da UBA:

Voy a decir sin temores que esta Colección no tiene precedentes en el mundo. Porque se trata de una serie de libros colectivos, surgidos de los cursos de Doctorados de una de las principales Facultades de Derecho del Continente, de cuyos claustros saliera el primer Premio Nobel latinoamericano, el Dr. Carlos Saavedra Lamas, y 15 Presidentes constitucionales de la República Argentina.

20. Folha de S. Paulo

Nota dos Organizadores: Em editorial intitulado "A Difícil República", a *Folha de S. Paulo*, em edição comemorativa dos 90 anos da República, de 15.11.1979, reportou-se às deformações do sistema federativo no Brasil e à necessidade de regenerá-lo, citando a esse respeito Amaro Cavalcante e PAULO BONAVIDES. No que toca a este último, a referência se insere no trecho subsequente:

Aos 90 anos, a República precisa refederalizar-se. De fato, o desenvolvimento nacional requereu nos últimos anos justificativas jurídicas e ideológicas que acabaram com a ideia de Federação. "Hoje há mais unitarismo no País do que ao tempo do Império", diz o jurista Paulo Bonavides. E denuncia ainda que esse unitarismo vigente na forma de Estado não está sendo combatido com o mesmo vigor em que se tem pedido o completo estabelecimento do Estado de Direito (cf. Paulo Bonavides, "A Federação Mais Esfarrapada que a Própria Constituição", *Folhetim Anos 70*, "Pensamento Político", 7.10.1979, p. 16).

21. Francisco Wildo Lacerda

Tribunal Regional Federal da 5ª Região

3 de março de 2004

Moção de Apoio

O Exmo. Sr. Des. Federal Francisco Wildo Lacerda Dantas: Sr. Presidente, gostaria também de registrar a minha manifestação, reconhecendo tudo que já foi dito anteriormente, sobretudo o que disse o Des. Federal Geraldo Apoliano da força telúrica do professor Paulo Bonavides.

Gostaria ainda de registrar que sou um beneficiado do prestígio do professor Paulo Bonavides e que graças a esse prestigio fiz o curso de Doutorado em Lisboa.

Sou-lhe muito grato e reconheço o seu valor em razão de suas inúmeras obras, das quais muitas foram lidas no estudo que realizei em Lisboa.

22. Hélio Leitão

Nota dos Organizadores: Em 26.4.2005 o jornal *O Povo*, de Fortaleza, publicou, do então Presidente da OAB/Seção do Ceará, Dr. Hélio Leitão, artigo intitulado "Paulo Bonavides, o Notável Jurista de Nosso Tempo", do qual reproduzimos abaixo a parte final:

Seus artigos em jornais, periódicos e em várias publicações especializadas são inumeráveis. Em todas as diversas áreas da Política e do direito constitucional contribuiu não apenas com seu didatismo, mas sobretudo, com novas visões.

O conturbado ano de 1992, período de crise em que a Câmara dos Deputados autorizou, e o Senado Federal julgou, pela primeira vez em nossa história, um Presidente da República por crime de responsabilidade, fez com que o intelectual atuasse, com seus conhecimentos, em prol da agenda política nacional. A pedido do então Presidente do Conselho Federal da OAB, Marcello Lavenère Machado, Paulo Bonavides emitiu um parecer, anexado ao processo de *impeachment*, intitulado "O Processo por Crime de Responsabilidade do Presidente da República". Tal contribuição demonstra que, somado ao seu vigor intelectual, encontra-se um combativo guerreiro, que soube aliar teoria à prática, auxiliando a OAB neste embate memorável na vida política e jurídica de nosso País, em que se envolveram, dentre outras figuras históricas do século XX, Barbosa Lima Sobrinho, como o cidadão subscritor da petição, e, como advogado, Evandro Lins e Silva.

Em 1996, como reconhecimento por seus serviços prestados ao Direito e à Nação, é agraciado com a mais importante comenda da OAB Nacional, a Medalha Rui Barbosa. A ressaltar que a referida comenda somente é oferecida, após parecer favorável e unânime do Conselho Federal da OAB, a quem tenha prestado serviços notáveis à causa do Direito e da Advocacia em âmbito nacional. Para se ter ideia da magnitude da condecoração, desde sua criação, em 1970, até os dias de hoje, somente 11 brasileiros foram agraciados, dentre os seguintes notáveis, apenas para citar alguns: Sobral Pinto (1971), Seabra Fagundes (1977), Evandro Lins e Silva (1991), Barbosa Lima Sobrinho (1995) e o próprio Paulo Bonavides, décimo agraciado.

Atualmente, uma de suas grandes missões é organizar a *Revista Latino-Americana de Estudos Constitucionais*. Sem medo de injustiças, trata-se do periódico mais plural e com o maior número dos mais talentosos juristas, não só do País e da América Latina, mas também de outras Nações. A *Revista* acabou por adquirir, graças à imensa credibilidade de Paulo Bonavides, uma amplitude que superou suas próprias fronteiras. Isto porque a *Revista Latino-Americana de Estudos Constitucionais* já conta com articulistas de Portugal (Jorge Miranda, Canotilho e Vital Moreira); Espanha (Javier Pérez Royo, Pablo Lucas Verdú); França (Louis Favoreu, já falecido, e Julien-Laferrière); Itália (Raffaele de Giorgi); Alemanha (Friedrich Müller, Klaus Stern, Robert Alexy, Wolf Paul, Claus-Wihelm Canaris e Peter Häberle) e Polônia (Krystian Complak).

Finalizo com a certeza de que, em tão curto espaço, não tenho como homenagear nosso professor Paulo Bonavides na extensão devida. Por outro lado, registro que as palavras aqui escritas representam o agradecimento da OAB ao jurista, intelectual e homem cívico que tem sido necessário à maturação intelectual de gerações distintas de estudantes, professores, advogadas e advogados que têm em sua obra momento de referência.

23. Helmut Wagner

Nota dos Organizadores: Em 1976 o professor Paulo Bonavides recebeu convite do professor Dr. Helmut Wagner, Catedrático de Ciência Política da Universidade Livre de Berlim (*Freie Universität Berlin*) para exarar parecer acerca da tese de doutoramento de Christian Moltmann apresentada àquela Universidade, e que versava sobre o tema "Die brasilianische Streitkräfte 1880-1910 – Innermilitärisehe Vorrussetzungen für politisches Handel". O parecer de Bonavides, encaminhado aos professores Drs. Helmut Wagner e I. Sotelo, membros da Comissão Examinadora, serviu de fundamento à aprovação da dissertação doutoral, conforme se infere da menção que dele fez o professor Dr. Helmut Wagner, nos seguintes termos:

Bonavides unterstreicht in seinem Gutachten das Ergebnis der Moltmannschen Untersuchung, wenn er ausführt: "Alle diese Faktoren trugen in ihrer Konsequenz dazu bei, die militärische Einmischung in das politische Leben des Landes während jener Zeit als nur sporadisch, zufällig und rein oberflächlich zu charakterisieren. Tatsächlich aber waren die sogenannten Militärregierungen der Republik in Wahrheit zivile Regierungen. Sie wurden zwar von charismatischen Persönlichkeiten wie Deodoro, Floriano und Hermes angeführt, die zivilen Politiker hatten aber aus den Kasernen nur den Menschen auf die politische Bühne geholt, jedoch nicht die Institution".

Ich bin davon überzeugt, daβ die Arbeit von Herrn Moltmann ein fundierter und origineller Beitrag zum Verständnis der brasilianischen Geschichte im Zeitraum von 1880-1910 ist, und gehe davon aus, daβ die Ergebnisse der Arbeit eine Reinterpretation der *civil-military ralations* in disem Zeitraum einleiten werden. Unter Berücksichtigung des den Unterlagen angefügten, ausführlich begründeten Urteils meines brasilianischen Kollegen, Herrn Paulo Bonavides, bewerte ich die wissenschaftliche Leistung der vorliegenden Dissertationsschrift mit *summa cum laude*.

24. Hermann Assis Baeta

Instituto dos Advogados Brasileiros

Rio de Janeiro, 25 de janeiro de 1998

Exmo. Sr. Prof. Jorge Miranda

Tenho a satisfação de solicitar a V. Exa. se digne transmitir ao Magnífico Reitor da Universidade de Lisboa as congratulações do Instituto dos Advogados Brasileiros em virtude da outorga do Título de Doutor *Honoris Causa* ao eminente professor Paulo Bonavides.

Encareço também transmitir ao referido professor Paulo Bonavides a nossa grande satisfação pela reconhecida homenagem, esperando que o novo título sirva de estímulo para que continue ministrando seus ensinamentos e contribuindo para a plena democratização do Estado de Direito em nosso País.

Aproveito o ensejo para renovar a V. Exa. protestos de admiração e apreço.

Hermann Assis Baeta

Presidente do IAB

25. João Clímaco Bezerra

Paulo Bonavides – *O Tempo e os Homens*

(Ensaios e crônicas – Fortaleza – 1952)

O Sr. Paulo Bonavides é uma robusta vocação de crítico literário. Tem acuidade, bom gosto, poder de assimilação e de análise. E possui, sobretudo, a condição mais essencial ao crítico legítimo: a honestidade. Honestidade que se traduz, antes e acima de tudo, pela independência em proclamar a verdade. Pelo menos o que ele julga ser a verdade.

Essas considerações foram as primeiras que me ocorreram ao ler o livro do Sr. Paulo Bonavides *O Tempo e os Homens (Ensaios e Crônicas)*, Fortaleza, 1952.

Não nego também ao Sr. Paulo Bonavides a vocação de ensaísta. Mas, através do seu livro, prefiro classificá-lo como um bom crítico literário, que esta é a qualidade mestra do seu espírito.

(...). A crítica do Sr. Paulo Bonavides é penetrante. A figura de Eça que resulta de suas páginas é um retrato de corpo inteiro.

(...). Eça de Queiroz foi completado, sob o seu aspecto revolucionário, com o trabalho do Sr. Paulo Bonavides. Pois que este o estuda em face das premissas apontadas pelo Sr. Djacir Menezes. E nesse ponto não deixa de ser interessante a observação de ambos.

(...). O Sr. Paulo Bonavides se converteu num dos bons intérpretes do velho Eça. E, se a crítica literária exige como condição essencial o bom gosto, a escolha do seu tema já constitui um atestado desse imperativo.

(...) julgo o seu livro, principalmente os seus trabalhos sobre Eça de Queiroz e Rui Barbosa, como das melhores páginas já escritas no Ceará. E principalmente as melhores escritas no ano de 1952.

(Suplemento Literário do *Unitário*, de 11.1.1953)

26. Jorge Carpizo/Héctor Fix-Zamudio

Instituto Iberoamericano de Derecho Constitucional

El Consejo Directivo del Instituto IberoAmericano de Derecho Constitucional, de acuerdo con las facultades que le confiere el Estatuto, ha aceptado al Dr. Paulo Bonavides como Miembro de dicho Instituto en la Sección Nacional de Brasil, con los derechos y facultades que señalan los Estatutos y Reglamentos del propio Instituto.

Mexico/DF, a 4 de octubre de 1978

Jorge Carpizo – Secretario General Ejecutivo

Dr. Hector Fix-Zamudio – Presidente del Consejo Ejecutivo

27. Jorge Miranda

Nota dos Organizadores: A Universidade de Lisboa, em Portugal, deliberou, por unanimidade, conferir ao professor emérito Paulo Bonavides o título de Doutor *Honoris Causa* em Direito. A comunicação foi feita ao homenageado pelo professor Dr. Jorge Miranda, Presidente do Conselho Diretivo da Faculdade de Direito daquela Universidade e autor da proposta apresentada à Comissão Científica do Senado da Universidade de Lisboa. Na proposta de concessão da láurea, o eminente juspublicista português ressaltou que o professor Bonavides, além de se ter revelado um grande amigo de Portugal, ali proferindo conferências, participando de Bancas Examinadoras, publicando estudos na *Revista* da Faculdade e promovendo intercâmbio cultural com aquele País, possui também currículo onde figura "uma larga carreira acadêmica com intervenções significativas dentro e fora do Brasil". Disse, ainda, que o mesmo era autor de "obras científicas de relevo, designadamente no campo do direito constitucional". Em razão disso, a Faculdade de Direito da Universidade de Lisboa "se prestigiaria com o ingresso no seu Colégio de Doutores de tão eminente personalidade acadêmica". Em mensagem dirigida ao professor Paulo Bonavides, referindo-se à atribuição desse grau de Doutor *Honoris Causa*, Jorge Miranda assinalou: "É um ato de justiça pelos seus elevados méritos como grande jurista e um ato de reconhecimento pelo seu contributo para as relações científicas entre nossas Universidades".

A cerimônia solene de imposição de insígnias ocorreu em Lisboa no dia 28.1.1998. Eis a relação dos Doutores *Honoris Causa* da Faculdade de Direito da Universidade de Lisboa, os quais tiveram seus nomes gravados no salão de entrada daquela Academia: Léon Duguit, Louis Josserand, Edouard Lambert, Waldemar Martins Ferreira, Nicolau Politis, Antonio Truyol y Serra, Claudio Sanchez-Albornoz, Alfonso García Gallo, Miguel Reale, Gilberto Freyre, Maurice Allais, Claus-Wilhelm Canaris, Antonio La Pergola, Domenico Maffei, Antonio García y García, Étienne Cerexhe, Robert Musgrave, Manoel Gonçalves Ferreira Filho, Paulo Bonavides, Raymond Barre, Alexandre do Nascimento, Alan Peaccok.

Proposta de Doutoramento *Honoris Causa*

O professor Paulo Bonavides, da UFC, é um dos mais ilustres juspublicistas brasileiros.

O seu currículo compreende formação na Alemanha, uma longa carreira académica com intervenções significativas dentro e fora do Brasil e a autoria de obras científicas de relevo, designadamente no campo do direito constitucional (entre as quais *Do Estado Liberal ao Estado Social*, *Ciência Política* e *Direito Constitucional*, todas com sucessivas edições).

Universitário integral, tem dado também um contributo importante ao desenvolvimento dos estudos jurídicos no Brasil, à consolidação das instituições académicas e à ligação entre a Universidade e a sociedade.

Por diversas vezes visitou Portugal – de que se tem revelado um grande amigo –, aqui proferiu conferências, fez parte de júris de exames e publicou estudos na *Revista* da nossa Faculdade. Organizou ainda a ida à sua Universidade de professores portugueses para aí regerem cursos.

Por tudo isto, e por considerar que a nossa Faculdade se prestigiaria com o ingresso no seu Colégio de Doutores de tão eminente personalidade académica, proponho que seja desencadeado o procedimento tendente à atribuição ao professor Paulo Bonavides do título de Doutor *Honoris Causa* em Direito pela Universidade de Lisboa.

Lisboa, 10 de janeiro de 1996

Prof. Dr. Jorge Miranda

28. José Geraldo de Sousa Jr.

Nota dos Organizadores: Em artigo publicado em 5.2.2006 no jornal *Tribuna do Brasil*, da Universidade de Brasília, intitulado "Defesa da Constituição", o ex-Reitor dessa Universidade, José Geraldo de Sousa Jr., refere-se à posição do professor Paulo Bonavides perante a malograda tentativa de revisão da nossa Carta Magna por meio de uma Assembleia Constituinte. A proposta foi apresentada e aprovada já na Comissão de Constituição e Justiça da Câmara dos Deputados. Escreveu o antigo Reitor da UNB:

Contra todas essas propostas a tomada de posição de importantes juristas se fez de modo firme e procedente. Por todas as objeções, vale pôr em relevo o posicionamento de Paulo Bonavides em entrevista de grande repercussão na *Folha de S. Paulo* de 15.8.2005 (p. A-14). Para o notável jurista, que trouxe para o direito constitucional a perspectiva da democracia participativa, essas iniciativas tomam a expressão de golpe contra a Constituição, provocando instabilidade institucional, abrindo a possibilidade de desconstitucionalização do País, por causa da vulnerabilização de seu potencial democrático. Para ele, a mudança possível, na transição constitucional é "no sentido de transformar a democracia indireta em democracia mais participativa, dando mais poder ao povo, mais presença deste na legitimação das tarefas de governo".

29. José Joaquim Gomes Canotilho

Nota dos Organizadores: Coroando a série de referências acima coligidas sobre o jurista que o TJCE homenageou em 21.1.2011, no Fórum Clóvis Beviláqua, erguendo-lhe uma estátua ao lado daquela do insigne codificador, segue-se o testemunho do douto constitucionalista português José Joaquim Gomes Canotilho, Catedrático da Universidade de Coimbra, o qual assim se expressou (trecho do discurso proferido na Universidade de Coimbra em 18.1.1991):

Há dois anos a Faculdade de Direito da Universidade de Coimbra convidou o professor Paulo Bonavides para proferir algumas aulas de Direito Constitucional (...).

As brilhantes conferências do professor Bonavides sobre a história constitucional brasileira são hoje uma memória cultural da nossa Faculdade.

30. Klaus Stern

Nota dos Organizadores: O professor Dr. Klaus Stern, Catedrático da Universidade de Colônia e autor de uma obra de direito público alemão em vários tomos, foi um dos juristas mais consagrados a que recorreu a Alemanha para firmar os tratados de reunificação do País após a queda do Muro de Berlim, bem como para resolver o problema constitucional de união das duas Repúblicas. Ao transcurso dos 80 anos do professor Bonavides, o professor Stern não só mandou o artigo "Der Richter und die Anwendung des Gesetzes" ("O Juiz e a Aplicação da Lei") para publicação na obra em homenagem ao colega brasileiro, como fez acompanhá-lo do seguinte texto, até agora inédito:

Der Richter und die Anwendung des Gesetzes
von Prof. Dr. Dres. h. c. Klaus Stern

Universität zu Köln

Paulo Bonavides ist einer der bedeutendsten Verfassungsrechtler, Verfassungshistoriker und Vertreter der Politischen Wissenschaft in Brasilien und darüber hinaus in ganz Lateinamerika. Er hat nicht nur in Süd-und Nordamerika hohes Ansehen erworben, sondern auch durch seine rechtsvergleichenden Arbeiten in Deustschland, Italien, Spanien und Portugal. In seinen rechtswissenschaftlichen Traditionen ist er in hohem MaBe von deutschen Rechtswissenschaftlern wie Savigny, lhering, Gierke, Jellinek und Hans Kelsen geprägt. Sein grundlegendes Werk, *História Constitucional do Brasil* ist über Brasilien hinaus weltweit gerühmt. Auch sein Buch, "Die offene Verfassung. Aktuelle Themen der Politik und Verfassung" aus dem Jahre 1991 sowie sein Beitrag auf dem Kölner Symposion "40 Jahre Grundgesetz – Entstehung, Bewährung und internationale Ausstrahlung" haben ihn als exzellenten Kenner des Verfassungsrechts und der Politischen Wissenschaft ausgewiesen. Viclfach wird er sogar als Begründer der Politischen Wissenschaft in Brasilien bezeichnet. Ihn mit einem Beitrag aus Rechtstheorie und Verfassungsrecht zu ehren ist mir nicht nur officium nobile, sondern auch gern erfüllte Freundesgabe. Welches Geschenk könnte hicrfür besser geeignet sein als jener Vortrag, den ich am 2. September 1999 bei der XVII. Conferência Nacional dos Advogados auf Einladung des Vorstandes des Ordem dos Advogados do Brasil, dem Paulo Bonavides angehört, gehalten habe.

31. Krystian Complack

Nota dos Organizadores: Escrevendo no *Anuário de Derecho Constitucional Latinoamericano 2007*, t. I do *Programa Estado de Derecho para Latino-América*, da Fundação alemã Konrad Adenauer, o professor Dr. Krystian Complack, Catedrático da Universidade de Cracóvia, na Polônia, em artigo intitulado "Instrumento de Participação Popular no Direito Constitucional Europeu e Latino-Americano", faz referência a um traço de originalidade na obra desse pensador brasileiro, nosso homenageado. Com efeito, primeiro assevera Complack:

Sem embargo, quando falamos da autêntica participação popular constitucional temos em mente as situações nas quais a cidadania forma automaticamente os atos de governo. Não há muitos institutos desse gênero, sobretudo em escala nacional.[1]

[1]. Neste aspecto, não é de admirar que um autor brasileiro se refira à necessidade de "repolitização da legitimidade" (Paulo Bonavides, *Teoria Constitucional da Democracia Participativa. Por um Direito Constitucional de Luta e Resistência. Por uma Nova Hermenêutica. Por uma*

Repolitização da Legitimidade, São Paulo 2001). A meu conhecimento, a obra do professor de Fortaleza é a única monografia deste gênero na literatura jurídica mundial.

32. Leandro Vergara

Nota dos Organizadores: O professor Dr. Leandro Vergara, Diretor do Departamento de Pós-Graduação da Faculdade de Direito da Universidade de Buenos Aires/UBA, escreveu, no "Prólogo" da obra *Reflexiones sobre Derecho Latinoamericano – Estudios en Homenaje al Profesor Paulo Bonavides*, vol. 2, Buenos Aires, Editorial Quorum, 2011, as seguintes palavras a respeito do Professor homenageado:

Los trabajos que componen este libro son estudios y reflexiones jurídicas realizados en homenaje al ilustre profesor Paulo Bonavides. Los mencionados trabajos fueron realizados por alumnos de la modalidad intensiva para el Doctorado que dirige el profesor Ricardo Rabinovich--Berkman.

(...). El profesor Bonavides es uno de los mejores ejemplos de cómo su escritura fue siempre un acto del pensamiento. Es decir sus escritos reflejan su pensamiento, y este ha sido muy importante para la cultura jurídica. No hay mejor homenaje para un escritor que escribir en su honor. Aunque en rigor, confieso, desde mi punto de vista, que se trata del segundo mejor homenaje. El primero es leerlo. Asumo que todos los autores de esta obra, al igual que casi todos los abogados del Brasil ya han cumplido, reiteradamente, con el primero de los homenajes. Para ser honesto no sólo lo han leído, lo han re-leído, estudiado y citado en innumerables ocasiones. Si bien la jerarquía y entidad del profesor Bonavides abruma, lo cual pudo intimidar a los autores, por fortuna y para bien de los potenciales lectores dicha jerarquía funcionó en realidad como un incentivo para emprendieren la tarea. La publicación de un libro en homenaje, en el saco del profesor Bonavides, debe ser visto como una de muestra de respeto por los valores y méritos de su obra.

33. Louis M. Lyons

Harvard University
Nieman Foundation for Journalism
Office of the Curator
April 19, 1957
To whom it may concern:

This will certify that Mr. Paulo Bonavides attended Harvard University for the college year, September, 1944, to June, 1945, on a special fellowship granted by the Coordinator of the Inter-American Affairs, Mr. Nelson A. Rockefeller.

Mr. Bonavides studied here under the direction of a Committee on Inter-American Affairs, of which professor Clarence H. Haring was chairman, and I was a member. Among his studies that year he concentrated especially in a course in the sociology of law, taught by Roscoe Pound, former Dean of the Harvard Law School, and a course in sociology, taught by Peter Sorokin, professor of social relations.

Both these distinguished scholars, and also professor Haring, have since retired from teaching on the Harvard Faculty. But the records of the office show Mr. Bonavides work in the University in 1944-45.

As a journalist, he was associated with the Nieman Fellows in Journalism at Harvard, who are United States newspapermen appointed for a year of background studies at the University.

I remember him very well as a conscientious worker, a very able student, and an alert participant in the seminar discussions of the Nieman Fellows over which I presided as moderator. We very much enjoyed his association and think of as a splendid representative of the journalism of Brazil.

Louis M. Lyons

Curator

34. Luís Roberto Barroso

Nota dos Organizadores: Em conferência no dia 2.12.2011 durante a abertura do X Seminário de Direito Militar promovido pelo Superior Tribunal Militar/STM, o Dr. Luís Roberto Barroso, Professor Titular da Universidade Estadual do Rio de Janeiro/UERJ, traçou breve perfil do nosso homenageado:

Tenho muito prazer e muita honra de estar aqui e de compartilhar com os Srs. algumas ideias e reflexões sobre o que eu denominei o *novo direito constitucional*. É um prazer elevado estar aqui com os Srs., e é um prazer elevado compartilhar dessa Mesa com meu querido amigo, professor Paulo Bonavides.

Para quem eventualmente não seja do ramo, o professor Paulo Bonavides é não apenas o decano dos professores de direito constitucional no Brasil, mas também um exemplo que manteve acesa a chama e que foi seguido por muitas gerações nessas muitas décadas em que ele tem se dedicado à reflexão construtiva do direito constitucional.

Além de ser um dos melhores que produziram em todos os tempos, o professor Paulo Bonavides conserva uma virtude que deve ser o segredo de sua longevidade. Além desse comprometimento com o Brasil e da sua dedicação ao estudo, ele é um homem de grande senso de humor. (...).

35. Manoel Caetano Bandeira de Mello

Of. n. 229/73-SG-CFC

Em 3 de julho de 1973

Do Secretário-Geral do Conselho Federal de Cultura

Ao Magnífico Reitor da Universidade Federal do Ceará

Magnífico Reitor,

em cumprimento ao que foi decidido na reunião plenária do dia 7 de junho corrente, informo a Vossa Magnificência haver sido aprovado, por sugestão do conselheiro Arthur Cézar Ferreira Reis, Voto de Aplauso a essa Universidade pelo lançamento do livro *Textos Políticos da História do Brasil*, de Paulo Bonavides e Amaral Vieira, livro de importância fundamental para conhecimento da história de nosso País.

Na oportunidade, o conselheiro Djacir Menezes manifestou solidariedade ao trabalho de Paulo Bonavides.

Valho-me do ensejo para apresentar protestos de consideração.

Manoel Caetano Bandeira de Mello

Secretário-Geral

36. Marcelo Cerqueira

Nota dos Organizadores: O texto é de carta de Marcelo Cerqueira, ex-Presidente do Instituto dos Advogados Brasileiros/IAB, endereçada ao jornalista Marcelo Ponte, do *Jornal do Brasil*, a propósito de um artigo de Paulo Bonavides intitulado "Os Direitos da Quarta Geração".

Rio, 2 de janeiro de 1996

Para Marcelo Pontes/*JB*

Caro Xará,

através do amigo comum Herman Baeta, ex-Presidente da OAB e atual Presidente eleito do IAB, o professor Paulo Bonavides enviou ao

JB artigo sob o título “Os Direitos da Quarta Geração”. Não apenas a “terceira”, mas já a “quarta geração” tem ocupado autoridades e estudiosos do Primeiro Mundo, preocupação que agora nos chega através da pena do professor Bonavides, certamente o nosso maior constitucionalista. Leia-o, e com certeza ficará também cativo dos argumentos do ilustre pensador.

Esse bilhete é também a oportunidade de saudá-lo com votos de um ano com paz e saúde, porque o resto – sempre ouvi em Grajaú – a gente faz.

Abraça-o

Marcelo Cerqueira

37. Marcelo Navarro Ribeiro Dantas

T. Pleno – 3 de março de 2004

Tribunal Regional Federal da 5ª Região

Moção de Apoio

O Exmo. Sr. Des. Federal Marcelo Navarro: Sr. Presidente, além de me associar, devo dizer algumas palavras. Assim como mostrou o ilustre colega Francisco Wildo Lacerda Dantas, a gratidão é uma coisa muito importante.

Dr. Paulo Bonavides se prontificou, numa conversa comigo, a me encaminhar para um pós-doutorado na Universidade de Frankfurt, junto ao professor Wolf Paul, que era um grande amigo seu, um grande amigo do Brasil naquele País.

Com essa ligação pessoal e alguns contatos que tivemos, faço esse registro, por entender que é um dever moral meu e porque também ajuda a mostrar a dimensão humana do professor Paulo Bonavides, que, além de ser esse jurista impressionante, considero-o um dos grandes gênios vivos do Direito Brasileiro, Professor Visitante da Universidade de Colônia, na Alemanha; da Universidade de Tennessee, nos Estados Unidos; da Universidade de Coimbra; é ainda Professor *Honoris Causa* da Universidade de Lisboa; é membro de dezenas de associações internacionais de direito constitucional, de direitos humanos; enfim, é um nome que, efetivamente, honra o Nordeste inteiro, onde o Ceará e a Paraíba lhe disputam a paternidade e o Rio Grande do Norte se sente muito feliz de saber que ele é um homem muito ligado àquela terra. E este sendo praticamente um Tribunal do Nordeste estará fazendo um ato de justiça com essa proposição que em muito boa hora V. Exa. vem trazer a esta Casa e à qual me acosto com muita satisfação.

Nota dos Organizadores: O Des. Marcelo Navarro Ribeiro Dantas, Vice-Presidente do do TRF-5ª Região, com sede no Recife, proferiu, em 20.7.2011, na Capital rio-grandense, em sessão solene de comemoração do primeiro centenário da Liga de Ensino do Estado do Rio Grande do Norte, instituição mantenedora da FARN e da Escola Doméstica de Natal, discurso de agradecimento em nome dos agraciados com a Medalha de Honra ao Mérito Varela Santiago. Nessa peça oratória o Desembargador se referiu ao professor Bonavides nos seguintes termos:

Vejo-me ao lado de uma lista de homenageados que começa com o nome do professor Paulo Bonavides, e me pergunto se não há algum erro. Como posso eu estar no mesmo patamar desse homem? Paulo Bonavides é um herói sem armas do Brasil contemporâneo. Dizer dele "é um luminar do Direito" é muito pouco. Um bastião da resistência democrática, um campeão das liberdades públicas, um homem de bem, um Professor na essência da palavra – é dizer alguma coisa, mas não basta. Desfiar-lhe os títulos – impossível, tomaria a noite toda. Dizer que seus livros não contêm apenas lições jurídicas, mas de vida – é fazer justiça à sua obra imensa. O reconhecimento de seu trabalho não é apenas nacional. De sorte que fico apenas na legenda que seu nome representa e na qual sintetizo a vaidade imensa de todos nós outros agraciados de ter no peito a mesma medalha que ele. Porque sempre foi um amigo da Liga e do Rio Grande do Norte, esse paraibano cearense que o nordeste inteiro venera.

38. Márcio Thomaz Bastos

Nota dos Organizadores: Márcio Thomaz Bastos, Advogado de renome no foro criminal do País, ex-Ministro da Justiça e ex-Presidente do Conselho Federal da OAB, dirigiu mensagem de congratulações à Universidade de Fortaleza pela outorga do título de Doutor *Honoris Causa* ao professor Bonavides. Teor da mensagem:

São Paulo, 24 de junho de 2010

À Universidade de Fortaleza, da Fundação Edson Queiroz

Att.: Reitoria

Ao mesmo tempo em que justifico minha ausência, cumprimento-os pela concessão do título de Doutor *Honoris Causa* ao Min. César Asfor Rocha e ao professor Paulo Bonavides.

Os dois agraciados são exemplares como juristas, cidadãos e homens públicos com inestimáveis serviços prestados à Justiça e à Cidadania.

Assim, apresento a essa prestigiosa Instituição os meus votos de louvor pela iniciativa e reitero a minha grande amizade, admiração e respeito aos homenageados.

Márcio Thomaz Bastos

39. Marcus Vinicius Furtado Coelho

Nota dos Organizadores: Em discurso proferido em 12.6.2013 por ocasião da solenidade de abertura do Seminário dos 25 Anos da Constituição, o Presidente Nacional da OAB, Marcus Vinicius Furtado, assinalou a cooperação que o professor PAULO BONAVIDES, Patrono do evento, tem prestado à causa do Direito e da Constituição de 1988. Disse o Presidente da OAB nacional:

Devemos destacar também a importância que teve a presença de ilustres juristas, que, direta e indiretamente, participaram do processo reconstituinte brasileiro, ocorrido entre fevereiro/1987 a outubro/1988. Dois deles se fazem presentes neste evento, engalanando-o: os professores Drs. Paulo Bonavides e José Afonso da Silva, Mestres dos constitucionalistas brasileiros.

Como dizia Rui Barbosa, ícone da nossa classe e luzeiro de gerações de advogados brasileiros, "legalidade e liberdade são as tábuas da vocação dos advogados". E a Constituição brasileira vigente, garantindo um amplo plexo à segunda, e conferindo força e vinculatividade à primeira, é marco nacional e universal de valores cívicos e jurídicos ao País e ao mundo.

E Paulo Bonavides, o nosso Medalha Rui Barbosa, já nos disse que "Fora da Constituição, não há instrumentos nem meio que afiance a sobrevivência democrática das instituições".

40. Maria Adélia Campello

Nota dos Organizadores: Maria Adélia Campello, a primeira mulher a presidir o sesquicentenário Instituto dos Advogados Brasileiros – a Casa de Montezuma, uma das mais antigas, se não a mais antiga, associação de advogados da América Latina –, em seu discurso de posse, proferido em maio/2006, fez uma profissão de fé nos valores da democracia e terminou sua oração com as seguintes palavras:

Concluo apropriando-me da magistral lição do jusfilósofo Paulo Bonavides, associado do IAB, em que define os princípios e valores que norteiam o Estado Democrático de Direito, valores, esses, que inspirarão a atuação da nova Diretoria.

Diz ele: "O Estado de Direito não se define apenas pela legalidade, mas pelos princípios constitucionais, por considerações superiores de mérito, que o governam e fundamentam. Sobre ser Estado da separação de Poderes, é Estado de direitos fundamentais, Estado constitucional, Estado da legitimidade e, sobretudo, da proteção e tutela da dignidade da pessoa humana; enfim, Estado que faz da justiça, da razão e da liberdade os esteios do regime político e da organização social".

E digo eu: este é o Estado que queremos, e será voltado para o aperfeiçoamento deste Estado que o Instituto dos Advogados Brasileiros envidará seus melhores esforços pelos próximos dois anos.

41. Ministra Maria Elizabeth Teixeira Rocha

Nota dos Organizadores: Em artigo publicado sob o título "Democracia e Legitimidade" em 21.6.2005, a Min. Maria Elizabeth Guimarães Teixeira Rocha, do Superior Tribunal Militar/STM, ocupando-se da obra do professor Paulo Bonavides, externou os seguintes conceitos sobre o jurista que o TJCE homenageou com a estátua aposta ao lado da de Clóvis Beviláqua:

O professor Paulo Bonavides é um dos mais ilustres juristas brasileiros. Professor Emérito da Faculdade de Direito da UFC, lecionou em várias universidades estrangeiras, tendo sido agraciado, ao longo de sua vida, com inúmeros prêmios jurídicos.

Doutor *Honoris Causa* pela Universidade de Lisboa e membro de afamados institutos e academias de direito constitucional no Brasil e no Exterior, sua doutrina é fundamental para a compreensão da nova hermenêutica e do direito constitucional contemporâneo.

(...). Pensador vigoroso, Paulo Bonavides jamais se intimidou em apontar o esfacelamento sistemático do regime democrático e formular proposições cujas premissas expõem o problemático dilema da ética de dominação.

42. María M. Rocasolano

Nota dos Organizadores: O texto abaixo reproduzido consta de excertos do "Estudio Preliminar" que a professora María M. Rocasolano, da Universidade de Múrcia, na Espanha, fez acompanhar em sua tradução em castelhano da obra *Do Estado Liberal ao Estado Social*, de autoria do professor Paulo Bonavides.

La obra que el lector sostiene en sus manos surge bajo el deseo de expandir el pensamiento y erudición del profesor Paulo Bonavides a los lectores del idioma Castellano (...), la presente edición cuenta con una de las últimas reflexiones del reconocido y destacado constitucionalista salmantino Pablo Lucas Verdú, lo que distinguen y dan un valor especial a la presente edición de la obra del profesor Paulo Bonavides.

Se ha realizado un esfuerzo en la traducción jurídica para recoger con la mayor fidelidad posible el elegante estilo, la forma coherente, la estructura sistemática y equilibrada en sus contenidos del Profesor cearense. (...). El continuo diálogo con autores clásicos y contemporáneos motiva la reflexión y enriquece el discurrir jurídico-político. Probablemente influido por el conocimiento profundo de los clásicos, el Autor adopta en su discurso una cadena racional deductiva en la que se van engarzando sutilmente pensamientos, reflexiones e ideas en *pro* del Estado Social y la configuración de un nuevo derecho, el derecho al Estado Social, con la finalidad última de la defensa de la libertad y la igualdad (...). Realidad y efectividad del Estado Social están hoy presentes en el discurso europeo donde la economía no tiene recursos para cubrir las prestaciones de los Estados del Bienestar, sin embargo no debemos olvidar que los Estados Sociales representan valores que "son" porque han sido desvelados por las circunstancias histórico-político-jurídicas que veremos a lo largo de las próximas páginas de la mano de Paulo Bonavides.

43. *Mauro Benevides*

Nota dos Organizadores: Discurso proferido pelo deputado Mauro Benevides na sessão de 14.12.2004:

Sr. Presidente, Sras. e Srs. Deputados,

com ampla repercussão junto aos círculos jurídicos e os demais segmentos da comunidade cearense, a OAB/Seccional do Ceará inicia, hoje, ampla campanha "em defesa da República e da Democracia", que tem a estimulá-la a figura do professor Paulo Bonavides, uma das maiores expressões da cultura brasileira.

Aquele Mestre, com a sua autoridade de emérito defensor das liberdades públicas, decidiu-se por encampar tal iniciativa, fazendo-o numa linha de mobilização que contou, desde ontem, com amplos espaços da mídia, tendo o jornal *O Povo* destacado, em editorial, a relevância do cometimento, realçando, enfaticamente: "Quanto ao Movimento Fortaleza-

-Cidadã, apresenta-se como uma iniciativa suprapartidária da sociedade civil, sem ligação institucional com o Governo Municipal, no sentido de fazer da Capital cearense um espaço de construção de um modelo próprio, de acordo com os princípios de democracia participativa e que possa servir de referencial a uma nova relação entre o Poder Público e a cidadania".

No mês anterior aquele órgão de nossa imprensa já abrira colunas para que artigos alusivos a essa temática fossem divulgados, cabendo-me situar-me no contexto de campanha patrocinada pela OAB, com vistas a garantir maior eficácia e aplicabilidade aos institutos do plebiscito e referendo.

Recorde-se que, durante a Assembleia Nacional Constituinte/ANC, acirradas e brilhantes discussões foram travadas por senadores e deputados, convindo relembrar memorável pronunciamento do saudoso Afonso Arinos no Plenário da ANC, com numerosos apartes solidários, que robusteceram a convicção de que os dois institutos são fundamentais para a prática da democracia.

O professor Fábio Comparato far-se-á presente a esta grandiosa promoção, emprestando, assim, o brilho de sua integração à cruzada que haverá de ressoar junto à comunidade brasileira.

Desejo, aliás, sugerir à nossa Comissão de Constituição e Justiça que convide para uma próxima audiência pública o Professor Paulo Bonavides, oferecendo-lhe suporte de apoio da Câmara dos Deputados para o seu propósito de avigoramento de tais instrumentos de ação participativa.

Estou certo de que o movimento, prestes a ser deflagrado com a maior intensidade, assumirá contornos de irreversibilidade, não se lhe negando apoio para que alcance os índices de conscientização cívica por todos desejados.

Ao registrar, desta Tribuna, a aludida campanha, desejo cumprimentar Paulo Bonavides e todos quantos, ao seu lado, batalharão por uma causa de tanta significação para os nossos rumos democráticos.

O plebiscito e o referendo não podem permanecer olvidados, quando sabido que o respectivo alcancc é fundamental para o fortalecimento de nossos sentimentos políticos.

Ambos deixarão a frieza do texto de nossa Lei Maior para tornar-se ação imperativa, capaz de empolgar a cidadania, no polimorfismo de suas concepções doutrinárias.

Nota dos Organizadores: O ex-Senador e Vice-Presidente da Constituinte de 1987-1988, Mauro Benevides, em discurso proferido na Câmara dos Deputados em 10.3.2009, referindo-se ao professor PAULO BONAVIDES, que acabara de receber no Peru, da *Universidad Garcilaso de la Vega* e da *Universidad Mayor de San Marco*, Decana da América, títulos honoríficos, declarou:

O jurista Paulo Bonavides há sido alvo, ao longo de suas atividades, como jurista emérito, de incontáveis homenagens de setores universitários, num merecido reconhecimento ao seu talento fulgurante e cultura polimorfa, comprovados em tantas obras publicadas, algumas delas versadas para outros idiomas.

(...). Agora, a Universidade Garcilaso de la Vega, com sede em Lima, no Peru, uma das mais conceituadas da América Latina, vem de atribuir-lhe o título de Doutor *Honoris Causa*, o que abrilhantará o seu invejável *curriculum vitae* de consagrado Mestre da Ciência Jurídica.

Recorde-se, por oportuno, que dentre as inúmeras condecorações com que foi galardoado cita-se a Medalha Clóvis Beviláqua, do TJCE, entregue pelo então Presidente da egrégia Corte, Des. Fernando Ximenes Rocha.

Fazendo o presente registro, o que objetivo é realçar uma personalidade paradigmal, que honra e enobrece os foros jurídicos brasileiros, com relevo internacional.

Aliás, no ano de 2006 a Universidade de Córdoba também o distinguiu com significativa honraria, conferindo-lhe diploma da mesma magnitude, numa justa ampliação de sua alentada biografia.

A Paraíba que o viu nascer, e o Ceará, perfilhando-o calorosamente, sentem-se envaidecidos e orgulhosos por verem Bonavides redimensionar a sua merecida projeção por entre os mais prestigiosos Sodalícios culturais de várias nacionalidades.

44. Ministro Napoleão Maia Nunes Filho

Nota dos Organizadores: Seguem-se trechos do discurso proferido pelo então Des. Federal Napoleão Maia Nunes Filho de saudação ao professor PAULO BONAVIDES por ocasião da solenidade de entrega do Grande Colar do Mérito Pontes de Miranda, outorgado pelo TRF-5ª Região, com sede no Recife. O Des. Napoleão era o Vice-Presidente dessa Corte nesse ensejo.

Professor Paulo Bonavides, é uma grande honra, uma honra incomum para o Tribunal da 5ª Região e para a *Comenda Pontes de Miranda*, incluir V. Exa. entre os com ela agraciados. Isto porque V. Exa., além de jurista completo, refinado e erudito, como de generalizado conhecimento, também é um devotado cultor da língua portuguesa.

Contudo, quem lê o que V. Exa. escreve, professor Bonavides, se encanta não apenas com a sua erudição jurídica, com a profundidade ou a altitude do seu saber, mas também com a sua maneira de expor, com a elegância de suas frases, com a precisão de suas locuções, com a certeza e a perfeição dos seus raciocínios, sempre expostos com a maior clareza, filha da sua íntima convicção.

V. Exa. divulgou por primeiro entre nós os conceitos de *proporcionalidade*, de *razoabilidade*, de *interpretação conforme a Constituição* e de *exegese principiológica*, e outros institutos do direito público, particularmente do direito constitucional, que têm uma valia imensa, extraordinária, na nossa atividade de julgadores; *graças a V. Exa. é que nós não confundimos, por exemplo, indiferença com altivez, insensibilidade com imparcialidade, distância com liberdade de julgar*.

(...). Na nossa avaliação, na de seus alunos, na de seus ex-alunos, na de seus amigos e na de seus admiradores, V. Exa. é da magnitude, da grandeza, da estatura, de Kelsen, de Perelman, de Cossio, de Recaséns Siches, de Miguel Reale, do grande Lourival Vilanova, de Pontes de Miranda, do erudito e admirado Nelson Saldanha; poderíamos desfilar outros nomes de igual grandeza, mas esses bastam para referenciar o tamanho da nossa admiração por V. Exa., professor Paulo Bonavides.

(...). V. Exa. é um grande homem da Paraíba, um grande cearense nascido na terra de Augusto dos Anjos, um nordestino absolutamente montanhoso, heráldico, imenso, igual a Celso Furtado, a Ariano Suassuna, a Clóvis Beviláqua e a Farias Brito ou Gilberto Freire; igual, seguramente, aos maiores nordestinos que já nasceram nessa Região.

45. Ophir Cavalcanti

Nota dos Organizadores: Ao proferir, em 20.8.2011, na cidade de Salvador, o discurso de encerramento da Conferência Estadual dos Advogados da Bahia, o Dr. Ophir Cavalcanti, Presidente do Conselho Federal da OAB, assim se referiu ao professor Paulo Bonavides, que havia proferido "Oração de Abertura" daquele importante evento da Advocacia baiana:

Deixei propositadamente por último o querido professor Paulo Bonavides. Paulo Bonavides é uma daquelas pessoas que efetivamente são uma lenda viva do Direito Brasileiro; não só o brasileiro: é uma referência mundial. E encontrá-lo aqui na Bahia me remete a uma série de relembranças a respeito dessa amizade que une o professor Bonavides a meu pai, e que certamente se espraia a mim próprio. Mas, independentemente da amizade pessoal, é fundamental que nós cultuemos pessoas que têm efetivamente contribuído para o enriquecimento da cultura jurídica no Brasil. Ele é, com efeito, um cientista do Direito. Por isso, eu quero mais uma vez render as minhas homenagens, as homenagens da Advocacia Brasileira, a essa grande personagem que é Paulo Bonavides. Muito obrigado, meu caro Medalha Rui Barbosa, Paulo Bonavides, por tudo isso que tem proporcionado a nós, brasileiros, na área do Direito.

46. Pablo Lucas Verdú

Nota dos Organizadores: Em "Prólogo" de Pablo Lucas Verdú, antigo Catedrático de Direito Constitucional da Universidade Complutense de Madri, à tradução espanhola do livro *Do Estado Liberal ao Estado Social*, de autoria do professor Paulo Bonavides, constam as seguintes referências sobre a obra e a figura do homenageado:

Del Estado liberal al Estado Social es una soberbia contribución al constitucionalismo brasileiro y al derecho público universal, su temática es plenamente actual en el momento de crisis económica y de pérdida de valores de las sociedades de nuestro panorama euroatlántico. Al respecto, la lectura de la obra del profesor de Fortaleza representa un erudito análisis de la expresión liberal y social del Estado mediante un interesante, detallado y minucioso recorrido histórico y político-constitucional. La ocasión de prologarla me inspira a la reflexión sobre el interés que comparto desde antiguo con el muy reconocido por mí, profesor Paulo Bonavides, la dimensión axiológica de la Constitución y del Estado.

(...). Situado en el iusnaturalismo crítico, hoy ante la llamada "pérdida de valores" ha de acentuarse dicha conexión, recordando que los avances de la Sociología y de la Ciencia Política han contribuido a aportar una visión axiológica y cultural a la fórmula del Estado y de sus condicionantes sociopolíticos.

En esta línea argumental se sitúa también Paulo Bonavides, que a lo largo de su texto nos muestra un agudo análisis de la dinámica de las revoluciones, los riesgos y enfermedades del Estado Social, su morfología con referencia a los valores, la Ética y la Moral, así como la estructura normativa y las ideas que lo conforman.

47. Paes de Andrade

Nota dos Organizadores: Paes de Andrade, ex-Presidente da Câmara dos Deputados, ex-Presidente da República interino e atual Presidente de Honra do PMDB, em discurso naquela Casa Legislativa, solicitou transcrição nos *Anais da Câmara* da oração que o professor PAULO BONAVIDES proferiu em 1996 ao receber, por ocasião do XVI Congresso Nacional de Advogados, a Medalha Rui Barbosa, que lhe fora outorgada, à unanimidade, pelo Conselho Federal da OAB. Disse Paes de Andrade, textualmente:

Ele foi o décimo escolhido para receber a Medalha Rui Barbosa, desde sua criação, em 1971. Anteriormente, foram agraciados com a honraria nomes da estatura de Heráclito de Sobral Pinto, (1971); Dário de Almeida Magalhães (1975); Nehemias Gueiros (1976); Miguel Seabra Fagundes (1977); José Ribeiro de Castro e Silva (1982); Augusto Sussekind de Moraes Rego (1984); e Alexandre Barbosa Lima Sobrinho.

Inserido nessa restrita galeria de brasileiros ilustres, Paulo Bonavides disse, em primoroso pronunciamento, sentir-se sinceramente agradecido, "porque tenho a consciência da importância que representa a honraria, que parte da OAB, detentora de tradição inquestionável de defesa e promoção das liberdades humanas, dos direitos fundamentais". Bonavides alertou para a cobrança do princípio federativo imposta pelo contexto brasileiro. Segundo o notável Jurista, questões regionais como a recente medida provisória sobre a indústria automotiva tendem a se tornar nacionais. Podem gerar desequilíbrios, fomentar ressentimentos, advertiu.

E concluiu sua magistral oração, aplaudido de pé, prolongadamente, por todo o Plenário, com dramático apelo ao Presidente da República, afirmando:

"Senhor Presidente da República, siga o exemplo dos constituintes de 1823, dando emprego ao povo e aos trabalhadores.

"Não feche as fábricas de São Paulo.

"Não aprofunde os desequilíbrios sociais.

"Não desnacionalize a economia brasileira.

"Não sufoque as indústrias do Nordeste, nem da Amazônia nem do Brasil Central.

"Não negue aos estudantes o acesso à escola pública. Não casse a autonomia das universidades.

"Não permita que as suas reformas destrocem a Constituição de 1988.

"Não fique 173 anos, quase um século, aquém dos constituintes de 1823, que tinham mais consciência social e sensibilidade democrática que os desnacionalizadores da globalização e do neoliberalismo.

"O Brasil é maior que todas as reeleições presidenciais."

Sr. Presidente, incorporo ao meu discurso o importante pronunciamento do eminente jurista Paulo Bonavides, a fim de que seja transcrito nos *Anais* desta augusta Casa, para que fique registrado, para sempre, como lições às futuras gerações.

Era o que eu tinha a dizer.

Muito obrigado.

48. Pedro J. Frías

Nota dos Organizadores: Numa breve mas densa e eloquente oração, em 24.10.2006, o acadêmico Pedro J. Frías, Presidente de Honra da Associação Argentina de Direito Constitucional, recepcionou, em nome da Academia Nacional de Direito e Ciências Sociais de Córdoba, o professor PAULO BONAVIDES, novo Acadêmico-Correspondente dessa douta Corporação, com as seguintes palavras:

Tengo el honor de saludar en nombre de la Academia el profesor Paulo Bonavides, protagonista del derecho público del Brasil. Referente sí, por una afortunada asociación de trabajo intelectual y de autoridad moral. Su dedicación fecunda a la enseñanza y a la investigación ha sido reconocida por múltiples premios y distinciones, como la de Doctor *Honoris Causa* de la Universidad de Lisboa y tantas otras que no me atrevo a citar porque su *curriculum* desafía la imaginación.

(...). El origen de las crisis cívicas en Latinoamérica suele ser institucional y lo digo en esta Academia porque son las instituciones que pueden contribuir a superar las ideas, aunque no les corresponde liderar movimientos. Aunque ahora la Iglesia ha innovado cuando se trata de conflictos institucionales y a pesar de sus riesgos lo encuentro necesario a falta de otros protagonismos.

(...). Y esto me vuelve a Bonavides, porque sus libros han servido a Brasil para algunos cambios. En los 50 sistematizó el *Estado Social*, dando a Brasil una alternativa al populismo y un liberalismo duro. En los 60 fue su *Ciencia Política*, que hizo pensar a las generaciones cultas. En los 70 sus tesis originales se volcaron al Federalismo de las Regiones, para su integración y cooperación. Más recientemente difundió las hermenéuticas constitucionales y la democracia participativa.

Quiero cerrar está apretada referencia señalando, sin que haga falta, que con el Brasil incorpora a nuestra Academia su maestro de las instituciones.

49. Peter Häberle

Nota dos Organizadores: Peter Häberle, ícone do Constitucionalismo europeu contemporâneo, em seu artigo "Novos Horizontes e Novos Desafios do Constitucionalismo", publicado na *Revista Europeia de Direitos Fundamentais* (*Europäische Grundrechte-Zeitschrift/EuGRZ*), edição de 30.11.2006, conclama "os publicistas mais qualificados das várias Nações" a colocarem "os seus ensinamentos a serviço do Estado Constitucional como projeto universal", e entre os da América Latina se refere destacadamente a "Paulo Bonavides do Brasil e Héctor Fix-Zamudio do México".

Depois de afirmar que o *projeto do Estado Constitucional* à escala universal, enquanto consideração teórica, pode ser alicerçado em exemplos históricos, o eminente Professor da Universidade alemã de Bayreuth escreve:

(...). Tão cedo, a saber, desde Aristóteles, Montesquieu, Rousseau, antes J. Locke, a seguir E. Kant, torna-se o Estado Constitucional uma realização cultural. Os clássicos alemães da época de Weimar continuam a irradiar o seu nome até hoje, muito para além da Alemanha: Heller exerce seguramente a sua influência, como um dos "mais qualificados constitucionalistas", até à América Latina (através da Espanha), H. Kelsen é também aí, até hoje, um autor muito citado. C. Schmitt exerceu uma influência em parte positiva (*Teoria da Constituição*, de 1928), em parte negativa (por exemplo, no Portugal de Salazar). Do Brasil, com (retro) influência sobre o "Constitucionalismo português", pode certamente citar-se P. Bonavides. J. Rawls alcança uma projeção universal, que chega ao próprio interior do Tribunal Constitucional alemão-federal (sentenças 101, 158 e 218). De entre os meus próprios professores, e na atualidade, deve ser evocado K. Hesse. A partir do México, H. Fix-Zamudio adquire grande influência na compreensão do Estado Constitucional e dos seus princípios específicos (...).

Nota dos Organizadores: Em texto intitulado "Entrevista com o Professor Dr. h. c. mult. Peter Häberle por Ingo Wolfgang e Pedro Scherer de Mello Aleixo/ Respostas traduzidas por Virgínia Coelho Felippe dos Santos" há novas referências de Häberle, ícone dos constitucionalistas europeus contemporâneos, à figura do professor Paulo Bonavides, as quais se seguem:

(...). As grandes decisões, a exemplar revalorização do direito processual constitucional, os votos de alto nível de ministros, o manejo das petições do *amicus curiae*: tudo isto torna o STF (também graças ao controle concreto de constitucionalidade) um "Tribunal dos cidadãos" *par excellence*. O Tribunal é, ainda, apoiado por uma viva e muito profissional comunidade científica: na geração mais antiga avulta como representativo o decano Paulo Bonavides (o qual, juntamente com Gilmar Mendes e Ingo Sarlet, me encorajou à aventura desta viagem *[ao Brasil]*) (...).

Nota dos Organizadores: Sobre a riqueza e a importância da literatura jurídica brasileira no campo constitucional, fez Häberle referência a grandes manuais "e até mesmo escritos em homenagem de determinados autores (como no caso do professor PAULO BONAVIDES, Belo Horizonte, 2005). Deve-se referir, ainda, a *Revista Latino-Americana de Estudos Constitucionais* de PAULO BONAVIDES, conduzida em alto nível". Por último, noutra passagem da douta e densa entrevista de Häberle a Ingo Sarlet, um dos mais destacados constitucionalistas do País, disse o ainda catedrático alemão:

Uma doutrina constitucional com propósitos cosmopolitas, no sentido de Immanuel Kant, não se permite delinear sem referências às contribuições brasileiras. Em mais um aspecto, poderia caber a este País maravilhoso uma função de modelo em relação a toda a América Latina. Quando Paulo Bonavides, em minha despedida, disse-me, meio motivador, meio vaticinante e esperançoso, ser eu "um amigo do Brasil", concordei com gratidão. Amizades científicas no que tange ao Estado Constitucional, por fronteiras e Continentes afora (no sentido de uma "República erudita global"), são mais importantes do que nunca (particularmente porquanto o direito internacional há de ser desenvolvido como "direito da Humanidade").

50. Pinto Ferreira

Nota dos Organizadores: Do *Caderno 196*, edição da Faculdade de Direito de Caruaru/PE, 1992, extraímos alguns trechos de artigo que o professor Pinto Ferreira, antigo Catedrático da Faculdade de Direito do Recife, publicou a respeito de PAULO BONAVIDES, do seguinte teor:

(...). Pronunciou conferências no Brasil inteiro, inclusive uma alocução altamente louvada na Faculdade de Direito do Recife, por ocasião do I Congresso Brasileiro de Direito Constitucional, por mim realizado na Faculdade de Direito do Recife, em conferência magistral, ao fim da qual foi aplaudido de pé pela numerosa assistência.

(...). É de salientar ainda o elevado posicionamento moral de Paulo Bonavides, acompanhando sempre a sua atividade pública com a sua vocação humanista e democrática, sempre cioso da salvaguarda de seu ideário. Convidado pessoalmente pelo eminente mestre Afonso Arinos para fazer parte da Comissão Provisória de Estudos Constitucionais, depois chamada popularmente Comissão Afonso Arinos, compareceu à primeira reunião. Porém logo desligou-se, por causa de um posicionamento ideológico, por pretender que a Assembleia Constituinte deveria ser uma Assembleia exclusiva, devotada tão somente à elaboração de um texto constitucional básico, e não mesclada com uma votação para outros cargos de governador e mandatos legislativos normais. Pois esta convocação assim realizada afrontaria a essência de um verdadeiro poder constituinte. Desligou-se da Comissão, a sua ausência sendo realmente lastimada, pois a sua colaboração teria sem dúvida aperfeiçoado o anteprojeto elaborado.

É de salientar ademais a sua entrada para a Academia Brasileira de Letras Jurídicas, para a qual foi eleito pela unanimidade de seus membros, saudado na ocasião por outro ilustre brasileiro, o professor Sílvio Meira, que abrilhantou também a sua posse com uma vigorosa saudação. (...). Paulo Bonavides é, assim, uma figura ímpar da inteligência nacional, sociólogo, jurista, pensador político e humanista com uma produção intelectual do mais elevado quilate, reconhecida e admirada no País. Ao lado disto, desenvolve uma atividade paralela de conferências, discursos, palestras, divulgando um pensamento dentro das mais belas tradições do Humanismo e conhecimento da realidade brasileira.

51. Raffaele De Giorgi

Università degli Studi di Lecce

Centro di Studi sul Rischio

Lecce, 21 Giu. 1996

Attestato

Si attesta che il professore Paulo Bonavides dell'Università del Ceará, Fortaleza, ha tenuto una conferenza sul tema: "Il Mutamento Costituzionale nei Sistemi Latino-Americani".

La conferenza del professore Bonavides si inserisce nell'ambito delle attività didattiche del Corso di Dottorato di ricerca su "Evoluzione dei Sistemi Giuridici e Nuovi Diritti".

Dopo la conferenza il professore Bonavides há incontrato gli studenti del Corso e ha discusso con loro i progammi di ricerca. Insieme ai colleghi della Facoltà di Giurisprudenza il professore Bonavides ha discusso le possibilità di scambio e di collaborazione nell'ambito dell'accordo esistente tra il Centro di Studi sul Rischio, la Facoltà di Giurisprudenza dell'Università di Lecce e la Facoltà di Giurisprudenza dell'Università del Ceará.

Formulo al professore Bonavides l'espressione della mia personale gratitudine per l'onore concesso con la sua presenza a Lecce.

In fede

Prof. Raffaele De Giorgi

Delegato del Rettore per le Relazioni Internazionali

52. *Ridalvo Costa*

Tribunal Regional Federal da 5ª Região

3 de março de 2004

Moção de Apoio

O Exmo. Sr. Des. Federal Ridalvo Costa: Sr. Presidente, também desejo expressamente aderir à proposição de V. Exa. Tive o privilégio de há muitos anos ter sido aluno do professor Paulo Bonavides em um Curso de Especialização em Ciência Política da qual ele tem um livro com o título específico.

É uma personalidade nordestina admirável e V. Exa. merece, portanto, receber do Tribunal essa adesão, não apenas para recomendar mas para lembrar que é uma das expressões mais lídimas da cultura brasileira, tanto em ciência política como em ciência jurídica.

O professor Paulo Bonavides, a par disso, tem obras literárias que recomendariam o ingresso em qualquer sodalício, no dizer do nosso querido Geraldo Apoliano.

Também adiro.

53. *Ministro Roberto Rosas*

Nota dos Organizadores: Em artigo que teve por título "Do Livro às Sociedades Jurídicas", publicado no jornal *O Povo*, de Fortaleza, em 21.6.2005, o Min. Roberto Rosas, atual Presidente do Instituto Brasileiro de Direito Constitucional, traçou um perfil da contribuição de Paulo Bonavides às letras jurídicas do Brasil. Desse valioso trabalho extraímos alguns trechos:

Das homenagens a Paulo Bonavides bastam os trabalhos do livro *Direito Constitucional Contemporâneo – Estudos em Homenagem ao*

Professor Paulo Bonavides, e em especial os relativos à sua obra. Destaco outros aspectos curriculares em instituições das mais expressivas do cenário jurídico brasileiro. Começo pelo Conselho Federal da OAB. Este em cada Presidência outorga a Medalha Rui Barbosa a figuras expressivas do mundo jurídico. Foram poucos até hoje. Dentre eles, Paulo Bonavides.

Nessa condição, integra o Plenário do Conselho Federal, com direito a voz, e esta, muitas vezes, tem sido ouvida em silêncio respeitoso, tal a dimensão dessas orações. No Instituto dos Advogados Brasileiros/IAB, no Rio de Janeiro, há a Medalha Teixeira de Freitas, concedida aos grandes nomes, desde Clóvis Beviláqua, Pontes de Miranda e Paulo Bonavides. Na Academia Brasileira de Letras Jurídicas, no Rio de Janeiro, é das mais aplaudidas figuras, ali assentado em substituição a Afonso Arinos de Melo Franco. Lembrem-se ainda do Instituto Brasileiro do Direito Constitucional, fundado em São Paulo, em 1979, por Celso Bastos, Michel Temer e outros Mestres do Direito Público, e eleito como seu primeiro Presidente.

Nota dos Organizadores: Depois de se referir a várias obras do homenageado e à importância que tiveram, acrescentou o Min. Roberto Rosas:

Não se esqueça esse formidável *Curso de Direito Constitucional*, na 14ª edição (2004). Ali traçou o moderno tema da proporcionalidade, hoje tão vivaz quando se trata do devido processo legal.

(...). Não concluo, mas encerro com Joseph Brodsky, para quem a verdadeira biografia de um escritor está em seus livros, assim como com Paulo Bonavides.

54. Roscoe Pound

Nota dos Organizadores: Durante sua estada na Universidade Harvard, em Cambridge/Estados Unidos, no ano acadêmico de 1944-1945, o professor Paulo Bonavides, associado ao grupo de jornalistas americanos denominado "Nieman Fellows", frequentou curso de Sociologia Jurídica ministrado por Roscoe Pound, Decano da Faculdade de Direito daquela Universidade. Pound admitiu Bonavides às suas aulas, conforme consta de carta endereçada ao professor William Berrien, Catedrático de Língua e Literatura Portugucsa da sobredita Universidade. Segue o teor da missiva:

Law School of Harvard University

November, 15, 1944

Professor William Berrien

Dear Professor Berrien:

Mr. Bonavides presented your note of introduction this morning, and I was very glad to tell him that he might attend my course, Sociology 2, if he cared to.

I had to leave hurriedly to meet another class a good way off (in Langdell Hall) and had no opportunity of talking with him. If convenient, you might tell him that I should be glad to see him in my office in Langdell Hall if I can be of any use to him. Possibly the course which I give in the Department of Government (Government 43 – Introduction to the History and System of Anglo-American Law) might be more useful to him. It depends on whether his interest is primarily in law or in the social sciences generally.

Yours very truly

Roscoe Pound

55. Rubens Approbato Machado

Nota dos Organizadores: O ex-Presidente Nacional da OAB, Rubens Approbato Machado, na "Apresentação" da coletânea *15 Anos da Promulgação da Constituição Federal de 1988* (Brasília, publicação da OAB, 2009), que enfeixa palestras comemorativas daquele evento jurídico, escreveu (pp. 5-6):

Paulo Bonavides, cearense da melhor estirpe, um dos constitucionalistas mais respeitados de nossa época, em todos os cantos do mundo, mostra-se presente e atualizado com seu trabalho cuidando dos direitos fundamentais – globalização e neoliberalismo. Traça, com genialidade, a escala evolutiva do direito constitucional, analisando os direitos da primeira, segunda, terceira e quarta gerações. Após essa análise evolutiva, enfrenta o momento atual brasileiro, para afirmar, lapidarmente, que *o Brasil é hoje um País constitucional, mas não é um País democrático*, por perpetuar privilégios, governar para os economicamente fortes, pela falência social.

56. Sebastião Nery

Nota dos Organizadores: Em sua coluna diária publicada numa rede de jornais do País, o jornalista Sebastião Nery, no dia 3.11.1991, escreveu:

O professor Paulo Bonavides apresentou uma tese lúcida e oportuna, que explica bem as origens e razão das crises políticas brasileiras.

Nossas crises não são "constitucionais", são "constituintes"; não se trata de um jogo de palavras, mas de uma verdade social e institucional profunda. As crises "constitucionais" são crises de governo, resolvidas dentro do quadro legal, nos termos das próprias constituições. Já, as crises "constituintes" são crises institucionais, acabam sempre em golpes de Estado. (...). É muito interessante a tese do professor Bonavides, e de uma dolorosa realidade no Brasil de hoje.

57. Sérgio Ferraz

Nota dos Organizadores: Ao relatar a proposta de outorga do Prêmio Medalha Rui Barbosa, laurel máximo da OAB, ao professor PAULO BONAVIDES, formulada pelo Presidente do Conselho Federal, Ernando Uchoa Lima, em 10.6.1996, o eminente jurista e advogado Sérgio Ferraz assinalou:

O nome de Paulo Bonavides reúne, de imediato, em seu torno, indiscrepante linha de conceitos. Não há advogado que desconheça o imaculado caráter do indicado, sua notável cultura, sua brilhante inteligência. Tais julgamentos se reproduzem inclusive nos foros internacionais, eis, que, de há muito, Paulo Bonavides ultrapassou os limites da projeção nacional. Sua vasta bibliografia, particularmente no campo do direito público e da ciência política, constitui monumento indelével da literatura especializada, de todos os tempos e de todos os rincões. Nos últimos anos, o insigne Mestre vem, inclusive, prestando beneditina e sólida contribuição à cidadania, aos advogados e ao Conselho Federal, com sua atuação em nossa Comissão de Estudos Constitucionais, transportando-se, com frequência, de sua Fortaleza para a Capital Federal, sem cansaço ou lamentações.

Difícil dizer o que mais encanta no sacerdócio do indicado: se a profundidade do seu saber, ou a franciscana humildade com que em favor de todos ela é espargida, iluminando a todos e deles conquistando crescente admiração. (...).

58. Sílvio Meira

Nota dos Organizadores: Durante a posse do professor PAULO BONAVIDES na Academia Brasileira de Letras Jurídicas, em sessão solene realizada no Salão Nobre do Instituto Histórico e Geográfico Brasileiro, no Rio de Janeiro, em 24.9.1991, o eminente romanista Sílvio Meira, Professor Emérito da Universidade Federal do Pará/UFPA, saudando, em nome daquela corporação de juristas, o novo membro da Academia, entre outras considerações, assim se referiu ao professor Bonavides:

No setor escolhido por Paulo Bonavides para as suas elucubrações jusfilosóficas, o da ciência política, muitas ideias novas ingressaram em nosso País através de seus livros, monografias e conferências. Cabe-lhe a mesma apreciação que Clóvis Beviláqua fez a respeito de Teixeira de Freitas: sua biografia "é mais a história de suas ideias, porque ele viveu pelas ideias e para as ideias, do que o travado romance de suas lutas para se afirmar no mundo social, para conseguir um posto na ordem política e econômica ou para abrir espaço aos seus afetos contrariados pela adversidade" (*Revista Acadêmica*, Recife, 1905, p. 182).

(...). Sua sede de aprender levou-o ao estudo de línguas estrangeiras, entre elas o Alemão, chegando ao ponto de traduzir uma obra de Kelsen-Klug do original.

Nota dos Organizadores: Noutro lugar, ocupando-se do livro *Reflexões – Política e Direito*, escreveu Sílvio Meira:

Eis aí outro livro, já em capítulos, com temas variados. Para mim é um de seus melhores trabalhos, com 24 capítulos sobre assuntos do presente e do passado, em linguagem literária (...). São tantas e tais as reflexões de Bonavides nesse precioso livro, que, por angústia de tempo, não posso trazê-las todas a este Plenário, recomendando, no entanto, aos que se interessam por estudos dessa natureza e têm amor à Pátria, que leiam e releiam esse precioso volume, um dos melhores, de sua lavra (...). São tantas as teses abordadas, tantos os pontos sensíveis do organismo nacional, que, lendo-se em conjunto o que até hoje produziu a pena de Paulo Bonavides, pode ter-se um retrato doriangrayano do Brasil de hoje.

Nota dos Organizadores: Enfim, o trecho final do discurso com que Sílvio Meira saudou o ingresso de Bonavides na Academia Brasileira de Letras Jurídicas:

(...) convidado a proferir aulas magnas, conferências e cursos, em quase todos os Estados brasileiros, o professor Paulo Bonavides recebe hoje desta Academia Brasileira de Letras Jurídicas o título a que faz jus, pelo seu esforço continuado, pelo seu trabalho numa só direção, pelo bem que faz ao Brasil, espalhando a poeira de mentes retrógradas, arejando a mentalidade brasileira, nem sempre atualizada com os grandes problemas que afligem a toda a Humanidade, e que também são nossos, muito nossos.

Tenho em meu poder o seu *curriculum vitae*, com 30 páginas só de títulos culturais. Poderia lê-lo, se o auditório o desejasse, mas, para tal, necessitaria de pelo menos três horas de agradável leitura.

Para finalizar, desejo prestar homenagem à incentivadora de seus êxitos, a companheira de todas as horas, Sra. Yeda Satyro Bonavides, aqui presente. Li certa vez, em biografia de Thomas Mann, que quando esse grande escritor trabalhava a sua mulher cuidava do silêncio, evitando que os filhos fizessem algazarra. Era o seu anjo da guarda. Da mesma forma, sem o desvelo de Yeda talvez Bonavides não tivesse realizado tão vasta obra. Nem cumprido tão nobre missão.

59. Tancredo Neves

Nota dos Organizadores: Tancredo de Almeida Neves, "A Reforma Eleitoral e sua Repercussão no Mundo Político", texto de 1981, in *Tancredo Neves – Suas Palavras na História* (Rio de Janeiro, Livraria Atheneu, 1988, pp. 201-206):

Outras doutrinas têm surgido, visando a aperfeiçoar ou complementar os conceitos antigos. É, assim, o caso da chamada Escola da Representação Sociológica, que conta, entre nós, entre os seus corifeus, o notável cientista político Paulo Bonavides, Mestre insigne e dos mais acatados. Segundo essa Escola, todo representante está, direta ou indiretamente, vinculado aos interesses de um segmento da sociedade. É condicionado por eles e tem sempre que tomá-los em consideração na hora das decisões. É um determinismo decorrente da divisão do trabalho e da separação das classes na sociedade moderna.

60. Universidade Federal do Rio de Janeiro

Parecer

Trata-se de proposta de concessão do título de Doutor *Honoris Causa* ao professor Paulo Bonavides, solicitado pelo Centro Acadêmico Cândido de Oliveira. A proposta foi aprovada por unanimidade pela Congregação da Faculdade Nacional de Direito em 28.8.2012, e pelo Conselho de Coordenação do Centro de Ciências Jurídicas e Sociais em 14.9.2012. O professor Paulo Bonavides se graduou em Ciências Jurídicas e Sociais na Faculdade Nacional de Direito no ano de 1948. Obteve o título de Livre-Docente em 1958, na Faculdade de Direito da UFC, sendo Professor Emérito desta Instituição desde 1991. Atuou como Professor Visitante na Universidade de Colônia, na Universidade do Tennessee e na Universidade de Coimbra. Foi Presidente do Instituto Brasileiro de Direito Constitucional em vários mandatos, sendo Presidente Emérito desta Instituição; é Membro Fundador e Presidente do Conselho Diretivo da *Revista Latino-Americana de Estudos Constitucionais* e membro do corpo editorial de inúmeros outros periódicos nacionais e internacionais. A sua destacada produção científica tem como marcos teóricos três de seus livros consagrados: *Teoria do Estado* (9ª edição), *Ciência Política* (17ª edição) e *Curso de Direito Constitucional* (27ª edição). É um dos constitucionalistas mais respeitados do Brasil, e sua influência no pensamento jurídico nacional e internacional se reflete nos inúmeros prêmios e condecorações que recebeu no decorrer de sua longa vida pública: Medalha Rui Barbosa – a mais alta distinção honorífica que concede a OAB; Grande Colar do Mérito do Tribunal de Contas da União/TCU; Doutor *Honoris Causa* – Universidade de Lisboa; Doutor *Honoris Causa* – Universidade de Córdoba; Doutor *Honoris Causa – Universidad de la Vega*/Peru; Doutor *Honoris Causa – Universidad San Marco*/Peru; Doutor *Honoris Causa* – Universidade de Fortaleza – entre outros. Pelo exposto, a Comissão entende que a presente solicitação atende de forma inequívoca aos critérios para concessão do título pleiteado, e se manifesta favoravelmente à concessão do título de Doutor *Honoris Causa* ao professor Paulo Bonavides.

Em 18 de outubro de 2012

61. Universidad Garcilaso de la Vega

Nota dos Organizadores: A Universidade Inca Garcilaso de la Vega, de Lima/Peru, por unanimidade dos membros de seu Conselho Universitário, outorgou o grau de Doutor *Honoris Causa* ao professor PAULO BONAVIDES, da UFC. A entrega do título honorífico ao professor PAULO BONAVIDES em Lima/Peru ocorreu no dia 17.4.2009, na Faculdade de Direito daquela Universidade, uma das mais famosas da América Latina. A proposta, apresentada pela Faculdade de Direito da instituição e encaminhada ao Reitor, assinalava que o Dr. PAULO BONAVIDES "tem uma das carreiras de estudo mais brilhantes no campo da ciência política. É um homem cuja vida há ido além da teoria. Tem participado ativamente de momentos importantes não apenas da história brasileira, mas também internacional". A comunicação feita ao agraciado pelo Dr. Jesús Antonio Rivera Oré, Decano da Faculdade de Direito e Ciências Políticas, acrescentava:

É política da Universidade Inca Garcilaso de la Vega reconhecer e enaltecer o trabalho e a obra daqueles homens cujo talento, habilidade e capacidade pessoal e profissional lhes há permitido se sobressaírem nas Ciências, Tecnologia, Periodismo, Educação e Direito, entre outras disciplinas.

Os membros do Conselho Universitário aprovaram por unanimidade a outorga do grau de Doutor a tão ilustre e destacado profissional em mérito a seu excelente labor e trajectória profissional.

62. Ministro Valmir Campelo

Nota dos Organizadores: O Min. Valmir Campelo, do TCU, ao saudar os agraciados com o Grande Colar do Mérito – 2005, disse sobre o professor Paulo Bonavides:

Descrevendo agora a biografia de Paulo Bonavides, o grande intelectual paraibano que vive no Ceará desde os nove anos de idade, acentue-se que se trata de uma lenda viva. O reconhecimento de sua grandeza transcende as fronteiras nacionais. Sobre ele repousa a admiração de cientistas políticos e constitucionalistas de todo o mundo. Poucos se dedicaram tanto ao estudo dos regimes democráticos.

(...). No Brasil e em toda a Europa o nome desse extraordinário professor, jornalista, teórico, advogado, jurista, escritor, cientista político e constitucionalista é respeitado e venerado. Teve inúmeros trabalhos traduzidos em vários idiomas. Seus livros são adotados nas mais importantes faculdades jurídicas do País e do Exterior. Várias de suas obras já contam com mais de uma dezena de edições.

(...). Eis, em síntese apertada, a vida de Paulo Bonavides, notável intelectual e homem cívico dos dias atuais, cuja trajetória profissional tem inspirado gerações de estudantes, professores e advogados, que veem sua obra como ponto de referência.

63. Valmir Pontes Filho

Nota dos Organizadores: Falando em nome da Faculdade Farias Brito numa homenagem ali prestada ao professor Paulo Bonavides, em Fortaleza, o constitucionalista Valmir Pontes Filho, ex-Presidente da Comissão de Estudos Constitucionais do Conselho Federal da OAB, assinalou, entre outras considerações:

Já se afirmou, com absoluta propriedade, que não se pode entender o tempo, mas, sim, o passar do tempo. Pois bem, passaram-se 80 anos sem que Paulo Bonavides houvesse, por um só instante, se desviado da trilha de integridade pela qual resolveu caminhar, ou muito menos esmorecido, por um segundo sequer, na sua permanente luta em defesa dos ideais que elegeu como básicos em sua vida: permanece com a vivacidade de uma criança, com o vigor e a coragem de um adolescente, com o destemor e o idealismo de um jovem universitário – isto para gáudio de todos nós, seus admiradores incondicionais.

Nem me ocuparei de aludir à sua imensa e fantasticamente rica produção literário-científica, pela qual todos nós nutrimos incomensurável admiração e da qual retiramos, sempre e sempre, sábias lições. De igual modo, não me preocuparei em lhes repetir a lista dos títulos honoríficos a ele merecidamente concedidos, tanto por universidades nacionais quanto estrangeiras.

Ninguém, neste País, desconhece a vida e a obra de Paulo Bonavides, que se supera a cada livro escrito, a cada aula dada, a cada conferência proferida. Supera-se e encanta a todos, com a força de suas ideias e a intensidade de suas palavras. Falar de sua vida, obra e títulos seria, portanto, repetitivo. Prefiro, embora correndo o risco de parecer descortês pela omissão, aludir, com a superficialidade que minhas naturais limitações impõem, a Paulo Bonavides homem do seu tempo, ser político engajado em permanente batalha pelo bem do País.

(...). A persistir tal estado de coisas, estamos a dar adeus definitivo ao Estado Democrático de Direito e perdendo a esperança de ter, no Estado, um Direito democrático. Para que não sejamos obrigados a tirar nosso sorriso do caminho e passar com a nossa dor, só resta resistir... E resistir bravamente!

Mas ainda há, pela graça de Deus, homens como Paulo Bonavides. Não só um jurista de escol e um intelectual, mas um bravo e incomparável cidadão brasileiro.

64. Governador Virgílio Távora

Nota dos Organizadores: Em discurso proferido no dia 29.4.1982 quando da entrega, em Fortaleza, da Medalha da Abolição ao professor Paulo Bonavides, o governador Virgílio Távora assim se expressou:

O professor Paulo Bonavides deveria receber a Medalha da Abolição, que decidimos conferir em razão de méritos imensuráveis, em solenidade marcada para o começo do próximo mês, juntamente com outros ilustres agraciados com esta comenda que representa o espírito altivo e libertário do povo do Ceará.

Não poderia, entretanto, o professor Bonavides estar presente a essa solenidade conjunta, razão pela qual antecipamos para hoje a entrega de sua Medalha, em ato singular, a fim de que possa cumprir o compromisso cultural que o levará, por estes dias, à Universidade de Colônia, na República Federativa da Alemanha.

O adiamento foi considerado, porém, imediatamente descartado. Para mim, pessoalmente, como proponente da homenagem, havendo de deixar em breve o cargo de governador, seria desconsolador privar-me da satisfação de presidir à concessão da láurea a um dos homens que, contemporaneamente, mais têm contribuído para projetar o Ceará no campo cultural e a uma das pessoas que, tanto por sua inteligência e lastro de cultura quanto por seu caráter sem jaça, mais admiração me causaram, ao longo dos anos e de uma convivência constante com figuras insignes da vida intelectual brasileira.

(...). Mas esta colisão de datas tem a virtude de manter bem à vista de todos os cearenses e de todos os brasileiros a excepcional projeção alcançada por Paulo Bonavides como expoente do magistério e da literatura jurídica nos mais prestigiosos cenáculos de estudo do Direito e da Ciência Política. Sua viagem faz-se a convite do Reitor da Universidade de Colônia, para ministrar um curso de direito constitucional brasileiro na Faculdade de Direito da sobredita Universidade.

(...). Não creio seja necessário dizer mais sobre o vulto que hoje preiteamos com verdadeiro orgulho. Resta-nos tão somente desejar ao eminente Professor que, nesta nova missão cultural que vai iniciar, possa esta Medalha servir-lhe de estímulo, como expressão do respeito e da admiração do povo cearense.

5
Dez Publicações de Homenagem a Paulo Bonavides

1. "Antologia Luso-Brasileira do Direito Constitucional",[1]
Paulo Lopo Saraiva[2] (Coord.)

O Pensamento Jurídico-Político de Paulo Bonavides

A obra do Professor Paulo Bonavides representa uma das mais profundas e extensas produções literárias, no campo jurídico interno e externo.

Possuidor de uma invejável cultura humanística, o mestre do Ceará reflete, em todas as suas atitudes, o imenso cabedal de conhecimento de que é portador, além de humildade franciscana, apanágio de sua personalidade ímpar.

Familiarizado com todos os grandes juristas alemães, pois fala e escreve alemão, há quarenta anos, o Professor Paulo Bonavides lastreia sua produção literária nas grandes correntes jurídicas germânicas.

O imenso e rico *curriculum vitae* demonstra, com clareza solar, a oceânica participação em várias atividades jurídico-políticas, quer no setor da Ciência Política, quer na área do Direito Constitucional ou da Filosofia do Direito.

Em 1948, concluiu o Curso de Direito, na Faculdade Nacional de Direito, no Rio de Janeiro, da antiga Universidade do Brasil.

1. Brasília, Brasília Jurídica, 1992.

2. Paulo Lopo Saraiva é Procurador do Estado, aposentado; Doutor em Direito Constitucional pela PUC/SP; Professor de Direito Constitucional da UFRN e Coordenador da Comissão de Estudos Constitucionais do Conselho Federal da OAB.

Já em 1958, disputava, com pleno êxito, a cátedra de Teoria Geral do Estado, na tradicional Faculdade de Direito do Ceará.

Vitorioso nesse memorável concurso, iniciou suas atividades literárias, passando a oferecer as mais valiosas contribuições ao mundo jurídico nacional e internacional.

Como bem afirmou o saudoso Oswaldo Trigueiro, "O Professor Paulo Bonavides, da Faculdade de Direito do Ceará, figura, sem favor, entre os precursores da Ciência Política em nosso País".

Em prefácio sobre o livro *A Crise Política Brasileira*, publicado pela Editora Forense, em 1978, dela disse o falecido Afonso Arinos: "Sem se engajar em posições militantes, o Professor Bonavides revela, no entanto, orientação coerente, no plano histórico-social, o que é necessário na formação do cultor das Ciências Sociais, nas quais o abstracionismo puro eliminaria fator indispensável ao processo científico, que é, precisamente, a realidade social na sua opcional mutabilidade".

Professor emérito de várias Faculdades de Direito do País, o mestre de Fortaleza, também, se destaca como exímio conferencista, solicitado, permanentemente, por entidades culturais das mais diversas conotações político-ideológicas.

Tem participado, na condição de examinador, de várias Bancas para concursos de Professor Titular, Doutoramento e Mestrado em Direito.

Foi o primeiro Presidente do Instituto Brasileiro de Direito Constitucional, dirigindo-o, no período de 1979 a 1987, tendo sido aclamado seu Presidente Emérito, no Congresso de 1988, em virtude de "relevantes serviços prestados a esta entidade, no cumprimento de seus mandatos presidenciais".

Nas atividades de Pós-Graduação Universitária, ministra a disciplina filosofia do Direito, há mais de duas décadas, na Faculdade de Direito do Ceará.

No plano internacional, teve desempenho, nomeadamente, nas seguintes Universidades: Heidelberg (1952/1953); Colônia (1982); Tennessee (Knoxville) (1984) e Coimbra (1989), quando tivemos a oportunidade de, a convite do Professor Gomes Castilho, ministrar um curso sobre a História das Constituições Brasileiras, em abril de 1989.

O mestre Paulo Bonavides foi discípulo de Sorokin e Roscoe Pound, na Universidade de Harward, associando-se aos "Nieman Fellows", no ano acadêmico de 1944/1945.

É filiado a diversificadas instituições estrangeiras e nacionais, com destaque para "Association Internacionale de Science Politique" (França); "Internationale Vereinigung Für Rechts – und Sozial Philosophie" (Wiesbaden-Alemanha); "American Foreign Law Association" (Estados Unidos); "The American Society for Political and Legal Philosophy" (Estados Unidos); "Instituto Iberoamericano de Derecho Constitucional" (México). Membro do Comitê de Iniciativa, que fundou, em 1981, em Belgrado, Iugoslávia, a Associação Internacional de Direito Constitucional ("International Association of Constitucional Law"). Fundador e ex-Presidente do Instituto Brasileiro de Filosofia, Secção do Ceará, Consultor *ad hoc* do CNPq (Centro Nacional de Desenvolvimento Científico e Tecnológico), Membro fundador da Fundação José de Alencar.

É colaborador de inúmeras Revistas, com relevo para a *Revista de Ciência Política*, da Fundação Getúlio Vargas, Rio de Janeiro; *Revista de Direito Público*, da Faculdade de Direito da Universidade de São Paulo; *Revista de Direito Administrativo*, da Fundação Getúlio Vargas, Rio de Janeiro; *Revista Forense*, Rio de Janeiro; *Revista de Informação Legislativa*, do Senado Federal, Brasília/DF; *Revista de Direito Constitucional*, São Paulo/SP; *Revista Nomos*, do Curso de Mestrado da Faculdade de Direito da Universidade Federal do Ceará; *Revista del Instituto de Ciencias Sociales*, da Diputación Provincial de Barcelona, Barcelona, Espanha.

Foi distinguido com votos de louvor, prêmios, diplomas e medalhas, da mais alta significação, com indicação das seguintes: Selo de Bronze do Jubileu de Reorganização da Universidade de Heidelberg, Alemanha, 1953; Medalha Comemorativa dos 600 Anos da Universidade de Coimbra, Portugal, em 1989; Prêmio Carlos de Laet, da Academia Brasileira de Letras, 1949; Medalha da Abolição, a mais alta condecoração do Estado do Ceará; o Prêmio Clóvis Beviláqua; o Prêmio do Mérito Científico da Universidade Federal do Ceará, 1986. Recebeu, ainda, o troféu Clóvis Beviláqua, da Ordem dos Advogados do Brasil, Secção do Ceará, 1991.

A sua vasta obra literária inicia-se com a publicação, em 1948, do livro *Universidades da América*, edições "O Cruzeiro", Rio de Janeiro, com prefácio de Gilberto Freyre. Esta obra conquistou o Prêmio Carlos de Laet, da Academia Brasileira de Letras (1949).

Em 1950, publicou *The Golden Age of Journalism in English Literature: Defoe, Addison and Steele*, Fortaleza/CE.

Em 1952, surge como ensaísta de nomeada, com a divulgação de *O Tempo e os Homens, Ensaios e Crônicas*, Fortaleza/CE.

Em 1955, lança sua tese de Livre-Docência, sobre *Os Fins do Estado*, com plena aprovação.

Em 1958, publica sua Tese para concurso de Cátedra de Teoria Geral do Estado, da Faculdade de Direito do Ceará, após aprovação brilhante perante Banca Examinadora, composta pelos Professores Miguel Reale (São Paulo), Orlando M. Carvalho (Minas Gerais), Orlando Bittar (Pará), Flávio Marcílio (Ceará) e Lauro Nogueira (Ceará).

A tese, intitulada *Do Estado Liberal ao Estado Social*,[3] já teve várias edições e continua sendo obra de consulta obrigatória, para todos aqueles que se debruçam sobre a realidade do liberalismo e do socialismo.

A obra está dividida em sete Capítulos, com os seguintes temas: Capítulo I – Das Origens do Liberalismo ao Advento do Estado Social; Capítulo II – O Estado Liberal e a Separação de Poderes; Capítulo III – O Pensamento Político de Kant; Capítulo IV - O Pensamento Político de Hegel; Capítulo V – A Liberdade Antiga e a Liberdade Moderna; Capítulo VI – As Bases Ideológicas do Estado Social; e Capítulo VII – O Estado Social e a Democracia.[4]

No primeiro capítulo, discutindo o problema da liberdade e do Estado, adverte o mestre Bonavides: "Com o advento do Estado, que não é de modo algum um *prius*, mas necessariamente um *a posteriori* da convivência humana, segundo as teorias contidas na doutrina do direito natural, importava, primeiro que tudo, em organizar a liberdade no campo social. O indivíduo, titular de direitos inatos, exercê-los-ia na sociedade, que aparece como ordem positiva frente ao Estado, ou seja, frente ao *negativum* dessa liberdade, que, por isso mesmo, surge na teoria jusnaturalista rodeado de limitações, indispensáveis à garantia do círculo em que se projeta soberana e inviolável a majestade do indivíduo" (*Do Estado Liberal ao Estado Social*, São Paulo, Saraiva, 1961, pp. 2 e 3).

No segundo capítulo da obra, já referenciada, Paulo Bonavides comenta sobre o Estado Liberal e a Separação dos Poderes, afirmando "Esteio sagrado no liberalismo foi, por sem dúvida, o dogma da separação de poderes. O célebre artigo da Declaração dos Direitos do Homem, contida na Constituição Francesa de 3 de setembro, assim rezava: 'Toda sociedade que não assegura a garantia dos direitos nem a separação de poderes não possui constituição'" (ob. cit., p. 35).

O Jurista Bonavides aborda, neste capítulo, a ascensão e o declínio desse dogma, estatuindo sua releitura, em face das novas conquistas sociais.

3. Hoje na 11ª ed., 2ª tir., São Paulo, Malheiros Editores, 2014.

4. Na 9ª edição o autor acrescentou o Capítulo VIII – A Intepretação das Revoluções.

No capítulo terceiro do mencionado livro, faz ele um estudo aprofundado sobre o pensamento político de Kant, dizendo, logo de início: "A Teoria de Kant, como toda a sua filosofia, representa um marco no estudo das ideias. Surge na passagem de um século racionalista a um século historicista. O grande 'demolidor' de Koenisgsberg reformou o pensamento filosófico, submetendo-o nas três Críticas a minudente revisão, a mais profunda talvez que se conhece. Todavia, foi ele injustamente depreciado no campo da doutrina política".

No quarto capítulo do texto em foco, Paulo Bonavides analisa o pensamento político de Hegel, demonstrando que a tese hegeliana da separação dos poderes é verdadeira e pode adequar-se à contemporaneidade político-ideológica.

Em sequência, no quinto capítulo, o mestre de Fortaleza fala acerca da liberdade antiga e da liberdade moderna, afirmando: "O que o século XX conhece, na pureza dos postulados em que se arrima o legítimo pensamento democrático, é um esforço ideológico de preservação da liberdade humana" (ob. cit., p. 143).

No penúltimo capítulo, o juspublicista brasileiro apresenta os mais importantes comentos sobre as bases ideológicas do Estado Social, traçando de maneira primorosa, um paralelo entre Marx e Rousseau.

Diz ele: "O *Manifesto Comunista*, ponto de partida da ideologia de Marx poderia ter começado com as mesmas palavras do *Contrato Social*. Na verdade, o que levou Marx àquela profunda e sombria reflexão crítica foi a perplexidade da mesma dor: o espanto de ver o homem escravizado. Rousseau vislumbrava a raiz daquele estado de coisas na organização política. Esta seria a base de negação do homem livre, a causa condicionante que se impunha remover".

No último capítulo da obra em exame, ele analisa, em linguagem acessível, o Estado e a Democracia, lançando, com pena de mestre, a diferença entre Estado Social e Estado Socialista, tema pouco discutido por quem entende do assunto.

Numa síntese ímpar, conclui "O Estado Social da democracia se distingue, em suma, do Estado Social dos sistemas totalitários por oferecer, concomitantemente, na sua feição jurídico-constitucional, a garantia tutelar dos direitos da personalidade".

Outra obra que notabilizou a produção científico-jurídica de Paulo Bonavides foi, sem dúvida, sua *Ciência Política*, já na 7ª edição pela Editora Forense.[5]

5. Atualmente na 22ª edição, São Paulo, Malheiros Editores, 2015.

A *Ciência Política*, editada, inicialmente, em 1967, pela Fundação Getúlio Vargas, Rio de Janeiro, é, hodiernamente, livro de uso obrigatório nos cursos universitários, nas casas políticas, enfim, nas entidades que procuram uma informação segura e lúcida acerca dos mais variados temas políticos.

Parlamentarista convicto, desde muito tempo, o mestre do Ceará explica, como ninguém, as vantagens do sistema de governo parlamentar.

Ensina ele: "Tomado o parlamentarismo na sua acepção corrente e democrática de governo das maiorias, temos a base simples e homogênea sobre a qual cada Estado erguerá uma superestrutura jurídica com as chamadas técnicas de racionalização do poder parlamentar, tendo em vista sempre a eficácia crescente e progressiva das instituições políticas, de modo que possam estas atender desembaraçadamente aos cuidados e anseios materiais cada vez mais largos da sociedade, no interesse da paz, da justiça e da prosperidade de todas as classes, animadas como se acham por impaciente consciência reivindicatória de melhoria social. Daí por diante o parlamentarismo, em suas variações técnicas, respeitado o postulado essencial do controle e da direção democrática por parte do elemento popular, será em cada País efeito da arte constitucional e do gênio ou temperamento político de cada povo. Seus fracassos ou seus triunfos serão fracassos ou triunfos dos princípios de racionalização eventualmente aplicados e introduzidos no corpo das Constituições respectivas, bem como postos em circulação pela mão dos governantes na ambiência política, onde cada povo há de praticá-los ou postergá-los, conforme o maior ou menor índice de adequação e acolhimento que venham eles a ter" (*Ciência Política*, 5ª ed., Rio de Janeiro, Forense, 1983, p. 149).

Como se vê, claramente, a lição do constitucionalista pátrio está bem viva e deverá servir de orientação para todos os brasileiros e brasileiras que necessitam de informações fidedignas sobre o presidencialismo e parlamentarismo, mormente agora, quando estamos na antevéspera de um plebiscito constitucional que decidirá sobre a permanência ou mudança do nosso sistema de governo.

Em *A Crise Política Brasileira*, publicada pela editora Forense, em 1969, com 2ª edição, em 1978, o Professor Bonavides assestou a mais violenta farpa contra o regime militar de 1964, indicando, de modo corajoso e irrespondível, a forma brasileira de partido único, ou seja o pluralismo formal com o monopartidarismo factual.

No prefácio à 1ª edição dessa obra, assegura: "argumentando contra a ilusão partidária dos nossos dias, ousamos asseverar que de um pluralismo formal e frustrado – o da Constituição de 1967, transitamos para um monopartidismo de fato, que a realidade política consagra e que eliminou por inteiro o velho pluralismo de concorrência da extinta democracia constitucional de 1946. Em todos esses aspectos, a crise brasileira desponta com intensidade, fere as instituições democráticas, refuta o quadro teórico dos princípios representativos sobreviventes na Constituição autoritária. Fruto desse período de efervescência e contestação, em que a caudal das ideias institucionais não tomou ainda no Brasil o seu leito normal e definitivo, a Constituição de 1967 traz em si mesma o comentário dominante do descontentamento, a impossibilidade de ultrapassar a crise, não porque se revista, segundo a crítica constitucional, de teor antidemocrático, mas precisamente por ter-se gerado em meio a uma legitimidade acerca da qual se suscitaram fortes dúvidas".

Temos nos dias correntes, uma nova Constituição, a de 1988, e será que o conflito entre o formal e o factual não permanece? Quantos direitos e prerrogativas constitucionais estão inscritos, formalmente, no texto da Lei Maior e encontram-se sem aplicabilidade e eficácia? Não se repetiu, na Assembleia Constituinte de 1987/1988, o fenômeno da ilusão constitucional, tão bem dissecado por Paulo Bonavides no livro, em exame?

O Direito Constitucional aparece, inicialmente, editado pela Forense, em 1980, já se encontrando na 3ª edição, Forense, 1988.[6]

Obra de vulto, representa uma nova etapa do Direito Constitucional brasileiro, de vez que consagra temas nunca dantes explicitados, como a Teoria das Normas Constitucionais, a interpretação da Constituição, através do método interpretativo de concretização (*Verfassungsinterpretation ist Konkretisierung*, como afirma Konrad Hesse), a *Tópica* de Theodor Viehweg e a *Rechtssoziologie*, de Niklas Luhmann, entre outros.

Acerca das normas programáticas, que continuam sendo o flagelo das Constituições inacabadas, como a brasileira de 1988, ressalta o mestre cearense: "com efeito, de todas as normas constitucionais a programática é indubitavelmente aquela cuja fragilidade mais suscita dúvidas quanto à eficácia e juridicidade, servindo assim de pretexto cômodo à inobservância da Constituição" (*Direito Constitucional*, 3ª ed., Forense, 1988, p. 207).

6. Publicado pela Malheiros Editores como *Curso de Direito Constitucional*, a partir da 4ª ed., em 1993, hoje na 30ª ed., 2015.

Em 1973, a Forense publica a 1ª edição de *Reflexões – Política e Direito*, tendo surgido a 2ª edição, em 1978.[7]

Este livro reúne uma série de ensaios e apreciações, vivenciados em distintas épocas, contendo, em seu bojo, algumas informações originais, como é o caso de "O Planejamento e os Organismos Regionais como Preparação a um Federalismo das Regiões" e "O Federalismo e a necessidade de uma revisão da forma de Estado".

Nesta obra, está publicado o discurso de posse na cátedra de Teoria Geral do Estado, sob o título "Estado, Ideologia e Regionalismo", uma das mais brilhantes peças de oratória já escritas, no Brasil.

Num gesto regionalista, marca indelével de sua personalidade de sertanejo da Paraíba, afagado pela brisa marinha de Fortaleza, disse, alto e bom som: "Honramo-nos da região que nos deu o berço e não menos da Pátria que o idealismo de seus filhos nacionaliza, na hora presente, povoando-lhe o solo de fábricas e usinas, e buscando, do mesmo passo, a imperiosa retificação de certos desníveis que retardam ou impedem o progresso de algumas unidades federais".

E num outro ponto dessa histórica oração, confirmou: "Corrigir, pois, o desequilíbrio entre o Sul e o Nordeste, aliciar adesões e simpatias a esse movimento patriótico, figura entre as mais urgentes tarefas do nacionalismo construtivo, tão urgente e inadiável quanto a defesa dos monopólios estatais da siderurgia, do petróleo e da eletricidade" (*Reflexões – Política e Direito*, 2ª ed., Forense, 1978, p. 43).

Política e Constituição – Os Caminhos da Democracia, publicado pela Forense, em 1985, apresenta, de modo sistematizado, a Teoria do Federalismo Regional, ideia original, divulgada, *in limine*, em conferência proferida na VII Semana Internacional de Estudos Sociais, promovida pelo Instituto de Ciências Sociais da *Diputación* Provincial de Barcelona e celebrado nessa cidade da Espanha, no período de 2 a 7 de novembro de 1970.

O Federalismo Regional ganhou espaços nacionais, sendo, hoje um tema de debate obrigatório, nas Universidades, no Congresso Nacional e nos setores progressistas, que desejam e lutam por uma estrutura constitucional condizente com a nossa realidade socioeconômica.

Como bem acentua o mestre Paulo Bonavides: "A consciência federativa no cidadão lhe permitirá reconhecer as vantagens, a conve-

7. Atualmente na 3ª ed., São Paulo, Malheiros Editores, 1998.

niência, a retidão e a superioridade do sistema. O bom êxito de todo o projeto de reforma federativa requer, por conseguinte, a formação daquela consciência, que rompe o *status quo* unitarista, de modo a preparar formas políticas e sociais de convivências democrática e liberal mais aperfeiçoadas. A reforma federativa que introduzisse a autonomia regional produziria mais flexibilidade no sistema político nacional, propiciando ao cidadão ensejo de participação política em quatro distintos níveis: o federal, o regional, o estadual e o municipal" (*Política e Constituição – Os Caminhos da Democracia*, Forense, 1985, p. 118).

Lutamos, como Assessor Parlamentar Constituinte, para que a ideia do Professor Paulo Bonavides se transformasse em matéria constitucional, mas os constituintes houveram por bem (ou mal) não aceitar a tese do mestre de Fortaleza, preferindo desconhecer a nossa realidade geográfica. Somos uma unidade numa pluralidade. O Brasil é um País de Países. E a ninguém é lícito agredir a natureza. Este é um ponto natural da nossa constituição político-administrativa.

O livro *Constituinte e Constituição* apareceu em duas edições, ambas de Fortaleza, sendo a 1ª, em 1986 e a 2ª, em 1987.[8]

Sobre essa obra pronunciou-se Barbosa Lima Sobrinho, com as seguintes palavras: "Agradeço o livro que acaba de me enviar, tratando de temas tão fascinantes e atuais como 'Constituição', ou como 'Reflexões', em torno de assuntos de política e direito. É uma atuação que nos leva a pensar na missão exercida pelos autores de *O Federalismo*, Hamilton, Madison e Jay, procurando orientar, no rumo certo, a elaboração do sistema político americano. Por isso são obras que precisamos ter sempre muito perto de nós, para uma consulta permanente, no momento em que devemos eleger os construtores do novo Brasil".

Neste livro, antevendo os problemas da Constituinte congressual, verberou: "E se a Constituição não responde à solução do problema da questão social, esta Constituição há de malograr, não terá eficácia, não terá normatividade, não terá juridicidade. A teoria democrática da Constituição é uma teoria material voltada para a satisfação de valores e interesses" (*Constituinte e Constituição*, p. 50).

A sua vocação de historiador emérito e jornalista brilhante consolida-se com a publicação da obra *Demócrito Rocha – Uma Vocação para a Liberdade*, editada pela Fundação Demócrito Rocha, com apoio do

8. A 3ª edição foi publicada pela Malheiros Editores em 2010.

Instituto Histórico e Geográfico do Ceará, da Assembleia Legislativa e da Secretaria de Cultura, Turismo e Desporto do Ceará, em 1988, com introdução de Barbosa Lima Sobrinho.

Ninguém, na realidade, poderá conhecer a história política do Ceará – e por que não dizer – do Brasil, sem compulsar essa obra jornalística de Paulo Bonavides, que retrata, de modo fidedigno, todas as lutas sociais de uma época importante da historiografia nacional.

Em parceria com Paes de Andrade, deu a lume a *História Constitucional do Brasil*, texto de "conhecimento indispensável a quantos buscam estudar nossas instituições políticas e sociais", e "que representa um dos mais profundos mergulhos na compreensão do passado nacional", como bem asseverou o mestre Bonavides na introdução do referido livro.

Esta obra, já lançada em vários países do mundo, retrata toda a nossa história constitucional, apresentando detalhes precisos, que instrumentalizam, de modo definitivo, o entendimento preciso dos fenômenos políticos e jurídicos da sociedade brasileira.

Por fim, registre-se, também, o aparecimento, em 1984, do livro publicado pela Forense, sob a menção *Normas e Análise Lógica*, tradução de correspondência entre Kelsen e Klug.

Como restou provado, a obra de Paulo Bonavides é oceânica e reflete o gênio de uma das maiores vocações jurídicas de língua portuguesa.

Quando estivemos, em missão cultural, na Universidade de Colônia, na Alemanha, em 1989, impressionou-nos, profundamente, o respeito com que os juristas contemporâneos daquele país acatam as teses do Mestre Cearense, considerando-o sempre como um partícipe das grandes linhas do pensamento jurídico universal.

Em Coimbra, quando, a convite do Professor Gomes Canotilho, ministramos um Curso sobre as Constituições brasileiras, emocionou-nos a distinção de que foi alvo o Professor Bonavides, quer durante o período de ministração do curso, quer no instante maior, em que fomos agraciados com Medalha Comemorativa dos 600 Anos de Fundação da Universidade de Coimbra, laurel que guardamos no mais recôndito do nosso sentimento.

Nessa oportunidade, também, defendeu uma original orientação com referência ao constitucionalismo brasileiro.

Segundo ele, existem duas crises: a crise constituinte e a crise constitucional.

O Brasil tem buscado solver a crise constituinte por meio de instrumentos que só se adequam à solução da crise constitucional.

Tem sido este o grave erro de todas as épocas.

Temas como este deverão ser mais aprofundados pelo Mestre de Fortaleza, para que se estatua uma nova pedagogia jurídico-constitucional.

Paulo Bonavides é sua obra. Paulo Bonavides é sua vida. Paulo Bonavides é a soma de suas ideias. Paulo Bonavides é sinônimo de coragem, de autenticidade, de lisura, é paradigma de homem e cidadão. Paulo Bonavides é uma glória da intelectualidade luso-brasileira.

É-nos válido, repetir – *hic et nunc* – o que disse Antônio Feliciano de Castilho, ao traçar o paralelo entre Bernardes e Vieira.

Proclama o grande escritor português: "Lendo-os com atenção, sente-se que Vieira falando do céu, tinha os olhos nos seus ouvintes: Bernardes ainda falando das criaturas, estava absorto no Criador; (...) Vieira fazia eloquência; a poesia procurava a Bernardes; em Vieira morava o gênio; em Bernardes o amor, que, em sendo verdadeiro, é também gênio; (...) Vieira zomba frequentes vezes da nossa credulidade, podemos desconfiar da convicção de Vieira, ainda quando nos fala certo; Bernardes é um amigo cândido e liso, que nos ilude, e não nos mente. Por tudo isso se admira Vieira: e Bernardes admira-se e ama-se". Por tudo o quanto foi dito e ainda se terá a dizer sobre o mestre Paulo Bonavides, dizemos: aos outros respeita-se e admira-se; a ele aplaude-se e ama-se.

2. *"Homenagem a Paulo Bonavides", Medalha Rui Barbosa, OAB – Conselho Federal da Ordem dos Advogados do Brasil*

Razões desta Edição

Com a participação de quase quatro mil profissionais do Direito e de eminentes juristas estrangeiros, realizou-se, na minha querida Fortaleza, de 1º a 5 de setembro de 1996, a XVI Conferência Nacional dos Advogados, que se revestiu de extraordinário brilhantismo e retumbante sucesso.

O momento mais alto e mais emocionante do tradicional e grandioso evento jurídico, sem dúvida o maior no continente americano e, provavelmente, no mundo, consistiu na sessão solene do egrégio Conselho Federal da Ordem dos Advogados do Brasil, destinada a entregar ao Mestre Paulo Bonavides o *Prêmio Medalha Rui Barbosa*, instituído, em 1970, para galardoar os advogados que se destacaram pelos "relevantes serviços à causa da Justiça, do Direito e à sua Classe".

Estudantes de Direito, advogados e advogadas de todo o País, jurisconsultos alienígenas, parlamentares e autoridades superlotaram o principal auditório do Centro de Convenções Edson Queiroz e aplaudiram, de pé, entusiasticamente, o ilustre agraciado, na mais eloquente demonstração do prestígio e do apreço que o grande brasileiro desfruta dentro e fora do território nacional.

Desnecessário exalçar aqui, porque sobejamente conhecidos e proclamados, os inexcedíveis méritos morais, intelectuais e profissionais do consagrado constitucionalista, do notável cientista político, do professor emérito, do intelectual de escol, do orador fulgurante, do jornalista combativo, do paladino das causas nacionalistas, do cidadão exemplar, que sempre soube direcionar com independência e intrepidez, sua privilegiada inteligência e sua cultura enciclopédica a serviço do Direito, da Democracia e da Liberdade.

Por tudo isso, e pelas mesmas razões que motivaram os insignes Senador Bernardo Cabral e Deputado Paes de Andrade a inserir nos anais do Senado e da Câmara dos Deputados a magistral oração patriótica com que Paulo Bonavides agradeceu a homenagem, em boa hora entendeu a Diretoria do órgão supremo da Ordem dos Advogados do Brasil que se impunha a sua edição, juntamente com os brilhantes pronunciamentos dos citados parlamentares e do Conselheiro Federal Reginaldo Oscar de Castro, que saudou o laureado em nome do Conselho, para mais ampla divulgação de tão nobres ideias entre os cultores do Direito e os amantes da Liberdade.

Pequena publicação, sim, diante do imenso valor de seu conteúdo e da grandeza da cerimônia que consagrou, definitivamente, na nossa gloriosa Instituição, o renomeado Mestre Paulo Bonavides, expoente do pensamento jurídico contemporâneo, aclamado, com todas as honras, internacionalmente, e, para privilégio meu, o dileto Professor que muito me ensinou na Faculdade de Direito e no antigo *Diário do Ceará*, e o grande Amigo a quem devoto, há mais de quatro décadas, a mais profunda estima e admiração.

Com esta edição, a Diretoria da Ordem objetiva, também, contribuir para o aperfeiçoamento da cultura e das instituições jurídicas, cumprindo, portanto, o mandamento contemplado no art. 44, I, do Estatuto da Advocacia e da OAB.

Ernando Uchoa Lima

Presidente Nacional da Ordem dos Advogados do Brasil

3. *"Homenagem a Paulo Bonavides", "Apresentação", João Luiz Duboc Pinaud e "Saudação a Paulo Bonavides", Hermann Assis Baeta, Instituto dos Advogados Brasileiros, Medalha Teixeira de Freitas, 1996*

Apresentação

Durante a entrega da "Medalha Teixeira de Freitas" a Paulo Bonavides, foi noticiado o empenho do Instituto dos Advogados Brasileiros em realizar, mediante comissão especial, estudos sobre a obra do pensador premiado assinalando, além do plano constitucional, seus múltiplos enfoques históricos, sociológicos, linguísticos, hermenêuticos, etc.

Antes da palavra do IAB através do jurista Hermann Assis Baeta, sugerimos algumas questões, justamente as que não interessam à reflexão jusfilosófica nos países hegemônicos. Apenas desdobraremos, de uma delas, alguns quesitos: a) como são vistos, no diagrama político-cultural internacional, os artistas, cientistas, filósofos, os teorizadores jurídico-políticos, de países não hegemônicos? b) qual o alcance de suas produções e da difusão dos conhecimentos obtidos? c) que alternativas de atuação social se abrem para seus registros estéticos, filosóficos, científicos?

Os pensadores do pensamento emancipador vivem presos dentro de invisíveis muros da incomunicação e isolamento. E dominantemente levados a reproduzir esquemas exteriores. Estes, por sua vez, não comportam, nem postulam, "enxergar" suas produções. Ocorre espécie de expropriação (ou desfiguração) de ideias, se tais criações constituem autênticas expressões críticas de nossas diferenças.

Categorias importadas dominantemente desenham – ou modelam – tais produções. Essas, quando muito, são percebidas como leituras marginais de países economicamente bloqueados. Usando linguagem do sistema financeiro internacional: somos pensadores integrando a legião de "Silic's" (povos severamente endividados) ou "low people". Em tais termos, como seríamos capazes de construir novas modalidades de observar e pensar nossas próprias e diversificadas realidades?

Não cabe apontar as determinantes econômicas desse negligenciar. Somente mencionar alguns dos seus nocivos efeitos: impedir ou inibir – politicamente – o desenvolvimento do *conhecer/pensar* (possivelmente libertário) das nações exploradas. Continuam sendo ignoradas (ou recusadas), as possibilidades de instaurar algo além – e tão denso quanto – do pensamento eurocêntrico. Principalmente se estruturado a partir de pesquisas e reflexões *nascidas do diferenciado/autônomo* para lograr dimensões pantônomas. Algo livre de esquemas paralisantes, longa e "superiormente" sedimentados.

Tal atitude, entretanto, desconhece a penetrante intuição rousseauniana: *só vale a Razão consubstanciada na Existência*. De fato, todas as modalidades enunciativas impostas – e estrangeiras – são bloqueadoras em relação ao diferente. E se colocam – ao anular a consubstanciação do pensamento com a vida – como mediadoras (ou tradutoras exclusivas) do processo de conhecimento.

Pensadores latino-americanos, criativos e críticos, somente são percebidos como curiosos tipos exóticos. E jamais como indicadores do novo elaborado a partir do conhecimento de suas próprias necessidades. E suas colocações, no entanto, por diferentes do exportado pelos países ricos, podem abrir veredas que as categorias vigentes no pensamento ocidental não logram trilhar.

Vamos, portanto, com audácia xenófoba, e pedindo desculpas ao pensamento reduplicado, mencionar autores brasileiros. Apontar, por exemplo, o desmonte das artificiosas categorias importadas que cientistas brasileiros utilizam em suas leituras sobre discriminação, efetivado, em livro diferente e valioso (*Violência e Racismo no Rio de Janeiro*, EDUFF, 1988), pelo Professor Jorge da Silva.

Categorias e intuições não importadas precisam ser desqualificadas ou ocultadas. Gaston Bachelard, por exemplo, desenvolvera noção de duração não bergsoniana ao construir o conceito de "ritmanálise", com ampla repercussão, notadamente no campo da epistemologia. Em texto de 1936, *Dialectique de la Durée*, revela: o conceito-chave ele encontrara na obra do "philosophe brésilien" Lúcio Alberto Pinheiro dos Santos. No entanto, raros – José Américo Peçanha, uma exceção – conheceram ou citaram tal filósofo brasileiro.

Questão pontual? Trata-se de mera circunstancialidade o fato, por exemplo, do compositor Carlos Gomes não conseguir realizar seu projeto de inserir na ópera *Lo Schiavo* (a partir da peça de Taunay) o negro escravizado como personagem heroico? Escravo negro herói? Sabe-se que tanto o libretista como os editores italianos compeliram-no a trocar o Negro pelo Índio, melhor assimilável, tanto pelas culturas europeias como pela mentalidade escravocrata brasileira. Ou seria fruto do pensamento da unidade, fechado, do olhar excludente e racista do "primeiro" para o "terceiro" mundo? Alaôr Eduardo Scisínio que, segundo Paulo Bonavides dicionarizou o escravismo (*Dicionário da Escravidão*, Rio,

Léo Christiano Editorial Ltda., 1997), recolheu, em pesquisa pioneira, a tessitura dessa modalidade de opressão.

Devemos reconhecer que tal atmosfera intelectual de "invasão externa" e interdição sempre mutilou e inibiu a aventura do pensamento brasileiro, latino-americano, caribenho, africano.

Estaríamos diante de atestação da irrelevância do nosso pensar? Curiosas coincidências? O que significaria o fato de textos especializados ignorarem, por exemplo, as filmagens realizadas por Orson Welles, em 1942, no Brasil. Por que *no* e *não* sobre o Brasil, com olhar *de fora*? Ou por abordar – da internidade da miséria e do abandono – a existência dos jangadeiros cearenses?

São questões fundamentais a merecer melhor exame. Recentemente o Professor Antônio Amâncio, em obra a ser publicada, *Em Busca de um Clichê – Panorama e Paisagem do Brasil no Cinema Estrangeiro* (EDUFF, Niterói), demonstrou exaustivamente tais tipos de leituras alienantes e falsas.

E ainda: por que não mencionadas – em biografias, histórias da filosofia ou textos de analíticos –, as instigantes intuições de Michel Foucault sobre *Poder*, *Verdade* e *Prova*? Por que expostas em três palestras em Universidade do Rio de Janeiro?

Somente sob tal ângulo podemos notar que a expansão da obra de PAULO BONAVIDES, sem embargo da repercussão internacional, ainda não logrou no Brasil, na América Latina e Caribe, a eficácia exigida por suas próprias dimensões. Nem ensejou ainda necessários estudos sistemáticos correspondentes ao seu valor intrínseco.

Nessa linha, entre suas valiosas contribuições, o IAB projeta estudar – dentro da formação reticular da aplicação do Direito – o conceito de Sistema, clarificando a complexidade dos fenômenos jurídico-políticos e ajudando futuras leituras de uma obra polimodal e iluminadora dos nossos diagramas históricos-jurídicos e políticos.

Além das abordagens amplas de Felisbelo Freire, Aurelino Leal, Waldemar Ferreira, raros juristas contemporâneos produziram textos abrangentes e sistemáticos. São basilares: Cândido Mendes de Almeida, na abordagem exegético-filológica do *Código Philippino ou Ordenações do Reino de Portugal*, contextualizando historicamente aqueles conjuntos normativos; Carlos Maximiliano, abrindo para a interpretação jurídica problemas linguísticos não familiares aos pensadores da época e Pontes de Miranda, diferenciado pelo utilizar erudito e rigoroso instrumental lógico, semiótico, histórico, em constantes correlações epistêmicas com a exegese do nosso sistema constitucional.

O atual elenco brasileiro de juristas com visão pantônoma não é numeroso, mas registra, entre outros, Benjamim de Oliveira Filho, Ivair Nogueira Itagiba, Luís Pinto Ferreira, Lourival Vilanova e Orlando Bittar. Enquanto avanços conceituais compreensivos dos nossos dilemas são referências: Amilton Bueno de Carvalho, Antônio Carlos Wolkmer, Calheiros Bomfim, Cármen Lúcia Antunes Rocha, A. Meira Mattos, Celso Antônio Bandeira de Mello, Edmundo Arruda Júnior, Eros Roberto Grau, Fábio Konder Comparato, Hermann Baêta, Marcello Augusto Cerqueira, Roberto R. Aguiar, Ricardo César Pereira Lira e Miguel Seabra Fagundes. Pensadores contemporâneos formuladores de uma *Política Jurídica* explicativo-compreensiva de especificidades, contradições e dilemas brasileiros (leia-se, latino-americanos, caribenhos, africanos). Seus textos não são mero reduplicar de fórmulas eurocêntricas, mas interpretações que, embora iniciando até com conceitos prévios daquele tipo, logram substituí-los progressivamente por outros, adequando-os a uma realidade vivenciada. Portanto, diferentes e construtores.

É justamente nesse quadro de exigências e mutações que avulta o pensamento inaugural e sistematizador de Paulo Bonavides. Um pensador crítico dos sistemas a instrumentar outra *praxis* de compreensão, sinalizando por onde podem caminhar, para efetivar-se, as interpretações jurídico-políticas socialmente válidas.

Assim, passa a interessar urgentemente sua concepção de inconstitucionalidade material a reclamar novos hermeneutas e aplicadores sem "desvios omissivos" e livres da "estreiteza e insuficiência da base silogística e dedutivista", atentos à "matéria principial, que é, por excelência, a matéria-prima das Constituições, o centro de irradiação de sua jurisdicidade".

Como pensador da contemporaneidade que fala, articulada e densamente, a linguagem do acontecimento, é no plano concreção de valores, dentro da suposta globalização, que Bonavides realiza sua tarefa fecunda, adiantando o passo crítico do pensamento jurídico-político brasileiro: tolher a expansão do arbítrio e as invasões de inconstitucionalidade a que se arrima um poder autoritário, autocrático, ilimitado; um poder que é a antinação, a anticonstituição, a antidemocracia, quando "direito e realidade se apartam". Ele avança criticamente, mobilizando amplo e erudito arsenal teórico, qual falange espartana que, ao mover-se, não deixava brechas. Sua compreensão se inscreve num diagrama político, onde se considera a mídia durante a era da informática que, como "poderosíssimo meio de afirmação libertária em uma sociedade em busca de apoio à consagração de seus valores", mas que, facilmente, pela *praxis* pervertida se tornam sinistras ferramentas de manipulação e distorção, em indústria que fabrica o produto da falsa legitimidade, do falso consenso, da falsa adesão ao *statu quo*. Vale grifar uma de suas notações sobre este "tétrico *laboratório onde a opinião pública é a opinião publicada e a democracia o sonho e a quimera da cidadania arremessada ao desamparo como um barco à deriva*".

Paulo Bonavides desvela no discurso de maio de 1999 no IAB, ao receber o "Prêmio Teixeira de Freitas", modalidades hermenêuticas antecipadas no *Curso de Direito Constitucional.*[9] Brevemente entregará ao pensamento jurídico-político emancipador obra exemplar: *Do País Constitucional ao País Neocolonial: a Derrubada da Constituição e Recolonização pelo Golpe Institucional* (São Paulo, Malheiros, 1999).[10] Antídoto contra a estagnante legalidade formal dos detentores do poder (que denota as instituições sem remover governantes injustos), este livro se apresenta aos jovens juristas como resistência constitucional valorativa.

O IAB espera, com a presente divulgação, contribuir para o avanço do pensamento jurídico, oferecendo documento político necessário. E urgente para uma nação devastada, marcada por desigualdades, mutilações e desesperanças. Para que não continue a assistir, anestesiada, desinformada e distante, sua desconstitucionalização desnacionalizante, veloz, audaz e impune.

Pensadores como Paulo Bonavides, no entanto, podem marcar encontro com a alvorada de um povo criativo, sobrevivente e novo. Por isso o Instituto orgulhoso divulga seu discurso ajudante. Endereçado a brasileiros com esperança, ainda prontos para o justo, igual e livres nas relações humanas concretas.

João Luiz Duboc Pinaud
Presidente do Instituto dos Advogados Brasileiros

Saudação a Paulo Bonavides[11]

Tenho a honra de saudar o Prof. Paulo Bonavides, jurista emérito, que hoje recebe a Medalha Teixeira de Freitas outorgada pelo Instituto dos Advogados Brasileiros.

9. Hoje na 30ª ed., São Paulo, Malheiros Editores, 2015.

10. Hoje na 4ª ed., São Paulo, Malheiros Editores, 2009.

11. Discurso proferido por Hermann Assis Baeta, ex-Presidente do IAB, em saudação ao Prof. Paulo Bonavides, por ocasião da outorga da Medalha Teixeira

A Medalha Teixeira de Freitas constituiu a maior honraria que o Instituto dos Advogados Brasileiros concede a um jurista. Ela simboliza o reconhecimento dos nossos associados ao talento, à cultura e à produção intelectual daquele que se dedicou à pesquisa, ao estudo e à reflexão jurídica no sentido de contribuir para o desenvolvimento do direito na busca incessante do aprimoramento das instituições e da conquista do pleno Estado Democrático de Direito.

O grande civilista Augusto Teixeira de Freitas deixou marcas profundas em nossa história, influenciando e estimulando a vida dos cultores do Direito e oferecendo uma obra de densidade inquestionável que se tornou, até hoje, uma fonte inesgotável de conhecimento. O seu monumental *Código Civil – Esboço* – é um referencial obrigatório no campo do Direito pátrio e de outras nações. E sua personalidade forte e independente tem sido exemplo e paradigma para as mais diversas correntes do pensamento jurídico.

Portanto, a Medalha que grava o seu nome cria entre nós dois momentos interligados pela responsabilidade e pelo contentamento: o primeiro se apresenta nos dias que precedem às avaliações dos nomes que mais se destacaram no período prefixado pelo Estatuto do IAB para, dentre eles, ser escolhido o agraciado; e o segundo, vivido nesta noite, se manifesta pela solenidade, pela alegria e pelo júbilo dos nossos corações ao entregar esse extraordinário prêmio ao escolhido pelo Conselho Superior.

Nenhum nome entre os brasileiros, por mais relevantes serviços que tenha prestado ao Direito, à Justiça e à Democracia, neste biênio, está acima do nome do nosso consócio PAULO BONAVIDES, para integrar a galeria dos agraciados, merecedores da Medalha Teixeira de Freitas.

PAULO BONAVIDES nasceu no dia 7 de maio de 1923 na cidade de Patos, no alto sertão do Estado da Paraíba. Submeteu-se ao ensino básico inicialmente na cidade de Patos e logo após na cidade de Fortaleza, Capital do Estado do Ceará, onde realizou o curso secundário no Liceu da referida Capital. Bacharelou-se em Ciências Jurídicas e Sociais pela Faculdade de Direito da Universidade do Brasil, colando grau em 22 de dezembro de 1948. Doutorou-se em Direito pela Universidade Federal do Ceará, conferindo-se-lhe título por determinação legal em virtude de prestação de Concurso de Cátedra. Obteve título de Livre-Docente pela Universidade do Ceará por haver sido aprovado em Concurso de

de Freitas, no dia 12 de maio de 1999, no Salão Nobre do Instituto dos Advogados Brasileiros.

Cátedra. Concluiu o curso de Sociologia Jurídica, Sociologia da Fome, da Guerra e da Revolução na Universidade de Harvard, Estados Unidos. Foi visitante associado na Universidade de Harvard – 1944-1945. É Professor Catedrático de Teoria Geral do Estado da Faculdade de Direito da Universidade Federal do Ceará; Professor Emérito da Universidade Federal do Ceará; Professor de Filosofia do Direito e do Estado no Curso de Mestrado do Direito Público da Universidade Federal do Ceará; Professor visitante na Faculdade de Direito da Universidade de Colônia, na Alemanha, em 1982; Professor visitante na Faculdade de Direito da Universidade do Tennessee, nos Estados Unidos, em 1984; Professor visitante na Faculdade de Direito da Universidade de Coimbra, em Portugal, em 1989; Lente de Literatura Brasileira no Seminário Românico da Universidade de Heidelberg na Alemanha – 1952 e 1953; Professor Emérito do Direito Constitucional da Faculdade de Direito de Canoas, no Rio Grande do Sul; Professor Catedrático concursado de Sociologia Educacional do Instituto de Educação Justiniano de Serpa – 1951-1958; Professor interino de Teoria Geral do Estado da Faculdade de Direito da Universidade do Ceará – 1957-1958; Professor adjunto de Sociologia Educacional da antiga Faculdade Católica de Filosofia do Ceará, em 1952; Professor de Ciência Política no extinto Curso de Doutoramento da Faculdade de Direito da Universidade Federal do Ceará; Professor assistente da Cadeira de Introdução à Ciência do Direito da Faculdade de Direito da Universidade Federal do Ceará – 1957-1958 e Doutor *honoris causa* da Universidade de Lisboa, Capital de Portugal e membro efetivo da Academia Brasileira de Letras Jurídicas.

Um dos atributos do eminente Mestre agraciado é o seu interesse em associar-se a instituições nacionais e estrangeiras, encontrando-se filiado atualmente a 58 das mais importantes no território nacional e no exterior, inclusive é sócio correspondente da Academia de Ciências da Renânia do Norte-Westfalia do Norte, na Alemanha.

Compareceu a mais de 250 eventos nacionais e estrangeiros, ora como conferencista ou expositor, ora como integrante participante, destacando-se sempre, em face dos títulos e honrarias que recebeu. Referência especial merece a concessão da Medalha Rui Barbosa, patrono dos advogados brasileiros, outorgada pelo Conselho Federal da Ordem dos Advogados do Brasil, na XVI Conferência Nacional, realizada na cidade de Fortaleza, Capital do Estado do Ceará, maior honraria prestada a um advogado.

Escreveu os seguintes livros: *Universidades da América*; *O Tempo e os Homens*; *Dos Fins do Estado: Síntese das Principais Doutrinas*

Teleológicas; *Do Estado Liberal ao Estado Social*;[12] *Ciência Política*;[13] *Teoria do Estado*;[14] *A Crise Política Brasileira*; *Reflexões – Política e Direito*;[15] *Direito Constitucional*;[16] *Formas de Estado e de Governo*; *Política e Constituição – Os Caminhos da Democracia*; *Constituinte e Constituição: a Democracia, o Federalismo, a Crise Contemporânea*;[17] *Demócrito Rocha: uma Vocação para a Liberdade*; *História Constitucional do Brasil*; *Curso de Direito Constitucional*;[18] *A Constituição Aberta*[19] e *Textos Políticos da História do Brasil*.

O *curriculum vitae* do homenageado, portanto, é uma verdadeira biografia, pois demonstra a sua formação acadêmica e não acadêmica constantes, a sua dedicação à pesquisa, ao estudo, à reflexão e à produção cultural, a sua reputação moral e ética incontestável, bem como o seu espírito associativo e participativo nos órgãos e instituições sociais nacionais e estrangeiras.

Mas é exatamente no estudo de sua vasta obra que sobressai a coerência de seu pensamento democrático, o seu poder criador e a sua ação dinâmica e construtiva em defesa das instituições jurídicas progressivas interligadas às necessidades materiais e culturais da sociedade brasileira e sua luta permanente em busca de um Estado Democrático de Direito que efetivamente contemple a todos sem nenhuma espécie de exclusão social.

É com regozijo que recordamos que no período pré-Constituinte, em que advogados, juristas e cidadãos lutavam pela convocação e instalação de uma Assembleia Nacional Constituinte que elaborasse uma Constituição Democrática capaz de abolir o sistema jurídico autoritário então existente, oriundo de atos institucionais que prevaleceram por mais de 21 anos, Paulo Bonavides no seu magnífico livro *Constituinte e Constituição*, editado em 1985, pontificava:

"A campanha da Constituinte, ora em curso, será com o advento da nova Constituição, a última pá de terra sobre um sistema de privação

12. Atualmente na 11ª ed., 2ª tir., São Paulo, Malheiros Editores, 2014.

13. Hoje na 22ª ed., São Paulo, Malheiros Editores, 2015.

14. A partir da 8ª ed., como o título *Teoria Geral do Estado* (10ª ed., São Paulo, Malheiros Editores, 2015).

15. 3ª ed., São Paulo, Malheiros Editores, 1998.

16. A partir da 4ª ed., publicado como *Curso de Direito Constitucional*, cit..

17. Hoje na 3ª ed., São Paulo, Malheiros Editores, 2010.

18. 30ª ed., São Paulo, Malheiros Editores, 2015.

19. Atualmente na 3ª ed., São Paulo, Malheiros Editores, 2004.

de franquias e liberdades públicas, lesão de direitos humanos e autoritarismo, que imperou nesta nação durante cerca de duas décadas. O povo brasileiro, pelas motivações de seu passado, pela perpetuidade de seu destino e pelas crenças inabaláveis de sua vocação para a liberdade, sempre combateu e desafiou a injustiça, o privilégio e a desigualdade. É ainda o mesmo povo de Tiradentes, Frei Caneca, Bento Gonçalves, Joaquim Nabuco, Castro Alves e Rui Barbosa".

E afirmava de forma categórica:

"Vivemos o grande momento nacional da Constituinte. Sem um refluxo da cidadania às nascentes da legitimidade, não lograremos conjugar forças nem congregar esperanças e vontades para cimentar um pacto que faça estáveis as instituições e proponha uma nova definição social do poder, redistribuindo valores na sociedade oprimida e atribulada".

No mesmo livro concebia uma Constituinte para o Brasil da época que conceituava como "Constituinte aberta: a revolução sem armas". Neste capítulo, doutrinava:

"Quando o povo principia a questionar a Constituinte – não o instrumento, mas a possível composição social e política da assembleia – em verdade o que está questionando é a própria classe política, na medida em que ela, concorrendo a um novo desafio, não adverte que durante o passado sua contribuição tocante à reforma institucional ficou deveras aquém das expectativas do povo e da cidadania".

E mais adiante enfatiza:

"A Nova República emerge, por conseguinte, como símbolo de liberdade e democracia, em contraste com a Velha República, que foi símbolo de um autoritarismo facistoide, que fez o País retroceder durante 21 anos a contradições políticas de arbítrio sem paralelo, só comparáveis àquelas que perduraram durante as comoções absolutistas e repressivas do Primeiro Reinado" (cf. Paulo Bonavides, *Constituinte e Constituição*, Fortaleza, Edições UFC, 1985, pp. 1-4 e 11-14).

Releva considerar que, enquanto juristas conservadores serviam de escribas aos poderosos, indicando fórmulas e estratégias numa tentativa de nova dominação, agora através de normas constitucionais, o agraciado, sem nenhum temor, lançava o seu livro e participava da atividade publicista para alertar e contrariar os pressupostos antidemocráticos que muitos arquitetavam, alguns com êxito, para que a nova Assembleia Nacional Constituinte não se alicerçasse na plena legitimidade social e, por consequência, elaborasse um texto constitucional maculado pela chaga da dominação daqueles que, ao longo da História, vinham se alternando no poder público.

Convém lembrar que os advogados em sua maioria expressiva indicavam, através do Conselho Federal da Ordem dos Advogados do Brasil, quatro pré-condições consideradas indispensáveis à nova Assembleia Nacional Constituinte: a) revogação da legislação autoritária, cognominada de entulho autoritário, então existente; b) amplo diálogo nacional; c) não designação de comissão incumbida de elaboração de prévio texto constitucional a ser encaminhado à Assembleia para servir de base à criação da nova Constituição; e d) convocação de uma Assembleia Nacional Constituinte livre, soberana e legítima, que exercesse de direito e de fato o poder constituinte originário em sua plenitude. Uma Assembleia Nacional Constituinte sem amarras e sem vinculações ao Congresso Nacional e aos demais poderes da República, que fosse livre para *desconstituir* o que entendesse necessário e *constituir* um novo ordenamento jurídico e democrático.

Paulo Bonavides, através de sua obra, especialmente o livro referenciado, bem como o seu magistral *Direito Constitucional*,[20] dava-nos todo o suporte teórico e doutrinário, bem como o instrumental suficiente para lutar e enfrentar os useiros e costumeiros feitores de constituições ilegítimas. Tanto assim que, não para nossa surpresa, mas para a de muitos, convidado, não quis participar e não participou, em companhia honrosa dos juristas Fábio Konder Comparato e Miguel Seabra da chamada Comissão de Notáveis encarregada pelo Presidente Sarney de elaborar um texto ou esboço de Constituição que seria previamente encaminhado à Assembleia Constituinte. Registre-se que tal texto só não foi endereçado ao Congresso Constituinte, que elaborou a atual Constituição, porque o anteprojeto por ela elaborado tinha caráter parlamentarista e, sendo Sarney, por ironia, presidencialista, limitou-se apenas a mandar publicá-lo no *Diário Oficial da União*.

Tendo sido consumada a ideia de atribuição do poder constituinte originário ao Congresso Nacional, a Constituição de 1988 foi elaborada, como é do conhecimento de todos, pelos deputados e senadores da legislatura então em vigor, inclusive um terço de senadores eleitos indiretamente, não prevalecendo o ideal de legitimidade social que propugnávamos.

Não obstante, apesar da repetição dos velhos métodos e da tradição constitucional, a Constituição de 1988 surpreendeu pelo caráter demo-

20. Ob. cit., nota 6, supra.

crático de expressiva maioria de suas normas e de seus valores. Por contradição, e graças à influência da participação popular, através de suas instituições e associações de classe, o resultado foi a promulgação de uma Constituição de teor democrático, das mais avançadas, senão a mais avançada do Mundo. Normas de caráter democrático e humanístico consagraram a primazia dos direitos fundamentais do cidadão, dos direitos sociais e da preservação e proteção do patrimônio e das riquezas nacionais.

Assim, no seu conjunto, a Constituição de 1988 rompeu o ciclo de autoritarismo, de atraso e de exploração que o sistema político-militar havia imposto ao Brasil.

Por estas razões, tornou-se, no primeiro decênio de sua existência, alvo de ataques e violações da parte de setores conservadores da sociedade, a ponto de já ter sido emendada 22 vezes, além de 6 emendas constitucionais de Revisão e ainda depender da edição de mais de uma centena de leis complementares e ordinárias para sua efetiva integração.

Relembremo-nos de que os quatro presidentes que dirigiram a Nação, após sua vigência, como não podiam manipular as normas constitucionais vigorantes, alegavam uma suposta ingovernabilidade e, por consequência, articulavam reformas, visando a ajustar a Constituição a seus projetos político-partidários.

Durante este decênio, PAULO BONAVIDES tem sido um de seus maiores intérpretes e defensores, denunciando o desvirtuamento continuado de muitos de seus artigos, especialmente o art. 62, que trata das Medidas Provisórias, exclusivas para os casos de relevância e urgência e que têm sido utilizadas abusivamente pelo atual Presidente da República em flagrante desrespeito e usurpação da atividade legislativa do Congresso Nacional e da sociedade brasileira.

Sobre elas o nosso homenageado não tem se cansado de chamar a atenção da opinião pública, da classe política e do próprio Congresso Nacional, alertando para os riscos e perigos que essa prática abominável enseja ao restabelecimento de um novo Estado de Exceção em nosso país.

A crítica de PAULO BONAVIDES vai fundo quando se dirige à totalidade do sistema implantado e às próprias bases históricas e culturais da sociedade brasileira, a partir da primeira Assembleia Nacional Constituinte de 1823.

No Seminário Unidade do Sistema Jurídico e Identidade Latino-Americana – Democracia e Formação dos Juízes, na VI Jornada Teixeira de Freitas (2ª Parte), realizado pelo IAR em Roma, de parceria com o Instituto Ítalo-Latino-Americano, da ASSLA (Associação de Estudos Sociais Latino-Americanos) e da coordenação do grupo de trabalho de jurisprudência do Conselho Europeu de Investigações Sociais da América Latina, com patrocínio da Corte Constitucional da Itália, nos dias 15 e 16 de dezembro de 1997, Paulo Bonavides foi lúcido quando afirmou que o Brasil, ao contrário dos países da Comunidade Europeia, é o Estado onde "a crise da Constituição há sido principalmente crise constituinte e não apenas crise constitucional, como equivocadamente vem sendo tratada por muitos de seus juristas, historiadores e publicistas".

Disse o nosso homenageado, em sua brilhante exposição, apresentada no referido Seminário, o seguinte:

"Em verdade essa crise percorre toda a história imperial e republicana, desde as nascentes da nacionalidade, quando se instalou. Foi obra de um conflito de poderes – aliás, poderes de natureza constituinte – entre o Imperador D. Pedro I e a Assembleia Nacional Constituinte que ele mesmo convocou para fazer a Constituição e a seguir dissolveu *manu militari*, ao desferir o golpe de Estado de 11 de novembro de 1823. Quando o constituinte Antônio Carlos tirou o seu chapéu, saudando a majestade do canhão, tal gesto simbolizava que a crise constituinte se instalara no Brasil e viera para ficar.

"Episódio brutal e traumático, o golpe, em termos de legitimidade democrática e constitucional, deixou sequela profunda intercaladamente manifesta ou latente, que atravessou todo o Império (1824-1889), e os distintos ciclos da República, desde a queda do Imperador D. Pedro II, em 1889, até o governo neoliberal do atual Presidente.

"O golpe de 1823 entrou no inconsciente da nação, criou complexos de inferioridade constitucional, perpetuou a memória da crise constituinte e inoculou o bacilo da autocracia nas veias do corpo político cujo sangue contaminado escorre nas ocasiões de derrubada de governos constitucionais, de golpes de Estado, de outorga de Cartas autoritárias, de ditaduras, ostensivas umas, dissimuladas outras, mas todas convergindo para o denominador comum do ódio mortal à democracia e à liberdade, de governos que clandestinamente resvalam rumo aos regimes de exceção ou que fazem do decreto-lei ou da medida provisória a profecia de suas más intenções, o documento de sua predileção pelo autoritarismo e o certificado de uma aversão profunda ao sistema de separação, harmonia e equilíbrio de poderes independentes, enquanto órgãos da soberania, sob a égide da Constituição" ("IAB – Unidade do Sistema Jurídico e

Identidade Latino-Americana – Democracia e Formação dos Juízes", Seminário, Roma, 15-16 de dezembro de 1997, Plaqueta).

Quando foi apresentada a proposta de Emenda Constitucional n. 554-A, de 1997, que pretendia criar outra Assembleia Nacional Constituinte, que se instalaria no dia 1º de fevereiro de 1999, na sede do Congresso Nacional e se dissolveria em 31 de dezembro do mesmo ano de 1999, ano corrente, Paulo Bonavides não se acomodou. Em Carta Aberta enviada ao deputado federal Almino Afonso fez uma contundente Denúncia à Nação, chamando a referida Emenda de suicida e a mais audaciosa que já ousou circular pelas duas Casas da nossa organização representativa. Alertou no sentido de que, se fosse aprovada e promulgada a malsinada Emenda, marcaria ela "a queda da Constituição, o fim do Estado Democrático de Direito, o desmantelamento da Ordem Federativa, o colapso das bases que legitimam a competência dos três poderes" (Carta ao Deputado federal Almino Afonso).

Nessa denúncia e crítica esmagadora, considerou a Emenda um crime contra a Constituição e "o pior dos crimes perpetrados na esfera da liberdade de um povo". Disse ainda que a Emenda tinha por fim maior a instituição de um plebiscito de caráter constituinte, para transformar o Congresso Nacional em Assembleia Nacional Constituinte, proferindo palavras que fulminavam a ideia, a seguir explicitadas:

"A emenda tem por objetivo e fim maior a instituição de um plebiscito de dimensão constituinte, simultâneo às eleições de 4 de outubro do ano em curso, de tal sorte que os eleitores votem poderes ao Congresso, até então um poder limitado, para se transformar em Assembleia Nacional Constituinte, livre e soberana. E ao mesmo passo lhe dá a incumbência única e exclusiva de alterar sem limites 15 artigos da Constituição e um número ainda indeterminado doutros que lhe são conexos" (ob. cit.).

"O dislate teórico é patente. Subverte todos os conceitos de Direito Constitucional. Que espécie de constituinte é esta, livre e soberana, mas acorrentada a uma Constituição já existente? Uma constituinte de primeiro grau, reduzida, porém, a órgão revisor, a sapateiro de meia-sola, com poderes apenas para escrever, votar e promulgar metade de uma Constituição! É algo sem equivalência nos fastos do constitucionalismo. Algo extremamente grave pela natureza dos desdobramentos fatais que haverá de ter sobre a estrutura do que ainda resta de pé em nosso Estado de Direito" (ob. cit.).

No seu magistral livro *A Constituição Aberta*, no Capítulo intitulado "Democracia direta, a democracia de terceiro milênio", o nosso homenageado nos ministra que:

"A Constituição Aberta levanta, entre outras, a questão medular da validade da democracia representativa, clássica e tradicional, do modelo vigente na América Latina, de natureza presidencialista. Seus resultados não foram bastantemente idôneos para debelar as crises do sistema.

"Sem meios de produzir legitimidade capaz de manter os titulares do poder no exercício de uma autoridade efetivamente identificada com os interesses da cidadania, o bem-estar, a justiça e a prosperidade social, a velha democracia representativa já se nos afigura em grande parte perempta, bem como desfalcada da possibilidade de fazer da Constituição, qual ela funciona, o instrumento da legítima vontade nacional e popular" (Paulo Bonavides, *A Constituição Aberta*, Belo Horizonte, Del Rey, 1993, pp. 9-10).[21]

E adiante explica:

"A Constituição aberta, que põe termo a uma ordem constitucional assentada sobre formalismos rígidos e estiolantes, somente se institucionalizará, a nosso ver, em Sociedade por inteiro franqueada à supremacia popular. (...) De tal sorte que a politização da juridicidade constitucional dos três Poderes da soberania possa fazer assim legítimo o sistema de exercício da autoridade, com o funcionamento dos mecanismos de governo transferidos ao arbítrio do povo.

"Plebiscito, *referendum*, poder de iniciativa, direito de participação e veto hão de compor a espinha dorsal da nova democracia de mandato imperativo, combinada com os meios eletrônicos e informáticos de averiguação da vontade popular, ficando esta apta a decretar a cada dia ou a cada hora o *impeachment* dos membros da classe política infiéis à vontade da cidadania. Somente então o povo no poder será realidade e não ficção, qual tem sido até agora. Democracia direta, a democracia do terceiro milênio" (ob. cit., pp. 13-17).

Sempre preocupado com a forma democrática de governo, em face de nossas experiências, no Império e na República, não terem atendido às necessidades básicas da população, notadamente das camadas mais carentes e pobres, a partir da Constituição de 1988 Paulo Bonavides tem se dedicado ao estudo da democracia, tomando como referência a democracia direta exercitada na Grécia antiga (Atenas), para sugerir

21. Hoje, publicada pela Malheiros Editores, 3ª ed., 2004.

que a democracia direta, com as conquistas científicas e tecnológicas contemporâneas, seria a forma de governo mais adaptável ao Terceiro Milênio.

Por isso é que, no seu referido livro, esclarece:

"Uma Sociedade desigual será invariavelmente uma Sociedade injusta, e não há justiça onde os homens padecem na ordem econômica os mais iníquos desníveis de renda; onde a classe média destroçada cede lugar a uma falsa democracia formal; onde a pobreza dos desgraçados sela a união frouxa, coercitiva e instável da camarilha de opressores com a multidão de oprimidos.

"Em rigor a Lei Maior já não se fecha a uma caminhada no rumo desse tipo de democracia, tanto que, timidamente, nos arts. 14, *caput* e I, II e III, 18, §§ 3º e 4º, e 49, XV, contempla o uso de técnicas constitucionais que fazem estrear rudimentos da democracia direta em nosso sistema de natureza basicamente representativa. Não passa o ensaio todavia de uma aplicação parcial e limitadíssima de três técnicas daquele sistema de governo: o plebiscito, o referendum e a iniciativa.

"Uma organização institucional que não coloque os Poderes políticos – Legislativo e Executivo – da União, dos Estados e dos Municípios debaixo do controle direto, imediato e diuturno da vontade popular, jamais há de levar a cabo, bem-sucedida, a cruzada de anticorrupção administrativa de que tanto precisa o País. Unicamente a democracia direta tem forças para operar tal milagre" (ob. cit., p. 27.)

E no seu clássico *Ciência Política*, de 1978, 4ª ed.[22] –, conjuntamente com a *História Constitucional do Brasil*, de parceria com o deputado Paes de Andrade e *Textos Políticos da História do Brasil* (9 volumes), de parceria com o consócio e Prof. Roberto Amaral, fornece-nos, do primeiro, o instrumental político e científico para o entendimento amplo das instituições e, nos subsequentes, fatos e dados históricos e os textos mais importantes que registraram os atos de teor político e jurídico praticados ao longo de nossa história, desde o Brasil colonial.

Minhas Senhoras e meus Senhores:

Esta solenidade ocorre num momento de grave dificuldade da sociedade brasileira. Recordemos que realizamos uma grande luta pacífica para rompermos um círculo autoritário que perdurou 21 anos. Eliminamos institucionalmente um sistema antipopular e arbitrário e criamos uma constituição assentada em valores democráticos, a mais avançada,

22. Atualmente na 22ª ed., São Paulo, Malheiros Editores, 2015.

ou das mais avançadas do mundo. Como é da essência de toda constituição, a sua função principal é limitar o poder político. Com a nossa, a que está em vigor, acontece o contrário: é o poder político (poder executivo e partidos políticos a ele vinculados e aliados) que, através de emendas constitucionais e de medidas provisórias, altera substancialmente, e por meios escusos, suas normas e desmantelam o estado, em nome de supostas reformas, visto que não é possível compatibilizar nem ajustar a concepção neoliberal e o modelo globalizante adotados pelo governo a uma constituição, de teor e valores democráticos.

Este fenômeno constitui um paradoxo sem precedentes em nossa história. E o pior é que vivemos numa sociedade onde se desestrutura a unidade do sistema jurídico, onde predomina o privado sobre o público e onde o capital financeiro especulativo se estabeleceu e, através de entes estrangeiros, dita regras e monitora nossa política econômica, sem levar em consideração a soberania nacional, de forma tal que não sabemos o que vai acontecer amanhã.

Pois bem, senhoras e senhores, é gratificante uma solenidade como esta, nestes dias turbulentos em que, reunidos espontaneamente, viemos saudar um homem da estirpe de PAULO BONAVIDES.

Todo o conhecimento de PAULO BONAVIDES se alicerça na realidade concreta e sua construção teórica e doutrinária não se circunscreve à pura abstração científica, mas tem por objetivo a mudança social e se instrumentaliza para transformar a realidade brasileira, que lhe serviu de elemento de reflexão, em busca de um sistema democrático de poder que tenha como destino a justiça plena.

O seu alvo não é o acúmulo de erudição, nem a aquisição de tecnicismo jurídico ou de formas que prevaleçam sobre o conteúdo dos direitos; mas a descoberta e a indicação de alternativas viáveis ao processo de emancipação nacional em todos os seus aspectos e a liberdade plena dos cidadãos brasileiros.

PAULO BONAVIDES é um notável homem público, é um pensador, constitucionalista, cientista político e jurista, e, permitam-me afirmar, o mais consciente e militante guardião dos valores democráticos e fundamentais da constituição.

Da simplicidade de sua chácara, na companhia de sua esposa Ieda, sob o sol brilhante de Fortaleza, ele observa com acuidade o Brasil e o mundo, e quando alguns políticos profissionais interesseiros e elitistas tentam realizar medidas antidemocráticas e injustas, algumas delas infelizmente concretizadas, ele dispara suas armas: a pena e a palavra – e intervém, ora alertando, ora sugerindo, ora denunciando ou protestando, no sentido de que não se rompa o estágio de construção do Estado Democrático de Direito que almejamos.

Ao concluir este discurso, tenho a satisfação de agradecer o honroso convite feito pelo eminente agraciado para que eu fosse o autor desta saudação. Registro aqui o meu contentamento e afirmo que jamais recebi incumbência que me enlevasse tanto como esta pelas razões já explicitadas. Devo agradecer também ao eminente presidente João Luiz Duboc Pinaud, que prontamente atendeu ao pedido, designando-me, bem como ao ilustre orador oficial, Dr. José Alfredo Ratton que, com a fidalguia costumeira, aquiesceu sem reservas. O IAB, nesta noite, não só pratica um ato justo ao reconhecer os méritos e as qualidades indiscutíveis desse ser humano fantástico que é Paulo Bonavides, mas engrandece a si próprio, ao seu quadro social, porque põe em relevo e evidência um cidadão excepcional, padrão moral e ético, autor de obra rara em nosso país, que deve ser divulgada para estímulo a todos nós e como exemplo a ser seguido pelas novas gerações.

Muito obrigado.

Hermann Assis Baeta

Ex-Presidente do IAB

4. *"Estudos de Direito Constitucional, Homenagem a Paulo Bonavides", José Ronald Cavalcante Soares (Coord.)*[23]

Apresentação

Honrou-me a Editora LTr com a missão de coordenar um livro em homenagem ao Professor Paulo Bonavides.

Seu aluno na velha Faculdade de Direito da Universidade Federal do Ceará, os idos de 1960, cujas aulas memoráveis na cadeira de Teoria Geral do Estado (eram assim denominadas as atuais disciplinas) permanecem indeléveis na minha memória, aprendi, desde então, a nutrir imensa admiração pelo mestre, jamais comprometida no desenrolar dos dias, com a notável atividade intelectual de um nome que, na verdade, dispensa apresentações e adjetivações; peço desculpas por utilizar-me de um clichê.

Uma rápida leitura do currículo do homenageado, bem como das referências a ele feitas pelo professor Pinto Ferreira, demonstram de

23. São Paulo, LTr, 2001.

modo cabal e irrefutável a justiça desta homenagem e a feliz iniciativa da LTr, além de semear nos estudiosos a insopitável necessidade de ler e conhecer a obra de Paulo Bonavides.

O merecido e grande conceito de Paulo Bonavides, na realidade, facilitou, em muito, o trabalho que me foi confiado porque, sem exceção, os nomes luminares convidados a integrar o elenco de autores desta obra coletiva foram unânimes em prontamente responder ao convite com trabalhos marcados pela atualidade e interesse geral.

Convicção plena eu tenho de que o livro será útil e de grande aceitação, mormente no momento em que vivenciamos uma crise sem precedentes na nossa história, crise moral, crise econômica, crise política, *apagão* geral que ameaça tragar nossas instituições, nosso passado, nossas tradições e nossa vergonha, é inefável prazer a garantia de segurança, na travessia deste túnel escuro, ter como referencial um nome destacado, um lídimo paladino da democracia participativa, da globalização multifacetada que acopla a globalização econômica e globalização política, tendo por meta definitiva a *criação de um mundo mais justo*!

5. "Direito Constitucional, Estudos em Homenagem a Paulo Bonavides", Eros Roberto Grau e Willis Santiago Guerra Filho (Orgs.)[24]

Apresentação

Os trabalhos aqui coligidos, elaborados para homenagear o Professor-Emérito da Universidade Federal do Ceará, Dr. Paulo Bonavides, pela qualidade mesma que seus autores a eles procuraram imprimir,[25] sendo eles em diversos casos nomes consagrados universalmente,[26]

24. 1ª ed., 2ª tir., São Paulo, Malheiros Editores, 2003.

25. De modo inovador, este livro inclui também ensaios de jovens juristas, dos quais – disso estamos certos – o tempo dirá. Os textos foram ordenados segundo a ordem alfabética da primeira letra do derradeiro nome.

26. O eminente Konrad Hesse, convidado a colaborar, enviou-nos a seguinte resposta: "Estimados Colegas, Muito obrigado por sua amável carta de 20 de agosto! Para mim seria uma grande honra e uma alegria participar do livro em homenagem ao Prof. Bonavides, do qual tenho as melhores recordações nas suas visitas à Alemanha. Entretanto, estou agora com oitenta e um anos de idade e, infelizmente, não posso assumir o compromisso de escrever, em um breve espaço de tempo, um trabalho que estivesse à altura do homenageado. Peço-lhes que tenham compreensão e despeço-me com saudações as mais cordiais. Vosso Konrad Hesse".

demonstram bem a dimensão da obra e a estatura da personalidade do homenageado.

Nosso intuito foi o de festejá-lo, brindando-o com aquilo que, sabemos, está no mais alto patamar dos bens de sua estima: a elaboração teórica.

Que a leitura desde *Festchrift*, o qual já lhe devíamos há tempos, possa trazer momentos de deleite intelectual tanto ao leitor quanto ao homenageado, por quem temos a mais elevada estima e admiração, pelo sábio, no pleno sentido da palavra, que ele é.

Eros Roberto Grau

Professor Titular da Faculdade de Direito da USP

Willis Santiago Guerra Filho

Professor Titular da Faculdade de Direito da UFC

6. "Paulo Bonavides", Antônio Carlos Klein[27]

Ó homem, de onde quer que sejas, quaisquer que sejam tuas opiniões, escuta: eis aqui a tua história, tal como acreditei tê-la lido, não nos livros de teus semelhantes, que são mentirosos, mas na Natureza, que nunca mente. (Jean-Jacques Rousseau, *Discurso sobre a Origem e os Fundamentos da Desigualdade Entre os Homens*.)

Uma Vida entre Jornais e Livros

Talvez não haja tarefa mais difícil de se escrever do que uma biografia. O relato de uma vida é sempre incompleto (principalmente estando o biografado vivo) e inevitavelmente parcial. As lacunas advêm da impossibilidade de se registrar cada sopro de vida que se dá com tinta e papel. Milhares de volumes não seriam suficientes para precisar o mais tedioso e uniforme dos dias na vida de qualquer ser humano. A dificuldade maior, porém, é fruto de uma forçosa seleção de fatos que, por melhor que estejam unidos, vão sempre revelar um fragmento, nunca um todo. Biografar é sintetizar.

Uma biografia não pode ser confundida com uma hagiografia. O culto a uma pessoa em nada difere da idolatria a bezerros de ouro.

27. Fortaleza, 2003.

Não se deve, por igual, enlamear a vida alheia, garimpando pecadilhos comuns a todos (como o fazem os tabloides sensacionalistas que exploram nossa imensa fraqueza de sentir prazer com as fraquezas alheias), pois a falibilidade faz parte da nossa essência. Tal atitude revela muito mais os preconceitos morais do biógrafo que os defeitos do biografado.

Cada um de nós está sujeito a cometer inúmeros equívocos ao longo do difícil aprendizado imposto pela vida. Contudo, alguns absorvem até a última gota a lição de uma experiência, atingidos que foram na medula, enquanto outros nem sequer são resvalados pela provação. Uns evoluem enquanto outros estagnam, acreditando que também estão a evoluir.

Assim, ainda que sem a aura da perfeição, há vidas merecedoras de referência e reverência. Paulo Bonavides, professor e jornalista, é uma dessas vidas. Para Bonavides, a Democracia adquire contornos de credo inabalável. Poucos cientistas políticos se dedicaram tanto ao estudo dos regimes democráticos e menos ainda sustentaram a necessidade de uma infusão, permanente e crescente, de mais democracia nas instituições políticas vigentes. Bonavides repete a lição dos clássicos e, tendo luz própria, também inova, avança, indicando novos caminhos e novas soluções. O legado de Rousseau tem nele um digno inventariante.

Nos tempos em que a liberdade estava em xeque, se não pegou em armas, sacou a caneta para elegantemente atacar: "Se o poder repousa unicamente na força (...) não importa sua aparente solidez ou estabilidade, será sempre um poder de fato" (*Ciência Política*, 1967).[28] Em oposição a isso, segue afirmando, está o poder de direito, alicerçado na vontade popular.

A vazão constante às suas ideias, por meio de obras, aulas, palestras e conferências, não se interrompeu com a redemocratização do País. Enquanto alguns juristas de peso venderam-se a interesses escusos, através de artigos e pareceres tendenciosos, Bonavides, que já gozava de enorme reputação e não deixou de ser cortejado para ocupar altos postos e rendosos cargos em troca de alguns favores intelectuais para as posições elitistas, optou por manter sua alma íntegra e permaneceu denunciando as falhas que entendia existirem no novo Estado Democrático de Direito brasileiro.

28. Hoje na 22ª ed., São Paulo, Malheiros Editores, 2015.

Não é gratuitamente que alguém se torna unanimidade entre seus pares. BONAVIDES alçou-se a tal patamar, subindo degrau a degrau, e não apenas pelo que escreveu, mas por viver e agir de acordo com os seus pensamentos. Legitimou cada palavra sua através de uma postura asceta. Ao contrário de tantos que dizem uma coisa e fazem outra, seu texto tem força da verdade em razão da defesa corajosa das ideias nele contidas pelo autor.

BONAVIDES encarna, ademais, o antípoda do intelectual que se faz pedante em razão de sua fama. Arrogância e vaidade não fazem parte de seu dicionário, sendo, ao contrário, sempre generoso e humilde.

O reconhecimento de sua grandeza não ocorre apenas dentro das fronteiras nacionais. Sobre ele, repousa a admiração de muitos dos maiores pensadores da Ciência Política e do Direito Constitucional no mundo. Nomes como Jorge Miranda, José Joaquim Gomes Canotilho e Friedrich Mueller veem em PAULO BONAVIDES um mentor. Pablo Lucas Verdú chama-o de *maestro de los maestros*. Marcelo Rebelo de Sousa descreveu-o como sendo um homem do seu tempo, capaz de decifrar antecipadamente o curso da nossa era e louvou a riqueza criativa, a salutar insatisfação e a irrequietude do pensamento de BONAVIDES como exemplo de juventude incansável.

A Fundação PAULO BONAVIDES, com sede em Fortaleza, tem por finalidade, entre outras atividades de natureza jurídico-científica: o incentivo e o desenvolvimento de projetos, estudos e pesquisas destinados à compreensão do fenômeno jurídico, sobretudo para a orientação de decisões jurídicas de problemas pertinentes ao Estado do Ceará; a promoção de âmbito nacional e internacional; a concessão de bolsas de estudo; o apoio e incentivo ao intercâmbio de pesquisadores.

Volto, por último, a insistir que resumir uma vida tão longa e rica em um texto tão breve resulta, necessariamente, na omissão de incontáveis passagens belas, curiosas, divertidas, corajosas. Implica, igualmente, na supressão de ricos detalhes dos fatos selecionados. Mas não deixa de servir de estímulo para quem se interessa por este gênero de leitura. Por isso, destaquei o que me pareceu ser mais relevante ou, ao menos, digno de nota. BONAVIDES, feito que é de sangue e carne, tem, com certeza, como todos nós, desacertos e enganos. Não tentei omiti-los, mas, certamente, não me preocupei em dissecá-los. E por que deveria? Os erros de BONAVIDES pertencem a ele. Já seus acertos, estes são Patrimônio da Humanidade.

7. *"Direito Constitucional Contemporâneo – Estudos em Homenagem ao Professor Paulo Bonavides",*[29-30] *Fernando Luiz Ximenes Rocha e Filomeno Moraes (Coords. e Coautores), "Prefácio" de J. P. Sepúlveda Pertence*

Prefácio

A Paulo Bonavides: o sábio e o cidadão.

Às vésperas dos oitenta anos do sempre jovem Professor Paulo Bonavides, congregam-se, outra vez, publicistas de justa nomeada para dedicar-lhe esta coletânea de estudos jurídicos.

Cumpro, satisfeito, a incumbência da apresentação do *librum amicorum*, a rigor, dispensada pelo índice do volume, que desvela a envergadura dos autores e o fascínio da variada temática dos trabalhos reunidos.

Resta para estas palavras o sentido, a um só tempo, de escusas e de gratificação.

Escusas, porque – acometido por recorrente autocrítica paralisante – faltou-me a audácia de perpetrar um escrito de pretensão doutrinária e tentar imiscuir-me nesta congregação de juristas ilustres.

Gratidão, pela sensibilidade do amigo Fernando Ximenes – organizador da obra e elo gentil de minha aproximação pessoal com o mestre Bonavides – que, a título de consolação, reservou-me o espaço deste introito.

Dele me sirvo para o testemunho – descolorido, embora – da admiração intelectual e do respeito humano pelo homenageado.

A sinceridade dessa dupla reverência pelo mestre cearense – que o destino furtou da Paraíba – passou pela prova da superação de dois obstáculos:

29. Belo Horizonte, Del Rey, 2005.

30. Colaboradores: A. J. Avelãs Nunes, Aldacy Rachid Coutinho, Alexandre de Moraes, André Ramos Tavares, Antônio G. Moreira Maués, Dimas Macedo, Eros Roberto Grau, Fernando Facury Scaff, Fernando Neves da Silva, Flavia Piovesan, Francisco Fernández Segado, Friedrich Müller, Gilberto Bercovici, Gilmar Mendes, Gisela Maria Bester, José Adércio Lcitc Sampaio, José Afonso da Silva, José Alfredo de Oliveira Baracho, Juarez Freitas, Lenio Luiz Streck, Luís Roberto Barroso, Marco Aurélio Mendes de Farias Mello, Maria Elizabeth Guimarães Teixeira Rocha, Martonio Mont'Alverne Barreto Lima, Orides Mezzaroba, Paulo Antonio de Menezes Albuquerque, Paulo Lopo Saraiva, Raymundo Juliano Feitosa, Ricardo Haro, Roberto Rosas, Valmir Pontes Filho.

De um lado, a fidelidade básica à minha quase juvenil vinculação à pureza lógica do pensamento de Hans Kelsen, que – à vista de sua consciente renúncia a uma teoria jurídica da interpretação – não merece ser alinhado aos exegetistas e aos "pandectistas" do Direito Constitucional.

De outro lado – com a suspeição, não obstante, de mais de quatro décadas de vivência cotidiana do Supremo Tribunal (há uma década e meia, como seu juiz) – a acrimônia de algumas críticas que lhe dirige o mestre insigne.

Claro, tribunal constitucional, que é – envolvido, pois, pelo conteúdo *político* da matéria de que cuida e pelas circunstâncias do tempo *político* em que atua – o Supremo frustra, em cada decisão de relevo, as expectativas da hermenêutica dissonante: é contingência fatal do equilíbrio instável entre as diferenciadas "*concepções de vida, pré-compreensões, opções sobre a organização da sociedade*"[31] daqueles que o compõem no momento considerado.

As críticas que, em consequência, lhe sejam dirigidas pelo opositor qualificado das decisões é legítima e benfazeja, mas algumas – compreensíveis, embora, no ardor da polêmica – parece, às vezes, desconhecerem o saldo positivo da instituição no inconcluso ensaio republicano brasileiro.

Nada disso, porém, me impede de identificar em Paulo Bonavides a figura singular de um dos mais notáveis intelectuais brasileiros de sua geração, vincada pela fidelidade à fé jurada na democracia do Estado Social e ao compromisso vital com o seu povo e as vicissitudes dos seus anseios de uma sociedade menos iníqua.

Vem de longe – dos meus longínquos tempos de estudante – a descoberta de dimensão de Paulo Bonavides, que fiquei a dever, se não falha a memória, à advertência do querido Prof. Orlando de Carvalho sobre excelência de tese submetida ao concurso, obra seminal da juventude – *Do Estado Liberal ao Estado Social*[32] – ainda hoje, signo da definição dos rumos de sua obra multifária.

A leitura inesquecível de uma das primeiras edições da tese constituiu, para mim e os de minha geração, o encontro alvissareiro de sólido embasamento teórico para a nossa crença – quiçá ingênua nos dias que

31. Luiz Nunes de Almeida, *Da Politização à Independência*, *apud* Paulo Bonavides, *Teoria Constitucional da Democratização Participativa*, 3ª ed., São Paulo, Malheiros Editores, 2008, p. 339.

32. Hoje na 11ª ed., 2ª tir., São Paulo, Malheiros Editores, 2014.

correm – na viabilidade da superação do individualismo desenfreado do Estado Liberal burguês, sem perda da reafirmação das liberdades fundamentais de primeira geração, conquistadas para a humanidade nas duas grandes revoluções que o erigiram.

A preparação destas linhas levou-me a revisitar, um pouco ao sabor do acaso, páginas e páginas dos muitos volumes nucleares do labor de décadas do escritor louvado, de incansável proficuidade: foi aventura intelectual fascinante, apenas prejudicada pelo temor de que sucumbir à tentação de estendê-la acabasse por vencer o prazo fatal para este modesto testemunho, que devia a mim mesmo.

A revisão concentrada do conjunto da obra de PAULO BONAVIDES reavivou a impressão deixada pelas primeiras leituras dos seus trabalhos, espaçadas no tempo: a multiplicidade de temas e a variedade de tons não logram dissimular a pétrea unidade básica de sua produção e a coerência com os valores cardeais que inspiram toda ela.

Da limpidez didática de *Ciência Política*,[33] da erudição dos ensaios originais de *Teoria do Estado*[34] e da férrea densidade teórica do *Curso de Direito Constitucional*[35] – que, malgrado a modéstia do título, congrega alguns dos capítulos mais ricos da doutrina geral da disciplina, no Brasil e alhures – o leitor de PAULO BONAVIDES transita, sem sobressaltos, à vigorosa e combatente energia dos seus escritos e discursos mais recentes – ora reunidos em coleções especiais,[36] ora intrometidos na reedição dos seus clássicos[37] – predominantemente votados à difusão da palavra do pregoeiro indormido da cruzada, que se impôs, de defesa do "Estado Social", reforçado pela "democracia participativa", e contra os "moedeiros falsos"[38] do neoliberalismo globalizante, cuja versão do Direito e do Poder, verbera, é "da mesma índole reacionária e dissolvente dos absolutismos de direita e esquerda",[39] e nos faz viver "a era

33. Atualmente na 22ª ed., São Paulo, Malheiros Editores, 2015.

34. A partir da 8ª ed., como o título *Teoria Geral do Estado* (10ª ed., São Paulo, Malheiros Editores, 2015).

35. 30ª ed., São Paulo, Malheiros Editores, 2015.

36. PAULO BONAVIDES, *Teoria Constitucional da Democracia Participativa*, 3ª ed., São Paulo, Malheiros Editores, 2008; *Do País Constitucional ao País Neocolonial*, 4ª ed., São Paulo, Malheiros Editores, 2009.

37. *V.g.*, PAULO BONAVIDES, *A Crise da Integridade do Estado: a "Mexicanização" da Amazônia e o Assalto à Soberania em Teoria do Estado*, p. 366; prefácio da 6ª ed. *Do Estado Liberal ao Estado Social*, cit., p. 12.

38. PAULO BONAVIDES, *Do País Constitucional ao País Neocolonial*, cit., p. 31.

39. Prefácio da 6ª ed. *Do Estado Liberal ao Estado Social*, cit., p. 20.

do totalitarismo financeiro, que é a forma mais atroz, mais selvagem, mais indigna de opressão e ditadura, jamais gerada nas entranhas do capitalismo".[40]

Impressionante é como, em todas as páginas de PAULO BONAVIDES – quer as contidas na serena exploração teórica de temas seculares, quer as engajadas nas refregas mais turbulentas da atualidade –, estão nítidas as marcas indeléveis da inteireza do autor, feita do amálgama de cultura incomum e de pugnacidade sem esmorecimentos.

Conforme o assunto e o tempo, pode o discurso mudar de tom e acelerar-se a modulação das frases ou o vigor retórico das ênfases: é quando a serenidade do acadêmico, de visão universal, cede o passo à indignação cidadã do nordestino indômito.

Os traços essenciais da sua escrita, porém, serão sempre os que o grande Evandro Lins identificou com felicidade: vazados "em torneado vernáculo, com um estilo ao mesmo tempo simples, terso e castiço, sem ostentação e sem vulgaridade".

Nem a intimidade com a obra dos mais notáveis filósofos e juristas alemãs – cujo arremedo tem deformado a expressão de lusófonos ilustres – logrou turvar o aticismo da linguagem que PAULO BONAVIDES maneja, com precisão e maestria, para dilucidar o obscuro, jamais para exibir-se ao custo de confundir o mais simples.

De sua vez, é constante de todos os seus textos a riqueza e a seriedade da informação doutrinária em que se lastreiam.

As citações são frequentes. Jamais denotam, porém, a mostra cabotina de erudição: cada uma delas é peça ajustada no encadeamento do raciocínio, que flui, sem intervalos bruscos, para a transcrição ociosa de fungíveis excertos alheios e conduz o leitor, passo a passo, à apreensão das bases longamente meditadas da opinião própria do autor.

O intelectual PAULO BONAVIDES se imporia, assim, à admiração dos juristas de seu tempo, só pelo peso de uma obra de rara envergadura.

Mas o alicerce do respeito que granjeou, sem forcejar, não se restringe ao que mereceria por si só o pensador encastelado na reflexão acadêmica e na esmerada difusão do seu saber, na cátedra e nos livros.

"Quem conhece a obra e o magistério de PAULO BONAVIDES" – testemunha a autoridade do douto Canotilho[41] – "não pode deixar de desco-

40. *Do País Constitucional ao País Neocolonial*, cit., p. 6.

41. J. J. Gomes Canotilho, "Civilização do Direito Constitucional ou Constitucionalização do Direito Civil", in em Eros Grau e Willis Guerra Filho (Orgs.),

nhecer, com humildade, os limites do nosso saber quando à nossa frente se perfila um dos mais notáveis cultores da juspublicistica em língua portuguesa. Aos seus trabalhos – lúcidos e informados – está sempre subjacente um incontornável imperativo categórico e uma inquebrantável implantação cidadã".

Nele, por isso, separar o fundado culto ao sábio da veneração devida ao cidadão militante seria violentar a incindibilidade do homem inteiriço.

O PAULO BONAVIDES, a quem este livro de estudos se dedica, é, portanto, um só: o varão que, na perene juventude dos seus oitenta anos, entrega-se todo e a cada dia – no cultivo da ciência como nas tribunas do embate cívico – ao serviço, que se atribuiu, de "uma pedagogia da liberdade e uma didática constitucional de emancipação".[42]

Brasília, abril de 2005

J. P. SEPÚLVEDA PERTENCE

Repercussão na Argentina

O livro de Fernando Ximenes e Filomeno Moraes sobre BONAVIDES repercutiu na Argentina. Transcreveremos, a seguir, o comentário do cientista político e constitucionalista argentino Marcelo A. Barberán, publicado na folha jurídica *Foro de Córdoba* 105:

"Ximenes Rocha, Fernando Luiz, y Moraes, Filomeno, *Direito Constitucional Contemporâneo (Estudos em Homenagem ao Professor PAULO BONAVIDES)*, Belo Horizonte, Del Rey Editora, 2005, 734 p.

"Estos homenajes a un jurista brasileño cuya tesis (considerada en su juventud como modelo de excelencia) se llamó *Del Estado Liberal al Estado Social* (p. X) y fue también uno de los introductores de la ciencia política en su país (misma p. X), y en ninguno de los dos casos cultivó las abstracciones; pueden llamarnos la atención a los argentinos sobre el hecho de que la libertad intelectual puede hacer que la seriedad científica aparezca junto con la plena actualidad histórica de los estudios que se hacen para beneficiar a la población de un país, en este caso del Brasil.

"Nosotros hemos tenido juristas de enorme valor (pienso en Bidart Campos); y, sin embargo, no recuerdo que ninguno haya llegado tan lejos como el profesor BONAVIDES (estos temas en la Argentina los trataron sociólogos, no juristas, como Miguens en su *Democracia Práctica*).

Direito Constitucional: Estudos em Homenagem a PAULO BONAVIDES, São Paulo, Malheiros, 1ª ed., 2ª tir., 2003, p. 108.

42. PAULO BONAVIDES, *Do País Constitucional ao País Neocolonial*, cit., p. 9.

"BONAVIDES criticó los fallos de su Supremo Tribunal, pero lo hizo a conciencia de que su país solo sería republicano en los hechos (no bajo la forma de enunciados que no se cumplieran), si trataba de serlo bajo la forma de '*democracia participativa*'. Atacó en uno de sus libros a los '*monederos falsos*' que querían vender una versión de la política económica que aquí también se llamó 'neoliberalismo', aprovechando la falta de información, no sólo del público sino también de los políticos, sobre los *detalles reales* con que una política de este tipo dio resultados en Alemania (fuera de que el liberalismo 'clásico' *separaba la* economía de la gestión de gobierno).

"Las palabras de BONAVIDES sobre el tema fueron duras; en él veía una versión del derecho y del *poder de la* misma *índole reaccionaria y disolvente de los absolutismos de derecha y de izquierda*', que nos llevarían a la era del totalitarismo financiero, 'que es la forma más atroz, más salvaje más indigna de opresión y dictadura, jamás generada en las entrañas del capitalismo' (p. XL). Es muy difícil leer esto sin recordar los versos que Ezra Pound le dedicó a la usura en uno de sus Cantos, sin necesidad de adherir eh absoluto a las ideas políticas que tenía Pound entonces. Pero como muestra de libertad intelectual, sí se trata de BONAVIDES hay que pensar que esto lo dijo un jurista muy interesado en lograr la seriedad científica de lo que afirmaba.

"E cuanto al libro: se trata de 34 estudios completamente actuales sobre soluciones viables a problemas nuevos, o bien, otros que se han arrastrado en el tiempo. Cubren la problemática constitucional en el Brasil y en varios países de América Latina, la Argentina entre ellos, los Estados Unidos y varios países europeos, empezando ciertamente por Portugal. Una excelente obra de consulta.

"MARCELO A. BARBERÁN

"*Foro de Córdoba* 105."

8. "O Novo Constitucionalismo na Era Pós-Positivista, Homenagem a PAULO BONAVIDES", "Apresentação" de Lenice Moreira de Moura (Org.)[43-44]

Apresentação

A presente obra coletiva é fruto das reflexões e debates promovidos durante *I Congresso Brasileiro de Direito e Processo Constitucional – O*

43. Natal, Edições FARN, 2009.

44. Colaboradores: Artur Cortez Bonifácio, Carlos Wagner Dias Ferreira, Carlos Thompson Fernandes, Dimas Macedo, Flávia Piovesan, Ingo Wolfgang Sarlet,

Novo Constitucionalismo na Era Pós-Positivista, realizado em Natal-RN, nos dias 28, 29 e 30 de agosto de 2008. Promovido pela Faculdade Natalense para o Desenvolvimento do Rio Grande do Norte-FARN, o Congresso homenageou o eminente jurista PAULO BONAVIDES, nas celebrações do cinquentenário do seu livro *Do Estado Liberal ao Estado Social*,[45] o qual se constitui em uma referência exponencial da Ciência Política no Brasil.

Como prelúdio a esta homenagem, a opção foi o consonante artigo "Honras ao Jurista PAULO BONAVIDES", de autoria do Professor Daladier Pessoa da Cunha Lima, Reitor da FARN, publicado no jornal *Tribuna do Norte*, na data de instalação do Congresso.

Foram reunidas as contribuições dos conferencistas, palestrantes e coordenadores científicos do Congresso, as quais abordam a importância da obra do Professor PAULO BONAVIDES na construção do constitucionalismo contemporâneo, proporcionando uma reflexão sobre os princípios constitucionais e a hermenêutica jurídica, voltada para a concretização do princípio da dignidade humana e para a efetividade dos direitos fundamentais e do processo constitucional.

Nesse contexto, a presente coletânea encerra a pretensão de contribuir para consolidação do entendimento de que a Constituição deva ser o epicentro da ordem jurídica brasileira, não simplesmente como um texto normativo formal dotado de hierarquia superior, mas como um fenômeno social e normativo que efetivamente constitui a realidade. A partir de tal compreensão, a aplicação da Constituição é capaz de contribuir, concretamente, com a necessária transformação da realidade social brasileira, profundamente injusta e desigual, geradora de indignidade humana.

Como estudos inaugurais, constam as reflexões de Dimas Macedo e Paulo Lopo Saraiva, eminentes juristas e discípulos do nosso homenageado, os quais decantam, com maestria, *O Pensamento de PAULO BONAVIDES* e a obra-prima: *Do Estado Liberal ao Estado Social*, discorrendo sobre a brilhante e vigorosa trajetória acadêmica de nosso maior constitucionalista, bem como aprofundando os estudos da sua obra

Ivan Lira de Carvalho, Ivo Dantas, Jaime Mariz de Faria Jr., Jânia Maria Lopes Saldanha, José Augusto Peres Filho, José Gomes Canotilho, Lenio Luiz Streck, Lenice Moreira de Moura, Louisianne Paskalle Maia Luís, Roberto Barroso, Mádson Ottoni Rodrigues, Paulo Lopo Saraiva, Rodrigo da Cunha Lima Freire, Rodrigo Ribeiro Romano, Sabrina de Macedo, Sadi Horis Machado.

45. Ob. cit.

cinquentenária – *Do Estado Liberal ao Estado Social* – que se consolida como um clássico dos estudos de direito constitucional e ciência política no Brasil e no exterior.

O grande jurista e Professor Catedrático da Faculdade de Direito da Universidade de Coimbra, José Gomes Canotilho abrilhanta esta coletânea com uma pertinente reflexão sobre *O Ativismo Judiciário: entre o Nacionalismo, a Globalização e a Pobreza*, abordando o Direito "Judiciário" como "Microcosmo de *Governance*", e círculo hermenêutico do lugar do ato econômico e do lugar do direito, especialmente na perspectiva do direito dos pobres.

A Hermenêutica Jurídica nos Vinte Anos da Constituição do Brasil constitui-se na contribuição do pós-Doutor em Direito Constitucional e Hermenêutica Lenio Luiz Streck, o qual propõe uma "nova hermenêutica do Estado Democrático de Direito", centrada no paradigma fundado na autonomia do direito, como fruto da superação do método e do esquema sujeito-objeto, o que implica o desenvolvimento de uma dimensão hermenêutica ontológica concretizadora, material, que transcende os dualismos próprios dos paradigmas metafísicos objetificantes (clássico e da filosofia da consciência).

Os eminentes Doutores Ingo Wolfgang Sarlet, Flávia Piovesan e Jânea Lopes Saldanha desenvolvem suas reflexões em torno da temática Dignidade da Pessoa Humana, Direitos Fundamentais e Direitos Humanos. Ingo Sarlet, com o texto "As dimensões da dignidade da pessoa humana no Estado Democrático de Direito", nos presenteia com um estudo ampliado sobre o princípio, sustentando a dignidade da pessoa humana como critério material para a identificação dos direitos fundamentais para além dos expressamente positivados pelo constituinte. Flávia Piovesan dedica-se à análise atualizada dos "Tratados internacionais de proteção dos direitos humanos em face da Jurisprudência do STF", defendendo que ao Supremo Tribunal Federal compete o desafio de romper em definitivo com a jurisprudência anterior acerca da legalidade ordinária dos tratados de direitos humanos, no sentido de consolidar a força normativa constitucional destes tratados e de conferir máxima efetividade à dimensão material dos direitos fundamentais. Jânea Saldanha e Sadi Flores Machado, através do estudo intitulado "O papel da jurisdição na efetivação dos direitos humanos: o cosmopolitismo para além do constitucional e do internacional", propõem a fertilização recíproca do direito internacional em relação ao direito constitucional no que se refere à proteção dos direitos humanos, visando criar condições de possibilidade para a realização de acordos supranacionais, que produzam a constitucionalização do direito internacional ou a construção do direito cosmopolítico.

Como contribuição dos Professores da FARN e Coordenadores Científicos do Congresso, foram inseridos os estudos realizados por Carlos Thompson, Artur Cortez Bonifácio, Carlos Wagner e Lenice S. Moreira de Moura, os quais se debruçam, respectivamente, sobre importantes temas do constitucionalismo jurídico contemporâneo e sobre a hermenêutica constitucional: *Os tratados e convenções de direitos humanos e o § 3º do art. 5º da Constituição da República*; *Normatividade e concretização: a legalidade constitucional*; *Interpretação constitucional e argumentação jurídica*; *A dimensão antropoética do princípio da dignidade humana: elementos para compreensão da dignidade planetária ou dignidade integral*. Dedicando-se também às questões principiológicas da interpretação constitucional, José Augusto Perez Filho, Procurador-Geral de Justiça do Rio Grande do Norte, analisa a "Interpretação constitucional, métodos e princípios".

Luiz Roberto Barroso, Doutor e Livre-Docente em Direito Constitucional pela UERJ, perfaz uma interessante abordagem histórica dos "Vinte anos da Constituição de 1988, no contexto da reconstrução democrática do Brasil", ponderando, com proficiência, que, não obstante as dificuldades inerentes aos processos históricos complexos e dialéticos, temos nos libertado, paulatinamente, de um passado autoritário, excludente, de horizonte estreito e vivido as contradições inevitáveis da procura do equilíbrio entre o mercado e a política, entre o privado e o público, entre os interesses individuais e o bem coletivo, na busca de um tempo de justiça, fraternidade e delicadeza.

Os eminentes juristas Ivo Dantas, Doutor e Livre-Docente em Direito Constitucional, Mádson Ottoni, Juiz de Direito e Mestre em Direito Constitucional, e Rodrigo da Cunha Lima, Doutor em Direito Processual, dedicam-se ao estudo do Processo Constitucional na pós-modernidade: "A pós-modernidade como novo paradigma e a teoria constitucional do processo; prestação jurisdicional na efetivação dos direitos fundamentais e o direito fundamental à jurisdição efetiva na sociedade da informação".

Sobre o atual e relevante tema do interrogatório por videoconferência, Ivan Lira de Carvalho, Doutor em Direito pela UFPE e Juiz Federal em Natal, sustenta em brilhante pesquisa intitulada "A informática jurídica e as garantias constitucionais: uma visita ao tema do interrogatório por videoconferência", que o interrogatório *on-line* constitui um sério avanço na segurança e na rapidez do processo penal, mas que só deve ser posto em prática se estiverem asseguradas todas as garantias constitucionais postas ao dispor do interrogado.

Com o intuito de oportunizar a apresentação de trabalhos pelo corpo discente da FARN, promoveu-se um concurso de teses jurídicas, que foram escritas por alunos do Curso de Direito da FARN e de outras Instituições de Ensino Superior e apresentadas no Congresso que originou este livro. Inserimos, portanto, nesta coletânea o resumo das teses selecionadas pela Comissão Científica, bem como a síntese em formato de artigo científico dos melhores trabalhos premiados com bolsas de estudo do Curso de Pós-graduação *latu sensu* em Direito, na área específica ofertada pela FARN. As teses intituladas "Direitos fundamentais, efetividade e limitações orçamentárias: uma perspectiva pós-positivista", de Lousianne Paskalle Solano Maia; "Mandado de injunção: instrumento pós-positivista de concretização constitucional", de Jaime Mariz e Sabrina de Macedo; "A contribuição hermenêutica de Schleiermacher: um ensaio epistemológico positivista ante a transgressão hermenêutica constitucional", de Rodrigo Romano, foram as premiadas em primeira, segunda e terceira colocação, respectivamente, e encerram o livro em homenagem a PAULO BONAVIDES, demonstrando que a nova geração de estudiosos do direito encontra-se em sintonia com o caminho traçado pelo nosso grande mestre, na convicção de que é preciso transcender a percepção formalista do direito e fazer pulsar os valores constitucionais na vida da sociedade com o intuito de concretizar a Justiça Social, a plenitude dos Direitos Fundamentais em suas múltiplas dimensões e a Dignidade da Pessoa Humana. Pode parecer utópico, mas concordamos com Boaventura de Souza Santos, quando defende que "não podemos limitar a realidade simplesmente ao que existe", ou ainda, com Mario Quintana que reflete poeticamente sobre a utopia ao dizer que: "Se as coisas parecem inatingíveis... Ora! Não é motivo para não querê-las... Que tristes os caminhos, se não fora a presença das estrelas!".

Natal, abril de 2009.

Profa. Dra. LENICE S. MOREIRA DE MOURA (Organizadora)

9. *"Estado de Direito e Constituição – O Pensamento de Paulo Bonavides", Dimas Macedo,*[46] *"Prefácio" de Paulo Ferrreira da Cunha*[47]

Prefácio – Retrato de um Constitucionalista Sempre Jovem

"Penso que ele atingiu a condição de clássico – e clássico ele o é na forma mais pura da palavra – porque cimentou, desde sempre, sua emoção e sua verdade na ética do Humanismo e da Democracia e numa conduta de vida que prima pela humildade e pelo despojamento, separando, com o seu coração afectuoso, a tentação burocrática do Estado das águas cristalinas com que alimenta a sua pena de Mestre da palavra, na qual se alojam a esperança e a dignidade, a transparência das virtudes políticas e o Direito Constitucional de Resistência."[48]

Eis que o consagrado Prof. Dimas Macedo, da Universidade Federal do Ceará e, mais que isso – além de muitos mais cargos e merecidos títulos –, cidadão do Mundo e da universal República das Letras (porque desde logo poeta), nos dá a honra de prefaciar esta sua obra, *Estado de Direito e Constituição – O Pensamento de Paulo Bonavides.*

Dupla honra. Pois nos pede para texto preliminar sobre estudo seu, a quem tanto admiramos e prezamos como um dos símbolos hodiernos do Direito pensado e do Constitucionalismo interventivo no Brasil. E ainda porque se trata de estudo que versa sobre a obra de um Mestre notabilíssimo, e afinal comum – dele, Mestre de proximidade e afinidade; de nós, infelizmente, apenas desta última –, o emérito constitucionalista e jurista de corpo e alma inteira Prof. Paulo Bonavides.

Dupla honra, e acrescida responsabilidade, de que nos desincumbiremos com humildade, mas com a única vantagem da sinceridade. A qual parece ser, contudo, a única razão por que alguém, nestes tempos apressados e utilitaristas, ainda lê prefácios. Isso nos valha, pois.

Mesmo antes de encontrarmos Dimas Macedo pessoalmente e de aproveitarmos do fulgor e brilho da sua lição oral e presencial, já o co-

46. São Paulo, Malheiros Editores, 2010.

47. Catedrático e Director do Instituto Jurídico Interdisciplinar da Faculdade de Direito da Universidade de Porto (Portugal). Professor Associado ao Departamento de Direito e Justiça da *Laurentian University/Université Laurentienne.* Catedrático Convidado de Estudos Brasileiros na Universidade Lusófona. Doutor em Direito das Universidades de Coimbra e Paris II. Agregado em Direito, Ciências Jurídicas Públicas.

48. Dimas Macedo, *Estado de Direito e Constituição – O Pensamento de Paulo Bonavides*, ob. cit., p. 27.

nhecíamos de vários estudos, e além do encanto de sua poesia (que tem no recente *O Rumor e a Concha*[49] uma culminância de plena expansão e a elevação da plena maturidade) admirávamos de há muito o constitucionalista humanista e crítico desde o seu *O Discurso Constituinte*, tese de 1987, felizmente com várias edições, já.[50] Foi obra que anotámos, de que fizemos fichas em cartolina etc., coisa que não acontece com muitas, como se sabe, tantas as corveias e a falta de tempo dos universitários... Mas há aquelas que o merecem, dir-se-ia mesmo que o exigem. O mesmo, aliás, sucedera já com vários livros de Paulo Bonavides. As nossas fichas de *Do Estado Liberal ao Estado Social* têm já cor amarelada de muito usadas, porque muito citadas...

Les beaux esprits se rencontrent – dir-se-ia, então, se não levássemos ao exagero esse narcisismo que sempre é o alguém meter-se em obra alheia, escrevendo mesmo antes do seu autor. Narcisismo e audácia, mesmo consentida e até incentivada. Mas – ponderemos bem – não deve haver salutar autocontentamento quando celebramos o diálogo acadêmico e, mais ainda (porque no vero diálogo, no mais profundo, ela está implícita), essa exótica e raríssima ave, a amizade entre colegas da Academia, oficiais do mesmo ofício? *Amis, bien que collègues*, como diz um dito em curso na subtil Gália? É caso para narcisismo e celebração colectiva. E essa amizade não nos faz deixar de falar com frontalidade e lhaneza. Pelo contrário, nos obriga a ela.

E é essa a verdadeira noção de "escola" como corrente e comunidade natural numa academia, e, neste caso, transcendendo as academias, como numa "ponte imaterial", para glosar um tópico que começou a aflorar com Jean Lauand, de São Paulo, passou por Regina Quaresma, baiana no Rio de Janeiro (escrevendo em livro editado em Minas Gerais), e desaguou em artigo de Carolina Campos, precisamente no jornal *O Povo* de Fortaleza.

Há "escolas" que são impostas, com a batuta autoritária do *cappo* respectivo. Há "escolas" que não existem: são acidentes, fruto do acaso de numa mesma instituição se terem matriculado ou empregado umas tantas pessoas sem afinidades entre si. Mas há escolas que podem transcender os oceanos, e juntar os Continentes, e essa é "a escola" – o nome importa pouco, relevante é a coisa – do Direito e do Estado Social, do Humanismo e das humanidades cultivadas por Paulo Bonavides, do

49. Dimas Macedo, *O Rumor e a Concha*, Fortaleza, Poetaria, 2009.

50. A última é da Editora Fórum, de Belo Horizonte, 2009.

Direito pensado, inteligente, com alma e com literatura, com arte, com poesia... Do Direito com vida e na vida. E atento às suas lutas.

Fomos há uns poucos meses de propósito a Lisboa (ir do Porto a Lisboa é ainda uma ida a Meca, e muitas vezes uma *ida ao Paço*, como lembra Sophia de Mello Breyner, a propósito de Camões) para ouvir, na Fundação Mário Soares (esse grande estadista e homem de cultura), o Mestre que é Paulo Bonavides apresentar a mais recente edição da *História Constitucional do Brasil*, que benemeritamente elaborou, com Paes de Andrade.

Estava eloquente como nunca, e é-o sempre. Nunca víramos, como nos foi dado assistir então, o seu verbo de tribuno e de cientista (coisa rara, essa reunião harmoniosa) declamar de cor não, como seria natural, uma passagem de um pequeno poema sobre a Língua Portuguesa (já seria proeza recitar *Última Flor do Lácio* de Bilac...), mas um longo e belíssimo texto em prosa de Júlio Dantas sobre a temática, ornando uma oração de sapiência constitucional ímpar. Esse homem de cultura (a qual não deixa ao lado da profissão como flor na botoeira, mas transporta para o Direito) que se rodeou e rodeia de gentes também de cultura e que a faz entrar na sua teoria e na sua prática jurídicas. Como é o caso do autor de *Filosofia e Constituição*.[51]

Outro discípulo de Bonavides, Paulo Lopo Saraiva, que a *Internet* imortalizou já como o autor da "aeróbica constitucional", assim terminaria uma homenagem que já felizmente se tributou a Dimas Macedo, pelo seu quinquagésimo aniversário.

Quando não se têm melhores palavras, é humildade louvável, parece-nos, recorrer a quem já o disse de forma definitiva. Permita-se-nos a citação, um pouco longa, mas cabalmente merecida, para quem se cita e para quem assim é retratado: "Falar sobre Dimas Macedo é conviver com a simpatia da convivência humana; é ter a presença permanente de um poeta contemporâneo: é aprender o Constitucionalismo das ruas, diferente do Constitucionalismo das leis; é, enfim, abraçar o que há de mais puro, o que há de mais sacrossanto na vida humana. (...). Viva Dimas Macedo, na *Metáfora do Sol* e no espírito constitucionalista bonavidiano".[52]

51. Dimas Macedo, *Filosofia e Constituição*, Rio de Janeiro, Letra Legal, 2004.

52. Paulo Lopo Saraiva, "Tributo a Dimas Macedo", in Edmilson Barbosa (org.), *Democracia e Constituição. Estudos em Homenagem ao Prof. Dimas Macedo*, Fortaleza, Edições UFC, 2008, p. 268.

Outros amigos, outros professores excepcionais, outros discípulos do grande Paulo Bonavides, desse Ceará de que nós estamos pessoalmente a tornar como que adoptado, e que já elegemos no nosso coração, gostaríamos nós de evocar. E de citar. Mas sempre algum ficaria de fora, até porque ainda os não conhecemos a todos. Ainda não os re-conhecemos... Fiquemos, pois, por aqui.

Adiemos apenas um pouco (mas não muito mais, prometemos, caro leitor, *mon semblable et mon frère*) a vontade de entrar no suculento livro, para falar um pouco mais dele. Porque, como primeiro leitor da obra, devemos fazer fé e dar pública forma ao que se irá ler. Ler e gostar, e aproveitar.

Confessamos que, mesmo diante da sincera, aguda e bela prosa de Dimas, não resistimos a ir directo ao texto de Antônio Carlos Klein, biógrafo de Farias de Brito (nosso patrono, aliás, em Academia: as coincidências e os entrecruzamentos nunca acabam), na biografia que traça de Paulo Bonavides. E aí recordámos (do que ouvíramos já: porque há mitos urbanos) tantos episódios deliciosos e verdadeiramente "morais" (dessa que é a vera "moral da estória") que fazem do Mestre uma personagem quase literária, um possível herói de romance. E aqui fica o repto, muito sério. Porque não é todos os dias que alguém está vivendo uma vida como essa.

Não vamos deter-nos no percurso sinuoso e pessoal que fizemos, para trás e para diante do livro, muito profuso, e a várias vozes, aliás. O que muito o enriquece.

Vamos falar brevissimamente da análise certeira que Dimas Macedo faz do pensamento e da acção do seu (e, permita-se-nos, nosso) Mestre.

Procede ele do género próximo para a diferença específica: em "O Pensamento de Paulo Bonavides", vai apertando o cerco teórico às ideias do grande pensador, sucessivamente analisando o cientista do Estado, depois, mais, especificamente, o teórico da Constituição, e, em pleno *law in action* já, o guardião da Constituição.

A que mais poderá um constitucionalista (embora sendo, na verdade, muito mais que simples "constitucionalista"...) aspirar depois deste título – "guardião da Constituição"? Na verdade, é o mesmo que *guardião da liberdade*... E, de igual modo, logo no primeiro ponto ("O Cientista do Estado") Dimas Macedo, com a sua intuição de poeta, tinha encontrado a metáfora certa (uma das metáforas certas), falando da sua "alma de monge da Constituição". Monge e guerreiro, sem dúvida. É vê-lo com a sua candura, com o seu sorriso, com o seu olhar límpido, mas também com o seu verbo forte e arrebatado, eloquente, veemente por vezes.

E é sob esse signo que se desenvolve a segunda parte deste livro, "Dimensões de Paulo Bonavides". Recordando obras iluminadoras, dessas que sempre temos a tentação de citar e voltar a citar (tentação em que impenitentemente incorremos, e ainda bem): como o definitivo e clássico *Do Estado Liberal ao Estado Social*, a magistral *Ciência Política* – que, confessamos, sempre temos a tentação de adoptar como *textbook* na nossa cadeira respectiva – etc. Mas não esqueçamos o super-conceito e ideia-força que é o *Direito Constitucional de Lutas e de Resistência*, objecto de importante reflexão de Dimas Macedo.

Não há como não recordar Max Weber (aliás, o autor deste livro não deixa de no-lo sugerir...): *Politik als Beruf*, *Wissenschaft als Beruf*. Em Paulo Bonavides a questão da relação entre Política e Direito, Direito e Política, que tantos rios de tinta e angústia já fez correr, de forma aliás normalmente muito inconclusiva, parece estar vivencialmente resolvida.

Bonavides está atento à Sociedade e aos dramas e reptos que fazem a Política, que a determinam e implicam. E na sua elevadíssima e rigorosa visão de *scholar*, mas também não esquecendo a sua veia de jornalista (e que é um jornalista de corpo inteiro senão um ser político que escreve e dialoga com um estatuto de actor-observador?), Bonavides concilia admiravelmente uma coisa e outra. Não para tornar o Direito numa vaga e intangível conversa de café ou joguete de forças efémeras da "constituição real" de cada momento, e o Direito Constitucional folha de papel lassaleana, vogando ao sabor dos ventos da mera opinião. Mas para o permeabilizar ao clamor das ruas, tanto quanto à beleza e profundidade da cultura.

Tememos ter que antecipar a síntese de Dimas, no final da segunda parte, antes de dar a voz a outros observadores. É que não o saberíamos também dizer melhor: "(...) o Brasil um dia o reconhecerá como o jurista mais culto, o mais sofisticado e o mais aparelhado defensor da liberdade, porque arauto da Constituição, cientista do Estado, filósofo da Política e germanista de primeira linha, pleno de erudição e saberes que nunca se esgotam".

E, recordando aliás outros passos de Dimas, talvez apenas nos permitíssemos acrescentar (*pro domo nostra*, *nostra* e não somente *mea*) que não só é germanista de primeira linha, como lusófono e lusófilo de primeira água, conhecedor profundo das Letras em Português, e seu exímio cultor. Aliás, isso mesmo está no contexto geral desta obra: linhas acima dizia Dimas Macedo do seu (nosso) Mestre: "Conhece, como poucos, os escritores de Língua Portuguesa, de forma que de Eça de Queiroz a José de Alencar, de Camilo Castelo Branco a Gilberto Freyre, não existe um arauto do vernáculo a quem ele não preste reverência". E Dimas também o reconhece como grande escritor, grande estilista, grande cultor da Língua Portuguesa.

E vivendo com gosto, alegria e simplicidade, com a Família, com livros e com paz, e os Amigos, muitos e bons, olhando sempre atento o Mundo vário e desafiador.

Do que se trata, em muito singela e arriscada síntese, é de estudar – não simplesmente celebrar, posto que a celebração seja merecidíssima – o grande arauto de um Direito Constitucional de princípios e princípios a serem vividos e aplicados como normas, por uma hermenêutica juspublicística que, ao invés de servilmente acatar as restrições tecnicistas de antanho (muito centradas aliás no civilismo), irradia para todo o Direito, como nova hermenêutica geral da juridicidade, toda atenta à Tópica e ao pensamento problemático.

Do que se trata é de encarar a morte epistémica do tempo do Positivismo jurídico (alguns confundem perigosamente Positivismo com ordem, com respeito pela lei etc. – o que já é sinal que o Positivismo a sério está mesmo a perecer), e disso tirar todas as consequências, metodológicas e filosóficas e positivas.

Do que se trata é de acarinhar constitucionalmente a Democracia, na sua plena dimensão, com participação, com Federalismo, com dimensão internacional num direito à paz renovado para que se torne efectivo. E uma Democracia com sensibilidade social, não mero jogo ritualístico, meramente formal, Democracia simplesmente técnica.

Do que se trata é, *last but not the least*, compreender e fazer compreender que o Neoliberalismo e os seus derivados, mesmo os pseudo-científicos, é uma clava apontada ao coração não só da Igualdade e da Fraternidade, mas também da Justiça e da própria Liberdade. Pois colocar em causa o Estado Social é hoje, em muitos casos, fazer perigar o próprio Estado de Direito Democrático. Como certeiramente afirma Dimas nesta mesma obra: "O Neoliberalismo está incutindo um contra-senso nos preceitos da liberdade social, herdada da revolução burguesa, pois é notório o cerceamento dos Direitos Fundamentais que a presente ordem econômica desfere contra as políticas públicas do Terceiro Mundo".

Ora, nem PAULO BONAVIDES recua diante dos desafios políticos que ao Direito se põem, nem Dimas Macedo esquece aqui nenhum deles, e nenhum dos contributos do Mestre. Nenhum dos dois entendeu a cátedra como torre de marfim.

No doutoramento *honoris causa* em Lisboa de PAULO BONAVIDES (para quando a consagração pelas demais academias portuguesas?), disse-se que a Universidade (subentende-se que "apesar de tudo") seria "grata". Podemos afirmá-lo, na esperança de que o verbo se faça carne no real.

Mas a questão, na verdade, a nosso ver não se põe. Não é a Universidade que tem de ser grata aos que lhe dão o sangue e a vida, e o valor. Porque eles *são* a verdadeira e única Universidade. E, como diria Rousseau, "*nul n'est injuste envers lui-même*".[53] PAULO BONAVIDES é um outro nome para a Universidade digna desse nome, e é ainda muito mais que ela.

E Dimas Macedo aqui disso veio dar testemunho, provando que essa Universidade perdurará. Dá vontade de terminar cantado o *Gaudeamus Igitur*, naquele passo que diz "Vivat academia! Vivant professores!". Aquela não é sem estes.

Porto, 31 de janeiro de 2010

[No CXIX Aniversário da Revolta Republicana do Porto]

PAULO FERREIRA DA CUNHA

10. "Reflexiones sobre Derecho Latinoamericano: Estudios en Homenaje al Profesor PAULO BONAVIDES", Paulo Aragão, José Marco Tayah e Letícia Danielle Romano (Coords.)[54]

Nota de Agradecimento

Un único relato, un único libro no pueden encerrar ninguna vida. Eso es poco. Muy poco. Sobre todo cuando se pretende rendirles honor a tres juristas de destaque internacional.

Además, todo libro de homenaje debe representar el reconocimiento de un trabajo que se realizó con distinción y tuvo influencia sobre una generación. No cabe la menor duda de que se puede atribuir eso a los Profesores PAULO BONAVIDES, Eugenio Raúl Zaffaroni y Wilson Alves de

53. Jean-Jacques Rousseau, *Du Contrat Social*, II, 6.

54. 1ª ed., Buenos Aires, Quorum, 2011.

Souza quienes difundieron sus ideas e ideales por medio de sus investigaciones, realizaciones, obras jurídicas publicadas, clases y conferencias impartidas y, de este modo, abrieron nuestros caminos en este arduo y estimulante viaje por el mundo del derecho.

A nosotros el homenaje no nos parece suficiente. También nos toca agradecerles. !Gracias, maestros!

También les damos las gracias a los Profesores Leandro Vergara, Ignacio Tedesco y Viridiana Díaz Aloy, quienes nos ofrecieron y honraron con los prólogos de esta nueva colección: *Reflexiones sobre el Derecho Latinoamericano*.

Por fin, sin restarle de ninguna manera su gran importancia, también le damos las gracias al Profesor Ricardo D. Rabinovich-Berkman por su incondicional apoyo a la realización de esta obra colectiva desde su idealización, contribuyendo con la realización del sueño de cada uno de los partícipes, que tienen como lazo común la institución que nos recibió: la Facultad de Derecho de la Universidad de Buenos Aires.

De este modo estamos convencidos de que el lector tendrá un buen retrato de las enseñanzas ofrecidas por tan célebres profesores en un libro que refleja el pensamiento jurídico del nuevo siglo XXI.

Buenos Aires, 22 de septiembre de 2011

José Marco Tayah

Paulo Aragão

Letícia Danielle Romano

6

Os Cinquenta Anos da Obra "Do Estado Liberal ao Estado Social"[1]

Nota dos Editores sobre o Livro e o Autor

Com a 8ª edição do livro *Do Estado Liberal ao Estado Social* a Malheiros Editores se associa às comemorações que em 2008 vão assinalar e solenizar o cinquentenário da publicação desta obra, sem dúvida a primeira no Brasil e talvez no ocidente – não conhecemos outra igual – a traçar e definir com autonomia o novo modelo de Estado inculcado pela Lei Fundamental de Bonn na Alemanha poucos anos depois da catástrofe do nacionalismo e do fim da Segunda Guerra Mundial.

Tal ocorreu – a aparição do sobredito modelo – durante a fase mais agitada, mais aguda, mais turbulenta da controvérsia ideológica do século XX.

Naquela ocasião não havia com força na doutrina uma forma de Estado que pudesse vir em substituição da modalidade marxista, de feição autoritária. Havia tão somente o Estado liberal do século XIX, em sua decrepitude eterna, proposto mas repulsado por alternativa aos sistemas estatais do autoritarismo totalitário.

Desesperavam-se os inconformados com a falta doutro caminho que só se alcançou com aquela versão de uma categoria de Estado que surgiu do fato constitucional, sobretudo da nova corrente de ideias e instituições que a Alemanha de Bonn propunha resumir e consubstanciar na divisa do Estado Social.

1. Tese de Paulo Bonavides para concurso de Cátedra de Teoria Geral do Estado da Faculdade de Direito da UFC, Fortaleza, 1958, hoje em 11ª edição, 2ª tiragem (São Paulo, Malheiros Editores, 2014).

Em Weimar se proclamara e abrira com os direitos sociais o ciclo das futuras gerações de direitos fundamentais. Em Bonn se estampara a forma democratizadora de Estado que protegia na liberdade esses direitos, fazendo assim de todo ininterrupta a caminhada teórica para se alcançar um grau superior de legitimidade dos regimes que organizam o poder na época contemporânea.

Foi com reflexões pertinentes ao contraste entre o universo socialista de Marx em expansão e o mundo morto do liberalismo que não se deixava sepultar que o Professor Bonavides escreveu sua monografia jurídica inaugurando uma nova artéria da democracia nas esferas do pensamento constitucional.

Isso ele o fez mediante a construção teórica, em tese de cátedra, na longínqua década de 1950, do modelo que a restauração democrática de pós-guerra, concretizada na Alemanha, lhe inspirara.

As constituições da democracia por toda a segunda metade do século passado, até aos nossos dias, consagram e, de último, se empenham em consolidar princípios de constitucionalismo social que pelo menos atenuam a luta de classes e os antagonismos da desigualdade.

Da importância dessa via aberta entre nós com a aparição da obra cinquentenária, bem como da poderosa influência que ela exerceu sobre as novas gerações formadas nas academias de Direito do Brasil, oferece sólido testemunho o eminente e culto Ministro Sepúlveda Pertence, ex-Presidente do Supremo Tribunal Federal, no Prefácio à obra *Direito Constitucional Contemporâneo – Estudos em Homenagem ao Professor Paulo Bonavides*.[2]

Escreve o Ministro Pertence:

"Vem de longe – dos meus longínquos tempos de estudante – a descoberta da dimensão de Paulo Bonavides, que fiquei a dever, se não falha a memória, à advertência do querido Prof. Orlando de Carvalho sobre a excelência da tese submetida ao concurso, obra seminal da juventude – *Do Estado Liberal ao Estado Social* – ainda hoje, signo da definição dos rumos de sua obra multifária.

"A leitura inesquecível de uma das primeiras edições da tese constituiu, para mim e os de minha geração, o encontro alvissareiro de sólido embasamento teórico para a nossa crença – quiçá ingênua nos dias que correm – na viabilidade da superação do individualismo desenfreado do Estado liberal burguês, sem perda da reafirmação das liberdades funda-

2. Belo Horizonte, Del Rey, 2005, pp. IX e XII.

mentais de primeira geração conquistadas para a humanidade nas duas grandes revoluções que o erigiram.

"(...). O intelectual PAULO BONAVIDES se imporia, assim, à admiração dos juristas de seu tempo, só pelo peso de uma obra de rara envergadura.

"Mas o alcance do respeito que granjeou, sem forcejar, não se restringe ao que mereceria por si só o pensador encastelado na reflexão acadêmica e na esmerada difusão do seu saber, na cátedra e nos livros.

"'Quem conhece a obra e o magistério de PAULO BONAVIDES' – testemunha a autoridade do douto Canotilho[3] – 'não pode deixar de reconhecer, com humildade, os limites do nosso saber quando à nossa frente se perfila um dos mais notáveis cultores da Juspublicística em língua portuguesa. Aos seus trabalhos – lúcidos e informados – está sempre subjacente um incontornável imperativo categórico e uma inquebrantável implantação cidadã'.

"Nele, por isso, separar o fundado culto ao sábio da veneração devida ao cidadão militante seria violentar a incindibilidade do homem inteiriço."

Assinalando o significado da efeméride jurídica ora festejada, coligimos e transcrevemos nessa sequência opiniões e apreciações relativas ao livro e sua ressonância, bem como ao autor e sua reputação no meio jurídico nacional e internacional.

Da convergência e conjugação desses juízos de valor, há de inferir o leitor a dimensão do homenageado e a estatura da contribuição que ele deu ao Direito Constitucional e à Ciência Política de nosso tempo como pensador da liberdade, teórico da democracia, guardião do Estado de Direito.

Agora, vejamos a manifestação dos juristas sobre a obra cinquentenária:

"O livro *Do Estado Liberal ao Estado Social*, de PAULO BONAVIDES, (...) é um dos mais sugestivos trabalhos, publicados em língua portuguesa, sobre a grande luta do nosso tempo entre o velho liberalismo do século XIX e as novas ideias socialistas; entre a ideologia burguesa do capitalismo e a socialista ou comunista do quarto estado ou proletariado. A paz entre as duas correntes só pode fazer-se, segundo o autor, mediante o compromisso do chamado *Estado Social*, como um Estado não de

3. J. J. Gomes Canotilho, "Civilização do Direito Constitucional ou Constitucionalização do Direito Civil", in Eros Grau e Willis Guerra Filho (orgs.), *Direito Constitucional, Estudos em Homenagem a PAULO BONAVIDES*, 1ª ed., São Paulo, Malheiros Editores, 2003, p. 108.

uma classe só da sociedade mas de todas as classes. O autor foca neste livro, brilhantemente, os principais aspectos que tem acompanhado esta lenta mas segura substituição do *Estado Liberal pelo Estado Social*, analisando, ao mesmo tempo, com acertado critério filosófico, as respectivas ideologias e mostrando os perigos que corre o segundo, e a que já por vezes tem sucumbido, de cair no *totalitarismo*, no governo das massas ou na corrupção da plutocracia. Trata-se de um livro atualíssimo e de maior interesse" (Cabral de Moncada).

"Sólida e brilhante monografia, que é, sem favor, uma forte afirmação de cultura jurídica" (Osvaldo Trigueiro).

"O título é de um livro de PAULO BONAVIDES, culto e brilhante professor da Faculdade de Direito da Universidade do Ceará, escrito com primor de linguagem, profundidade de doutrina e apurado senso crítico (...). Para terminar, trata-se de um livro de renome para o autor, de relevo para a cultura universitária do Ceará, de preciosa contribuição para as letras jurídicas do país" (Joaquim Pimenta).

"Este livro, que é uma joia da literatura brasileira, dispensa comentários. Já o tinha lido e muito aprendi nele. Agora, que o Saraiva lhe assegura divulgação nacional, será obra de cabeceira dos estudiosos de direito público" (Alfredo Buzaid).

"Contribuição digna da sua bela erudição e das tradições invejáveis da cultura cearense" (Victor Nunes Leal).

Passamos, em seguida, à figura do Autor.

Dentre as alusões e depoimentos relativos ao valor, ao papel e ao significado daquilo que o Professor PAULO BONAVIDES, por sua produção jurídica e por sua atividade no magistério tem representado para o Direito no Brasil e também para a educação das novas gerações que frequentam as Universidades do país, as menções subsequentes resumem tudo, dando o perfil do publicista da obra cinquentenária cuja reedição comemorativa ora imprimimos.

"Ontem, o doutor Clóvis Beviláqua, hoje a figura oracular de PAULO BONAVIDES, um dos maiores constitucionalistas brasileiros de todos os tempos que se singularizou por colocar o seu imenso saber teórico no compromisso com o seu tempo e com a luta do seu povo contra todas as iniquidades" (Sepúlveda Pertence, ex- Presidente do Supremo Tribunal Federal).

"O autor é um dos mais notáveis publicistas do Brasil contemporâneo, com uma série de obras que o destacam entre os seus contemporâneos pela cultura e significação de suas teses. É, por excelência, um doutrinador político, traçando rumos para a sociedade de seu tempo (...). Professor visitante de universidades estrangeiras, americanas ou alemãs, há um sentido de apostolado na pregação liberal de Paulo Bonavides" (Barbosa Lima Sobrinho).

"O Professor Paulo Bonavides é considerado em Portugal como um príncipe entre os constitucionalistas de língua portuguesa".

"A sua obra vastíssima e sempre atualizada, a profundidade das reflexões que nela se encontram, o sentido de justo que nela perpassa fazem do Professor Paulo Bonavides um mestre conhecido, respeitado e admirado tanto no Brasil quanto em Portugal.

"Por isso, a Universidade de Lisboa concedeu-lhe, em cerimônia solene realizada em 22 de janeiro de 1998, o grau de doutor *honoris causa* em Direito (distinção raríssima que o pôs a par de sábios como Duguit e Miguel Reale) (...). Acresce que a palavra e a escrita de Paulo Bonavides – que também foi jornalista – são de elevadíssima qualidade literária. É um emérito cultor da língua" (Jorge Miranda, Catedrático da Universidade de Lisboa).

"Dr. Paulo Bonavides é o jurista e cientista político brasileiro contemporâneo mais conhecido na Alemanha (...). Tive há alguns anos o prazer de traduzir um de seus mais importantes trabalhos teóricos e publicá-lo ali em nossa mais conceituada, mais rigorosa e mais exigente publicação jurídica, a revista *Der Staat* (*O Estado*), que normalmente não publica trabalhos de cientistas estrangeiros vivos. Seu trabalho 'A Despolitização da Legitimidade' causou na Alemanha grande sensação (hat in Deutschland zurecht grosses Aufsehen erregt) e também grande admiração (auch grosse Wuerdigung gefunden). (...) Dr. Paulo é, ao meu ver, dos mais importantes cientistas de toda a América Latina (Jetzt meine ich Dr. Paulo mindestens der bedeutendsten Wissenschaftlers der ganzen Lateinamerikas)" (Friedrich Müeller, antigo Catedrático da Universidade de Heidelberg).

"Desde que há mais de uma década conheci o Professor Paulo Bonavides em Coimbra, onde, a nosso convite, proferiu magníficas Lições na Faculdade de Direito de Coimbra, as nossas rotas acadêmicas, cívicas e pessoais tem-se cruzado frequentemente. Seja em colóquios, seja na apresentação de livros, seja em reuniões de convívio, a impressão que se colhe deste homem é sempre a de um jurista eminente, um homem íntegro e um cidadão apaixonadamente dedicado à defesa das virtudes cívicas.

"Não foi acaso que a *Carta a um Cidadão Participativo*, por nós escrita, foi parar ao posto de correio de Fortaleza. Aqui mora o príncipe dos constitucionalistas de língua portuguesa" (J. J. Gomes Canotilho, Catedrático da Universidade de Coimbra).

"El Prof. Paulo Bonavides no solo es uno de los más relevantes maestros de la comunidad jurídico-pública y científico-política de toda América Latina, como he podido sobradamente constatar en los más de cincuenta viajes académicos que llevo realizados a la práctica totalidad de esa área geográfica a la que tan próximo me siento, sino que es, de igual forma, objeto del mismo reconocimiento intelectual y académico en buen número de países europeos (Portugal, Alemania, Italia y España son un buen ejemplo de ello, por sólo citarle algunos).

"La obra científica del Profesor Bonavides no sólo es de una extraordinaria, y poco común amplitud, sino que, a la par, es de un reconocido rigor científico. Su transitar por los distintos campos del saber, siempre con ponderación y equilibrio, al margen ya de rigor indiscutible, justifica, a mi juicio, que pueda considerarse al Profesor Paulo Bonavides como un humanista de nuestro tiempo, calificativo al que pocas personas podrían acceder.

"En España, la obra del Prof. Bonavides es recensionada, comentada, leída y seguida con interés por amplios sectores de la comunidad científica a la que pertenezco.

"Pero resultaría incompleta la visión que del maestro Paulo Bonavides tengo se no subrayara su extraordinaria congruencia personal entre sus escritos y su actuación. Paulo Bonavides no sólo ha defendido y defiende un marco constitucional asentado en los valores y en los derechos de la persona en sus muchos libros y artículos. Su trayectoria humana, profesional, académica y científica es enormemente coherente con sus escritos. En Paulo Bonavides siempre he visto un luchador en defensa de la democracia, de los derechos humanos y de aquellos valores constitucionales (dignidad, libertad, igualdad, solidaridad...) que fundamentan la convivencia civilizada en una sociedad democrática. Siempre me ha impresionado (y lo conozco desde hace ya muchos años) su extraordinaria coherencia y enorme honestidad intelectual" (Francisco Fernández Segado, Catedrático de Direito Constitucional da Universidade Complutense de Madrid e Diretor do *Anuario Iberoamericano de Justicia Constitucional*).

"E que honra é para a Universidade de Lisboa e sua Faculdade de Direito o poderem receber como seu Doutor *honoris causa* esse Homem do seu Tempo, esse Homem do seu Universo, esse Homem da mesma Família cultural que é o Senhor Professor Doutor Paulo Bonavides. (...) Hoje, chegou a gratidão da Faculdade de Direito e da Universidade de

Lisboa ao Senhor Doutor PAULO BONAVIDES. Agradecemos-lhe o ter sido e continuar a ser um homem de seu século, intervindo nele, decifrando antecipadamente o seu curso.

"E porque lhe agradecemos tudo isto, queremos que se junte aos doutores *honoris causa* que, ao longo dos anos, nos foram enobrecendo. Temos a certeza de que, lá no alto, nesse colégio eterno de doutores – longe das vicissitudes do imediato –, uma satisfação incontida se espelhará nos rostos de um Duguit, de um Josserand, de um Lambert, de um Politis, de um Sanchez Albornoz. Quem melhor do que o Senhor Professor Doutor PAULO BONAVIDES para exprimir a riqueza criativa e a pujança da eterna juventude do Brasil, ele que foi, é e será, na sua salutar insatisfação e irrequietude de pensamento, exemplo de criatividade e de incansável juventude eterna ao serviço do Espírito?" (Marcelo Rebelo de Sousa, Catedrático de Direito Constitucional da Universidade de Lisboa).

"PAULO BONAVIDES é um dos mais notáveis constitucionalistas, historiadores constitucionais e cientistas políticos do Brasil e de toda a América Latina. Ganhou alta reputação não somente na América do Sul e na América do Norte, mas também na Alemanha, Itália, Espanha e Portugal, mercê de seus trabalhos jurídicos. (...) sua obra fundamental *História Constitucional do Brasil* transpôs o Brasil e se fez mundialmente célebre (...). Com frequência tem sido considerado o fundador da Ciência Política no Brasil" (Klaus Stern, Catedrático da Universidade de Colônia).

"PAULO BONAVIDES é um dos mais eminentes mestres da ciência jurídica nacional, salientando-se além disso como uma personalidade de renome no estrangeiro pelo seu saber especializado no campo da ciência política e do direito constitucional. Pertence à linhagem dos grandes jurisconsultos brasileiros, que tem glorificado o pensamento jurídico do país. É de relembrar que o Brasil tem tido jurisconsultos de eminência, entre eles se destacando Clóvis Beviláqua, Djacir Menezes, Teixeira de Freitas, Tobias Barreto, Rui Barbosa, João Mangabeira, Pedro Lessa, que se apresentam como pensadores que honram e glorificam a ciência política nacional.

"PAULO BONAVIDES continua essa linhagem dignificando a ciência jurídica do país, que concretiza através de livros, conferências, aulas, artigos de jornal, todos representativos de uma inteligência privilegiada que conquista a admiração geral" (Pinto Ferreira, Catedrático da Faculdade de Direito do Recife).

"A leitura de qualquer trabalho do professor PAULO BONAVIDES é sempre um regalo para o espírito por duas razões: a primeira porque o seu conteúdo é carregado de sabedoria, traz muitos ensinamentos, serve de aprendizado; e a segunda por ser escrito em torneado vernáculo, com um estilo ao mesmo tempo simples, terso e castiço, sem ostentação e sem vulgaridade (...).

"Foi com muita honra e encantamento que redigi este prefácio ao livro de um de nossos maiores constitucionalistas contemporâneos, da linha de João Barbalho, Pontes de Miranda e Alcino Pinto Falcão, para só falar de alguns mortos. Como o notável advogado, jurista e político francês Henri Torrés, Paulo Bonavides mostra que se conserva grande professor e cidadão, que guarda intactas sua força de trabalho, sua resistência à fadiga, suas indignações e cóleras cívicas: 'cumpriu a cada dia uma proeza muita rara neste mundo: continua fiel a si mesmo'" (Evandro Lins e Silva, ex-Ministro do Supremo Tribunal Federal).

"Jurista emérito, constitucionalista de larga contribuição ao estado de direito democrático; um brasileiro que já lecionou, por períodos letivos, em Universidades da Alemanha e dos Estados Unidos; fértil estilista do idioma pátrio e não só no campo das letras jurídicas; historiador, jornalista e orador que prende o leitor e faz atento o auditório por ser forrado do saber associado ao desassombro do dizer, Paulo Bonavides é, sem dúvida, hoje, um nome internacional" (J. M. Othon Sidou, Fundador e Presidente da Academia Brasileira de Letras Jurídicas).

"Paulo Bonavides é um dos juristas mais notáveis do Brasil, não apenas da atualidade, mas de todos os tempos. Sua produção densa, de grande rigor científico e originalidade, foi fator decisivo para a formação de uma geração de estudiosos e pensadores brasileiros, na área do direito constitucional, da filosofia e da ciência política. Seu pioneirismo, liderança e respeitabilidade são incontestáveis. Paulo Bonavides jamais foi um repetidor acrítico de discursos convencionais. Justamente ao revés, em lugar de percorrer os caminhos que já existiam, criou novos rumos e levou sua visão brasileira e progressista do direito e da vida a todos os domínios sobre os quais projetou seu talento invulgar.

"Mais do que um jurista, o Professor Paulo Bonavides é um humanista devotado ao Brasil, com uma perspectiva crítica e construtiva dos problemas nacionais. Não é possível refletir acerca de fenômenos importantes nas ciências sociais, da interpretação constitucional à globalização, sem percorrer seus textos insuperáveis. Um homem sintonizado com o seu tempo, na substância e não nos modismos" (Luís Roberto Barroso, Jurisconsulto).

"Nas minhas lides docentes e parlamentares – ao longo de quarenta anos de vida pública – sempre recorri aos ensinamentos do Professor Catedrático Paulo Bonavides, contidos na sua exuberante obra no campo do direito constitucional. Não só pela densidade, como pelo fio condutor filosófico de sua produção, dela constando ainda os monumentais *Textos Políticos da História do Brasil*, em 9 volumes.

"Quando exerci as funções de Ministro de Estado da Justiça jamais se recusou a prestar a colaboração que lhe era solicitada, sem que isso, mesmo importando em sacrifício pessoal pelo tempo despendido, lhe trouxesse alguma vantagem pecuniária ou resultasse em ônus para os cofres públicos.

"E, por fim, na Assembleia Nacional Constituinte – da qual fui seu Relator Geral – o Professor Paulo Bonavides era o Mestre incansável, sempre atento no apontar caminhos e indicar soluções" (J. Bernardo Cabral, Relator da Constituinte).

Finalizando a série de referências ao homenageado, trasladamos os textos subsequentes da oração com que o Dr. Reginaldo Oscar de Castro, ex-Presidente do Conselho Federal da Ordem dos Advogados do Brasil, recepcionou o Dr. Paulo Bonavides, por ocasião da entrega da Medalha Rui Barbosa, em nome da entidade, durante a cerimônia de encerramento, em Fortaleza, da XVI Conferência Nacional dos Advogados:

"Na constelação de nomes augustos que formam e honram o firmamento jurídico do Brasil, temos hoje a associação de dois astros de primeira grandeza.

"Um é Rui Barbosa. O outro, Paulo Bonavides.

"O primeiro, filho dileto da Bahia, gigante da cultura do Direito em nossa pátria, inspirador de gerações e orgulho do Brasil em terras da Europa.

"O outro, nosso homenageado neste dia de glória para a Ordem dos Advogados do Brasil, é discípulo e herdeiro das melhores tradições de Rui, modelo de professor e de educador, de advogado e de cidadão.

"É momento de rara felicidade este que hoje vivemos, quando o nome de Rui Barbosa, que ajudou a formar a consciência jurídica de Paulo Bonavides, como a de todos nós, brasileiros, vem pousar sobre seu peito, em forma de medalha de honra, que leva o nome do grande tribuno da Bahia.

"Se Rui Barbosa e Paulo Bonavides sempre estiveram juntos em suas obras de paladinos do Direito, daqui por diante essa união se torna ainda mais firme e permanente, a partir da feliz combinação entre o jurista de ontem, que empresta seu glorioso nome a uma homenagem, e o jurista de hoje, que a recebe com todos os méritos os quais sobram no cultor da teoria e da prática do Direito, autor do imortal volume *Ciência Política*,[4] – publicado em 1967 e já na sua décima edição –, que a Universidade Federal do Ceará homenageou com o Prêmio Clóvis Beviláqua.

"Não é este um galardão que se distribua a mancheias.

"A nossa entidade tem sido parcimoniosa e criteriosa na sua atribuição, não por falta de merecedores, que felizmente os temos em abundância em nossa pátria, mas pelo rigor com que a Ordem dos Advogados do Brasil se comporta, tanto em reverência ao patrono que batiza a comenda quanto ao agraciado que a recebe.

"Basta lembrar que, antes do professor Paulo Bonavides, o prêmio 'Medalha Rui Barbosa' – criado em 1957, extinto em 1961, e restaurado dez anos depois –, foi conferido, nesses quarenta anos, a apenas nove eminentes brasileiros, cujos nomes declino com respeito e, de alguns, com saudade: Heráclito de Sobral Pinto, em 1971; Dario de Almeida Magalhães, em 1975; Nehemias Gueiros, em 1976; Miguel Seabra Fagundes, em 1977; José Cavalcanti Neves, em 1980; Ribeiro de Castro, em 1982; Augusto Sussekind de Moraes Rego, em 1984; Evandro Cavalcante Lins e Silva, em 1991, e Barbosa Lima Sobrinho, em 1995.

"Há cinco anos, portanto, não outorgava a nossa entidade o seu mais elevado galardão, que hoje é entregue, com todos os títulos, ao eminente professor e jurista Paulo Bonavides, nome exponencial de nossas letras jurídicas e personalidade de destaque na cultura brasileira. (...)".

"Feito esse balanço da atuação e do papel do Professor Paulo Bonavides no cenário jurídico do País, segundo testemunho das grandes vozes do Direito que a respeito dele se manifestaram no Brasil e no exterior, resta-nos ainda referir que está sendo programado para 28 a 30 de agosto de 2008, a realização, em Natal, do Primeiro Congresso Brasileiro de Direito e Processo Constitucional, por iniciativa da FARN (Faculdade Natalense para o Desenvolvimento do Rio Grande do Norte), em homenagem àquele Mestre e, especialmente, à sua obra *Do Estado Liberal ao Estado Social*, a qual, segundo consta da convocação, 'o iniciou na cátedra de Direito Constitucional da Universidade Federal do Ceará'."

A Malheiros Editores, há mais de vinte anos divulgadora da maior parte das obras do Professor Paulo Bonavides lança, com júbilo, essa edição comemorativa dos cinquenta anos do livro *Do Estado Liberal*

4. 19ª ed., São Paulo, Malheiros Editores, 2012.

ao Estado Social, *vade mecum* de gerações que o compulsaram nas escolas jurídicas do País e que, mediante a leitura dele, fortaleceram a crença nos princípios da democracia e alentaram a fé nos valores da justiça social.

Moção de Congratulações da Assembleia Legislativa do Estado do Ceará

A Cidadania em Destaque

Exmo. Sr. Presidente da Assembleia Legislativa do Estado do Ceará,

Requer moção de congratulações ao Dr. Paulo Bonavides, pelo cinquentenário de lançamento da obra *Do Estado Liberal ao Estado Social*.

O Deputado Estadual abaixo-assinado, no uso de suas atribuições previstas no Regimento Interno, após ouvidos seus pares em Plenário, vem requerer envio de moção de congratulações ao Dr. Paulo Bonavides pelo cinquentenário de lançamento da obra *Do Estado Liberal ao Estado Social*.

O Dr. Paulo Bonavides, no que diz respeito à ciência do Direito, é um dos mais brilhantes e renomados intelectuais do mundo, que cobre o Estado do Ceará de orgulho; a obra em questão é considerada a primeira a tratar do assunto no Brasil.

Desta forma, a Assembleia deve congratular-se com este importante intelectual por tão importante obra acadêmica.

Sala das Sessões, 18 de fevereiro de 2008

Artur Bruno – Rachel Marques – Domingos Filho – José Teodoro Soares – Hermínio Resende

Fortaleza, 28 de fevereiro de 2008

Prezado Senhor,

atendendo ao Requerimento n. 0409/2008, de autoria do Sr. Deputado Arthur Bruno, aprovado em Plenário, comunicamos o registro, em *Ata* dos trabalhos desta Casa, de Moção de Congratulação a V. Sa. pelo cinquentenário de lançamento da obra *Do Estado Liberal ao Estado Social*.

Atenciosamente,

Deputado José Albuquerque

Primeiro Secretário

7

Discurso de agradecimento – Medalha Clóvis Beviláqua

PAULO BONAVIDES

Segunda-feira, 15 de dezembro de 2008. Esta data há de ficar estampada, indelével, na memória dos agraciados com a Medalha do Mérito Judiciário Clóvis Beviláqua.

Tão honrosa e conspícua láurea, que ora nos é outorgada, procede do Tribunal de Justiça do Estado do Ceará. O Tribunal é parte de um dos poderes constitucionais desta terra de tantos homens ilustres, de tantos heróis da nacionalidade, de tantos escritores, historiadores, poetas, ensaístas e prosadores, duma linhagem em que avultam individualidades do quilate de José de Alencar, Capistrano de Abreu, Farias Brito e, sobretudo, a figura impar, gloriosa e inconfundível do jurisconsulto Clóvis Beviláqua.

Estamos a reverenciá-lo em Medalha que a Casa do Judiciário cearense houve por bem instituir a fim de manter entre nós sempre viva e acesa e cultivada nas gerações que se devotam ao Direito e à Justiça a imagem espiritual e moral do codificador.

Ombreia Clóvis em profundeza de saber, em brilho literário, em letras jurídicas, em cultura filosófica, em acuidade crítica com Rui Barbosa e Teixeira de Freitas, com Tobias Barreto e Pontes de Miranda, com Nabuco e Lafayete; enfim, com Amaro Cavalcante, Epitácio Pessoa, Seabra Fagundes, Miguel Reale, Vicente Rao e Goffredo Telles Júnior.

Acerca da célebre polêmica entre Rui e Clóvis escrevi, recém-saído dos bancos acadêmicos, uma página da mocidade. Sobre a querela do Código disse:

"Rui venceu a batalha gramatical, como já a vencera antes contra seu abalizado mestre de ginásio, o autor dos *Serões [referia-me a Ernesto Carneiro Ribeiro]*. A refrega principal, porém, deveria travar-se estritamente no campo da ciência e da doutrina. Que ocorre, porém? Rui não se afoita a esse terreno.

"A obra de Clóvis constitui, com efeito, fruto de madura reflexão, de completa assimilação e domínio das melhores fontes clássicas do direito. O sistematizador incomparável, o publicista infatigável aplicara seu talento, sua experiência, como ninguém o fizera ainda, à preparação de uma obra de lucidez, acessível a todos os entendimentos."

A Clóvis Beviláqua, cartesiano da ciência jurídica e da limpidez do pensamento, a História já levantou, merecidamente, uma estátua de imortalidade.

Na festa centenária de 1959 cotejando a obra do nosso civilista com a de von Jehring, sociólogo do Direito, cuja reputação no meio jurídico europeu em nada se mostrava inferior à de um Savigny ou de um Montesquieu, tive ocasião de escrever:

"Quando a grande maioria se acolhe à sombra da árvore que tem nas ramagens e no caule toda a seiva de uma época, não raro passam os formadores do futuro pelo semianonimato daquele determinado momento histórico, deixando porém atrás de si a semente do arbusto espiritual que alimentará outras gerações (...) sustentar aqueles princípios em ambiente jurídico e social, que raciocinava com quase dois séculos de atraso, era realmente ocupar posição vanguardeira, firmar a ideia triunfante em regiões áridas, acender a luz onde quase tudo representava escuridão para o entendimento de novas doutrinas".

Beviláqua foi homem, como eu disse, "que para seu país encarnou, naquele tempo, as aspirações progressistas no direito e na filosofia, vivendo com pleno ardor e honestidade a sedução de Comte, Littré e Spencer (...)".

Na abertura do primeiro número da *Revista Filosófica do Nordeste*, que fundei em 1960 com a ajuda de Moacir Teixeira de Aguiar e José Teixeira de Freitas e a colaboração, entre outros, de Parsifal Barroso, Miguel Reale, Nelson Saldanha e Lourival Vilanova, resumi, em breves linhas, o influxo do alemão de *A Luta pelo Direito* (*Der Kampf ums Recht*) sobre o brasileiro da redação do Código Civil. Palavras minhas deste teor eu as proferi então:

"Foi Jehring incontestavelmente a principal fonte germânica onde Clóvis Beviláqua temperou com moderação e equilíbrio o que havia mais áspero na influência recebida de pensadores franceses e ingleses, quase todos de confessada filiação positivista ou evolucionista".

Os caminhos da minha formação passaram inumeráveis vezes por Clóvis Beviláqua. Posso citar alguns.

Meu primeiro encontro com a imortalidade do civilista cearense ocorreu em 1942.

Decorridos alguns meses do ingresso à Faculdade de Direito, e escolhido orador do Centro Acadêmico Clóvis Beviláqua, fiz a estreia na tribuna com um discurso de louvor à democracia.

Era o tempo da jornada de libertação dos povos atlânticos que ainda jaziam debaixo da tirania do Terceiro Reich.

A seguir, reverenciei-lhe a vida, a obra e o pensamento durante as comemorações do seu Centenário, por ocasião do Congresso Nacional de Direito celebrado na velha Faculdade onde o Ceará formou os seus primeiros bacharéis.

Nasceu desse Congresso o Instituto Clóvis Beviláqua, cujo primeiro Presidente foi Heribaldo Dias da Costa, meu amigo e catedrático erudito e culto, a quem sucedeu Arnaldo Vasconcelos, jurista de renome.

Em 4 de outubro de 1959 – lá se vai quase meio século! – o Ministro da Educação e Cultura, Clóvis Salgado, me outorgou a primeira Medalha Clóvis Beviláqua, comemorativa daquele Centenário que congregara em Fortaleza os luminares da cultura jurídica brasileira.

A seguir, em 18 de outubro de 1968, conquistei na Universidade Federal do Ceará o Prêmio Clóvis Beviláqua destinado a melhor obra do ano antecedente, relativa aos gêneros Direito e Ciência Política.

Em 15 de maio de 1991, era a vez do Troféu Clóvis Beviláqua, concedido pela Ordem do Advogados do Brasil, na abertura do *II Congresso Nacional Brasileiro de Advocacia*, *II Encontro Nacional sobre o Livro Jurídico* e *II Salão Nacional do Ensino Jurídico*.

Por derradeiro, houve ainda este ano no Fórum que perpetua a lembrança de Clóvis Beviláqua no coração agradecido dos cearenses, mais um dos meus reencontros com o insigne jurisconsulto de estatura universal.

Lá, o Desembargador Rômulo Moreira de Deus, um dos ornamentos desta Corte de Justiça, me fez significativa e honrosa homenagem.

Guardo assim o nome de Clóvis, já tantas vezes aqui referido, sentindo na alma a força latejante do elo espiritual que a ele me prende.

Desde as leituras iniciais de sua obra fascinante descobri a clareza de suas ideias e a densidade de seus conceitos.

Inexcedível, por igual, me parecia a vocação do jurista, que sobre ser exemplo, modelo e paradigma, foi caráter, humildade e benevolência.

A respeito dessa figura humana, desse sábio, escreveu há pouco César Asfor que "os advogados saiam das faculdades não o admirando, mas o amando".

A meu ver, nessa frase única o Ministro Presidente do Superior Tribunal de Justiça (STJ) enaltece a vida, qualifica a obra, mensura a grandeza do homem chamado Clóvis Beviláqua.

Preside a esta cerimônia, a um tempo solene e singela, velho Amigo meu, ex-aluno nas classes da escola de leis da nossa Universidade Federal.

É o Desembargador Fernando Ximenes, a quem tive a subida honra de saudar no ato de sua posse.

E não me enganei ao dizer-lhe, em nome da Secional da Ordem dos Advogados do Brasil, que ele trazia para esta Casa um raio de luz e de labor fecundo; raio que iluminou as salas deste Tribunal numa gestão brilhante de dois anos, prestes a encerrar-se.

Minhas Amigas e meus Amigos! Minhas Senhoras e meus Senhores! Eminentes Desembargadores!

Esta Medalha Clóvis Beviláqua, conferida pelo Tribunal de Justiça do Estado do Ceará, nós a recebemos com um júbilo que tem a eternidade da nossa gratidão.

Muito obrigado.

8
A repercussão internacional e nacional da "Revista Latino-Americana de Estudos Constitucionais"

Com o título acima, a *Revista Del Rey Jurídica*, da Editora Del Rey, de Belo Horizonte, em seu n. 15 do ano 7, pp. 22-24, publicou o texto ora reproduzido, relativo à repercussão internacional alcançada pela *Revista Latino-Americana de Estudos Constitucionais*, publicação que o Professor Paulo Bonavides fundou em Fortaleza para celebrar, em 2003, o Centenário da Faculdade de Direito do Ceará, a terceira escola jurídica mais antiga do Brasil.

Segue-se o texto, do seguinte teor:

1. *A fonte que inspirou a criação da Revista*

Em 2003, ao ensejo do transcurso do centenário da Faculdade de Direito da Universidade Federal do Ceará – primeiro órgão de ensino superior desse Estado, o Professor Paulo Bonavides, associando-se às celebrações do evento, fundou, com apoio considerável no meio jurídico nacional e estrangeiro, a *Revista Latino-Americana de Estudos Constitucionais*.

O eminente constitucionalista estivera ligado, como membro do Comitê Científico, a um projeto semelhante nascido no Chile, há 14 anos, com o propósito de lançar uma *Revista Latino-Americana de Derecho Constitucional*.

A iniciativa partira dos distintos constitucionalistas chilenos Neville Blanc Renard e Emilio Pfeffer Urquiaga. Carta endereçada em 13 de junho de 1991 por aqueles dois ilustres juristas manifestava ao Professor

Paulo Bonavides agradecimentos por haver o mesmo aceitado fazer parte do Comitê Científico da sobredita revista.

Desse Comitê participavam ainda figuras do quilate de Héctor Fix-Zamudio e Jorge Carpizo, do México; Reinaldo Vanossi, Pedro J. Frias, Nestor Sagües e Bidart Campos, da Argentina; Domingo Garcia Belaunde, do Peru, e Hernández Valle, de Costa Rica. Ocorre porém que razões de ordem financeira determinaram bem cedo o abandono do projeto, sem que viesse sequer a lume o primeiro número do projetado órgão.

Com efeito, em outra missiva ao Professor Paulo Bonavides, datada de 10 de agosto de 1992, em Santiago de Chile, Emílio Pfeffer Urquiaga voltou a pronunciar-se acerca do assunto nos seguintes termos:

"(...). Me imagino que Nevill Blanc le habrá informado de las dificultades que han surgido relativas como siempre sucede en estos proyectos al financiamiento con carácter permanente que se tenía al principio comprometido. No obstante contar con los fondos para los dos primeros números no ha parecido serio dar inicio a este ciclo de publicaciones si no tenemos la seguridad que se podrá proyectar esta revista que debe constituir un punto de encuentro a todos los constitucionalistas latinoamericanos".

Como se vê, pelos documentos estampados, o projeto chileno malogrou à míngua de recursos materiais que lhe garantissem a continuidade editorial.

2. *Nasce no Brasil um projeto semelhante para comemorar o centenário de uma Faculdade de Direito*

Decorridos mais de dez anos, ao decurso do centenário, em 2003, da Faculdade de Direito do Ceará, uma das mais antigas e prestigiosas faculdades de leis do Brasil, ocorreu ao Professor Paulo Bonavides a ideia de vincular o grande evento jurídico a uma iniciativa da envergadura e do porte desta, de que resultou a fundação, coroada já de extremo êxito, da *Revista Latino-Americana de Estudos Constitucionais*.

Era o pensamento e o propósito de realizar no Brasil algo parecido com o que fora intentado, em vão, no Chile. Seguia a mesma linha de objetivos, mas empregando meios que lhe assegurassem uma expectativa de permanência sem ficar sujeita à condenação da transitoriedade, como já acontecera no passado a outros ensaios publicísticos similares.

Nasceu assim a *Revista Latino-Americana de Estudos Constitucionais*, por iniciativa do Professor PAULO BONAVIDES, que contou para tanto com o decidido apoio da Editora Del Rey.

A *Revista*, a esta altura, encontra-se vitoriosa e consolidada, como bem se infere dos quatro números já publicados, da absoluta regularidade semestral, da excelência de qualidade do seu conteúdo jurídico e da notável e primorosa feição gráfica que tem apresentado em todas as suas edições.

3. *A vasta repercussão internacional*

A par disso, é de assinalar por igual a acolhida favorável alcançada no âmbito internacional. Designadamente entre as figuras exponenciais do constitucionalismo contemporâneo, já nas repúblicas da América Latina, já nos países da Europa, donde chegam, com frequência, significativas e constantes manifestações de louvor e apreço ao grande cometimento.

A Editora Del Rey, na pessoa do editor Arnaldo Oliveira, aderiu à iniciativa do Professor BONAVIDES, desde a primeira hora, movido do mais forte entusiasmo, do mais nobre ânimo e do mais elevado empenho.

Sobreexcedeu pois todas as expectativas a atenção proporcionada pelo meio jurídico internacional, assim da América Latina como da Europa, à *Revista Latino-Americana de Estudos Constitucionais*, que ora preenche uma lacuna de natureza cultural no domínio das relações continentais.

Essa repercussão alcançou os círculos mais seletos da comunidade jurídica dos países ocidentais, conforme se infere de abonações honrosas, que animam a publicação a trilhar, firme e resoluta, o caminho de suas diretrizes programáticas, fixadas desde o primeiro número.

Dentre as inumeráveis manifestações de apreço e louvor, destaca-se a de Domingo Garcia Belaunde, o qual qualificou de "estupendo" o primeiro número da *Revista* e que era "una gran publicación, con artículos de sumo interés (...)". A carta, dirigida ao Professor PAULO BONAVIDES é datada de Lima, em 17 de novembro de 2003. Garcia Belaunde pertence ao rol dos constitucionalistas mais conhecidos do continente.

Não menos calorosa a declaração do insigne constitucionalista Jorge Reinaldo Vanossi, Presidente da Academia Nacional de Ciencias Morales y Políticas da Argentina, vazada nos seguintes termos:

"Querido y noble Amigo PAULO:

"Muy buena la *Revista*. Excelente, felicitaciones. Un fuerte abrazo fraterno. Jorge Reinaldo Vanossi."

Ainda da república platina, em carta ao fundador da revista, veio outra significativa expressão de apoio, de Raul Gustavo Ferreyra, pesquisador de Direito Constitucional da Universidade de Buenos Aires, que assim se exprimiu: "Trata-se de uma excelente publicação. E, certamente, é um mérito inigualável reunir 29 contribuições de tão relevantes constitucionalistas". Ferreyra referia-se à edição n. 2, julho-dezembro de 2003.

4. *Constitucionalistas da Espanha e da Alemanha aplaudem a "Revista"*

Francisco Fernández Segado, Catedrático da Universidade Complutense de Madrid e um dos juristas contemporâneos mais influentes na doutrina e na práxis constitucional dos países de língua espanhola, não se mostrou menos incisivo ao externar suas impressões acerca da *Revista Latino-Americana de Estudos Constitucionais*.

Em carta ao Professor Bonavides, o eminente constitucionalista espanhol se expressou deste teor:

"Le felicito, como ya hice en mi última carta, por la *Revista Latino-Americana de Estudos Constitucionais*, magnífica en sus tres primeros números, algo enormemente meritorio, pues no es fácil elevar a tan alto nivel científico una revista jurídica en tan poco tiempo".

Impressão idêntica externou em 22 de novembro de 2004 o constitucionalista Manuel Aragon Reyes, Magistrado do Tribunal Constitucional da Espanha e catedrático da Universidad Autónoma de Madrid:

"Muchas gracias por el envio del nuevo número de la *Revista*, que ha quedado esplendido".

Testemunho de igual peso veio também da Alemanha, subscrito por Friedrich Muller, antigo catedrático da Universidade de Heidelberg, que se manifestou nos seguintes termos:

"Agradeço-lhe a remessa do n. 2 de sua maravilhosa *Revista Latino-Americana de Estudos Constitucionais*!".

Outro constitucionalista alemão, da mais alta projeção internacional, o Prof. Klaus Stern, que redigiu os tratados de reunificação da Alemanha, exprimiu sua satisfação em integrar os quadros da *Revista*. Escreveu o consagrado mestre:

"Meu caro e dileto Amigo Paulo Bonavides:

"Com grande alegria recebi sua carta de 16 de novembro (2004) e o n. 3 da *Revista Latino-Americana de Estudos Constitucionais*. É para mim sobretudo honroso ter uma contribuição minha estampada nesta revista de tanto renome. Creio que ela despertará a atenção dos leitores brasileiros. Li com prazer os demais artigos e vejo que outros colegas alemães estão nela presentes. Aguardo ansiosamente o novo número e espero que seja tão importante quanto o que acaba de aparecer (...)."

5. *Mensagens do México, Bolívia, Chile e Argentina louvam e enaltecem a "Revista Latino-Americana de Estudos Constitucionais"*

Os constitucionalistas mexicanos deram também espontâneas provas de apreço ao novo órgão, que significa, pela presença de notáveis conselheiros e colaboradores estrangeiros, um traço de união das cátedras constitucionais da América Latina.

Com efeito, nessa linha de testemunhos, aparece honrosamente o do Professor Dr. Héctor Fix-Zamudio, da Universidad Nacional Autônoma de México, que passou ao fundador da revista mensagem traduzindo sua impressão positiva acerca do novo órgão. Palavras de Fix-Zamudio:

"He recibido en estos días el número 3 de la importante *Revista Latino-Americana de Estudos Constitucionais* de la cual es Ud. el fundador y director.

"Le agradezco el envio de esa valiosa publicación que contiene importantes aportaciones a la doctrina constitucional latinoamericana, y aprovecho la ocasión para felicitarlo por su infatigable e dinámica labor académica. (...)".

Também o Professor Dr. Jorge Carpizo, Presidente do Instituto Iberoamericano de Direito Constitucional, Catedrático da Universidade Autônoma do México e atualmente professor visitante na Universidade Complutense de Madrid, exprimiu admiração pela revista, nestes termos:

"Querido Profesor y amigo:

"Muchas gracias por el envio de *la Revista Latino-Americana de Estudos Constitucionais* número 2, y mil felicidades por este exitoso esfuerzo (...)."

O Dr. José Antonio Rivera S., Juiz do Tribunal Constitucional da Bolívia, em Sucre, declarou-se honrado por ter um artigo seu publicado na *Revista Latino-Americana de Estudos Constitucionais* e disse que esta "edición de calidad excepcional por su contenido y forma contribuirá a la actualización de los juristas latinoamericanos".

A *Revista* também repercutiu no Chile, "Por su contenido y presentación" foi objeto de felicitações do constitucionalista José Luis Cea Egaña, da Faculdade de Direito da Pontifícia Universidade Católica do Chile.

Finalmente, da Argentina, um dos países da América Latina onde o Direito Constitucional tem sido mais estudado e aprofundado em nossos dias, chegaram recentes palavras de apoio à *Revista*, além daquelas dantes já referidas.

É assim que Alberto Ricardo Della Via, Vice-Presidente da Associação Argentina de Direito Constitucional e também da Câmara Nacional Eleitoral de Buenos Aires, agradecendo o envio do n. 2 da *Revista Latino-Americana de Estudos Constitucionais*, em carta ao seu diretor, disse textualmente:

"Lo felicito muy sinceramente por la alta calidad de la obra y de los trabajos allí incluidos".

Do mesmo modo, a manifestação de Victor Bazán, Catedrático de Direito Constitucional em Cuzco, San Juan, que em missiva ao diretor da *Revista* asseverou:

"Le quedo sumamente agradecido por haberme honrado con la incorporación de mi artículo en tan prestigiosa publicación e le felicito por la gran calidad técnica y académica de la revista".

6. A "Revista", um órgão ao serviço das letras constitucionais na América Latina

Todas essas demonstrações de aplausos, apoio e confiança, provindas de personalidades ligadas às mais elevadas esferas do constitucionalismo contemporâneo, tanto da América Latina como da Europa, colocam a *Revista Latino-Americana de Estudos Constitucionais* na posição que o seu fundador visualizou, ou seja, de órgão bem-sucedido no congraçamento das letras constitucionais do Brasil e das repúblicas irmãs do continente.

A Editora Del Rey, organização que sempre tomou por uma de suas tarefas maiores servir à cultura jurídica nas mais variadas dimensões, designadamente naquela de propagação da Ciência do Direito, sente-se desvanecida em ter parte nesse grande e vitorioso cometimento que foi a criação da *Revista Latino-Americana de Estudos Constitucionais*.

Quatro números publicados desde 2003 e a preparação do quinto, programado para o segundo semestre do corrente ano, passam a certidão de que a revista já criou as raízes de sua continuidade e será um grande veículo na difusão do pensamento jurídico no Brasil e no mundo.

Outras manifestações de apoio

1. Além das manifestações constantes da notícia estampada pela *Revista Jurídica Del Rey*, muitas outras se sucederam, de igual importância, assinalando o significado que tinha para o meio jurídico do continente, designadamente para o campo constitucional, a aparição da sobredita *Revista*, a qual há projetado o Ceará numa dimensão prestigiosa nas letras constitucionais do País, da América Latina e da Europa.

Haja vista, portanto, nesse tocante a mensagem do Professor Francisco Fernández Segado, Catedrático da Universidade Complutense de Madrid, que festejou com a mesma simpatia e o mesmo apoio a fundação da *Revista*:

"(...). Lo felicito muy cordialmente por esa iniciativa encaminada a crear una *Revista Latino-Americana de Estudos Constitucionais*. No he de decirle que para mí es un gran honor incorporarme al Conselho Editorial de la misma. Le agradezco mucho que me haya tenido presente. Y por supuesto, espero poder colaborar con la publicación de algún trabajo en la misma. Su idea de apertura de la *Revista* a otros países latinoamericanos me parece magnífica y estoy convencido de que tendrá una gran acogida" (carta ao Professor *Paulo Bonavides*, datada de Madrid, 6 de setembro de 2002).

2. Não menos relevante o pronunciamento do insigne e saudoso Catedrático da Universidade de São Paulo, Professor Golfredo da Silva Telles Junior, autor da célebre *Carta aos Brasileiros*, cuja missiva endereçada ao Diretor Fundador da *Revista*, datada de São Paulo, em 14 de maio de 2003, louva a iniciativa oriunda do Ceará, que ele qualifica de "estupenda realização":

"(...). Quero também manifestar as minhas mais sinceras congratulações pelo lançamento de sua maravilhosa *Revista Latino-Americana de Estudos Constitucionais*, publicada primorosamente pela Livraria Del Rey Editora, de Belo Horizonte. Essa estupenda realização é marco histórico. Firma-se, desde logo, como expoente no processo de divulgação da alta cultura jurídica em nosso País, e no esforço de interação e congraçamento dos nossos juristas e dos juristas das repúblicas hispano-americanos.

"Declaro-me feliz e agradecido por pertencer ao Conselho Consultivo e ao Quadro de Colaboradores da nossa *Revista*."

3. Completando a opinião de que o advento da *Revista Latino-Americana de Estudos Constitucionais* foi "um marco histórico", conforme disse o autor da *Carta aos Brasileiros*, e que preencheu assim um vácuo na literatura jurídica do Brasil e do continente, leia-se ainda a nota do constitucionalista Pedro J. Frias, Presidente Honorário da famosa Academia Nacional de Derecho y Ciências Sociales de Córdoba e ex-Presidente da Associação Argentina de Direito Constitucional, publicada na revista *Foro de Córdoba*:

"Los que cultivamos nuestra identidad latinoamericana, con su conformación europea, nos regocijamos de esta notable *Revista*, cuyo director es Paulo Bonavides, bien conocido por los colegas del continente.

"Estar en su Consejo de Redacción no me impide el elogio, porque sé que el esfuerzo es muy considerable, sus colaboraciones de primer nivel y su difusión apreciable. Es como dice Bonavides, '*una tribuna de pensamiento jurídico – libre, abierta, pluralista – consagrada al examen de los problemas de la Constitución, a los cuales el Estado de Derecho ha de conservar siempre una importancia capital*'.

"Recuerda, especialmente, la presencia del Dr. Ricardo Haro, y enaltece las figuras de los desaparecidos juristas Favoreu y Germán Bidart Campos, a quien Haro dedica una evocación que conmueve. (...).

"Está fuera de mi intención – y de mi posibilidad – recordar a cada colaborador. Los hay sobre Brasil, pero, en general, nos interesan a todos, como el derecho procesal constitucional de Domingo García Belaúnde o la justicia constitucional de Francisco Fernández Segado.

"Quieren informarse de nuestras alternativas? Bueno, Alberto dalla Via traza una historia de tres batallas de la libertad de prensa. Y Victor Bazán nos enseña sobre los tratados internacionales en el derecho comparado latinoamericano.

"Advierto que estoy citando solo a los argentinos. Me excusa, pero, como dar cabida a veinticuatro estudios inéditos?

"Me basta felicitarme de que la centenaria Universidad de Ceará haya dado oportunidad a tan logrado testimonio, reflexión y proposiciones."

Nota dos Organizadores: A nota bibliográfica acima, enviada ao professor Paulo Bonavides pelo insigne constitucionalista de Córdoba, se fazia acompanhar do seguinte bilhete:

Estimado Bonavides:

tengo tan pocas fuerzas a mis 86 años, que me debo conformar con una nota insuficiente, pero quiero rendir homenaje a la revista y a Ud. Se publicará en dos importantes revistas y cuando le ocurre se les enviará. Mis felicitaciones sinceras, gran amigo de todos.

Pedro J. Frías

Nota dos Organizadores: Antes, o mesmo Frías, ex-Presidente da Associação Argentina de Direito Constitucional, havia saudado o lançamento do primeiro número da *Revista* com a seguinte nota, inserida em *Anales de la Academia Nacional de Derecho*, Córdoba, 2003, "Advocatus":

Revista Latino-Americana de Estudos Constitucionais, de Paulo Bonavides (Director), n. 1, Brasil, Livraria del Rey.

El protagonismo de Paulo Bonavides se acrecienta con esta iniciativa, que se apoya en un cuerpo de consejos y secretarías de constitucionalistas de gran calidad. Por fin, en junio/2003 se da a luz el primer número con nada menos que 41 colaboraciones, en oportunidad del centenario de la Facultad de Derecho de la Universidad que creara. Tribuna abierta, pluralista y crítica, nos advierte en la "Presentación" el fundador y director de la *Revista*.

Su lectura coincide con la del libro recién-aparecido de Abel Posse, *El Eclipse Argentino*. Allí nos reserva el notable escritor y diplomático un espacio algo irreal a los constitucionalistas, porque interpreto que nos niega realismo. Diría yo que no es eso, sino que las Constituciones no son indiferentes a ninguno de los desafíos actuales: ni a la globalización, ni a las reiteradas emergencias, ni a los ideologismos en parte persistentes, ni a los paradigmas...

Lo que ocurre es que los constitucionalistas somos arquitectónicos y los vendavales no respetan nuestras convicciones que son las de la Constitución. El paradigma del "Estado de Bienestar", que terminó en "malestar", no respetó la iniciativa privada; el "neoliberal" en decadencia no respetó la igualdad de oportunidades y aumentó la exclusión social.

Me parece advertir en estas numerosas colaboraciones que el paradigma no es otro que el Estado Social de Derecho y la economía social de mercado. El adjetivo "social" lo agregó la Alemania de Adenauer y es el que asegura a la sociedad contra la marginación y la exclusión, que no dejan de aumentar en América Latina. Se me ocurre que apareceríamos menos idealistas – porque los constitucionalistas lo somos – y aún más con idealismo práctico, si estas Revistas eligieron una página de Rulfo, el mexicano de *El Llano en Llamas*, o el "Prólogo" de Eduardo Mallea a *Historia de una Pasión Argentina*, porque son páginas tan realistas, que no admiten ninguna distracción.

Esta *Revista* demuestra que no nos distraemos. Los colaboradores afrontan problemas diversos, difíciles a veces, poco repetitivos, que van forjando un entramado para sostener nuestras sociedades. Si los vendavales nos hacen daño y las diligencias nos respetan pero no nos escuchan, no es culpa nuestra, según creo. Estamos empeñados en mejorar la cultura social y por eso debemos gratitud a Bonavides, por este emprendimiento.

Moção de Congratulações do Tribunal Regional Eleitoral do Ceará

Fortaleza, 20 de novembro de 2012

Ilustríssimo Sr. Prof. Dr. Paulo Bonavides

comunico-lhe que esta Corte, na sessão de 7.11.2012, tendo em vista proposição da Desa. Maria Iracema Martins do Vale, Vice-Presidente e Corregedora Regional Eleitoral, acatou Voto de Congratulação a V. Sa. pelo lançamento da 13ª edição da *Revista Latino-Americana de Estudos Constitucionais*, nos seguintes termos:

"(...). Exma. Sra. Desa. Maria Iracema Martins do Vale registra o recebimento de convite para o lançamento, aos 8.11.2012, no espaço 'O Povo de Cultura e Arte', da 13ª edição da *Revista Latino-Americana de Estudos Constitucionais*, de autoria do professor Dr. Paulo Bonavides, motivo pelo qual propõe a inserção, em ata, de Voto de Congratulação ao eminente Jurista. Do fato dê-se ciência ao homenageado. A Corte acata a proposição, acostando-se à iniciativa o douto Representante Ministerial. (...)."[1]

Ao fazer este registro, externo, em meu nome e dos demais integrantes deste Colegiado, as mais sinceras felicitações.

Atenciosamente,

Des. Ademar Mendes Bezerra – Presidente

1. Excerto da Ata da 234ª Sessão Ordinária do TRE/CE, ocorrida em 7.11.2012.

9
Cartas ao Homenageado

1. A. VERDROSS

Institut für Völkerrecht und Internationale Beziehungen der Universität Wien

Wien, am 17.Juni 1959

Prof. Dr. Paulo Bonavides

Sehr geehrter Herr Kollege!

Auf Ihren freundlichen Brief vom 2.Juni teile ich Ihnen mit, dass ich mich sehr freuen würde, wenn Sie nach Wien kämen. Ich bin derzeit in Genf in der International Law Commission, aber im Wintersemester wieder in Wien. Wenn Sie nähere Angaben wünschen, bitte ich Sie, diese Fragen an meine Assistentin Frau Dr. Helene Scheuba, Institut für Völkerrecht, Universität Wien zu richten.

Mit herzlichen Grüssen

Ihr

A. VERDROSS

2. ADYLSON MOTTA

Tribunal de Contas da União

Brasília/DF, 24 de agosto de 2005

Prezado Senhor,

é com grande satisfação que esta Presidência comunica que, por indicação do Sr. Ministro desta Corte Ubiratan Aguiar, o Conselho do

Grande Colar do Mérito do Tribunal de Contas da União decidiu conferir a V. Sa. a referida comenda, destinada a galardoar personalidades nacionais ou estrangeiras que, por seus méritos excepcionais e relevantes contribuições ao controle externo, tenham se tornado merecedoras de especial distinção.

A entrega da condecoração ocorrerá em sessão solene do Plenário do Tribunal, a ser realizada às 10h do dia 16.11.2005, na sede desta Corte, em Brasília/DF, oportunidade em que o Ministro Emérito do SSTF Paulo Brossard de Souza Pinto falará em nome dos agraciados no corrente exercício.

Atenciosamente

ADYLSON MOTTA

Presidente do TCU

3. *AFONSO ARINOS DE MELO FRANCO*

Rio, 18 de outubro de 1976

Ilustre amigo professor Paulo Bonavides,

a publicação de As Tendências Atuais do Direito Público representou o mais dignificante prêmio a que poderia aspirar um professor.

O livro, de cujo preparo me encontrava obviamente informado, foi além do que poderia esperar de melhor. O prestígio dos colaboradores e dos apoiadores, a categoria dos trabalhos, a confecção gráfica, além do seu inconfundível sentido de solidariedade intelectual, conjugaram-se para fazer dele um marco na nossa bibliografia universitária.

Vou deter-me no pórtico do edifício: o seu admirável estudo sobre "O Poder Legislativo no Moderno Estado Social".

Sua distinção entre crise e mudança prepara, desde logo, o leitor para o desenvolvimento e as conclusões. Eu mesmo já havia focalizado o assunto em aspecto diferente, numa aula dada na Faculdade de Direito da UEG, sob o título "Crise do Direito e Direito da Crise", publicada nos Estudos de Direito Constitucional. Mas a segurança, a cultura e o pensamento vigoroso que animam o seu trabalho trazem luz definitiva ao falso problema da pretensa "crise" do direito público. Sua ligação entre o prestígio do Parlamento e a procura da representatividade do século XIX; sua crítica ao reiterado sofisma antidemocrático de se fazer política com a supressão da política; sua opção pelo Estado intervencionista sem prejuízo dos direitos do homem (verdadeiramente conceituados);

sua inclinação parlamentarista, como forma de composição dos choques institucionais; sua confiança realista na viabilidade do Legislativo dentro das atuais condições dos Países subdesenvolvidos; finalmente, seu apelo final à Constituinte, exibem as etapas de um pensamento coerente e sem eiva de personalismo. Adiro sem reservas à sua lição e tenho a esperança de que os homens públicos do nosso País, tanto no Legislativo quanto no Executivo e nas Forças Armadas, se demorem na meditação das suas ideias, que representam contribuição altamente positiva a um setor básico da necessária reconstrução institucional brasileira.

A comunidade jurídica universitária, esta há de aplaudi-lo francamente, como faz o seu colega, amigo e admirador muito sincero:

AFONSO ARINOS DE MELO FRANCO

Fundação Getúlio Vargas

Instituto de Direito Público e Ciência Política

Rio de Janeiro, 4 de março de 1982

Prezado Professor,

o Instituto de Direito Público e Ciência Política/INDIPO da Fundação Getúlio Vargas, conhecedor do interesse de V. Exa. pelos debates relativos à reforma constitucional, tema que se encontra na ordem do dia e é vital para o aperfeiçoamento das nossas instituições democráticas, não poderia deixar de consultá-lo, no momento em que vem realizando uma pesquisa sobre a matéria.

Órgão de reconhecida tradição no exame dos assuntos constitucionais, o INDIPO visa a identificar, no referido estudo, as aspirações mais profundas de correntes significativas da sociedade brasileira relativas à reforma constitucional. A iniciativa, no Brasil, é inédita, uma vez que este campo sempre foi privativo de especialistas. A ampliação do universo consultado decorre da convicção de que é essencial o papel das forças econômicas, sociais, políticas e morais na modelação e sustentação das normas constitucionais.

Para tanto, foram formuladas as questões, em anexo, focalizando certos tópicos fundamentais, de natureza constitucional, o que não impede sejam suscitados outros igualmente relevantes.

Os resultados desta sondagem serão encaminhados ao Poder Legislativo como subsídio para a tarefa de reforma da nossa Lei Magna. Estamos certos de contar com a colaboração de V. Exa. neste trabalho que se insere no quadro geral de mobilização da inteligência nacional para o aprimoramento da nossa vida institucional.

Ficar-lhe-íamos gratos se suas opiniões pudessem nos ser encaminhadas dentro de dois meses.

Muito cordialmente

AFONSO ARINOS DE MELO FRANCO

Diretor

Fundação Getúlio Vargas

Instituto de Direito Público e Ciência Política

Rio de Janeiro, 2 de março de 1990

Prezado Sr.,

o Instituto de Direito Público e Ciência Política/INDIPO, que temos a honra de dirigir, edita trimestralmente uma revista especializada, com o objetivo de ampliar informações e renovar conhecimentos na área da publicística e da ciência política.

A *Revista de Ciência Política/RCP*, criada em 1958, constituiu-se, desde então, importante instrumento de divulgação dos trabalhos dos pesquisadores do INDIPO, através dos quais se analisam e identificam as correntes mais significativas e influentes do pensamento e das aspirações nacionais e se recolhem conhecimentos e experiências úteis à orientação daqueles que traçam o destino do País.

A *RCP* publica também a transcrição das mesas-redondas e dos seminários que o INDIPO promove sobre assuntos de seu campo específico, e mantém uma seção de resenhas bibliográficas e de ideias, contendo sumários comentados de obras nacionais e estrangeiras, de autoria reconhecidamente abalizada, com o objetivo principal de atualizar seu ritmo doutrinário com o que se pensa e se diz nas áreas política, jurídica e literária, em âmbito nacional e internacional.

Cumpre, porém, ressaltar que a Revista deve, em grande parte, o excelente conceito de que goza à colaboração graciosa de nomes de prestígio no meio intelectual, que lhe enviam artigos, críticas, reflexões e outros trabalhos sobre assuntos políticos e jurídicos da atualidade, além de contribuições doutrinárias

É neste rol de colaboradores influentes que gostaríamos de poder incluir o nome de V. Sa., e para tanto vimos solicitar-lhe que enriqueça as páginas de nossa Revista, enviando-nos trabalhos de sua autoria, inéditos no Brasil.

Certos de poder contar com sua competente participação, antecipo-lhe meus agradecimentos, com protestos de grande apreço.

Cordialmente

AFONSO ARINOS DE MELO FRANCO

Diretor

4. AFRÂNIO COUTINHO

Rio de Janeiro, 5 de novembro de 1959

Ilmo. Sr. Paulo Bonavides

Com grande satisfação informo-lhe que estou trabalhando na confecção de um livro, com o título *Brasil e Brasileiros de Hoje*, que conterá nomes e biografias de todos aqueles que, com suas atividades, estão promovendo, em grande escala, o desenvolvimento do Brasil.

Sua atuação no terreno cultural, revelando-se das mais proveitosas, tem imposto o seu nome ao respeito de seus patrícios.

Assim, a sua biografia se torna imprescindível na presente obra, motivo por que ficaria muito grato se V. Sa. nos devolvesse, devidamente preenchido e assinado, o questionário anexo, acompanhado de um seu retrato autografado.

O questionário original, depois de seu aproveitamento para o livro e a fotografia, será arquivado, para a posteridade, no Museu Histórico Nacional do Rio de Janeiro.

Desejo esclarecer que, ao fornecer esses dados, os biografados não ficam com obrigação alguma.

Agradecendo-lhe antecipadamente a colaboração, firmo-me.

Patrício e admirador

AFRÂNIO COUTINHO

5. AGASSIZ ALMEIDA

João Pessoa, 4 de abril de 2005

Caro Dr. Paulo Bonavides,

ao pensador que sempre manteve viva a chama que o conduziu durante a vida, como força constante de renovação, seja no mundo do Direito ou na vida do Direito.

Tributo a este beduíno (aqui, como significando solitário no deserto das ideias) as minhas homenagens enviando este livro, *A República das Elites*, fruto de longo esforço de pesquisa. Nele trouxe à tona o quanto de egoísmo e prepotência carregam as elites do País, e o seu braço, o intelectualismo.

O meu filho, Agassiz Filho, como eu, aprendeu a acompanhar os seus passos pelos andaimes do direito constitucional e pelas outras ciências do social.

Abraços de

AGASSIZ ALMEIDA

6. *AGASSIZ ALMEIDA e AGASSIZ ALMEIDA FILHO*

Pelos pensamentos dos que sabem criar e ousar os povos vão rompendo os seus caminhos num curso da História, mesmo lentamente. É este constante despertar frente ao qual a indagação humana forma o pensamento. No mundo do Direito, onde fervilham o homem e as vidas dos homens, Paulo Bonavides abre com a sua teoria constitucional uma nova visão para os povos em desenvolvimento, e como definição do ordenamento do Estado, a democracia participativa. De uma democracia participativa um novo direito constitucional há de surgir, muito além dos modelos vigorantes. O jornal O Povo dimensionou Paulo Bonavides como um pensador dos nossos tempos.

Saudações afetivas

AGASSIZ ALMEIDA

AGASSIZ ALMEIDA FILHO

7. *Chanceler AIRTON JOSÉ VIDAL QUEIROZ*

Fundação Edson Queiroz

Universidade de Fortaleza

Fortaleza, 20 de abril de 2010

Ilustríssimo Sr. Prof. Dr. Paulo Bonavides,

é com imensa satisfação que comunico a V. Sa. a indicação feita pelo Conselho Universitário desta Instituição para a sua condecoração com o título de Doutor Honoris Causa, em reconhecimento às relevantes contribuições acadêmicas e científicas de suas obras na área jurídica.

A cerimônia para outorga do título será realizada no Teatro Celina Queiroz da Universidade de Fortaleza, em data e horário a serem agendados. Após essa definição, encaminharemos ofício da Reitoria contendo todas as informações, para o seu planejamento pessoal.

Sem mais para o momento, renovamos nossos votos de elevada estima.

Atenciosamente

AIRTON JOSÉ VIDAL QUEIROZ

Chanceler

Nota dos Organizadores: Em 21.1.2011 o chanceler Airton Queiroz, da Universidade de Fortaleza/UNIFOR, dirigiu ao professor Paulo Bonavides o seguinte telegrama de congratulações:

Mais uma vez, fui tomado de imenso orgulho por ter-me sido enviado chamamento a mais uma solenidade na qual lhe prestará homenagem o Tribunal de Justiça do Estado do Ceará, lamentando, no entanto, não ter como me fazer presente ao ato festivo, por razões e circunstâncias insuperáveis.

A distinção da Corte cearense associa-se a muitas outras e, igualmente, mais que merecidas pelo ilustre Mestre, mercê do seu brilhantismo nas letras jurídicas e da sua retidão ética e cívica, o que fizeram desse cearense por adoção respeitado não só nos limites da Pátria, mas também em todo o universo onde o Direito for debatido.

Saudações

AIRTON QUEIROZ

8. *ALBERTO ECHEVARRÍA*

2 de julio de 1971

Sr. Dr. Paulo Bonavides

Estimado amigo Bonavides,

recibí su carta del 15 de abril que me produjo mucha alegría. Observo que realiza Vd. una gran actividad tanto en la enseñanza como en la investigación.

Consulté en la Universidad de Deusto por el catedrático de Derecho Político y estuve en contacto personal con D. Pablo Lucas Verdú que me pidió y le dí la dirección de Vd. para que le enviara alguna publicación de él, supongo que ya le habrá escrito este Sr.

La Diputación de Barcelona ya ha enviado los temas que van a ser debatidos en la IX Semana y que versarán sobre el aspecto socio-jurídico de las areas metropolitanas. Yo ya he enviado mi inscripción.

Hace unos pocos días que hemos terminado el curso de Ciencias Sociales en la Universidad de Deusto y en este año he concluido felizmente el 2º año de estudios. La carrera es de 5 años. Que Dios nos dé salud y ánimo para seguir estudiando.

Reciba un cordial abrazo mi amigo Bonavides.

ALBERTO ECHEVARRÍA

9. *ALFREDO POVIÑA*

Universidad Nacional de Córdoba

Facultad de Derecho y Ciencias Sociales

Departamento de Sociología "Raúl A. Orgaz"

Córdoba, 25 de junio de 1973

Mí querido colega Paulo,

casi recien-llegado a Córdoba después de un largo viaje, pero feliz, quiero dedicar estas líneas a Usted para agradecer mi presencia en esa ciudad, el curso dado y todas las atenciones recibidas, en la que Paulo ha tenido el papel y gestión principal.

Estoy muy contento con esta experiencia entre Ustedes; muy satisfecho con todo; y muy optimista con la posibilidad de publicar allí mi Sociología, unidos al nombre y al prestigio de Paulo Bonavides. Muchas gracias por todo.

Le abraza con todo afecto su colega y amigo

ALFREDO POVIÑA

Por su intermedio deseo hacer llegar también mi agradecimiento y mi recuerdo cariñoso al colega Spindola, a quien tanto aprecio por su espíritu joven y su clara inteligencia.

10. *Coronel Aviador ANTÔNIO ALVES CABRAL*

Quartel General da 8ª Zona Aérea

DF, 30 de agosto de 1947

Do: Brigadeiro do Ar, Comandante da 3ª Zona Aérea

Ao: Sr. Comandante da Base Aérea do Galeão

Assunto: Permissão para Ingresso nessa Base

O Sr. Paulo Bonavides, redator da Associated Press, portador de Certificado de Reservista n. (...), passado pela 10ª R. M. – 25º C. R., tem permissão deste Comando para realizar a reportagem da chegada do Presidente Harry Truman.

ANTÔNIO ALVES CABRAL

Coronel Aviador – Chefe do Estado Maior da 3ª Zona Aérea

11. ANTÔNIO AUGUSTO CANÇADO TRINDADE

San José, 23 de junho de 1995

Caro amigo Paulo Bonavides,

permita-me estender-lhe os mais sinceros agradecimentos pelo gentil envio de seus tão apreciados livros, um dos quais já encaminhei à Biblioteca da Corte Interamericana de Direitos Humanos.

Ao livro que lhe enviei por intermédio do Dr. César Barros Leal estou juntando um outro, recém-publicado, que lhe remeto por intermédio do Dr. Fernando Ximenes.

Esperando poder revê-lo no futuro próximo, deixo-lhe minhas saudosas e cordiais lembranças.

ANTÔNIO AUGUSTO CANÇADO TRINDADE

12. ANTÓNIO CASTANHEIRA NEVES

Sexta-feira, 12 de julho de 2013 – 13:40h

Muito prezado professor Paulo Bonavides,

remeti hoje por Correio alguns livros meus que muito me prezo em oferecer ao ilustre Professor. Só que, por um lapso lamentável, esqueci-me de meter junto, na respectiva embalagem, a carta que a propósito lhe escrevi com os meus renovados agradecimentos por tudo o que teve a grande generosidade de me fazer privilegiado. Peço-lhe que me releve essa indelicadeza e espero que os livros cheguem em boas condições.

Comunico também que recebi ontem os três livros que teve a gentileza de me oferecer – generosidade que muito lhe agradeço.

Creia-me, caro Professor, muito grato e seu admirador

ANTÓNIO CASTANHEIRA NEVES

13. Dom ANTÔNIO DE ALMEIDA LUSTOSA

Fortaleza, 7 de maio de 1946

Dr. Paulo Bonavides,

ontem quando o amigo e seus distintos companheiros me falavam nas homenagens ao grande Presidente do Estados Unidos cuja morte é lembrada depois de amanhã, digo, amanhã, concordei com a Missa a ser celebrada.

Não me ocorreu no momento que o ilustre morto, sendo protestante; não podíamos realizar o ato religioso católico solenemente; competindo ao culto protestante fazê-lo.

Venho pedir-lhe desculpas pela minha inadvertência.

Quanto à homenagem cívica, junto ao monumento, pessoalmente ou, se não puder, por um representante, não quero faltar.

Com elevado apreço

D. ANTÓNIO A. LUSTOSA

Arc. de Fortaleza

14. ANTÓNIO DE SOUSA FRANCO

Ministério das Finanças

Gabinete do Ministro

Lisboa, 28 de janeiro de 1998

Exmo. Sr. Dr. Paulo Bonavides,

não tendo podido assistir à cerimónia de doutoramento de V. Exa. e na impossibilidade de comparecer ao jantar que a Faculdade de Direito da Universidade de Lisboa hoje realiza em honra de V. Exa., venho por este meio expressar os meus cumprimentos de congratulações pelo novo grau académico de V. Exa., orgulhando-me de fazer parte da Universidade que em boa hora soube homenagear uma figura de prestigiado relevo académico, podendo, assim, contar entre os seus pares uma personalidade que só honra e vem dar mais prestígio à Instituição e a todos os que a integram.

Apresento a V. Exa., Sr. Dr. Paulo Bonavides, os meus cumprimentos de elevada consideração e apreço.

ANTÓNIO DE SOUSA FRANCO

15. ANTÔNIO TITO COSTA

Antônio Tito Costa

São Paulo, 18 de abril de 1983

Meu caro Paulo Bonavides,

li com muito interesse e grande prazer seu estudo sobre "Getúlio Vargas e o Estado Social das Ditaduras", que o suplemento "Cultura", de O Estado de S. Paulo, publicou em seu n. 149, de 17 do corrente mês de abril (domingo).

Seu trabalho é magnífico, fazendo, além do estudo, um retrospecto de fatos e comportamentos que bem demonstram a importância de uma época e da atuação de um homem na história do Brasil. Nas anotações que fui fazendo, ao longo da leitura, observei que quando Vargas se referia à "quase esterilidade dos 40 anos do Poder Legislativo exercido pelo Congresso", ironizando os Anais da Instituição, o mesmo iria repetir-se, de maneira não muito diversa, pelo então Presidente Jânio Quadros, ao renunciar. Lamentava este, ao deixar o posto, quanto às dificuldades de relacionamento com o Legislativo, que nada produzia e emperrava o andamento dos seus projetos e de suas metas (claro que as palavras não são estas, mas é essa a ideia expressa, na ocasião, pelo renunciante).

Com a minha experiência de Prefeito, por seis anos, de um Município-Estado, posso também testemunhar quão difícil é o relacionamento Executivo-Legislativo. E como custa caro negociar com os vereadores; como é difícil (ou impossível) demovê-los de interesses meramente pessoais, em favor da causa comum. Nessa digressão não justifico a postura de Vargas quanto ao Legislativo. Mas, havemos de convir, alguma coisa precisa ser modificada para que o mecanismo democrático não se mantenha enferrujado, indefinidamente.

Seu estudo, repito, é excelente. E não consegui deter o ímpeto de escrever-lhe para cumprimentá-lo e também para retomarmos um contato que muito prezo e do qual tenho estado saudoso.

Parabéns, uma vez mais. Quando vier a São Paulo procure-me.

Abraço do amigo de sempre e admirador constante.

TITO COSTA

16. ARTUR CORTEZ BONIFÁCIO

Segunda-feira, 31 de dezembro de 2012 – 11:19h

Estimado professor Paulo Bonavides,

tive duas alegrias em 2012: ser eleito imortal da Academia de Letras Jurídicas do Rio Grande do Norte e ser indicado para compor o Tribunal Regional Eleitoral do Rio Grande do Norte. Entretanto, há uma perene graça que me tem sido concedida por Deus, fruto das mãos generosas e amigas do professor Paulo Lopo Saraiva, ao longo desta pouco mais que mediana existência: ter conhecido o insigne, ilustrado e honrado professor Paulo Bonavides e desfrutar do prestígio de sua amizade. Não apenas pelos desígnios acadêmicos que o Sr. Professor ostenta, no mundo todo. Mas, sobretudo, pelo homem e cidadão que és: um grande caráter, uma personalidade autêntica, um homem simples, do bem, um ser bom e diferenciado, num mundo ceifado dos mais dignos valores. Republicano e democrata, sem favor, todos os meus alunos da UFRN aprendem a conhecê-lo e a admirá-lo. É a Escola Bonavidiana: do Direito e de vida, no Rio Grande do Norte continuada pelo professor Cardeal Paulo Lopo Saraiva e por este neo Cardeal que vos escreve. Espero tê-los encontrados, o Sr. e D. Yeda, com saúde, paz e alegria. Feliz 2013, extensivo a todos quantos quer bem!

Com afeto

ARTUR CORTEZ BONIFÁCIO

17. ASSEMBLEIA LEGISLATIVA DO ESTADO DO CEARÁ

Fortaleza, 13 de maio de 2013

Sr. Professor,

atendendo ao Requerimento n. 1.038/2013, de autoria do Sr. Deputado Dedé Teixeira, aprovado em Plenário, comunicamos o registro em Ata dos trabalhos desta Casa de Voto de Congratulação a V. Sa. por ter sido outorgado com a Medalha Jorge Miranda, concedida pela Faculdade de Direito da Universidade de Lisboa.

Atenciosamente

SÉRGIO DE ARAÚJO LIMA AGUIAR

Deputado Estadual

Primeiro Secretário

18. ATALIBA NOGUEIRA

São Paulo, 12 de outubro de 1967

Prezado e ilustre colega Prof. Paulo Bonavides,

com as minhas saudações, venho pedir-lhe um artigo para a *Revista de Direito Público*, cujo primeiro número, saído por estes dias, já lhe remeti.

Querendo manter a publicação no nível mais elevado, não posso prescindir de colaboração do culto colega. E ainda rogo-lhe obtenha artigos de outros especialistas de direito público.

Recomenda-me aos prezados Mestres de Direito, dentre os quais alguns já velhos amigos.

Atenciosamente, seu colega, amigo e admirador

ATALIBA NOGUEIRA

São Paulo, 25 de setembro de 1971

Prezado e ilustre colega Paulo Bonavides,

por intermédio do meu filho Geraldo Ataliba recebi sua amável carta, felicitando-me pelos festejos da minha jubilação como professor de Direito.

Agradeço-lhe a delicada lembrança, prova de amizade ao velho colega.

Agradeço-lhe também as extremamente elogiosas referências àquele meu filho que trouxe a melhor e mais grata impressão dos ilustres professores e universitários do Ceará.

Queira receber os meus parabéns pelo seu excelente discurso de posse na Academia de Letras do Ceará. Fez bem em se ocupar com as letras jurídicas, que, hoje, muitos se esquecem pertencerem como dos mais ricos florões das belas letras. Dentre os milhares, bastaria recordar Cícero e Rui Barbosa.

No fundo e na forma é notável oração. Não posso esquecer que ainda mais me alegrou pelos altos conceitos de Teoria do Estado. Importa doutrinar sempre.

Abraça-o cordialmente

ATALIBA NOGUEIRA

19. BARBOSA LIMA SOBRINHO

(1973) Professor Paulo Bonavides:

muito agradeço a remessa de seu livro *Reflexões*, em que há tanta coisa que aprender. Apreciei antes de tudo a orientação, em defesa da democracia e fazendo da liberdade um valor supremo. Mas há diversos estudos realmente magistrais, como o que analisa a democracia e a liberdade no Contrato Social de Rousseau. Concordo inteiramente com a sua apreciação a respeito de Joaquim Pimenta, que foi uma das maiores e melhores figuras humanas que eu tive oportunidade de conhecer, no transcurso da vida. A defesa do regionalismo, como desdobramento da Federação, abre uma nova perspectiva, que não se sabe se poderá ser utilizada em face de um Estado menos unitário do que despótico. Terá havido alguma ideia de sistema nos atos institucionais ou tão somente uma reação contra o Estado de Direito?

Podem-se notar, aqui e ali, algumas concessões ao Ceará. Mas são explicáveis. E não chegam a prejudicar um livro excelente, que é, antes de tudo, um documento de cultura e de sinceridade. Aceite, pois, minhas felicitações, e permita-me que lhe remeta, pelo Correio, o meu livro sobre o Japão: o Capital se Faz em Casa, no processo do desenvolvimento.

Muito cordialmente, adm. mt. Grato

BARBOSA LIMA SOBRINHO

26 de dezembro de 1973

Associação Brasileira de Imprensa

Rio de Janeiro

Em 31 de outubro de 1985

Prezado e ilustre amigo professor Paulo Bonavides:

agradeço o livro que acaba de me enviar, tratando de temas tão fascinantes e atuais como Constituinte e Constituição. São ensaios brilhantes realçados pela proficiência de um autor que vem favorecendo o povo brasileiro, com contribuições tão importantes como o seu livro em torno da organização política do País, Política e Constituição, ou como Reflexões, em torno de assuntos de Política e Direito. É uma atuação que nos leva a pensar na missão exercida pelos autores de O Federalista, Hamilton, Madison e Jay, procurando orientar, no rumo certo, a elaboração do sistema político americano. Por isso são obras que precisamos ter sempre muito perto de nós, para uma consulta permanente, no momento em que devemos eleger os construtores do novo Brasil. Será que vamos encontrar os homens necessários? Os intérpretes da realidade atual, para nos dar os rumos do futuro?

Seja como for, o professor Bonavides pode ficar muito tranquilo, pois que tem feito tudo o que é possível, com a lucidez e a clarividência de sua inteligência, para cumprir com os seus deveres de Professor e Publicista.

Aceite, por isso, com os meus agradecimentos, as sinceras felicitações de seu admirador

BARBOSA LIMA SOBRINHO

20. BENJAMIN MORAES

Rio de Janeiro, October 12, 1948

Mr. Paulo Bonavides

My dear Mr. Bonavides:

the last time I met you, after class, you asked me to certify that you were one of the eight students whom I took to Argentina and Uruguay July 3, this year, on a travelling fellowship awarded by the Department of Criminal Judiciary Law of the National Law School (University of Brazil).

This is a pleasure for me. You told me that you were applying for a scholarship to study journalism in the United States. I wish you may have now as a journalist the same success you had this year as a student when you applied and won a travelling fellowship of the Law School.

Concerning students of mine who have won the Argentina-Uruguayan Fellowship – as you did – I can certify that they stand on the best records of scholarship, distinction, and merit. These records, of course, are the sole and essential basis I use every year to guide me in choosing students of my class (Criminal Procedure) to undertake that cultural trip.

The fellowships of my Department comprise, as you know, a full program of visits to penitentiaries, courts, schools of law, and cultural institutions related to Justice, either in Argentina or Uruguay.

So, I hope you profited very much from the opportunity which you obtained recently thanks to your seriousness of purpose and your accurate study of the subject I teach in the University of Brazil.

Very truly yours

BENJAMIN MORAES

Professor of Criminal Judiciary Law in the National Law School of the University of Brazil

21. BRAZ JOSÉ DE ARAÚJO

Sociedade Brasileira para o Progresso da Ciência

São Paulo, 30 de março de 1977

Prezado Professor,

fui encarregado pela Associação dos Sociólogos do Estado de São Paulo de coordenar Mesa Redonda da SBPC em sua 29ª Reunião Anual, sobre o tema "Tendências da Democracia Contemporânea". Essa tarefa a recebi visto que o professor Celso Lafer infelizmente não pôde assumir a Coordenadoria.

Assim, convidei os professores Dalmo Dallari e Orlando M. de Carvalho, amigos e admiradores de V. Sa. Convidei também o professor Flávio Flores da Cunha Bierrenbach (PUC/SP) e o professor Fernando Henrique Cardoso (do CEBRAP).

A SBPC financia viagem e estadia para os participantes, que não devem ultrapassar o número de cinco.

Ora, o nome de V. Sa. não poderia ser esquecido na discussão de tal tema, ainda mais que o discutiremos em Fortaleza.

Gostaria, em meu próprio nome, e dos demais participantes, solicitar que V. Sa. participe dessa Mesa Redonda a título de Convidado Especial. Em princípio não é necessário apresentar nenhum texto previamente, visto que a Mesa Redonda é menos formal que um simpósio e visa mais a estabelecer uma troca de ideias entre os participantes e os associados da SBPC.

Creio que todos achamos que ganharemos com a presença de V. Sa., esperando contar com seu apoio.

Aproveito a oportunidade para manifestar-lhe minha admiração e alta consideração.

Cordiais saudações

Prof. BRAZ JOSÉ DE ARAÚJO

ASESP/Ciências Políticas – USP

22. BURKHARDT ZIEMSKE

Institut für Staats – und der Universität Erlangen-Nürnberg

7.9.1995

Priv. – Doz. – Dr. Burkhardt Ziemske

Herrn

Prof. Dr. Paulo Bonavides

Sehr geehrter Herr Professor Bonavides,

1996 wird Martin Kriele 65 Jahre alt. Aus diesem Anlaß soll er mit einer Festschrift geehrt werden.

Namens seiner Schüler möchte ich Sie herzlichst einladen, mit einem Festschriftbeitrag an dieser Ehrung mitzuwirken. In der Wahl des

Themas sind Sie selbstverständlich frei. Bitte lassen Sie uns wissen, ob wir mit Ihrer Einbeziehung in den Autorenkreis rechnen können.

Der Beitrag sollte nach Möglichkeit 20 Schreibmaschinenseiten nicht überschreiten. Es wäre sehr schön, wenn Sie ihn bis zum 1.4.1996 zu meinem Händen an die nachfolgende Kanzleianschrift übersenden könnten:

Dr. Theo Langheid

Wilhelm-Waldeyer-Str. 14

D-50937 Köln

Mit freundlichem Gruß

ZIEMSKE

23. CARL J. FRIEDRICH

Harvard University

19 March 1957

Professor Paulo Bonavides

Dear Professor Bonavides:

it was very nice to have your letter and to learn of your progress and the development of your interests. I am proud that, as a former pupil of mine, you are teaching "Teoria do Estado" at the University of Ceará.

Needless to say, I should be very happy if you would undertake to translate Constitutional Government and Democracy into Portuguese. A somewhat abbreviated French edition is about to appear and an Italian edition, which is complete and to some extent brought up to date, is in the offing. I would as a matter of fact recommend that you consult the Italian edition in connection with your translation should you decide to undertake it. I believe that as soon as you have made arrangements for such a translation with a responsible publisher, the publisher here would be very happy to send you a copy. They are Ginn and Company in Boston. I am a little reluctant to ask them to send you a copy without your having made such arrangements as they have already distributed a good many copies for such purposes.

It would, of course, also be a great pleasure to have the opportunity of visiting your university and to offer a course of lectures. Such a plan might be feasible in the academic year 1958-1959. It could not be done this coming academic year because I am already fully commited to my work here at Harvard, plus the visiting professorship which I am at the present time filling at the University of Heidelberg, the third year being the Spring-Summer term of 1958.

I am so sorry that we missed at Heidelberg last summer where I was teaching when you came through. If by any chance you should come through this summer I hope you will look me up. I am in the law faculty and therefore it is not difficult to get hold of me. If you should wish to pursue the matter of a possible visit to your university further, I suggest that we correspond about it early in the fall, as my schedule now has a way of getting filled up.

Sincerely

CARL FRIEDRICH

24. CARLOS ALBERTO MENEZES DIREITO

Rio, 25 de abril de 1965

Estimado Paulo Bonavides,

recebi sua muito atenciosa carta. Agradeço sinceramente a gentileza. Confio em que os contatos mantidos foram úteis.

Lamentei o desencontro, eis que muito poderíamos ter adiantado sobre a projetada Mesa Redonda.

O professor Orlando Carvalho esteve no Rio de Janeiro. Aproveitei a chance para uma nova troca de ideias. Segundo o professor Orlando a Mesa Redonda deverá ser realizada em Belo Horizonte, sob a coordenação do professor Raul Machado Horta, Catedrático de direito constitucional.

Conforme já havia avisado a você, a Faculdade de Direito em Belo Horizonte ainda está sem diretor e, por causa disto, não é prudente adiantar qualquer programação. O próprio professor Orlando Carvalho encabeça a lista, tudo indicando que venha a ser o nomeado. Se tal ocorrer, evidentemente, tudo será facilitado.

Recebi uma atenciosa carta do professor Orlando Bittar, o qual, apesar de aprovar a ideia, anuncia a sua dificuldade em afastar-se de Belém. É obvio que muito devemos lamentar, mas, em todo caso, creio que poderemos manter estreito contato com o grande Mestre paraense.

Estimado Paulo, espero seu breve retorno ao Rio, tudo de modo a permitir-me abraçá-lo. Qualquer novidade avisarei você.

Abraços sinceros do admirador e amigo

DIREITO

25. CARLOS DE ARAÚJO LIMA

Mestre Paulo Bonavides,

li seu belíssimo artigo – "A Mexicanização da Amazônia" – que o nosso Pascoal me enviou. Estou enviando uma entrevista publicada a fórceps na ... seção esportiva. A mídia está adormecida pelo capital que faz dormir. Consegui sacudir os estudantes. Estavam de olhos fechados. E na Amazônia!...

Que pensar? Que dizer?

É prosseguir. Sonhando e batalhando.

Um abraço, do seu admirador e aluno

CARLOS DE ARAÚJO LIMA

Brasília 30.9.1993

Mestre e amigo Paulo Bonavides,

sensibilizado com o presente, magnífico, da separata do monumental Perspectivas Constitucionais.

Estimulado com a dedicatória.

Felizes com a notícia da homenagem que lhe será prestada em Lisboa, por parte da Universidade.

Gostaria de saber se é do seu conhecimento uma contribuição nossa à História do Direito Luso Brasileiro, Carta de Segurança. Caso não tenha, remeterei. Será uma forma, tacanha e humilde de nossa parte, de tentar corresponder à oferta. Toda a História, em ponto grande do Brasil, no notável levantamento que o prezado Mestre realiza na sua publicação. No luminoso parecer de Geraldo Sampaio Vaz de Mello como relator da nossa indicação em defesa da Amazônia, no IAB, referência marcantemente elogiosa à sua contribuição, histórica, "A Mexicanização da Amazônia".

Um abraço, afetuoso, do admirador e amigo,

Rio, 18 de maio de 1997

CARLOS

26. CARLOS LACERDA

Rio, 18 de junho de 1970

Caro Paulo Bonavides

Acabo de ler sua crônica sobre o livro de Frossard, no *O Povo* de 13 de junho. Estou mandando o artigo (recorte) ao autor. É uma bela crônica. Não concordo quanto ao julgamento literário. O livro parece-me, ao contrário, lindamente escrito. Conciso, enxuto, concentrado, sem derramamentos e pieguices, como costuma ocorrer em obras do gênero. Mas são opiniões. Muito feliz, a meu ver, a observação sobre a ausência de intermediários entre o convertido e Deus. O Deus de Frossard, já lho disse, é do Antigo Testamento. Se puder e quiser, releia o livro, e verá que talvez eu não tenha me enganado: é um livro bem escrito, além do mais.

Cordialmente

CARLOS LACERDA

Nota dos Organizadores: A crônica de Paulo Bonavides a que Carlos Lacerda se reporta apareceu publicada numa das edições de junho/1970 do jornal *O Povo*, de Fortaleza, onde Bonavides mantinha coluna semanal de comentários e crítica literária, intitulada "Livros na Vitrine". Segue abaixo o comentário ao livro de André Frossard, traduzido por Lacerda:

Esse curioso livro Deus Existe – Eu O Encontrei que Carlos Lacerda traduziu para o Português entra na série de obras lidas ultimamente com mais avidez por um público revoltado com a contraface desumana do progresso e da ideologia do século XX.

Um jornalista francês, nascido numa família de ateus, protestantes, comunistas e judeus, e ele mesmo até certa idade socialista professo e convicto, abraça o Catolicismo e enterra o seu passado numa autobiografia em que retrata o homem que foi e o homem que está sendo.

O pai desse escritor foi o Primeiro Secretário-Geral do Partido Comunista Francês e a avó uma judia que jamais poderia suspeitar que a sinagoga padeceria a defecção do neto; primeiro para o Socialismo, depois para a igreja dos apóstolos.

A conversão de Frossard é súbita e espontânea. Passa por um templo católico, e numa entrada casual, à espera de um amigo, o raio da fé em menos de dois minutos parte-lhe o coração de ateu, despedaçando velhas crenças materialistas. Vai diretamente a Deus num encontro com a eternidade do Espírito.

Jesus Cristo e os Apóstolos não lhe serviram de guias, nem são figuras invocadas nessa obra. Não me recordo de um só lugar onde o cristão novo da conversão, que tanto já abalou o público francês, haja citado um único santo ou teólogo de Roma. Várias referências a Berdiaeff. Literariamente, é livro fraco, mas de título felicíssimo para a sensação proselitista que vem causando. Se esse escritor vivesse nos séculos XVI ou XVII, os familiares do Santo Ofício, com aquela desconfiança de beleguins, já lhe teriam lançado mão. Outros, por muito menos, caíram nas apertadas malhas dos inquisidores e foram com os seus ossos alimentar as fogueiras de Domingos de Gusmão.

A conversão de Frossard tem cheiro de heresia. Quem quiser que leia o livro com olhos de ver, sem o deslumbramento lacerdista transbordante na orelha de Júlio Tavares.

27. *CARLOS ROBERTO MARTINS RODRIGUES*

Nota dos Organizadores: É de todo oportuno reproduzir neste livro a carta que em 30.9.1980, portanto há 35 anos, o professor da Faculdade de Direito da UFC, Dr. Roberto Martins Rodrigues, endereçou ao professor Paulo Bonavides, seu colega naquele estabelecimento de ensino. E o é porquanto nela o Dr. Roberto faz o elogio do parlamentarismo, que ambos professam, mas ao mesmo tempo critica o emprego do plebiscito toda vez que, desvirtuado de sua finalidade como técnica da democracia direta, se usa para dar segurança a um poder frágil e aparência de legitimidade a governos de ditadores que procuram se perpetuar no poder.

Fortaleza 30 de setembro de 1980

Eminente Mestre:

semana passada, li mais um dos artigos com que vem defendendo os ideais e princípios democráticos, que, de resto, constituem a aspiração de todo o povo brasileiro. Tratou V. Sa., com a proficiência de sempre, da instituição do plebiscito e do seu constante uso pelos ditadores, que buscam, apesar do autoritarismo de que se revestem seus governos, ganhar pelo menos uma aparência de legitimidade. A consulta ao povo, cercada dos costumeiros apelos emocionais, típicos dos que não têm mas precisam de legitimação, quase nunca expressa, na resposta que obtém, as verdadeiras inclinações populares.

Citou o culto Mestre inúmeros exemplos que, na história das instituições políticas, mostram à sociedade a certeza da tese exposta no sábio artigo.

Seu leitor assíduo e discípulo permanente, quero, apenas, lembrar o episódio do parlamentarismo brasileiro de 1961, que permitiu a posse de Goulart.

Em que pese às concessões presidencialistas da Emenda e ao exercício do regime por estadistas seus adversários, tivemos oportunidade de assistir a belíssimos espetáculos de democracia, com o povo de ouvido colado nas estações de rádios, integrado nas transmissões dos debates realizados no Congresso quando das votações dos nomes dos primeiros ministros.

Se Jango tivesse tido assessores políticos mais argutos e hábeis, não tínhamos ingressado na crise que se seguiu à volta do presidencialismo. Goulart, apesar do parlamentarismo, comandava, na verdade, o País, embora com as atenuações oriundas do regime. Mas não lhe bastava o tipo de comando que foi obrigado a aceitar. Partiu, então, para o regresso ao presidencialismo, apelando para o plebiscito. Infelizmente, uma maioria dócil, do PSD, lhe fez as vontades. Não aceitou as ponderações de velhos líderes do PSD, entre os quais o deputado Martins Rodrigues, que, presidencialista antigo, acabou por se tornar ardoroso defensor do parlamentarismo, como único regime compatível com as peculiaridades da estrutura política do País.

A História e seus fatos falam melhor das excelências do parlamentarismo do que qualquer doutrinação.

Particularmente, ainda acredito que o parlamentarismo acabe por se impor como o veículo ideal para a superação dos impasses institucionais em que o País mergulha, periodicamente.

Aceite minhas congratulações pelo artigo e pelo trabalho incessante que vem realizando em prol dos princípios da liberdade e da democracia.

Seu amigo e discípulo atento

CARLOS ROBERTO MARTINS RODRIGUES

28. *Ministra CARMEN LÚCIA ANTUNES ROCHA*

Belo Horizonte, 14 de janeiro de 1991

Caro professor Bonavides,

recebi hoje os livros que o Sr. tão gentilmente me enviou. Não sei como agradecer. Peço desculpas pela letra, mas mantenho o hábito e o gosto da menina interna em colégio de freiras pela escrita à mão. Sou aluna atenta de suas lições e estudiosa de suas obras. Autor algum é mais citado por mim em sala de aula que o Sr.

(...). Sempre fico segura em saber que o Brasil tem Mestres como o Sr. (...).

(...). Não entendo é como um País pode ter constitucionalistas de tão alto porte como o Sr., hoje, e como teve antes, como o próprio Pimenta Bueno no Império, e não consegue ter um direito constitucional respeitado pelo Estado. Jurista, no Brasil, é como assum preto. Furam--lhe os olhos para ele "cantá mió", como dizia Luiz Gonzaga (...).

(...). Bem, Professor, devo me desculpar pela extensão desta conversa. Tenho o gosto da prosa e me descuido dos outros. Não tive intenção de aborrecer o Sr., mas de agradecer, de coração, pelos livros.

Um abração

CARMEN

29. CELSO ANTÔNIO BANDEIRA DE MELLO

São Paulo, 8 de fevereiro de 2001

Prezado Professor,

pelo presente temos a honra de convidar o prezado Colega para presidir a solenidade de encerramento do II Congresso Brasileiro de Direito Público, dia 23.5.2001, às 18h, no Centro de Convenções Rebouças, em São Paulo.

Ante a necessidade de "fechar" o programa com a máxima brevidade, solicitamos sua confirmação no prazo mais curto possível.

Esperando contar com o prazer e a honra da colaboração, enviamos--lhe um cordial abraço.

CELSO ANTÔNIO BANDEIRA DE MELLO

São Paulo, 6 de maio de 2001

Meu querido professor Paulo Bonavides,

venho expressar-lhe um duplo e muito sincero agradecimento. Um, por haver editado este magnífico Do País Constitucional ao País Neocolonial, em que reúne trabalhos notáveis cujo conjunto não chegaríamos a conhecer, não fora por esta excelente providência. Este primeiro agradecimento faço como brasileiro, como cidadão e como estudioso do Direito. O outro, faço-o na qualidade pessoal, de homenageado pela dedicatória. Fiquei desvanecido com a honraria que a generosidade do amigo me proporcionou. Dentre os gestos de distinção que recebi ao longo de minha vida, este é, por certo, um dos mais significativos.

Receba, prezado amigo, o abraço de agradecimento do admirador

CELSO ANTÔNIO

30. CELSO ANTÔNIO BANDEIRA DE MELLO e GERALDO ATALIBA

São Paulo, 1 de outubro de 1991

Prezado amigo e Mestre,

temos o prazer de lhe enviar, em separado, pelo correio, um exemplar do vol. 97 da *Revista de Direito Público*, que, à p. 138, associa seu prestigioso nome à nossa Revista, o que muito enriquece essa publicação.

Ao lhe agradecer o prestígio que nos tem concedido, reiteramos o pedido de envio de outras colaborações.

Atenciosamente

CELSO ANTÔNIO BANDEIRA DE MELLO

GERALDO ATALIBA

31. CELSO BARROS COELHO

Teresina, 9 de fevereiro de 1961

Professor Paulo Bonavides:

saudações. Tive oportunidade de conhecer, há poucos dias, por intermédio de meu colega, professor José Camilo Filho, o livro de sua autoria *Do Estado Liberal ao Estado Social*, cuja leitura hoje iniciei quando, após o ter lido, mo emprestou aquele Professor.

A par das referências elogiosas que do livro fez o professor Camilo, dupla circunstância despertou-me, de logo, o interesse de lê-lo: ser um trabalho publicado no vizinho Estado, em excelente apresentação gráfica, e versar sobre assunto de minha preferência. Outra circunstância ainda a assinalar: o título do livro, que só agora tive o prazer de conhecer, coincide, até certo ponto, com o de um trabalho que estou elaborando para concorrer à cadeira de Teoria Geral do Estado na Faculdade de Direito local, em concurso requerido há três meses pelo professor Camilo, meu colega na Faculdade de Filosofia.

Era meu propósito escrever uma tese sobre Os Direitos do Homem. A falta de bibliografia e a exiguidade do tempo conduziram-me, porém, a outro sentido, e escolhi um tema que pudesse ser desenvolvido à base de uma bibliografia mais acessível. Escolhi, assim, como assunto da tese O Estado Brasileiro – Do Conteúdo Político ao Social. Aqui a coincidência a que me referi.

A leitura somente hoje iniciada de seu livro me subministrará, estou certo, proveitosos conhecimentos não só para a feitura do meu trabalho, já na metade, senão também para o preparo de alguns pontos do concurso referido.

Passando a vista nos títulos dos demais trabalhos do ilustre Professor, sinto a necessidade de conhecer principalmente os seguintes: Dos Fins do Estado; O Partido Político no Império; Os Partidos Políticos e a Lição da República de Weimar; e Fatores Econômicos na Crise Político-Partidária Depois da Revolução de 30. Como poderei obter esses preciosos trabalhos, com certa urgência? Minha cunhada, portadora deste, obterá, se possível, do prezado Professor a informação necessária para que providencie sua aquisição. Desejo, outrossim, adquirir *Do Estado Liberal ao Estado Social*, porquanto, após a leitura do mesmo, terei de devolvê-lo ao professor Camilo. Concorrentes que somos, é justo não me transfira, por muito tempo, o uso de arma tão preciosa.

No ensejo, é-me grato congratular-me com o ilustre Professor pela significativa e valiosa contribuição à cultura jurídica e política em nossa Pátria, num labor em que se patenteia o domínio amplo das ciências sociais e políticas e ainda, o que é pouco frequente entre nós, o conhecimento da cultura germânica, sempre fecunda em ricos ensinamentos nessa matéria.

Receba, pois, minhas congratulações, com os votos de que continue a trabalhar em prol da nossa cultura, honrando, como tantos o têm feito, as tradições do Ceará, hoje enriquecido com o patrimônio moral e intelectual de sua Universidade.

Atenciosamente

CELSO BARROS COELHO

Teresina, 29 de julho de 1961

Professor Paulo Bonavides:

somente agora, aproveitando o retorno de minha cunhada a essa cidade, venho agradecer-lhe a oferta de sua preciosa tese e de outros trabalhos.

Recebi, igualmente, um exemplar da *Revista Filosófica*, com excelentes colaborações. Espero poder, oportunamente, enviar para a mesma um trabalho, que tenciono elaborar.

Passo-lhe às mãos um exemplar de minha tese. Tese é um modo de dizer, fiel à tradição universitária, pois, em verdade, se trata de uma apressada dissertação, para cuja desvalia contribuíram, além das deficiências do autor, a exiguidade do tempo e a falta de fontes de consulta.

Aproveitei um trecho de seu brilhante trabalho – *Do Estado Liberal ao Estado Social* – onde estou colhendo proveitosa lição sobre a evolução do Estado no período por ele abrangido. A síntese e o método aliam-se aos profundos conhecimentos do autor, que nos apresenta, nas suas duzentas páginas, um trabalho original e rico de conteúdo doutrinário.

O trecho citado na minha tese encontra-se na p. 26, da "Introdução".

O encerramento da inscrição ao concurso se deu no dia 29 de abril, inscrevendo-se três candidatos. Não sabemos quando se dará a realização do concurso. É meu interesse que demore, a fim de que possa preparar-me melhor.

Espero merecer sua valiosa observação sobre as falhas que o trabalho apresenta. Hoje, após mais longo estudo, já notei que são muitas. Resta-me, apenas, colocar-me na difícil posição de quem vai justificar os próprios erros.

Agradecendo-lhe a atenção que dedicou à minha carta, aproveito o ensejo para renovar minha especial admiração pela sua inteligência e cultura, a serviço da nobre causa da educação universitária no Ceará e no Brasil. O Norte e o Nordeste, com seus brilhantes professores universitários, mantêm uma linha de tradição onde o professor Paulo Bonavides tem lugar de real destaque.

Atenciosamente

CELSO BARROS COELHO

32. CELSO BASTOS

São Paulo, 22 de dezembro de 1978

Caro Paulo Bonavides,

aproveito os bons ofícios do nosso amigo comum, Antônio Cavalcanti, para agradecer-lhe a gentileza dos seus votos natalinos, os quais retribuo multiplicadas vezes.

Valho-me também da oportunidade para dizer-lhe algo sobre a minuta de estatuto para a criação do IBDC, sobre a qual estivemos trabalhando ultimamente mas que, a despeito dos esforços despendidos, ainda está a necessitar de reparos e judiciosas contribuições.

Peço-lhe, pois, desculpas por não enviar um trabalho quase definitivo, como era meu intento.

Destarte, convido o amigo a prestar este inestimável serviço, de oferecer os subsídios que se lhe afiguram convenientes para que a peça em questão atinja suas finalidades.

O importante é notar que não foi nossa intenção senão oferecer um trabalho a partir do qual se possa refletir. Não esteve na nossa mira elaborar nada de definitivo.

Acerca dos detalhes que o tema comporta, melhor dirá pessoalmente o Cavalcanti, que sempre esteve em contato convosco e inteirado dos nossos pontos de vista.

Permitir-me-ei tão somente dizer do nosso interesse em que o amigo estivesse presente por ocasião da fundação da entidade, para o que far-se-ia necessária a comunicação da sua parte quanto à data viável para tanto.

Sendo o que de momento se me oferecia, aproveito o ensejo para reiterar os votos já expendidos de um próspero e feliz 1979.

Um abraço do

CELSO BASTOS

São Paulo, 18 de janeiro de 1983

Prezado amigo Paulo:

recebi a documentação referente à Associação Internacional de Direito Constitucional. Imediatamente pus-me a campo para providenciar a remessa da quantia relativa à inscrição do IBDC naquela entidade. Embora a quantia de 200 Dólares não estivesse, no momento, sobejando, ainda assim, consultando as disponibilidades do Instituto, reforçadas com as doações de amigos, pareceu-me que existiriam condições de se fazer aquela remessa, desde, é óbvio, que pelo câmbio oficial.

Acontece, entretanto, que a pessoa a quem incumbi de ultimar os trâmites burocráticos da transferência tem se defrontado com tais dificuldades, que me faz temer não se venha a conseguir o envio em tempo de poder o IBDC se beneficiar das vantagens a que alude a correspondência recebida.

É por isto, Paulo, que estou lhe escrevendo. Se você achar conveniente, tal situação poderia ser levada ao conhecimento da Associação Internacional. Ao mesmo tempo em que se procuraria consultar essa Entidade sobre o tipo de colaboração que nós poderíamos prestar, no Brasil, independentemente do pagamento da taxa de inscrição.

Em conclusão, aguardo orientações suas. Inclusive para o efeito de, se você assim preferir, dirigir-me, eu mesmo, à Entidade com sede na Iugoslávia.

Gostaria, outrossim, de receber notícias do IV Congresso de Direito Constitucional. Não desconheço a realidade financeira por que passa o Estado do Ceará, mas, ainda assim, estou certo de que será superada pelo seu prestígio pessoal, pelo seu denodo e entusiasmo, qualidades, estas todas, extensíveis ao nosso caríssimo Valmir. Desnecessário seria enfatizar a conveniência de, desde já, se rascunhar alguma coisa, sobretudo, a propósito do temário do Congresso.

Aproveito o ensejo para enviar-lhe minha amizade, admiração e um forte abraço.

CELSO BASTOS

P.S.: Paulo, passou, hoje, pelo escritório o Arthur, orientando meu de Mestrado e que está lecionando na UNIFOR. Contou-me ele das agruras do Erário do Ceará. A se confirmarem as notas pessimistas com que ele descreveu a situação, seria de bom alvitre não desconsiderar-se a alternativa consistente na oferta do Paulo Lopo Saraiva.

Submeto à sua apreciação a ideia de, se for o caso, reservar-se o IV Congresso, a realizar-se ainda este ano, para o Estado do Rio Grande do Norte, ficando, desde já, certo que o V Congresso realizar-se-ia aí em Fortaleza em 1984 ou 1985.

Um novo abraço

CELSO BASTOS

São Paulo, 18 de abril de 1983.

Meu caro e nobre amigo Paulo,

causou-me intensa alegria o receber notícias suas.

Antes, contudo, de passar a tratar dos diversos pontos que a sua carta suscita, gostaria de fazer-lhe um relato dos acontecimentos mais importantes que marcaram a vida do Instituto desde o nosso último contato.

O evento mais importante foi sem dúvida a "Semana Vanossi" que promovemos com o apoio da OAB/SP e AASP. Embora não tenha sido possível realizar-se parte das atividades previstas no programa, em virtude dos movimentos de rua ocorridos nesta cidade (tão bem analisados por você), ainda assim, foi possível cumprir uma gama suficientemente grande de eventos que deixaram um saldo altamente positivo e cujos frutos o IBDC continuará a colher no futuro.

Dentre os eventos referidos permito-me registrar três de suma importância para o processo de intensificação do relacionamento entre constitucionalistas. O primeiro consistiu em visita ao Palácio do Governo do Estado, ocasião em que Montoro acolheu a ideia de patrocinar um Congresso de Direito Constitucional de âmbito internacional. Esta ideia rapidamente prosperou, e logo depois veio igual oferta do Rio de Janeiro por intermédio do Wilson Accioli. Em segundo lugar, num encontro na casa de José Afonso da Silva ficou acertada a agilização da Seção Brasileira do Instituto Ibero-Americano de Direito Constitucional, da qual fazemos individualmente parte, com o propósito de entrosar as realizações daquela entidade com o IBDC no mesmo sentido da efetivação de um conclave transnacional.

O terceiro ponto consiste nos contatos travados pelo Vanossi, na qualidade de Presidente da Associação Argentina de Direito Comparado, com o Miguel Reale Jr., que representa uma entidade congênere aqui em São Paulo. Ficou certo, nessa ocasião, que um dos temas a serem focados no próximo encontro daquelas Associações será de direito constitucional. O próprio Centro de Estudos da Procuradoria-Geral do Estado de São Paulo também se dispõe a conjugar esforços na linha de empreendimentos da natureza dos acima referidos.

Em síntese, pois, Paulo, é chegado o momento de o IBDC alçar-se a voos além das fronteiras nacionais. Para isso contaremos com a sua valiosa ajuda no sentido de indicar os nomes mais representativos dos diversos Países a serem convidados. Seria utilíssima a sua vinda a São Paulo, como você faz referência em sua carta. Sem prejuízo disso, estou fazendo os primeiros contatos com o Centro de Estudos da PGE no sentido de levar a efeito a sua vinda a São Paulo por conta daquele Centro. É curial que o momento está a impor que se dimensionem as proporções do Congresso de tal sorte a que ele, sem incidir em demasias, esteja à altura de provocar um impacto nacional pelo prestígio dos nomes dos convidados, assim como pela oportunidade dos temas versados, que incluiriam, também, a Ciência Política ao lado do Direito Constitucional propriamente dito.

(...).

Um abraço do

CELSO BASTOS

São Paulo, 8 de julho de 1985

Caro amigo Paulo,

escrevo-lhe para encaminhar o incluso trabalho submetido à ilustre Banca da qual você faz parte. Como já lhe disse, os demais integrantes são: Geraldo Ataliba, Celso Antônio Bandeira de Mello, Arruda Alvim e Dalmo Dallari.

De outra parte, as finanças da PUC são um misto de miséria e avareza. Não contemplam a possibilidades de despesas com a vinda de professores de fora. Por essa razão, estamos tentando marcar o concurso em data que aproveite uma sua estada em São Paulo. Assim, submeto à sua apreciação a possibilidade de se marcarem as provas para os dias 3, 4 e 5 de agosto. Obviamente, este é um contato preliminar, que, se contar com a sua aprovação, dará lugar à oficialização da data e consequente expedição de ofícios. Creio que você compreenderá a importância de que se reveste para mim a possibilidade de contar com a sua colaboração. Desde já agradeço o que você puder fazer.

Um forte abraço do amigo

CELSO BASTOS

PS.: Estou diligenciando no sentido de obter o material que você solicitou (Programa do PMDB e os artigos do Mangabeira Unger).

São Paulo, 26 de setembro

Caro amigo Paulo,

fiquei muito contente em receber notícias suas e da sua disposição de participar do próximo Congresso do IBDC, a realizar-se em Maceió. Recebi um telefonema do nosso comum amigo, Marcos, que está capitaneando a realização do evento. Deu-me ele conta de obras que estão sendo realizadas no recinto de reuniões do Congresso, o único em Maceió com capacidade para 400 pessoas. O local só será liberado após o dia 10 de novembro. Destarte, eu creio que sua presença estará assegurada, levando em conta as suas previsões de chegada. Já se vê que a data a ser escolhida (o Marcos ficou de entrar novamente em contato comigo) só poderá recair na segunda quinzena de novembro. Pelo que sei, a procura está sendo muito grande.

Gostaria de levar ao seu conhecimento uma nova iniciativa do IBDC, em convênio com o Instituto dos Advogados de São Paulo. Trata-se de realização de um seminário, com a duração de um dia, sobre presidencialismo e parlamentarismo. Vamos reunir 12 trabalhos (de 30 páginas cada) focalizando 3 questões em torno do tema. Obviamente a sua participação é indispensável, fornecendo um dos trabalhos. Por favor, coloque, pois, na sua agenda mais esse compromisso, para o primeiro semestre de 1987, aqui em São Paulo. Os textos, contudo, deverão ser entregues até o final do ano, para publicação anterior ao dia do evento, cujos participantes já na ocasião receberão o livro impresso.

Quanto ao Brasil, a situação é muito confusa. O plano de estabilização está fazendo água, sendo muito difícil ser otimista quanto aos seus resultados finais, no tocante à contenção da inflação. Do prisma estritamente jurídico, tem sido uma calamidade, vez que se assiste a um não acabar mais de atos inconstitucionais, que contribuem em muito para abalar a já frágil ordem jurídica.

Na área constituinte, o episódio mais importante dos últimos dias foi a desova do Projeto Afonso Arinos, muito mal-recebido, de resto, pelas mais diversas correntes de opinião. O próprio Presidente já disse que só encaminhará o Projeto à "Constituinte" se houver solicitação desta nesse sentido. Caso contrário, permanecerá arquivado.

São muitas as nossas saudades, minhas e de Rose. Esperamos vê-los, a você e à Yeda, o mais breve possível entre nós.

Coincidentemente, estou recebendo neste instante o n. 5 da nossa Revista, que contém trabalho seu. Em breves dias estará também nas livrarias um número especial da Revista, contendo um Modelo Político para o Brasil.

Contando estarmos juntos brevemente, desejo a vocês um fim de estada muito feliz aí na Alemanha.

Um forte abraço do

CELSO BASTOS

33. CENTRO ACADÊMICO CLÓVIS BEVILÁQUA

Centro Acadêmico Clóvis Beviláqua

Faculdade de Direito da Universidade Federal do Ceará

Fortaleza, 10 de março de 1994

Ilmo. Professor Dr. Paulo Bonavides,

o Centro Acadêmico Clóvis Beviláqua, entidade representativa dos estudantes de Direito (UFC), vem, mui respeitosamente, convidar V. Sa. para honrar-nos com uma conferência no "II Seminário de Direito Constitucional", promovido por esta Associação cultural.

O referido evento dar-se-á no período de 4 a 8.4.1994, entre 10 e 12h, no Anfiteatro da Faculdade de Direito (UFC). Este "II Seminário de Direito Constitucional" destina-se a promover uma análise das grandes questões que hoje estão colocadas no âmbito deste importante setor de nosso direito positivo.

A presença de V. Sa., reconhecido cultor e notável estudioso da matéria, muito engrandeceria esta iniciativa do Centro Acadêmico Clóvis Beviláqua. Deste feita, desde já contando com vossa aquiescência, pedimos que V. Sa. indique-nos o tema sobre o qual versará sua conferência e a melhor disponibilidade de horário para V. Sa.

Observamos, ainda, que o presente Seminário servirá como ágora para a homenagem que esta entidade deverá prestar a V. Sa., que, em verdade, configura-se hoje como a maior autoridade do nosso moderno Constitucionalismo.

Agradecendo a atenção dispensada, despedimo-nos com elevados protestos de estima e consideração.

FLÁVIO JOSÉ G. MOREIRA

Sec. de Ensino, Pesq. e Ext.

34. *CÉSAR BARROS LEAL*

Ilustre professor Paulo Bonavides,

parabéns pela denúncia contundente a esta aberração que se intenta perpetrar com a Emenda Constitucional 544-A/1997, vulnerando frontal e grotescamente o Texto Supremo, ao arrepio dos princípios basilares em que se fundamenta o Estado Democrático de Direito.

São manifestações desta natureza, lúcidas e vigorosas, que dão alento a quantos assistem, indignados, às contínuas e ominosas agressões à nossa ordem constitucional.

Seu fiel admirador

CÉSAR BARROS LEAL

6.4.1998

35. *CHRISTIAN STARCK*

Nota dos Organizadores: O professor Dr. Christian Starck, da Universidade de Göttingen, na Alemanha, faz parte do quadro de colaboradores alemães da *Revista Latino-Americana de Estudos Constitucionais*, sendo um dos mais abalizados constitucionalistas contemporâneos da Europa.

Göttingen, 29.1.2012

Lieber Herr Kollege Bonavides,

Vielen Dank für Band 12 der von Ihnen herausgegebenen *Revista Latino-Americana de Estudos Constitucionais* mit meinem Beitrag über “Direitos Sociais”.

Gerne erinnere mich an unserer letzte Begegnung in Natal. Zurzeit bereite ich mich auf eine Vertragsreise im März nach Spanien vor, wo ich 3 Vorträge halten werde in Madrid und Zaragoza.

Ich grüsse Sie herzlich mit allen guten Wünschen für Ihre wissenschaftliche Aktivitäten

Ihr

CHRISTIAN STARCK

36. DALADIER CUNHA LIMA

Natal, 28 de setembro de 2005

Prezado professor Paulo Bonavides,

estamos enviando alguns exemplares do livro *Noilde Ramalho – Uma História de Amor à Educação*, o qual me outorga a maior das homenagens, pelo “Prefácio” que recebeu. Seguem, também, fotografias que assinalam a simples – mas inolvidável e histórica – solenidade na FARN, com o seu nome na placa descerrada e a sua honrosa presença ao lado de Yeda.

Guardamos sua entrevista na *Folha de S. Paulo*, fragmentos de um profundo pensamento para o projeto de um País verdadeiramente democrático. Sua imagem cada vez mais se consolida como “Guardião Maior da Democracia Brasileira”.

Mais uma vez, agradecemos suas atenções e renovamos nossa maior admiração e apreço pessoal. (...).

Abraços

DALADIER PESSOA CUNHA LIMA

Diretor Geral da FARN

(Faculdade Natalense para o Desenvolvimento do Rio Grande do Norte)

37. DALMO DE ABREU DALLARI

São Paulo, 3 de julho de 1967

Caro mestre e amigo:

lamentei imensamente nosso desencontro e, além disso, o ter perdido sua aula, que teve excelente repercussão. Espero, entretanto, que sua próxima viagem a São Paulo seja previamente anunciada, para que o possamos receber condignamente.

Quero aproveitar o ensejo para agradecer-lhe a remessa de seus dois últimos livros, a *Teoria do Estado* e a *Ciência Política*. O alto valor de seu trabalho já ficara sobejamente demonstrado em Do Estado Liberal ao Estado Social; entretanto, com a publicação das duas últimas obras fica evidenciada, ainda mais, sua preocupação de constante atualização no trato dos problemas relativos ao Estado. Se tivesse que fazer um paralelo entre as duas últimas obras, diria que a *Teoria do Estado* é uma sólida revelação de cultura e de capacidade de ir até o âmago das questões mais intrincadas e mais sutis, enquanto a *Ciência Política*, sem deixar de ser uma demonstração da familiaridade do autor com os temas versados, revela uma inteligência organizada, capaz de desenvolver com meridiana clareza e com impecável lógica toda a temática fundamental da moderna Política.

Cumprimentando-o, pois, efusivamente, pela notável contribuição, que, além de tudo o mais, comprova sua intenção de continuar numa posição de vanguarda, não tomando a cômoda e estéril atitude de mero beneficiário da notável posição conquistada. Isto deve ser ressaltado, por ser, infelizmente, muito comum no Brasil o fenômeno do catedrático que só estudou até conquistar a Cátedra, limitando-se, depois, a ser expectador da própria glória, num rápido processo de mumificação, chegando, às vezes, até ao ridículo.

Estou aproveitando a oportunidade para remeter-lhe um pequeno trabalho, publicado na *Revista da Faculdade de Direito* de São Paulo. Deverão ser publicados brevemente dois trabalhos meus: um na *RBEP*, sobre as eleições de 1996, e outro na *Revista de Direito Público e Ciência Política*, a que intitulei "Nem Presidencialismo Nem Parlamentarismo". Havendo oportunidade, eu apreciaria imensamente a sua crítica, que para mim é das mais autorizadas, pois pretendo mesmo apoiar meu curso em sua *Ciência Política*, parecendo-me indispensável conhecer a verdadeira medida das coincidências de nossas ideias.

Agradecendo uma vez mais suas gentilezas, com toda admiração e amizade abraça-o cordialmente o

DALMO DE ABREU DALLARI

Nota dos Organizadores: Em 1985, o professor Dalmo Dallari, da Faculdade de Direito da USP, enviou carta ao Professor PAULO BONAVIDES, da qual destacamos os seguintes trechos:

São Paulo, 28 de dezembro de 1985.

Caro amigo Paulo:

recebi seu excelente livro *Constituinte e Constituição*, que vem em muito boa hora, contribuindo para que se conduza com seriedade a discussão dos principais temas ligados à futura Constituição brasileira.

(...). A meu ver, é preciso continuar trabalhando para dar consciência e informação ao povo e para ajudá-lo a se organizar. Só assim haverá uma força política suficientemente forte para pressionar nossas ridículas e insensíveis "elites". Em todo o caso, é preciso ter esperança e procurar contribuir, o que você vem fazendo com grande competência e dignidade.

Com os melhores agradecimentos e votos de um ano novo muito feliz, receba um grande abraço do admirador e sempre discípulo, mas sobretudo amigo

DALMO

Nota dos Organizadores: Em mensagem de Paris, datada de 10.2.2011, Dalmo Dallari escreveu:

Caríssimo Paulo,

estou em Paris, misturando trabalho e férias, desde o final de dezembro, devendo retornar ao Brasil somente no começo de abril.

Por esse motivo não me manifestei antes, mas quero que saiba que recebi com muita alegria a notícia da belíssima e justa homenagem que você recebeu em Fortaleza.

Conhecedor de sua carreira e de sua obra, não tenho qualquer dúvida em afirmar que você é um personagem da História, que atua em nível teórico e prático. Sua obra pioneira e sua atividade constante já influíram muito e continuarão influindo para a formação de juristas humanistas realmente comprometidos com o Direito e a Justiça (...). Com toda a amizade, um abraço de Dalmo.

Receba, caríssimo Paulo, os mais calorosos cumprimentos, de Sueli e meus, com os votos de constante felicidade e de paz.

Com toda a amizade, um abraço do

DALMO

38. DIEGO VALADÉS

Nota dos Organizadores: As mensagens publicadas em seguida são de autoria de Diego Valadés, constitucionalista, pesquisador emérito da Universidade

Nacional Autônoma do México e um dos fundadores, e atual Presidente, do Instituto Ibero-Americano de Direito Constitucional.

Soy admirador de Usted hace largos años, y el encuentro personal en Santos fue para mi una experiencia inolvidable. Escuché su formidable disertación académica, pronunciada de manera vigorosa y elocuente, con enorme interés y con gran provecho. Cumparto puntualmente sus puntos de vista y celebro que la ciencia jurídica latinoamericana cuente con un expositor tan lúcido y tan culto como es Usted.

Receba un saludo muy cordial de su amigo

DIEGO VALADÉS

Ciudad de México, mayo 30 de 2003

Muy admirado Dr. Bonavides y querido amigo:

Por correo aparte he despachado algunos libros publicados por el Instituto de Investigaciones Jurídicas que considero pueden ser de su interés.

También deseo reiterarle la invitación que le presenté verbalmente para que asista al Congreso "Culturas y Sistemas Jurídicos Comparados", del que le acompaño un folleto informativo. En la página de Internet del Instituto, www.juridicas.unam.mx, podrá Usted localizar una información más amplia.

Espero sinceramente que tenga Usted oportunidad de acompañarnos. El Instituto cubriría los gastos de traslado de Usted y de un acompañante, y su estancia en México.

Soy admirador de Usted desde hace largos años, el encuentro personal en Santos fue para mi una experiencia inolvidable. Escuché su formidable disertación académica, pronunciada de manera vigorosa y elocuente, con enorme interés y con gran provecho. Comparto puntualmente sus puntos de vista y celebro que la ciencia jurídica latinoamericana cuente con un expositor tan lúcido y tan culto como es Usted.

Reciba un saludo muy cordial de su amigo

DIEGO VALADÉS

Ciudad de México, junio 9 de 2004

Distinguido Dr. Bonavides,

La gobernabilidad (o gobernanza, como prefiere la Real Academia de la Lengua Española) es uno de los problemas más importantes de nuestro tiempo, en nuestro Hemisferio.

El diseño de las nuevas instituciones constitucionales no puede prescindir de la valoración que la sociedad hace de ellas y de los resultados que ofrecen en cuanto al equilibrio entre los órganos del poder, la prestación de satisfactores para las necesidades colectivas, las acciones jurídicas y políticas para mantener la cohesión social, y las medidas para alcanzar y asegurar la justicia y la equidad en las relaciones sociales entre otras cosas.

Los problemas de la gobernabilidad tienen que ver con los múltiples temas concernidos con el Estado Constitucional, como la legitimidad de las instituciones y de sus titulares, las relaciones entre los órganos del poder, los instrumentos de control político y jurisdiccional, el sistema representativo y de partidos, y la opinión pública, por ejemplo.

Esos y otros asuntos relativos a la gobernabilidad han sido abordados en reuniones académicas y en publicaciones en cada uno de los Países latinoamericanos, pero estimo conveniente que compartamos nuestras preocupaciones y propuestas en un volumen que presente el estado actual de la cuestión en América Latina. Por esta razón tengo el gusto de invitarlo para que colabore en la obra colectiva que estoy preparando, que llevará por título Gobernabilidad y Constitucionalidad en América Latina.

Estoy consciente de que su tiempo disponible para realizar este trabajo es muy limitado. En esta medida he considerado que lo importante, más que un ensayo extenso y con abundante aparato crítico, es una reflexión personal en la que apunte los principales problemas que Usted advierta para la gobernabilidad, y las soluciones que estime viables.

Por su experiencia y conocimientos, sus puntos de vista resultarán muy orientadores para quien los lea. Adicionalmente, el mosaico de perspectivas que presentará el volumen permitirá a los lectores formar una idea de los problemas contemporáneos de la gobernabilidad en los diferentes sistemas constitucionales latinoamericanos.

Espero muy sinceramente que Usted acepte colaborar en este trabajo colectivo, con un texto de entre 20 y 30 cuartillas, a doble espacio. Aunque advierto que el plazo puede resultar un tanto apremiante, la oportunidad de la publicación obliga a fijar como límite para la recepción de los trabajos el 30 de octubre próximo.

Reciba un saludo muy cordial,

Dr. DIEGO VALADÉS

Tue., 8 feb. 2005 12:39:30-0600

Ciudad de México, febrero 8 de 2005

Muy querido amigo y admirado Profesor:

Celebro que me autorice para que traduzcamos una obra de Usted, para ser publicada por el Instituto de Investigaciones Jurídicas.

Desde luego me interesa su *Curso de Direito Constitucional*, que he estudiado con enorme interés y provecho; es una obra de gran importancia.

Ahora bien, una parte de ese monumental trabajo está referido al derecho positivo brasileño, que desde luego es importante para nosotros pero que tal vez no tendría la demanda suficiente, sobre todo porque se trataría de un libro muy voluminoso.

Con ese motivo someto a su consideración la posibilidad de publicar 10 de los 18 capítulos (me refiero a la 13ª edición, que es la que conozco). He seleccionado los siguientes:

Cap. 1: El Derecho Constitucional;

Cap. 2: La Constitución;

Cap. 3: El Sistema Constitucional;

Cap. 4: El Poder Constituyente;

Cap. 5: La Teoría Formal y la Teoría Material de la Constitución;

Cap. 7: La Teoría de las Normas Constitucionales;

Cap. 8: De los Principios Generales del Derecho a los Principios Constitucionales;

Cap. 13: La Interpretación de la Constitución;

Cap. 14: Los Métodos de Interpretación Constitucional de la Nueva Hermenéutica;

Cap. 16. La Teoría de los Derechos individuales.

Esos capítulos podrían aparecer con un título diverso en nuestra edición en Español al que tienen en Portugués. Me atrevo a sugerir que el título de la obra sea *Teoría de la Constitución*.

Finalmente, considero que sería importante contar con un prefacio de Usted para la edición mexicana.

Esta es, desde luego, sólo una sugerencia muy respetuosa, pensando en el gran impacto que podría tener su teoría entre nosotros y en otros Países de lengua española. Su obra debe ser ampliamente difundida y me alegrará poder contribuir aunque sea de una manera muy modesta en esa labor.

Reciban, Usted y su señora esposa, mis respetos y mi muy sincero afecto.

DIEGO VALADÉS

Ciudad de México, abril 4 de 2005

Muy querido amigo:

Me ha dado un gran gusto que nos permita Usted traducir una parte de su obra *Curso de Direito Constitucional*. Traduciremos los capítulos que le comenté a Usted en mi nota anterior, serán publicados con el título Teoría de la Constitución. Estoy seguro de que será un éxito en México y en otros Países de lengua española.

Celebro que le hayan ofrecido un merecido homenaje, en el Congreso de 2005. Todos lo reconocemos a Usted como una de las máximas autoridades en derecho constitucional, en nuestro tiempo.

Recibe mi saludo, lleno de afecto, como siempre.

DIEGO VALADÉS

Ciudad de México, septiembre 29 de 2005

Muy querido profesor Bonavides:

a mi regreso a México, lo primero que deseo hacer es enviarle un saludo muy afectuoso con mi sincero agradecimiento por su invitación para participar en un Congreso inolvidable.

Lo más importante para mi fue haber conversado con Usted y escuchar su extraordinaria disertación académica, convincente, erudita, y que produjo gran emoción en el auditorio.

También deseo reiterarle la invitación para que participe en el Congreso Internacional de Derecho Constitucional, que se celebrará en el Instituto entre los días 6 y 10.2.2006.

(...). Reciba un saludo muy cordial de su amigo

DIEGO VALADÉS

Wednesday, August 14, 2013 11:32 AM

Querido amigo y admirado profesor Bonavides:

estoy muy agradecido con Usted por el envío de su monumental obra *Textos Políticos da História do Brasil*. Es un verdadero ejemplo a seguir. Se trata de una obra excepcional, que ofrece un riquísimo material de estudio y que implica, a su vez, una investigación exhaustiva del desarrollo del pensamiento y de las instituciones políticas brasileñas. Mi enhorabuena por esta nueva edición.

También le agradezco las afectuosas palabras que me dedica, que son una expresión más de su generosidad, a la que correspondo con mi mayor afecto.

Espero tener el gran gusto de verlo en el Congreso Iberoamericano de Tucumán, el mes entrante.

Entre tanto, reciba, como siempre, un abrazo cordial de su amigo y admirador

DIEGO VALADÉS

Soy admirador de Usted hace largos años, y el encuentro personal en Santos fue para mi una experiencia inolvidable. Escuché su formidable disertación académica, pronunciada de manera vigorosa y elocuente, con enorme interés y con gran provecho. Cumparto puntualmente sus puntos de vista y celebro que la ciencia jurídica latinoamericana cuente con un expositor tan lúcido y tan culto como es Usted.

Receba un saludo muy cordial de su amigo

DIEGO VALADÉS

39. DIOGO DE FIGUEIREDO MOREIRA NETO

Rio, 25 de dezembro de 1979

Meu caro professor Paulo Bonavides,

não poderia esperar melhor presente neste Natal que o que o distinguido Mestre me proporcionou, com a sua correspondência, com a elogiosa nota sobre meu *Curso* e, sobretudo, com a dádiva preciosa da amizade.

Não me cansei de exibir, como um troféu, àqueles a quem tenho como amigos e, como tais, se preocupam com minhas desilusões e se empolgam com meus pequenos êxitos, o recorte de O Povo. É que certos reconhecimentos valem como uma consagração e atuam como uma compensação pelas madrugadas de estudo, pelos fins de semana roubados ao convívio da família e pelo autossacrifício em miríades de pequenos prazeres do dia a dia.

Entrarei de férias dia 26 com uma preocupação apenas: completar meu *Curso de Direito Urbanístico*, com o qual espero conclamar a atenção da área jurídica para um dos grandes desafios da convivência em nossa época. Creio que será a primeira obra especializada em língua portuguesa, o que se me acresce a responsabilidade. Nem é preciso dizer que o prezado Mestre será dos primeiros a recebê-la e, ao menos de uma forma, justificar, pelo simples fato do trabalho e do devotamento à causa do Direito, uma pequeníssima parcela do generoso elogio que tanto bem, que tanto incentivo, me faz, consciente embora de tantas limitações...

Com relação a uma próxima ida a Fortaleza, salvo se não surgir uma oportunidade estritamente acadêmica, é necessário aguardar-se novo Ciclo de Estudos da ADESG local. É possível, entretanto, que eu possa "esticar" uma viagem que está sendo programada pelo meu amigo Gilvandro Vasconcelos Coelho, Professor de Introdução da PUC de Recife. Há um convite para discorrer sobre "Os Novos Fenômenos do Direito Público", e creio que isto se dará no contexto de meu Ciclo em data a ser estudada. Claro está que tudo dependerá, também, das disponibilidades que me surjam na Escola Superior de Guerra, na Escola de Comando e Estado-Maior do Exército e na Cândido Mendes (...).

Como se vê, meu caro Mestre e amigo... Só mesmo a desoras posso dar-me ao luxo intelectual de escrever.

Aproveito o ensejo para agradecer o amável cartão de Boas Festas, retribuindo os votos, extensivos à família, cujas altas qualidades já as conheço através da Doris. Quanto a esta, escreveu-me de Panambi; está bem e pretendendo organizar um Ciclo na Universidade de Cruz Alta (vizinho à sua cidade), para o qual conta com a sua presença e, com a oportunidade de estarmos juntos, a minha.

Queira receber um grande e cordial abraço, repleto de admiração e de profundo agradecimento pelo magnífico presente de Natal.

O amigo

DIOGO DE FIGUEIREDO

40. DOMINGO GARCÍA BELAÚNDE

Lima, 9 de octubre de 2002

Estimado profesor Bonavides:

su muy gentil carta de 2 de octubre me llegó hace pocos días conjuntamente con la carta circular relativa a la nueva *Revista Latino--Americana de Estudos Constitucionais*, que me parece un proyecto muy acertado y ojalá que se desarrolle con todo éxito.

Por cierto que me siento muy honrado de su gentil propuesta para que participe en el Conselho de Direção, lo que acepto agradecido, en el que estoy seguro que estaré en compañía de eminentes Colegas latinoamericanos, que serán, a no dudar, un fuerte vínculo de unión entre los colegas.

Igualmente le adelanto mi satisfacción por la invitación que he recibido para colaborar en el primer número de esa importante Revista, colaboración que espero hacer llegar en breve término a la Dirección indicada, en copia y en diskette.

Sin más sobre el particular, aprovecho la oportunidad para reiterarle las seguridades de mi especial consideración y aprecio personal.

DOMINGO GARCÍA BELAÚNDE

Lima, 17 de noviembre de 2003

Estimado profesor Bonavides:

acabo de recibir el n. 1 de la estupenda *Revista Latino-Americana de Estudos Constitucionais*, que mucho le agradezco. Es una gran publicación, con artículos de sumo interés, que revisaré con calma y que le comentaré más adelante.

Suyo cordialmente

DOMINGO GARCÍA BELAÚNDE

Nota dos Organizadores: A Fundação Paulo Bonavides, tendo remetido ao professor Dr. Domingo García Belaúnde trabalho e currículo destinado à Academia Peruana de Letras, recebeu daquele constitucionalista resposta do seguinte teor:

Muy agradecido por el envío del currículo y el texto que nos envía el profesor Paulo Bonavides, que de esta manera formaliza su incorporación como académico honorario de la Academia Peruana de Derecho, que tuve el honor de proponer cuando era Presidente y que en su oportunidad fue aprobado por unanimidad.

El nuevo Presidente de la Academia, Dr. Lorenzo Zolezzi, a quien envío esta documentación, se encargara de los trámites pertinentes, todos de orden interno.

Rogándole haga llegar mis mejores recuerdos al profesor Bonavides, quedo de usted muy atentamente

DOMINGO GARCÍA BELAÚNDE

Trabalho e Currículo Enviados ao Dr. DOMINGO GARCÍA BELAÚNDE pela Fundação Paulo Bonavides

Martes, 16 de julio de 2013 3:24 P.M.

Prezado Prof. Domingo García Belaúnde,

remeto-lhe em anexo o trabalho inédito do professor Paulo Bonavides intitulado "Do Absolutismo ao Constitucionalismo" e um breve currículo atualizado.

O professor Paulo Bonavides está sumamente honrado com sua proposição de outorga do título de Acadêmico Honorário da Academia Peruana de Derecho e agradece comovido sua atenção.

Cordiais saudações

GIACOMINA BORRINI

Fundação Paulo Bonavides

Estimado profesor y amigo:

me llega la grata noticia, a través de nuestro común amigo José Palomino, que le entregaran el Doctorado Honoris Causa de la Universidad de Buenos Aires, una de las más prestigiosas de nuestra América. Lo felicito por ello y espero que me avisen de la ceremonia para ver la posibilidad de poder acompañarlo en esa ceremonia tan importante (...) le informaremos de ello a los profesores Fix-Zamudio y Valadés (...) nuestro querido amigo el profesor Häberle está algo delicado de salud (...). Por mi parte, le he comunicado la buena nueva al profesor Sergio Diaz Ricci para que, además, le formalice la invitación al evento de Tucumán en el próximo mes de septiembre (...).

Le ruego haga llegar a su esposa los recuerdos y saludos tanto de Cristina como el mío propio. A Usted un afectuoso recuerdo...

DOMINGO GARCÍA BELAÚNDE

41. EDUARDO CIFUENTES MUÑOZ

Nota dos Organizadores: O constitucionalista colombiano Eduardo Cifuentes Muñoz, Diretor da Faculdade de Direito da Universidade de Los Andes, de Bogotá e ex-Ministro da Corte Constitucional da Colômbia, endereçou, em 28.9.1998, a seguinte carta ao professor PAULO BONAVIDES, após haverem ambos participado de um Congresso das Cortes Constitucionais da Europa celebrado em Roma:

Santa Fe de Bogotá, D. C., septiembre 28 de 1998

Distinguido y admirado maestro:

agradezco a Usted infinitamente el envío de su libro Reflexões – Política e Direito, que he leído con fruición y mucho provecho. La lectura de sus obras me regala claridad y me estimula para seguir en el sendero de las ideas. Reciba, en unión de su muy querida esposa, mis mejores deseos por su felicidad. Espero tener la oportunidad de verlo personalmente, en Colombia, Brasil o Roma (!).

Un abrazo afectuoso

E. CIFUENTES

42. EDUARDO G. ESTEVA GALLICHIO

Montevideo, 14 de octubre de 2002

Eminente colega:

tengo el honor de acusar recibo de su atenta comunicación de 2 de octubre próximo pasado mediante la cual me invita a componer el Consejo de Dirección de la *Revista Latino-Americana de Estudos Constitucionais* con sede en Fortaleza, Brasil.

Respondo afirmativamente a tan honrosa designación y otorgo la anuencia solicitada.

Tenga la certeza, eminente Profesor, que valoro muy especialmente la inmensa distinción que ello significa para mí.

También otorgo la anuencia solicitada para integrar el Cuerpo de Colaboradores de la Revista y me comprometo a enviarles un artículo antes del 30 de noviembre.

Reciba mi más cordial y atento saludo

EDUARDO G. ESTEVA GALLICHIO

43. EMILIO PFEFFER URQUIAGA

Universidad Central

Facultad de Derecho

Santiago de Chile, agosto 10 de 1992

Sr. Profesor:

recibí su nota en la que acusa la recepción de la *Revista de Derecho de la Facultad de Derecho de la Universidad Central* y a la vez me consulta acerca del primer ejemplar de la "*Revista Latinoamericana de Derecho Constitucional*" en cuyo comité científico usted participa.

Me imagino que Neville Blanc le habrá informado de las dificultades que han surgido relativas como siempre sucede en estos proyectos al financiamiento con carácter permanente que se tenía al principio comprometido. No obstante contar con los fondos para los dos primeros números no ha parecido serio dar inicio a este ciclo de publicaciones si no tenemos la seguridad que se podrá proyectar esta revista que debe constituir un punto de encuentro a todos los constitucionalistas latinoamericanos.

Le dije en todo caso, a Neville Blanc que le escribiera para que le informara detalladamente sobre el particular.

Le saluda atentamente,

EMILIO PFEFFER URQUIAGA

44. Deputado EPITÁCIO CAFETEIRA

Conselho da Ordem do Congresso Nacional

Brasília, 31 de janeiro de 1986

Prezado Professor,

na qualidade de Secretário do Conselho da Ordem do Congresso Nacional, tenho a honra de comunicar a V. Sa. a inclusão de seu ilustre nome no quadro da Ordem, no grau de Oficial, por proposta apresentada pelo deputado Aluízio Campos e aprovada por unanimidade neste Conselho.

Em nome do Sr. senador José Fragelli, Grão-Mestre da Ordem, convido V. Sa. para receber o diploma e as insígnias da Ordem na Sessão Solene para esse fim convocada, dia 6.5.1986, às 10:30h, no Salão Negro do Congresso Nacional, nesta Capital.

Cordiais saudações

Deputado EPITÁCIO CAFETEIRA
Terceiro Secretário da Câmara dos Deputados,
Secretário do Conselho da Ordem

45. ERNANDO UCHOA LIMA

Ordem dos Advogados do Brasil

Conselho Federal

Brasília, 17 de junho de 1996

Eminente jurista Dr. Paulo Bonavides,

tenho a honra de comunicar a V. Exa. que o egrégio Conselho Pleno do Conselho Federal da OAB, em sessão hoje realizada, aprovou, por unanimidade, o brilhante parecer do ilustre Relator, Dr. Sérgio Ferraz, sobre a proposta do signatário de outorga ao ínclito cidadão e insigne Mestre do Prêmio Medalha Rui Barbosa, laurel máximo desta Entidade.

Ao dar ciência a V. Exa. da decisão tomada pelo colendo Conselho Federal, cumprimento-o, em meu nome pessoal e no de todos os integrantes desta Instituição, pela justa e merecida homenagem, sugerindo, desde logo, que a solenidade respectiva tenha lugar durante a realização da XVI Conferência Nacional dos Advogados, que se realizará de 1 a 5 de setembro do corrente ano, nessa Capital, em data e horário que oportunamente serão ajustados com o ilustre Colega.

Colho o ensejo para reiterar a V. Exa. as expressões da mais elevada estima e distinta consideração.

Fraternalmente

ERNANDO UCHOA LIMA

Presidente

46. EROS ROBERTO GRAU

São Paulo, 6 de março de 1985

Meu caro amigo e professor Paulo Bonavides:

recebi sua carta do dia 6. Relendo-a, vejo que com muito de legitimidade respondi ao meu pai – a quem remeti xerox de dois textos seus, sobre a Constituinte e a Constituição, publicados na *Revista da Faculdade de Direito da UFC* – quando, perguntado sobre a sua pessoa, entre outras coisas respondi: "É meu amigo". Meu pai ficou entusiasmado com os seus textos. É uma figura admirável o meu pai, muitas vezes dando-me a impressão de que o moço é ele, e eu, o mais velho. Cá entre nós: adorou o "puxão de orelhas" que nos seus textos é dado no Afonso Arinos, amigo dele.

Agradeço-lhe a remessa do exemplar da tradução de Kelsen Klug, que estou a ler lentamente, sem querer bancar o esperto. Fiz chegar às mãos do Fábio o envelope que veio anexo ao meu.

No momento, mantenho-me em estado de excitação em relação ao tema da Constituinte. Escrevi alguns textos, que lhe envio em anexo, em relação aos quais não me decidi o que fazer. O Fábio insiste em que eu os publique, talvez na Folha. Não sei se o farei: estão escritos em linguagem descontraída, talvez até um pouco debochada – o que me preocupa. Mas são autêntica expressão do que eu penso. Gostaria de ter a sua impressão a respeito deles.

Quanto ao que está dito na sua carta, preocupa-me o trecho em que está afirmado "que uma Constituição de nossa época não pode vir sem grandes promessas sociais, que são uma definição de rumos (...)". Perdoe-me o que talvez possa ser tido como impulso de radicalismo ou – até – fisiológico, mas não me parece adequado que a Constituição seja um repositório de intenções, ou seja, de meras promessas. Uma Constituição que, aqui ou ali, defina apenas rumos ou intenções – isto é, que não crie direitos, assegurados por adequadas garantias – não será, nesta ou nestas partes, senão mera expressividade de mito de dominação social. Estou deveras e sinceramente, contudo, disposto a desenvolver autocrítica quanto a este entendimento, se a tanto for convincentemente induzido.

Outro ponto, em sua carta, que reclama meditação é o alusivo ao decisionismo, que diminuiu tanto a lei quanto o Legislativo e, em contrapartida, conferiu ao Executivo, armado de poderes normativos como nunca os possuiu, uma certa eficiência no âmbito do Estado Social.

Um primeiro aspecto a questionar, aqui, é o seguinte: terá essa eficiência, no âmbito do Estado Social, sido efetivamente lograda? Há um texto, seu, que muito prezo, no qual o sentido polívoco da expressão "Estado Social" é denunciado.

Estou em que a norma jurídica, modernamente, assume o caráter de instrumento de implementação de políticas. O Estado deixou de ser mero produtor de ordem, segurança e paz. Daí por que a ordenação da conjuntura não deve ser atribuída ao Legislativo, mas ao Executivo. É necessário distinguirmos, de um lado, as funções executiva, legislativa e jurisdicional; de outro, as funções administrativa, normativa e – também – jurisdicional. A função normativa, insisto nisto, não é exclusiva do Legislativo.

A Constituição que há de vir, pois, terá de levar em conta tal distinção, atribuindo ao "Executivo" poderes normativos que a necessidade de tratamento da conjuntura impõe sejam a ele conferidos. Tal atribuição de poderes ao Executivo naturalmente há de ser acompanhada da estipulação de mecanismos precisos de controle do seu exercício por ele, Executivo.

Isso, certamente, coartará as expansões de alguns de nossos amigos criptokelsenianos, que não terão mais por que invectivar contra a inconstitucionalidade da existência de regulamentos delegados ou autorizados entre nós. É pena que isso venha a ocorrer, mas, tanto quanto penoso, inevitável e imperioso. Não lhe parece assim?

Segue o abraço amigo do seu

EROS GRAU

São Paulo, 3 de agosto de 1985

Meu caro amigo, professor Bonavides:

ainda que com muita mora, porém em parte não responsável por ela – uma pequena cirurgia deixou-me "no estaleiro" por 10 dias; depois também outra pequena cirurgia pela qual passou meu pai, no Rio –, escrevo-lhe agora para agradecer a oportunidade do nosso encontro, aí em Fortaleza.

Estar nessa terra é sempre maravilhoso e sobretudo quando até aí vou por suas mãos. Deliciou-me a experiência de refletir a respeito dos partidos políticos, aspecto em relação ao qual anteriormente não me detivera com maior atenção. Planejo, mesmo, agora, escrever um pequeno texto a propósito do tema, que naturalmente lhe enviarei.

No mais, fique certo da admiração que lhe dedica este seu amigo certo, na expectativa de sua vinda por estas bandas do Sul.

O seu

EROS ROBERTO GRAU

47. EVARISTO DE MORAES FILHO

Rio de Janeiro, 28 de novembro de 1960

Prezado Bonavides,

como lhe disse pessoalmente aqui no Rio, a sua *Revista Filosófica do Nordeste* causou-me a melhor impressão, no seu primeiro número. V. há de saber mais do que eu das dificuldades em editá-la e mantê-la. Se prosseguir, será uma grande vitória do espírito e da cultura aí por essas bandas. O que vale dizer: será uma vitória da Filosofia no próprio Brasil.

Grato pela remessa, com os melhores votos de felicidade pessoal e editorial, aqui fico inteiramente às suas ordens.

EVARISTO

Rio, 30 de outubro de 1973

Prezado Bonavides,

recebi os quatro tijolos e já os distribuí por quem de direito, dando a cada um aquilo que era seu... Por sua ordem expressa.

O José Honório Rodrigues, vendo, no Conselho, a montanha de tijolos, candidatou-se a um, mas nada recebeu.

Pede-me ele para lhe solicitar um exemplar dos Textos Políticos da História do Brasil. Telefonei para o Vieira, na Fundação, mas ele não trabalha mais lá. Não consegui me comunicar com ele. O endereço do Honório é: Rua Paul Redfern, 23, ap. C 01, ZC-37, Ipanema, Rio de Janeiro.

É escusado lhe dizer quanto apreciei a tratação da matéria, imaginando, de cá, o trabalhão que V. e o Vieira devem ter tido na coleta de material e na sua ordenação. Repita-se o lugar-comum: veio preencher uma lacuna. Acho, contudo, que algumas notas explicativas, em alguns textos ou em todos, não viriam a destempo.

Parabéns, caríssimo Bonavides, trabalhador incansável, modelo de todos nós, que já vamos desanimando, diante de algumas incompreensões, burrices e injustiças.

Com os agradecimentos e o afetuoso abraço do

EVARISTO

Rio, 7 de novembro de 1985

Caríssimo Bonavides,

muito lhe agradeço Constituinte e Constituição, "tijolo" de cultura, talento e coragem afirmativa. Tudo o que eu tinha a dizer, V. disse. Lamento somente que uma inteligente colaboração como a sua tenha se afastado da nossa Comissão. Ela está fazendo falta, muita falta. Até hoje sua vaga não foi preenchida.

Hoje, com o Gilberto Freyre aqui no Rio, o Afonso pediu ao Santayana para indicar o nome do Nelson Saldanha ao Sarney para preenchê-la.

Parabéns por mais esta antologia de seus últimos escritos, para alegria de seus amigos e admiradores. E receba o abraço do seu

EVARISTO

48. FÁBIO KONDER COMPARATO

São Paulo, 21 de fevereiro de 1985

Caro professor Paulo Bonavides,

fiquei desvanecido com a sua carta longa e minuciosa sobre as reflexões que lhe enviei, acerca da desejada reorganização constitucional. Felizmente, consegui não me desviar muito da boa rota, sendo piloto amador...

Estou, como o Sr., desesperançado de assistir a algum processo substancial de mudança em nossa vida política, com o novo governo. De fato, o que vai mudar é apenas o estilo, e não a essência do regime, que continua oligárquico. É verdade que, agora, há novos parceiros no poder; mas, no fundo, permanece a mesma realidade política de sempre, o mesmo condomínio privado das posições de mando. O PMDB inscreveu-se como novo condômino; por isso, tem horror a ver o processo constituinte escapar ao controle do Governo e da classe política instalada no comando. Daí as ideias de eleição do Congresso com poderes constituintes, de uma longa e inconclusiva preparação chamada "remoção do entulho autoritário". Daí também o horror às candidaturas desvinculadas dos partidos e à ideia de mandato imperativo.

Quanto a nós, "bacharéis bisonhos", como disse o Fernando Henrique Cardoso, continuamos a defender, a tempo e contratempo, que o povo soberano deve tomar conta do seu destino e pedir contas aos seus supostos representantes. Talvez ainda cheguemos a assistir a esse momento decisivo de nossa história.

Registrei a sua opinião, sempre mais compartilhada por outros eminentes juristas e cientistas políticos, contra o regime presidencialista. Observo que em minhas sugestões não há um presidencialismo tradicional nem ortodoxo. O Presidente perde a iniciativa em matéria de planejamento do desenvolvimento, bem como a independência administrativa quanto à ação ministerial (pois os ministros de Estado podem ser destituídos pelo Congresso). Mas, em compensação, o Presidente torna-se livre para exercer, com autoridade (que lhe vem da eleição popular) e exclusividade, a grande tarefa de arbitragem dos conflitos políticos e sociais. Ou seja: ele passa a ser o grande fator político de estabilidade do regime, funcionando como amortecedor e superador das crises conjunturais, de modo a evitar o descrédito institucional.

A correspondência entre Kelsen e Klug é do maior interesse científico. Ficamos todos nós, leitores do mundo lusófono, a lhe dever esse excelente serviço prestado à cultura jurídica. Parabéns!

Com os cumprimentos cordiais do

FÁBIO K.

São Paulo, 8 de novembro de 1996

Caríssimo professor Paulo Bonavides:

rendo graças aos fados (ou às boas fadas) por ter tido a felicidade de me aproximar do Sr. Realmente, nesta quadra adiantada de minha vida, já não esperava encontrar um jurista que aliasse a ciência à consciência ética. Como bem advertiu o velho Rabelais, "science sans conscience n'est que ruine de l'âme".

Recebi (...) o livro do Werner Kägi, que já fotocopiei e estou lhe reenviando com esta. Deus lhe pague!

(...). Receba, caríssimo Professor, as homenagens do fundo do coração deste seu mais novo discípulo.

FÁBIO KONDER COMPARATO

São Paulo, 18 de março de 1998

Caríssimo Professor:

recebi sua impressionante "Denúncia à Nação", a propósito da Emenda Constitucional 554-A/1997.

Ficamos todos lhe devendo mais esse serviço prestado à causa do Estado de Direito neste pobre Brasil.

Abraços do

FÁBIO KONDER COMPARATO

São Paulo, 2 de junho de 1998

Caríssimo professor Paulo Bonavides:

Acabo de receber o texto da conferência que o Sr. pronunciou na OAB de Santa Catarina.

O Brasil exige que o Sr. a publique o mais cedo possível.

Veja se algum jornal do Ceará pode fazê-lo. Aqui, infelizmente, acabo de me atritar com a Folha. Acho que perdi meus trunfos nessa área.

Mas vamos continuar trabalhando!

Abraços calorosos do

FÁBIO K.

São Paulo, 15 de junho de 2000

Caríssimo professor Paulo Bonavides:

em retribuição do belo livro que o Sr. me ofertou – *La Demokratie*, de Rodolph Laun –, peço-lhe aceitar o artigo anexo, escrito em sua homenagem.

Abraços.

FÁBIO COMPARATO

Nota dos Organizadores: O artigo a que se refere o eminente professor Fábio Comparato, Catedrático aposentado da Faculdade de Direito da USP, intitula-se "A Democratização dos Meios de Comunicação de Massa" e é dedicado ao nosso homenageado nos seguintes termos: "A Paulo Bonavides, Professor Emérito, que sempre soube aliar a ciência à consciência, tributo do autor".

São Paulo, 18 de fevereiro de 2002

Caríssimo professor Paulo:

fico comovido de ver a sua solicitude para comigo. É graças a ela que estou sempre a par do que de melhor se publica na Alemanha sobre direitos fundamentais.

Estive por aí na terra de Iracema, no fim de ano. Infelizmente, não tive a alegria de abraçá-lo. Faço-o agora, de coração, por meio desta.

FÁBIO KONDER

49. Padre FERNANDO BASTOS DE ÁVILA

Instituto Brasileiro de Desenvolvimento

18 de dezembro de 1970

Caro professor,

foi com grande alegria que recebi sua carta encaminhando-me o bilhete da Sra. Emile James.

Já lhes respondi referindo-me ao valor imperecível de uma profunda amizade.

Lastimamos sua ausência na festa de encerramento das atividades do Conselho Técnico, em 1970.

Aproveito da oportunidade para augurar-lhe um feliz Natal e um ano novo cheio das bênçãos de Deus.

Cordialmente

Pe. FERNANDO BASTOS DE ÁVILA

Rio, 17 de janeiro de 2005

Prezado amigo, professor Paulo Bonavides,

com tantas alterações por que passei, nos anos que seguiram o enfarte, não tivera ainda a oportunidade de ler seu livro *O Tempo e os Homens*, da Editora Ernani Sátyro, com a cordial dedicatória ao colega do Conselho Técnico da Confederação Nacional do Comércio. São temas avulsos redigidos com lucidez, elegância e pertinência, por quem já devia fazer parte da Academia Brasileira de Letras.

Cordialmente grato

Pe. FERNANDO BASTOS DE ÁVILA

50. FERNANDO WHITAKER DA CUNHA

Meu caro Paulo Bonavides,

recebi o recorte, que o nosso querido Alcântara Nogueira enviou-me, contendo o seu respeitável artigo sobre o meu livro, modesta mensagem de um estudioso da Teoria Geral do Estado, matéria que leciono neste Estado. Não tivera outras finalidades Democracia e Cultura do que encetar o diálogo, e alegro-me que tivesse ele nos aproximado. Obras suas como *Do Estado Liberal ao Estado Social* (principalmente), *Teoria do Estado* e *Ciência Política*, que vim de ler há poucos dias, graças à falta de divulgação da Fundação Getúlio Vargas, deram-me pulsante painel de seu pensamento político de escol, solidamente plantado em admirável cultura filosófica e no conhecimento profundo da cultura alemã. Em verdade, Kultur ist alles, considerando-a como finalidade precípua, e característica, da sociedade estatizada.

Contudo, meu já estimado amigo, o seu autorizado comentário exige uma explicação de minha parte.

Não foi facciosa a omissão da Aliança Libertadora. Sucede, unicamente, que, por entender eu ter sido a Ação Integralista o primeiro partido, devidamente estruturado, com repercussões nacionais é que abri para ela um capítulo à parte, embora não desconhecesse, igualmente, a atividade também pioneira do referido, mais acima, agrupamento de esquerda. Na 2ª edição do livro, que deve sair no segundo semestre, corrijo a lacuna apontada, justamente, pelo colega.

Aliás, Waldemar Ferreira opina que o primeiro partido nacional brasileiro foi o Partido Democrático Nacional, oriundo da aliança entre o Partido Democrata, de Antonio Prado, e o Partido Libertador, de Assis Brasil (v. História do Direito Constitucional Brasileiro). Como você percebe, a matéria é altamente polêmica.

O seu artigo deu-me a grande alegria do seu parecer e a tristeza de constatar que você me considera um "direitista", embora moderado.

Embora você tivesse sido cauteloso na afirmativa, ela me pareceu algo injusta. Não é fácil distinguir com nitidez o que seja "Direita" e "Esquerda", a não ser que se adote o caráter simplista dos parlamentares franceses do último século. Para mim a Direita é conservadora e reacionária, apegada a princípios tradicionais sem valia e adversária da verdadeira justiça social – isso para dar um conceito genérico, cuja explicação ensejaria um outro livro. Considero-me de Esquerda numa perspectiva cristã avançada. Livros como *Cristo e Política*, de Culmann, *Socialismo e Marxismo*, de autoria dos "Frères du Mond", *El Cristianismo y la Lucha de Clases*, de Berdiaeff, por exemplo, espelham, em grande parte, as minhas tendências.

Sinto-me feliz com o nosso colóquio, Bonavides, porque ele me aproxima de um homem cuja hombridade intelectual é uma das condecorações da inteligência brasileira.

Abraços

FERNANDO WHITAKER

E.T.: Não creio, permitindo-me ainda discordar, ilustrado amigo, ser da mesma linha de Oliveira Torres e Galvão de Souza. Ambos são legitimistas, no sentido tradicional, e, embora talentosos, com alguns preconceitos inaceitáveis. Quanto a Paupério, realmente os nossos pensamentos, em muitos pontos, se assemelham. Ele, entretanto, conserva ainda um certo aristocratismo, defendendo o voto qualitativo (cf. com sua recente Teoria do Estado Democrático).

Meu caro Bonavides,

recebi tua amável carta com a esplêndida resenha que fizestes das eleições cearenses de 1966, cujos resultados foram, realmente, surpreendentes.

Espero-te em breve no Rio.

Eu também tive, há pouco, uma forte irritação das conjuntivas, que me privou, durante alguns dias, de leitura normal. Imagina só a chateação.

O teu artigo foi uma coisa muita oportuna, e na 2ª edição algumas passagens sairão mais precisas. A minha defesa de conceito de autoridade talvez seja um dos motivos que mais possam trazer confusão, embora seja ela, provisoriamente ou não, supedâneo também de todas as Esquerdas.

O Pinto Falcão confessou-me, igualmente, que inicialmente fora conduzido a uma impressão inexata, depois desfeita.

Mandei-te um livro de poemas recém-aparecido e aqui vai um antigo trabalho.

Como no segundo semestre deve sair uma edição nacional de Democracia e Cultura, gostaria de divulgar aí as impressões de Ivan Lins que te remeto.

Um abraço do

FERNANDO

Meu caro Paulo,

que delícia conhecer o "jovem" Bonavides. Vim lendo no avião O Tempo e os Homens, em que você demonstra já um depurado espírito e uma arejada mentalidade apoiada numa sólida formação. Agradaram-me deveras os estudos sobre Eça e sobre Alberdi e também as crônicas sobre os cantadores e sobre Upton Sinclair, que é magnífica. Sinclair é uma das figuras mais heroicas do panorama cultural americano, por seu idealismo e por sua vocação democrática, no sentido que nós a entendemos.

San Tiago Dantas (Dois Momentos de Rui Barbosa) provou que Rui havia iniciado um trabalho sobre a codificação civil que deixou inconcluso, mas isso não modifica o ângulo sob o qual encaro hoje o admirável monstro. Mando a você um livro para confronto.

Muito grato por sua fidalga acolhida e não se esqueça do livro do poeta Cruz Filho.

Abraços do

FERNANDO

Prezado Paulo,

regressando de São Paulo tive duas gratas surpresas: recorte da comunicação de Ivan Lins, graças à sua nímia gentileza, e a notícia de que Democracia e Cultura recebera o Prêmio de Ciência Política da Academia Brasileira de Letras. É, sem dúvida, um grande estímulo. Conte ao Nogueira, fraterno amigo. Não creio em sua renúncia à literatura. A sua cultura admirável demonstra, exatamente, o contrário. Gostaria, aliás, de ler o seu trabalho sobre Eça, uma vez que sou "eciano" fanático.

A propósito, você certamente conhece o interessante volume de Luiz de Oliveira Guimarães, *Eça de Queiroz e os Políticos*. É o nosso campo: Arte e Direito. Preparo uma obra denominada *Ficção e Ideologia*.

Um grande abraço do

FERNANDO

Estimado Bonavides,

a sua carta me trouxe muita alegria. Realmente, sendo o Estado de tal forma complexo e polivalente, para chegar ao seu estudo fiz uma longa e modesta peregrinação. O Kulturstaat é, na verdade, uma categoria superior ao mero Rechtstaat. Oportunamente vou mandar-lhe O Conceito de História e A Seara de Bronze, contemplada no Prêmio “Fábio Prado” de 1957, e que tem um curioso estudo sobre o romantismo criminal.

Remeto-lhe agora um livro que prefaciei e que possui interessantes revelações sobre a história política da Bahia.

Terminei o meu ensaio a respeito da política do Antigo Egito, com suas implicações teológicas, e estou ultimando dois artigos; um sobre a Inconfidência e outro sobre direito desportivo, defendendo alguns pontos de vista que tenho exposto como Presidente de um dos Tribunais Desportivos desta cidade. Recebi os livros dos poetas cearenses.

Pretendo escrever um artiguete sobre ambos e mais José Albano, porquanto artistas de alto nível estético.

Lendo a conferência de Rui, “A Imprensa e o Dever da Verdade”, de 1920, tive a surpresa de constatar que o grande ledor (“frágil inseto em sua biblioteca”, retratou-o Claudel) já citava Upton Sinclair.

51. FLÁVIO BIERRENBACH

Superior Tribunal Militar

Brasília, 20 de outubro de 2003

Prezado professor Bonavides,

saí de Curitiba sem agradecer os livros, as generosas dedicatórias e a oportunidade do convívio agradável durante os dias do Simpósio de Direito Constitucional.

Faço-o agora, reiterando as expressões de meu encanto com sua conferência de encerramento. Aliás, peço-lhe o especial obséquio de enviar-me o texto. Encaminharei uma cópia ao Almino Affonso, seu antigo admirador.

Durante nosso jantar, não passou-me despercebida sua simpática referência ao professor Goffredo da Silva Telles Jr., meu querido mestre e amigo. Há pouco mais de um ano a Associação dos Advogados de São Paulo publicou um número especial da *Revista do Advogado* em homenagem ao professor Goffredo. Tive a honra de participar daquela edição, que contou também com sua magnífica colaboração.

Desejo enviar-lhe o discurso que pronunciei no STM, em agosto deste ano, na sessão solene comemorativa do bicentenário do Duque de Caxias. Sei que é assunto de seu interesse.

Tomo a liberdade, ainda, de juntar um conto que perpetrei há mais de 10 anos, cujo personagem central é o Padre Cícero, de quem falamos em Curitiba.

Receba os agradecimentos e o abraço amigo do

FLÁVIO FLORES DA CUNHA BIERRENBACH

52. FRANCISCO BILAC PINTO FILHO

Rio de Janeiro, 11 de maio de 2009

Prezado professor Paulo Bonavides,

espero que esta carta encontre-o em perfeita saúde. Infelizmente, não pudemos estar juntos quando de minha ida a Fortaleza.

De qualquer forma foi agradabilíssimo o almoço que tivemos com o Des. Fernando Ximenes e o professor Filomeno Moraes.

O principal motivo desta comunicação é um convite, cujos termos já lhe foram adiantado pelo professor Otávio Luiz Rodrigues Jr.!

Gostaríamos de lançar uma coleção de obras de direito público e privado, intitulada Professor Paulo Bonavides.

A coleção seria coordenada pelo professor Otávio Luiz Rodrigues Jr., seu conterrâneo e pupilo, e outro professor, provavelmente o deputado Michel Temer, com quem manteremos contacto, após sua aquiescência. A coleção trataria de obras com interesse de mercado.

O Sr. tem inteira liberdade para sugerir temas e indicar originais, os quais serão apreciados editorialmente.

Como o Sr. já está ciente dos detalhes dessa proposta, gostaríamos de formalizar sua aceitação e dar início aos trabalhos de editoração e lançamento dos primeiros volumes.

Aqui no Rio de Janeiro, creia, o Sr. tem amigos. Disponha sempre.

Um cordial abraço

FRANCISCO BILAC PINTO FILHO

Editora Forense

53. *FRANCISCO FERNÁNDEZ SEGADO*

Universidad Complutense de Madrid
Facultad de Derecho

Madrid, 22 de marzo de 2009

Muy apreciado y admirado amigo, profesor Paulo Bonavides:

acabo prácticamente (hace una semana) de recibir su muy afectuosa carta de 23.2, en la que me acompaña una fotocopia de otra carta anterior suya que también recibí. Me quedo enormemente preocupado porque hace ya un mes o quizá más (no recuerdo con exactitud la fecha) en que lo escribí una carta en respuesta a la anterior suya, adjuntándole unas separatas. No sé si la habrá recibido en este último período. Desgraciadamente, yo no tengo copia de la carta, por eso no le puedo remitir la copia.

Entre otras cosas, en mi anterior carta le felicitaba por sus nombramientos académicos y por las muchas, y muy merecidas, distinciones de que ha sido objeto. Me alegra todo ello mucho.

Le decía asimismo que me alegra mucho también la posibilidad de que me habla de viajar a su País en noviembre, con ocasión del evento que quiere organizar a Fortaleza.

Por mi parte, le indicaba que estaba también muy (...) de trabajo, por algunos viajes (acabo de estar en Lisboa, en la Universidade Nova, dictando un seminario), y por las propias obligaciones académicas de la Facultad.

In breves fechas debo viajar a Italia en dos ocasiones – a Roma, Nápoles la primera, y a Messina la segunda – y después a México, a dictar un curso de Doctorado bajo los auspicios del Instituto Tecnológico de Monterrey.

Confío en que haya recibido el Anuario; como habrá visto, el último número es monográfico sobre los efectos de las sentencias constitucionales. Será, como en anteriores ocasiones, una gran alegría recibir un trabajo suyo. Yo espero también poder enviarle en algunas semanas un trabajo para su magnífica Revista.

Le anexo una tarjeta de visita con mi dirección de mail para que pueda tenerla archivada con claridad. Pienso que el correo electrónico es la vía más rápida hoy de comunicación.

Evita que pueda perderse la carta. Si le parece podríamos escribirnos por ese medio.

Mucho le agradeceré que me confirme si recibe esta carta y si recibió la anterior de que te he hablado.

Aprovecho de nuevo para remitirle algunas separatas recientes.

Con el afecto, admiración que le profeso desde hace tanto tiempo, le envío, con recuerdos para su esposa un muy fuerte abrazo.

FRANCISCO FERNÁNDEZ SEGADO

54. FRIEDRICH MÜLLER

Juristiches Seminar der Universität Heidelberg

Heidelberg 1, 10.Juni.1980

Herrn

Prof. Dr. Paulo Bonavides

Sehr verehrter Herr Kollege, lieber Herr Bonavides!

Nach bedauernswert langer Zeit erhalten Sie nun von mir die versprochene Nachricht. Sicherlich sind Sie nach Ihrer Rückkehr ebenso mit Arbeit überhäuft gewesen wie ich selbst. Ich bin außerdem im vergangenen Jahr zum Dekan der Juristischen Fakultät in Heidelberg gewählt worden, was die Arbeitslast entsprechend unangenehm gesteigert hat.

Ich überlasse Ihnen heute zunächst einmal ein Exemplar meines Buches Normstruktur und Normativität, in dem meine methodische Grundhaltung und eine, wie ich hoffe, endlich tragfähige Gegenposition zur Reinen Rechtslehre Kelsens entwickelt worden ist. Ferner lege ich Ihnen Kopien einiger rechtsnormtheoretischer und methodologischer Aufsätze sowohl zu den Grundfragen als auch speziell zur Methodik des Staats – und Verfassungsrechts und schließlich einige Prospekte neueren Datums zu Ihrer Information bei.

Erlauben Sie mir, daß ich mich heute auf diese Sendung beschränke. Ich freue mich außerordentlich, von Ihnen demnächst einmal wieder zu hören. Sie wissen, daß Sie mit Ihren wissenschaftlichen Bemühungen gegen die Reine Rechtslehre und ihre Auswirkungen und in Ihrem Engagement für die praktische Verfassungsentwicklung auf meine Unterstützung zählen können.

Für heute bin ich mit freundlichen Empfehlungen

Ihr

MÜLLER

Heidelberg, 11.2.1987

Herrn Professor

Dr. Paulo Bonavides

Lieber Herr Professor Bonavides,

Haben Sie herzlichen Dank für Ihre guten Wünsche für das Jahr 1987. Ich erwidere sie für Sie und Ihre Familie ganz herzlich.

Vor allem danke ich Ihnen aufrichtig für die Zusendung Ihrer wertvollen und imposanten Standardwerke, die eine in dieser Form wohl einmalige souveräne Beherrschung der behandelten Wissenschaften bezeugen.

Wie ich sehe, haben Sie jetzt eine neue Adresse. Ich hatte gegenüber dem Rektor der Speyerer Verwaltungshochschule in Unkenntnis die alte angegeben. Hat die Sendung Sie erreicht?

Ich rechne weiter damit, zur Beratung der Verfassunggebenden Nationalversammlung, und zwar in Fragen der Grund-und Menschenrechtsnormierung, hinzugezogen zu werden; Sie sagten, wahrscheinlich im Juni. Kann ich dies weiterhin so einplanen?

Sobald Sie, wie Sie es mir angekündigt haben, meinen Aufsatz Thesen zur Grundrechtsdogmatik in Brasilien veröffentlichen werden, bittet der Verlag, die Quelle dabei wie folgt anzugeben: Veröffentlicht in: Friedrich Müller, Rechtsstaatliche Form – Demokratische Politik, Berlin, 1977 (Duncker & Humblot), S. 145 ff.

Mit herzlichen Grüßen bin ich

Ihr sehr ergebenen

FRIEDRICH MÜLLER

10.3.1990

Sehr verehrter Doktor

Paulo Bonavides

Lieber Freund!

Hier ist endlich die Publikation. Es ist wunderbar!

Heute schicke ich 2 ersten Separata per avión.

Sie bekommen dann noch das Heft und Separata ein Honorar vom Verlag Duncker und Humblot.Ich weiss Ihre Konto nicht und soll ich es Ihnen weiter Gehen?

Vielleicht Kommt Herr Nauman bald kurz bei mir vorbei, ich könnte ihm Heft und Separata für Sie, lieber Freund mitgeben.

Mit meiner herzlichsten Wünschen, bitte auch an Dona Yeda, grüsst Sie

Ihr Freund

FRIEDRICH MÜLLER

Heidelberg, 8.2.1996

Lieber Freund Dr. Paulo!

vor mehr als 2 Wochen habe ich für den Verlag die Korrekturen für Ihren grossen Aufsatz “Die Entpolitisierung der Legitimität” in DER STAAT/1996 gelesen. Es wird also nicht mehr lange dauern, bis die Publikation fertig sein wird! Ich werde Ihnen dann sofort die Sonderdrucke per Luftpost zuschicken. Ich freue mich sehr darüber, dass nach einer Reihe von Schwierigkeiten das Projetk noch so wunderbar geglückt ist.

Bei dieser Gelegenheit danke ich Ihnen wieder von ganzem Herzen für die grosse Mühe und das freundschaftliche Engagement, mit dem Sie für die Strukturierende Rechtslehre und für meine anderen Publikationen in Ihrem Land die Revision durchführen!

Herr Peter Naumann schreibt mir immer wieder, dass speziell Ihre Anmerkungen, lieber Freund, für die Übersetzungsarbeit äusserste wertvoll und Konstruktiv sind! Ich weiss Ihre Geste der Freundschaft und des Engagements für die Zukunft der materialen Rechtslehre zutiefst zu schätzen und zu würdigen!

Ich denke nach wie vor mit der grössten Freude und Dankbarkeit an das Treffen mit Ihnen und Dona Yeda in Recife, in Fortaleza und in Ihren wunderschönen Haus in Lagoa Redonda. Ich bevorzuge jetzt von ganz Brasilien persönlich den Nordeste und “ich habe mein Herz in Fortaleza verloren”, in Ihrer Stadt, lieber Freund! Ich freue mich sehr auf jede Möglichkeit eines Wiedersehens in ganz näher Zukunft.

Für die Weihnachtstage und für das Neue Jahr 1997 wünsche ich Ihnen, Dona Yeda und Ihrer ganzen Familie auf das herzlichste Gesundheit, Glück und Zufriedenheit! In steter Verbundenheit und Freundschaft.

Ihr

FRIEDRICH/FREDERICO

Heidelberg, 3.5.1999

Exmo. Sr. Prof. Em.

Dr. Dr. h. c. Paulo Bonavides

Hochverehrter Professor Paulo, lieber Freund!

Heute habe ich eine kleine Bitte an Sie bezüglich meiner Arbeitsmethoden des Verfassungsrechts.

Herr Peter Naumann, POA, hat Ihnen neulich den Brasilianischen Text dieser Arbeit geschikt. Er soll im Sommer in POA als Sonder-Nummer der Zeitschrift der Juristischen Fakultät (Bundesuniversität) von POA erscheinen.

Wurden Sie, lieber Professor und Freund, bitte eine kurze apresentação zu dieser kleinen Monographie schreiben?

Der Name "Paulo Bonavides" ist der größte und glanzvollste Name, den man sich dafür vorstellen kann! Ich wäre sehr glücklich, wenn Sie es machen möchten. Und das kleine Buch würde wegen der Ankündigung "Apresentação de Paulo Bonavides" besonders viel Aufmerksamkeit auf sich ziehen.

Wenn Sie damit einverstanden sein können, würde sich Herr Peter Naumann um die technische Prozedur kümmern. Er kann Sie auch an einem dieser Tage anrufen.

Ich danke Ihnen von Herzen. Ich wünsche Ihnen alles Gute für Ihre Arbeit und Ihre Familie!

Ich freue mich darauf, Sie in Rio bei Ihrer erneuten großen Ehrung durch die OAB wiedersehen zu dürfen.

Herzlichste Grüße Ihres Freundes

FRIEDRICH MÜLLER

Nota dos Organizadores: Agradecendo a remessa que lhe havia sido feita do segundo número da *Revista Latino-Americana de Estudos Constitucionais*, fundada e dirigida pelo professor PAULO BONAVIDES, Friedrich Müller, Catedrático Jubilado da Universidade de Heidelberg, escreveu estas palavras sobre o Diretor daquela festejada publicação:

HD, 1.VI.2004

Sehr verehrter Herr Professor Bonavides, sehr lieber Freund Professor Paulo!

ich danke Ihnen sehr für die Nummer 2 ihrer wunderschönen Zeitschrift *Revista Latino-Americana de Estudos Constitucionais*!

Sie entspricht der Sichtweite und dem Reichtum an Reflexion ihres Diretor P.B., der in meinen Augen der bedeutendste Gelehrte Lateinamerikas ist, der Verfassungsrecht, Staats-und Verfassungstheorie, Verfassungsgeschichte und Politikwissenschaft in seiner Person und in seinem Lebenswerke integriert!

Ich freue mich darauf, Sie in Brasilien bald wieder zu treffen (hoffentlich in Curitiba, 3.7.X. beider "Academia"!) und grüsse Sie und Dona Yeda mit meinen herzlichsten guten Wünschen

immer ihr Bewundern und Freund Friedrich M.

P.S.: Der Verlag RT schickt ihnen mein neues Buch "Fragmento" (sobre) o Poder Constituinte do Povo in diesen Tage zu.

F. M.

Sehr verehrter Herr Professor Bonavides,

lieber Freund Doutor Paulo!

Ich danke Ihnen für die neue wundervolle Nummer Ihrer *Revista Latino-Americana de Estudos Constitucionais*. Sie haben die beste Zeitschrift dieser Art geschaffen und gestalten Sie von Nummer in bewundernswerter Weise!

Lieber Freund, ich kannte nicht das genaue Datum Ihres 80. Geburtstags. Lassen Sie mich Ihnen heute, bei dieser Gelegenheit, von ganzem Herzen meine große und stetige Dankbarkeit für sie und meine allerbesten Glück- und Segenswünschen für Sie, für Ihr Leben, Ihre Familie und nicht zuletzt Ihre wissenschaftlich und für die demokratische Gesellschaft so wichtige Arbeit aussprechen!

Ich habe die Freude und die Ehre, Ihnen zu Ihrem 80. Geburtstag zwei Mal meine Freundschaft auszudrücken: einmal in der Festschrift, die Ihnen in einer Woche in Fortaleza überreicht werden wird; und dann ebenfalls in der neuen Nummer der *Revista Jurídica* des Staatspräsidenten, wo ich – zu Ihren Ehren – den ersten Beitrag geschrieben habe.

Die Herausgeberin dieser Revista, unseren gemeinsame Freundin Pr.a Dr.a Elizabeth Guimarães Teixeira Rocha wird alles tun, um bei der Überreichung der Festschrift in Fortaleza zu sein lund Sie, ebenso wie die liebe und verehrter Dona Yêda, auch in meinem Namen ganz herzlich zu umarmen.

Bis bald, lieber Freund, vielleicht schon im September in Fortaleza, und dann jedenfalls auch während des Nationalkongresses der OAB vom 25.-30. September in Florianópolis.

Sehr herzlich,

stets Ihr

FRIEDRICH MÜLLER

55. *GEORGE H. CHASE*

Harvard University

Dean of the University

November 30, 1944

Mr. Paulo Bonavides

Dear Mr. Bonavides:

President Conant has asked me and Mr. Calvert Smith to talk with you and find out whether you are getting what you want from your stay in Cambridge. Mr. Conant regrets that he has so many engagements out of Cambridge during December that he is afraid he will not find a chance to talk with you himself. Could you come to see Mr. Smith and me at Massachusetts Hall on Wednesday, December 6, at eleven o'clock? If this time is inconvenient, perhaps you will be good enough to telephone to my secretary (Kirkland 7600, Line 1) and make an appointment which will be convenient for all of us.

Looking forward to seeing you, I am

Sincerely yours

GEORGE H. CHASE

56. *GERALDO ATALIBA*

Instituto de Direito Público

São Paulo, 16 de maio de 1968

Prezado professor Paulo Bonavides,

reitero os agradecimentos formulados por meu pai, professor Ataliba Nogueira, pela remessa do seu magnífico estudo sobre "O Regime Representativo e a Democracia", publicado na p. 99 do n. 3 da *Revista de Direito Público*.

É uma grande honra para todos nós ostentarmos o nome de V. Exa. entre os nossos colaboradores.

Muito oportuna é a publicação desse seu estudo neste volume da Revista. Nesta data, estou remetendo a V. Exa. alguns exemplares da mesma, juntamente com os penhorados agradecimentos e as saudações de meu pai.

Contando continuar gozando do prestígio de seu apoio, subscrevo-me, seu admirador

Prof. GERALDO ATALIBA

Diretor da Revista

São Paulo, 12 de agosto de 1971

Prezado mestre e amigo professor Paulo Bonavides,

chegado a São Paulo, antes de reencetar minhas atividades, volto meu pensamento para a figura do querido amigo e Mestre e lembro com imensa gratidão todas as gentilezas e atenções com que me cercou, honrando-me grandemente.

Senti-me imensamente prestigiado com a sua deferência e com a sua atenção. Foi motivo de grande orgulho e satisfação, para mim, o prestígio que me deferiu, assistindo às minhas palestras e honrando-me com a sua presença nas ocasiões em que tive oportunidade de falar aos seletos auditórios a que compareci.

A presença do ilustre Mestre, com sua cultura e inteligência, se, por um lado, serviu de fator de certa inibição para mim, por outro lado, foi desvanecedor motivo de honra, que não poderei esquecer.

Ao chegar, vi que a *Revista de Direito Administrativo* 104 publica seu estudo sobre "O Planejamento e os Organismos Regionais, como Preparação a um Federalismo de Regiões".

Vou lê-lo, imediatamente, para aproveitar e aprender com o Sr., mais uma vez. Mas tomo esta verificação como pretexto para insistir nos pedidos – insistentemente feitos anteriormente – de que o prezado amigo e Mestre nos envie uma colaboração para ser publicada na *Revista de Direito Público*. (...).

Estamos na expectativa de revê-lo, aqui em São Paulo, para termos a oportunidade de tentar retribuir as inúmeras atenções e deferências que recebemos do querido Mestre e amigo aí.

Receba o nosso afetuoso abraço de amigo e admirador.

GERALDO ATALIBA

São Paulo, 25 de fevereiro de 1991

Tenho estado com nosso amigo comum Dr. Barbosa, que me enviou recorte do jornal do Brasil, contendo um artigo teu sobre "A Falsa Constituinte".

Fiquei exultante porque verifiquei que ambos pensamos da mesma maneira, embora não tenhamos conversado a esse respeito, nem combinado fazer qualquer publicação. Peço tua orientação para divulgar esse teu artigo onde for possível. Considero muito importante que alguém com a tua autoridade se pronuncie também nessa linha.

Lá pelo meio do ano haverá uma reunião de procuradores municipais em Fortaleza. Fui convidado para dar-lhes uma conferência. Assim, espero a oportunidade de ver-te pessoalmente, aí.

Por outro lado, estou, aqui em São Paulo, inteiramente ao teu dispor, e desejoso de ter o prazer de receber-te, e trocar ideias.

Acabo de falar com o nosso querido amigo Dr. Barbosa, que te enviou lembranças. Ele não perde a ocasião de não só lembrar a tua pessoa, como ainda elogiar intensamente, com nosso apoio, tuas qualidades intelectuais e morais. Partilho integralmente, há muito tempo, a mesma opinião, de maneira que isto é um fator de aproximação entre nós. Considero o Dr. Barbosa um dos mais argutos observadores e agudos críticos de nossa realidade, além de finíssimo analista da nossa Sociologia.

Quero pedir-te, meu querido amigo, que envies trabalhos para publicação na *Revista de Direito Público*. Teus estudos enriquecem as publicações que os estampam.

Por outro lado, quero expressar-lhe que todos nós lamentamos os rumos que foram tomados pelo Instituto Brasileiro de Direito Constitucional. Chegamos, inclusive, a pensar na fundação de uma outra entidade, que fizesse as suas vezes, para incentivar os nossos encontros periódicos, tendo em vista o estudo do direito constitucional. Que acha dessa ideia? Gostaria de trocar impressões a esse respeito.

Receba um afetuoso abraço do admirador e amigo

GERALDO ATALIBA

8 de julho de 1992

Prezado mestre e amigo Paulo,

reitero solicitação que lhe fiz, em março, de autorização para publicar na RTDP o seu excelente artigo sobre "Despolitização da Legitimidade".

Receba afetuoso abraço do admirador

GERALDO ATALIBA

São Paulo, 16 de julho de 1992

Prezado amigo e mestre Paulo,

recebi sua atenciosa carta, dando ampla autorização para publicarmos seus trabalhos na RTDP.

Agradecemos muito. O Brasil precisa conhecer o pensamento e as lições de seus grandes Mestres, que são tão poucos.

Dando essa generosa autorização, você contribui para tornar este País menos selvagem.

Receba afetuoso abraço do

GERALDO ATALIBA

São Paulo, 5 de maio de 1993

Prezado mestre e amigo Paulo,

envio-lhe o breve estudo sobre "Limites à Revisão Constitucional de 1993", onde tenho a honra de citá-lo, às pp. 7, 9, 10, 11 e 12.

Creio firmemente que a única maneira de nos transformarmos em País civilizado é respeitarmos a Constituição e tratá-la com reverência. Minha modesta contribuição para isso está nesse estudo.

Agradecerei observações.

Com admiração

GERALDO ATALIBA

57. *GERSON DE BRITTO MELLO BOSON*

Belo Horizonte, 5 de outubro de 1981

Distinto Mestre:

recebi com satisfação o seu "Parecer" sobre o meu caso de aposentadoria compulsória, o qual, como já era de esperar, se acha à altura dos vastos conhecimentos jurídicos do renomado Professor – excelente publicista que é, por todos nós festejado.

Aqui só me resta manifestar-lhe os meus sinceros agradecimentos, e aguardar que o distinto Mestre me envie aviso de honorários.

O "Parecer" chegou-me a tempo, de vez que somente na semana entrante ingressarei em juízo, através do professor Rui de Souza, que está concluindo a inicial da ação, para o quê aguardava o seu pronunciamento.

O professor Catão – seu grande admirador – transmitiu-me sua preocupação sobre a possibilidade de extravio do "Parecer", por falta de comunicação de minha parte.

Na verdade, somente sexta-feira última, à noite, indo à Faculdade para ministrar aula no curso de Pós-Graduação, encontrei o envelope do "Parecer" no meu escaninho.

Daí somente hoje estou lhe escrevendo para os agradecimentos.

Sem outro assunto no momento, aqui ao seu inteiro dispor e com os meus votos do que tenha a realização de um bom curso a ministrar na Faculdade de Direito da Universidade de Colônia, subscrevo-me.

Cordialmente

GERSON DE BRITTO MELLO BOSON

58. GILBERTO BERCOVICI

São Paulo, 9 de julho de 1996

Prezado professor Paulo Bonavides:

sou aluno da Faculdade de Direito do Largo de S. Francisco. Fui bolsista da FAPESP (Fundação de Amparo à Pesquisa do Estado de São Paulo), tendo desenvolvido pesquisa de iniciação científica sobre a crise de representatividade no Estado Federal Brasileiro. Em conversa com o professor Fábio Konder Comparato, expus minha intenção de desenvolver uma pesquisa sobre a questão dos desequilíbrios regionais, em nível de pós-graduação. Nesta ocasião, mostrei uma listagem bibliográfica sobre o tema levantada por mim até aquela data. Ao se dispor a orientar-me informalmente (pois esse tema fugiria de sua área de concentração em direito comercial), o professor Comparato sugeriu-me que procurasse o Sr. e pedisse ajuda na elaboração do projeto, especialmente no tocante a indicações bibliográficas. Dessa maneira, ouso escrever esta carta, certo de que o Sr. poderá me ajudar.

Estou enviando ao Sr. o esboço do projeto de pesquisa (está ainda sem qualquer teor definitivo) e a listagem bibliográfica por mim levantada (livros em Português, Espanhol, Italiano, Francês e Inglês. Infelizmente, não leio Alemão). Peço ainda perdão pela ousadia, pois estou enviando um pequeno ensaio, de minha lavra, que foi apresentado em um congresso de iniciação científica dos alunos da Faculdade de Direito. Espero que seja de seu agrado.

Agradeço a sua atenção e aguardo ansiosamente sua resposta.

De seu admirador

GILBERTO BERCOVICI

59. *Ministro GILMAR MENDES*

Brasília, 21 de março de 1991

Prezado professor Paulo Bonavides,

estou encaminhando ao Sr. cópia de dissertação apresentada à Universidade de Münster. Segue, também, cópia da tradução da Die Normative Kraft der Verfassung, que será publicada brevemente pela Sérgio Fabris (Porto Alegre).

Abraços cordiais.

GILMAR

60. *Desembargadora GIZELA NUNES DA COSTA*

Tribunal de Justiça do Estado do Ceará

Fortaleza, 30 de maio de 2006

Sr. Professor,

apraz-me comunicar a V. Sa. que a egrégia 2ª Câmara Cível do TJCE, na Sessão Ordinária de 24.5.2006, à unanimidade, aprovou Voto de Congratulação pelo brilhante discurso proferido na ocasião da entrega dos títulos de "Notório Saber Jurídico e Médico", de iniciativa da Universidade Federal do Ceará/UFC, em que foram agraciados os Exmos. Srs. Min. Francisco César Asfor Rocha, Des. Napoleão Nunes Maia e o professor Dr. Pedro Henrique Saraiva Leão.

Cordialmente,

Desembargadora GIZELA NUNES DA COSTA

Presidente da 2ª Câmara Cível em exercício

61. *GOFFREDO TELLES JR.*

São Paulo, 27 de julho de 2003

Mestre Paulo Bonavides

Professor Emérito da Democracia e do Estado de Direito

Queridíssimo amigo,

sua carta está aberta sobre a mesa. Permanece aberta, como no primeiro dia. Eu a leio e releio. Que sonho! Não tenho palavras para lhe dizer o suave bem que ela trouxe ao coração deste velhote. Ando sofrendo – meu Deus! – o perpassar implacável das primaveras... E sua carta foi um mágico sopro de rejuventude. Que prêmio! Mereço? A maravilhosa carta revela, mais uma vez, o escritor de escol e a beleza d'alma de quem a redigiu e assina. O Sr. descortinou, nas parolagens de meu livrinho, o amor que as inspira.

Deus lhe pague!

GOFFREDO TELLES JR.

62. GONZAGA MOTA

Governo do Estado do Ceará

Gabinete do Governador

Fortaleza/CE, 13 de julho de 1984

Meu caro professor Paulo Bonavides:

sou grato ao nobre amigo pela citação de meu nome no excelente artigo de sua autoria "A Proposta do Federalismo Regional", estampado no Jornal do Brasil de 17 corrente.

Parabenizo-o pelas ideias levantadas, com as quais comungo, por vislumbrar a necessidade de se obter, com brevidade, um novo pacto social para o País.

O abraço do amigo

GONZAGA MOTA

63. H. WAGNER

Freie Universität Berlin

Fachbereich Politische Wissenschaft (FB 15)

Prof. Dr. H. Wagner

Herrn

Professor Dr. Paulo Bonavides

21.5.1976

Sehr geehrter Herr Kollege,

ich bitte mir nachzusehen, daß ich meine Zusage erst heute einlöse. Ich hatte Ihnen angekündigt, daß ich beide Gutachten über die Dissertationschrift von Herrn B. Moltmann nach Fertigstellung sofort an Sie abschicken würde.

Ich übersende Ihnen heute beide Gutachten, da das zweite von meinem Kollegen Sotelo erst jetzt eingegangen ist. Bei dieser Gelegenheit darf ich mich nochmals herzlich für Ihre Mühen und für Ihr Engagement bedanken. Ich hoffe, daß Sie Herrn Moltmann anläßlich seines für den Herbst geplanten Brasilienaufenthalts auch persönlich werden wiedersehen können.

Mit Dank und kollegialen Grüßen

Ihr

H. WAGNER

64. H. WIEDERMANN

der Rektor der Universität zu Köln

Köln, den 6. August 1981

Herrn

Prof. Dr. Paulo Bonavides

Sehr geehrter Herr Kollege!

Ihren Brief vom 19.06.1981 habe ich dankend erhalten. Ich freue mich, dass Sie die Einladung zu einer Gastprofessur angenommen haben und daB wir Sie im Sommersemester 1982 bei uns haben dürfen. Ihre Mitarbeit wird für Kollegen und Studenten der Rechtswissenschaftlichen Fakultät anregend bereichernd sein.

Ich danke Ihnen für Interesse an einer Intensivierung Ihr des wissenschaftlichen Austausches zwischen unseren Universitäten. Kürzlich konnte ich dem Rektor Ihrer Universität, Herrrn Professor Dr. Paulo Elpídio de Menezes Neto, persönlich mitteilen, daB auch in Köln eine Gruppe von Professoren sich für eine vertragliche Institutionalisierung des Austausches einsetzt und daB ich diese Bestrebungen gern unterstütze.

Mit freundlichen Empfehlungen

Professor Dr. H. WIEDEMANN

65. HARRI MEIER

Dolmetscher-Institut der Universität Heidelberg

Heidelberg, den 20.August.1953

Bescheinigung

Herr Professor Paulo Bonavides war im Wintersemester 1952/53 und im Sommersemester 1953 als Gastprofessor in der Portugiesisch--Brasilianischen Abteilung des Dolmetscher-Instituts und am Romanischen Seminar tätig. Er hat regelmäßige Vorlesungen und Seminare über brasilianische Landeskunde und Kulturgeschichte Brasiliens sowie Sprach – und Übersetzungsübungen abgehalten. Seine Kurse erfreuten sich dank seiner guten Vorbereitung, seiner großen Gewissenhaftigkeit und seiner pädagogischen Befähigung allgemeinen Interesses und haben die Bestrebungen unserer beiden Universitäts-Institute, die Studierenden der romanischen Philologie und des Portugiesischen auch in die brasilianischen Verhältnisse einzuführen und sie mit diesen in wissenschaftlicher Art vertraut zu machen, auf das nachhaltigste gefördert. Die Direktion der beiden Institute ist Herrn Bonavides für diese Unterstützung ihrer Bemühungen zu großem Dank verpflichtet. Die Mitarbeiter der Institute und die Studierenden bedauern es, daß wegen der Rückkehr des Genannten in seine Heimat seine Lehrtätigkeit in Heidelberg mit dem abgelaufenen Sommersemester ihr Ende findet.

Prof. Dr. HARRI MEIER

Romanisches Seminar der Universität Bonn

Bonn, den 8.10.1956

Lieber Herr Bonavides!

Wir denken noch oft und gern an Ihren Besuch zurück und haben sehr bedauert, daß Sie nachher nicht nochmal bei uns eingeschaut haben. Ich hoffe, daß Sie zu Hause bei Ihrer Rückkehr alles wohl angetroffen haben und uns bald eine gute Nachricht über das Gedeihen der Familie erreicht. Die schöne Decke sohmückt als brasilianische Erinnerung unseren Tisch und meine beiden Töchter, die inzwischen wieder zurückgekehrt sind u sich Ihrer gut erinnern, haben sie gebührend bewundert.

Hoffentlich waren Ihre Besprechungen über die Förderung des Austausches zwischen der Universität Ceará und den deutschen Universitäten von Erfolg gekrönt. Bitte lassen Sie mich wissen, wenn ich Ihnen in irgendeiner Weise nützlich sein kann.

Im Juli besuchte mich einer Ihrer Landsleute, der mit Ihnen die Reise gemacht hatte und hinterließ mir ein Päckchen für Sie, das ich damals in der Erwartung Ihres nochmaligen Besuchs in Verwahrung genommen habe. Ich wäre Ihnen sehr dankbar, wenn Sie mir schreiben würden, ob ich es Ihnen zurücksenden oder sonstwo hin schicken soll.

Mit herzlichen Grüßen auch von meiner Frau und meinen Töchtern Ihnen und Ihrer Gattin in alter Freundschaft

Ihr

HARRI MEIER

66. HÉCTOR FIX-ZAMUDIO

Universidad Nacional Autónoma de México

Instituto de Investigaciones Jurídicas

México, DF, 2 de octubre de 2002

Sr. Prof. Dr. Paulo Bonavides

Muy distinguido y estimado Sr. profesor Bonavides:

Recibí el día de hoy su amable comunicación por telefax, por la cual me hace el honor de invitarme a formar parte del Consejo de Redacción de la *Revista Latino-Americana de Estudos Constitucionais*, que ha sido promovida por los profesores de esa prestigiada Facultad, con sede en esa ciudad, pero con circulación en todo nuestro Continente, como parte de las celebraciones del centenario de la fundación de la propia Facultad, de la cual es Ud. Profesor Emérito.

Considero una distinción inmerecida esa invitación, que, por provenir de un jurista de tan alta calidad como Ud., es todavía más honrosa, y por supuesto acepto encantado formar parte del Consejo de Redacción de la Revista, con el que colaboraré en la medida de mis posibilidades, y también haré el esfuerzo, no obstante el cúmulo de mis compromisos académicos, de enviar un breve estudio para el primer número de esa publicación.

Aprovecho la presente oportunidad para enviarle un cordial y atento saludo, con mis deseos por el éxito de las celebraciones que están organizando y de la importante Revista que han promovido.

HÉCTOR FIX-ZAMUDIO

Universidad Nacional Autónoma de México

Instituto de Investigaciones Jurídicas

Sr. Prof. Dr. Paulo Bonavides

Muy estimado profesor Bonavides:

El día de ayer recibí dos paquetes que contienen los X volúmenes de la monumental obra intitulada *Textos Políticos de Historia do Brasil* de la que es autor conjuntamente con el Dr. Roberto Amaral, que tuvo la generosidad de enviarme.

Le agradezco el envío de tan valiosos libros, que me serán de una gran utilidad para mis labores de investigación.

Aprovecho esta oportunidad para enviarle un cordial saludo, con mis mejores deseos por su ventura personal y familiar, así como por el éxito en sus importantes labores académicas durante el año de 2003, que está por llegar.

HÉCTOR FIX-ZAMUDIO

67. HÉLIO JAGUARIBE

Instituto de Estudos Políticos e Sociais

Rio, 13 de novembro de 1985

Caro Paulo Bonavides,

de regresso ao Rio desejaria agradecer-lhe a cordial acolhida dispensada a Maria Lúcia e a mim, quando de nossa estada em Fortaleza. Foi muito grata para mim essa primeira visita à terra de meus antepassados, a que pretendo voltar com mais tempo, para visitar Aracati e outros sítios.

Desejaria, por outro lado, reiterar-lhe meus agradecimentos pelos três excelentes estudos seus, os Textos Políticos, Constituinte e Constituição e Política e Constituição, todos, particularmente os dois últimos, fundamentais para a tarefa da Comissão de Estudos Constitucionais.

Com meu cordial abraço

HÉLIO J.

68. HELMUT SIES

Nota dos Organizadores: Ao transcurso de seus 80 anos de idade, o professor PAULO BONAVIDES recebeu do professor Dr. Helmut Sies, Presidente da Academia de Ciências da Westfália Renânia do Norte, da qual é Sócio-Correspondente, a seguinte mensagem de congratulações:

Nordrhein-Westfälische Akademie der Wissenschaften

Der Präsident

Professor Dr. Dr. h. c. Helmut Sies

5.Mai 2003

Herrn

Professor Dr. Paulo Bonavides

Sehr geehrter Herr Bonavides, im Namen der Nordrhein-Westfälische Akademie der Wissenschaften gratuliere ich Ihnen zu ihrem 80 Geburtstag sehr herzlich.

Ich verbinde damit alle gute Wünsche für Ihr Künftiges Wohlergehen und die Hoffnung, Sie können Ihren Geburtstag im Kreis Ihrer Familie und Freunde unbeschwert feiern.

Mit freundlichen Grüssen

Ihr:

HELMUT SIES

69. HENRY A. WALLACE

Nota dos Organizadores: O autor desta carta ao professor Paulo Bonavides foi o penúltimo Vice-Presidente dos Estados Unidos na longa gestão de vários mandatos de Franklin Delano Roosevelt como Presidente daquele País. Henry Wallace teve por sucessor na vice-presidência Harri Truman, que logo se tornou Presidente com o falecimento de Roosevelt em abril/1945.

February 12, 1945

Dear Mr. Bonavides:

enclosed I am sending you a brief summary of my life.

I wish I could give you the story which you request, but I have made it a steady rule not to prepare stories of this sort for the foreign press.

I certainly do hope in the not too distant future to have the opportunity of travelling in Brazil. But before doing that I hope to have the opportunity of studying Portuguese. Thus far I have been too busy with other duties.

Sincerely yours,

H. A. WALLACE

70. HORTÊNCIO RIBEIRO

Nota dos Organizadores: O professor Paulo Bonavides ficou órfão de pai em 11.4.1933, poucas semanas antes de completar oito anos de idade. Tinha pelo progenitor Fenelon Fernandes Bonavides profunda afeição. Sobre este o abalizado historiador e escritor paraibano Hortêncio Ribeiro publicou em João Pessoa, na edição de 27.4.1933, no jornal *A Imprensa*, órgão da Arquidiocese da Paraíba, a seguinte "Nota do Dia":

Ao redigir esta nota de saudade em volta da tumba que se acaba de encerrar sobre o corpo de Fenelon Bonavides, o meu espírito condoído se alonga para o meu triste passado em Campina Grande, onde os semblantes que amei outrora já não existem mais. Afonso Campos, Ananias de Gusmão, Eliazar Vilar, Ubaldino Batista, Joaquim Tinísio, Sulpino Colaço, Pedro Marreca e Eufrásio Câmara, a rígida morte já os levou a todos, deixando-nos a nós os seus amigos, a relembrar ainda hoje os seus nomes, até que a hora soe de entrouxarmos também para a grande viagem.

O vestígio que Fenelon, que é o amigo que de nós se despede hoje, deixou na terra campinense não o esmaecerá o tempo, porque o defende a bondade, que é característica única que perpetua a lembrança dos viventes na sua breve passagem pelo mundo.

Não há cidadão campinense digno deste nome que não recorde o concurso espontâneo por Fenelon Bonavides prestado, com isenção e desinteresse comprovados, a qualquer ideia generosa e elevada.

Funcionário da Estação Telegráfica que ele, ia por volta de 1897, ajudou a fundar, presidente do Ateneu Campinense, o grêmio literário mais homogêneo e brilhante que já existiu em Campina Grande, sócio e grande animador, ao lado de João Clementino dos Santos ("Joça de Areia", como nós o chamávamos) e Eleutério Edáclio Escobar, das melhores sociedades dramáticas que ali se organizaram, são inúmeros os tentâmens a que se achava indissoluvelmente ligado o nome do grande amigo e companheiro que, neste minuto de angústia e incontida aflição, pranteamos com sincera dor.

O meio social e estético de Campina Grande teve em Fenelon, como em Afonso Campos, um dos seus paladinos mais denodados. E a instrução pública, que eu já ia me esquecendo de recordar, possui no areiense Fenelon, ao lado do velho Manoel Tavares Cavalcanti, Tabelião Público naquela cidade, um entusiasta incomparável e competente no iluminar os espíritos de gerações que ignoro se do preceptor esforçado ainda hoje se lembram.

Seja como for, porém, o nome de Fenelon Bonavides perdurará apesar de tudo e malgrado a morte que o vem de arrebatar ao convívio de sua digna família e do seio de amigos que através das vicissitudes da vida se reúnem em torno do seu catafalco para bendizerem a sua sagrada memória.

71. HUMBERTO NOGUEIRA ALCALÁ

Universidad de Talca
Facultad de Ciencias Jurídicas y Sociales
Talca, Chile, 11 de octubre de 2002
Exmo Sr.
Paulo Bonavides

Estimado Profesor;

he recibido su atento fax en que me informa de la conmemoración del centenario de la fundación de la Facultad de Derecho de Ceará y de la fundación de la *Revista Latino-Americana de Estudos Constitucionais* con sede en la ciudad de Fortaleza, en la cual me invita a formar parte del Consejo Consultivo de la Revista.

Para mí es un gran honor haber sido distinguido para integrar dicho Consejo Consultivo que Usted preside, deseando desde ya el mejor de los éxitos a esta feliz iniciativa que posibilitará una mayor integración y colaboración académica en el ámbito latinoamericano en el área del derecho constitucional.

Cuente, distinguido Profesor, con mi colaboración en el Consejo Consultivo si puede ser útil, como asimismo con el envío de un artículo para el primer número.

Se despide atentamente

HUMBERTO NOGUEIRA ALCALÁ

Decano

72. INGO WOLFGANG SARLET

Porto Alegre, 18 de agosto de 1997

Ilmo. professor Dr. Paulo Bonavides:

tomo liberdade de apresentar-me à V. Sa. e enviar-lhe, em anexo, um exemplar de minha tese de Doutoramento apresentada em julho/1996 na Universidade de Munique (Ludwig-Maximilians-Universität), Alemanha, e publicada em fevereiro deste ano pela Editora Peter Lang de Frankfurt, após realização das provas orais e conclusão do Doutorado em dezembro/1996. Tive a grata satisfação de ser apresentado a V. Sa. através do professor Dr. Juarez Freitas, da PUC/RS, por ocasião de Congresso sobre os Direitos Fundamentais realizado no ano passado, tendo assistido à vossa excelente palestra sobre a interpretação dos direitos fundamentais.

Na medida em que busquei nas obras de V. Sa. muitos dos elementos utilizados na fundamentação das minhas posições, bem como pela notável contribuição que V. Sa. tem dado ao desenvolvimento da teoria dos direitos fundamentais entre nós, inclusive trazendo para o nosso meio as mais atualizadas posições do Direito Germânico, mediante análise crítica e a devida adaptação ao direito constitucional pátrio, não poderia deixar de submeter à consideração de V. Sa. o meu trabalho, que versa sobre a problemática dos direitos fundamentais sociais no Brasil e na Alemanha, onde tentei traçar um paralelo no que tange aos principais problemas que a matéria suscita no âmbito do Direito Luso-Brasileiro e do Germânico, ciente de que a amplitude do tema e o método comparativo não permitiram uma análise de todos os aspectos que a matéria suscita e que, por si só, mereceriam uma tese. Não poderia deixar de mencionar, neste contexto, a admiração que nutro por V. Sa. desde meus tempos de Faculdade, já que fui iniciado no direito constitucional com o Curso de vossa autoria, e que continuo a indicar aos meus alunos de Graduação na UNISINOS (São Leopoldo), na Escola Superior da Magistratura da AJURIS, bem como no Mestrado da PUC/RS, onde tenho tido a honra de ministrar algumas aulas como Professor Visitante.

Para finalizar, gostaria de poder contar, na medida do possível, com alguma consideração crítica por parte de V. Sa., até mesmo para viabilizar os ajustes e aprimoramentos que a obra sem dúvida merece. Além disso, espero concluir até o mês de outubro p. v. a minha versão nacional da obra, para encaminhamento a alguma editora. Cuida-se, contudo, de versão reduzida, reestruturada metodologicamente, que inclui literatura espanhola, prioriza aspectos relevantes para o nosso Direito, deixando de fora alguns pontos relativos ao Direito Alemão. Também passei a considerar os direitos fundamentais em sua totalidade, e não apenas os direitos sociais, incluindo até mesmo capítulos novos. É claro que lhe farei o envio de um exemplar assim que alguma editora se dispuser em publicar a obra.

(...).

Limitado ao exposto, aproveito o ensejo para formular a V. Sa. os meus votos de estima e consideração.

Atenciosamente

INGO WOLFGANG SARLET

14 de dezembro de 1998

Prezado Prof. Bonavides,

grato pelo incentivo e apoio recebidos, bem como pela honrosa indicação para a palestra em Fortaleza, aproveito para desejar-lhe, junto com os seus, um feliz e abençoado Natal e um 1999 com mais dignidade (valor que o Sr. tanto preza e difunde) para todos os brasileiros.

Sinceramente

INGO SARLET

73. ITAMAR FRANCO

Belo Horizonte, 17 de janeiro de 1999

Meu caro professor Bonavides,

a sua mensagem, ao trazer ao povo mineiro a palavra de estímulo de um respeitado Professor da ciência do Direito e grande cidadão brasileiro, sevirá para reafirmar nosso ânimo de resistir, em nome da liberdade e da justiça, "restaurando a idoneidade do princípio federativo".

Em nome de Minas, muito obrigado.

O abraço do compatriota

ITAMAR FRANCO

74. IV CONGRESSO HISPANO-LUSO-AMERICANO-FILIPINO DE MUNICÍPIOS

Exmo. Sr.

D. Paulo Bonavides

Fortaleza (Ceará)

Exmo. Sr.,

no último Congresso Hispano-Luso-Americano-Filipino de Municípios, reunido em Brasília, acordou-se celebrar a sua próxima edição em Barcelona, e nele se indicaram as datas de 6 a 12 de outubro próximo.

Na primeira circular, datada de abril, que suponho tenha chegado às mãos de V. Exa., fazia-se referência à temática do Congresso e solicitava-se a sua participação no mesmo, atendendo à importância das deliberações e à experiência e elevado valor da colaboração de V. Exa.

A cidade de Barcelona, tão repleta de história municipal e na qual o Município constitui uma grande realidade política do maior prestígio, desejaria poder trazer a este Congresso o maior número possível de representantes para que o mesmo seja a expressão autêntica dessa comunidade de sentimentos que une e enlaça todas as Municipalidades do mundo num labor comum da maior transcendência comunitária.

Ainda que dentro de breves dias voltarei a referir-me à esperada participação de V. Exa. no Congresso, e às várias manifestações simultâneas que se celebrarão à volta do mesmo (feiras monográficas de maquinaria e utensilhagem para uso dos Municípios; arte e história dos povos e cidades de Espanha e uma exposição de programação e recursos da nossa cidade), desejaria marcar todo o interesse e vivo afecto com que receberíamos a assistência pessoal de V. Exa., para o quê me permito juntar o programa geral do Congresso e o programa especial para as Sras., e rogar-lhe que se digne preencher o Boletim adjunto.

Com o desejo de contar com a sua grata assistência e de o poder saudar pessoalmente, saúda-o com todo o afecto

JOSÉ MA. DE PORCIOLES
Presidente da Câmara Municipal
Presidente da Comissão Local

75. IVAN BICHARA SOBREIRA

Rio, 27 de maio de 1971

Meu caro Paulo Bonavides:

recebi (via João Pessoa) um recorte de *O Povo* contendo seu precioso estudo sobre “O Romance de José Lins do Rêgo”.

Gostei muito de sua apreciação crítica, sempre cuidadosa, lúcida, criteriosa. E gostei sobretudo porque V. não se limitou a registrar o aparecimento do livro; deu dele a interpretação precisa; do livro e, o que é mais importante, da obra de José Lins do Rêgo, nesta síntese admirável: “Com efeito, José Lins do Rêgo mede-se por um conjunto de trabalhos, no qual nenhum livro de perfil ou insuladamente nos poderia dar a chave de sua arte e engenho”.

Estou residindo, atualmente, no Rio de Janeiro, onde estou, sempre, às ordens do caro amigo.

Abraço afetuoso do

IVAN BICHARA SOBREIRA

76. IVAN LINS

Rio, 16 de outubro de 1962

Prezado Professor Paulo Bonavides,

cordiais saudações!

Atendendo a um apelo do professor Miguel Reale, tenho o prazer de enviar, por seu intermédio, para o IV Congresso Nacional de Filosofia, a tese que segue com esta.

Infelizmente minhas obrigações no Tribunal de Contas e outros compromissos não me permitem participar pessoalmente do Congresso, o que me proporcionaria a oportunidade de conhecer de perto o nobre amigo e outros autênticos representantes da cultura cearense.

Entre os motivos que me impedem de comparecer ao Congresso está uma comemoração do 4º Centenário de Lopo de Vega, há muito programada pela Academia Brasileira de Letras em cooperação com o Ministério do Exterior, e que está marcada exatamente para o dia 8 de novembro.

Cordialmente, seu admirador

IVAN LINS

Rio, 17 de dezembro de 1973

Meu prezado e admirado amigo professor Paulo Bonavides,

velho leitor de seus admiráveis trabalhos, entre eles destaco os esplêndidos livros *Do Estado Liberal ao Estado Social* e *Ciência Política*. No primeiro o ilustre amigo profetizou, com segurança, o que hoje dia a dia se torna mais patente por toda parte: a transformação do Estado Liberal em Estado Social, de acordo, aliás, com as linhas mestras da Política Positiva de Augusto Comte.

Quanto à sua *Ciência Política*, é um dos mais luminosos e profundos quadros da matéria, tal a segurança e a profundidade com que o Mestre o traçou.

Neste seu novo livro *Reflexões – Política e Direito*, que recebi há poucos dias e acabo de ler encantado, aprendendo muito, confirma o admirado amigo o estilo fluente e escorreito, ostentando aquela clareza, hoje em dia tão rara, que Vauvenargues dizia ser "a boa fé dos filosóficos".

Com os meus melhores agradecimentos, peço-lhe me permita enviar-lhe alguns de meus últimos trabalhos.

Afetuosamente, seu velho confrade, amigo e admirador

IVAN LINS

77. *JAMES B. CONANT/C. H. HARING*

Harvard University

THIS IS TO CERTIFY THAT

Paulo Bonavides

was a resident at this University during the academic year 1944-1945 in association with Fellows on the Nieman Foundation and pursued during that year an approved course of study.

JAMES B. CONANT

President

C. H. HARING

Chairman of the Committee on Inter-American Relations

78. JAMES K. POLLOCK

International Political Science Association

Association Internationale de Science Politique

Office of the President May 21, 1958

Professor Paulo Bonavides

My dear Professor Bonavides:

your letter of May 10 has reached me. Unfortunately, all of the records of the Association are kept by the Secretary-General in Geneva and he is the officer who is supposed to testify as to membership affairs. I am sending a copy of your letter to him, and I am sure that he will take care of it right away. He returned to Geneva some ten days ago and is there now.

I shall be glad to receive your new book, and I congratulate you on its appearance. I am anxious that a strong political science association develop in Brazil, and I shall talk about this to professor Cavalcanti when I see him at the time of our International Congress in Rome in September.

Sincerely yours

JAMES K. POLLOCK

79. JOACIL DE BRITTO PEREIRA

Instituto Histórico e Geográfico Paraibano

João Pessoa, 4 de janeiro de 1993

Eminente amigo professor Paulo Fernandes Bonavides,

honra-me comunicar ao ilustre conterrâneo a sua escolha para o quadro de Sócios-Correspondentes.

A proposta foi de autoria do nosso confrade Ascendino Leite e mereceu a aprovação unânime da Casa, em sua última reunião do ano passado, realizada no dia 19 de dezembro.

Fica a seu critério receber o respectivo diploma com ou sem solenidade, bem assim a escolha da data que melhor lhe convier.

Será uma alegria receber o eminente amigo em nosso Instituto.

Cordialmente

JOACIL DE BRITTO PEREIRA

Presidente do IHGP

80. JOÃO MILANEZ DA CUNHA LIMA

São Paulo 22 de dezembro de 1982

Caríssimo amigo Paulo Bonavides:

estimei muitíssimo tenha achado o que bendizer dos "Quadros do Escrivão", embora sabendo o quanto pode a amizade empecer o mais claro juízo crítico. Estimei ainda mais que atinasse com pontos de sua modesta feitura, que costumam deixar insensível a mor parte dos nossos contemporâneos. Realmente o zelo da vernaculidade, que tanto distingue os seus escritos (aos quais cumpre reconhecer que suas observações a tal respeito quadram mais ao justo e apropriadamente), constitui característica já incorporada à nossa bagagem intelectual. Em tal medida que não representa acrescentamento ou o que quer de exterior, mas é parte integrante do que pretendemos dizer, da nossa mensagem, no que tem de essencial.

A nossa linguagem, aprendemos a cultuá-la como algo vivo, sensível, valioso e intangível como obra de arte, que não se pode, sem grave dano, truncar ou descaracterizar. É ela, mais do que isto, instrumento do espírito e molde puríssimo onde as gerações vão deixando, indeléveis, as suas marcas mais duradouras. Veículo admirável que nos transcende, nada nos liga tanto com o passado, nada nos parece vincular mais ao futuro, como a nos querer por força projetar nele, fazendo-nos distrair da nossa incomportável transitoriedade.

Um escritor espiritualista de renome não duvidou afirmar que, em nossa época, é a arte, ou uma certa arte – e não a Religião, como se poderia pensar –, o mais seguro e talvez único refúgio que ainda nos resta contra a avassaladora dominação das tendências materializadoras, imperantes em praticamente todos os setores da vida humana. Ao tecnismo, ao racionalismo frio e sem entranhas, contrapõe ela o primado do sentimento e do coração, peregrinos tesouros da alma humana que a nossa portentosa e estulta civilização tudo faz por desmerecer e aviltar.

E assim é. O culto da boa linguagem, castiça, clara e sobretudo humaníssima, por não conformar-se à estreiteza binária e esterilizante do computador, faz parte desta luta, deste princípio, desta facção em que intransigentemente nos colocamos, os que não desejam a morte espiritual do homem.

Gratíssimo pela sua carta. Manifestações de tal quilate constituem o que de melhor poderia receber um modesto escrevinhador de literaturas, ainda mais estranho aos conventículos literários e editoriais que senhoreiam a praça. Sendo mostrada a Torrieri Guimarães, comentarista de livros da *Folha da Tarde*, dedicou-lhe ele expressiva nota, como pode ver do recorte incluso.

Nada mais tentador do que o seu amável convite para revisitarmos o seu memorável retiro de Precabura, mas infelizmente no momento não posso prometer nada. Estamos em fim de governo, o que pode significar o encerramento de minha atividade por aqui, pois exerço cargo de confiança. Se isso ocorrer, o meu primeiro passo será ir ao Nordeste, onde ainda espero descobrir, para fixação última e definitiva, uma espécie de réplica possível desse seu edênico e invejável recolhimento. Esperamos, entrementes, a visita do amigo e dos seus, sem esquecer naturalmente a Doralice, a quem particularmente nos afeiçoamos.

Aproveito para enviar-lhes os meus votos de Boas Festas e o meu abraço fraterno.

JOÃO MILANEZ DA CUNHA LIMA

81. JOÃO PERBOYRE E SILVA

Atesto, para os devidos fins, que o jornalista Paulo Bonavides foi aluno da Faculdade de Direito do Ceará – da qual sou Professor – e que sempre se revelou um aluno exemplar, não apenas por seu talento e aplicação aos estudos, como por sua fina educação – cumprindo pôr em relevo, ademais, o brilhante espírito cívico que demonstrou possuir, figurando, assiduamente, na vanguarda dos mais patrióticos movimentos universitários do Ceará.

Fortaleza, 12 de março de 1946

JOÃO PERBOYRE E SILVA

Professor de Direito Internacional Privado

na Faculdade de Direito do Ceará

82. JOÃO ROBERTO EGYDIO PIZA FONTES

Ordem dos Advogados do Brasil

Seção São Paulo

São Paulo, 25 de junho de 1993

Prezado Professor,

o Departamento de Cultura e Eventos da OAB/Seção de São Paulo vem, pelo presente, agradecer a V. Exa. pela magnífica aula ministrada no dia 11 de março próximo passado, na palestra sobre "Presidencialismo e Parlamentarismo, Alterações Legais Resultantes do Plebiscito e o Referendo como Garantia para a Realização da Vontade Plebiscitária", realizada no Salão Nobre desta Entidade.

A presença de V. Exa. na referida palestra foi motivo de grande honra para esta Seccional.

Na oportunidade renovamos nossos protestos de estima e consideração.

JOÃO ROBERTO EGYDIO PIZA FONTES

Presidente

83. JORGE CARPIZO

Ciudad Universitaria, DF, a 28 de noviembre de 2003

Sr. Prof. Dr. Dn. Paulo Bonavides

Muy distinguido Sr. Catedrático y respetado amigo:

Acabo de recibir su amable carta del día 3 de presente mes y muchísimo le agradezco su invitación para integrarme a los cuadros de la *Revista Latino-Americana de Estudos Constitucionais*.

Asimismo, muchas gracias, he recibido dos ejemplares del n. 1 de la mencionada Revista. Lo felicito por esta gran empresa cultural.

Con verdadero agrado le estoy enviando, para su consideración, un ensayo denominado "Algunas Semejanzas Entre el Ombudsman Español y el Mexicano", y si lo considera pertinente para mí sería un honor que se publicara en la *Revista Latino-Americana de Estudos Constitucionais*.

Además de enviárselo por correo electrónico, se lo estoy enviando por correo aéreo certificado.

Tendré el inmenso gusto de saludarlo personalmente en Sevilla.

Reciba mis mejores y afectuosos saludos.

Dr. JORGE CARPIZO

Sr. Prof. Dr. Dn. Paulo Bonavides

Muy querido y admirado amigo:

El día de hoy he recibido la *Revista Latino-Americana de Estudos Constitucionais* 8, enero-junio/2008. Mil felicidades! Me siento muy orgulloso de colaborar en este número con tantas personalidades académicas.

Realmente la labor que Usted está desarrollando es estupenda.

En unión de su señora reciba usted los saludos más afectuosos.

JORGE CARPIZO

Nota dos Organizadores: Jorge Carpizo, um dos mais insignes juristas da América Latina, faleceu em 30.3.2012. Três dias antes havia remetido uma carta ao professor Paulo Bonavides, que mostra o apreço do saudoso constitucionalista ao seu colega e amigo brasileiro. Ocupava então a Presidência do Instituto Iberoamericano de Derecho Constitucional, tendo exercido cargos de alta distinção e influência na vida pública mexicana, tais como o de Reitor da Universidade Autônoma do México/UNAM, Ministro da Suprema Corte de Justiça, Procurador-Geral da República, Embaixador do México na França, Presidente do Conselho Executivo da União das Universidades Latino-Americanas e Presidente da Comissão Nacional de Direitos Humanos. Além de Professor Catedrático da Universidade Autônoma do México, era também Pesquisador Emérito da UNAM.

México, DF, a 27 de marzo de 2012

Exmo. Sr. Prof. Dr. Dn. Paulo Bonavides

Mi querido amigo:

En los días pasados estuve fuera de la ciudad de México. Regresé anoche. De inmediato he visto los correos electrónicos para comunicarme con Usted y con la profesora Borrini.

Antes que nada, mil felicidades por el Congreso en su homenaje. Más que merecido, así como el otorgamiento del Doctorado Honoris Causa.

Me encantaría estar con Usted en dicha ocasión. No se figura cuanto. Me muero de ganas de presenciar dicho homenaje a un gran constitucionalista latinoamericano que tanto ha hecho y luchado por la democracia de Brasil y de todos nuestros Países.

No obstante, me va a ser realmente imposible estar físicamente con Usted porque en esa semana se realizará en esta Universidad Nacional Autónoma de México un congreso internacional sobre la posibilidad de legislación de algunas drogas. Yo soy el Presidente de la Comisión Organizadora. Vendrán los mejores expertos del mundo a la discusión, y necesito estar presente durante todo el Congreso, porque yo voy a presentar la relatoría general al final del evento.

De verdad no se figura como lo lamento.

Llevo una vida muy atareada que me está imposibilitando tener una vida académica realmente fructífera. Cada día deseo organizar menos eventos para tener más tiempo para reflexionar y escribir, y poder participar más en actividades académicas como su justo homenaje.

En compañía de su señora esposa reciba usted mi invariable cariño y amistad.

JORGE CARPIZO

84. JORGE CARPIZO/ HÉCTOR FIX FIERRO/GUILLERMO NARES RODRÍGUEZ/RAFAEL SÁNCHEZ VÁZQUEZ/ JOSÉ MARÍA SERNA DE LA GARZA/CESAR ASTUDILLO

Congreso Internacional

"El Constitucionalismo a dos Siglos de su Nacimiento en América Latina" Dr. Paulo Bonavides

Director de la *Revista Latino-Americana de Estudos Constitucionais*

El Instituto Iberoamericano de Derecho Constitucional, el Instituto de Investigaciones Jurídicas de la UNAM, la Facultad de Derecho y Ciencias Sociales de la Benemérita Universidad Autónoma de Puebla y el Instituto de Investigaciones Jurídico-Políticas de la propia Facultad de Derecho y Ciencias Sociales organizan el Congreso Internacional "El Constitucionalismo a dos Siglos de su Nacimiento en la América Latina", con motivo del bicentenario de la independencia de México y del centenario de la Revolución Mexicana, mismo que se llevará a cabo en la ciudad de Puebla, los días 1, 2 y 3.2.2010.

Es un privilegio para nosotros, en este contexto, extenderle una cordial y atenta invitación para que participe en los trabajos académicos del citado Congreso en calidad de Conferencista Magistral. No obsta señalar que los gastos relativos a su traslado, alojamiento y hospedaje correrán a cargo de las instituciones organizadoras.

Le significamos que su participación contribuirá, sin duda, al enriquecimiento de las reflexiones que se generarán en torno al desarrollo del Constitucionalismo de nuestra región.

Sin más por el momento, aprovechamos la ocasión para enviarle un saludo cordial.

Ciudad de México, Distrito Federal, 2 de septiembre de 2009

Atentamente

Dr. JORGE CAPIZO – Presidente del Instituto Iberoamericano de Derecho Constitucional

Dr. HÉCTOR FIX FIERRO – Director del Instituto de Investigaciones Jurídicas de la UNAM

Dr. GUILLERMO NARES RODRÍGUEZ – Director de la Facultad de Derecho y Ciencias Sociales de la BUAP

Dr. RAFAEL SÁNCHEZ VÁZQUEZ – Responsable del Instituto de Investigaciones Jurídico-Políticas de la BUAP

Dr. JOSÉ MARÍA SERNA DE LA GARZA – Presidente de la Sección Mexicana del Instituto Iberoamericano de Derecho Constitucional

Dr. CESAR ASTUDILLO – Secretario Ejecutivo del Congreso

85. JORGE MIRANDA

Nota dos Organizadores: A Universidade de Lisboa, em Portugal, deliberou por unanimidade, conferir ao professor emérito Paulo Bonavides o título de *Doutor Honoris* Causa em Direito. A comunicação foi feita ao homenageado pelo professor Dr. Jorge Miranda, Presidente do Conselho Diretivo da Faculdade de Direito daquela Universidade e autor da proposta apresentada à Comissão Científica do Senado da Universidade de Lisboa. Na proposta de concessão da láurea o eminente juspublicista português ressaltou que o professor Bonavides, além de se ter revelado um grande amigo de Portugal, ali proferindo conferências, participando de Bancas Examinadoras, publicando estudos na *Revista da Faculdade* e promovendo intercâmbio cultural com aquele País, possui também currículo onde figura "uma larga carreira acadêmica com intervenções significativas dentro e fora do Brasil". Disse ainda que o mesmo era autor de "obras científicas de relevo, designadamente no campo do direito constitucional". Em razão disso, a Faculdade de Direito da Universidade de Lisboa "se prestigiaria com o ingresso no seu Colégio de Doutores de tão eminente personalidade acadêmica". Em mensagem dirigida ao professor Paulo Bonavides, referindo-se à atribuição desse grau de Doutor *Honoris Causa*, Jorge Miranda assinalou: "É um ato de justiça pelos seus elevados méritos como grande jurista e um ato de reconhecimento pelo seu contributo para as relações científicas entre nossas Universidades".

A cerimônia solene de imposição de insígnias ocorreu em Lisboa no dia 28.1.1998. Relação dos Doutores *Honoris Causa* da Faculdade de Direito da Universidade de Lisboa, os quais tiveram seus nomes gravados no Salão de Entrada daquela Academia: Léon Duguit, Louis Josserand, Edouard Lambert, Waldemar Martins Ferreira, Nicolau Politis, Antonio Truyol y Serra, Claudio Sanchez-Albornoz, Alfonso García Gallo, Miguel Reale, Gilberto Freyre, Maurice Allais, Claus-Wilhelm Canaris, Antonio La Pergola, Domenico Maffei, Antonio García y García, Étienne Cerexhe, Robert Musgrave, Manoel

Gonçalves Ferreira Filho, Paulo Bonavides, Raymond Barre, Alexandre do Nascimento, Alan Peaccok.

Faculdade de Direito da Universidade de Lisboa

Meu ilustre e caro amigo,

sob proposta que tive a grande honra de apresentar – e de que segue cópia –, o Conselho Científico da minha Faculdade deliberou desencadear o processo tendente à atribuição do grau de Doutor em Direito Honoris Causa pela Universidade de Lisboa ao meu eminente amigo professor Paulo Bonavides.

É um acto de justiça pelos seus elevados méritos como grande jurista e um acto de reconhecimento pelo seu contributo para as relações científicas entre as nossas Universidades.

Venho, pois, perguntar se aceita esta concessão de grau e, em caso de resposta positiva – como espero –, pedir o favor de enviar o seu curriculum vitae a fim de se juntar ao processo que terá de ser organizado na Reitoria.

Com os melhores cumprimentos pessoais, de muita admiração e estima.

Faculdade de Direito da Universidade de Lisboa, 30 de janeiro de 1997

O Presidente do Conselho Directivo

Prof. Dr. JORGE MIRANDA

Faculdade de Direito da Universidade de Lisboa

Sr. professor e meu ilustre amigo,

na sequência da proposta que tive a honra de apresentar, a Comissão Científica do Senado da Universidade de Lisboa deliberou, por unanimidade, atribuir a V. Exa. o grau de Doutor Honoris Causa em Direito.

É com profunda satisfação que comunico este facto a V. Exa.

Contudo, tendo em conta o calendário escolar, a cerimónia solene de imposição de insígnias só virá a realizar-se depois de outubro.

Naturalmente, todas as despesas de deslocação de V. Exa. a Lisboa serão suportadas pela Universidade de Lisboa.

Com os melhores cumprimentos possíveis, de muita admiração e estima.

Faculdade de Direito da Universidade de Lisboa, 13 de Março de 1997

O Presidente do Conselho Directivo

Prof. Dr. JORGE MIRANDA

Faculdade de Direito da Universidade de Lisboa

6 de junho de 1999

Prezado professor Paulo Bonavides

Meu eminente amigo,

saí de Fortaleza com a imagem amiga do professor Paulo Bonavides e da D. Yeda despedindo-se de mim no Aeroporto (depois de também lá me ter ido esperar).

Saí, pois, muito comovido com tal prova de gentileza e de bondade vinda de pessoas que admiro profundamente.

Muito obrigado por tudo.

A Madalena também agradece muitíssimo a linda lembrança que a D. Yeda enviou.

Até breve! Em Lisboa ou em Fortaleza ou onde quer que seja!

Um abraço muito cordial de

JORGE MIRANDA

Faculdade de Direito da Universidade de Lisboa

22 de setembro de 1999

Prezado professor Paulo Bonavides,

recebi e agradeço muito os dois livros que, por sua bondade, me enviou.

Neles perpassa o grande constitucionalista e o forte cidadão. Neles está presente, como sempre, o espírito lúcido e combativo. Neles se patenteia o homem de convicção.

Neste final de século – dominado pelo consumismo e marcado por genocídio (com este grau de Zimm) – não é fácil manter o combate. Mas o professor Paulo Bonavides dá o exemplo – dá o exemplo aos brasileiros e dá o exemplo a todos quantos, onde quer que se encontrem, acreditam em valores da justiça e da solidariedade.

Cumprimentos à D. Yeda meus e da Madalena.

Para o professor, o grande abraço do

JORGE MIRANDA

Faculdade de Direito da Universidade de Lisboa

18 de fevereiro de 2000

Meu prezado amigo e Mestre professor Paulo Bonavides,

acabo de receber a 9ª edição (já a 9ª!) do seu magnífico *Curso de Direito Constitucional*, acompanhado de uma generosa dedicatória.

Eu lhe envio os meus parabéns e o meu imenso agradecimento. A obra marca uma fase decisiva no progresso da ciência do direito constitucional no Brasil e nos Países de língua portuguesa, sempre viva e atenta aos níveis do tempo.

O que seria importante agora seria Malheiros Editores fazer a sua difusão e distribuição nas livrarias de Portugal. Estou certo de que lhe daria uma grande venda.

Por hoje, fico por aqui.

Saudações minhas e da Madalena para a D. Yeda.

Para o professor Paulo Bonavides, um grande abraço amigo.

JORGE MIRANDA

Enviado em: quinta-feira, 22 de outubro de 2009

Caríssimo e ilustre amigo professor Paulo Bonavides,

antes de mais, muitos e muitos parabéns pelos dois importantes títulos honoríficos que recebeu. Inteiramente merecidos, eles mostram bem o justo e enorme prestígio de que goza por toda a parte como príncipe dos constitucionalistas da América Latina e da língua portuguesa. Os textos que li são elucidativos do reconhecimento que lhe é devido.

Em relação à Dra. Jéssica Montalvo Teleda, naturalmente terei toda a satisfação em a auxiliar nos trabalhos de aperfeiçoamento em Portugal.

Saudações minhas e da Madalena para a D. Yeda.

Para o ilustre Amigo, um grande abraço.

JORGE MIRANDA

MIGUEL MARTINS

Faculdade de Direito da Universidade de Lisboa

Lisboa, 6 de fevereiro de 2014

Caríssimo Mestre e amigo professor Paulo Bonavides,

recebi e li, com alegria, os discursos proferidos na Universidade de Buenos Aires por ocasião do Doutoramento Honoris Causa que lhe foi atribuído.

Como discípulo e amigo, rejubilo com mais esta justíssima homenagem.

O discurso do professor Paulo Bonavides é admirável pelo conteúdo e pela esperança que nos traz.

Sim, eu também perfilho a sua tese dos três universos da liberdade na evolução do Estado. Mas vai ser preciso ainda muito fazer para os realizar plenamente.

Saudações minhas e da Madalena à D. Yeda.

Para o Professor um grande e fraterno abraço de

JORGE MIRANDA

86. JORGE REINALDO A. VANOSSI

Buenos Aires, 1º de febrero de 1979

Muy apreciado y noble amigo:

recibí su cordialísima carta del 29.12.1978, que no pude contestarle antes, pues me encontraba de viaje en Sudáfrica. Mucho agradezco su fina atención y su fraterno recuerdo. También le expreso todo mi reconocimiento por el envío de sus dos libros, que acabo de recibir y que he comenzado a leer: me interesa principalmente el que se refiere a la Democracia Social, pues yo también escribí sobre ese tema y es una de mis preocupaciones políticas. Tenemos pues puntos de vista coincidentes. Y celebro esas coincidencias, ya que sobre tales bases iniciaremos un fecundo intercambio de opiniones y de obras, que serán de sumo provecho para ambos.

Lo felicito de todas veras por sus múltiples actividades universitarias. Le ruego que envíe mis saludos al profesor Afonso da Silva, a quien tuve el alto honor de conocer en México: yo presido acá la Rama Argentina del Instituto Iberoamericano de Derecho Constitucional. Espero que en 1980 podamos organizar alguna reunión científica importante, que oportunamente le comunicaré.

Le envío un fuerte abrazo, esperando verlo y conocerlo muy pronto. Quedo acá a sus gratas ordenes. Su amigo:

JORGE REINALDO VANOSSI

Universidad Nacional de La Plata

Facultad de Ciencias Jurídicas y Sociales

Instituto de Derecho Constitucional y Político

La Plata, julio 17 de 1979

Sr. Profesor Dr. Paulo Bonavides

De nuestra más alta consideración:

tenemos el agrado de dirigirnos a Usted, a los efectos de comunicarle que este Instituto ha resuelto de tornarlo Miembro-Correspondente del mismo, en vuestro País, de conformidad con las previsiones del art. 7º, inciso "c)", de la Resolución de Institutos de Investigación y Docencia de la Facultad (Resolución 59/1978).

La presente designación está motivada en el propósito de mantener y acrecentar vínculos de estrecha colaboración. Por tanto, hemos estimado que su jerarquía intelectual y su permanente testimonio de dedicación a la tarea de investigación en nuestra materia son títulos que fundamentan cabalmente el objeto de ésta nominación en su persona.

Con la esperanza de contar siempre con su valioso y significativo aporte, hacemos propicia ésta oportunidad para saludarlo muy cordialmente.

Asog. MARIA CRISTINA LINCHETTA – Secretaria

Dr. JORGE R. A. VANOSSI

87. JORGE XIFRA HERAS

Instituto de Ciencias Sociales

Diputación Provincial de Barcelona

Barcelona, 20 enero 1966

Sr. Prof.

Distinguido profesor y querido colega:

la *Revista del Instituto de Ciencias Sociales*, que publica periódicamente este Centro, tiene el propósito de dedicar especial atención al estudio de los problemas políticos, sociales y económicos de los Países de la América Latina.

Con tal motivo deseamos iniciar una sección en la que se reflejará la opinión de los primeros especialistas latinoamericanos sobre problemas de especial interés.

En el próximo número de la Revista, es nuestro deseo publicar las respuestas que solicitamos de los primeros especialistas a las siguientes preguntas:

– ¿Cuáles son, a su juicio, las ventajas y los inconvenientes de la forma de gobierno presidencialista, predominante en América Latina?

– ¿Considera posible y conveniente una evolución hacia el régimen parlamentario? ¿Cómo enjuicia la experiencia del Brasil?

– ¿Cual es el futuro de los partido políticos y de los grupos de presión en los Países latinoamericanos?

– ¿Qué opinión le merece la experiencia chilena de la democracia cristiana del Presidente Frei?

Para hacer realidad nuestro propósito, mucho le estimaré que remita a este Instituto una respuesta amplia y razonada a las anteriores preguntas (o a alguna o algunas de ellas) con destino a su publicación en la Revista citada, rogándole llegue a nuestro poder dentro del próximo mes de abril.

En la confianza de vernos atendidos, me complazco en testimoniarle mi viva gratitud y cordial afecto.

JORGE XIFRA HERAS

Director Del Instituto – Prof. de la Univ.

El Director del Instituto de Ciencias Sociales de la Diputación de Barcelona

Saluda

muy cordialmente al ilustre profesor Paulo Bonavides y le agradece vivamente su libro *Do Estado Liberal ao Estado Social* y el artículo sobre Farias Brito. Acabo de leer el primero y me complazco en felicitarle de corazón por la magna aportación sistemática que supone para la ciencia política. Mucho me honrará poder hacer uso de su obra en mis próximas publicaciones.

Muy cordialmente, JORGE XIFRA HERAS aprovecha esta ocasión para expresarle el testimonio de su afecto y consideración más distinguida.

Barcelona (1), 22 de enero de 1966

Instituto de Ciencias Sociales

Diputación Provincial de Barcelona

Barcelona, 12 octubre 1967

Mi estimado amigo y admirado profesor:

iniciada ya – con verdadera delicia – la lectura de su Derecho Constitucional me llega el volumen *Ciência Política*. No he de decirle cuanto le agradezco el envío de estas dos obras, magnífico testimonio de su pensamiento político.

En pequeña prueba de mi amistad y admiración, le ruego acepte el breve estudio que le adjunto. No he de decirle cuanto agradeceré su opinión sobre la misma.

Una vez más reciba mi admiración y afecto.

JORGE XIFRA

El Director del

Instituto de Ciencias Sociales de la Diputación de Barcelona

Saluda

a su estimado amigo y colega profesor Paulo Bonavides y le agradece muy vivamente el envío de su magnífica obra *A Crise Política Brasileira*, tan cariñosamente dedicada, y le significa que tendremos sumo gusto en publicar una nota bibliográfica en el próximo número de nuestra Revista.

Le incluyo programa y ficha de inscripción a la VIII Semana de Estudios, que estamos organizando para noviembre próximo, en la esperanza de poder contar con su estimada presencia y colaboración.

JORGE XIFRA HERAS aprovecha esta ocasión para expresarle el testimonio de su afecto y consideración más distinguida.

Barcelona (1), 14 de abril de 1970

Instituto de Ciencias Sociales

Diputación Provincial de Barcelona

19 agosto 1970

Mi distinguido amigo y admirado profesor:

he recibido con gran alegría su carta en la que me comunica la posibilidad de asistir a nuestra VIII Semana Internacional de Estudios, que este año versará sobre “La Planificación de los Entes Locales”, y le agradezco asimismo el anuncio del envío de su comunicación referente a la acción de SUDENE.

En breve recibirá información complementaria sobre la marcha de la organización del Congreso, y no he de decirle con cuánto placer acogeremos la noticia de su venida a Barcelona, en el caso – que deseo vivamente – de que pueda Vd. solucionar su viaje a España.

En esta esperanza y agradeciéndole una vez más su gentil interés hacia nosotros, me complace saludarle muy afectuosamente.

JORGE XIFRA

Instituto de Ciencias Sociales

Diputación Provincial de Barcelona

4 octubre 1970

Mi estimado profesor y amigo:

mucho le agradezco su gentil carta, acompañando el magnífico estudio que aporta a nuestro Congreso, y la noticia de su segura venida a Barcelona. No he de decirle cuánto me alegra que haya podido resolver su viaje a Europa, lo cual me dará la oportunidad de poder estrechar nuestra amistad de forma personal.

Lamento enormemente que su esposa no pueda acompañarle en esta ocasión, pero confío en que no tardará en conocer nuestra ciudad y en concedernos el honor de nuestra invitada. Respecto a su alojamiento, tiene Vd. ya reservada habitación en el Hotel Majestic (Paseo de Gracia, 70), a partir del día 31 de octubre.

En la espera de abrazarle personalmente muy pronto, reciba mi más cordial y afectuoso saludo.

JORGE XIFRA

Instituto de Ciencias Sociales

Diputación Provincial de Barcelona

17 deciembre 1970

Mi estimado amigo:

le agradezco muy de veras su gentil carta en la que tan amablemente valora nuestras actividades. En nombra del Instituto y en especial de mis más próximos colaboradores y mío, le reitero nuestra gratitud por su presencia y hago votos para que pueda repetirse con frecuencia.

He preguntado en el Hotel Majestic acerca de la correspondencia que Vd. esperaba de Alemania; por el momento no han recibido nada pero no dude de que si eventualmente llegara alguna carta no tardaremos en remitírsela a su domicilio.

Por correo aparte le envío unos recortes de prensa que recogen las sesiones de trabajo de la Semana de Estudios en los que figura Vd. en varias ocasiones.

Con mis mejores deseos para el año nuevo, reciba una vez más mi agradecimiento y amistad.

JORGE XIFRA

El Director

del Instituto de Ciencias Sociales de la Diputación de Barcelona

Saluda

a su estimado amigo Dr. Paulo Bonavides y se complace en enviarle las pruebas de su magnífica colaboración a la VIII Semana Internacional de Estudios Sociales, y le ruega se sirva corregir los errores y devolverles a la Secretaría de nuestro Instituto con la mayor urgencia posible.

JORGE XIFRA HERAS aprovecha esta ocasión para expresarle el testimonio de su afecto y consideración más distinguida.

Barcelona (1), 8 de junio de 1971

Instituto de Ciencias Sociales

Diputación Provincial de Barcelona

24 julio 1971

Mi querido amigo:

a mi regreso de unas cortas vacaciones encuentro su carta del 16 del corriente en la que, junto a las pruebas, me anuncia el envío de la 2ª edición de su *Ciência Política*. Muchas gracias por ambas cosas.

En lo que respecta a mi manual de Derecho Constitucional, estoy en plena tarea de revisión y puesta al día; aprovechando su gentil ofrecimiento, me propongo enviarle original a medida que esté ya dispuesto para edición, a fin de que Vd. se encargue de su traducción para publicarlo en Brasil, ya sea a expensas de la Universidad, lo cual me honraría muchísimo, o en cualquier editorial que Vd. indique.

En breve le remitiré los volúmenes en que aparece su aportación a la VIII Semana de Estudios Sociales, con las correspondientes separatas. ¿Tendremos el placer de verle este año? No he de decirle cuánto nos complacería su presencia y colaboración.

Con viva gratitud y cordial afecto

JORGE XIFRA

El Director

del Instituto de Ciencias Sociales de la Diputación de Barcelona

Saluda

a su querido amigo profesor Paulo Bonavides y le agradece el envio de su artículo "Estado de Direito para o Brasil e Federalismo para a América Latina", que se publicará en uno de los próximos números de nuestra Revista, y cuyas pruebas le serán enviadas oportunamente.

Un cordial saludo.

JORGE XIFRA HERAS aprovecha esta ocasión para expresarle el testimonio de su afecto y consideración más distinguida.

Barcelona (1), 24 de agosto de 1971

Instituto de Ciencias Sociales

Diputación Provincial de Barcelona

15 octubre 1971

Mi querido amigo profesor Bonavides:

de nuevo, muchas gracias por la información, muy valiosa, sobre la ciencia política en Brasil, que incluiré en la próxima edición de mi libro.

Lamento que no pueda estar presente en la IX Semana de Estudios Sociales de Barcelona. Recuerdo nuestro debut en televisión del año pasado, Vd. y yo.

Sigo con la ilusión de visitarles en Brasil de acuerdo con nuestras cartas anteriores. Le ruego me indique qué temas prefiere de la relación enviada.

Una vez más, mil gracias y hasta pronto.

Con el mejor afecto, reciba un abrazo de su bueno amigo

JORGE XIFRA HERAS

Instituto de Ciencias Sociales

Diputación Provincial de Barcelona

10 enero 1972

Mi querido profesor Bonavides y amigo:

le agradezco mucho sus noticias, y el interés que se toma por mi modesta persona. Espero poder contar pronto con un ejemplar de la 2ª edición de su *Ciência Política* y de la 3ª de su *Do Estado Liberal ao Estado Social*, que son obras capitales en el ámbito de la bibliografía política latinoamericana.

Con mucho gusto estoy dispuesto a ir al Brasil en el mes de agosto, aunque es difícil que pueda disponer de todo el mes. Para mi, lo ideal sería preparar un viaje de unas dos semanas, aunque fuesen de trabajo intenso, dentro del mes de agosto. Lo dejo en sus manos.

Sobre la traducción de mi Introdução a la Política creo que lo mejor sea traducir el texto de la 2ª edición que preparo, bastante ampliada. Para ello, le enviaré en breve los primeros capítulos, con información bibliográfica. Me hace mucha ilusión pensar en la edición portuguesa de un libro mio. Antes de 1972 podrá contar con todo el original, pues la causa del retraso es que antes de mayo he de entregar a la imprenta un nuevo libro sobre Teoría de la Información.

La Semana de Estudios Sociales fue muy concurrida y preparamos ya las publicaciones, de las que le enviaré ejemplares.

Espero que el año 1972 sea próspero en felicidad y en buenas nuevas, que nos veremos en Brasil en agostoy en noviembre en Barcelona.

Muchos saludos a su familia, y, con recuerdos de Pilar, de Jaime, reciba, con mi gratitud un abrazo muy fuerte de su buen amigo

JORGE XIFRA

Instituto de Ciencias Sociales

Diputación Provincial de Barcelona

27 julio 1972

Mi distinguido amigo:

acabo de recibir, amablemente dedicados, los ejemplares de su *Ciência Política* (2ª ed.) y *Do Estado Liberal ao Estado Social* (3ª ed.), que representan un esfuerzo colmado por el éxito para exponer con claridad y concisión la temática que abordan. Mi enhorabuena, y muchas gracias.

Yo he revisado la nueva edición de mis libros porque acabo de terminar una Teoría de la Información que espero aparezca en septiembre.

En noviembre, del 6 al 10, celebramos nuestra tradicional Semana. ¿Podremos contar con su presencia? En septiembre estaré unos días en Argentina para participar en un Congreso sobre Información, y en octubre tengo que ir a Filadelfia y quizás pase un par de días a México, donde Mendieta organiza un Congreso de Sociología Política.

Deseo que tanto Ud. como su familia estén bien.

En la confianza de verle pronto, y con todo mi afecto y gratitud, reciba un abrazo de su buen amigo

JORGE XIFRA

Instituto de Ciencias Sociales

Diputación Provincial de Barcelona

Barcelona, 28 agosto 1973

Querido amigo profesor Bonavides:

muchas gracias por su carta del día 31 de julio, y por las inmerecidas palabras que me dedica a consecuencia de mi estancia en Fortaleza. Soy yo el único que tengo que agradecerles a Vdes. tanta cordialidad y crea V. que deseo estar nuevamente entre Vdes. Con más tranquilidad que la última vez. En agosto de 1974 será un placer poder reanudar aquellas jurnadas con todos los buenos amigos.

Lo que siento de verdad es que haya desistido del viaje a España, aunque espero que cuando vaya o regrese de Alemania pase por Barcelona para vernos. ¿Y el profesor Portela Marcilio, irá a Madrid?

Envié hace ya tiempo al profesor Vieira un "Prologo" o unas palabras de introducción a la edición brasileña mi libro, de las que no me quedé copia. Espero que las haya recibido y que sean de utilidad.

Ahora estoy trabajando en un libro que me pidió Burdeau sobre el sistema político español. Nada fácil. Me ocupará bastante tiempo, y después prepararé la nueva edición comprimida de la Ciencia Política y Derecho Constitucional.

Con mi viva gratitud, reciba un cordial abrazo de su siempre buen amigo

JORGE XIFRA HERAS

Instituto de Ciencias Sociales

Diputación Provincial de Barcelona

Distinguido profesor,

el Instituto de Ciencias Sociales prepara la publicación de un volumen sobre Comunicación Social, que aparecerá a principios de 1968.

Los capítulos previstos serán: "Sociología de la Comunicación Social"; "Comunicación Social y Política"; "Comunicación Social y Derecho"; "Comunicación Social y Actividad Económica"; "Comunicación Social e Integración europea"; y "Comunicación Social y Relaciones Públicas".

Mucho nos complacería poder incluir en dicha publicación un trabajo o comunicación de Vd. en relación con alguno de dichos capítulos. Con tal motivo nos permitimos solicitar su colaboración, con el ruego de que, si nos hace el honor de aceptar nuestra proposición, podamos disponer de su texto antes del 15 de octubre de 1967.

En la confianza de vernos atendidos y agradeciéndole vivamente su interés, le saludamos atentamente.

JORGE XIFRA – Director

88. JOSÉ AFONSO DA SILVA

São Paulo, 13 de setembro de 1978

Caro professor Paulo Bonavides,

recebi sua carta e curriculum com as quais manifesta sua aceitação ao convite para integrar a Seção Brasileira do Instituto Ibero-Americano de Direito Constitucional.

Fico muito grato pelo prestígio de sua participação na Seção, ora em constituição.

Logo voltarei à sua presença para novas informações, anotando, para seu conhecimento desde já, que já aderiram eminentes constitucionalistas e teóricos do Estado, como seu colega Fávila Ribeiro, Manoel Gonçalves Ferreira Filho, Lourival Vilanova, Orlando de Carvalho, Josaphat Marinho, Rosah Russomano.

Abraços

JOSÉ AFONSO DA SILVA

São Paulo, 15 de julho de 1983

Caro Paulo Bonavides,

acabei de almoçar com o professor Juan Ferrando Badía da Universidade de Valencia (Catedrático de Direito Político), que pretende realizar um simpósio sobre "Derecho Constitucional Autonómico", em Valencia (Espanha), em março do ano que vem. Convidou-me e ao Baracho e me pediu para indicar outro nome. Permiti-me indicar o seu. Assim, talvez você receba, mais tarde, o convite formal da parte dele, que espero possa aceitar, pois trata-se de temática de seu agrado.

Abraços

JOSÉ AFONSO DA SILVA

São Paulo, 30 de maio de 2000

Prezado colega Dr. Paulo Bonavides,

tenho a honra de informar-lhe que, em reunião de 14.4.2000, conforme convocação prévia, realizou-se, na R. Jardim Francisco Marcos, 25, São Paulo, a assembleia de constituição da Associação Brasileira dos Constitucionalistas Democratas – ABCD, nome finalmente aprovado na mesma reunião, que também discutiu e aprovou os Estatutos da Entidade e sua Carta de Princípio, tudo conforme correspondência anterior. No dia 27 de abril a Entidade foi lançada publicamente durante o I Congresso de Direito Público, patrocinado pelo Instituto de Direito Administrativo Paulista, dirigido pelo professor Celso Antônio Bandeira de Mello. Na mesma reunião de 14 de abril foi eleita a primeira Diretoria da Associação, que ficou assim constituída: Presidente – professor José Afonso da Silva; Vice-Presidente – professor Carlos Aires Britto; Diretor Financeiro – professor Marcelo Figueiredo; Diretor de Relações Internacionais – professor Eros Grau; Diretor Cultural – professor Geoghio Tomelin; Diretor Financeiro – professora Flávia Piovesan. Para conhecimento de outros pormenores da reunião do dia 14 de abril, remeto-lhe anexo cópia da Ata de constituição da Associação. Oportunamente, após o registro da Associação, remeterei o Estatuto e demais documentos pertinentes.

No momento, estamos providenciando o registro da Entidade. A Diretoria já se reuniu duas vezes e está elaborando programa de ação e realizações para cumprimento dos objetivos da Associação. Serão bem-vindas sugestões.

Com os protestos de estima e elevada consideração, subscrevo-me.

Atenciosamente

JOSÉ AFONSO DA SILVA

Prezado professor Paulo Bonavides:

é profundamente emocionado que me dirijo ao nobre amigo para agradecer sua participação no livro *Estudos de Direito Constitucional* publicado pela Malheiros Editores, que os queridos amigos Eros Roberto Grau e Sérgio Sérvulo da Cunha prepararam em minha homenagem.

Sua participação ainda mais se realça pela qualidade do seu texto "O Poder Judiciário e o Parágrafo Único do art. 1º da Constituição do Brasil", que apreciei muito, especialmente porque dá importante contribuição à compreensão do parágrafo único do art. 1º da Constituição em relação ao Poder Judiciário, sem esquecer de uma abordagem em profundidade da crise constituinte e crise em geral.

Muitíssimo obrigado.

Reitero os protestos de estima e elevada consideração.

São Paulo, 25 de abril de 2003

JOSÉ AFONSO DA SILVA

89. Padre JOSÉ ALVES QUINDERÉ

Prezado Paulo,

desejo-lhe feliz Natal e maiores triunfos nos dias do novo ano que aí vem.

Recebi o recorte do *O Jornal do Comércio* que traz uma crítica a meu último livro – *Sinal Sensível* –, que você tão gentilmente me enviou. Nem pode avaliar como eu penhoro essa sua lembrança. A conclusão que tiro dessa sua bondade é que você é dotado de um belo espírito de solidariedade, semente que já vai desaparecendo do coração humano, nesta hora de mais desenfreado egoísmo. Muito obrigado!

Com os protestos de mais vera estima, amº, muito seu admirador e velho mestre

Pe. QUINDERÉ

22 de dezembro de 1947

90. JOSÉ ANTONIO ESTÉVEZ ARAUJO

Barcelona, 13 marzo 1997

Estimado profesor Bonavides:

le agradezco enormemente que me haya hecho remitir los ochos tomos de los Textos Políticos da História do Brasil de los que usted es compilador. El trabajo realizado me parece monumental y de más gran utilidad para los futuros investigadores. Creo que para algunos de los doctorandos brasileños que están en Barcelona les resultará también de gran interés aún casó a mí mismo en la medida en que estoy muy interesado en la historia de su País.

Tuve ocasión de visitar Florianópolis el mes de octubre pasado con ocasión de un congreso de derecho alternativo. El debate existente en el medio jurídico brasileño me pareció enormemente vivo y estimulante y los trabajos de Derecho y Teoría Constitucional que usted tan amablemente me ha remitiendo forman una excelente lectura importante para mí.

Agradeciéndole de nuevo su enorme amabilidad, me despido de Usted con un cordial saludo.

JOSÉ ANTONIO ESTÉVEZ ARAUJO

Universidad de Barcelona

Facultad de Derecho

Departamento de Sociología y Metodología de las Ciencias Sociales

Estimado profesor Bonavides:

le envío esta carta para manifestarle mi agradecimiento por haberme enviado sus libros de Derecho Constitucional y Ciencia Política. Lamento no haberle escrito antes, pero el hecho es que no he podido conseguir su dirección hasta ahora.

Sus planteamientos me parecen muy interesantes y estoy seguro que el contenido de sus trabajos me resultará de gran utilidad. Creo que seguimos líneas de investigación y enfoques afines, por lo qué para mí resulta muy importante mantener el contacto con Usted.

Este año me voy a dedicar fundamentalmente a dos temas: el problema de la construcción europea en relación con la soberanía estatal y la participación popular y el problema de las teorías macrosociológicas del Derecho, en particular las que proceden del paradigma sistémico. Este último tema lo desarrollaré en un curso de Doctorado que tengo previsto realizar a partir del mes de abril del año próximo. De todas formas, el hecho de que haya asumido la carga burocrática de dirigir este Departamento me quita tiempo y disponibilidad mental para estudiar. No obstante espero liberarme pronto de estas obligaciones que no me interesan y poderme dedicar más a la investigación.

Le reitero mi agradecimiento por su amabilidad y espero que sigamos en contacto. Un cordial saludo.

JOSÉ A. ESTÉVEZ ARAUJO

91. JOSÉ CARLOS BRANDI ALEIXO

Brasília, 18 de maio de 1970

Estimado professor Paulo Bonavides,

recebi sua carta ao regressar a Brasília em fevereiro deste ano. Agradeço-lhe muito as cordiais e atenciosas palavras assim como a excelente monografia A Crise Política Brasileira, publicada pela Forense. Peço-lhe desculpar-me o atraso na resposta. Em boa parte se deve ao fato de a Universidade estar atravessando uma fase de reestruturação, tendo entrado em vigor este ano novo estatuto e novo regimento. Estes acontecimentos se relacionam com as questões levantadas em sua missiva. Entre os requisitos para a constituição de um departamento está o de um número mínimo de oito professores. O Departamento de Política, que contava apenas com quatro professores, foi unido ao anterior de Sociologia e Antropologia, para constituir o atual de Ciência Sociais. Com o desaparecimento, esperamos que temporário, do Departamento de Política, deixei de ocupar a sua chefia. O professor Elbio Neri Gonzalez, com quem o Sr. conversou na Universidade, é o atual Chefe do Departamento de Ciências Sociais. O atual Conselho Departamental do Instituto de Ciências Humanas é formado por três Departamentos: Economia, Ciências Sociais e História e Filosofia. No ano passado a Universidade contratou vários professores de Sociologia, entre os quais o Gláucio Dillon Soares. A área de Política não se ampliou, de forma que numericamente predominam professores da área de Sociologia no Departamento de Ciências Sociais. Foi lamentável que não nos tivéssemos encontrado quando de sua visita à Universidade de Brasília. Nem no ano passado nem no começo deste ano chegou-me às mãos no antigo Departamento de Política qualquer proposta a seu respeito. Evidentemente sua presença entre nós seria extraordinário privilégio. Seus amplos conhecimentos, variados trabalhos e longa experiência ser-nos-iam de inestimável valor.

Estão sendo organizados programas de Mestrado no Departamento de Ciências Sociais e na Faculdade de Ciências Jurídicas. Nesta última haverá duas cadeiras de Política. Talvez o Sr. possa oferecer como Professor Visitante algumas destas disciplinas. Neste sentido, seria conveniente manter os entendimentos com o Vice-Reitor José Carlos Azevedo. Esta lhe proporcionaria também melhor oportunidade de reescrever a sua *Ciência Política* publicado pela Fundação Getúlio Vargas, de acordo com os seus planos.

Quero agradecer-lhe também muito o gentil oferecimento de colaborar no Repertório Enciclopédico do Direito Brasileiro da Borsói. No presente não me seria possível aceitar a oferta.

Nós padres jesuítas estamos construindo em Brasília um Centro Cultural, destinado ao estudo de problemas de interesse nacional. Esperamos poder contar, quando ele estiver concluído, com sua participação, para seminários ou mesas redondas sobre temas de seu interesse.

Um abraço do admirador e amigo
JOSÉ CARLOS BRANDI ALEIXO

Brasília, 15 de novembro de 1970
Prezado amigo Paulo Bonavides,

agradeço-lhe muito as cartas de julho e de novembro assim como os artigos seus e do professor argentino Salvador Dana Montaño.

Transmiti ao professor Elbio Neri Gonzalez notícias suas e seus planos de permanecer por algum tempo na Capital Federal como Professor Visitante da UNB. Na minha opinião sua vinda constituirá grande benefício para esta Universidade. Devo, no entanto, informar-lhe confidencialmente que o atual Chefe do Departamento de Ciências Sociais e o professor Gláucio Dillon Soares muito procurarão dificultar sua vinda sob a alegação de que se trata de um jurista. Nutrem na verdade estes e outros professores forte preconceito contra advogados que lecionam Ciência Política, considerando demasiado jurídico o enfoque. Parecem ignorar que seus trabalhos e seus valores científicos e humanistas como os de homens da envergadura de George Burdeau constituem importantíssima contribuição para a Ciência Política, onde a pluralidade de enfoques constitui enriquecimento e onde tendências excessivamente sociológicas ou matematizantes são justo motivo de apreensões.

O apoio do Vice-Reitor José Carlos Azevedo é de suma importância para que se concretize sua vinda à UNB.

Espero em outra oportunidade ouvir mais impressões sobre a VIII Semana Internacional de Estudos Sociais realizada em Barcelona. Estudei minha Teologia na Espanha no período de 1958-1962 e estou certo de que nos últimos anos o País tem conhecido grande desenvolvimento.

No fim do mês de novembro espero fazer o lançamento de meu estudo sobre A Integração Latino-americana. Considerações Políticas e Históricas sobre suas Origens, Bases e Significados. Leva um "Prefácio" do atual Presidente da Venezuela, Rafael Caldera. Remeter-lhe-ei logo que possível uma cópia.

Com muita estima e admiração

JOSÉ CARLOS ALEIXO

92. JOSÉ EDÍSIO DE SOUSA

Meu caro Paulo:

este seu maravilhoso livro batizado de *Universidades das Américas* vai ser guardado com a coleção de fotografias que eu trouxe da minha peregrinação pelos Estados Unidos. E sabe de uma coisa? Vou mudar o título que você escolheu. Chamá-lo-ei Álbum da Riqueza Espiritual da América. Sim, porque eu havia organizado uns álbuns para relembrar o encantamento das minhas viagens. No entanto, os meus pobres álbuns mostravam apenas o lado material da grandeza norte-americana. Na policromia festiva das paisagens gravadas em artísticos cartões postais eu acreditava possuir a imagem da grande Nação cujas virtudes e defeitos você tão bem sentiu. E, para fascinação dos meus amigos, eu sempre mostrava a variedade estonteante das belezas que eu vira. Os parques floridos das pequenas e grandes cidades, cheios de sombra, de quietude e de poesia, com fontes luminosas e criancinhas despreocupadas brincando nos balanços ou na grama verde e macia; as torres magras e altas dos poços de petróleo alongando-se indefinidamente pelos campos de Oklahoma e do Texas; as fantásticas estações de trens de Chicago com o movimento enlouquecedor de multidões em atropelo: Miami Beach com a linha interminável de seus luxuosos hotéis e o encanto universalmente famoso de suas banhistas; o espetáculo sempre magnífico das filas intermináveis dos ousados arranha-céus de Nova York e as pontes majestosas e o vai-e-vem contínuo das barcaças, dos navios, das lanchas, das embarcações de todos os tipos, incansavelmente subindo e descendo, o Hudson, fábricas e mais fábricas, museus, aeroportos, cinemas, teatros; hotéis – tudo, enfim, afirma e glorifica o progresso americano nos grandes formigueiros humanos, de Nova York a Seattle e de Los Angeles a Boston. Quanta coisa mais eu colecionara para que meus amigos pudessem admirar comigo as maravilhas que eu vira.

E agora, Paulo, depois de ler o seu livro, eu até me sinto envergonhado dos meus álbuns, dos quais eu me orgulhava antes. Vejo que não representam o retrato fiel da Grande América. Eu possuía apenas una caricatura imperfeita e deturpada. Você deu-me agora, no seu livro, a imagem real da verdadeira América, da América onde um lenhador se torna Presidente e onde um rapazinho do Interior se faz comandante supremo dos exércitos da Vitória.

Foi um magnífico trabalho o seu, Paulo. O seu livro é uma reportagem incomparavelmente brilhante e incontestavelmente verídica. Não sei se admirei mais a honestidade de suas observações ou a maneira inimitável como você conta as coisas que viu. Disseram-me os amigos que eu havia atingido o limite da política de boa vizinhança casando-me com uma norte-americana. Digo-lhe, porém, com sinceridade: o seu livro foi mais além. Ele é o depoimento dessa nova geração de todas as Pátrias cujos jovens representantes os Estados Unidos hospedaram. O seu brilhante livro é o depoimento de uma geração que sentiu de perto a realidade americana. Esse depoimento não podia ter um melhor intérprete. Ele não podia ser mais sincero e verdadeiro, porque eu bem conheço a dignidade do seu caráter e a firmeza de suas ideias.

No número incontável de pequenas e grandes coisas que você viu e tão bem registrou está aquilo a que chamam de "alma do povo" e que eu, na minha linguagem matemática, considero um denominador comum para a soma dos valores que constituem a riqueza imaterial de uma Nação.

Você prestou um grande serviço às Américas. Continue sua grande obra, meu nobre Embaixador da Boa Vizinhança.

Seu amigo

JOSÉ EDÍSIO DE SOUSA

Rio, 25.8.1946

Bellevue, Pa., November 16, 1946

Meu caro Paulo:

talvez seja uma surpresa para você saber que já estou aqui do outro lado do Equador, mas a verdade é que desde o começo deste mês aqui me encontro. Tentei comunicar-me com você antes de sair, mas, infelizmente, não consegui encontrá-lo na Casa do Estudante durante as duas vezes em que lá estive.

Espero que continue com o mesmo sucesso de sempre em suas atividades. Como vai com seu livro *Universidades Americanas*? Recordo-me, agora, de que não tive uma oportunidade de falar com você depois que deixei em seu quarto o manuscrito com a meia dúzia de coisas que escrevi para você. Não sei se era aquilo exatamente que você queria. Como você pode ter observado, de qualquer maneira, ainda não perdi a mania de fazer as coisas um pouquinho diferente dos outros. Talvez não seja uma indicação de um espírito completamente radicalista, como lhe pode parecer à primeira vista, e sim, apenas, o desejo de fugir, o mais que possível, de moldes preestabelecidos. Quero agradecer-lhe, mais uma vez, a sua nobre demonstração de camaradagem para comigo, o que me leva a aumentar ainda mais o elevado conceito que sempre fiz de sua personalidade. O meu desejo é que você alcance o sucesso que merece, e que este seu livro *Universidades Americanas* seja o início do triunfo que merecem aqueles que, como você, nunca se cansam de trabalhar por uma cultura mais elevada.

Espero ter, breve, uma carta sua, com uma reportagem sobre o que vai acontecendo por aí. Desejo saber de suas atividades e seus progressos. Está escrevendo para O Povo ou outro jornal, além de outras atividades? Vai voltar ao Ceará? Ou tenciona terminar o curso no Rio?

Quero oferecer-lhe meus serviços no que lhe possa ser útil aqui pelos Estados Unidos. Este não é um oferecimento formal; de tal modo, disponha do velho amigo, se houver necessidade. Permanecerei aqui em

Pittsburgh durante os próximos meses, talvez até fique aqui definitivamente, caso consiga matricular-me em uma das universidades no próximo período. Se não conseguir aqui, irei para Nova York.

Encontrei o País um tanto diferente do que eu deixara em dezembro do ano passado: em alguns pontos a diferença é para melhor; em outros, ao contrário. De uma maneira geral, porém, pode-se afirmar que há um desejo de melhorar as coisas e nota-se a ação do Governo e do povo nesse sentido. Parece, realmente, que as coisas tomarão nova feição, especialmente como resultado da vitória do Partido Republicano nas últimas eleições para o Congresso e para governadores dos Estados. Aliás, tais coisas não representam novidade para você, que, ligado à imprensa, está, certamente, acompanhando com interesse tais acontecimentos.

Vou terminando por aqui, esperando que, de quando em vez, possamos ter o prazer de uma conversinha rápida por carta.

Peço-lhe enviar minhas recomendações à velha turma que, em breve, deverá estar recebendo o cobiçado diploma.

Um abraço do colega e amigo

JOSÉ EDÍSIO

PS.: Agora que estou com a vida organizada, gostaria de colaborar para *O Povo*. Quero sua opinião sobre o assunto. Naturalmente, em caso afirmativo, contaria com seu interesse e influência para "arranjar" as coisas.

93. JOSÉ JOAQUIM GOMES CANOTILHO

Universidade de Coimbra

Faculdade de Direito

Coimbra, 30 de junho de 1997

Meu caro professor e querido amigo:

embora com atraso, gostaria de me associar à significativa homenagem que lhe foi prestada no seu País. Escusado será dizer que se trata de uma mais que justa e merecida homenagem. Recebi também as suas últimas publicações, e confesso que a energia e a sageza que demonstram só vem confirmar a ideia que tenho do Professor: um cidadão vivo e atuante, um Mestre sábio e estudioso. (...).

Pela minha parte ando agora metido nas questões do direito do ambiente. No entanto, vou solicitar um ano sabático para acabar um projeto, que já começou – um novo livro sobre direito constitucional e teoria da constituição.

Por hoje é tudo. Caloroso abraço extensivo a toda a família do

Dr. JOSÉ JOAQUIM GOMES CANOTILHO

94. *JOSÉ LUIS CEA EGAÑA*

Pontificia Universidad Católica de Chile

Facultad de Derecho

Santiago, 3 de enero de 2003

Profesores Paulo Bonavides e Paes de Andrade

Estimado profesor y distinguido amigo:

hoy recibí un ejemplar de su libro *Historia Constitucional do Brasil* (OAB Editora, Brasília, 2002). Lo felicito por la nueva edición de esta obra, clásica y tan útil para esa hermana República y todos los constitucionalistas iberoamericanos. Espero leerla con atención y citarla pronto en mis publicaciones.

Útil es informarle que desde el 12 al 16.1.2004 se realizará en Santiago de Chile el VI Congreso Mundial de Derecho Constitucional. Ud. puede obtener la información de ese Congreso en nuestro sitio web www.iaclworldcongress.org.

En la esperanza de poder saludarlo personalmente y pronto, reiterarle mi gratitud, lo saluda cordialmente.

JOSÉ LUIS CEA EGAÑA

95. *JOSÉ MARIA OTHON SIDOU*

Academia Brasileira de Letras Jurídicas

Rio de Janeiro, 4 de novembro de 1990

Excelência:

participo que, reunido na 200ª Sessão Ordinária, nesta data, o Colégio Acadêmico, por indicação unânime dos votos válidos, sufragou o nome do eminente compatrício para ocupar a Cadeira n. 4 da Academia, em sucessão ao fundador e patrono senador Afonso Arinos de Melo Franco.

Na conformidade do disposto no art. 37 do Regimento Interno de Acesso aos Quadros Sociais, "a posse do Membro Titular ocorrerá impreterivelmente no prazo de 6 (seis) meses a contar do dia da eleição, salvo motivo de força maior reconhecido pela Diretoria". Outrossim, ainda em cumprimento ao citado Regimento, art. 38, esclareço que o titular não empossado poderá tomar parte nas sessões da Academia, sem direito a voto; mas somente a posse confere o status de Acadêmico.

Solicito manter contato com a Presidência no sentido de ser marcada a posse e, como de praxe, sugerir o nome de um acadêmico a ser designado para proferir o discurso de recepção.

Congratulo-me com V. Exa. pelo expressivo acolhimento que seu nome obteve no voto do Colégio Acadêmico e, sobretudo, com a Academia, por poder contar com o efetivo concurso de um dos mais distinguidos valores da literatura jurídica e do Direito contemporâneos.

Apresento-lhe os protestos de meu renovado apreço.

J. M. OTHON SIDOU – Presidente

96. JOSÉ ROBERTO BATOCHIO

Ordem dos Advogados do Brasil

Seção de São Paulo

São Paulo, 3 de novembro de 1992

Sr. Professor,

por sugestão do conselheiro Raimundo Pascoal Barbosa, tenho a honra de me dirigir a V. Exa. para o fim de, em nome desta Seccional, solicitar-lhe parecer sobre a inviolabilidade (ou imunidade material) do advogado, consagrada no art. 133 da Constituição da República Federativa do Brasil.

Como se sabe, os Tribunais do País vêm insistindo em negar ao referido texto o seu verdadeiro significado.

Nada obstante, esta Seccional não abre mão da firme postura assumida na defesa dessa prerrogativa (que não é da classe, mas da cidadania), que permite a postulação judicial com liberdade, com independência e sem receio de violência por parte de autoridades malformadas.

No passado já contamos com as luzes de suas lições por ocasião do parecer sobre Assistência Judiciária, no ano de 1983.

Esperamos ter, uma vez mais, o douto pronunciamento de V. Exa., o mais notável dos constitucionalistas brasileiros contemporâneos, acerca desse tema, vital para o exercício da profissão.

Na certeza de que V. Exa. mais uma vez colocará a serviço da classe seus profundos conhecimentos jurídicos, colho do ensejo para reprisar os melhores protestos de admiração, estima e consideração.

JOSÉ ROBERTO BATOCHIO – Presidente

Ordem dos Advogados do Brasil

Conselho Federal

Brasília, 17 de outubro de 1994

Prezado Sr.,

tenho a honra de me dirigir a V. Sa. para agradecer o envio do parecer acerca da constitucionalidade da Lei n. 8.906/1994, bem como os relevantes serviços prestados à classe dos advogados.

Ao ensejo, renovo protestos de estima e consideração.

JOSÉ ROBERTO BATOCHIO – Presidente

97. JOVAN DJORDJEVIĆ

Nota dos Organizadores: O professor Dr. Jovan Djordjević, Presidente da Union of Political Sciences Associations of Yougoslavia, agradeceu em carta ao professor Paulo Bonavides o haver este aceitado convite para integrar o Comitê de Iniciativa que em 1981 fundou em Belgrado a Associação Internacional de Direito Constitucional.

Union of Political Sciences Associations of Yugoslavia

Beograd, August 14, 1981

Prof. Dr. Paulo Bonavides

Dear Sir,

I have a great pleasure to report that we have received your letter in which you have informed us that you accept to be a member of the Initiative Committee for founding The World Association for Constitutional Law and that you will be coming to Belgrade at the end of September. I use this opportunity to express my firm conviction that this Initiative Committee, whose member you are too, will successfully use all possible means for founding the World Association and organizing its first, founding congress.

As we have already informed you, the meeting of the Initiative Commitee will take place on September 28, 29 and 30, in Belgrade. If possible, we expect your arrival on Sunday, September 27. Therefore, I ask you to inform us of the exact date and time of your arrival to Belgrade so that we can meet you at the airport/railroad station.

The members of the Initiative Committee will be staying at Hotel "Metropol", Bulevar Revolucije 69.

Looking forward to meet you soon, I am sending you, on behalf of professor Lozada and in my own name, our respects and cordial greetings.

Yours sincerely

Prof. Dr. JOVAN DJORDJEVIĆ

International Association of Constitutional Law

Association Internationale de Droit Constitutionnel

April 7, 1987

Prof. Dr. Paulo Bonavides

Dear Sir,

being familiar with your interest and competence for the problems of Constitutional Law, we take the liberty to tell you that on the II Congress of the International Association of Constitutional Law, which will be held from 31-5 September in Paris and Aix-en-Provence (France) you may submit the paper in the framework of the theme.

The paper of yours has been accepted by the General Reporter and the Programme Commission.

With a desire to meet you at the Congress,

Yours sincerely

President

JOVAN DJORDJEVIĆ

98. JOVAN DJORDJEVIĆ /PAVLE NIKOLIĆ

International Association of Constitucional Law

Association Internationale de Droit Constitutionnel

Le 18 décember 1981

Cher collegue,

nous avons le plaisir de vous informer que le Comité d'Initiative pour la formation de l'Association Internationale de Droit Constitutionnel, c'est-à-dire, l'Assemblée Constituante, vous a choisi pour membre de la Commission d'Information de l'Association Internationale de Droit Constitutionnel. En vous congratulant nous prenons la liberté d'exprimer notre espérence que nos efforts communs contribueront au rassemblement des constitutionnalistes des Pays de par le monde entier dans le cadre de l'Association Internationale, ainsi qu'à la réalisation de ses buts généreux. En conformité avec l'accord fait à Belgrade, nous vous prions de vous engager pour qu'une Association Nationale de Droit Constitutionnel soit organisée dans votre Pays, et qu'elle devienne membre de notre Association Internationale, selon les régulations des Statuts de l'Association Internationale. Nous vous prions aussi d'employer votre influence et de contribuer qu'aux autres Pays on procède à la création des Associations Nationales et à leur adhésion à l'Association Internationale.

Nous profitons de cette occasion pour vous informer plus en détail de l'activité du Comité d'Initiative dont vous étiez membre.

La réunion du Comité d'Initiative a eu lieu à Belgrade du 28 au 30.9.1981. Ce Comité a rassemblé plus de 30 constitutionnalistes d'une vingtaine de Pays; la réunion de Belgrade a été assistée par 18 de ses membres de 13 Pays. Par sa décision propre le Comité d'Initiative s'est constitué en Assemblée Constituante, laquelle, sur la base de l'opinion unanime de ses membres et de l'opinion exprimé auparavant par de beaucoup de constitutionnalistes de différents Pays, a pris la décision de fonder l'Association Internationale de Droit Constitutionnel. L'Assemblée Constituante, a ensuite, adopté les Statuts de l'Association Internationale, a choisi les organes de l'Association, a pris la décision sur l'organisation du premier Congrès en 1983, etc. Cette Assemblée a aussi décidé d'envoyer aux constitutionnalistes de par le monde l'invitation de fonder les Associations Nationales de Droit Constitutionnel aux Pays où elle n' existaient pas jusqu'à présent.

Espérant que nous nous rassemblerons dans l'activité commune dans le cadre de l'Association Internationale de Droit Constitutionnel, nous vous prions d'agréer. Monsieur, l'expression de notre considération distinguée.

Président

Académicien, le Dr. JOVAN DJORDJEVIC

Secrétaire Géneral

Prof. le Dr. PAVLE NIKOLIC

International Association of Constitutional Law

Association Internationale de Droit Constitutionnel

Belgrade, July 20, 1982

Dear College,

when deciding on organizing the First World Congress of the International Association of Constitutional Law, the Executive Committee of IACL, on its meeting helds in Belgrade, June 18-19, 1982, also decided on the Countries the representatives of which shall perform functions of chairmen and vice-chairmen of the five sections within which the Congress shall work, as well as the function of a general reporter for each of the five, already established Congress themes.

Accordingly, you are kindly asked to propose to the Executive Committee of IACL your representative who will at the Congress take the function of a General Reporter for Section III – theme: "Problems of the Application of Contemporary Constitutions".

The Executive Committee expects that proposed persons be distinguished and very well know scholars in the field of constitutional law.

We take the liberty of asking you to inform the Executive Committee on the name of your representative for the general reporter not later then September 20, and for the chairmanship and vice-chairmanship not later then December 31, 1982.

Thanking you in advance for your cooperation and hoping that we shall together arrive at successful results of the First World Congress of IACL, we remain

Respectfully yours

Prof. PAVLE NIKOLIĆ – Secretary General

Academician, Prof. JOVAN DJORDVEVIĆ – President

International Association of Constitutional Law

Association Internacinale de Droit Constitutionnel

Belgrade, le 7 juillet 1983

Cher Collègue,

nous vous remercions bien vivement de votre aimable lettre de 21 juin.

Nous exprimons l'espoir que vous pourriez trouver les possibilités de venir à Belgrade et de participer au I Congrès Mondial de l'AIDC. Comme vous savez, vous êtes élu dans la Commision pour l'information de l'AIDC.

En même temps, nous vous prions de bien vouloir de suggérer aux autres constitutionnalistes brésiliens de participer à ce Congrès. Nous tenons qu'il est très important la participation des représentants de votre pays à ce Congrès et aux travaux de l'Association Internationale de Droit Constitutionnel.

En espèrantde vous, quand même, accueilliar à Belgrade vers la fin de mois d'août, nous vous prions d'agréer, cher collègue, l'exppression de nos sentiments les meilleurs.

Prof. PAVLE NIKOLIC

Dr. JOVAN DJORDJEVIC

99. JUAREZ TAVORA

Ao ilustre conterrâneo e amigo,

Professor Paulo Bonavides.

Juarez Távora

cumprimenta cordialmente, e vem agradecer a atenciosa oferta que teve a bondade de fazer-lhe de seus excelentes trabalhos didáticos – *Ciência Política* e *Do Estado Liberal ao Estado Social* –, de que pretende ler, imediatamente, alguns capítulos e guardar em sua pequena biblioteca particular, para consultas posteriores.

Rio, 31 de agosto de 1972

Hamburg, 25 de novembro de 1972

Prezado e ilustre conterrâneo professor Paulo Bonavides,

acabo de concluir, aqui, a leitura iniciada durante a viagem de seu excelente livro *Do Estado Liberal ao Estado Social*. Foi uma leitura amena e muito proveitosa.

Participo, de longa data, como o ilustre conterrâneo, da firme convicção de que somente a democracia social logrará conciliar o problema da ordem com a liberdade, realizando o bem-estar social da massa, sem o esmagamento da elite. Acredito, também, que o regime parlamentar constitui o melhor mecanismo político para o pleno desenvolvimento da democracia social, pois a contradição entre a independência e a harmonia dos Poderes políticos no regime presidencialista – não obstante os freios e contrapesos adotados – me parece insanável.

Em livro que escrevi há alguns anos atrás (*Organização para o Brasil*), inspirado nos ideais de Alberto Torres, sugiro, com a adoção do parlamentarismo, a criação do Quarto Poder – "Ordenador" –, com funções legislativas, executivas e judiciais, composto, essencialmente, dos Presidentes do Congresso Nacional, do STF e da República, sob a presidência deste último, como chefe de Estado.

Atribuo, ademais, a esse Poder "Ordenador" e ao Poder Judiciário caráter federativo, isto é, de Poderes que se exercem verticalmente, sobre as três esferas administrativas – União, Estados e Municípios; enquanto os outros dois Poderes, o Legislativo e o Executivo, teriam caráter circunscricional, abrangendo as áreas federal, estaduais e locais.

Logo que regresse ao Brasil vou ver se consigo um exemplar desse livro para enviar-lhe.

Creia na velha admiração de seu velho conterrâneo

JUAREZ TAVORA

100. JULIEN LAFERRIERE

Université Paris Sud

Faculté Jean Monnet

Sceaux, le 29 avril 2004

Monsieur le Professeur, cher collegue,

quand nous nous sommes rencontrés à México, en février dernier, à l'occasion du magnifique Congrès de Cultures et Systèmes Juridiques Comparés organisé par l'Instituto de Investigaciones Jurídicas de l'UNAM, vous m'avez fait l'honneur de me porposer de devenir, avec le profeseur Louis Favoreu, Correspondant pour la France de la *Revista Latino-Americana de Estudos Constitucionais*.

Je vous conforme que j'accepte volontiers cet honneur, bien que je ne sois pas l'un des constitutionnalistes français les plus qualifiés pour cela.

J'ai contacté le profeseur Favoreu qui m'a exprimé, lui aussi, son accord et m'a dit qu'il vous écrirait pour vous le faire connaître directement.

Je suis donc à votre disposition pour contribuer, dans la modeste mesure de mes compétences, au fonctionnement de cette prestigieuse revue.

J'espère avoir le plaisir de vous revoir lors d'un prochain congrès international, en Amérique Latine ou en Europe et, dans cette attente, je vous prie de croire, Monsieur le Professeur, cher collegue, à ma très respectueuse considération.

Prof. François JULIEN LAFERRIÈRE

101. KARL ENGISCH

Herrn Prof. Dr. Paulo Bonavides

Sehr verehrter Herr Kollege! 7.1.1984

Für Ihre liebenswürdigen Wünsches zum Fest und zum Jahreswechsel danke ich Ihnen vielmals und erwidere sie herzlich.

In Verbundenheit

Ihr sehr ergebener

KARL ENGISCH

Heidelberg

Nota dos Organizadores: Em mensagem de próprio punho, Karl Engisch, insigne Professor de Direito da Universidade de Heidelberg, agradeceu à Forense livros do professor PAULO BONAVIDES que a Editora lhe ofertara, estendendo os agradecimentos ao autor, conforme consta do texto abaixo:

Prof. Dr. Karl Engisch

An Companhia Editora Forense

Gestern enthielt ich von Ihnen zugesandt drei wertvolle Werke von Paulo Bonavides.

Für dieses Grosszügige Geschenk spreche ich Ihnen und den Herrn Verfasser meinen beste Danke aus.

Mit freundlichen Grüssen ergebenst

Dr. KARL ENGISCH

102. KENNETH L. PENEGAR

The University of Tennessee

College of Law

Knoxville, March 5, 1984

Dear professor Bonavides:

professor Black from our Sociology Department here at the University of Tennessee-Knoxville was kind enough to volunteer to take this message to you personally.

On behalf of the University and its College of Law, I would like to extend our warmest greetings and appreciation for the interest you have shown in visiting our campus later this year. Your visit will be part of the exchange program we have developed under the Linkage Program between your university and ours, funded by the United States Information Agency.

Subject to your personal confirmation, we are holding open the prospect of your teaching a course in Comparative Law for our students.

We will, of course, make an office available for your use here in the Law Faculty buildings while you are at the University of Tennessee.

You are most welcome to begin your residence with us anytime this summer beginning June, 1984. We would expect you to be with us through the end of the autumn semester, concluding in the first week of December, 1984.

I understand that your field of interest is in Constitutional Law. I expect that you will find wide interest in our faculty in that subject. Indeed, there are three or four of us regularly scheduled to teach that course. I personally have some interest in Comparative Law as well.

Please let me know if there is anything in advance of your visit that I can do to make your stay here most productive.

Best wishes.

Yours sincerely

KENNETH L. PENEGAR – Dean

University of Tennessee

College of Law

October 29, 1984

To: The Law Faculty

From: Kenneth Penegar

Subject: Faculty Forum

This is just a reminder that Dr. Paulo Bonavides will address the faculty on Wednesday, October 31 at 4:00 P.M. in the Faculty Lounge.

The topic of his presentation will be "Kelsen and the Brazilian Constitution". I hope that you will make plans to be there.

Light refreshments will be served.

KEN P.

103. KLAUS STERN

Universität zu Köln

Institut für Öffentliches Recht und Verwaltungslehre

14.4.1997

Sehr verehrter, lieber Herr Bonavides,

da ich nicht sicher bin, daß Sie mein Telegramm vom 20. März erreicht hat, möchte ich Ihnen noch einmal brieflich mitteilen, daß Sie auf meinen Vorschlag hin in die Nordrhein-Westfälische Akademie der Wissenschaften als korrespondierendes Mitglied aufgenommen worden sind. Ich freue mich sehr darüber, daß Ihnen als erstem südamerikanischen Wissenschaftler diese außerordentliche und höchste Ehrung, die einem Wissenschaftler in Deutschland zufallen kann, zuteil wurde. Nehmen Sie meine herzlichsten Glückwünsche entgegen. Der Präsident der Akademie wird Ihnen selbstverständlich die Auszeichnung förmlich mitteilen.

Vorsorglich möchte ich Ihnen schon mitteilen, daß Ihre Ehrung in der Jahresfeier am 28. Mai 1997 förmlich verkündet wird. Natürlich wäre es sehr schön, wenn Sie zu diesem Zeitpunkt in Deutschland sein könnten. Gleichermaßen würden sich meine Frau und ich über Ihren Besuch in Köln/Düsseldorf freuen. Lassen Sie mich bitte wissen, ob Sie einen Besuch in Erwägung ziehen können.

Mit allen guten Wünschen und herzlichen Grüßen bin ich wie stets

Ihr

KLAUS STERN

Universität zu Köln

Institut für Öffentliches Recht und Verwaltungslehre

den 23.6.1997

Sehr verehrter, lieber Herr Bonavides,

bei der Jahresfeier der Nordrhein-Westfälischen Akademie am 28. Mai 1997 ist Ihre Aufnahme als korrespondierendes Mitglied in die Akademie bekanntgegeben worden. Ich habe mich sehr gefreut, daß Sie diese Aufnahme als große Ehrung betrachtet haben. Meines Wissens sind Sie der erste Südamerikaner der Geisteswissenschaftlichen Klasse, der Mitglied der Akademie ist.

Wenn Sie zu Ihrer Ehrung im Winter nach Lissabon kommen, wäre es schön, wenn Sie diese Reise mit einem Besuch in Köln und Düsseldorf verbinden könnten. Sitzungen der Geisteswissenschaftlichen Klasse finden am 19. November und am 17. Dezember statt. Vielleicht können Sie die Termine entsprechend koordinieren. Sollte das nicht möglich sein, würde ich versuchen, an dem Tag, an dem Sie in Deutschland sind, mit dem Präsidenten und dem Sekretar der Klasse ein Treffen zu arrangieren. Bitte lassen Sie mich den Termin Ihres Kommens möglichst bald wissen.

Mit herzlichen Grüßen, auch von meiner Frau, und den besten Empfehlungen an Ihre verehrte Frau Gemahlin bin ich

Ihr

KLAUS STERN

Institut für Rundfunkrecht an der Universität zu Köln

Köln, den 9. Mai 2001

Sehr verehrter lieber Freund Paulo,

vor einigen Tagen erhielt ich ein Exemplar der Festschrift, die zu Ehren Ihres Geburtstags erschienen ist. Ich freue mich, daß es gelungen ist, diese Festgabe für Sie der Öffentlichkeit zu präsentieren. Ich hoffe, Sie hatten auch eine schöne Geburtstagsfeier.

Leider Gottes sah ich bei dem Beitrag, den ich zur Verfügung gestellt habe, daß man aus mir nicht erfindlichen Gründen den Beginn meines Aufsatzes, der Ihre Persönlichkeit würdigt, nicht abgedruckt hat. Ich bedaure das außerordentlich. In jedem Falle möchte ich Ihnen die Zeilen, die Ihnen persönlich gewidmet sind, in der Anlage übermitteln. Ich hoffe, Sie sehen daraus die Hochschätzung, die ich für Sie empfinde.

Gern würde ich gelegentlich hören, wie es Ihnen und Ihrer verehrten Frau Gemahlin geht. Wir grüßen Sie jedenfalls sehr herzlich aus Deutschland und bleiben wie stets

Ihre

KLAUS STERN

Der Richter und die Anwendung des Gesetzes

von Prof. Dr. Dres. h. c. Klaus Stern

Universität zu Köln

Paulo Bonavides ist einer der bedeutendsten Verfassungsrechtler, Verfassungshistoriker und Vertreter der Politischen Wissenschaft in Brasilien und darüber hinaus in ganz Lateinamerika. Er hat nicht nur in Süd-und Nordamerika hohes Ansehen erworben, sondern auch durch seine rechtsvergleichenden Arbeiten in Deutschland, Italien, Spanien und Portugal. In seinen rechtswissenschaftlichen Traditionen ist er in hohem Maße von deutschen Rechtswissenschaftlern wie Savigny, Ihering, Gierke, Jellinek und Hans Kelsen geprägt. Sein grundlegendes Werk História Constitucional do Brasil ist über Brasilien hinaus weltweit gerühmt. Auch sein Buch “Die offene Verfassung. Aktuelle Themen der Politik und Verfassung” aus dem Jahre 1991 sowie sein Beitrag auf dem Kölner Symposion “40 Jahre Grundgesetz – Entstehung, Bewährung und internationale Ausstrahlung” haben ihn als exzellenten Kenner des Verfassungsrechts und der Politischen Wissenschaft ausgewiesen. Vielfach wird er sogar als Begründer der Politischen Wissenschaft in Brasilien bezeichnet. Ihn mit einem Beitrag aus Rechtstheorie und Verfassungsrecht zu ehren ist mir nicht nur officium nobile, sondern auch gern erfüllte

Freundesgabe. Welches Geschenk könnte hierfür besser geeignet sein als jener Vortrag, den ich am 2. September 1999 bei der XVII Conferência Nacional dos Advogados auf Einladung des Vorstandes des Ordem dos Advogados do Brasil, dem Paulo Bonavides angehört, gehalten habe.

Nota dos Organizadores: O texto da dedicatória a que se refere nesta carta o insigne professor Dr. Klaus Stern, antigo Catedrático da Universidade de Colônia, agora publicado, deixou de constar, por uma falha técnica de editoração, do artigo daquele eminente publicista impresso na obra *Direito Constitucional – Estudos em Homenagem a Paulo Bonavides*, organizada por Eros Grau e Willis Santiago Guerra Filho e saída dos prelos da Malheiros Editores, de São Paulo, em janeiro/2001.

Institut für Rundfunkrecht an der Universität zu Köln

Köln, den 24. April 2002

Lieber Herr Bonavides,

mit großer Freude und Dankbarkeit habe ich Ihr neues Buch Os Poderes Desarmados erhalten. Es ist sehr schön, daß Sie darin so vieler bedeutender Persönlichkeiten gedacht haben, die Ihnen begegnet sind oder die in der Öffentlichkeit wirkten. Dankbar bin ich auch für die schöne Widmung, die Sie in das Buch für mich geschrieben haben.

Ich hoffe, daß es Ihnen und Ihrer verehrten Frau Gemahlin gut geht. Leider mußte sich meine Frau an der Halsschlagader operieren lassen. Es ist aber alles gut gegangen. Wir hoffen auf einen schönen Sommer, damit sie sich erholen kann.

Alle guten Wünsche und herzliche Grüße von

Ihrem

KLAUS STERN

Nota dos Organizadores: Em carta de 26.11.2003 ao professor Paulo Bonavides, o Catedrático da Universidade de Colônia, professor Dr. Klaus Stern, congratulou-se com o lançamento da *Revista Latino-Americana de Estudos Constitucionais* e, ao mesmo tempo, acusou o recebimento do primeiro número da publicação, louvando, a seguir, o autor da iniciativa, que, a seu ver, era fadada a ter repercussão mundial. Trechos da missiva:

26. November 2003

Lieber Herr Bonavides,

vor wenigen Tagen erhielt ich die erste Nummer der *Revista* der Lateinamerikanischen Verfassungsrechtlichen Studien. Ich darf Ihnen zum Erscheinen sehr herzlich gratulieren und gleichzeitig mich bedanken, daβ Sie mich als auswärtiges Mitglied in den Korrespondentenkreis gewählt haben. Ich betrachte das als eine sehr groβe Ehre.

(...).

Es ist eine hervorragenden Entscheidung von Ihnen, eine solche Zeitschrift begründet zu haben. Ihr Ansehen und Ihre Autorität wird dem lateinamerikanischen Verfassungsrecht in der ganzen Welt damit die Beachtung zuführen, die ihm gebührt. Gern werde ich das Werk für meine eigenen Forschungen zu Rate ziehen.

104. KLAUS WOLFGANG NIEMÖLLER

Nordrhein-Westfälische Akademie der Wissenschaften

20. März 1997

Lieber Herr Kollege Bonavides,

es ist mir eine besondere Freude, Ihnen mitzuteilen, daß die Klasse für Geisteswissenschaften Sie in der Sitzung am 19. März 1997 zu ihrem korrespondierenden Mitglied gewählt hat. Zu dieser Wahl spreche ich Ihnen im Namen der Klasse aber auch ganz persönlich herzliche Glückwünsche aus. Ich wäre Ihnen für eine Mitteilung dankbar, ob Sie diese Wahl annehmen.

Die Jahresfeier der Akademie wird am Mittwoch, dem 28. Mai 1997, 17.00 Uhr, im Karl-Arnold-Haus, Haus der Wissenschaften, Palmenstraße 16, 40217 Düsseldorf, stattfinden. Eine gesonderte Einladung werden Sie noch erhalten. Ich würde mich freuen, wenn Ihnen die Wahrnehmung dieses Termins möglich wäre.

Die Wahl zum Akademie-Mitglied ist nicht nur als Auszeichnung der wissenschaftlichen Arbeiten zu verstehen, sondern setzt engagierte und tatkräftige Mitarbeit in der Klasse für Geisteswissenschaften voraus. Insofern hoffen wir sehr auf Ihre Unterstützung.

Mit freundlichen Grüßen

Ihr

K. W. NIEMÖLLER

Nordrhein-Westfälische Akademie der Wissenschaften

20.März 1997

Sehr geehrter Herr Bonavides,

da es Ihnen zu meinem Bedauern nicht möglich war, an unserer Jahresfeier am 28. Mai 1997 teilzunehemen. und Sie vermutlich auch in näher Zukunft nicht zu einer der wissenschaftlichen Sitzungen kommen können, möchte ich mich auf diesem Wege der angenehmen Pflicht entledigen, Ihnen die Urkunde zur Wahl zum korrespondierenden Mitglied der Klasse für Geisteswissenschaften der Nordrhein-Westfälischen Akademie der Wissenschaften zu überreichen.

Indem ich Ihnen alle guten Wünsche für Ihr persönliches Wohlergehen übermittle, verbleibe ich in der Hoffnung, Sie gelegentlich in Düsseldorf begrüssen zu können.

Mit freundlichen Grüßen

Ihr

K. W. NIEMÖLLER

105. KONRAD HESSE

30.10.1978

Sehr verehrter Herr Bonavides,

haben Sie vielen Dank für Ihr Schreiben vom 20. Oktober!

Ich bin gern bereit, Ihre Arbeiten in Deutschland, soweit es mir zeitlich möglich ist, zu unterstützen und freue mich, Sie bei Ihrem Aufenthalt Kennenzulernen! Da ich neben meiner Tätigkeit als Richter am Bundesverfassungsgericht nach wie vor Professor an der Universität Freiburg bin, wird vielleicht zu Überlegen sein, ob Sie nicht lieber nach Freiburg kommen sollten, wo ich immer noch etwas mehr Zeit habe als in Karlsruhe. In diesem Falle würde, um das Bundesverfassungsgericht Kennenzulernen, ein kürzerer Besuch in Karlsruhe ausreichen.

Mit angelegentlichen Empfehlungen

Ihr sehr ergebener.

KONRAD HESSE

Institut für Öffentliches Recht der Universität Freiburg

78 Freiburg i. Br., den 25. April 1979

An den

Deutschen Akademischen Austauschdienst

zu Hd. Frau Marie-Luise Ulrich

Sehr geehrte Frau Ulrich,

auf Ihr Schreiben vom 9. April darf ich mitteilen, daß ich es nach wie vor für besser halten würde, wenn Herr Professor Bonavides seinen

Besuch in unserem Bereich in Freiburg beginnt und dafür vielleicht sogar mehr als eine Woche vorsieht.

Hier hätten wir mehr Ruhe, das Programm seiner Arbeiten durchzusprechen. Ich könnte ihn mit weiteren Kollegen bekannt machen, und er hätte Gelegenheit an Vorlesungen oder Seminaren teilzunehmen. In Karlsruhe könnte ich sicher das eine oder andere Gespräch mit Richterkollegen vermitteln. Falls in den Zeitraum nicht eine Sitzung des Gerichts fällt (was unwahrscheinlich ist), müßte Herr Bonavides aber im übrigen wohl selbständig arbeiten, wozu in der Bibliothek des Bundesverfassungsgerichts die denkbar beste Gelegenheit besteht. In der Frage, welche weiteren Kollegen Herr Bonavides an anderen deutschen Hochschulen aufsuchen sollte, bin ich zu Informationen gern bereit.

Mit besten Empfehlungen

Ihr sehr ergebener

KONRAD HESSE

2.6.81

Sehr verehrter Herr Bonavides,

mit der sehr freundlichen Übersendung ihrer beiden ßücher machen Sie mir ein grosses und wertvollen Geschenk, dass mir eine besondere Freude ist. Haben Sie aufrichtigen und genedigen Danke, besonders auch für die Verbundenheit, die in dieser Gabe Ausdruck findet! Ich hoffe sogar, dass sich bald einmal die Gelegenheit zu einen Wiedersehen ergibt.

Mit besten Wünschen und Grüssen

ihr sehr ergebener.

K. HESSE

28.8.1981

Sehr verehrter Herr Bonavides,

vielen Dank für Ihr Schreiben, über das ich mich sehr gefreut habe! Anliegend darf ich die gewünschten Photokopien übersenden.

Mit besten Grüßen

Ihr sehr ergebener

K. HESSE

Sehr verehter Herr Bonavides,

Ihr freundlichen Weihnachts und Neujahrsgruss war mir eine besondere Freude. Haben sie vielen Dank! Ich erinnere mich gern Ihres

Besuchs in Freiburg und hoffe, dass Sie bald einmal Gelegenheit findet die neue begonnene Verbindung fortzusetzen. Viel Wünsche für das Neue Jahr und herzliche Grüsse!

Ihr sehr ergebener

KONRAD HESSE

Vielen Dank für den freundlichen Weihnachtsgrüss, über den wir uns sehr grefreut haben! Wir erwidern ihn mit unseren besten Wünschen für ein gutes und erfolgreiches Neues Jahr!

Ihr

KONRAD HESSE

106. LAURITA PESSOA RAJA GABAGLIA

Ao Sr. Paulo Bonavides,

os mais sinceros agradecimentos pela interessante crítica que, sob o título "Epitácio e a História da República", dedicou à biografia de meu Pai, na revista *Tahí*, número de outubro p.p. que há pouco recebi.

Atenciosamente

LAURITA PESSOA RAJA GABAGLIA

Rio, 3 de janeiro de 1982

107. LAUTARO RÍOS ÁLVAREZ

Valparaíso, 5 de marzo de 2003

Estimado profesor Bonavides:

le quedo profundamente reconocido por el gentil envío de la 4ª edición de su libro História Constitucional do Brasil, que leeré con sumo interés y, seguramente, con gran provecho intelectual.

En mis estudios de derecho constitucional comparado siempre me hizo falta conocer la evolución histórica de las instituciones brasileñas, lo que ahora su apreciada obra pondrá a mi alcance.

Le saluda con verdadero aprecio

Prof. LAUTARO RÍOS Á.

108. LÁZARO GUIMARÃES

Recife, 25 de junho de 2010

Ilmo. Sr. Professor,

comunico a V. Sa. que esta Turma, em sessão realizada no dia 22 do mês em curso do corrente ano, por proposição de minha autoria, à unanimidade de seus Desembargadores Federais e manifestação expressa do douto Representante do Ministério Público Federal, aprovou Voto de Congratulações pelo recebimento do título Honoris Causa.

No ensejo, comungando com o sentimento de toda a 4ª Turma do Tribunal Regional Federal da 5ª Região, reitero-lhe os meus protestos de alta estima e distinta consideração.

LÁZARO GUIMARÃES – Desembargador Federal Presidente da 4ª Turma (em exercício)

109. LINNEU DE ALBUQUERQUE MELLO

Ministério do Trabalho, Indústria e Comércio

Gabinete do Ministro

Rio de Janeiro, 30 de novembro de 1955

Prezado Dr. Paulo Bonavides:

recebi, com enorme agrado, seus trabalhos Dos Fins do Estado e Cultura Jurídica Alemã e Rumos Sociais, o primeiro constituindo a dissertação que apresentou à douta Congregação da Faculdade de Direito da Universidade do Ceará para concurso à docência-livre da cátedra de Teoria Geral do Estado.

Vou lê-los com maior interesse, tendo em conta ainda a circunstância, que relembra com tanta delicadeza em sua dedicatória, de serem de um ex-aluno sempre devotado às letras jurídicas.

Com sinceros agradecimentos, felicito-o vivamente pelas novas demonstrações de sua atividade intelectual.

Sou, com o maior apreço, seu amº e admºor. Obgº.

LINNEU DE ALBUQUERQUE MELLO

110. LOURIVAL VILANOVA

Recife, 11 de junho de 1958

Prof. Paulo Bonavides

Saudações.

Acuso o recebimento da monografia que teve a gentileza de me enviar, sob o título Do Estado Liberal ao Estado Social. Comecei a lê-

-la com vivo interesse, apreciando a clareza da exposição e a excelente bibliografia utilizada. O meu interesse redobra porquanto há pouco mais de um mês escrevi um artigo para nossa *Revista Acadêmica*, órgão da Faculdade, acerca do tema "A Democracia Não Liberal".

Não sei se conhece a minha tese, com que conquistei a Cátedra de Teoria do Estado, O Problema do Objeto da Teoria Geral do Estado. Sendo essencialmente teórico, sem alcance prático, só me animei a tirar os exemplares necessários à inscrição no concurso, por isso que apenas disponho de poucos. Caso não o tenha obtido já, enviar-lhe-ei um.

Estimaria obter um exemplar desse seu estudo Dos Fins do Estado.

Na expectativa de sua resposta, subscrevo-me.

Atenciosamente

LOURIVAL VILANOVA

111. LÚCIO ALCÂNTARA

Instituto Tancredo Neves

Brasília, 6 de março de 1987

Prezado Professor,

honra-me apresentar a V. Sa. o profundo reconhecimento do Instituto Tancredo Neves pela excepcional colaboração prestada, como expositor, no Seminário "Constituições do Brasil".

O brilhantismo com que V. Sa. se desincumbiu da missão foi responsável, em muito, pelo sucesso daquele evento.

Na certeza de continuar contando com V. Sa. para futuras promoções da espécie, reitero- lhe, com meus agradecimentos, votos de estima e admiração.

Cordialmente

Dep. LÚCIO ALCÂNTARA – Diretor-Executivo

112. LUCIO MENDIETA Y NUÑEZ

XVIII Congreso Nacional de Sociología

Asociación Mexicana de Sociología Correspondiente de la Asociación Internacional de Sociología de la UNESCO en colaboración con la Universidad Autónoma del Estado de Morelos y bajo la coordinación de la Comisión Nacional para la Conmemoración del Centenario del Fallecimiento de don Benito Juárez

México, D. F., octubre 4 de 1972

Sr. Dr. Paulo Bonavides

Muy estimado Sr.,

la Asociación Mexicana de Sociología correspondiente de la Asociación Internacional de Sociología de la UNESCO en colaboración con la Universidad Autónoma de Morelos ha organizado el XVIII Congreso Nacional de Sociología, que versará exclusivamente sobre "Sociología Política" de acuerdo con la Convocatoria y el Temario que tengo el agrado de adjuntarle.

El Congreso tendrá lugar en Oaxtepec, Morelos, del 16 al 20 de octubre de este año.

Teniendo en cuenta los altos merecimientos académicos que en Usted concurren, me es grato invitarlo para que nos honre con su presencia en este evento cultural.

Únicamente a las personas que presenten trabajos se les reservará hotel y asistencia en los mejores hoteles de Oaxtepec durante los días arriba especificados.

Ruego a Usted de la manera más encarecida y atenta decirme a vuelta de correo si acepta nuestra invitación y en su caso el título del trabajo que presentará y que debemos de recibir con una copia.

Me es grato suscribirme de Usted como su atento, seguro servidor y amigo.

Dr. LUCIO MENDIETA Y NUÑEZ

113. LUIS LEGAZ Y LACAMBRA

Instituto de Estudios Políticos

Presidente del Comité Organizador del

Congreso Mundial de Filosofía Jurídica y Social

Madrid, 23 de mayo de 1973

Prof. Paulo Bonavides

Estimado y distinguido Colega:

los días 7 al 12 de septiembre se va a celebrar en Madrid un Congreso Mundial de Filosofía del Derecho bajo los auspicios de la Asociación Internacional de Filosofía Jurídica y Social (IVR) de la que Vd. es distinguido miembro.

Para los organizadores del Congreso sería un honor contar con su presencia y colaboración contribuyendo así a su brillantez y a incrementar la nómina de eminentes representantes de la Filosofía y de la Ciencia Jurídica de todo el mundo que han anunciado su venida.

Aprovecho la ocasión para saludarle muy atentamente suyo affmo. amigo y colega,

LUIS LEGAZ Y LACAMBRA

114. LUIS SÁNCHEZ AGESTA

El Presidente de la Comisión Promotora

Universidad Autónoma

Madrid, 16 de noviembre de 1970

Sr. D. Paolo Bonavides

Mi distinguido amigo y colega:

he recibido de manos del profesor Romero el volumen que ha tenido la amabilidad de remitirme. Aunque aún no he tenido ocasión de leerlo, he visto por el índice que se trata de un tema importantísimo y de viva actualidad en el orden constitucional brasileño contemporáneo. Me propongo desde luego leerlo con gran interés, y le felicito por su publicación.

En paquete separado recibirá alguna separata y alguna publicación mia que quizás le pueda interesar.

Un cordial saludo de su affmo. amigo.

Firmado:

LUIS SÁNCHEZ AGESTA

115. LUIZ HUGO GUIMARÃES

Instituto Histórico e Geográfico Paraibano

Patriae pro gloria et magnitudine

João Pessoa, 6 de junho de 2005

Caro conterrâneo Paulo Bonavides:

acuso com imensa satisfação o recebimento do exemplar do jornal O Povo, com uma completa reportagem sobre sua vida de lutas em favor da democracia, a melhor homenagem que lhe poderiam prestar na passagem dos seus 80 anos.

O texto primoroso do jornal levou-me a incluí-lo no acervo do Instituto para consulta dos usuários, em vez de arquivá-lo em sua pasta de Sócio-Correspondente. Foi a forma que encontrei para associar-me à justa e merecida homenagem que lhe prestaram.

Cordialmente

LUIZ HUGO GUIMARÃES

Presidente

116. MANOEL GONÇALVES FERREIRA FILHO

Exmo. Sr.

Prof. Paulo Bonavides

São Paulo, 29 de junho de 1972

Agradeço a gentileza do envio de seu livro *Ciência Política*, agora em sua 2ª edição. Já conhecia esse trabalho pela publicação anterior e o considero de grande valor.

Com a maior estima e consideração, subscrevo-me.

Atenciosamente

M. G. FERREIRA FILHO

117. MANUEL ARAGÓN REYES

22 de noviembre de 2004

Mi estimado amigo:

muchas gracias por el envío del nuevo número de la Revista, que ha quedado aplaudido.

Un fuerte abrazo con todo afecto.

M. ARAGÓN

118. MARCELLO CERQUEIRA

Rio, 16 de janeiro de 1996

Caríssimo mestre Bonavides,

enviei (cópia) fax ao editor do JB para que não privasse seus leitores do avançado pensamento político e jurídico do nosso maior constitucionalista. Hoje, o JB estampa o seu (sempre excelente) artigo mas sob o título “A Globalização que Interessa”. Será o mesmo com o nome modificado pela Redação? De qualquer forma, era exatamente sobre isso que eu queria lhe falar. Em "Nota Prévia" com que atualizo o meu Controle do ..., que mereceu suas generosas palavras, discuto, a partir de excelente material recentemente publicado (Anderson, Hobsbawm, Bobbio, Arrighi, Therborn, outros), a questão do neoliberalismo, modismo que ora atormenta a Humanidade. Entretanto, creio, falta ensaio que sistematize a evolução do Estado Liberal para o Social e a involução deste para o Neoliberal. Seu *Do Estado Liberal ao Estado Social* é quase profético quando arremata: "(...) sem embargo de reconhecermos, conforme ficou dito, as dificuldades que, na ordem positiva dos entrechoques políticos, tão usualmente destroem a sua escala de valores e levantam no ânimo dos tímidos e desencorajados graves apreensões sobre o futuro da ideologia democrática" (p. 234, ed. de 1980). Creio que seria mais uma inestimável contribuição do seu pensamento. Veja que mesmo Cappelletti (Juízes Legisladores), condenando as teses de Friedman, arremata: "Não entrarei na grande discussão suscitada por esta tese, certamente contestável" (a citação está em minha nota de pé de página n. 108, p. 53, do Controle ...). Quem sabe se suas viagens já programadas não podem até mesmo colaborar para reunir mais material sobre o tema? É certo que em mudanças recentes a Constituição da Alemanha unificada chegou a regulamentar a propriedade e o uso das estradas de ferro? Estaria, então, na contramão da desregulamentação europeia tão a gosto dos alemães, ou seria algo muito particular que me escapa?

Muito grato pelas indicações, que devo mais à sua generosidade do que aos méritos deste seu amigo e admirador.

MARCELLO CERQUEIRA

119. MARCELO FIGUEIREDO

São Paulo, 21 de junho de 1993

Prezado Professor,

foi com grande alegria que adquiri e venho examinando sua mais recente obra – *Curso de Direito Constitucional* (4ª edição), Malheiros.

Sem dúvida o livro é excelente, como os demais trabalhos editados pelo ilustre Mestre de todos quantos lidamos com o direito constitucional. Meus parabéns! A obra, muito me auxilia na preparação de aulas do Bacharelado da PUC/SP, bem como nos "cursinhos" preparatórios à Magistratura. Já a adotei com satisfação.

Aproveito a oportunidade para enviar ao ilustre Colega dois modestos trabalhos. Teoria Geral do Estado, singelo manual ora editado pela Atlas. O outro cuida da Emenda Constitucional 3/1993. Este último mereceu do Conselho Seccional da OAB/SP algum elogio, já que mediante sua deliberação será encaminhado ao Conselho Federal, visando a colaborar com o debate constitucional.

Como estudioso sério e dedicado que é o Professor, tomo a liberdade de enviar ambos para seu conhecimento e apreciação.

Saiba que estamos à disposição do ilustre Mestre em São Paulo, para o que desejar.

Aproveito a oportunidade para manifestar meu apreço, admiração e amizade.

Cordialmente

MARCELO FIGUEIREDO

120. MARCELO REBELO DE SOUSA

Lisboa, 15 de novembro de 2004

Prezado Mestre,

bem haja pelas suas desvanecedoras ofertas, que tanto me penhoraram!

Felicito-o pela actividade, que mantém, e pelo contributo que continua a dar ao avanço da ciência jurídica, política e constitucional, não só no Brasil, mas em dimensão universal.

Com o testemunho da reverente admiração e as mais cordiais saudações,

MARCELO REBELO DE SOUSA

Nota dos Organizadores: O professor Marcelo Rebelo de Sousa, Catedrático da Universidade de Lisboa, agradeceu a Kamylle Mourão e Giacomina Borrini, Secretárias da Fundação Paulo Bonavides, a remessa, que lhe fora feita, de um recorte do jornal *O Povo*, de Fortaleza, que publicara em sua edição de 7.11.2011 o trabalho "Conferência em Buenos Aires", de autoria do Patrono da Fundação. Agradecimento vazado nos seguintes termos:

Prezadas Dras. Kamylle e Giacomina,

com os afetuosos cumprimentos, agradeço o texto enviado, que representa um testemunho mais da genialidade do mestre Paulo Bonavides.

Bem-hajam!

MARCELO REBELO DE SOUSA

121. MARCELO REBELO DE SOUSA/ DÁRIO MOURA VICENTE/EDUARDO VERA-CRUZ PINTO

Universidade de Lisboa

Faculdade de Direito

Ilustre Mestre,

vai a Faculdade de Direito de Lisboa, por deliberação do seu Conselho Científico, promover a publicação, a partir de 2005, de uma nova revista jurídica, direccionada para a cooperação com os Países de língua oficial portuguesa.

Entendeu aquele Conselho, na verdade, que a cooperação há vários anos levada a cabo pela Faculdade no domínio do ensino do Direito poderia ser complementada, com benefício para o aprofundamento dos laços culturais entre Portugal e os demais Países de língua portuguesa, mediante a publicação, numa revista especializada a ser neles distribuída, de trabalhos científicos relativos ao Direito destes Países, bem como de outros documentos de interesse respeitantes à sua produção legislativa, à jurisprudência dos respectivos tribunais e às actividades de cooperação universitária neles empreendidas.

A Revista, que terá periodicidade semestral, adoptará como título Ius Commune – *Revista de Direito dos Países e Territórios de Língua Portuguesa* e será dirigida pelo professor Dr. Marcelo Rebelo de Sousa, que exerce actualmente as funções de Presidente do Instituto de Cooperação Jurídica da Faculdade. Nessa tarefa, será coadjuvado pelos professores Drs. Dário Moura Vicente e Eduardo Vera-Cruz Pinto.

No Conselho de Redacção da Revista gostaríamos de contar com a prestigiosa colaboração de V. Exa. Caberia aos membros desse Conselho, designadamente, propor ou dar parecer sobre a publicação de trabalhos científicos, decisões jurisprudenciais, diplomas legais e outros textos jurídicos dos Países de língua oficial portuguesa.

É o que nos permitimos colocar à consideração de V. Exa., desde já agradecendo uma resposta ao cuidado dos signatários (a qual poderá também ser enviada para: dmouravicente@mail.fd.ul.pt).

Faculdade de Direito de Lisboa, 27 de dezembro de 2004

Prof. Dr. MARCELO REBELO DE SOUSA

Prof. Dr. DÁRIO MOURA VICENTE

Prof. Dr. EDUARDO VERA-CRUZ PINTO

122. MÁRCIO THOMAZ BASTOS

Ordem dos Advogados do Brasil

Conselho Federal

Brasília, 13 de setembro de 1988

Exmo. Sr.:

encaminho a inclusa cópia da Portaria 45/1988, que designa V. Exa. para integrar o Conselho Consultivo destinado a oferecer suporte aos trabalhos de que está incumbida a Comissão Pós-Constitucional, criada pela Portaria 44/1988, também anexa por cópia.

Esclareço que a coordenação dos trabalhos a serem realizados pela referida Comissão estará a cargo da Dra. Olga Cavalheiro Araújo.

Cordialmente.

MÁRCIO THOMAZ BASTOS
Presidente

123. Ministro MARCO AURÉLIO

Nota dos Organizadores: Congratulações do Min. Marco Aurélio, do STF, ao professor Paulo Bonavides pela outorga que lhe fez da Medalha "Ordem do Mérito Pontes de Miranda" o TRF-5ª Região, sediado no Recife:

Caro mestre Paulo Bonavides,

Padre Antônio Vieira, relembrando do Sêneca, veiculou no Sermão da Terceira Quarta-Feira da Quaresma que "o maior prêmio das ações heroicas é fazê-las". Sim, mas é sempre gratificante constatar a feitura da justiça. Sinto-me honrado com a iniciativa do TRF da 5ª Região. Ninguém melhor para ser agraciado com a Medalha da "Ordem do Mérito Pontes de Miranda". Eis o reconhecimento do Judiciário por uma vida acadêmica insuplantável em dedicação e acatamento.

Estimaria abraçá-lo pessoalmente. Não sendo possível, ante a dinâmica do STF, expresso neste cartão o meu sentimento. Segue mensagem endereçada à Juíza Cantarelli.

Com cordial abraço do

MARCO AURÉLIO

Brasília 17 de maio de 2004

A S. Exa. a Sra.

Juíza Margarida Cantarelli

Presidente do Tribunal Regional Federal da 5ª Região

Não fosse a dinâmica dos trabalhos desta Suprema Corte, imensa seria a satisfação em comparecer à sessão solene de entrega da medalha da Ordem do Mérito Pontes de Miranda ao professor Dr. Paulo Bonavides. Registro sinceros cumprimentos pela iniciativa desse Tribunal, justa homenagem e inequívoco reconhecimento à impecável atuação profissional de tão ilustre jurista e exemplar cidadão, cuja trajetória tanto contribuiu para a consolidação das liberdades democráticas no País.

Ministro MARCO AURÉLIO

124. MARIA ELIZABETH GUIMARÃES TEIXEIRA ROCHA

Nota dos Organizadores: Ministra do STM e primeira mulher, em dois séculos, a integrar a mais antiga Corte de Justiça do Brasil, Maria Elizabeth Guimarães Teixeira Rocha apresentou, em 2.12.2011, agradecimentos ao professor PAULO BONAVIDES pela participação que este teve no X Seminário de Direito Militar, celebrado em Brasília por aquele Tribunal, entre 28.11 e 1.12.2011. Palavras da Ministra:

Tenha certeza de que sua presença honrou esta Corte e emprestou grandeza e prestígio ao nosso Seminário, que foi considerado um marco na história deste Tribunal. Esperamos contar com a eloquência e o saber de V. Sa. em outros eventos.

125. MARIA ELIZABETH GUIMARÃES TEIXEIRA ROCHA/ MARCELO WETZEL RABELLO DE SOUZA

Superior Tribunal Militar

Gabinete da Ministra Vice-Presidente

Seminário Sul e Norte-Americano de Direito Constitucional e Militar

Brasília/DF, em 4 de junho de 2013

A S. Sa. o Sr.

Prof. Dr. Paulo Bonavides

Sr. Professor:

1. Apresentamos nossos agradecimentos por sua notória e relevante contribuição como palestrante do Seminário Sul e Norte-Americano de

Direito Constitucional e Militar, realizado no período de 20 a 22.5.2013, no Auditório da Procuradoria-Geral da Justiça Militar.

2. Tenha certeza de que sua presença nos honrou e emprestou grandeza e prestígio ao nosso Seminário, que foi considerado um marco na bem-sucedida parceria entre o Ministério Público Militar e o STM.

3. Por oportuno, informamos que a memória do Seminário será disponibilizada em breve na Internet.

Atenciosamente

MARIA ELIZABETH G. T. ROCHA – Ministra Vice-Presidente do STM

MARCELO WETZEL RABELLO DE SOUZA – Procurador-Geral da Justiça Militar

126. MARIO G. LOSANO

Università degli Studi di Milano
Dipartimento Giuridico-Politico
Milão, 10 de maio de 1996

Prezado professor Paulo Bonavides,

aproveito alguns minutos de liberdade para agradecer-lhe muito pelo convite a mim dirigido para participar do Seminário de Fortaleza e do Ciclo de Estudos de Recife. Infelizmente não pude aceitar estas honrosas participações (ainda que tenha pensado muito em fazê-lo), porque estou realmente sobrecarregado de compromissos e às vésperas de uma longa estadia na Alemanha, como o Sr. sabe, o que implica mil coisas a serem organizadas e que devem caminhar na minha ausência.

Nestas condições, minha contribuição teria sido muito aquém do merecido pelos colegas brasileiros. Espero poder ser-lhes útil numa próxima oportunidade, para mim com menos afano!

Todavia, decerto não esqueci a questão do acordo entre nossas Universidades, mas tudo foi retardado por causa da aprovação do novo Estatuto Universitário, que modifica radicalmente as normas sobre o assunto.

Estamos seguindo o novo iter e escreveremos sobre o assunto o mais rápido possível.

Saudações italianas amigas e afetuosas.

MARIO G. LOSANO

Università degli Studi di Milano

Dipartimento Giuridico-Politico

Recife, 24 de fevereiro de 2004

Prezado professor Paulo Bonavides,

peço-lhe que me desculpe se somente ora envio minhas notícias. A partir do mês de outubro faleceram muitas das pessoas em volta de mim, entre as quais Alessandro Galante Garrone e Norberto Bobbio. Depois, precisei organizar meus cursos, que compreendem quatro matérias nas Universidades de Milão e de Alessandria. Isso aconteceu em plena (contra-)reforma universitária. Ontem, os professores fizeram manifestações em Roma e no dia 4 de março as universidades serão ocupadas.

Tenho a satisfação de enviar em anexo o índice provisório do meu livro sobre o MST, no qual incorporei as utilíssimas informações que você me entregou na minha última viagem a Aracaju em outubro/2003. Quando terminar a escritura do livro, pedir-lhe-ei ainda um encontro para esclarecer as últimas dúvidas e para atualizar a documentação.

Anexo também a breve recordação de Bobbio, que escrevi para a Academia Pernambucana de Letras. O fato que a Academia seja "de Letras" explica o tom intimista e pouco jurídico da conferência.

Com as mais cordiais saudações

MARIO G. LOSANO

127. MARTIN BOROWSKI

Christian-Albrechts-Universität zu Kiel

Juristisches Seminar

Lehrstuhl für Öffentliches Recht und Rechtsphilosophie

Wiss. Ass. Dr. Martin Borowski

3. April 2001

Herrn

Prof. Dr. Paulo Bonavides

Übersendung meiner Dissertation "Grundrechte als Prinzipien"

Sehr verehrter Herr Prof. Dr. Bonavides,

erlauben Sie mir, Ihnen anliegend ein Exemplar meiner Dissertation "Grundrechte als Prinzipien" zu überreichen. Hätte ich gewußt, daß deren Thema Ihr näheres Interesse findet, hätte ich nicht gezögert, meiner ersten Sendung ein Exemplar beizulegen! Gleichzeitig darf ich mich sehr herzlich für die Übersendung Ihrer Aufsätze und Bücher bedanken! Leider spreche ich weder portugiesisch noch spanisch, aber wir haben eine Reihe Muttersprachler aus diesem Bereich am Lehrstuhl von Prof. Dr. Alexy, so daß mir der Zugang zu Ihren Schriften ein wenig ermöglicht wird.

Mit freundlichen Grüßen

Dr. MARTIN BOROWSKI

128. MARTIN KRIELE

Nota dos Organizadores: Em nome da Faculdade de Direito da Universidade de Colônia, na Alemanha, o professor Martin Kriele, Catedrático dessa Escola, escreveu ao professor Paulo Bonavides em 1981 uma carta convidando-o a ministrar, como Professor Visitante, um curso na sobredita Universidade:

Seminar für Staatsphilosophie und Rechtspolitik

Universität zu Köln

Sehr verehrter Herr Kollege,

ich darf Ihnen namens und im Auftrag der Rechtswissenschaftlichen Fakultät der Universität zu Köln mitteilen, daß wir es als Freude und Ehre ansehen würden, wenn Sie uns im kommenden Jahr als Gastprofessor zur Verfügung stehen würden, unter dem Vorbehalt, daß die finanziellen Mittel bereitstehen werden, worauf wir aber beim gegenwärtigen Stand der Dinge zuversichtlich hoffen können. Wenn es möglich ist, sollte Ihr Besuch im Sommersemester 1982 stattfinden, doch käme auch ein späteres Semester in Frage. Ich wäre Ihnen sehr dankbar, wenn Sie so freundlich wären, mich hierzu Ihre Vorstellungen wissen zu lassen, und ebenso über die von Ihnen vorgesehenen Themen der Lehrveranstaltungen sowie deren Gestalt (Vorlesung oder Seminar). Die Arbeitsräume des Seminars Staatsphilosophie und Rechtspolitik werden Ihnen im Rahmen unserer Möglichkeiten gern zur Verfügung stehen.

Ich freue mich sehr auf die kollegiale Zusammenarbeit und die Möglichkeit, auch unsere persönlichen Kontakte zu erneuern und zu vertiefen. Freundliche Grüße auch von Herrn und Frau Feldmann, die sich ebenfalls auf Ihren Besuch in Köln sehr freuen.

Mit herzlichen Grüßen bin ich

Ihr aufrichtig ergebener

MARTIN KRIELE

Seminar für Staatsphiolosophie und Rechtspolitik

Universität zu Köln

5 Köln 41 (Lindenthal), den 27.5.1981

Sehr verehrter, lieber Herr Bonavides,

anliegend übersende ich Ihnen die Einladung des Rektors unserer Universität zu Ihrer Gastprofessur im kommenden Jahr. Ich hoffe sehr, daß Sie diese Einladung wahrnehmen werden und freue mich ganz außerordentlich auf die Zusammenarbeit.

Zugleich danke ich Ihnen für die Einladungen, die mir von Herrn Feldmann übermittelt worden sind. Ich werde sie auch meinerseits gern annehmen.

Herr Feldmann und ich bemühen uns in Zusammenarbeit mit einigen anderen Kollegen, eine dauerhafte "jumelage" zwischen unseren beiden Universitäten zu institutionalisieren.

Mit den herzlichsten Grüßen bin ich

Ihr aufrichtig ergebener

MARTIN KRIELE

den 23.6.1997

Verehrte Kollegen, liebe Freunde, lieber Herr Bonavides!

mit der Festschrift, die mir am 21.6.1997 in einer wunderschönen Feier überreicht wurde, haben Sie mir eine überwältigende Freude bereitet. Für Ihren Beitrag danke ich Ihnen aufs Herzlichste. Bitte seien Sie gewiß, daß ich jeden einzelnen Aufsatz mit Sorgfalt lese – nicht nur überfliege – und jedes freie Wochenende dazu nutze. Bei 82 Beiträgen braucht das etwas Zeit. Um Sie nicht warten zu lassen, möchte ich Ihnen schon jetzt ein Wort des Dankes sagen.

Eigentlich alle Beiträge gehen auf Fragen ein, die mich in meinen eigenen Arbeiten interessiert haben und die darüber hinaus von Allgemeininteresse sind. Alle, die bisher in die Festschrift hineingeblickt haben, äußerten die Überzeugung, sie sei von hohem wissenschaftlichen Rang und werde entsprechende Beachtung finden. Einen besonderen Dank noch einmal den überraschend vielen, die die weite Reise zur Festschriftübergabe mitten im Semester auf sich genommen haben. – Die vielen Zeichen der wissenschaftlichen Anerkennung und der Freundschaft haben mich gerührt und hocherfreut. Einstweilen in Dankbarkeit und in herzlicher Verbundenheit

Ihr

MARTIN KRIELE

P.S.: Ihren Beitrag habe ich mit großem Interesse und großen Bewunderung gelesen. Ich stimme Ihnen voll darin zu, daß man einem demokratischen Verfassungsstaat nur stabilisieren und fortentwickeln kann, wenn man die sozialstaatliche Komponent ernstnimmt und durchsetzt, und daß dies keinen Gegensatz zur Freiheit darstellt: Im Gegenteil, wer ohne Arbeit, Wohnung, Nährung, Bildung und Sicherheit für seine Familie leben muß, ist nicht "frei". Aber ohne persönliche und politische Freiheit, z. B. ohne Abwählbarkeit der Regierung, sind die sozialen Freiheiten ebenfalls nicht zu erringen. Ich sende Ihnen beste Wünschen für Ihre Arbeit. Ich danke Ihnen herzlich für Ihren Beitrag und habe mich sehr gefreut, auf diese Weise wieder von Ihnen gehort zu haben. Herzlich

Ihr

M. K.

129. MAURÍCIO NABUCO

Maurício Nabuco cumprimenta atenciosamente os Srs. Professores Paulo Bonavides e Amaral Vieira e muito lhes agradece a amável remessa do respeitável volume de Textos Políticos da História do Brasil, ao qual já tive oportunidade de recorrer e pelo qual os felicito efusivamente.

2 de julho de 1973

130. MENOTTI DEL PICCHIA

Paulo Bonavides,

seu artigo no O Povo foi meu melhor presente de Natal. Se deveria estar jubiloso pelo acolhimento que vai tendo O Deus sem Rosto – sempre para comigo amável e generoso –, faltava para meu júbilo maior uma interpretação mais profunda da visão quase apocalíptica do drama do mundo, hoje rompendo as fronteiras para se tornar cósmico. Essa me veio do seu espírito tão percuciente e sensível, no qual o pensador e o artista se somam para fazer o grande crítico que V. é. Foi o pensador que confirmou as razões do meu desespero e foi, no crítico, o artista que honrou meu poema, relevando nele o acerto da expressão verbal.

Talvez a forma simples e a palpitação romântica possam decepcionar os críticos sofisticados que transferiram para a forma (concreção, abstração, psicodelismo) a marca da poesia moderna, como se não fosse ela um sopro de espírito mas coisa que se pudesse adquirir numa casa de modas.

De quantas generosas críticas recebi sobre estes poemas, escritos aos meus 70 anos, a sua (como as de Gilberto Amado e Ledo Ivo) deu-me a certeza de que continuo dentro de minha forma humilde de ser, isto é, de ser eu mesmo. Talvez não espelhem reflexos da obra dos grandes poetas contemporâneos, que nos assombram com o seu gênio e com seus intentos e módulos literários pessoais e que, não raro, seduzem e contaminam as criações de alguns artistas nossos. As modas porém passam. Eu continuarei a ser o que sou.

Do que disse acima avaliará minha alegria causada pela sua arguta crítica, que vale por um ensaio percuciente e lúcido. Somente agora recebi o recorte de *O Povo*. Como é 31 de dezembro, colho a oportunidade para enviar ao brilhante colega meus votos de um feliz e próspero 1969. Logo lhe enviarei uma edição especial de *O Homem e a Morte*, que está a sair do prelo.

MENOTTI DEL PICCHIA

Nota dos Organizadores: A carta acima, endereçada ao professor Paulo Bonavides, nós a extratamos do livro *Os Poderes Desarmados* (Malheiros Editores, 2002), bem como o texto a que se refere o poeta paulista, agora reproduzido:

Quando a dor, o pessimismo e as atribulações se universalizam, quando o desespero ideológico parece ferir de morte o coração do gênero humano, quando a liberdade não encontra espaços por onde mover-se e a técnica engrossa as algemas que farão cativos os pulsos humanos, quando o professor expele a fé dos altares e proclama na arrogante ciência do século a deposição e o assassínio de Deus, livros de poesia como este – *O Deus sem Rosto*, de Menotti del Picchia – mostram o homem imerso na tragédia contemporânea, onde tudo anuncia sombras que vieram para ficar, como se estivessem abrindo a noite definitiva e irremediável.

Em Babel Astral, escreve o poeta:

Instala-se um policial em cada esquina
da alma
A ronda das pressões irracionais patrulha
nossa pávida insegurança
Todos nos sentimos responsáveis por um crime
que ninguém cometeu
Todos aguardam inocentes uma monstruosa sentença

todos temem um absurdo e iníquo castigo
Quando acabará esta noite?

Em O País de Papel, o mesmo toque de angústia:
O universo se encolhe no índice sintético das siglas
CIAS – SOS – NASA – ONU – JFK.

Em Biografia, o lirismo inocente da infância triste:
Eu me encontro chorando
menino sem mãe.

No Corredor do Colégio, seguido desse epílogo de perplexidade, sobre vidas que o Poeta já não compreende:

Nas cataratas dos comícios
jorrou o dilúvio das revoltas
Brotaram das multidões turbulentas
gênios libertários
ídolos carismáticos
monstros genocidas
e
Depois riscos de fogo rumando para as galáxias
puseram em revoada os anjos de Rafael e de Murillo
– melancólica guarda de um Senhor deposto.

Mas as crenças que desabam, os sonhos que despovoam o coração humano, estão apenas em fuga, perseguidos. Fogem como se Deus fugisse com eles. Os homens cresceram contra o Criador. Ao deicídio do Calvário, o deicídio nas esferas siderais, na casa de Deus, aonde foram eles bater com os engenhos de sua ciência. O Poeta não perde a fé da nova ressurreição, pois:

A lâmpada votada ao Cristo
arde oculta nos subterrâneos da noite escura
e
Pulsa na alma do mundo
uma anelante espera.

Essa esperança de alvorada cresce na confiança do Poeta; é a chama que ele acende contra o século, contra a desumanização do homem pelo homem, contra tudo que "explode". E diz, com infinita beleza poética, que:

Está em nós recriar a inocência do mundo.

Depois de professar na sua harpa de lirismo que

Somos ainda divinas máquinas de
viver e sonhar,

esse Poeta, compendiando na alma toda a inspiração do gênio latino ainda fiel à cristandade, exclama a conclusão apoteótica e triunfal:

Que outros sonhem com a estéril conquista das estrelas...
Aleluia! Aleluia! Aleluia!
Cristo ressuscitou.

O Deus sem Rosto chega na hora da antipoesia e da contrarreligião. A tecnocracia se apodera dos governos. A hipocrisia fala de humanismo e esvazia a alma. Esse livro, porém, é o apelo da arte que se renovou e sobreviveu. Sua comunicação não se dirige a esta ou àquela geração em particular, mas a seres humanos como sempre os houve e haverá, sensíveis ao deslumbramento em presença do belo.

Do autor de *Juca Mulato*, *Moisés* e *Chuva de Pedras*, do verdadeiro iniciador do Modernismo na poesia brasileira, parte essa nova contribuição de lirismo. Menotti del Picchia é poeta que não envelhece. Poeta que continua crescendo, que não ficou para trás, que fez da sua poesia uma âncora de esperança em meio a caudal que se despenha sobre abismos. Ler *O Deus sem Rosto* é seguramente confortar-se na convicção de que a moderna poesia brasileira chegou, naqueles poemas, às mais elevadas formas de permanência a que pode aspirar o gênio de uma literatura.

131. MIGUEL POLAINO NAVARRETE

Universidad de Sevilla
Departamento de Derecho Penal y Procesal
El Director
Prof. Dr. Dr. H. C. Mult. Miguel Polaino Navarrete
Catedrático de Derecho Penal

Mi querido amigo y dilecto colega Prof. Dr. Dr. H. C. Paulo Bonavides:

con gran satisfacción recibo su excelente obra, magistralmente dirigida por V. I., del n. 13 monográfico de la *Revista Latino-Americana de Estudos Constitucionais*, en conmemoración del 200 Aniversario de la Constitución de Cádiz, que le agradezco profundamente y por la que le felicito con la admirativa estimación y afecto.

MIGUEL POLAINO

132. MIGUEL REALE

(19.3.1960)

São Paulo, 19 de março de 1960

Meu caro Bonavides,

recebi sua carta de 17 de fevereiro e só agora me é possível responder-lhe, pois passei por momentos angustiosos, em virtude de Nuce ter sofrido espasmo das coronárias. Felizmente, volvidos 15 dias, já estamos mais tranquilos.

Felicito-os pela instalação do Instituto Brasileiro de Filosofia/IBF do Ceará, cuja notícia publicarei na *Revista Brasileira de Filosofia*.

Quanto à minha viagem, compreende o caro amigo que nada posso dizer por ora; é possível que só a partir de maio poderei deixar São Paulo, para ir a Fortaleza e, de volta, atender a um convite da Ordem dos Advogados do Recife.

Grato pelas referências a meu artigo na *Revista de Estudos Políticos*.

Estou revendo as provas da 2ª edição de *Teoria do Direito e do Estado*, devidamente atualizado.

Um grande abraço a todos.

MIGUEL REALE

São Paulo, 30 de março de 1960

Meu caro Bonavides,

Recebo com surpresa o seu telegrama solicitando resposta à sua carta do mês passado, pois já lhe escrevi no dia 19 último, dando-lhe, aliás, notícia do estado de saúde de minha mulher, que não me permite deixar São Paulo pelo menos até a primeira quinzena de maio inclusive.

A notícia da instalação do IBF do Ceará já vai sair publicada no fascículo da Revista que se encontra no prelo, em sua última fase de impressão. Por aí bem vê o interesse que o fato suscitou entre nós.

Tenho insistido junto ao Saraiva, o qual, como todo bom livreiro, arranja explicações para o atraso: promete-me a edição de seu livro dentro deste ano, sem falta.

Infelizmente assim acontece com todos. A Editora Martins gastou dois anos e meio para a reedição de minha *Teoria do Direito e do Estado*, e ainda estamos em terceiras provas... Se fosse um romance policial, haveria por certo maior interesse!

Grato pelas referências a meu artigo na *Revista de Estudos Políticos*.

Um grande abraço a todos.

Cordialmente

MIGUEL REALE

São Paulo, 24 de junho de 1960

Meu caro Bonavides,

salve!

Foi com grande alegria que recebi as notícias sobre a fundação e o desenvolvimento do IBF em Fortaleza: nas mãos em que se encontra a Entidade, não podia haver outras perspectivas.

Quanto à viagem ao Ceará, posso fixá-la, desde já, para a segunda quinzena de setembro: em agosto temos aqui o Congresso dos Advogados e a visita de três professores estrangeiros, a convite de minha Cadeira, com a primeira quinzena de setembro dedicada às minhas bodas de prata... Irei primeiro a Recife, e de lá seguirei para Fortaleza, talvez com um ou dois companheiros do IBF paulista. Que tal?

Um grande abraço a todos, com as homenagens de Nuce e as minhas à sua Senhora.

MIGUEL REALE

São Paulo, 26 de agosto de 1960

Prezado colega e amigo:

pela presente venho confirmar minha viagem a Fortaleza, para a inauguração do Instituto Brasileiro de Filosofia.

Deverei seguir em companhia de minha mulher, no dia 17 de setembro, sábado, pelo Super G da Varig, voo 660, que chega aí às 15:40h.

Infelizmente, em virtude de outros compromissos no Nordeste, deverei embarcar para o Recife, no Super G da Varig que sai de Fortaleza dia 20, terça-feira, às 11:30h.

Estou examinando a possibilidade de irem conosco os professores Irineu Strenger e Luiz Washington Vita. Telegrafarei nesse sentido.

Ainda ontem falei com o Saraiva, que me garantiu a publicação de seu livro até o fim do ano.

O programa de conferências aí em Fortaleza fica a seu critério.

Cordialmente

MIGUEL REALE

São Paulo, 10 de outubro de 1960

Prezado amigo Paulo Bonavides:

desejo, em primeiro lugar, agradecer a você e a todos os companheiros do IBF por todas as atenções e amabilidades de que fomos alvos, minha mulher e eu, durante a feliz estada na bela Capital cearense.

Nuce voltou encantada com o Nordeste, devendo essa viagem ficar inesquecível em nossa vida. Ela me pede para manifestar às gentis Senhoras, que nos acolheram com fidalguia, nossos agradecimentos.

Peço remeter-me o discurso que proferiu na sessão inaugural de instalação do IBF do Ceará, pois é meu propósito reunir todo o material sobre essa minha viagem.

A você e sua Senhora ficamos particularmente gratos, aguardando sua visita a São Paulo.

Muito cordialmente

MIGUEL REALE

São Paulo, 24 de outubro de 1960

Meu caro Bonavides,

fico-lhe grato pelos recortes que teve a gentileza de enviar-me.

Quanto a seu livro, está sendo impresso e figurará como n. 1 na Coleção Direito e Cultura, o primeiro da lista pendente. Tudo em ordem, portanto.

Quando terei cópia da conferência que foi gravada? Gostaria de fazer a revisão e completá-la para oportuna publicação aí e em São Paulo.

Nuce voltou encantada com sua Senhora e todos os seus, confirmando a lembrança da curta viagem.

Um grande abraço a todos os amigo do IDG.

Cordialmente, o

MIGUEL REALE

São Paulo, 9 de março de 1961

Meu caro Bonavides:

em atenção ao telegrama dos caros amigos, envio-lhe os elementos solicitados.

Lembro-lhe que a publicação anexa do Regulamento da Faculdade de Filosofia da USP já está atualizada, dividindo-se ela em 4 secções, sendo que a de Filosofia (arts. 10 e ss.) abrange 11 disciplinas. A única observação a fazer-se é que a denominação "Filosofia Geral" não tem sentido: resultou, ao que parece, de preconceito de certo professor contra o termo "Metafísica", que deverá, a meu ver, ser adotado.

A História da Filosofia distribui-se em três séries, e o estudo da Psicologia em duas.

Minha sugestão é que não se criem, desde logo, todas as Cadeiras, mas sim Disciplinas, para permitir a constituição de Departamentos, com catedráticos e professores adjuntos em cada um deles. Far-se-iam contratos com professores, estrangeiros ou nacionais, abrindo-se concurso após três ou quatro anos.

Em São Paulo já está aprovada, dependendo de regulamentação, a lei que cria a Carreira Universitária, com os seguintes graus: (a) Catedrático; (b) Professor Adjunto; (c) Assistente.

Outra sugestão que me permito fazer é contra a separação que há entre os diversos cursos. Não se compreende a Faculdade de Filosofia como um conglomerado de secções, cada uma ignorando as demais.

Muito contribuirá a Universidade do Ceará para seguir-se o bom caminho se se estabelecer a obrigatoriedade de certas disciplinas filosóficas para os que optarem por outros cursos.

Assim, no Curso todo de Letras estudar-se-ia História de Filosofia e Estética; no de Ciências, Lógica (especialmente Lógica Matemática) ou Filosofia. Isto a exemplo do que ocorre no Curso de Pedagogia (art. 20 do Decreto-lei 12.511) e no de Ciências Sociais, os quais já incluem matérias filosóficas. O ideal seria conceder ao aluno o direito de optar por duas ou três matérias filosóficas, que deverão, porém, ser obrigatoriamente por ele seguidas durante o Curso de Ciências ou de Letras em que se encontra matriculado, com exames regulares.

Tais aulas poderiam ser, para os Cursos de Ciências e Letras, as mesmas do Curso Normal de Filosofia, ou, então – o que me parece preferível –, seriam adaptadas à natureza das diversas especializações, com programas adequados, dando-se, por exemplo, preferência à Filosofia das Ciências e Lógica Matemática nas secções de Ciências Matemática, Física, Química. As aulas seriam dadas como "aulas reunidas", isto é, acrescidas à tarefa normal dos professores do Curso de Filosofia, percebendo o professor o adicional de 1/3 dos vencimentos, como acontece em São Paulo.

Dada a premência de tempo, são estas as observações que me limito a fazer.

Fazendo votos para o sucesso do empreendimento, muito estimaria ter uma cópia do trabalho que vai ser elaborado.

Muito cordialmente

MIGUEL REALE

São Paulo, 13 de novembro de 1961

Meu caro Bonavides,

espero que já tenha recebido os exemplares de seu livro, incluído em Coleção "Direito e Cultura". Saiu ótimo, não acha? Refiro-me ao trabalho tipográfico, pois ao conteúdo já dei nota...

Nesta data, estou escrevendo ao Dr. Martins Filho sobre o nosso IV Congresso de Filosofia, dedicado a Farias Brito. Estou preocupadíssimo com a fuga do tempo.

Proponho que se realize o certame entre 6 e 15 de novembro, época de recesso universitário: assim teremos tempo para convocar o Congresso, dando seis meses ou mais para atender-se ao temário, convidar algumas pessoas ilustres e estrangeiros, se possível.

Escreva-me logo sobre o assunto, após conversar com o Reitor.

O natural seria que o Congresso fosse convocado pela Reitoria, com a colaboração do IBF local, ou pelo IBF do Ceará com o apoio da Universidade. Creio que a primeira solução é psicologicamente a mais aconselhável.

Lembranças a todos os amigos. Recomendações à sua Senhora, de minha mulher também.

Abraços do

MIGUEL REALE

São Paulo, 5 de setembro de 1962

Meu caro Bonavides

e demais membros do Instituto Brasileiro de Filosofia do Ceará

Prezados companheiros,

quando tive a ideia de promover o IV Congresso Nacional de Filosofia no Ceará, em homenagem a esse grande Estado e ao Nordeste, estava bem longe de prever os aborrecimentos resultantes dessa iniciativa, fruto do desejo de ver Fortaleza transformada na sede de "confraternização nacional", sob a égide de um pensador humilde e tranquilo.

Em primeiro lugar, a falta de entrosamento impediu que o certame fosse organizado de conformidade com as normas até agora seguidas e, finalmente, o choque com o Reitor Martins Filho.

Não desejo entrar no mérito desse desentendimento. Quero apenas dizer que, logo após a vinda do Bonavides e do Moacir a São Paulo, já na certeza de poder levar a cabo a empresa que me cometera, telegrafei confirmando o Congresso para diversos Países, ratificando convites (Itália, França, Portugal, Espanha, México, Argentina, Estados Unidos etc.), o mesmo fazendo para todos os Estados da Federação.

Ao receber o telegrama da Secção local do Instituto Brasileiro de Filosofia, aceitei, como uma solução inamovível, a realização do Congresso em São Paulo, apesar de saber que iria causar uma surpresa geral.

Ao receber, pois, ofício do Reitor, mediante um portador especial, com a convocação já impressa, na qual a Secção do IBF figura no seu devido lugar; ao ver que a convocação fora feita nos termos exatos do Regulamento aí elaborado, pareceu-me que, ainda que fosse necessário superar justos ressentimentos ou mágoas, mais podia e deve poder o sentido de uma causa. Acresce que incontinenti senti a impossibilidade de transferir o Congresso, dada a circunstância de várias entidades já terem feito reserva de passagens e assumido compromissos, no Brasil ou no estrangeiro. Já me dispunha, pura e simplesmente, a informar à Nação que, por motivos estranhos à minha vontade, só me restava declarar suspenso definitivamente o Congresso, com uma dolorosa decepção geral e, confesso-o, com um sacrifício que não merece a cultura do País, com o apoio decidido que tivera dos Governos da União e de São Paulo. Como explicar amanhã tal insucesso?

A mim não me cabe resolver senão com os olhos postos no interesse geral, muitas vezes amargando incompreensões e arcando com críticas severas, que recebo com natural compreensão.

Eis aí o sentido de minha atitude, a razão da decisão tomada, no pressuposto de que os amigos do Ceará saberiam rever posições, no interesse de valores transpessoais. Estou certo, apesar dos termos do telegrama recebido, que li sem mágoa, de que os integrantes do Instituto Brasileiro de Filosofia cearense não se colocarão à margem do Congresso, que lhes pertence de bom direito.

Ao chegar a Fortaleza com mais de 60 pensadores ilustres do Brasil e 10 estrangeiros, além dos muitos que espontaneamente comparecerão por sua conta, estou certo de que não nos faltará a cordialidade dos estudiosos de Filosofia da terra de Farias Brito, como sinal não apenas de amizade mas da maturidade espiritual que lhes é própria.

Muito cordialmente

MIGUEL REALE

São Paulo, 6 de abril de 1978

Prezado colega Paulo Bonavides,

na qualidade de Vice-Presidente da International Association for Philosophy of Law and Social Philosophy, fui encarregado de constituir a Secção Brasileira dessa Entidade, bem como de promover a formação de outras Secções na América Latina.

É claro que o nome do ilustre mestre Paulo Bonavides não podia deixar de figurar na lista dos fundadores, razão pela qual me apresso a solicitar a sua autorização.

Aguardando sua breve resposta, muito cordialmente

MIGUEL REALE

Instituto Brasileiro de Filosofia

V Congresso Brasileiro de Filosofia (de 3 a 8 de setembro de 1995)

São Paulo

São Paulo, 24 de fevereiro de 1995

Ilmo. Sr.

Prof. Paulo Bonavides

Estando sendo organizado o V Congresso Brasileiro de Filosofia, a ser realizado em São Paulo, de 3 a 8.9.1995, conforme temário anexo, indago, novamente, se o prezado Colega concorda em apresentar comunicação sobre tema de sua especialidade até 15.7.1995, com 8/10 páginas, espaço duplo no máximo.

O Instituto Brasileiro de Filosofia, Entidade promotora do certame, sob o alto patrocínio da Fundação Moinho Santista, resolveu formular convite especial a alguns pensadores de maior projeção na cultura brasileira, sendo entre eles incluído o seu nome. Sua presença muito contribuirá para o êxito do Congresso.

Para tal fim, se V. Sa. concordar com a sua participação, ser-lhe-á enviada, oportunamente, passagem de ida e volta, em classe econômica, sendo reservado, por conta do IBF, apartamento para solteiro ou casal em hotel de São Paulo, com café pela manhã, até o limite de seis diárias

Aguardando sua manifestação o mais breve tempo possível, peço-lhe que me escreva para o endereço infra. Aproveito a oportunidade para saudá-lo muito cordialmente.

MIGUEL REALE

Presidente

Temário

I – Lógica e Filosofia da Ciência: (a) Lógica Deôntica e Lógica Matemática – (b) Epistemologia e Práxis.

II – Filosofia Jurídica, Social e Política: (a) Hermenêutica e Informática Jurídicas – (b) Direito, Ética e Política.

III – História das Ideias: (a) Na Filosofia Luso-Brasileira – (b) No Século XX.

IV – Estética e Filosofia da Arte: (a) Estética e Linguagem – (b) Ontologia da Arte.

O Instituto de Filosofia do Ceará

Desejo, inicialmente, manifestar meu entusiasmo pelo que me é dado encontrar no Ceará, no que se refere às atividades culturais e universitárias, em geral, e filosóficas em particular. Ao declarar empossada a Diretoria do IBF em Fortaleza, não fiz senão um ato simbólico: a Secção do Instituto na realidade já se instalara, esplendidamente, com a publicação da *Revista Filosófica do Nordeste*. Só o primeiro fascículo dessa publicação bastaria para receber a maturidade, a seriedade científica e o alto grau de responsabilidade dos pensadores que, em boa hora, assumiram a direção da Entidade cearense.

O Papel do Ceará na Cultura Brasileira

Este Estado tem grande responsabilidade perante a cultura nacional, como terra que é de José de Alencar, Capistrano e Farias Brito, que tiveram o mérito inconfundível de revelar o Brasil a si mesmo em planos da Arte, da História e da Filosofia.

Felizmente, além da capacidade realizadora dos membros do IBF, contamos com o entusiasmo e a colaboração do ilustre Governador Parsifal Barroso, que, continuando no exercício da Cátedra, dá um exemplo singular na vida pública nacional, e do Magnífico Reitor Martins Filho, cujo dinamismo realizador está pondo a Universidade a serviço da coletividade cearense.

Com tal apoio, a Secção do IBF espera realizar em Fortaleza cursos de extensão e de especialização, assim como seminários de Filosofia, promovendo a visita de professores nacionais e estrangeiros. Pode a Secção do Ceará contar com a mais estreita colaboração do IBF de São Paulo, que é apenas o irmão mais velho da família filosófica brasileira.

Escola e Filosofia

O IBF não é uma Escola, nem uma corrente filosófica. É antes uma atitude livre do filosofar, como condição de uma Entidade que reúne pensadores das mais diversas tendências, para um diálogo fecundo, sem desejo de catequese e de conquistas fundadas na força e na intolerância. Reunimo-nos homens das mais diversas tendências, desde que irmanados pela seriedade de propósitos e pelo respeito mútuo de ideias.

O Brasil e a Filosofia

A fundação do Instituto nos diversos Estados da Federação Brasileira é sinal de que a nossa Pátria está adquirindo maturidade no processo decisivo de sua autoconsciência espiritual.

É mister que nos revelemos a nós mesmos, e que surja, através de nosso trabalho paciente e metódico, o modo brasileiro de filosofar, a contribuição brasileira ao pensamento universal. Só assim teremos dimensão real no conceito das Uniões, permanecendo fieis aos valores distintivos de uma terra e de uma gente.

133. MIGUEL SEABRA FAGUNDES

Rio, 1 de novembro de 1983

Prezado amigo Paulo Bonavides,

tornando à casa, quero dizer-lhe dos meus agradecimentos à generosidade com que me acolheu. Da sua parte, como da de todos aí, eu poderia dizer que fui tratado à vela de libra. Nem excluiria os jornais, que, se assassinam um pouco do que a gente fala, o fazem inocentemente, com propósitos dos melhores.

Espero a qualquer hora vê-lo por aqui.

Quanto aos abraços de que me fez portador, Evaristo e Djacir não perdem por esperar.

Cordialmente

MIGUEL SEABRA FAGUNDES

Rio de Janeiro, 27 de junho de 1989

Prezado Bonavides,

continuo lendo como quem lê um romance, isto é, lendo como diversão das melhores, a História Constitucional.

Segue a carta para Celso Bastos.

Um abraço do

SEABRA FAGUNDES

134. MILTON CAMPOS

Câmara dos Deputados

Rio de Janeiro, 6 de julho de 1956

Professor Paulo Bonavides,

com grande atraso recebi dois trabalhos seus – Cultura Jurídica Alemã e Rumos Sociais Brasileiros e Dos Fins do Estado. Versam ambos temas do mais alto interesse e, pelo que já pude ler, revela o autor as bases de cultura e informação necessárias para o trato desses relevantes assuntos de Filosofia Jurídica e de ideias gerais.

Mando-lhe, pois, com os meus agradecimentos, as congratulações suscitadas por essas valiosas demonstrações de seu labor intelectual.

Com os protestos de admiração e estima

MILTON CAMPOS

135. NELSON SALDANHA

Recife, 29 de novembro de 1959

Meu caro Bonavides:

um grande abraço.

Espero que tenha chegado bem e reencontrado os seus com saúde. Demorou-se no Rio? Eu cheguei cansado e gripado, só agora estou em forma.

Mandei-lhe, por intermédio da Biblioteca da Universidade do Recife, os exemplares que ainda pude obter da *Revista Pernambucana de Direito Penal e Criminologia*, e um da *Revista de Sociologia*, bem como um da revista *Doxa*, daqui também.

Assim que terminar esta lufa-lufa de provas (que tenho, além das provas de Curso Superior, um trabalho grande em Secundário) vou mandar-lhe minhas plaquetes. Embora a tese de Doutorado esteja para sair, em 2ª edição, em Minas, vou ver se dá para mandar-lhe um exemplar da 1ª. Mas talvez seja melhor esperar a 2ª.

Aguardo, assim, também, os seus trabalhos, conforme prometeu.

Achei magnífico o seu artigo no recém-chegado n. 6 da RBEP. Sua análise é magistral, e como está bem escrito! De modo geral, concordei inteiramente.

Espero que suas encomendas de reembolso tenham chegado.

Sem mais, e desejando a si e aos seus desde hoje um feliz Natal, abraça-o o amigo

NELSON SALDANHA

Recife, 3 de outubro de 1960

Meu caro Bonavides:

recebi, desde o dia 5 do mês findo, por amável carta, datada de 2 do mesmo. Naquela data deveria ter começado o meu concurso, mas o Pinto três dias antes saiu da Banca, e minha tensão teve de prolongar-se mais, até o dia 12, quando efetivamente se iniciou.[*] Que luta, rapaz! Fiz muito boa a escrita (separação de Poderes); a mais fraca prova para mim foi a didática, dado o cansaço que me invadiu (foi a última prova) e o nervosismo que apesar de tudo me chegou, prejudicando um pouco a conexão entre o prazo de tempo e o esquema. Aliás a Faculdade aprecia um certo padrão de aula de concurso, em que não me enquadrei... Enfim, passei com um 9,25, um 9, um 8,75, e duas notas 8.

Agora estou morando na casa de defronte, e isso me acarretou canseira de mudança, em cima do concurso (escreva porém para aquele mesmo endereço).

O professor Reale, que esteve aqui, como você sabe, vindo daí, nos deu as notícias de vocês daí. Fez duas magníficas conferências, e entrou em démarches com o nosso pessoal daqui para a mobilização de nossa secção do IBF.

Aguardo então a Revista (mandar-me-á alguns exemplares, não?). Nem sequer vi ainda o exemplar do Gláucio. Aliás, dei a ele o seu artigo sobre Anísio.

Dê-me sempre notícias suas. Diga-me quando vão tirar o número seguinte da Revista, para que eu veja se mando algo.

Com recomendações de minha Senhora à D. Yeda, e o abraço do amigo

NELSON

P.S.: Aguardo a vinda do Morais para lhe remeter o E. Zweig.

[*] Foi substituído por Sérgio Loreto.

Recife, em 6 de junho de 1961

Meu muito caro Bonavides:

desde o recebimento de sua carta última, a de 27 de abril – que nem sei se respondi –, tenho andado incapaz de assentar bastante o juízo. Entre outras coisas, minha Senhora estava para dar à luz, o que ocorreu a 23 de maio p.p., e quando é agora explode esta bomba que é o movimento dos Estudantes da Faculdade de Direito, seguidos pelas outras, a fazer do Recife uma praça de guerra e da vida da gente um caos. Logo em fim de período letivo.

Por tudo isso, fiquei preocupado por não ter podido preparar nada para (como desejo) mandar à Revista, mais ainda dado o seu atencioso pedido. Gostaria muito que você esperasse até o fim deste mês, que então eu mandaria algo com certeza. Por favor, escreva-me dizendo se é possível. Quanto ao Gláucio, anda atarefado com o andamento das "perspectivas" em torno do seu concurso; creio que dificilmente poderá mandar algo agora. Todavia, insistirei junto a ele, e a Sucupira, neste sentido.

Sem mais por ora, aceite um forte abraço do sempre amigo

NELSON SALDANHA

P.S.: Agora lembro-me: já respondera àquela sua carta.

N. S.

Recife, em 10 de junho de 1961

Meu caro Bonavides:

escrevi-lhe uma carta ontem, e mandei-a, mas agora me veio a impressão de ter trocado o seu endereço (tendo posto "Paula Batista", em vez de Rodrigues), e daí venho agora repetir o dito na outra. Se chegarem outras, melhor.

Dizia-lhe, nela, que gostaria de ter o prazo até o fim do mês para mandar-lhe um artigo para a Revista, pedindo que escreva confirmando. Já estou, aliás, preparando algo. O Gláucio dificilmente poderá mandar, creio, pois anda atarefado com os rumos das "perspectivas" do concurso dele. Vou pedir ao Sucupira para ver se manda algo.

Os acontecimentos daqui têm um matiz político ponderável. Há muito que estudar, parece-me, no modo como o Sr. Presidente se conduziu e se conduz, não acha? O estudantil na coisa não é tudo.

Bem, por hoje só tenho tempo para estas breves linhas. Aceite um cordial abraço do amigo

NELSON SALDANHA

Recife, em 24 de junho de 1961

Meu caro Bonavides:

recebi e li, satisfeitíssimo, a sua carta de 19 do corrente, cheia de interesse para mim. Tenho também muito a escrever-lhe.

Adianto-lhe que já estou mandando pelo Correio para o Moacir a cópia datilográfica de um pequeno ensaio com o título de "Notas para uma Tipologia das Mentalidades Políticas", que, apesar do tema não estritamente filosófico, creio será cabível dentro da nossa Revista. Confesso-lhe que gostaria de lhe mandar trabalho mais rente à problemática filosófica; todavia...

Bem, sobre o caso "Faculdade de Direito", você viu bem certo: intromissão de elementos extraestudantis por um lado, por outro o Governo Federal aproveitando para dar demonstração de força e ensejando que a reação aguçasse as unhas etc. A congregação da Faculdade terminou por ponderar ao Soriano que cedesse um pouco, a bem da tranquilidade de todos; ele foi inflexível. A crise prossegue.

Espero que julho (mês dourado, quando nos permite fazer coisas desejadas ao longo do semestre) lhe permita adiantar seus trabalhos. Fala-me do que tem sobre Filosofia pré-socrática; e a reedição de Do Estado Liberal ao Estado Social? Pretendo por minha vez estudar um pouco em julho, e talvez escrever umas coisas que venho "ruminando" sobre o problema da consciência histórica.

Tenho adquirido alguns livros por aqui mesmo, inclusive umas edições italianas que "mofavam" numa livraria local. Também mandei buscar umas coisas numa livraria de "segunda mão" do Rio, a "Brasileira". Felicito-o por ter obtido o Gumplowicz; há pouco perdi o ensejo de comprar, em um "sebo" daqui, a edição francesa, creio que a mesma sua.

Espero que a Revista saia em época certa. Como lhe disse, penso que o Gláucio não poderá agora mandar nada para este número; ele mesmo me pediu para dar-lhe satisfação a esse respeito e pedir-lhe desculpas, quando eu lhe escrevesse. Quanto ao Sucupira, também não sei. É pouco dado a publicar, mas vou tornar a pedir-lhe que mande algo.

Fiquei interessado nas comemorações de Farias Brito (eu já escrevi uma vez um imaturo trabalho sobre a Filosofia Jurídica sua). Peço-lhe que posteriormente me remeta informações mais concretas a respeito. Talvez me anime inclusive a colaborar no número especial da Revista, de que V. dá notícia.

Espero que, em suas andanças pelo Recife, possa me dar o prazer de revê-lo.

Parabenizo-o ainda pelo movimento cultural que está promovendo aí na Faculdade de Direito. O Gaudemet tem trabalhos importantes.

Participo-lhe que minha Senhora teve criança (Gustavo Eduardo) em 23 de maio p.p. Ela se recomenda à sua Senhora. E para você eu mando o melhor abraço.

Sempre amigo seu

NELSON SALDANHA

Recife, em 30 de setembro de 1961

Prezado Bonavides:

tenho aguardado notícias sobre o Congresso de Filosofia, mas tudo o que li a respeito foi o que saiu no n. 45 da *Revista Brasileira de Filosofia*. Não recebi mais nada, nem circular, nem convite etc., se bem que o Sucupira me tenha contado que V., no Rio, tivesse dito a ele que passaria por aqui pelo Recife.

Com efeito, o pessoal daqui está no propósito de ir ao Congresso: eu, Gláucio, Sucupira, talvez Vilanova, etc. Penso inclusive levar uma breve comunicação.

Não sei também se a parte de convites ficou a cargo do IBF central, mas gostaria que V. confirmasse a data do conclave.

Um abraço do admirador e amigo

NELSON SALDANHA

Recife, em 9 de março, 1976

Caro amigo professor Paulo Bonavides:

por incrível que pareça, somente ontem (sic) recebi seu livro *Reflexões – Política e Direito*, que aliás conhecia já, pelo exemplar da Biblioteca da Faculdade de Direito. No sábado (6), o livreiro Aluízio Chagas me avisou que estavam com ele três exemplares: o meu, o de Vilanova e o de Paashaus. Apanhei-os ontem e fi-los enviar aos demais destinatários. Por sinal, o Vilanova me pede para desculpá-lo, ou, antes, para incluí-lo nas explicações que aqui vão; escreverá depois a você.

Fiquei intrigado com a demora; possível extravio ou alguma coisa outra, mas não dá para descobrir. Enfim, aqui estou agradecendo-lhe, profundamente, o envio do livro. Como disse, conheci-o, e acho-o denso e importante dentro do atual debate de ideias no Brasil. Livro sério como poucos.

Peço-lhe o grande favor de acusar o recebimento deste, a fim de confirmar o recebimento e para confirmar também seu endereço. Mais ainda, para que possa ser retomada nossa velha correspondência.

Com a admiração de sempre, e um cordial abraço.

NELSON SALDANHA

Recife, em 3 de abril, 1976

Caro amigo Bonavides:

respondo à sua carta de 27 de março. Grato pela atenção.

Fico alegre de saber de suas andanças pelo Rio Grande do Sul, onde realmente estive por duas vezes (em Cruz Alta). O Luisi é um velho amigo meu também, e lá me levou – de ambas as vezes, ao Vilanova também – a fazer conferências. É uma excelente pessoa e um intelectual idôneo, com interesses aliás na ciência política, além de especialista em direito penal.

Quanto à sua impressão sobre a situação argentina, aceito-a como provinda de um Mestre em estudos políticos. Minha velha simpatia pelo povo portenho me faz sofrer apreensão diante do caso. Sou também amigo do P. David e do Figueroa, desde aqueles tempos, e entretanto ando sem notícias deles. Figueroa mandou-me uns livros há uns meses, eu respondi, mandei-lhe um meu e não recebi resposta.

Vejo e leio sempre seus trabalhos, tanto livros como artigos, hoje correspondendo ao nível mais alto de cultura política do País (seu *Ciên-*

cia Política é sem dúvida o mais importante manual, sobre o assunto, em língua portuguesa).

Aqui no Recife estamos com o Mestrado de Direito há três ou quatro anos. Aliás, a Faculdade resistiu ao esmagamento reformista, mas saiu um tanto abalada. Estou engajado também no Curso de História da UFPE, onde leciono História do Pensamento Social e Político, mas meu empenho maior está sendo o Mestrado de Direito, onde dou História do Direito. Lourival é o Coordenador e detém a Cadeira de Filosofia do Direito. Tenho tido bastante trabalho – além de problemas pessoais que me pesam há alguns anos –, e pouco tempo (com pouca paz) para escrever, mas com o hábito e a persistência tenho sempre feito algo. Vou mandar-lhe minhas mais recentes publicações.

Como dizia, o Mestrado de Direito tem sido válido como esforço e experiência, para professores e alunos, mas a Universidade anda cheia de águas cruzadas e de politicagens crônicas, que desestimulam, cansam e desalentam a muitos. As revistas estão um tanto paradas, como no Nordeste todo, e isto agrava o mal-estar dos que querem produzir. O mal parece ser geral: mesmo no Sul as coisas andam longe de ideais.

No momento estou revendo um ensaio sobre a Escola do Recife, que deverá sair finalmente, e preparando um estudo de síntese sobre o mesmo assunto, para um ... de São Paulo.

Com um grande abraço, o amigo

N. SALDANHA

P.S.: Darei suas recomendações ao Vilanova, ao Pinto e ao Gláucio.

N. S.

Recife, em 21 de outubro, 1982

Meu caro Bonavides:

estou há vários dias com sua carta, em que me responde ao convite para redatar um dos fascículos da TGE que me incumbi de coordenar.

Volto e insisto: você poderia mandar algo sobre o assunto que preferisse, inclusive refazendo algo que já tenha escrito.

Peço-lhe que reconsidere!

O amigo

N. SALDANHA

Recife, em 8 de abril, 1992

Meu caro Bonavides:

muito lhe agradeço pelo envio do seu livro sobre Demócrito Rocha, que recebi há três dias. Você resgata uma figura representativa de uma época difícil e dramática da história do Brasil, vivida pelos Estados nordestinos com peculiar intensidade.

Realmente eu não conhecia o livro, e com ele aumenta minha admiração por sua obra de publicista, pensador e humanista.

Grande e cordial abraço

NELSON SALDANHA

136. NEVILLE BLANC RENARD

EMILIO PFEFFER URQUIAGA

Santiago, 13 de junio de 1991

Estimado Profesor:

con mucho agrado recibimos su nota fechada en Fortaleza el 10 de mayo pasado y en la que nos comunica su aceptación para formar parte del Comité Científico de la *Revista Latinoamericana de Derecho Constitucional*.

En las próximas semanas le enviaremos en detalle el Proyecto de esta publicación (contenido o secciones, extensión de artículos, reseña de informaciones por País, rescensiones de publicaciones etc.).

Hasta ahora, han confirmado su aceptación y participación en este proyecto además por cierto, de quienes suscribieron la convocatoria, Srs. Allan Brewer-Carías, Héctor Fix-Zamudio, Domingo García Belaúnde, Ruben Hernández Valle, Nestor Pedro Sagües, Neville Blanc Renard y Emilio Pfeffer Urquiaga, los siguientes profesores:

Argentina: Germán J. Bidart Campos; Pedro J. Frías; Jorge Reynaldo Vanossi;

Brasil: José Afonso da Silva; Jose Alfredo de Oliveira Baracho; Paulo Bonavides;

México: Jorge Carpizo;

Perú: Alberto Borea Odría, Francisco Eguiguren Praeli;

Panamá: Humberto E. Ricord.

Estamos muy agradecidos por el envío de su libro História Constitucional do Brasil, escrito en colaboración con el Dr. Paes de Andrade, por el cual los felicitamos muy sinceramente.

Esperando encontrarnos en un futuro próximo se despiden atentamente de Ud.

NEVILLE BLANC RENARD

EMILIO PFEFFER URQUIAGA

137. OLAVO OLIVEIRA

Dr. Olavo Oliveira, Catedrático da Cadeira de Direito Penal da Faculdade de Direito do Ceará, atesta para os devidos fins que o jornalista Paulo Bonavides foi seu aluno de Direito Penal revelando-se sempre um estudante inteligente, atento às suas obrigações e de fina educação.

Como diretor do Centro Acadêmico Clóvis Beviláqua tomou parte em numerosas campanhas cívicas de elevado alcance patriótico.

Fortaleza, 12 de março de 1946

Dr. OLAVO OLIVEIRA

Professor de Direito Penal da Faculdade de Direito do Ceará

138. OLSEN A. GHIRARDI

Academia Nacional de Derecho y Ciencias Sociales de Córdoba

Córdoba (Rep. Argentina), 22 de julio de 2005

Sr. Profesor

Dr. Paulo Bonavides

Distinguido Doctor:

es especialmente grato dirigirnos a Usted con el objeto de informarle que esta Academia Nacional de Derecho y Ciencias Sociales de Córdoba, en sesión ordinaria celebrada el 12 de julio del corriente, le ha designado Miembro-Correspondiente.

Le hacemos llegar a través de estas líneas nuestras mejores felicitaciones por la distinción que se le ha conferido en mérito, fundamentalmente, a su relevante trayectoria como Catedrático y a sus publicaciones.

Sin perjuicio de quedar a su disposición para las aclaraciones que estime necesarias, le informamos que la ceremonia de su incorporación a la Academia podrá tener lugar algún martes entre los meses de abril a noviembre del año 2006. Le rogamos proponer la fecha para estudiar como integrarla al programa de actividades del año 2006. Le informamos que en dicha ceremonia corresponderá que pronuncie Usted una conferencia sobre un tema jurídico de su libre elección, tema que le rogamos hacernos conocer a la brevedad.

Le enviamos un volumen de nuestros Anales y le pedimos, en nombre de la Corporación, quiera hacernos llegar sus datos en la ficha que adjuntamos y las obras de su autoría para incorporar a nuestra Biblioteca.

Quedamos a la espera de su respuesta y aprovechamos la oportunidad para saludarle con nuestra consideración más distinguida. OLSEN A. GHIRARDI

Presidente

139. ORLANDO M. CARVALHO

Universidade de Minas Gerais

Revista Brasileira de Estudos Políticos

Diretor Responsável: Prof. Orlando M. Carvalho

Ao Exmo. Sr.

Prof. Paulo Bonavides

Orlando M. Carvalho cumprimenta e comunica que seu artigo "Parlamentarismo, presidencialismo e partido político", publicado no n. 2 da *Revista Brasileira de Estudos Políticos*, foi resumido no n. 4, vol. VII, 1957, de *International Political Science Abstracts* (7. 1297, p. 503).

Saudações cordiais.

ORLANDO M. CARVALHO

140. OSCAR SARAIVA

Tribunal Federal de Recursos

Brasília, 9 de junho de 1967

Ilmo. Sr.

Professor Paulo Bonavides

Prezado colega,

somente nesta data, por desencontro na entrega, é que recebi seu valioso livro *Ciência Política.*

Congratulo-me com o prezado e ilustre Colega pela sua publicação, e noto que se trata, realmente, de trabalho que vem preencher uma sensível falha na nossa bibliografia jurídica, pois desconheço qualquer obra nacional que verse sobre Ciência Política, afora fascículos de menor consistência. E para mim a utilidade do trabalho é manifesta, pois há dois anos leciono Ciência Política na Universidade de Brasília.

Há entre a ordem das matérias, como exposto no seu trabalho, e o meu próprio programa uma certa diversidade, mas a aproximação de ambos predomina, e por isso poderei recomendar a sua obra aos meus alunos, como manual de estudo.

Por um engano qualquer da Fundação, o volume que me chegou às mãos traz uma dedicatória sua ao ilustre professor Miguel Reale, de São Paulo. Possivelmente o que me foi dedicado foi ter ao Professor. Mas a confusão só me pode ser honrosa.

Muito grato subscrevo-me com atenção e cordialmente

OSCAR SARAIVA

141. OSVALDO TRIGUEIRO

Rio de Janeiro, 25 de junho de 1957

Meu caro Paulo Bonavides,

recebi com enorme atraso os dois trabalhos de sua autoria, que teve a gentileza de ofertar-me. Eles não me encontraram mais na Indonésia e foram recambiados para o Brasil numa bagagem que não abri na Europa, onde me demorei cerca de um ano. Minha falta foi, assim, involuntária, e eu espero que você me tenha como desculpado.

Com os meus agradecimentos muito sinceros por sua cativante lembrança, receba minhas felicitações pelo constante êxito de sua atividade intelectual, de que aqueles dois trabalhos são atestados muito brilhantes.

Regressei pela Paraíba, onde não tive a satisfação de rever o velho Clóvis Sátiro. Mas não fui esquecido – ele me enviou para a Capital amável telegrama de boas-vindas.

Estou residindo temporariamente no Hotel Glória, para onde peço suas ordens.

Meus cumprimentos à sua Senhora e um cordial abraço do admirador

OSVALDO TRIGUEIRO

Abril 15, 1958

Ao querido amigo professor Paulo Bonavides,

meus cordiais cumprimentos, minhas felicitações muito efusivas e meus melhores agradecimentos pela oferta de sua sólida e brilhante monografia Do Estado Liberal ao Estado Social.

OSVALDO TRIGUEIRO

Brasília, 12 de maio de 1962

Meu caro Paulo Bonavides:

por intermédio do Alcântara Nogueira, recebi aqui em Brasília – onde estou residindo desde 1960 – o exemplar de seu livro *Do Estado Liberal ao Estado Social*, que teve a bondade de oferecer-me.

Aceite, com os meus sinceros agradecimentos, as minhas efusivas felicitações pela publicação desse brilhante trabalho, que é, sem favor, uma forte afirmação de cultura jurídica e um título da mais alta qualificação para o Magistério Superior.

Aqui estou advogando e, ao mesmo tempo, servindo no TSE e no Conselho Diretor da UnB. Em qualquer dessas atividades, disponha de meus préstimos.

Cordial abraço do

OSVALDO TRIGUEIRO

Rio, 22 de janeiro de 1965

Meu caro Paulo Bonavides:

peço-lhe muitas desculpas pela demora com que lhe escrevo, esperando que você possa fazer uma ideia de como é difícil, em meu atual emprego, ser pontual com a correspondência.

Combinei com o Ernani entender-me com o Themístocles Cavalcanti sobre a possibilidade de editar-se seu livro pela FGV. Como o Themístocles andasse pela Europa – na Conferência da UNESCO –, somente agora pude avistar-me com ele. Pediu-me os originais para ler, ficando de devolvê-los por estes dias. Observou-me, desde logo, que a situação da indústria editora é a mais crítica. O custo dos livros subiu acima do que se poderia esperar, e a Fundação está em dificuldades financeiras para manter seu programa de publicações. De todo modo, porém, vai ele tratar do assunto com o merecido interesse.

Regressarei a Brasília no próximo mês, quando entregarei ao Ernani o "Prefácio" que me pediu. Muito lhe agradeço a lembrança, que deveras me sensibilizou.

Com os melhores votos de feliz ano novo, creia-me, seu admir. e ami.

OSVALDO TRIGUEIRO

142. OTTO DE ANDRADE GIL

Rio de Janeiro, 7 de abril de 1958

Exmo. e prezado colega

Dr. Paulo Bonavides

Atenciosos cumprimentos.

As elogiosas referências feitas, pelo Dr. Plínio Barreto, à sua tese de concurso, sob o título *Do Estado Liberal ao Estado Social* (*O Estado de S. Paulo* de 27 de março p.p.), me despertaram o desejo de conhecer esse seu trabalho, eis que versa assunto de meu maior interesse.

Na impossibilidade de encontrar essa tese de concurso nas livrarias daqui, dirijo-me ao distinto colega para pedir-lhe o obséquio de me enviar, com a urgência que lhe for possível, um exemplar de sua tese, o que, desde já, muito agradeço.

Na expectativa de suas amáveis notícias, subscrevo-me, o colega e atento admirador

OTTO GIL

Presidente do Instituto dos Advogados Brasileiros

Rio de Janeiro, 18 de abril de 1958

Prezado e distinto colega

Dr. Paulo Bonavides

Atenciosamente agradeço a presteza com que o distinto colega atendeu ao meu pedido de envio de sua tese de concurso titulada Do Estado Liberal ao Estado Social, que vou, com o interesse que o assunto me desperta, ler atentamente.

Espero poder manter, enquanto estiver na Presidência do IAB, intenso intercâmbio com os juristas dos Estados que, por seus trabalhos e pelos seus estudos, mereçam ser conhecidos e lidos na Capital da República.

Por essa razão quero pedir-lhe que, se tiver ideia de vir ao Rio, tenha a bondade de me avisar com antecedência, pois desejo pedir-lhe que faça uma palestra no IAB sobre assunto jurídico de seu agrado.

Espero enviar-lhe, breve, um exemplar do meu discurso de posse no Instituto.

Sem mais, aqui fica o seu constante admirador e amigo

OTTO DE ANDRADE

143. PAULO BROSSARD DE SOUZA PINTO/JOSÉ FRAGELLI

Nota dos Organizadores: "Professor PAULO BONAVIDES, meu Mestre e meu Amigo, a quem eu Felicito" (Paulo Brossard). Discursos, em Brasília, do Consultor-Geral da República, Paulo Brossard, e do Presidente do Senado, José Fragelli, no lançamento de *Constituinte e Constituição.*

Ministros de Estado (Fernando Lyra, da Justiça, e Paulo Lustosa, da Desburocratização), o Procurador-Geral da República, Paulo Sepúlveda Pertence, o Presidente do Senado Federal, senador José Fragelli, o Presidente da Comissão de Constituição e Justiça da Câmara dos Deputados, deputado Aluísio Campos, o Vice-Líder do PMDB, senador João Calmon, senadores, deputados, intelectuais e jornalistas prestigiaram no dia 2.10.1985, o lançamento, no Salão Nobre do Senado, do último livro do constitucionalista e cientista político professor Paulo Bonavides, *Constituinte e Constituição*, lançado pela Editora da UFC.

Durante o ato solene, o professor Paulo Bonavides foi saudado, de improviso, pelo ex-senador Paulo Brossard de Souza Pinto, então Consultor-Geral da República, que proferiu as seguintes palavras:

Srs. Membros do Comitê de Imprensa do Senado

Senhor Senador Fragelli, Presidente do Senado

Srs. Ministros, Srs. Parlamentares, Srs. Jornalistas

Minhas Sras., meus Srs.

Meu caro professor Paulo Bonavides

Eu recebi com desvanecimento o convite de jornalistas desta Casa, que não deixou de ser minha pelo fato de eu ter deixado de integrá-la. Recebi com desvanecimento o convite para dizer duas palavras nesse ato e nesse local, em que é lançado o livro *Constituinte e Constituição*. E digo isso sem qualquer esforço e com a mais perfeita naturalidade, porque não é de hoje que conheço o professor Paulo Bonavides, mas de há largos anos. Eu o conheci quando do Congresso Jurídico que se realizava em Fortaleza para comemorar nacionalmente o centenário do nascimento de Clóvis Beviláqua. Paulo Bonavides era então um jovem professor.

Creio que àquele tempo era autor apenas de uma tese: Do Estado Liberal ao Estado Social; sem falar em trabalhos de menor tomo. Mas era com aquela tese que iniciaria uma fecunda bibliografia, que não tem cessado de crescer desde então até hoje.

Mas, sendo àquele tempo um jovem professor que recém se fazia cavaleiro na hierarquia universitária, já ostentava uma admirável bagagem científica, uma larga, uma rica, formação cultural, aprimorada inclusive nos grandes centros culturais europeus, particularmente da Alemanha.

Sua formação universitária, ou o aperfeiçoamento de sua formação universitária na Alemanha e mais tarde em diversas, para não dizer em numerosas instituições docentes dos Estados Unidos e de muitos e muitos Países, fez com que Paulo Bonavides se fosse credenciando ao correr dos anos como uma das nossas mais preclaras autoridades no mundo do direito público.

A sua presença através do livro, através do magistério, se foi estendendo, e ele deixou de ser um Professor da Universidade do Ceará para se converter em um dos mais solicitados e acatados professores de nosso País.

O que acontece com Paulo Bonavides é revelador de uma das grandes transformações ocorridas entre nós. Quando se fala no Ceará, é natural que se fale em Clóvis Beviláqua, o grande Clóvis, sábio e santo, o grande codificador, o grande pensador, o grande brasileiro, o grande homem, acima de tudo. Pois bem, Clóvis Beviláqua, que é ou que foi contemporâneo nosso, Clóvis Beviláqua terá lecionado em quantas escolas, já não digo escolas, em quantos Estados do nosso País. Do seu Ceará sem dúvida, em Pernambuco, é claro, onde foi Professor, no Rio de Janeiro, em São Paulo e não sei se terá ido à Bahia alguma vez. Quer dizer, o Brasil era realmente um País separado.

Aquela ideia do nosso Vianna Moog da civilização por ilhas refletia uma realidade na nossa formação e na nossa vida cotidiana. As pessoas eram conhecidas de nome, eram conhecidas apenas pelos seus livros, mas não havia esta circulação que hoje existe entre nós e que é um dos sinais marcantes das transformações, nem sempre aparentes, porque vão se tornando correntes, mas de uma das grandes transformações de nosso País.

O nosso Clóvis, não me lembra: universidade estrangeira ele não frequentou. Ele, que frequentava sim a literatura jurídica e filosófica universal, não frequentou uma universidade europeia nem norte-americana, alemã, francesa, italiana. Hoje, com as facilidades decorrentes das mudanças extraordinárias ocorridas num tempo relativamente curto, vamos convir, até antes da II Grande Guerra eram raros, raros, os afortunados que podiam sair do Brasil para estudar.

Finalmente, depois do grande cataclismo, parece que paradoxalmente o mundo encurtou. E foi possível estabelecer esse comércio cultural, que enseja e permite que os nossos lentes sejam também ouvidos fora de nosso País, noutros Países, em preclaras e insignes universidades e notáveis instituições culturais. O professor Paulo Bonavides tornou-se não apenas um grande Mestre da ciência jurídica no nosso País, mas tem sido também um dos nossos Mestres mais solicitados a lecionar também fora do nosso País.

Eu não cometo nenhum exagero em dizer que ele faz muito tempo que se transformou em um nome nacional e faz muito tempo que se converteu em um Mestre internacional.

De modo que o lançamento do seu livro *Constituinte e Constituição* nesta Sala do Senado Federal é a natural consequência da própria eminência que o professor cearense adquiriu no seio do seu País, do nosso País.

O lançamento de um livro com este tema, neste momento, além de dar-se na sua Universidade do Ceará, além de dar-se nos centros universitários do Brasil, tinha de ocorrer aqui, também, Sr. Presidente Fragelli, e eu só tenho motivo para felicitá-lo de ter aberto as portas desta Sala para permitir neste momento esta reunião de tantas personalidades ilustres, a fim de que seja recebido nesta Casa o último, cronologicamente o último, livro do professor Paulo Bonavides, meu Mestre e meu amigo, a quem felicito.

Nota dos Organizadores: Antes do término da solenidade o senador José Fragelli, Presidente do Senado Federal, também dirigiu a palavra ao homenageado numa breve alocução, de improviso, nos seguintes termos:

Apenas duas palavras, porque, depois de nós ouvirmos Paulo Brossard, qualquer discurso um pouco mais longo seria temerário. Apenas para dizer que nós aqui, representando o Senado, nos sentimos honrados e gratificados pelo fato de mais esta obra do eminente mestre Paulo Bonavides ser apresentada à nossa sociedade justamente aqui no Salão Nobre do Senado da República. Nós, portanto, é que temos todos os motivos para nos sentirmos assim honrados por este acontecimento, com a presença do professor Paulo Bonavides em nossa Casa. Muito obrigado.

144. PAULO SARASATE

Fortaleza, 26 de janeiro de 1945

Meu caro Paulo,

recebi sua carta de 9 do corrente e de início estranho que você não tenha recebido recortes do O Povo com suas crônicas e reportagens. O Aluísio e o Aníbal me asseguram que foram enviados os recortes. Estou, porém, lhe mandando (pessoalmente cortados por mim) retalhos e páginas do jornal com seus trabalhos.

A prova de que eles têm agradado é que vão publicados na primeira página ou em manchetes da última.

A *Folha Carioca* reproduziu na primeira página a reportagem sobre os espiões.

As crônicas que agradam mais são as que relatam fatos ou fazem descrições de cousas dos Estados Unidos. O público gosta de escritos objetivos, e não de comentários. Você deve dar preferência, portanto, a assuntos concretos. As reportagens sobre a Biblioteca de Harvard, sobre o Natal nos Estados Unidos, sobre uma Ideia em Marcha e sobre os espiões foram as melhores. Faça-as sempre assim. Conte assuntos de sua vida universitária aí, relate suas visitas aos grandes jornais, entreviste seus colegas e narre aspectos da vida americana. Isso é sempre novidade aqui no Ceará.

Mostre ao Pierre van Paassen a reportagem que *O Povo* publicou sobre o livro mais vendido no Ceará em 1944 (*O Aliado Esquecido*) e peça a ele uma entrevista para *O Povo*. Não tenha pena de escrever. Entre em detalhes, que o público está interessado pelas suas crônicas. Você está com um cartaz enorme, e a turma toda aqui do O Povo com um ciúme danado do destaque que eu dou às suas reportagens. Essa viagem valeu mais para você do que nossa sorte grande de 200 mil Cruzeiros.

O Povo continua de vento em popa. Temos dado ótimas edições e toda a turma mantém o entusiasmo de costume.

Aguardamos sua volta para, inspirados no que você viu nos Estados Unidos, fazer novas reformas no “Jornal das Multidões”.

Meu pessoal se recomenda a você e os camaradas do jornal mandam lembranças.

Receba um cordial abraço do amigo certo

PAULO SARASATE

145. PAVLE NIKOLIC

International Association of Constitutional Law

Association Internationale de Droit Constitutionnel

Belgrade, 1 e 19 juillet 1982

Prof. Paolo Bonavides

Président de l'Association Brésilienne des Professeurs de Droit Constitutionnel

Cher Monsieur le Professeur,

je vous prie de bien vouloir trouver sous ce pli les décisions du Comité Exécutif de l'AIDC et les autres lettres et informationes.

Je profite de cette occasion de vous informer que Monsieur le Professeur Salvador María Lozada vous a déjà proposé pour le canditat qui fera la fonction d'un rapporteur général au Congrès Mondial de l'AIDC (Section III – thème: "Les Problèmes de la Réalisation des Constitutions Contemporaines").

Em espérant d'approfondir nos contacts et la collaboration dans le cadre de notre Association Internationale, et – peût-être – de vous rencontrer à Rio de Janeiro au móis d'août (je vais participer au XX Congrés Science Politique, 9-14.8.1982 – je serai logé à l'hotel "Othon Palace"), je vous prie d'agréer, cher Monsieur le Professeur, I'expression de mês sentiments distingués.

Prof. PAVLE NIKOLIC – Secretaire-Général

146. PEDRO CALMON

Rio de Janeiro, 3 de setembro de 1951

Exmo. Sr.

Presidente da Comissão de Bolsas de Estudos

da Fundação Rotário do Rotary Internacional

Prezado Sr.:

tenho a satisfação de transmitir a V. Exa. o conceito em que esta Reitoria tem o Dr. Paulo Bonavides, candidato a uma bolsa de estudos por esta Associação.

Bacharel em Direito, um dos espíritos brilhantes de sua turma, afirmou-se ele entre seus colegas por sua capacidade, talento e caráter. Dotado de qualidades afirmativas, é digno do benefício universitário a que aspira.

Atenciosas saudações

Dr. PEDRO CALMON – Reitor

147. PEDRO R. DAVID

Buenos Aires, 26 de mayo de 1961

Sr. Profesor

Dr. Paulo Bonavides

Querido profesor y amigo:

recibí su carta que mucho le agradezco y también la orden de los pasajes que ya he retirado de Panair do Brasil. Estoy preparando mis actividades de modo que pueda enviarle pronto la fecha exacta de mi llegada a esa y también mis antecedentes. Asimismo le prepararé con tiempo un esquema de las conferencias y trataré de obtener material que pueda ser distribuido a los alumnos.

En cuanto a la Revista, quiero pedirle me haga llegar con urgencia un artículo suyo para ser publicado en el próximo número dedicado a la Sociología Jurídica que pensamos tener listo para publicar dentro de un mes.

Recibí también carta del Sr. Decano de su Facultad a quien en este mismo momento contesto agradeciéndole lo mismo que a Ud. tan generosa invitación que me ha honrado muy profundamente y que renueva los vínculos que nos ligan.

Un fuerte abrazo, y hasta pronto.

PEDRO R. DAVID

Buenos Aires, diciembre 29 de 1961

Mi querido amigo Paulo:

efectivamente, la correspondencia en este País ha sido desastrosa en los últimos tiempos. He recibido su carta del 20 de noviembre último. Lo felicito por la publicación de su *Revista Filosófica do Nordeste*. Entablaremos intercambio con nuestra Revista, y estaré muy honrado de poder colaborar en ella. Le hemos enviado ya la Revista nuestra. Como ha ido por barco, tardara talvez unos días aun en llegar a sus manos. En el nuevo número, el número segundo, dedicado a Sociología del Derecho, se publica su trabajo.

En cuanto a las conferencias, pienso que la programación para el mes de marzo será muy conveniente. Como tengo que solicitar la licencia pertinente, ruégole me permita confirmarle en mi próxima, la fecha exacta de mi viaje a esa. Agradezco la oportunidad de poder dictar una clase en el aula de sapiencia de esa ilustre Casa de Estudios.

Deseo unas fiestas muy felices, y hasta la próxima; reciba un fuerte abrazo de su compañero y amigo

PEDRO R. DAVID

Nota: Acabo de recibir su artículo. Saldrá en el 2º número de la Revista. Abrazos.

PEDRO DAVID

Buenos Aires, febrero 28 de 1962

Querido amigo Paulo:

salgo a Fortaleza el día 23 de marzo, por Aerolíneas Argentinas hasta Rio. De allí de inmediato seguiré en Panair do Brasil hasta Fortaleza. Espero llegar antes del día 26 de marzo, a fin de estar allí para la iniciación de los cursos.

Le envío con esta el programa de conferencias. Será un cursillo que constara como Usted puede apreciar de cuatro partes. Creo que dos conferencias podrán cubrir los temas de cada parte, esto es en total ocho conferencias. Esto es un número elástico que puede disminuirse o aumentarse.

Le envío también mi vitae. También le envío un folleto del próximo Congreso Mundial de Sociología, y una invitación que será refirmada por el Comité Organizador Central en Córdoba, por el profesor Alfredo Poviña.

Envío esta carta con copia para que no se pierda.

Espero verle pronto allí, y reciba un fuerte abrazo de su amigo

PEDRO R. DAVID

Buenos Aires, septiembre 28 de 1962

Querido Paulo:

acabo de recibir una carta del profesor Reale, donde me informa oficialmente de la invitación que Ud. me formulara en Fortaleza. Me siento extraordinariamente honrado y feliz de poder volver a compartir con Uds. los momentos tan únicos de mi estada en esa.

Le acabo de mandar el n. 2 de la Revista con su artículo. En el n. 3 aparece la crítica y comentario a su Do Estado Liberal ao Estado Social.

También acaba de recibir invitación para asistir a ese Congreso el Dr. Herrera Figueroa, de quien le hablé anteriormente y es un gran amigo y colega de estudios.

Nuestro común y querido amigo Tude de Souza ha fallecido en Rio. He recibido hace poco la ingrata noticia. Su salud estaba ya algo resentida, pero no se esperaba tal desenlace.

Espero verlo pronto nuevamente. Con saludos a los amigos, reciba un fuerte abrazo de

PEDRO R. DAVID

Buenos Aires, agosto 19 de 1963

Querido amigo Paulo:

estoy esperando ansiosamente su llegada para el Congreso Mundial de Sociología de Córdoba. No olvide hacerme saber en que vuelo llega, y que día, a fin de que vaya a esperarlo. Estoy muy feliz de tener oportunidad de retribuir todas las generosidades y cordialidades que he recibido de Ud. y sus amigos, ahora mis amigos, de Fortaleza.

El Congreso promete estar muy interesante. Además pienso invitarle luego del Congreso a quedarse unos días en Buenos Aires y dar unas conferencias en nuestras Universidades, y conocer además, Buenos Aires.

¿Como están todos los amigos de Fortaleza? Siempre los recuerdo a todos con mucho afecto y amistad, especialmente a todos los miembros del Centro de Estudos Filosóficos de Fortaleza.

Le ruego Paulo me confirme su venida, así voy haciendo los preparativos del caso. Además no venga de prisa, sino que dese tiempo para que pueda conocer esto, y asimismo gozar unas vacaciones fuera de Fortaleza.

El n. 3 de Estudios de Sociología está por fin para aparecer, luego de una larga demora. Cuándo publiquemos el número sobre Sociología Política aparecerá aquel artículo suyo que me dió en Fortaleza antes de partir.

Mis mejores saludos a su familia, y a Ud. y demás amigos un fuerte abrazo de mi parte y cordiales saludos del Dr. Herrera Figueroa.

PEDRO R. DAVID

University of Kentucky

Department of Sociology and Rural Sociology

March 23, 1967

Dear Prof. Bonavides:

as Secretary General of the Institut International de Sociologie, it gives me great pleasure to extend to you an invitation to attend the Twenty-First World Congress of the Institut to be held in Madrid, Spain, in October, 1967, from the 23rd to the 28th of the same month.

On behalf of professor Alfredo Povina, President of the Institut, I would like to issue a special invitation to present a scientific paper to the Congress. Your work would be of special interest to the members and it would be a pleasure to have you attend the meeting. The themes of the meeting will be: Psychological, Statistical and Mathematical Approaches to Sociology – Research Methods and Techniques.

The Committee on Arrangements in Madrid will supply you with all relevant details concerning the times and places of the Congress if you find that you will be able to attend. Please let me know as soon as possible concerning your plans as well as the title of your paper.

Sincerely yours

PEDRO R. DAVID – Secretary General

Institut International de Sociologie

148. PETER HÄBERLE

Prof. Dr. Dr. h.c. mult. Peter Häberle

Geschäftsführender Direktor des Bayreuther Institutes

für Europäisches Recht und Rechtskultur sowie der

Forschungsstelle für Europäisches Verfassungsrecht

Universität Bayreuth

Bayreuth, den 03.03.2003/wa.

Herrn Prof.

Dr. h. c. Paulo Bonavides

Sehr verehrter Herr Bonavides,

mit großer Freude denke ich an die Begegnung in Mexiko zurück. Ich danke auch für das Exemplar der Ihnen gewidmeten Festschrift. Gerne bin ich bereit, in den Beirat Ihrer angesehenen Zeitschrift zu gehen. Dies ist eine Ehre.

Hoffentlich sehen wir uns einmal wieder.

Mit besten Empfehlungen, Ihr

Professor Dr. Dr. h. c. mult. PETER HÄBERLE

Bayreuth, den 01.06.2004/wa.

Herrn Prof.

Dr. h. c. Paulo Bonavides

Lieber, verehrter Herr Kollege Bonavides,

mit großer Freude erhalte ich eben Ihr neuestes Jahrbuch. Herzlichen Dank für diese kostbare Gabe. Ich staune über das hohe Niveau der brasilianischen Wissenschaftlergemeinschaft. Ja, ich fühle mich der lateinamerikanischen Gemeinschaft brüderlich verbunden.

Hoffentlich sehen wir uns einmal wieder.

Mit vielen Grüßen und Empfehlungen, Ihr

Prof. Dr. Dr. h. c. mult. PETER HÄBERLE

Bayreuth, 05.07.2004/wa.

Sehr verehrter, lieber Herr Bonavides,

als Nachtrag zu meinem letzten Brief erteile ich gerne die Genehmigung zur Publikation meines Aufsatzes "Verfassungslehre ais Kulturwissenschaft".

Dies wäre eine große Ehre.

Im Übrigen bekräftige ich meine Verbundenheit mit Lateinamerika.

Herzliche Empfehlungen, Ihr ergebener

Professor Dr. Dr. h. c. mult. PETER HÄBERLE

Fri, 19 Nov. 2004 12:22:20 +0100

Sehr verehrter lieber Herr Kollege Bonavides,

eben erhalte ich mit großer Freude Nummer 3 Ihrer *Revista*. Ich danke für den ehrenvollen Abdruck meines Aufsatzes und die gute Übersetzung. Ich danke auch für die Aufnahme in den Kreis Ihrer korrespondierender Mitglieder. Dies ist eine große Ehre. Ich hoffe möglichst bald eine Einladung nach Brasilien folgen zu können.

Mit herzlichen Empfehlungen und nochmaligem

Dank

Ihr ergebener

Prof. Dr. Dr. h. c. mult. Peter Häberle

Sehr verehrter Herr Bonavides, lieber Kollege und Freund,

vielen Dank für Ihre wunderbare Nachricht. Ich kann portugiesisch etwas lesen und verstehen.

Wenn ich recht verstanden habe, laden Sie mich für September ein. Doch schrieben Sie, die Tagung sei vom 25. bis 30. September 2004, handelt es sich nicht um September 2005?

Ich erhalte derzeit viele Einladungen nach Brasilien, z.B. auch von Prof. Sarlet. Vielleicht könnte man die Einladungen koordinieren, denn ich kann höchstens einmal in Ihr schönes Land kommen, der Flug ist mir einfach zu anstrengend. Es ist aber eine Ehre und Freude, dass Sie an mich denken und ich bitte Sie, mich Ihren Kollegen empfehlen zu wollen. Hoffentlich geht es Ihnen persönlich gut.

Mit besten Empfehlungen und nochmaligem Dank, Ihr sehr ergebener

Professor Dr. Dr. h. c. mult. PETER HÄBERLE

149. PETER SCHINDLER

Deutsch-Brasilianische Juristenvereinigung Frankfurt 1

27. Januar 1994

Sehr geehrter Herr Professor Bonavides,

auf der Tagung der DBJV in Münster hat Herr Rechtsanwalt Dr. Axel Weber aus Frankfurt einige Aufnahmen “geschossen”. Als eine kleine Erinnerung an diese Veranstaltung füge ich Ihnen drei Bilder bei.

Die Tagung in Münster hat bei allen Teilnehmern viel Zustimmung gefunden. Dazu haben Sie ganz wesentlich beigetragen. Nochmals also herzlichen Dank für Ihre Präsenz, lhr interessantes Referat und auch die lebhaften Diskussionsbeiträge. Ich hoffe sehr, daß der Kontakt auch für die Zukunft erhalten bleibt.

Mit freundlichen Grüßen

PETER SCHINDLER

150. PINTO FERREIRA

Recife, 1 de novembro de 1995

Meu caro Paulo Bonavides,

remeto-lhe a minha Sociologia, onde faço uma homenagem a você na dedicatória e com referências ao nosso Curso de Direito da Faculdade de Ciências Humanas no 2º volume, p. 287.

Um grande abraço

PINTO FERREIRA

P.S.: Mando-lhe o endereço do Dr. José Paulo Cavalcanti.

Mando-lhe também cópia da última exigência do processo, já respondida. Quando puder, fale com o Paulo Lobo.

Meu caro Paulo Bonavides:

já recebi a coletânea de trabalhos escritos em sua homenagem por diversos professores nacionais e estrangeiros.

É uma homenagem merecida em favor de sua dignidade intelectual e moral revelado em excepcional carreira.

Mando-lhe um exemplar do 3º número da *Revista do Curso de Direito* da nossa Faculdade e também do jornal O Judiciário.

Um abraço afetuoso

PINTO FERREIRA

151. RAIMUNDO PASCOAL BARBOSA

São Paulo, 29 de junho de 2001

Meu caro amigo e Mestre Paulo Bonavides,

Saudações.

O Dr. José Turcato, seu admirador incondicional, que foi meu companheiro de escritório durante quase 30 anos, presenteou-me um livro espetacular. Trata-se de *Direito Constitucional – Estudos em Homenagem a Paulo Bonavides*, organizado pelos professores Eros Roberto Grau e Willis Santiago Guerra Filho. Tenho a grande honra de conhecer o primeiro, que é de São Paulo. O outro é Mestre da velha Salamanca (assim, no passado, se chamava a Faculdade de Direito do Ceará).

O livro contém trabalhos sobre direito constitucional. Farei a leitura do mesmo, com a dificuldade que hoje, com problema de visão, tendo de usar lupa, me impõe. Embora tenha sido por mais de 50 anos um modesto rábula criminal, sempre tive grande interesse pelo Direito de sua especialidade, pois o trabalho que realizei, durante o período citado, necessitava de invocar a Lei Maior, constantemente.

Homenagem justa, que é prestada por Mestre da melhor qualidade, ao constitucionalista maior do Brasil, dotado de inteligência rica e penetrante, talento sem igual, servidos por uma cultura que dignifica nosso País.

(...). Estou aposentado, pois, como está escrito no Eclesiaste, "tudo tem o seu tempo determinado e há tempo para todo propósito debaixo do céu".

Mando-lhe publicação feita pelo jornal da Ordem sobre minha pessoa.

Não desejava escrever tanto. Peço-lhe perdão, recordando o grande Antônio Bieira. Hoje, ninguém gosta de escrever ou de receber cartas...

Muitas verdades, meu caro Mestre e amigo Paulo, a gente somente aprende e descobre depois de velho... Recomende-me aos seus e receba o abraço do discípulo que o estima e admira.

RAIMUNDO PASCOAL BARBOSA

152. RAÚL GUSTAVO FERREYRA

Enviada em: terça-feira, 7 de fevereiro de 2012 00:52h

Para: Paulo Bonavides

Cc: Carol Machado Cyrillo da Silva

Querido Maestro:

hace muy poco tiempo Carolina me invitó "publicar un libro en Brasil". Le dije que estrictamente no tenía un libro preparado, aunque estoy escribiendo mis Lecciones sobre Derecho Constitucional que aparecerán en 2013.

Insistió y le dije que tengo un trabajo muy unido a mis sentimientos. Mi primera investigación sobre el mundo del Derecho la hice en 1983, con motivo de mi tesina de Graduación. Muchísimos años después, en 2000, retomé las discusiones críticas con mis maestros Germán J. Bidart Campos (1927/2004) y Raúl Zaffaroni (2004). Ambos siempre tuvieron la paciencia y el interés para que el suscrito pueda desarrollar su "normativismo". Ambos son mis Maestros y en un hecho único mis directos de tesis doctorales. Germán decidió "partir sin avisar" el 3.9.2004. Raúl siguió con la dirección de mi tesis rendida en 2006.

No pienso como mis Maestros. Germán era trialista y Raúl es complejo encasillar pero está cerca de H. Welzel y sus estructuras lógicas objetivas. No estar al lado de mis Maestros ha sido un desafío.

En 2011, la UBA me designó Catedrático. Allí junté en mi cabeza y corazón: los estudios de 1983; las conversaciones con mis maestros Germán y Raúl; y di nacimiento a la lección inaugural que impartí como Catedrático, al asumir el cargo, formalmente, en setiembre/2011. Y fue, precisamente, Zaffaroni quien me sugirió que expusiera mi visión sobre el Derecho y los derechos fundamentales!

La lección inaugural: Enfoque sobre el Mundo del Derecho. Constitución y Derechos Fundamentales corre adjunta y Carolina la publicará en Brasil, traducida al Portugués (esta misma versión, pero en Inglés, será publicada en el JOR n. 60, gracias al enorme apoyo de nuestro amigo en común Peter Häberle).

Será un enorme y eterno honor para el suscrito contar con una presentación o prólogo del más distinguido y relevante constitucionalista de América del Sud: Paulo Bonavides.

Sé de sus múltiples ocupaciones. No quiero importunarlo. Y nuestra amistad da para que usted me diga que no podría. El hecho de invitarlo para mi es un honor.

Abusando de su amabilidad, en su caso, pediré a Carolina que se comunique con Usted para conocer los detalles. Pienso que desea publicar en abril/2012.

Gracias a Usted, a su generosidad y magisterio, puedo entrar en contacto con Brasil.

A todo evento, se adjunta mi CV.

Reciba un saludo cordial.

Con respeto y admiración

RAÚL GUSTAVO

153. RAYMUNDO FAORO

Rio, 22 de deciembre de 1981

Meu prezado e ilustre professor Paulo Bonavides,

li, grato e encantado, seu ensaio, publicado no O Estado de S. Paulo, a propósito de meu despretensioso livro. O que mais me agradou foi seu generoso apoio a algumas teses expostas, que, vindas do Mestre, a ele refluíram: seus estudos sobre o Estado são um pressuposto de todos os nossos trabalhos.

Espero, um dia, pessoalmente, transmitir-lhe melhor meu reconhecimento.

Com votos de feliz Natal, do

RAYMUNDO FAORO

154. RENAN CALHEIROS

Senado Federal

Gabinete do Presidente

Brasília, 31 de janeiro de 2006

Prezado Sr.,

participo a V. Sa. que o Senado Federal, a requerimento do Sr. senador Arthur Virgílio, inseriu, em Ata da Sessão de 21.11.2005, Voto de Aplauso, cujo texto segue em anexo.

Cordiais saudações

Senador RENAN CALHEIROS

Presidente do Senado Federal

155. RICARDO HARO

Córdoba, 27 de noviembre de 1978

Mi estimado amigo y Profesor:

con bastante atraso debido a razones de viajes, salud y otros factores ajenos a mi voluntad, hoy tengo la inmensa alegría de expresarle por medio de esta conversación epistolar el gozo inmenso que me produjo la recepción de estas dos magníficas obras que me enviara personalmente con nuestro común y gran amigo Jorge Xifra Heras, que, luego de pasar días inolvidables en vuestra ciudad de Fortaleza, nos visitó en Córdoba para brindamos su sabiduría y su grande humanidad, tan jovial, tan alegre, tan sencilla, propia de los verdaderos sabios.

A Crise Política Brasileira es un estudio agudo y comprometido de la realidad política que están viviendo hoy vuestros compatriotas. Temas como "La Forma Brasileira de Partido Único: Pluralismo Formal con Monopartidismo de Hecho", "Los Principios Ideológicos en las Constituciones Brasileiras" (el "techo ideológico" de Lucas Verdú), "Los Derechos y los Partidos Políticos", las vicisitudes de la crisis con sus implicancias de eficiencia, corrupción, nacionalismo, soberanía, la cuestión social y la democracia, el Senado y la crisis de la Federación, para terminar con un aporte brillante de soluciones, todos estos temas, tan comunes en Latinoamérica, son apasionantemente desarrollados por Usted, mi querido profesor Bonavides.

Ciencia Política, en su 3ª edición, todo lo cual ya es una muestra acabada de la difusión y aceptación de su texto en la vida científica y universitaria de Brasil. No lo he leído completo, pero los capítulos que he podido hacerlo me han parecido de un excelente nivel, libro en el que ha podido reunir una información bibliográfica inmensa y del más alto nivel mundial, junto a un desarrollo claro y meduloso que permite al lector "entrar a fondo" en cada tema tratado.

Ambos libros tienen una presentación impecable y una exposición con un gran sentido pedagógico, que va llevando al lector "de la mano" por los vivenciales manifestaciones del Poder, eje alrededor gira toda la temática de la Ciencia Política o Ciencia del Poder, en sus múltiples manifestaciones.

Yo le envíó algunos trabajos de los publicados, en original o fotocopia, pues se me van agotando. Todos ellos como testimonio de gratitud y admiración a quien ya considero un gran amigo, y como tal me presento, pues creo que facilita la comunicación el conocer "la situación humana" del colega: Profesor Encargado de Derecho Constitucional en la Facultad de Derecho de la Universidad Nacional de Córdoba y Juez de la Exma. Cámara Federal de Apelaciones, tarea esta última que me absorbe la mayor parte de mi vida diaria. No obstante no dejo diariamente de hacer vida universitaria en la Cátedra o en nuestro Instituto de Derecho Constitucional "Joaquín V. Gonzalez", con nuestras reuniones en equipos de trabajo o plenarias, analizando temas.

Por otra parte, en el orden nacional todos los profesores nos encontramos agrupados alrededor de nuestros Encuentros Nacionales de Derecho Constitucional (cada dos años) y alternando con los de Derecho Político, del cual hicimos el primero este año en la ciudad de Rosario. Todo esto, más los Seminarios, Jornadas, Conferencias etc., hace que vivamos una realidad muy hermosa, pues somos profesores de constitucional o de político, pero fundamentalmente somos amigos, y eso nos permite trabajar mucho con sentido de equipo y nacional.

El año próximo tendremos nuestro IV Encuentro de Constitucional y crearemos la Asociación Argentina de Derecho Constitucional, cuya Comisión Promotora y Redactora de Estatutos presido. Por otra parte nos integramos en Latinoamérica en el Instituto Iberoamericano de Derecho Constitucional que fundamos en México en 1975 y el año próximo tendremos, Dios mediante, el II Congreso Iberoamericano.

Buenos mi querido amigo y Profesor, dejo ya de escribir pues temo haberlo cansado con mi "charla". Lo que pasa es que en mis 45 años tengo una personalidad muy afectiva y comunicativa que me permite gozar de la amistad y compañía de amigos con los que mantengo una correspondencia como forma de fomentar nuestra unión y ayuda en nuestra tarea científica.

Entre sus compatriotas nos han acompañado en nuestros encuentros Wolgran Junqueira Ferreira, de São Paulo, Rossah Russomano, Naile Mendonça Lima, Olga Diaz Royni y Elza Kruger, de Pelotas; Amaury Moraes de Maria, de São Paulo; y en Méjico estuve con Bruno Araújo Hartz y Sra., de Porto Alegre.

Reciba un fuerte abrazo de este profesor cordobés que ya se considera su amigo y que le agradece inmensamente la delicadeza de enviarme sus importantes obras que dan brillo y jerarquía mundial a la Politología Brasileira.

Mis trabajos se los envío por "Impreso-Vía-Aérea".

Espero que esta carta sea el inicio de una cordial amistad, y cuando le quede un tiempo, entre sus múltiples ocupaciones, escríbame pues es la única forma de convivir orteguianamente a pesar de los miles de kms.

Nuevamente un gran abrazo!

RICARDO HARO

Córdoba, 26 de junio de 1984

Querido y distinguido amigo Dr. Bonavides:

le escribo estas líneas porque tengo el inmenso placer de anunciarle que, Dios mediante, muy pronto tendré el gusto y el honor inmerecido de conocerlo personalmente, pues visitaré vuestra querida ciudad de Fortaleza. En efecto, aprovechan una oportunidad que se nos ha presentado a cuatro matrimonios cordobeses que somos muy amigos, hemos toma una excursión muy conveniente económicamente de vuestra empresa: Varig.

Le diré estimado e ilustre Profesor que entre el 22 de julio y el 3 de agosto tendremos la bendición de poder conocer Brasil y sus ciudades muy importantes. Aí comenzaremos por São Paulo, luego Salvador/ Bahia, Fortaleza, Brasília y Rio de Janeiro.

Tengo un inmenso deseo de poder saludarlo cuando esté en vuestra querida ciudad. Por eso, y para que Ud. sepa el programa que la excursión de Varig tiene previsto para Fortaleza, le comunico que: el día 26 está programada nuestra llegada a Fortaleza hacia el mediodía y la tarde libre. El día 27, por la mañana excursión por el barrio de Aldeota, Museo Histórico y Antropológico, Catedral Metropolitana, Palacio de Abolición, playas de Iracema. A la tarde: libre. El día 28 lo tenemos libre todo el día para playas y el 29 a la mañana temprano volamos hacia Rio de Janeiro.

Yo comprendo que nosotros vamos de excursión y que Ud. estará ocupado en sus múltiples tareas universitarias. Por eso deseo remarcarle que será para mí un grande honor y una inmensa alegría poder conocerle personalmente y compartir algún momento con tan ilustre Profesor. Viajan también conmigo los Drs. Rey Caro – Profesor de Derecho Internacional Público – y Alberto Zarza – Profesor de Derecho Constitucional –, ambos en nuestra Universidad de Córdoba.

Esperando ansioso el momento de nuestro encuentro personal, le envío un fuerte y cordial abrazo! Espero también que le haya llegado un trabajo sobre "Democracia, Gobierno y Oposición" que le envié hace algún tiempo. Hasta pronto querido amigo Bonavides!

Nos alojaremos en el Hotel Savanah, según me informan. Gracias!

RICARDO HARO

Córdoba, 28 de julio de 1989

Estimado y siempre recordado querido profesor Bonavides:

cuan grato es para mí poderle escribir estas líneas que me permiten retomar un diálogo durante tantos años interrumpido! Cuanta alegría tuve cuando conversando en Madrid con nuestro común amigo José Afonso da Silva y al comentarle que me había sido devuelta correspondencia y trabajos que supe enviarle a Ud., Dr. Bonavides, Afonso da Silva tuvo la bondad de informarme su nueva dirección, a la que estoy mandando la presente.

Hace unos años, cinco más o menos, llegué hasta vuestra querida ciudad de Fortaleza y le dejé mis saludos con un muchacho que creo supo decirme que era su hijo y que Ud. estaba dando una conferencia en Estados Unidos. Esta vez también fracasó el deseo de tener el honor de conocer tan ilustrísimo Profesor.

Pues bien, espero sus noticias, que me harán muy feliz! Y así puedo enviarle varias de las piezas portailes que me fueron devueltas.

Yo, por mi parte, le comento que sigo como Profesor de Derecho Constitucional en la Universidad Nacional de Córdoba. Ahora como Titular por Concurso desde hace tres años, soy el Secretario-General de la Asociación Argentina de Derecho Constitucional, que nuclea a unos 320 profesores, docentes y especialistas (el 90% del País) y miembros correspondientes en el extranjero. Sería muy feliz si oportunamente pudiese lograr del Comité Ejecutivo su designación en Brazil.

Por otra parte, sigo como Juez de la Exma. Cámara Federal de Apelaciones en Córdoba.

Querido Dr. Bonavides: un fuerte y afectuoso abrazo! De quien se honra con su amistad! Hasta pronto! Espero sus noticias!

RICARDO HARO

Asociación Argentina de Derecho Constitucional

Córdoba, 28 de abril de 1996

Distinguido y querido amigo, Dr. Bonavides:

con sumo placer recibí su última carta. Muchas gracias por sus afectuosos y generosos conceptos sobre la Asociación Argentina de Derecho Constitucional que tengo el honor de presidir gracias al aprecio de tantos amigos que creen que les puedo ser útil de alguna manera. No ha de pasar mucho tiempo sin que tenga el inmenso placer de proponer ante el Honorable Comité Ejecutivo su incorporación a nuestra Asociación, atendiendo a sus relevantes méritos científicos y académicos.

De acuerdo a lo que me manifiesta, queda confirmado entonces que recibió todas las publicaciones que le menciono en mi carta del 24 de enero y que le envié últimamente con dicha carta (libros, trabajos y boletines).

Le felicito por su trabajo con motivo del 20 aniversario de la Constitución de Portugal, que gustoso recibiré cuando se publiquen las separatas. Precisamente con nuestro común amigo Jorge Miranda, participé del Seminario Hispano-Argentino que realizamos en Madrid en noviembre de 1995.

Con respecto a la XVI Conferencia Nacional de Abogados de Brasil, a realizarse entre el 1 y el 5 de septiembre próximo en vuestra magnífica ciudad de Fortaleza, convocada por el Consejo Federal de la Orden de los Abogados de Brasil, como ya se lo comuniqué cuando Ud. me llamó por teléfono, me siento muy feliz y agradecido de la invitación que me ha formulado informalmente para participar de tan trascendentales jornadas, en las que, como conversamos, podría exponer, durante el tiempo que Ustedes me fijen, sobre el tema "Lineamientos Fundamentales de la Reforma Constitucional Argentina de 1994".

Quedo en este tema a vuestras gratas órdenes.

RICARDO HARO

Asociación Argentina de Derecho Constitucional

Córdoba, 7 de marzo de 2000

Muy entrañable y querido amigo:

le envío esta carta, ya como Presidente Honorario de la Asociación Argentina de Derecho Constitucional, debido a que, a pesar de la insistencia de mis amigos de la AADC, no acepté seguir como Presidente por un nuevo período. Los 14 años de servicio diario a la Asociación, 8 como Secretario-General (1985-1993) y 6 como Presidente (1993-1999), me habían cansado mucho y habían provocado un obstáculo al estudio y a la publicación de trabajos y libros, en los que estoy muy en mora.

Me había convertido en un "Gerente-General", abandonando en gran medida mi función como Catedrático y publicista. La Presidencia ha vuelto a recaer en el Dr. Alberto Antonio Spota, extraordinaria persona y jurista, que ya lo fue de 1985 a 1993, pero que aceptó bajo la condición que yo asumiese las Relaciones Institucionales Internacionales, lo cual me tiene ocupado en la organización de las III Jornadas Argentino-Chilenas de Derecho Constitucional, a realizarse aquí en Córdoba los días 4 y 5 de mayo próximo, como así también, con el Dr. Manoel Gonçalves Ferreira Filho, Presidente del "Instituto Pimenta Bueno – Associação Brasileira dos Constitucionalistas", la coordinación de la organización del "I Congreso de Constitucionalistas del MERCOSUR del Año 2000", que resolvimos realizar en una Reunión Preparatoria que llevamos a cabo en junio de 1999 en Montevideo, conjuntamente con las Asociaciones de Constitucionalistas de Uruguay, Chile y Paraguay. Dicho Congreso tendrá lugar los días 24, 25 y 26 de agosto próximo en la ciudad de São Paulo. Espero que allí nos veamos, querido Dr. Bonavides!

Me alegra su aceptación como Miembro-Correspondiente de nuestra AADC en el Brasil! Es una de las metas que deseaba concretar antes de dejar mi Presidencia. Asimismo estoy muy feliz por la gentileza que ha tenido de enviarme sus dos libros: Do País Constitucional ao País Neocolonial – del cual ya envié a la Dirección de nuestro Boletín una "Noticia Bibliográfica" – y el que se refiere al homenaje tan justo que le realizó el Instituto dos Advogados Brasileiros al entregarle la Medalha Teixeira de Freitas.

¿Recibió los últimos Boletines 161, 163 y 64? Ahora le acompaño los ns. 125, 126, 127, 130, 131, 132, 133, 134, 135, 136, 142 e 143. Más adelante, le completaré la colección.

Le envío mi más fuerte y afectuoso abrazo! Muy querido Dr. Bonavides! Maestro y amigo!

RICARDO HARO

Academia Nacional de Derecho y Ciencias Sociales de Córdoba

Córdoba, 15 de octubre de 2002

Muy estimado amigo:

he tratado recién, siendo las 22:30h, pasarle otra carta en fax – cuyo original se lo acompaño – y al no responder su telefax, se lo pasaré mañana Miércoles 16.

Pero el motivo de la presente es, en primer lugar, agradecerle muy vivamente el envío de su libro Os Poderes Desarmados, en el que en su primera parte analiza tan agudamente "Al Margen de la Ciencia Política, del Derecho Constitucional y de la Historia", la verdad en la evolución de diversos aspectos institucionales de Brasil, en la búsqueda de la verdad del régimen político, más allá de las formas normativas.

En su segunda parte, es encantadora la pintura que realiza de personajes tan trascendentales en la vida de Brasil y del Mundo, como figuras paradigmáticas en el devenir de la Humanidad. Felicitaciones por tan brillante trabajo y tan profundo análisis!

Le envío tres trabajos como testimonio sencillo pero sentido de mi afectuosa admiración y amistad: (1) "Dalmacio Vélez Sarsfield y su Labor con Motivo de la Reforma Constitucional de 1860"; (2) "El Per Saltum en la Justicia Federal Argentina"; y (3) la conferencia sobre "El Hombre, los Derechos Humanos y el Mundo Ético; Derecho, la Ingeniería Genética y las Telecomunicaciones". Espero que puedan serle de alguna utilidad.

Una pregunta que deseo hacerle con motivo de ser ahora Presidente Honorario y no Ejecutivo: ¿Ud. recibió los Boletines Informativos de la Asociación Argentina de Derecho Constitucional hasta el n. 186, y luego el n. 187 ya bajo el forma de una revista intitulada *Debates de Actualidad*? Deseo saberlo!

Con mi recuerdo de su fortaleza espiritual y mi permanente oración y compañía por su querida familia, reciba, querido Dr. Bonavides, un fraternal abrazo de quien se honra siendo su amigo!

RICARDO HARO

Córdoba, 15 de octubre de 2002

Querido y Ilmo. Profesor y amigo:

recibí su muy atento fax del 12 de octubre p. pdo. En realidad no sé como me llegó, pues mi telefax es 54-351-468.4970, y en su carta figura 54-531-694-970. Pero no sé por que arte de magia el fax me llegó a mí número.

Me parece magnífica la idea de fundar la *Revista Latino-Americana de Estudos Constitucionais* con motivo del Centenario de la Fundación de la Facultad de Derecho de Ceará, hoy integrada en la Universidad Federal de Ceará, y para servir a la difusión del Constitucionalismo en todo Latinoamérica. Felicitaciones!

Me siento profundamente honrado por vuestra afectuosa invitación, y con sumo placer acepto colaborar con todas mis humildes posibilidades, pero con gran generosidad, en tan eminente proyecto, y es un gran honor para mí formar parte del Conselho de Direção de la Revista. Muchas gracias por la distinción!

Acepto también con sumo placer escribir un artículo que enviaré antes del 30 de noviembre, por vía postal expresa, a la dirección que se me indica, en un disquete y un ejemplar impreso en papel A4, con una extensión no mayor de 20 páginas, en letra tipo Arial, tamaño 12 y con espacio "simple" (yo entiendo: "sencillo" o a renglón seguido. No entiendo: 1,5 ni "doble" espacio). Oportunamente le comunicaré el título de mi artículo.

Reciba muy estimado amigo, Dr. Bonavides un afectuoso abrazo y mi admiración por su brillante labor!

RICARDO HARO

Enviada em: quinta-feira, 5 de dezembro de 2002, 11:38h

Córdoba, 4 de diciembre de 2002

Muy estimado e Ilmo. Profesor:

le envío estas muy afectuosas líneas, para agradecerle muy fervorosamente el envío de sus magníficos 5 ts. intitulados Textos Políticos da História do Brasil, cuya 1ª edición obraba ya en mi poder, publicados por el Exmo. Senado Federal.

Le felicito muy efusivamente por el ciclópeo trabajo que han realizado con el Dr. Roberto Amaral, porque nadie puede desconocer el laborioso trabajo de pesquisa, investigación y análisis de las ideas políticas y las instituciones que rigieron la vida política de Brasil, nada menos que desde el siglo XV hasta mediados del siglo XX.

Cuántas horas, cuantos días, cuántos meses de paciente y muy prolija investigación! Pero el "fruto" es de un alto nivel científico y de un profundo sentido institucional para la historia de la hermana República de Brasil, y servirá a brasileños, a americanos del Norte, del Centro y del Sud y a europeos como una fuente de una honda riqueza para quien desee aprender todo el trasfondo axioteleológico de la historia institucional de Brasil.

Nuevamente felicitaciones! Y le realizo una consulta: si Ud. no tiene inconveniente, la 1ª edición se la donaría en su nombre o a la Escuela de Ciencia Políticas de la Universidad Católica de Córdoba o al renombrado Instituto Argentino de Estudios Políticos y Constitucionales de la Provincia de Mendoza, que dirije el Ilmo. Profesor Emérito y Académico de Derecho y de Historia, el Dr. Dardo Pérez Ghilhou, y en el cual existe una sección dedicada a la Historia de las Ideas Políticas. Espero su conformidad.

Reciba, junto a su querida familia, mi incondicional e invariable compañía afectiva y un fuerte y fraternal abrazo, muy apreciado Dr. Bonavides!

RICARDO HARO

Tue., 22 jun. 2004 17:03:27-0300

Muy querido e Ilmo. Prof. Bonavides:

muchas gracias por la gentileza de haberme enviado el n. 2, julho-dezembro/2003, de la magnífica Revista Latino-Americana de Estudos Constitucionais, en la que observo temas muy interesantes, de gran actualidad y tratados por eminentes juristas!

Me honro muy vivamente ser Miembro de su Conselho de Direção.

Con mis afectuosos saludos para su queridos familiares, reciba un muy fuerte y fraternal abrazo, eminentísimo profesor Bonavides!

RICARDO HARO

Asociación Argentina de Derecho Constitucional

Le agradezco asimismo, querido Dr. Bonavides, los periodísticos que me ha hecho llegar sobre “La Globalización que Interesa”, “Las Enmiendas y el Referendo”, la crónica de Paulo Lopo Saraiva sobre su inolvidable visita a la Universidad de Coimbra y, finalmente, la cita tan halagadora que hacen de su trabajo respecto del estudio comparado de las Constituciones brasileñas.

Felicitaciones muy sinceras por vuestra permanente vocación de servicio al derecho constitucional, a través de la Cátedra, los libros, las conferencias, las publicaciones periodísticas etc.! Desde Fortaleza y desde Brasil, Usted se ha constituido en un Maestro que orienta, con su sabiduría, el desarrollo de un Constitucionalismo al servicio de la Libertad y la Igualdad, pero también de la Justicia!

Le envío junto a esta carta un ejemplar del último número de Cuaderno de Federalismo que publica el Instituto de Federalismo de la Academia Nacional de Derecho y Ciencias Sociales de la que soy Secretario-Académico.

RICARDO HARO – Presidente

156. ROBERTO SANTOS

Belém, 19 de março de 1997

Ilustre Colega,

sirvo-me desta carta para manifestar irrestrito apoio ao Manifesto à Nação, com que o ilustre Colega e demais membros de valoroso grupo de juristas brasileiros convocam a atenção nacional para os riscos crescentes que corre a democracia, em face da estranha conduta política do Chefe do Executivo.

No dia 17 de fevereiro p.p. publiquei pelo Correio Braziliense um artigo em que tentava advertir os leitores, antes da votação no Senado, para a imoralidade da proposta de emenda constitucional sobre reeleição do Presidente da República, tendo em vista a circunstância de ser ele o inspirador e principal beneficiário da medida (exemplar anexo). Encaminhei cópia aos Senadores via Internet e recebi de resposta, tão somente, um registro do Serviço de Relações Públicas daquela Casa, pela mesma via (junto).

Concordo de modo especial – e principalmente como homem da Amazônia – com a posição do Manifesto quanto à privatização da Vale do Rio Doce.

Urge insistir na maior divulgação do Manifesto, antes que se consumem os dois golpes mais ameaçadores no momento, o da reelegibilidade e o da suspeita privatização da Vale do Rio Doce.

Cordialmente

ROBERTO A. O. SANTOS

Insc. OAB-PA n. 512 – Belém/PA

157. RUY BARBOSA NOGUEIRA

São Paulo, 12 de agosto de 1974

Mestre Bonavides,

recebi precisamente hoje, ao voltar da festa com que a douta Congregação ainda mais alegrou meu coração, o melhor presente que se pode receber nesta vida de ensino: um livro *Reflexões – Política e Direito*.

Como tudo que você produz, tenho certeza que é, como se diz na Alemanha, prima. Lê-lo-ei para lucrar e citar.

Saudações universitárias do

RUY BARBOSA NOGUEIRA

158. SALVADOR DANA MONTAÑO

Estimado colega y admirado amigo:

hace mucho tiempo que no recibo noticias suyas de Ud. He tenido noticias de la publicación de un libro suyo, titulado Reflexões – Política e Direito que me agradaría leer. Le ruego me envíe un ejemplar. En cambio, le adjunto uno de mis ensayos sobre historia de las ideas políticas en nuestro desventurado País, el principal de los cuales reseña la involución del Liberalismo que está en la raíz de nuestra mejor tradición nacional, y los primeros atisbos del antiliberalismo, que ha recrudecido con el régimen peronista, desde 1945/1946 a la fecha. Su fundador ha muerto, pero queda el veneno que innoculó en las masas, extrañamente antiliberales e antidemocráticas. Me gustaría mucho que Ud. me confiara sus comentarios y juicio sobre esta obra. Tendremos que afrontar pronto el debate sobre la reforma de la Constitución, que será – a mi juicio – mucho más que una enmienda, como se dice, para aminorar el conato, pues, será un verdadero cambio. El régimen representativo republicano federal se convertirá en un régimen autocrático, centralista y unitario, como conviene a todo sistema totalitario, y el peronismo lo es. Un eminente Profesor del Instituto de Estudios Políticos de París ha calificado acertadamente al peronismo como un "fascismo secundario", que imitió o copió todo lo malo de aquel régimen, definitivamente fracasado en Europa y cuyos frutos tenemos desgraciadamente a la vista. El efecto del "populismo" peronista en nuestras universidades ha sido totalmente destructor de la universidad: no hay libertad de cátedra ni de organización. Todo está al servicio del partido oficial: cátedras, autoridades, orientación, de la enseñanza y de la investigación, todo.

Me permito preguntarle si esa Universidad publicaría una colección de ensayos y artículos míos, algunos inéditos, sobre la universidad en Latino-América, escritos en los últimos años, en que se analizan los principales problemas universitarios, que son comunes a todos los Países de esta parte del Continente, incluso el Brasil. Aquí no creo que encontraría editor, debido a la situación política. Irían precedidos de un pequeño prólogo, y su extensión no excedería de 200 páginas. Se fuera posible hacerlo, le enviaría los originales.

Debido a la enfermedad de mi hijo mayor, no pude viajar el mes p. pdo. a Porto Alegre para dictar un curso para graduados de "Historia de las Ideas Políticas en los Siglos XIX y XX". Espero poder hacerlo próximamente, en cuya oportunidad haré un viaje por el interior de su País, y me agradaría mucho poder incluir a Ceará en el itinerario, si Uds. encontraran interesante un cursillo o algunas conferencias sobre temas de ciencia política o de derecho constitucional o administrativo.

Quedo a la espera de sus gratas noticias y entre tanto me suscribo su atto. colega y s. s.

SALVADOR DANA MONTAÑO

159. SALVADOR MARÍA LOZADA

Asociación Latinoamericana de Derecho Constitucional

Buenos Aires, Enero 21 de 1981.

Distinguido profesor:

luego de una ronda de conversaciones que he mantenido en Belgrado en octubre último, nuestra Asociación ha convenido con la Unión de Asociaciones de Ciencia Política de Yugoeslavia en formar un Comité de Iniciativa, compuesto por prominentes personalidades académicas de las diversas regiones del mundo, destinado a estudiar la factibilidad de establecer una Unión Mundial de Derecho Constitucional, organizada en torno de los valores fundamentales del Estado de Derecho, los Derechos Humanos, la Justicia Social y Económica y la Democracia Participatoria.

He pensado en Ud. como un eventual miembro de ese selecto Comité. Me gustaría que me expresara su parecer sobre la idea y si desea aceptar esa eventual participación en el Comité de Iniciativa. También le agradecería me sugiriera los nombres de otros eminentes profesores brasileños que podrían integrar ese grupo y que aceptarían esa tarea.

Quedo a la espera de sus noticias, saludándolo muy atentamente

Dr. SALVADOR MARÍA LOZADA

Presidente, Asociación Latinoamericana de Derecho Constitucional

(1123) Buenos Aires, Argentina

Rio de Janeiro, abril 10, 1981.

Distinguido profesor Bonavides:

con sensible retraso contesto su atenta carta del 10.1.1981, en la que me comunica la buena noticia de su aceptación a integrar el Comité de Iniciativa de la Unión Mundial de Derecho Constitucional. Su incorporación a ese cuerpo nos honra a todos y contribuye decididamente al prestigio académico del grupo entero. Por tanto: muchas gracias por su buena disposición. He recibido también los ejemplares de sus extraordinarios libros *Ciência Política* y *Reflexões – Política e Direito*, que é leído durante las vacaciones de verano con extremo placer y provecho intelectual. Su traducción al Castellano debiera plantearse, aquí o en España, tan pronto pasen las condiciones recesivas en que se desarrolla por el momento la industria editorial en todo el ámbito hispanoparlante. Particularmente *Ciência Política* es un libro que puede ser muy útil para la enseñanza universitaria. Otra vez: muchas gracias por su envío.

La primera reunión del referido Comité de Iniciativa será en Belgrado los días 28, 29 y 30 de setiembre próximo, y deseamos con el mayor interés que Ud. pueda participar de la misma. Lamentablemente no podemos esta vez ofrecer pasajes aéreos ni expensas de viaje. Si por algún motivo Ud. no pudiera estar presente, le pido que procure ser representado por otro profesor de derecho constitucional que pueda viajar.

Yo estaré en Rio hasta el 20 de abril y aquí mi teléfono es 274-7222, apartamento 1106. Lo saludo muy cordialmente y quedo a la espera de sus buenas noticias.

Dr. SALVADOR MARÍA LOZADA

Nota dos Organizadores: Em 9.7.1981 o Presidente da Asociación Latinoamericana de Derecho Constitucional, Dr. Salvador María Lozada, volta a escrever ao Professor PAULO BONAVIDES sobre o Congresso na Iugoslávia. Carta do seguinte teor:

Associación Latinoamericana de Derecho Constitucional

Rio, Julio 9 de 1981

Querido Profesor:

con estas líneas quiero confirmarle que la primera reunión del Comité de Iniciativa de la Unión Mundial Derecho Constitucional se realizará los días 28, 29 y 30 de septiembre próximo.

Creemos que su presencia, su consejo y su prestigiosa participación son del más alto interés. Le pido que extreme sus posibilidades de estar presente. Yo permaneceré en Rio hasta 26 de julio.

(...). Toda noticia sobre su llegada a Belgrado convendrá que la comunique a "Union of Political Science Associatins of Yugoslavia, Proleterskih brigada 74, Belgrade", que será la sede de esta primera reunión del Comité.

Un cordial saludo

Dr. SALVADOR MARÍA LOZADA

Asociación Latinoamericana de Derecho Constitucional

Los Angeles, September 2,1981

Querido Profesor:

espero que haya recibido la invitación de la Unión de Asociaciones de Ciencia Politica de Yugoeslavia para asistir a la reunión del 28, 29 y 30 de septiembre.

En el caso de que no pueda viajar le ruego haya llegar unas líneas de adhesión haciendo sugerencia sobre la organización, fines y propósitos de la futura Asociación Internacional de Derecho Constitucional.

Será de todo modo muy importante su presencia y aporte personales.

Un cordial saludo

SALVADOR MARÍA LOZADA

Asociación Latinoamericana de Derecho Constitucional

Rio de Janeiro, octubre 26, 1981

Distinguido Maestro:

vuelvo de Europa y me apresuro a escribirle estas líneas en mi breve paso por el territorio del Brasil.

Acabo de contribuir a la fundación de la Asociación Internacional de Derecho Constitucional, cuyos documentos básicos le hago llegar adjuntos a la presente. Como verá, ha sido designado Ud. en la importante Comisión de Información, que tiene a su cargo coordinar todo lo relativo a la obtención de informaciones sobre el estado actual del derecho constitucional en los diferentes Países.

Le pido muy especialmente que considere la posibilidad que, con esos documentos traducidos al Portugués, redacte Ud. un artículo informativo sobre la nueva Asociación en una de las revistas jurídicas del Brasil. También le pido que me tenga al tanto de esa eventual publicación. Por todo eso la agradezco por adelantado. También le hago llegar copia de un artículo mío publicado en Le Monde de París.

Asimismo me importa informarle que la Asociación Latinoamericana de Derecho Constitucional juntamente con el Instituto de Cooperación Iberoamericana (Madrid), el Instituto de Estudios Constitucionales (Madrid) y la Universidad Internacional Menendez y Pelayo (Valladolid) han decidido convocar al Primer Congreso Iberoamericano de Derecho Constitucional, a realizarse entre el 24 y el 29 de mayo en Granada sobre el tema "Parlamento y Opinión Pública". Descuento su participación destacada en el mismo y su ayuda para difundir este evento entre los profesores brasileños y los abogados interesados en nuestra disciplina jurídica. A ese propósito le pido el favor de enviarme una lista de los miembros de la Asociación Brasileña de Derecho Constitucional.

A la espera de sus noticias y con la esperanza de conocerlo pronto personalmente, lo saludo con un afectuoso abrazo.

Dr. SALVADOR MARÍA LOZADA

P.S.: También le hago llegar un resumen de la reunión de Belgrado que bien serviría para difundir en la prensa.

Nota dos Organizadores: Salvador María Lozada, constitucionalista argentino, Presidente da Asociación Latinoamericana de Derecho Constitucional, foi um dos fundadores em Belgrado, na Iugoslávia, da Associação Internacional de Direito Constitucional, hoje sediada na França.

Em carta de 1988, que a seguir transcrevemos, endereçada ao professor Paulo Bonavides, assinala ele a importância do direito constitucional brasileiro para a América Latina e manifesta o desejo de fazer uma investigação e um estudo a esse respeito:

Asociación Latinoamericana de Derecho Constitucional

Rio de Janeiro, 15 de julho de 1988

Querido professor Bonavides:

confirmole por escrito mi solicitud e propuesta hecha aquí sobre una investigación y estudio sobre Historia Constitucional del Brasil en la Universidad Federal de Ceará, bajo su experta y ilustre dirección, por un período aproximado de tres o cuatro meses. Como tuve ocasión de decírselo en Rio de Janeiro, siento que una de mis deficiencias intelectuales como jurista latinoamericano consiste en el pobre conocimiento que tengo del pasado constitucional del Brasil, de tanta importancia para comprender los problemas y las instituciones de hoy.

(...).

En compensación y contra-prestación, por mi parte yo entregaría al término de ese período a la Universidad Federal de Ceará la traducción al Español de los textos básicos de la Historia Constitucional del Brasil, que podrían ser editados para su difusión en España y el resto de la América Latina. Adicionalmente también podría dar conferencias y aulas sobre temas de derecho constitucional comparado.

Le dejo de este modo expresado mi propósito al tiempo de adjuntarle una fotocopia del resumen de mi curriculum vitae tal cual aparece en el libro Quien es Quien en América del Sud.

Lo saludo con grande e invariable afecto y admiración intelectual

Dr. SALVADOR MARÍA LOZADA

Rio de Janeiro, 15 de julio de 1988

Querido amigo:

conforme lo conversado en Rio, le hago llegar mi propuesta escrita. Pienso que de tener efecto el proyecto podría realizarse en el segundo semestre de 1989.

He empezado a leer con extraordinario provecho intelectual la 2ª edición de su libro Constituinte e Constituição, donde he encontrado no solo la magnífica exposición de los grandes temas, como el relativo al estado de sitio – en cuyo tratamiento hace Ud. justísimas observaciones sobre la Argentina –, sino también aproximaciones a pensadores y estudiosos. Entre estos últimos tuve la agradable sorpresa de sus páginas sobre mi buen amigo Pedro David, que ahora ocupa altísima posición en Viena, a cargo del órgano de Naciones Unidas sobre Prevención Criminal. Pero más importante aún, me impresionó mucho su parágrafo sobre "O Papa da Misericórdia" y me dió mucho gusto y satisfacción saber que somos Ud. y yo seguidores del Magisterio del Sucesor de Pedro. Estoy en este momento trabajando en un libro sobre El Pensamiento Político y Social de Juan Pablo II, proyecto que me fue provocado por la lectura de la reciente encíclica Solicitudo Rei Socialis, cuyo contenido me ha resultado de un enorme interés y novedad, como la utilización del concepto hegeliano de "alienación", la insistencia en la dualidad "ser/tener", las referencias a las tensiones Norte-Sur, y la mención positiva al Movimiento de los Países No Alienados.

Soy ideológicamente hablando lo que en Europa llaman un "cristiano de izquierda" en la línea de Charles Peguy, Georges Bernanos y Emmanuel Mounier. Celebro tener también este punto en común con Ud. querido profesor Bonavides, lo cual infiero de su admirativa semblanza del recordado y admirable Tristan de Athayde.

Me despido con un amistoso abrazo

SALVADOR MARÍA LOZADA

160. THEMÍSTOCLES BRANDÃO CAVALCANTI

Rio de Janeiro, 26 de abril de 1965

Exmo Sr.

Prof. Paulo Bonavides

tenho a satisfação de comunicar ao ilustre Colega que o Conselho Diretor do Instituto de Direito Público e Ciência Política da FGV em sua reunião do dia 12 do corrente resolveu, por deliberação unânime, aprovar o seu nome para Membro-Correspondente do Instituto e de sua Revista, esperando sua preciosa colaboração para expansão das nossas atividades culturais no Estado.

Certo de que aceitará a indicação que muito honra e ilustra o Instituto, subscrevo-me.

Cordialmente

THEMÍSTOCLES CAVALCANTI

Presidente

Fundação Getúlio Vargas

Instituto de Direito Público e Ciência Política

Rio de Janeiro, 3 de novembro de 1975

Ilmo. Sr.

Prof. Paulo Bonavides

Meu caro Bonavides,

recebi hoje seu trabalho sobre "Direitos Políticos e Partidos Políticos na Constituição de 1967", e com a Emenda 1/1969. Excelente trabalho.

Sendo o que no momento se apresenta, receba um abraço do amigo

THEMÍSTOCLES CAVALCANTI

161. TORQUATO JARDIM

28.abril.1985

Meu caro professor Bonavides,

sou-lhe grato por sua carta de janeiro, quando fala de sua viagem aos Estados Unidos da América e ao encontro com Grayfred Gray. Sim, recordo-me muito bem dele, fomos vizinhos de apartamento; ele estudava Informática Jurídica e como "submeter" os juristas ao computador (ou será o contrário?).

Mudei-me já há algum tempo, e só semana passada minha ex--esposa entregou-me a correspondência dos últimos meses – ela também esteve fora desde novembro/1984.

Vamos manter a correspondência. Verá o Sr. pelo anexo que estou movimentando-me um pouco por aqui. Gostaria muito tê-lo em Brasília no próximo semestre.

Receba meu grande abraço.

O admirador

TORQUATO

162. ULRICH KLUG

Prof. Dr. Jur. Ulrich Klug

Köln 41, den 24.11.82

Sehr verehrter Herr Kollege Bonavides!

Mit ihren Werken *Reflexões – Política e Direito*, *Ciência Política*, *A Crise Política Brasileira*, *Direito Constitucional* und *Do Estado Liberal ao Estado Social* haben Sie mir eine ganz besondere Freude bereitet. Mit hilfe eine Übersetzers habe ich in Ihren ausregender Ausführungen bereits einiges gelesen. Ich danke ihnen für dies grosszügige und wichtige Geschenk herzlich.

An unsere Begegnungen denke ich gern zurück. Als Erinnerung daran füge ich hier einige Fotos bei. Ich hoffe, dass Sie Ihnen und Ihrer sehr verehrten Frau Gemahlin gefallen werden.

Mit freundlichen Grüssen und den besten Wünschen für die bevorstehenden Feiertage bin ich.

Ihr

ULRICH KLUG

Köln 41, den 15.3.83

Sehr verehrter Herr Kollege Bonavides!

Leider kamm mein Brief vom 24.November vorigen Jahres vor fünf Tagen hier wieder an. Ich sende ihn mit neuer Adresse zurück und hoffe sehr, dass er Sie bald erreicht. Auch die Fotos füge ich wieder bei.

Mit freundlichen Grüssen und den besten Wünschen bin ich

Ihr

ULRICH KLUG

Eben kam der Brief zum 2.Mai zurück. Leider hatte ich die Hausenummer nicht angegeben. Dies ist nun die dritte Anlauf! Hoffentlich erreicht die Sendung jetzt ihr Ziel.

Freundlichst

Ihr

ULRICH KLUG

Köln 50 (Rodenkirchen)

22.5.1983

Sehr verehrter Herr Bonavides!

Dem mir durch Herrn Feldmann übermittelten Wunsch, ein Vorwort für Ihre Übersetzung des Briefwechsels mit Hans Kelsen zu schreiben, komme ich sehr gerne nach. Ich bin Ihnen für Ihre Übersetzung ausserordentlich dankbar und füge das Vorwort hier bei.

Dass dies nicht früher geschehen konnte, hängt damit zusammen, dass ich in der Zwischenzeit auf Reisen war. Ich hoffe indessen, dass mein Vorwort gleichwohl noch einigermassen rechtzeitig bei Ihnen eintrifft.

Mit nochmaligem herzlichsten Dank und freundlichen Grüssen bleibe ich in kollegialer Verbundenheit

Ihr

ULRICH KLUG

Köln 50 (Redenkirchen)

11.7.1983

Sehr verehrter Herr Bonavides!

Für Ihr Schreiben vom 24.6.1983 danke ich Ihnen vielmals. Ich freue mich sehr, dass die Übersetzung des Briefwechsels mit Kelsen vielleicht schon im Dezember erscheinen wird.

Ganz besonders danke ich Ihnen auch für die freundliche Einladung zur Teilnahme am Vierten Brasilianischen Verfassungsrechts – Kongress Ende Oktober. Zu meinem grössten Bedauern bin ich bereits durch andere Verpflichtungen, die ich nicht rückgängig machen kann, so gebunden, dass ich leider nicht kommen kann. Es würde mich aber ausserordentlich freuen, wenn sich im Laufe des Jahres 1984 vielleicht eine Gelegenheit für einen Besuch in Brasilien ergäbe. Schön wäre es andererseits aber auch, wenn vielleicht eine Wiederbegegnung hier in Europe zustande käme.

Mit freundlichen Grüssen für Sie und Ihre Frau bleibe ich

Ihr

ULRICH KLUG

Köln 41, den 29.9.84

Sehr verehrter Herr Kollege Bonavides!

Über Herrn Kollegen Bahro haben mich Grüsse von Ihnen erreicht. Ich danke dafür herzlich. Mit besonderer Freude hört ich, dass die Veröffentlichung Ihrer Übersetzung meiner ßriefwechsels mit Kelsen in einiger Zeit erwartet kann. Auch für Ihre damit verbundenen Aktivitäten danke ich Ihnen vielmals.

Kürzlich wurde von mir ein kurzer Artikel zum rechtsphilosophischen Thema "Das Widerstandsrecht als allgemeines Menschenrecht" in einem Taschenbuch veröffentlicht. Vor einigen Tagen habe ich Ihnen mit gesonderter Post ein Exemplar dieses kleinen Buches gesandt. Ich hoffe, es findet Ihr Interesse zumal dort auch Beiträge des Nobelspreisträgers Böll und des ehemaligen Präsidenten des Bundesverfassungsgerichts Benda publiziert wurden.

Mit freundlichen Grüssen, zugleich für Ihre liebe Frau, auch von meiner Frau, bin ich.

Ihr

ULRICH KLUG

Sehr verehrter Freund und hoch Kollege,

für das mit Ihrer liebenswürdigen Widmung versehene erste Exemplar Ihrer Übersetzung meiner Brief-Diskussion mit Hans Kelsen, das mich über New Orleans und Frankfurt am Main gut erreichte, danke ich Ihnen vielmals. Es ist mir eine grosse Freude und Ehre, durch Sie mit der brasilianischen Wissenschaft und Kultur in einen so chancenreichen Kontakt Gekommen zu sein.

Mit herzlichen Grüssen und guten Wünschen für das neue Jahr, das uns hoffentlich eine Wiederbegegnung schenkt,

Ihr

ULRICH KLUG

Köln, den 24.12.84

Köln 50, den 10.1.1986

Sehr verehrter Herr Kollege Bonavides,

gestern traf Ihr Grosses Werk Constituinte e Constituição hier ein. Ich danke Ihnen dafür und zugleich für die Widmung aller herzlichst. Schon der erste Blick in das Inhaltsverzeichnis hab mir gezeigt, dass Sie mit hohen wissenschaftlichen Intentionen an das ausserordentlich wichtige Thema, das Sie sich gestellt haben, herangegangen sind. Ich bin dadurch schon jetzt stark beeindruckt. Der Lektüre, die ich mir durch die Hilfe eines Sprachexperten möglichst bald vorbereiten lassen will, sehe ich mit Spanungen entgegen. Ich erhoffe mir daraus weitreichende Anregungen.

Ich benütze die Gelegenheit um noch einmal auf diesem Wege meinen verbindlichsten Dank zu sagen für die liebenswürdige Einladung zu dem interessanten Kongress, von den Sie am Telefon sprachen. Ich bedauere es sehr, dass ich leider nicht zusagen konnte. Es wäre mir eine Ehre gewesen teilzunehmen und ich bin sehr zu Dank verbunden, dass Sie für die Absagegründe Verständnis zeigten. Meine Hoffnung bleibt, Sie eines Tages wieder hier treffen zu können.

Mit sehr herzlichen Grüssen, zugleich von meiner Frau, und mit der Bitte um Empfehlung bei Ihrer sehr verehrten Frau Gemahlin, bin ich

Ihr
ULRICH KLUG

163. UPTON SINCLAIR

Monrovia, California
March 5, 1945

Dear Mr. Bonavides:

I have your very friendly letter and I appreciate the compliment you pay me in wishing me to write about my work. I will send you a number of pamphlets in which you will find the sort of material that you need. It would be a little hard for me to answer all your questions fully, because it would take an essay, and just now I cannot afford the time.

You may, perhaps, have heard the saying of Shelley, that poets are the unacknowledged legislators of mankind. There can be no doubt that writers shape the opinions of the people, and, if steps are taken toward the maintenance of peace, it will be the result of what has been written in the past. I think it is the duty of all writers to stand together against the suppression of opinion in any part of the world. I think that the maintenance of peace depends fundamentally upon the replacing of our present system of competitive commercialism by a democratic system of production for use. I think that the civilized world should take charge of German government and education until it has made certain that German militarism is dead, both materially and intellectually. I think that the most difficult problem being faced in the post-war era is the problem of replacing capitalism by democratic collectivism.

You ask me what incident has impressed me most during my life. It is hard to be sure, but I think I would say my experiences as a candidate for governor of California, which taught me the difficulties which block the people's efforts to overcome the power of vested privilege. I stated early in my life that the three personalities who have impressed me most deeply were Jesus, Hamlet, and Shelley. Later, in referring to The Jungle, I said that I had attempted to put the content of Shelley into the form of Zola, and that statement applies pretty much to all my writing. Answering your question, what writer I would suggest to a person wishing "to understand the democratic processes," I would be guilty of false modesty if I didn't name my own books, for that is exactly what my books have been written for. No, I have no plans to travel anywhere. I am sixty-six years old, and I expect to spend the rest of my days writing the history of my own times, which I call the World's End series and which most people have taken to call the Lanny Budd books. My next book will be Dragon Harvest, which is volume six of that series, and I expect very shortly to get started at the writing of volume seven.

As to a message to the democratic Brazilian writers, I would say that the world stands at the fork in its pathway at the present moment. There is one road which leads forward to liberty, equality and fraternity, and there is one which leads backward into the ignorance, oppression and slavery of barbaric times. The name for the first of these goals is democracy, and I mean democracy applied to industry as well as to politics. The name of the second goal is Nazi-Fascism. There is no choice between these two roads. You have to take either one or the other, and that applies to every country in the world. I take it that victory in this war means that humanity has chosen the goal of freedom and social justice, and those writers who help to explain this choice to the people, and help them into the pathway of progress, may have a hard time in their daily lives, but they will be blessed by the future, and they will be read – which is the most important thing to a writer.

Sincerely

U. SINCLAIR

164. VICENTE RÁO

São Paulo, 9 de setembro de 1974

Prezado e douto colega professor Paulo Bonavides,

muito lhe agradeço a gentileza da remessa de um exemplar de seu trabalho Reflexões – Política e Direito, que vou ler com o maior interesse, pois estou certo de que me proporcionará valiosos ensinamentos. Tenho lido e ouvido constantes e elogiosas referências à sua tese Do Estado Liberal ao Estado Social, mas não consegui, apesar de minha procura, encontrá-la nas livrarias. Terá o ilustre Colega algum exemplar disponível?

Queira aceitar as felicitações que, por sua brilhante carreira de jurista, lhe envia seu velho admirador e colega

VICENTE RÁO

165. VICENTE UNZER DE ALMEIDA

São Paulo, 22 de julho de 1956

Caro professor Paulo Bonavides,

ausente de São Paulo durante as férias de verão, somente em fins de abril regressei à Escola e tive, então, o ensejo de receber os seus trabalhos Dos Fins do Estado e Cultura Jurídica Alemã e Rumos Sociais Brasileiros, cuja remessa lhe agradeço.

Peço-lhe desculpas pela demora em acusar a recepção dos mesmos, pois desejava lê-los antes de escrever-lhe.

Dos Fins do Estado é realmente uma interessante e bem-feita síntese das principais doutrinas teleológicas, revelando o autor, nesse ensaio, sólido domínio da Teoria Geral do Estado. Rumos Sociais Brasileiros é um discurso amargo e traduz um estado de espírito até certo ponto comum entre professores e intelectuais brasileiros. Educados que fomos – em larga escala – num meio pré-capitalista, onde se espera que quase tudo seja resolvido à base da tradição, faltam-nos talvez um sistema de valores novos e a habilidade no manejo de um aparelho conceitual adequado à análise objetiva e fria (como é difícil conter as emoções e ser imparcial em face de problemas que envolvem os nossos destinos!) das mudanças ocorridas na estrutura social do País em consequência do processo de industrialização apoiado sempre num regime inflacionário. A expansão de uma economia se processa à custa do sacrifício das classes menos favorecidas. A classe média, à qual pertencia a maioria dos intelectuais, não consegue satisfazer o seu nível de aspiração. O crescimento da capacidade de satisfação dos níveis de aspiração das classes proletárias e médias é menos do que proporcional. Isto com relação às áreas urbanizadas, pois os rurícolas têm um nível de aspiração baixíssimo e quase nada consomem. Daí, talvez, a intangibilidade.

Contudo, o Brasil progrediu muito, tomando-se como termo de comparação, entre épocas diferentes, o estado de civilização. E tem condições para tornar-se um grande País no conceito dos demais. Os intelectuais precisam de ir além do estudo da conjuntura brasileira, precisam ir à ação, participando ativa e positivamente de todas as atividades da vida nacional, enfrentando os problemas de modo realista, apelando para a técnica e para a ciência, mas sempre animados pela fé nos destinos grandiosos de nossa Pátria.

Agradeço-lhe mais uma vez a remessa dos seus livros e envio-lhe amistosos abraços.

VICENTE UNZER DE ALMEIDA

166. VICTOR BAZÁN

Enviada em: segunda-feira, 17 de setembro de 2012 18:18h

Para: Paulo Bonavides;

Muy apreciado amigo profesor Dr. Paulo Bonavides:

mis sinceras felicitaciones por su incorporación como Miembro Honorario del Círculo Doxa de la Ciudad de Buenos Aires.

Sin dudas, se trata de una designación absolutamente justa y merecida.

Un cordial abrazo

VÍCTOR BAZÁN

17.9.2012

167. VICTOR NUNES LEAL

Ao ilustre colega Dr. Paulo Bonavides muito agradeço o amável oferecimento de seu estudo sobre as transformações por que vem passando o Estado Liberal. Estou certo de que encontrarei nas suas reflexões uma contribuição digna de sua bela erudição e das tradições invejáveis da cultura cearense.

Muito cordialmente

VICTOR NUNES LEAL

Bras., 2 de setembro de 1960

168. VIRGINIUS DA GAMA E MELO

Meu caro Paulo Bonavides:

o seu artigo, que me enviou, sobre o Bichara, teve grande repercussão.

Como você vê, pelo recorte, foi transcrito na imprensa local, precisamente em O Norte.

Abraços e obrigado pela referência ao livro. Em relação à advertência, é um estímulo.

Abraços de

VIRGINIUS DA GAMA E MELO

169. WALTER CENEVIVA

São Paulo, 8 de dezembro de 1999

Meu caro mestre Bonavides:

recebi o livro *Do País Constitucional ao País Neocolonial*, de sua autoria, que fez a gentileza de me enviar, com amável dedicatória que me comoveu, de tão generosa. Os estudos e ensinos ali reunidos são belo e denso grito pela democracia, que há de repercutir no Terceiro Milênio e para sempre.

Mando-lhe meu melhor agradecimento, com fraterno abraço, e saudades de o ver e ouvir.

WALTER CENEVIVA

São Paulo, 3 de agosto de 2012

Prezado Professor e amigo Paulo Bonavides:

foi motivo de alegria receber seus discursos e prefácios reunidos em livro. Neste País, do qual se diz que sua gente é sem memória, é fascinante o percurso de seu pensamento nas mais de quinhentas páginas de volume (algumas das quais tive oportunidade de ler em vários tempos do passado). Na obra *Constituição e Normatividade dos Princípios*, que fez a gentileza de me enviar com dedicatória, os ensinamentos são precisos.

Peço-lhe que seja meu intérprete nos cumprimentos a Dimas Macedo pelo livro *Estado de Direito e Constituição*, que veio na mesma remessa. A breve anotação biográfica que precede o texto dele lembra momentos da arte, quando são pequenas na expressão física e gigantes no que simbolizam.

Mando-lhe meu melhor agradecimento e o abraço como admirador e aluno.

WALTER CENEVIVA

170. WALTER COSTA PORTO

Brasília, 20 de setembro de 1996

Caríssimo professor Bonavides,

o TSE editará, em convênio com o Senado Federal, e sob minha coordenação, uma revista, *Estudos Eleitorais*.

Quadrimestral, seu primeiro número corresponderá aos meses de setembro a dezembro do corrente ano. Espero iniciar sua impressão em 30 de novembro próximo.

Poderia contar com um trabalho seu, que daria à Revista a importância e o peso que pretendo lhe conferir?

Grande abraço.

WALTER COSTA PORTO

Caro professor Paulo Bonavides,

envio-lhe o primeiro número da revista *Estudos Eleitorais*, cuja grande falha é não contar com sua tão valiosa colaboração.

Para o segundo número pretendo incluir, na secção "Debate", textos sobre o problema dos votos brancos e nulos em eleições proporcionais e majoritárias em nosso País.

E a artigos e pareceres dos Mins. Xavier de Albuquerque e Leitão de Abreu e de Tito Costa desejaria juntar seu Capítulo 10 do livro *A Constituição Aberta*, sobre "A Constituição e a Invalidade do Voto em Branco".

Venho, então, lhe pedir a devida autorização.

Receba o grande abraço do sempre aluno

WALTER COSTA PORTO

Brasília, 2 de junho de 1997

171. WALTER DE MENEZES PAES

Estado-Maior das Forças Armadas

Escola Superior de Guerra

Rio de Janeiro/GB, 18 de agosto de 1975

Of. n. 287 – DExec

Do Comandante da Escola Superior de Guerra

Ao Exmo. Sr. Prof. Paulo Bonavides

Ainda sob a melhor impressão da magnífica conferência aqui pronunciada por V. Exa. em 12 do mês de agosto corrente, sobre o tema "Cultura Política Brasileira – Instituição Política Brasileira: Problemas E Soluções", tenho o prazer e a honra de externar-lhe, com sinceridade, os calorosos agradecimentos desta Escola Superior de Guerra por tão prestimosa e relevante colaboração.

A referida conferência, sem favor, muito contribuiu, por seu alcance e compreensão do assunto, de modo objetivo e oportuno na abordagem desse tema tão importante, para o estudo dos altos problemas brasileiros a que se dedica esta Escola. Mais ainda, e em especial, foi e está sendo de grande utilidade na Avaliação da Conjuntura Nacional, no campo interno, trabalho de grupo, aliás, ora exercitado, na forma prevista na Programação Escolar deste ano.

Reiterando os cumprimentos já na oportunidade dados, pessoalmente, a V. Exa., apresento-lhe os protestos da mais elevada consideração.

General de Exército WALTER DE MENEZES PAES

Comandante da Escola Superior de Guerra

172. WOLF PAUL

Meu querido mestre professor Paulo Bonavides,

agradeço vivamente a sua carta e o artigo sobre o "Direito Humano à Paz". Na verdade, a sua argumentação alimentou os meus esforços sobre os direitos humanos da 3ª geração formalizados em conferências na Universidade Rey Juan Carlos de Madri no mês de março. Além disso, falei sobre o direito à alimentação estabelecido pela Lei Orgânica da Segurança Alimentar e Nutricional (LOSAN) do Brasil, que é mais uma vitória no desenvolvimento dos direitos humanos básicos. A Espanha sempre vale uma viagem, é um País encantador e, arquitetonicamente, um museu! A minha próxima viagem para as minhas terras brasileiras está programada para setembro. Seria uma alegria visitar o meu Mestre no seu centro de direito constitucional, na Lagoa Redonda.

Manda o abraço amigável também para D. Yeda, do

WOLF PAUL

173. Cartas de PAULO BONAVIDES

1. A KLAUS WOLFGANG NIEMÖLLER

Fortaleza, den 24. April. 1997

Sehr geehrter Herr Kollege,

Mit tiefem Dank beantworte ich Ihren freundlichen Brief vom 20. Maerz des ***laufenden*** Jahres.

In Antwort auf Ihre Anfrage teile ich Ihnen mit, dass ich der ehrenvollen Einladung, der Nordrhein- Westfaelischen Akademie der Wissenschaften als korrespondierendes Mitglied beizutreten, mit grosser Freude folge.

Die Wahl ist fuer mich besonders ehrenvoll, weil die Akademie zu den bedeutendsten und achtbarsten wissenschaftlichen Gremien Europas zaehlt. Ihr anzugehoeren ist nicht nur eine hohe Auszeichnung, sondern auch ein ausserordentliches Privileg. Ich bin mit der damit verbundener Verpflichtungen sehr wohl bewusst.

Aus rein privaten Gruenden kann ich allerdings im Augenblick meine Heimat nicht verlassen, weshalb ich mich gezwungen sehe, Sie um einen anderen Termin zu ersuchen, um mein Diplom entgegenzunehmen.

Der neue Termin sollte vorzugsweise fuer November oder Dezember des laufenden Jahres angesetzt werden, da ich in diesen Monaten auf Einladung der Universitaet Lissabon nach Portugal reise. Ich warte derzeit nur noch auf die Terminierung dieser Reise durch die portugiesische Universitaet.

Einstweilen moechte ich Ihnen noch einmal aufrichtig fuer die mir erwiesene Ehre danken. Ich waere Ihnen sehr verbunden, wenn Sie meinem Vorschlag zustimmen koennten, und verbleibe.

mit freundlichen Gruessen

Ihr

PAULO BONAVIDES

Carta a JOSÉ ITURMENDI MORALES

Fortaleza, 21 de julho de 1998

Exmo. Sr.

Prof. Dr. José Iturmendi Morales

Decano de la Facultad de Derecho

Universidad Complutense de Madrid

Eminente professor Morales:

profundamente penhorado, aceito e agradeço o convite para associar-me às justas e merecidas homenagens que serão tributadas ao professor D. Pablo Lucas Verdú, fazendo parte do Comitê de Honra instituído para concretizar essa manifestação de apreço a tão insigne jurista e pensador. Sinto-me, por conseguinte, deveras desvanecido por compor o sobredito Comitê, que dedicará um livro ao Mestre peninsular cuja obra a América Latina, tanto quanto a Europa, admira e aplaude.

Peço-lhe, encarecidamente, que me releve a tardança em responder à sua missiva de 30 de maio do ano em curso, causada por dois sucessivos períodos de longa ausência desta Capital.

Em data oportuna estarei mandando aos Drs. Pablo Santolaya Machetti e Raúl Canosa Usera o estudo jurídico destinado a tão importante obra, nos termos fixados em sua carta.

Rogo-lhe que receba a expressão das minhas mais cordiais saudações.

Atenciosamente

PAULO BONAVIDES

2. A ITAMAR FRANCO

Exmo. Sr. Governador de Minas Gerais

Dr. Itamar Franco

Fortaleza, 16 de janeiro de 1999

Exmo. Sr. Governador:

as correntes adversas ao interesse nacional e à preservação da soberania brasileira se coligaram contra V. Exa. em apoio do Governo que hipotecou o País ao FMI assinando Carta de Intenções, em seguida a procedimentos e conversações sigilosas; portanto, sem a ciência e a chancela da Nação.

Negociou-se e firmou-se nesse acordo pacto de submissão a diretrizes internas e externas traçadas por uma instituição estrangeira.

V. Exa., caricaturado com desrespeito e ofensas pessoais por mídia empenhada em cobrir-lhe de ridículo o gesto altivo, sai engrandecido do episódio da Moratória. A Moratória de Minas Gerais não consubstanciou uma irresponsabilidade ou desafio ao Poder Central, mas a indignação e o clamor de justiça do Estado diante de Governo cuja política submeteu a economia e as finanças do País à tutela do órgão internacional mais lesivo à soberania das Nações que clamam pelos direitos da terceira geração – o FMI. Dentre tais direitos sobreleva em primeiro lugar o direito ao desenvolvimento, de último tão vilipendiado na especulação do mercado de capitais e das Bolsas de Valores.

V. Exa. se levantou, por conseguinte, contra a inconstitucionalidade material daquela política igualmente hostil aos direitos sociais, e incorporou no seu ato histórico os sentimentos da sociedade brasileira.

As forças do capital especulativo que já impuseram tantos sofrimentos e sacrifícios ao nosso povo não podem impedir que seja prestada a V. Exa. a homenagem de patriotismo e gratidão que a cidadania ora lhe rende, trazendo o calor da simpatia, da confraternidade e do aplauso.

Quem feriu a Constituição não foi V. Exa., senão o poder presidencial cujas expansões centralizadoras e unitaristas, contravindo à índole do regime, transpuseram os limites da ordem jurídica fundamental, ofenderam a essência das autonomias estaduais e colocaram em risco a legitimidade da aliança estatuída pelo constituinte entre os entes autônomos da organização nacional.

A atitude de V. Exa. ressuscitou a Federação, restaurando a idoneidade do princípio federativo. Ao mesmo passo refez as bases arruinadas do sistema e restituiu à autonomia dos Estados-membros a substância moral da sua autoridade retraída, dos seus poderes aviltados e das suas competências constitucionais invadidas e desprezadas e conculcadas pela soberba do Poder Central.

Com efeito, o nobre gesto entra na história do Brasil como o segundo nego à onipotência executiva dos presidentes infensos à limitação de sua respectiva esfera de poder.

O primeiro ocorreu na Paraíba em 1930 por ocasião do célebre telegrama de João Pessoa a Washington Luís quando o herói paraibano cifrou, na síntese extrema daquela expressão, com a negatividade de apoio, seu repúdio e sua resistência ao arbítrio do Catete. A fórmula de protesto subiu à imortalidade e se acha hoje insculpida na bandeira do Estado de Epitácio Pessoa.

O segundo nego gravado com a declaração da Moratória resguarda em toda a plenitude a dignidade da Federação Brasileira e a reintegra desde já nos seus foros e na sua dimensão de legitimidade.

Faltava pois alguém que dissesse não a essa política com que a União, buscando intimidar e acovardar os governos estaduais, dita-lhes as regras de sua empáfia e as determinações de sua prepotência e arrogância.

Quero, portanto, neste ensejo, como cidadão de uma democracia ameaçada e de uma Federação corroída, manifestar a V. Exa. o testemunho de minha solidariedade e apreço pela bravura com que se houve na afirmação da verdade federativa e no zelo pela autonomia das unidades federadas.

Atenciosas saudações

PAULO BONAVIDES

3. *A PAES DE ANDRADE*

Moratória de Minas Gerais

Fortaleza, 17 de janeiro de 1999

Meu caro Paes:

estou a remeter-lhe, incluso, o texto da mensagem de apoio e solidariedade que enviei ao Governador Itamar Franco.

Rogo-lhe que faça chegar amanhã às mãos do eminente homem público essa afirmação de apreço pelo gesto histórico, cujo alcance maior não há sido outro senão restaurar, em toda a extensão, a autoridade do princípio federativo, tão duramente conculcado por atos de inconstitucionalidade material perpetrados pelo Presidente da República. Sem a moratória de Minas a Federação estaria agonizante. Itamar escreveu uma página de bravura cívica em defesa da dignidade republicana.

Abraços do amigo certo

PAULO BONAVIDES

175. A PAULO BONAVIDES JR

Nota dos Organizadores: O professor PAULO BONAVIDES ao longo de sua vida padeceu dois profundos golpes existenciais: a perda do pai aos oito anos de idade e o falecimento do filho primogênito Paulo Bonavides Jr. Sobre este escreveu uma carta de homenagem póstuma e lhe dedicou uma das obras de sua produção jurídica.

Tanto a carta como a dedicatória vão reproduzidas em seguida:

(*In Memoriam*)

Tiveste o coração dos bons, a alma dos generosos, a consciência dos justos.

Nunca a maldade enodoou o teu caráter, nunca a ofensa partiu de teus lábios para ferir o próximo.

Fiel à lei de Cristo, cumpriste o teu destino numa trajetória de luz. A verdade da Religião clareou cada passo do teu caminho porque foste puro de sentimento, honrado de índole e rico de qualidades e virtudes morais.

Tudo que o mundo te deu foi pouco. Tudo que deste ao mundo foi muito. Porque no universo dos egoísmos terrenos deste a lição da magnanimidade, da compreensão e da resignação.

Subiste ao céu da eternidade para o reencontro com Deus na espiritualidade da fé cristã, de que tua alma jamais se apartou.

Mas deixaste a dor da saudade estilada no pranto inconsolável de teu Pai, de tua Mãe, de teus Irmãos.

Teus Amigos também choram a tua partida e guardam para sempre a memória da amizade humana que lhes transmitiste com a palavra afetuosa dos diálogos fraternos. Foste sobretudo o Amigo dos humildes que jamais te viram discriminar pessoas.

Querido Filho e Irmão! Estamos ao teu lado vislumbrando o firmamento onde tua alma agora habita as regiões do Criador, que te outorgou o prêmio da vida eterna. Foste um santo de bondade e ternura!

Teus Pais e Irmãos

Dedicatória

A Paulo Bonavides Jr., *in memoriam*

Como é dificultoso, querido filho, viver na saudade da separação!

Mas Deus, que fez a alma imortal, fará o reencontro para a eternidade.

(*Curso de Direito Constitucional*, São Paulo, Malheiros Editores)

10
Dedicatórias a PAULO BONAVIDES

INTERNACIONAIS

Alemanha

1. Carl J. Friedrich

To S. Paulo Bonavides with warm regards – this book is inscribed by C. J. Friedrich

in *The New Belief in the Common Man*, Little, Brown and Co., 1942

2. Christian Starck

Prof. P. Bonavides, mit herzlichen Grüssen, Ihr Christian Starck

in *Der Verfassungsstaat in der Weltgesellschaft*, Udo Di Fabio, Sonderdruck aus: Göttingische Gelehrte Anzeigen, 257 Jahrgang, Bandenbueck u. Ruprecht, Göttingen, 2005

3. Friedrich Müller

3.1 An Professor Paulo Bonavides den nach meiner Überzeugung bedeutendster Rechts und Politikwissenschaftler Lateinamerikas. Mit herzlichem Danke für ihre äußerst wertvolle Arbeit der "revisão" der "Strukturierenden Rechtslehre", mit aufrichtigsten guten Wünschen, in steter Freundschaft! Von Ihrem, Amigo certo, Friedrich Müller

Heidelberg, 3.8.1997

in *Wer ist das Volk? Die Grundfrage der Demokratie – Elemente einer Verfassungstheorie VI*, *Schriften der Rechtstheorie*, Heft 180, Berlin, Duncker und Humblot, 1997

3.2 Für Paulo Bonavides, den grossen Wissenschaftler, den grossen Kämpfer, den grossen Freund! Friedrich Müller, in Freundschaft und Verbundenheit, August/1996

in *Entfremdung*, 2., bearbeitete und stark erweiterte Auflage, Berlin, 1985

3.3 Für Paulo Bonavides den vorbildlichen Kämpfer für die Menschenrechte, den weithin wirkenden Forscher und Lehrer und Freund in dauernden Zuneigung und Solidarität! Friedrich Müller

Heidelberg, den 5.1.1995

in *Strukturierende Rechtslehre*, zweite, vollständig neu bearbeitete und auf neuestem stand ergänzte Auflage, Berlin, 1994

3.4 Meinem grossen Freund Paulo Bonavides – dem ersten der dieses Buch verstanden hat, herzlich Friedrich M.

27.9.2002

in *Strukturierende Rechtslehre*, Berlin, Duncker und Humblot, 1984

3.5 Meinem verehrten Kollegen in Respekt vor seinem Werke, meinem Freund Paulo Bonavides in Zuneigung! F. Müller

Heidelberg/Frankfurt, Den 23.11.1995

in *Juristische Methodik*, 5., auf neuestem Stand bearbeitete und ergänzte Auflage, Berlin, 1993

3.6 Für Prof. Paulo Bonavides, den Freund und Komplizen im Kampf für Demokratie und Rechtstaat, Friedrich Müller

27.9.2002

in *Juristische Methodik*, 4. neu bearbeitete Auflage, Berlin, Dunker und Humblot, 1990

3.7 Para o Mestre professor Paulo Bonavides com a solidariedade e a amizade de sempre, Friedrich Müller

Heidelberg, 14.12.2009

in *Gerechtigkeit als "Die Unruh im Uhrwerk": Debatten, Gespräche, Aufsätze zu Rechtstheorie, Rechtslinguistik und Methodik, zu Verfassungslehre und Verfassungsvergleichung*, Berlin, Duncker und Humblot, 2009

3.8 Gewidmet Paulo Bonavides, dem unermüdlichen und authentischen Verteidiger der Grund-und Menschenrechte, Friedrich Müller

Heidelberg, 14.6.1994

in Sonderdruck aus: *Rechtsstaatliche Form, demokratische Politik: Beiträge zu öffentlichem Recht, Methodik, Rechts- und Staatstheorie*, Berlin, Duncker und Humblot, 1977

3.9 Für Paulo Bonavides – unsern Grossen Meister der ius publicum und der Politikwissenschaft, und meiner lieber Freund! Friedrich Müller

Rio de Janeiro, 30.8.1999

in "Métodos de Trabalho do Direito Constitucional", *Revista da Faculdade de Direito de UFRS*, edição especial comemorativa dos 50 anos da Lei Fundamental da República Federal da Alemanha, Porto Alegre, 1999

3.10 Meinem hervorragenden Kollegen Paulo Bonavides in Verehrung für sein interdisziplinäre Oeuvre und in Freundschaft für seine Person, mit den aufrichtigsten guten Grüssen und Wünschen und höher Erinnerung an unser Frankfurter Treffen von Ende November – Stets, Ihr Friedrich Müller

Heidelberg, am 20.12.1993

in *Essais zur Theorie von Recht und Verfassung herausgegeben von Dr. phil. Dr. iur. Ralph Christensen*, Berlin, Duncker und Humblot, 1990

3.11 Herrn Paulo Bonavides in herzlicher Verbundenheit dieses (selbstkritisches) Bekenntnis zu einer humanen sozialistischen Politik, Friedrich Müller

Heidelberg, 23.10.1986

in *Bloch-Almanach*, G. Folge 1986, Herausgegeben vom Ernst-Bloch-Archiv der Stadtbibliothek Ludwigshafen, Nomos Verlagsgesellschaft, Baden-Baden, 1967

3.12 Meinem Kollegen Paulo Bonavides in Bewunderung für seine Arbeit am modernen Rechts- und Verfassungsstaat, F. Müller

22.10.1986

in *Die Positivität der Grundrechte: Fragen einer praktischen Grundrechtsdogmatik*, Berlin, Duncker und Humblot, 1969

3.13 Meinem verehrter Kollegen und lieben Freund, Professor Paulo Bonavides, dem bedeutendsten Fachwissenschaftler Brasiliens (und darüber hinaus!) mit grossem Dank und besten freundschaftlichen Wünschen!

Brasília, Oktober 1998

Friedrich Müller

in *Methodik, Theorie, Linguistik des Rechts: Neue Aufsätze (1995-1997)*, Berlin, Duncker und Humblot, 1997

4. Günther Winkler

Herrn Professor Paulo Bonavides in herzlicher Verbundenheit, Günther Winkler

in *Zeit Und Recht: kritische Anmerkungen zur Zeitgebundenheit des Rechts und des Rechtsdenkens*, Springer Verlag, Wien/New York, 1995

5. Helmut Feldmann

Ao estimado amigo professor Paulo Bonavides, com os agradecimentos pela sua conferência tão aplaudida no Instituto Luso-Brasileiro da Universidade de Colônia no dia 16.6.1979, a amizade de Helmut Feldmann

in *Die Fiabe Carlo Gozzis*, Studi Italiani, Band 11, Böhlau Verlag, Köln/Wien, 1971

6. Klaus Adomeit

Dem grossen und verehrten Kollegen Paulo Bonavides anlässlich meines Aufenthalts in Fortaleza im August 1996

Herzlich Klaus Adomeit

in *Rechtstheorie für Studenten. Normlogik, Methodenlehre, Rechtspolitologie*, 2. durchgesehene Auflage, R. v. Decker's Verlag, G. Schenck, Heidelberg/Hamburg, 1991

7. Klaus Stern

7.1 Professor Paulo Bonavides zur Erinnerung an meiner Besuch in Fortaleza in herzlicher Verbundenheit überreicht Klaus Stern

September 1989

in *Das Staatsrecht der Bundesrepublik Deutschland*, Band III/1 Allgemeine Lehren der Grundrechte, München, Verlag C. H. Beck, 1988

7.2 Für Professor Paulo Bonavides, dessen Bibliothek ich soeben bewundern kennte, mit allen guten Wünschen, Klaus Stern

Fortaleza, 24.9.1989

in *Das Staatsrecht der Bundesrepublik Deutschland*, Band II, München, C. H. Beckscher Verlagsbuchhandlung, 1980

7.3 Für Paulo Bonavides in dankbarer Freundschaft mit allen guten Wünsche für 2002

Ihr Klaus Stern

in Sonderdruck aus: *Festschrift 50 Jahre Bundesverfassungsgericht herausgegeben von Peter Badura und Horst Dreier*, Zweiter Band, Klärung Fortbildung des Verfassungsrechts, Mohr Siebeck

7.4 Für Paulo Bonavides in freundschaftlicher Verbundenheit, Klaus Stern

in *Im Dienste von Recht, Staat und Wissenschaft Ausgewählte Reden*, Köln/Berlin/Bonn/München, Carl Heymann Verlag KG, 2002

7.5 Meinem Freund Paulo Bonavides

In Dankbarkeit, Klaus Stern

Fortaleza, 11.9.1991

in *Festschrift der Rechtswissenschaftlichen Fakultät zur 600-Jahr-Feier der Universität zu Köln*, Köln/Berlin/Bonn/München, Carl Heymanns Verlag KG, 1988

7.6 Paulo Bonavides dem treuer Freund, Herzlich Klaus Stern

in *Einigungsvertrag und Wahlvertrag (mit Vertragsgesetzen, Begründungen, Erläuterungen und Materialien)*, München, Verlag C. H. Beck, 1990

7.7 Für Paulo Bonavides in dankbarer Verbundenheit, Klaus Stern

in *Verträge und Rechtsakte zur Deutschen Einheit*, Band I, Herausgegeben und eingeleitet von Klaus Stern und Bruno Schmidt – Bleibtreu, München, C. H. Beck'sche Verlagsbuchhandlung, 1990

8. Konrad Hesse

8.1 Herrn Professor Bonavides gelegentlich seinem Besuch in Freiburg in Verbundenheit, K. Hesse in *Grundzüge des Verfassungsrechts der Bundesrepublik Deutschland*, 11., durchgesehene Auflage Heidelberg, Karlsruhe, 1978

8.2 Mit sehr günstigem Dank, besten Wünschen und Grüssen! Konrad Hesse
in *Grundzüge des Verfassungsrecht der Bundesrepublik Deutschland*, von Dr. Dres. h. c. Konrad Hesse, Professor an der Universität Freiburg i. Br. Richter des Bundesverfassungsgerichts a. D. 19. überarbeitete Auflage, Heidelberg, C. F. Müller Juristicher Verlag, 1993

8.3 Herrn Professor Bonavides

Mit besten Wünschen

Freiburg 24.6.1996

K. Hesse
in *Grundzüge des Verfassungsrechts der Bundesrepublik Deutschland*, 20., neubearbeitete Auflage, Heidelberg, C. F. Müller Verlag, 1995

9. Martin Borowski

Herrn Prof. Dr. Bonavides mit verbindliches Empfehlung.

Kiel, den 17.November 2000

Martin Borowski

in "Prinzipien als Grundrechtsnormen", *Zeitschrift für Öffentliches Rechts* 53, Springer Verlag, 1998

10. Martin Kriele
10.1 Herrn Kollegen Bonavides herzlich Martin Kriele
Köln, 18.Mar 89
in *Die demokratische Weltrevolution. Warun sich die Freiheit durchsetzen wird*, Serie Piper, München/Zurique, 1987

10.2 Herrn Kollegen Paulo Bonavides herzlich Martin Kriele
Köln, 26.6.1979
in *Recht und praktische Vernunft*, VR Kleine Vandenhock-Reihe, 1979

10.3 Herrn Kollegen Bonavides mit herzlichen Grüssen, Martin Kriele
Köln, Juli/1980

in *Befreiung und Politische Aufklärung*, Herder Freiburg – Basel – Wien, 1980

10.4 Herrn Kollegen Bonavides in Freundschaft und Verehrung, Martin Kriele

in *Libertação e Iluminismo Político – Uma Defesa da Dignidade do Homem*, São Paulo, Loyola, 1983

10.5 Meinem lieber, verehrter Kollegen Prof. Bonavides

Herzlich, Martin Kriele

Okt. 86

in *ESJ-Grundrechte – Ausgewählte Entscheidungen mit erläuternden Anmerkungen* (von Dr. Martin Kriele, o. Professor an der Universitäten zu Köln), München, Verlag C. H. Beck, 1986

11. Peter Häberle

11.1 Dem Meister P. Bonavides, aus Brasilien in grossen Freude über den prächtigen Kongress in México,

11.11.2009

Peter Häberle

in *Europäische Rechtskultur*, Suhrkamp Taschenbuch 2662, Erstauflage 1997, Baden-Baden, Nomos Verlagsgesellschaft, 1994

11.2 Dem brasilianischen Meister der Meister P. Bonavides von Deinen Freund Peter Häberle

9.52006

in *Europäische Rechtskultur*, Suhrkamp Taschenbuch 2662, Erstauflage 1997, Baden-Baden, Nomos Verlagsgesellschaft, 1994

12. Robert Alexy

12.1 Paulo Bonavides mit herzlichem Grüsse! Robert Alexy

in *Theorie der Grundrechte*, Baden-Baden, Nomos Verlagsgesellschaft, Studien und Materialen zur Verfassungsgerichtsbarkeit, Band 28, Herausgegeben von Christian Starck 1985

12.2 Paulo Bonavides mit bestem Gruss, Robert Alexy

in *Theorie der juristischen Argumentation*, 1. Auflage, Frankfurt am Main, Suhrkamp Verlag, 1978

13. Ulrich Klug

Agradeço penhoradamente ao professor Dr. Paulo Bonavides a tradução, em língua portuguesa, da correspondência que mantive com Hans Kelsen sobre as normas jurídicas e sua análise lógica.

Com isso contribuiu o Professor para alargar consideravelmente o âmbito de discussão básica acerca dos problemas versados, estando eu certo de que tamanha ampliação do círculo científico de leitores fará brotar novas, valiosas e sugestivas ideias concernentes à Teoria do Direito e à Filosofia Jurídica.

O alto nível reconhecido à Ciência Jurídica brasileira, que conta entre seus abalizados representantes o tradutor, garante um tal efeito e consente, ao mesmo passo, a esperança de que se possa, por essa via, fomentar a cooperação internacional de juristas.

Colônia, 22 de maio de 1983

Ulrich Klug

in *Normas Jurídicas e Análise Lógica*, Hans Kelsen/Ulrich Klug, 1ª ed. brasileira, trad. de Paulo Bonavides, Rio de Janeiro, Forense, 1984, "Prefácio" de Ulrich Klug à tradução em Português de sua célebre correspondência com Hans Kelsen sobre temas de lógica jurídica

14. Walter Rudolf

Herrn Kollegen Bonavides zur Erinnerung nach dem Besuch in Mainz

4.7.1979

Rudolf

in *Verfassungstreue und Schutz der Verfassung. Der öffentliche Dienste im Staat der Gegenwart*, Veröffentlichungen der Deutschen Staatsrechtslehrer, 1979

15. Wolf Paul

15.1 Separatum

Ao meu mestre, eminente colega e cordial amigo professor Paulo Bonavides, muito cordialmente, Wolf Paul in "Deutsches Rechtsdenken in der Rechtsfakultät von São Paulo", Miguel Reale/Wolf Paul, *Schriften der Deutsch-Brasilianischen Juristenvereinigung*, Band 25, Frankfurt/Bern/New York/Paris/Wien, s/d

15.2 Herrn Kollegen Bonavides mit freundlichen Grüssen zur Erinnerung an den Aufenthalt in Frankfurt

4.7.1996

Wolf Paul

in *Münchener Kommentar zur Zivilprozessordnung*, Band 3: §§ 803-1.048, EGZPO – GVG – EGGVG – IZPR, Sonderdruck, C. H. Beck'sche Verlagsbuchhandlung s/d

15.3 Ao adorado Mestre Paulo com o abraço cordial do Wolf Paul

12.12.2000

in "Del Rojo al Verde", *Persona y Derecho: Revista de Fundamentación de las Instituciones Jurídicas y de Derechos Humanos* 43, Universidad de Navarra, Servicio de Publicaciones, 2000

15.4 Ao professor Paulo Bonavides, com os agradecimentos e os melhores votos pela sua felicidade, do seu admirador e amigo Wolf Paul

3.1.1989

in *Rechtsphilosophie in Paraíba. Eine Tagungsbericht von Wolf Paul*

> **Nota dos Organizadores:** Trata-se de texto em que o Catedrático da Universidade de Frankfurt faz um relato sumário das principais contribuições apresentadas ao III Congresso Brasileiro de Filosofia do Direito realizado em João Pessoa de 17 a 23.7.1988. Reportando-se ao trabalho "Die Depolitisierung der Legitimität", de autoria do professor Paulo Bonavides, escreveu o jurista alemão:
> Diese pragmatische Entzauberung der Legitimität zu einem den juristischen Diskurs metakomplementär animierenden politischen Geltungsanspruch wollte der bekannte Verfassungstheoretiker *Paulo Bonavides* (Fortaleza) anders gewichtet wissen. Die Annahme von Legitimität als eines im Verhältnis zum Recht Vertrauen konstituierenden Wertes ist für ihn in den entwickelten modernen Gesellschaften zur bloßen Fiktion degeneriert – Werk der Formaljuristen und Funktionssoziologen, die den Legitimitätsbegriff entpolitisiert, entsubstantialisiert und auf das Neutrum bloßer Verfahrensförmlichkeit reduziert hätten. Legitimität ist für *Bonavides* ein "conceito fantasma", bloße ideologische Form, moralische Ästhetik für die absolute Herrschaft der Legalität, woraus die nüchterne Allgemeinerkenntnis folge, daß jede Rechtsordnung sich zum Richter ihrer eigenen Legitimität mache, jede positive Ordnung sich aus sich

selbst legitimiere" (Wolf Paul, in *Archiv für Rechts – und Sozialphilosophie*, vol. 1988 LXXIV/Heft 4, Fritz Steiner Verlag, Wiesbaden).

15.5 Meinem hochverehrten und bewunderten Kollegen und lieber Freund aus Fortaleza Paulo Bonavides, mit Dank für seinen Besuch und seinen anregenden Vortrag in Münster und Frankfurt, Wolf Paul

23.11.1993

in *Amazônia: Realität und Recht*, Frankfurt am Main/Bonn/Berlin/Paris/Wien, Verlag Peter Lang, 1993

15.6 Ao professor Paulo, querido amigo e distintíssimo colega, afetuosamente oferece Wolf Paul

in *Amazônia Perante o Direito: Problemas Ambientais e Trabalhistas*, Roberto A. O. Santos/Wolf Paul (orgs.), Belém/PA, 1995

Argentina

1. Alberto Ricardo Dalla Via

Al Profesor Paulo Bonavides, en especial reconocimiento y afecto, Alberto Dalla Via

in *La Competencia Política en el Federalismo Argentino*, 1ª ed., Buenos Aires, Eudeba/Universidad de Buenos Aires, mayo/2010

2. Alfredo Poviña

2.1 Al colega y amigo profesor Paulo Bonavides, maestro en el pensamiento socio-político brasileño, cordialmente, Alfredo Poviña

Córdoba, 2.11.1972

in *Sociología* 70, Córdoba/R. A., 1971

2.2 Al profesor y colega Paulo Bonavides cordialmente, Alfredo Poviña
Córdoba, marzo/1983

in *Sociológica, De Teoría y de Historia*, vol. I, Córdoba, 1982

2.3 Al eminente maestro y estimado colega profesor Paulo Bonavides como homenaje de amistad y agradecimiento, muy afectuosamente, Alfredo Poviña

in *La Integración Regional y el Municipio*, Córdoba/Argentina, 1969

2.4 Al mi amigo y colega profesor Paulo Bonavides como recuerdo y agradecimiento mi presencia en Fortaleza, que es "su obra". Cordialmente, Alfredo Poviña

in *Sociología* 70, Córdoba/R. A., 1971

3. António María Hernández

3.1 Al eminente constitucionalista Paulo Bonavides, con profundo respeto intelectual y afecto.

México, febrero/2006

A. María Hernández

in *Las Emergencias y el Orden Constitucional*, México, Universidad Nacional Autónoma de México/Rubinzal-Culzoni Editores, 2003

3.2 Al eminente jurista latinoamericano profesor Paulo Bonavides con profundo respeto intelectual y afecto.

Córdoba, octubre/2006

António María Hernández

in *Encuesta de Cultura Constitucional – Argentina: una Sociedad Anómica*, António María Hernández/Daniel Zovatto/Manuel Mora y Araujo, México, Universidad Nacional Autónoma de México/Asociación Argentina de Derecho Constitucional/IDEA Internacional, 2005

4. Beinusz Szmukler

Al profesor Paulo Bonavides, con admiración y respeto por haber puesto su excepcional inteligencia al servicio de la democracia participativa y la construcción de un mundo justo y solidario. Un fuerte abrazo, Beinusz Szmukler

27.9.2005

in "Anales de la XIII Conferencia Continental de la Asociación Americana de Juristas", realizada del 11 al 14.11.2003 en la Facultad de Derecho de la Universidad Nacional de Buenos Aires/Argentina, *Revista de la AAJ* (Asociación Americana de Juristas)

5. Eugenio Raúl Zaffaroni

Para el profesor Paulo Bonavides con todo afecto y admiración y un fraterno abrazo, Eugenio Raúl Zaffaroni

Buenos Aires, enero/2013

in *Saberes Críticos – A Palavra dos Mortos – Conferências de Criminologia Cautelar*, Alice Bianchini/Luiz Flávio Gomes (coords.), São Paulo, Saraiva, 2012

6. Miguel Herrera Figueroa

Ejemplar especial del profesor Dr. Paulo Bonavides, en homenaje cordial del amigo Manuel Herrera Figueroa

Buenos Aires, 15 mayo 1982

in *Universidad y Educación Triversitaria*, Buenos Aires, Editorial Plus Ultra, 1981

7. Olsen A. Ghirardi

Al dignísimo jurista Paulo Bonavides que mui respetuosamente saludo, Olsen A. Ghirardi

in *La Filosofía en Alberdi*, 3ª ed., Córdoba, Academia Nacional de Derecho y Ciencias Sociales de Córdoba, 2006

8. Osvaldo Alfredo Gozaini

A Paolo Bonavides, como testimonio de admiración por su obra y deseos de agregarlo en el libro.

8.2.2012

in *Los Protagonistas del Derecho Procesal – Desde Chiovenda a Nuestros Días*, Buenos Aires, Rubinzal-Culzoni Editores, 2005

9. Pedro R. David

9.1 Al ilustre profesor y amigo Paulo Bonavides, homenaje cordial de su amigo con un abrazo de Pedro R. David

Buenos Aires, septiembre/1968

in *Sociología Criminal Juvenil*, 3ª ed., Buenos Aires, Depalma, 1968

9.2 Al ilustre Maestro y amigo de siempre en celebración del reencuentro personal a más de 40 años de nuestro Seminario en Fortaleza, homenaje intelectual y personal do

México, febrero/2004

Pedro David

in *Suspensión del Juicio a Prueba. Perspectivas y Experiencias de la "Probation" en la Argentina y en el Mundo*, Buenos Aires, Lexis Nexis/ Depalma, 2003

10. Raúl Gustavo Ferreyra

10.1 Al distinguido maestro Paulo Bonavides, egregio Profesor de las generaciones vivas y lúcido pensador de las futuras. Todos los sudamericanos tenemos una divida con él: por su magisterio y su solidaridad. Va, pues, esta obra fruto de la inspiración, la investigación y el diálogo; en este caso recuerdo los comentarios del maestro Paulo, en México, en el momento que afortunadamente lo conocí. Con afecto y admiración, su amigo, Raúl Gustavo Ferreyra

23.11.2011

in *Reforma Constitucional y Control de Constitucionalidad*, 1ª ed., Buenos Aires, Ediar, 2007

10.2 Al distinguido y eminente maestro profesor Dr. don Paulo Bonavides, con afecto y admiración intelectual. He aprendido de sus letras jurídicas y aprendo, constantemente, de su inspiración y vocación humanista! Fraternalmente, Raul Gustavo Ferreyra

San Miguel de Tucumán, 19.9.2013

in *Fundamentos Constitucionales*, 1ª ed., Ciudad Autónoma de Buenos Aires, Ediar, 2013

11. Ricardo Haro

11.1 Para el maestro Paulo Bonavides, en testimonio de gratitud pela inmensa tarea docente y académica en favor de la Libertad y la Justicia Social! Con profundo afecto y reconocimiento, Ricardo Haro

Sevilla, noviembre/2003

in *Constitución, Poder y Control*, México, Universidad Autónoma de México, 2002

11.2 En nombre de la Academia Nacional de Derecho y Ciencias Sociales de Córdoba, para el Ilmo. profesor emérito Dr. Paulo Bonavides, con sincero reconocimiento espiritual! Ricardo Haro

Fortaleza, en la Navidad 2004

in *Historia y Evolución de las Ideas Políticas y Filosóficas Argentinas*, República Argentina, Academia Nacional de Derecho y Ciencias Sociales de Córdoba, 2000

11.3 Al querido amigo e ilustre jurista latinoamericano, el profesor Paulo Bonavides, como testimonio de mi fraternal afecto! Ricardo Haro
in "Aportes para una Reforma Judicial Federal", *Estudios en Honor de Pedro J. Frías*, t. I, Academia Nacional de Derecho y Ciencias Sociales de Córdoba, 1994

11.4 Para Paulo Bonavides, politólogo y constitucionalista eximio, y desde ahora grande amigo, Ricardo Haro

Córdoba, 26.11.1978

in *La Función Judicial en los Sistemas Constitucionales Latinoamericanos*, México, Instituto de Investigaciones Jurídicas, 1977

11.5 Al eminente y magistral politólogo y constitucionalista el profesor Dr. Paulo Bonavides, le dedico este libro con mi profundo afecto fraternal y mi admiración intelectual! Con un fuerte y cordial abrazo! Ricardo Haro

en Fortaleza, el 3.9.1996

in *La Competencia Federal: Doctrina, Legislación, Jurisprudencia*, Buenos Aires, Ediciones Depalma, 1989

11.6 Al Profesor Emérito, el Dr. Paulo Bonavides, le dedico este trabajo con mi mayor distinción intelectual y cordial afecto! Ricardo Haro

Córdoba, agosto/1994

in *El Constitucionalismo Argentino en el Último Medio Siglo*, Madrid, Centro de Estudios Constitucionales, 1994

12. Salvador Dana Montaño

12.1 A seu eminente colega y amigo, el profesor Dr. Paulo Bonavides, cordialmente dedica

Salvador M. Dana Montaño

Santa Fe, octubre/1982

in *La Autonomía Municipal*, La Plata, Instituto de Derecho Municipal y Urbanismo, Serie Monografías n. 1, 1982

12.2 A su eminente colega, profesor Paulo Bonavides, cordialmente le dedica el autor, Salvador M. Dana Montaño

Rosario, 26.11.1970

in "Orientación y Tendencias de la Revisión Constitucional Paraguaya", *Revista de Derecho Español y Americano* 22, Ano XIII, Madrid, Centro de Estudios Jurídicos Hispanoamericanos, outubro-dezembro/1968

13. Salvador María Lozada

Para el eminente jurista y politicólogo Paulo Bonavides con afectuosa consideración, Salvador Lozada

S/d, Argentina

in *Carlos Calvo, Arturo Sampay y la Deuda Externa*, FUNDAL (Fundación Libertador José de San Martin), Rodriguez Peña 158, 1º Piso, Capital

14. Victor Bazán

14.1 Con gran afecto para el profesor Dr. Paulo Bonavides, Victor Bazán

México/DF, febrero/2004

in "Jurisdicción Constitucional – Control de Constitucionalidad de los Tratados y Convenciones Internacionales, y Reforma de la Ley Fundamental", *Pensamiento Constitucional* 9, Ano IX, Pontificia Universidad Católica del Perú/Fondo Editorial, 2003

14.2 Para el apreciado Maestro y amigo profesor Paulo Bonavides, con mucho afecto y admiración intelectual, Víctor Bazán

Lima, septiembre/2009

in *La Judicialización de los Derechos Humanos*, 1ª ed. julio/2004, Lima, Asociación Argentina de Derecho Internacional-Sección Derechos Humanos/Editorial San Marcos

Chile

1. Humberto Nogueira Alcalá

1.1 Al apreciado profesor Paulo Bonavides, quien ejerció con brillo la Cátedra de Derecho Constitucional en la Facultad de Derecho en la *Universidade Federal do Ceará*, de donde contribuyó al desarrollo del derecho constitucional de Brasil y de América Latina, siendo uno de los más queridos y respetados constitucionalistas de nuestra América. Con todo el cariño y admiración de su colega y amigo Humberto Nogueira Alcalá

Santiago de Chile, diciembre/2010

in *El Derecho Procesal Constitucional y la Jurisdicción Constitucional en Latinoamérica y sus Evoluciones*, 1ª ed., Chile, Librotecnía Santiago, 2009

1.2 Con todo aprecio por el distinguido colega en la Cátedra de Derecho Constitucional Dr. Paulo Bonavides, Humberto Nogueira Alcalá

Santiago de Chile, deciembre/1998

in *Los Estados de Excepción en Chile*, Corporación Nacional de Reparación y Reconciliación, Colección Estudios n. 4 (s/d)

Colômbia

1. Diego Eduardo López Medina

Para el profesor P. Bonavides, con aprecio y admiración por su obra, Diego López Medina

Bogotá, abril 27.9

in *El Derecho de los Jueces*, Bogotá, Universidad de los Andes/Legis, 2009

2. Manuel Fernando Quinche Ramírez

Para el profesor Paulo Bonavides, en su grata visita a la Universidad del Rosario en Bogotá, M. F. Quinche

in *Derecho Constitucional Colombiano – De la Carta de 1991 y sus Reformas*, 2ª ed., Bogotá/Colômbia, Grupo Editorial Ibañez, 2008

Espanha

1. António Carlos Pereira Menaut

Para o professor Bonavides em lembrança da conferência que pronunciou em Santiago, A. C. Pereira Menaut

28.3.1993

in *Lecciones de Teoría Constitucional*, 2ª ed., Madrid, Editoriales de Derecho Reunidas/EDERSA, 1987

2. António Truyol y Serra

Para mí distinguido colega, el profesor Paulo Bonavides, con el grato recuerdo del Coloquio de Colonia sobre la Ley Fundamental de Bonn, muy cordialmente, António Truyol y Serra

Madrid, 28.61989

in *História da Filosofia do Direito e do Estado*, trad. portuguesa (da 7ª ed. espanhola, aumentada) de Henrique Barrilaro Ruas, Coleção Estudo Geral, Instituto de Novas Profissões/Peres Artes Gráficas/Venda Nova – Amadora, s/d

3. Felipe González Vicén

Al profesor Bonavides, muy afectuosamente, F. G. Vicén

Heidelberg, 6.11.1952

in *Sobre la Utilidad del Estudio de la Jurisprudencia*, John Austin/Felipe González Vicén, "Prólogo" e versão castelhana de Felipe González Vicén, Madrid, Instituto de Estudios Políticos, 1951

4. Francisco Fernández Segado

4.1 Al profesor Dr. Paulo Bonavides, Maestro de Maestros, con admiración y afecto, y con un abrazo muy cordial, Francisco

Madrid, 14.2.2001

in *Separata del Anuario Iberoamericano de Justicia Constitucional* 4, 2000

4.2 Al Maestro, profesor Paulo Bonavides, con profunda admiración por su extraordinaria trayectoria académica, con sincero afecto, con un abrazo muy cordial, Francisco Fernández Segado

Madrid, 24.2.2004

in *Estudios Jurídico-Constitucionales*, México, Universidad Nacional Autónoma de México, 2003

4.3 Al eminentísimo profesor y jurista, Dr. Paulo Bonavides, con la más sincera expresión de mi gratitud, afecto y amistad y con la alegría inmensa de haber tenido una nueva oportunidad de estar juntos esta vez en esta bellísima ciudad de Fortaleza, y con el deseo de estar juntos de nuevo muy pronto. Con un fuerte abrazo, Francisco

En Fortaleza, a 8.3.1994

in *La Jurisdicción Constitucional en España*, Madrid, Editorial Dykinson, 1984

4.4 Al profesor Dr. Paulo Bonavides, Maestro y amigo entrañable, con mi gratitud, admiración, profundo afecto y con un gran abrazo, Francisco Fernández Segado

Madrid, 10.1.1994

in *El Servicio Militar: Aspectos Jurídicos y Socio-Económicos*, Colección Defensa n. 2, Madrid, Editorial Dykinson, 1994

4.5 Al profesor Paulo Bonavides, con la sincera expresión de mi admiración, afecto y amistad, Francisco Fernández Segado

Madrid, 8.9.2002

in "La Delegación de la Competencia Legislativa en las Comisiones (Algunas Reflexiones Constitucionales)", *Revista de las Cortes Generales* 53, Separata, 2001

4.6 Al profesor Paulo Bonavides, Maestro y amigo, con mi sincera admiración, con mi profundo afecto, Francisco Fernández Segado

Madrid, 5.7.2004

in "La Faillite de la Bipolarité 'Modèle Américain/Modèle Européene'" en tant que Critère Analytique du Contrôle de la Constitutionnalité et la Recherche d'une Nouvelle Typologie Explicative", *Jahrbuch des öffentlichen Reechts der Gegenwart*, Neu Folge/Band 52, Herausgegeben von Peter Häberle

4.7 Al profesor Dr. Paulo Bonavides, Maestro de maestros, con mi reconocimiento intelectual y afecto personal.

Madrid, 15.12.2001

Francisco Fernández Segado

in "El Nuevo Régimen Disciplinar Militar", *Revista Española de Derecho Militar* 76, Separata, Escuela Militar de Estudios Jurídicos, julho-dezembro/2000

4.8 Al profesor Paulo Bonavides, Maestro y amigo, con todo mi afecto y un cordialísimo abrazo.

Madrid, 10.12.2003

Francisco Fernández Segado

in *La Constitución Española en el Contexto Constitucional Europeo*, Madrid, Dykinson, 2003

4.9 Al Maestro y amigo, profesor Dr. Paulo Bonavides, con la expresión de mi profundo afecto y con un cordialísimo abrazo, Francisco Fernández Segado

Madrid, 10.10.2002
in *El Federalismo en Iberoamérica*, 2ª Parte, Instituto Nacional de Administración Pública/INAP, 2002

4.10 Al maestro profesor Dr. Paulo Bonavides, con la sincera expresión de mi reconocimiento por su extraordinaria actividad científica, afecto y amistad, con un cordial abrazo.

Madrid, 11.1.1996

Francisco F. Segado

in *La Dogmática de los Derechos Humanos (a Propósito de la Constitución española de 1978)*, Lima, Ediciones Jurídicas, 1994

4.11 Al profesor Dr. Paulo Bonavides, con la expresión de mi plena satisfacción por haberlo tenido en Santiago y con mi mejor consideración y sincero afecto.

Santiago, 29.3.1993

Francisco Fernández Segado

in *Las Constituciones Históricas Españolas*, 4ª ed., reimpr., Madrid, Editorial Civitas, 1992

4.12 Al maestro y amigo, profesor Paulo Bonavides, universitario ejemplar, con la expresión de mí admiración y afecto, y con un muy cordial abrazo.

Madrid, 19.11.2003

Francisco Fernández Segado

in *La Jurisdicción Constitucional Ante el Siglo XXI*, Córdoba, Academia Nacional de Derecho y Ciencias Sociales de Córdoba, 2003

4.13 Al profesor Dr. Paulo Bonavides, eminente constitucionalista, con la satisfacción de tenerlo entre nosotros.

Santiago, 29 marzo 1993

Francisco Fernández Segado

in *Los Sistemas Constitucionales Iberoamericanos*, D. García Belaúnde/F. Fernández Segado/R. Hernández Valle, Madrid, Dykinson, 1992

5. Jorge Xifra Heras

Al gran amigo profesor Paulo Bonavides, como pequeña muestra de gratitud por su asistencia a Barcelona, con el deseo de mantener un contacto ininterrumpido, Jorge Xifra Heras

5.11.1979

in *Introducción a la Política*, 1ª ed., Barcelona, CREPSA Ediciones y Publicaciones, outubro/1965

6. Juan Ferrando Badía

Al ilustre profesor Dr. Paulo Bonavides. Atentamente, Juan Ferrando

Val., 26.10.1988

in *Estructura Interna de la Constitución*, Valencia/España, Tirant Lo Blanch, 1988

7. Luis Manuel Alonso González

Con mi reconocimiento a lo labor científico desarrollado por el profesor Bonavides en el derecho público. Afectuosamente, Luis Manuel Alonso

s/d

in D*evengo del Tributo y Periodo Impositivo*, Madrid, Marcial Pons, Ediciones Jurídicas y Sociales, 1997

8. Manuel Aragón Reyes

A mí querido y admirado profesor Paulo Bonavides, M. Aragón

18.12.1998

in *Estudios de Derecho Constitucional*, Madrid, Centro de Estudios Políticos y Constitucionales, 1998

9. María Méndez Rocasolano/Vladmir Oliveira da Silveira

Ao querido professor Paulo Bonavides, esse livro é fruto das nossas reflexões sobre o seu marco teórico e só foi possível por causa da amizade e respeito que o Sr. conquistou na Espanha.

Aproveitamos para agradecer o carinho e os ensinamentos.

Fortaleza, 12.6.2010

in *Direitos Humanos, Conceitos, Significados e* Funções (em colaboração com Vladmir Oliveira da Silveira), São Paulo, Saraiva, 2010

10. Miguel Revenga Sánchez

Para el profesor Bonavides, con toda mi admiración y afecto, Miguel R. Sánchez

Cádiz, noviembre/2009

in *El Poder Judicial*, VI Congreso de la Asociación de Constitucionalistas de España, Valencia, Tirant lo Blanch, 2009

11. Nuria Belloso Martín

11.1 Para el profesor Paulo Bonavides, a quien tanto admiro, Nuria Belloso

Burgos, 2008

in *¿Hacia un Paradigma Cosmopolita del Derecho? Pluralismo Jurídico, Ciudadanía y Resolución de Conflictos*, Madrid, Instituto Internacional de Sociología Jurídica de Oñate/Dykinson, 2008

11.2 Para Paulo Bonavides, maestro de tantas generaciones, Nuria Belloso

in *Derecho Natural y Derecho Positivo – El Itinerario Iusnaturalista de Giorgio Del Vecchio*, Valladolid, Secretariado de Publicaciones/Universidad de Valladolid, 1993

11.3 Para el Dr. Paulo Bonavides, excelente ejemplo de ciudadanía.

s/d

in *Os Novos Desafios da Cidadania*, trad. de Clovis Gorczevski, Santa Cruz do Sul, EDUNISC, 2005

12. Pablo Lucas Verdú

12.1 Minha visita a Brasília e à Universidade Federal do Ceará são recordações gratas e inesquecíveis. Aqui conheci o Mestre e colega Paulo Bonavides, com quem guardo estreita amizade, não só por sua cordialidade, mas também pela coincidência das nossas ideias acerca da essência da Constituição, por sua correspondente posição no que tange ao conhecimento da Ciência Política assim como por nossa posição ética e jurídica. O influxo das teorias mais recentes da doutrina alemã incrementa nossa correlata posição científica.

in *O Sentimento Constitucional*, "Prólogo" à edição brasileira do livro, traduzido e prefaciado por Agassiz Almeida Filho, Rio de Janeiro, Forense, 2004

12.2 Al Maestro brasileño y magnífico colega profesor Dr. Paulo Bonavides, con admiración y afecto, Pablo Lucas Verdú

in *La Lucha Contra el Positivismo Jurídico en la República de Weimar*, Madrid, Editorial Tecnos, 1987

12.3 Al profesor Paulo Bonavides, con la admiración y afecto de su amigo y colega Pablo Lucas Verdú

in *Principios de Ciencia Política*, 2ª ed., Madrid, Editorial Tecnos, 1974

12.4 Al profesor Paulo Bonavides, con sincera admiración por su excelente obra de alcance internacional. Con abrazo de su amigo, Pablo Lucas Verdú

in *La Constitución Abierta y sus "Enemigos"*, Madrid, Universidad Complutense de Madrid/Servicio de Publicaciones Facultad de Derecho/ Euroflex Ediciones Beramar, Madrid, 1993

12.5 Al Maestro, colega y sin embargo amigo Paulo Bonavides. Con un fuerte abrazo, Pablo Lucas Verdú

in *Alberdi – Su Vigencia y Modernidad Constitucional*, Buenos Aires, Ciudad Argentina Editorial de Ciencia y Cultura, 1998

12.6 Al Maestro y excelente amigo Paulo Bonavides, con un abrazo, Pablo Lucas Verdú

in *La Constitución Abierta y sus "Enemigos"*, Madrid, Universidad Complutense de Madrid/Servicio de Publicaciones Facultad de Derecho, 1993

Estados Unidos

Frederick C. Turner

For Paulo Bonavides, in memory of our fine discussions in Oastepec at the XVIII Congresso Nacional de Sociologia, Frederick C. Turner December 14, 1972

in *Catholicism and Political Development in Latin America*, The University of North Caroline, Press Chapel Hill, 1971

Holanda

1. Pierre van Paassen

1.1 For Paulo Bonavides, a Brazilian friend and Colleague with best regards, Pierre van Paassen

in *Days of Our Years*, Garden City/New York, Garden City Publishing Co., janeiro/1939

1.2 For my friend Paulo Bonavides with best wishes and the esteem of Pierre van Paassen

in *That Day Alone*, Garden City/New York, Garden City Publishing Co., 1942

Itália

1. Anna Silvia Bruno

Paulo Bonavides ripercorre, con un'analise acuta che si distingue per la profundità del pensiero e l'eleganza dello stile, il "periculoso" processo di depoliticizzazione del principio di legitimtà. L'autore conduce il lettore sulle tracce di un percorso e di un discorso, fondativi del consenso nei sistemi democratico-rappresentativi, oggi riddoto ad'una formula "neutra", Anna Silvia Bruno

in *La Depoliticizzazione della Legittimità*, Paulo Bonavides, trad. de Anna Silvia Bruno, Collezione di Traduzioni Coordinata da Michele Carducci, Lecce/Itália, Pensa Editore

2. Italo Andolina

Al Maestro ed amico profesor Paulo Bonavides con grata amicizia ed ammirazione.

Fortaleza, 29.2.1997

in *Ricerche sul Processo – Cooperazione Internazionale in Materia Giudiziaria*, Catania, Libreria Editrice Torre, 1996

3. Mario G. Losano

Al caro amico Paulo Bonavides, con grandissima stima – a ricordo di alcune belle ore all'*Antica Osteria del Laghetto*! Mario G. Losano

15.6.2000

in *Un Giurista Tropicale – Tobias Barreto fra Brasile Reale e Germania Ideale*, 1ª ed., Milão/Itália, GLT Editore/Laterza, 2000

4. Tania Groppi

Al Dr. Bonavides en recuerdo de México, Tania Groppi

México, 2006

in "Giustizia Costituzionale e Stati Decentrati. L'Esperienza della Corte Costituzionale Italiana", *Revista d'Estudis Autonòmics i Federals* 1, Separata, 2003

México

1. Diego Valadés

Al distinguido constitucionalista Paulo Bonavides, paradigma de la ciencia jurídica latino-americana, con la admiración de Diego Valadés

Santos Mayo, 2003

in *Constitución y Democracia*, México, Universidad Nacional Autónoma de México, 2002

2. Eduardo Ferrer Mac-Gregor Poisot

2.1 Al Dr. Paulo Bonavides, con motivo de su participación en el Congreso Internacional de Derecho Constitucional. Afectuosamente, Eduardo F. M.

Febrero/2006, Ciudad de México

in *Interpretación Constitucional*, Eduardo Ferrer Mac-Gregor Poisot (coord.), t. I, México, Editorial Porrúa/Universidad Nacional Autónoma de México, 2005

2.2 Al profesor Paulo Bonavides, con admiración y aprecio por su contribución al constitucionalismo iberoamericano, Eduardo F. M.

Enero/2010

in *Direito Processual Constitucional (1928-1956)*, Curitiba, Juruá, 2009

3. Héctor Fix-Fierro

Para el profesor Bonavides, en recuerdo de un grato encuentro, Héctor Fix-Fierro in *Los Derechos Políticos de los Mexicanos*, México, Tribunal Electoral del Poder Judicial de la Federación, 2005

4. Héctor Fix-Zamudio

4.1 Para el distinguido constitucionalista brasileño profesor Paulo Bonavides, con el afecto y admiración de los autores. En representación de ambos, Héctor Fix-Zamudio

México/DF, a 19.5.2003

in *Derecho Constitucional Mexicano y Comparado*, Héctor Fix-Zamudio/Salvador Valencia Carmona, 3ª ed., México, 2003

4.2 Para el destacado constitucionalista profesor Dr. Paulo Bonavides, con un saludo cordial, Héctor Fix-Zamudio

in *Los Problemas Contemporáneos del Poder Judicial*, 1ª ed., México, Universidad Nacional Autónoma de México/Coordinación de Humanidades, 1986

4.3 Al muy distinguido constitucionalista brasileño profesor Paulo Bonavides, con gran afecto y admiración.

Puebla, México, 4.2.2010

Héctor Fix-Zamudio

in *Los Derechos Humanos y su Protección Internacional*, Grijley, 2009

5. Héctor Fix-Zamudio/Eduardo Ferrer Mac-Gregor

Para el ilustre profesor Paulo Bonavides, con admiración, estimación y respeto, Héctor Fix-Zamudio/Eduardo Ferrer Mac-Gregor

Noviembre/2006

in *El Derecho de Amparo en el Mundo*, Héctor Fix-Zamudio/Eduardo Ferrer Mac-Gregor (coords.), México, Universidad Autónoma de México, 2006

6. Héctor Fix-Zamudio/Salvador Valencia Carmona

Para el distinguido don Paulo Bonavides, con nuestra amistad y reconocimiento.

México, febrero/2006

in *Derecho Constitucional Mexicano y Comparado*, 4ª ed., México, Editorial Porrúa/Universidad Autónoma de México, 2005

*7. **Jorge Carpizo***

7.1 Al ilustre jurista Paulo Bonavides, insigne tratadista de derecho constitucional, con la admiración de su amigo, Jorge Carpizo

Febrero/2006

in *Propuestas sobre el Ministerio Público y la Función de Investigación de la Suprema Corte*, México, Editorial Porrúa, 2005

7.2 A Paulo Bonavides, ilustre constitucionalista y tratadista, con el respeto y afecto de su amigo, Jorge Carpizo

Curitiba, noviembre/2006

in *Temas Constitucionales*, 2ª ed., México, Editorial Porrúa/Universidad Nacional de México, 2003

7.3 Al ilustre jurista, Maestro de tantas generaciones y tratadista ilustre don Paulo Bonavides, con el reconocimiento y afecto de Jorge Carpizo

Agosto/2007

in *Concepto de Democracia y Sistema de Gobierno en América Latina*, México, Universidad Autónoma de México, 2007

7.4 Al ilustre constitucionalista don Paulo Bonavides con la admiración de su amigo, Jorge Carpizo

Junio/2007

in *Boletín Mexicano de Derecho Comparado* 119, Nova Serie, Ano XL, Instituto de Investigaciones Jurídicas/Universidad Autónoma de México, mayo-agosto/2007

8. Lucio Mendieta y Nuñez

Al eminente jurista Paulo Bonavides con la admiración y la estimación muy cordial de Lucio Mendieta y Nuñez

México/DF, 6.8.1972

in *Sociología del Poder*, México, Instituto de Investigaciones Sociales/Universidad Autónoma de México, 1969

Peru

1. Domingo García Belaúnde

1.1 Al eminente profesor y maestro Paulo Bonavides, con cordial afecto, D. García Belaúnde

Lima, abril/2009

in *El Derecho Procesal Constitucional en Perspectiva*, México, Editorial Porrúa, 2008

1.2 Al eminente colega y constitucionalista, profesor Paulo Bonavides, homenaje cordial de García Belaúnde

Lima, diciembre/2003

in *El Tribunal de Garantías Constitucionales y Sociales de Cuba (1940-1952)*, 1ª ed., Lima, Instituto Iberoamericano de Derecho Constitucional/ Sección Peruana, 2002

1.3 Al profesor Paulo Bonavides, homenaje al Maestro y eminente constitucionalista con cordial afecto de Domingo García Belaúnde

Lima, julio/2005

in *Derecho Procesal Constitucional*, Bogotá/Colombia, Editorial Temis

1.4 Para el profesor Paulo Bonavides, eminente constitucionalista brasileño, homenaje cordial de Domingo García Belaúnde

Lima, diciembre/1998

in *Teoría y Práctica de la Constitución Peruana*, t. I, Lima, Editorial y Distribuidora de Libros, 1989

1.5 Al muy distinguido constitucionalista brasileño Paulo Bonavides, con gran afecto y admiración.

Puebla, México, 4.2.2010

Domingo García Belaúnde

in *Los Derechos Humanos y su Protección Internacional*, Héctor Fix-Zamudio, México, Editora y Librería Jurídica Grijley, 2009

2. Francisco Fernández Segado

Al profesor Dr. Paulo Bonavides, eminente constitucionalista, con la satisfacción de tenerlo entre nosotros.

Santiago, marzo 1993

Francisco Fernández Segado

in *Los Sistemas Constitucionales Iberoamericanos*, Domingo García Belaunde/Francisco Fernández Segado/R. Hernández Valle, Madrid, Editorial Dykinson, 1992

3. Gerardo Eto Cruz

Al ilustre maestro latinoamericano Paulo Bonavides, con la admiración de siempre, Gerardo Eto Cruz

Trujillo, 3.12.2003

in *Estudios de Derecho Constitucional*, 1ª ed., "Prólogo" por José F. Palomino Manchego, Trujillo/Peru, Universidad Nacional de Trujillo, 2002

Polônia

Krystian Komplak

Ao muito conceituado professor Paulo Bonavides; sem o seu impulso, este trabalho eu nunca tivera escrito. Cordialmente, Krystian Komplak

in "Instrumentos de Participação Popular no Direito Constitucional Europeu e Latino-Americano", *Anuario de Derecho Constitucional Latinoamericano*, t. I, Montevidéu, Konrad Adenauer Stiftung, 2007

Portugal

1. António Cândido de Oliveira

Ao professor Dr. Paulo Bonavides como expressão de estima e elevada consideração, António Cândido
27.4.1992

in "A Administração da Justiça – Uma Perspectiva de Administração Pública", *Sciencia Jurídica* XXXVIII, Separata, Braga, 1989

2. António Castanheira Neves

2.1 Ao eminente professor Paulo Bonavides, em recordação da generosa e inesquecível recepção em Fortaleza.

Fortaleza, 8.6.2013

A. Castanheira Neves

in *Metodologia Jurídica – Problemas Fundamentais*, Coimbra, Boletim da Faculdade de Direito/Universidade de Coimbra, Coimbra Editora, 1993

2.2 Ao professor Paulo Bonavides, grata recordação do eminente Mestre, esta manifestação de uma juventude empenhada em compreender e comunicar, do A. Castanheira Neves

Fortaleza, 8.6.2013

in *Curso de Introdução ao Estudo do Direito – Lições Proferidas a um Curso de 1º Ano da Faculdade de Direito de Coimbra, no Ano Letivo de 1971-1972*, Coimbra, 1971-1972, datilografado e impresso em *offset*, Coimbra, João Abrantes, 15.8.1977

2.3 Ao professor Paulo Bonavides, grata homenagem através destas participações num belo encontro luso-brasileiro, of. A. Castanheira Neves

Coimbra, julho/2013

in *Teoria do Direito – Estudos em Homenagem ao Dr. António Castanheira Neves*, Salvador, Faculdade Baiana de Direito/Juspodvim, 2012

2.4 Ao professor Paulo Bonavides, à sua generosidade humana, e beneficiado pela sua cultura política e jurídico-constitucional, em homenagem grata e de admiração do A. Castanheira Neves

in *O Actual Problema Metodológico da Interpretação Jurídica*, 1ª ed., 1ª reimpr., Wolters Kluwer Portugal/Coimbra Editora, dezembro/2010

2.5 Ao professor Paulo Bonavides, nome maior da cultura política e jurídico-constitucional, em grata homenagem do A. Castanheira Neves

in *A Crise Atual da Filosofia do Direito no Contexto da Crise Global da Filosofia*, Coimbra, Coimbra Editora, março/2013

2.6 Ao professor Paulo Bonavides, à sua superior reflexão política e jurídico-constitucional, em grata homenagem de admiração, of. A. Castanheira Neves

Coimbra, julho/2013

in *"Digesta". Estudos acerca do Direito, do Pensamento Jurídico, da sua Metodologia e Outros*, 1ª ed., vol. 1 (reimpr.), Wolters Kluwer Portugal/Coimbra Editora, dezembro/2010

2.7 Ao professor Paulo Bonavides, em reiterada homenagem de admiração, of.: A. Castanheira Neves

in *"Digesta". Estudos acerca do Direito, do Pensamento Jurídico, da sua Metodologia e Outros*, 1ª ed., vol. 2 (reimpr.), Wolters Kluwer Portugal/Coimbra Editora, dezembro/2010

2.8 Ao professor Paulo Bonavides, à sua superior reflexão cultural e à sua generosa postura humana, em homenagem de gratidão, of. A. Castanheira Neves

Coimbra, julho/2013

in *"Digesta". Estudos acerca do Direito, do Pensamento Jurídico, da sua Metodologia e Outros*, 1ª ed., vol. 3 (reimpr.), Wolters Kluwer Portugal/Coimbra Editora, dezembro/2010

3. António José Avelãs Nunes

3.1 Para o professor Paulo Bonavides, meu ilustre amigo e mestre de cidadania, grata homenagem do António José Avelãs Nunes

Coimbra, maio/2003

in *Neoliberalismo e Direitos Humanos*, Lisboa, Caminho Nosso Mundo Editora, 2002

3.2 Para o professor Paulo Bonavides, grata homenagem do António José Avelãs Nunes

Lisboa, novembro/2003

in *Neoliberalismo e Direitos Humanos*, Lisboa, Editorial Caminho, 2003

3.3 Para o professor Paulo Bonavides, Mestre dos Mestres, grata homenagem deste colega de Coimbra que muito o respeita e admira.

Coimbra, dezembro/2002

António J. Avelãs Nunes

in *Noção e Objecto da Economia Política*, Coimbra, Livraria Almedina, 1996

3.4 Para o professor Paulo Bonavides homenagem de muita consideração, António Avelãs Nunes

Outubro/2002

in *A Institucionalização da União Econômica e Monetária e os Estatutos do Banco de Portugal*, Coimbra, 2002

4. Boaventura de Sousa Santos

Para o professor Paulo Bonavides com a admiração e estima do Boaventura de Sousa Santos

in *Pela Mão de Alice. O Social e o Político na Pós-Modernidade*, São Paulo, Cortez Editora, 1995

5. Jorge Miranda

5.1 Ao professor Paulo Bonavides, a quem a ciência do direito constitucional no Brasil e no mundo tanto deve, com amizade e muita admiração, Jorge Miranda

Fortaleza, 29.5.2003

in *Manual de Direito Constitucional*, 7ª ed., t. I, Coimbra, Coimbra Editora, 2003

5.2 Para o professor Paulo Bonavides, meu Mestre, meu amigo, com muita admiração, Jorge Miranda

in *Jurisprudência Constitucional Escolhida*, vol. I, Lisboa, Universidade Católica Editora, 1996

5.3 Ao professor Paulo Bonavides, querido amigo e Mestre, o grande abraço do Jorge Miranda

in *Constituição Portuguesa Anotada*, t. III, Coimbra, Coimbra Editora, 2007

5.4 Para o professor Paulo Bonavides, com a emoção de o ter ouvido nesta cerimônia inesquecível, em que aliou à sua grande generosidade para comigo a frase de um grande escritor clássico, Jorge Miranda

Fortaleza, 29.5.2003

in *Teoria do Estado e da Constituição*, Rio de Janeiro, Forense, 2002

5.5 Ao professor Paulo Bonavides, Mestre e amigo, a quem a cultura constitucional democrática tanto deve, com toda a admiração, Jorge Miranda in *Manual de Direito Constitucional*, 3ª ed., t. V, Coimbra, Coimbra Editora, 2004

5.6 Ao professor Paulo Bonavides, recordação muito grata de nosso encontro em Natal na homenagem que lhe foi prestada, Jorge Miranda

in *Constituição e Cidadania*, Coimbra, Coimbra Editora, 2003

5.7 Ao professor Paulo Bonavides, Mestre dos constitucionalistas, cidadão brasileiro, pessoa ao serviço da pessoa humana, oferece, com amizade, Jorge Miranda

in *Manual de Direito Constitucional*, 2ª ed., t. VI, Coimbra, Coimbra Editora, 2005

5.8 Para o grande Mestre e querido amigo professor Paulo Bonavides, homenagem de muita admiração do Jorge Miranda

in *Manual de Direito Constitucional*, t. I, Coimbra, Coimbra Editora, 1997

5.9 Ao professor Paulo Bonavides, Mestre, amigo, companheiro do combate pela liberdade e pelo Estado de Direito, Jorge Miranda

Lisboa, 12.5.2011

in *Manual de Direito Constitucional*, 4ª ed., t. V, Coimbra, Coimbra Editora, novembro/2010

5.10 Ao professor Dr. Paulo Bonavides, homenagem de muita amizade e de admiração de há muitos anos, constantemente renovada, Jorge Miranda

in *Contributo para uma Teoria da Inconstitucionalidade*, reimpr., Coimbra, Coimbra Editora, 1996

5.11 Ao amigo e mestre professor Paulo Bonavides, este testemunho de uma experiência vivida, Jorge Miranda

in "Decisões Políticas: Aprovação, Abstenção e Rejeição no Momento Constituinte de 1976", *Studa Juridica* 46, Colloquia-5, Separata de 20 Anos da Constituição de 1976, Coimbra, Universidade de Coimbra/ Coimbra Editora, 1996

5.12 Ao professor Paulo Bonavides, grande constitucionalista e grande democrata, Jorge Miranda

in "Um Anteprojeto de Proposta de Lei de Regime de Referendo", *Revista da Faculdade de Direito*, Separata, Lisboa, 1991

5.13 Ao professor Paulo Bonavides, ao homem, ao cidadão, ao Mestre exemplar, com toda a estima sempre renovada, Jorge Miranda

s/d

in "Estado, Liberdade Religiosa e Laicidade", *Revista da Faculdade de Direito da Universidade de Lisboa* III, ns. 1 e 2, Separata, Coimbra, Coimbra Editora, 2011

5.14 Ao professor Paulo Bonavides, ao grande Mestre do constitucionalismo e do Estado Social e ao grande amigo, Jorge Miranda

s/d

in "Democracia e Constituição para lá do Estado", *Revista da Faculdade de Direito da Universidade de Lisboa* II, ns. 1 e 2, Separata, Coimbra, Coimbra Editora

5.15 Ao eminente mestre Paulo Bonavides, amigo respeitado e estimado, constitucionalista de grande prestígio em todo o mundo, a homenagem portuguesa de Jorge Miranda

in *Revista da Faculdade de Direito da Universidade de Lisboa* XXXIX, n. 1, Coimbra, Coimbra Editora, 1998

5.16 Ao professor Paulo Bonavides, agradecendo a sua visita e a sua magnífica palestra, Jorge Miranda

Lisboa, 26.11.2005

in *Revista da Faculdade de Direito da Universidade de Lisboa* XLIII, n. 1, Coimbra, Coimbra Editora, 2002

5.17 Ao eminente professor Paulo Bonavides, o primeiro constitucionalista do Brasil e meu amigo, oferece, com admiração sincera, Jorge Miranda

in *Manual de Direito Constitucional*, 3ª ed., t. II, "Constituição e Inconstitucionalidade", Coimbra, Coimbra Editora, 1991

5.18 Ao eminente mestre professor Dr. Paulo Bonavides, príncipe dos constitucionalistas do Brasil e de Portugal, homenagem de Jorge Miranda

Lisboa, 18.10.1993

in *Manual de Direito Constitucional*, 2ª ed., t. IV, "Direitos Fundamentais", Coimbra, Coimbra Editora, 1993

5.19 Ao Mestre de constitucionalistas e querido amigo professor Paulo Bonavides, com grande abraço, Jorge Miranda

s/d

in *Manual de Direito Constitucional*, t. VII, "Estrutura Constitucional da Democracia", Coimbra, Coimbra Editora, 2007

5.20 Ao professor Paulo Bonavides, Mestre e amigo, exemplo de universitário e cidadão, com toda a estima do Jorge Miranda

Fortaleza, 29.5.2003

in *Constituição e Cidadania*, Coimbra, Coimbra Editora, 2003

5.21 Ao professor Paulo Bonavides, cidadão do mundo, Jorge Miranda

in "Divisão do Poder e Partidos Políticos", revista *O Direito* 111, Ano 133, Separata, 2001

5.22 Ao mestre Paulo Bonavides, ao eminente Professor e grande amigo, Doutor *Honoris Causa* pela Universidade de Lisboa, com admiração e profundo respeito, Jorge Miranda

Fortaleza, 24.5.1999

in *Manual de Direito Constitucional*, 6ª ed., t. I, "Preliminares. O Estudo e os Sistemas Constitucionais", Coimbra, Coimbra Editora, 1997

5.23 Ao Prof. Paulo Bonavides, exemplo de universitário e de cidadão ilustre, Jorge Miranda

s/d

in "O Direito Constitucional Português da Integração Europeia – Alguns aspectos", *Nos 25 Anos da Constituição Portuguesa de 1976*, Associação Acadêmica da Faculdade de Direito, Lisboa, 2001

5.24 Ao Prof. Paulo Bonavides, Mestre dos Mestres, Amigo dos Amigos, Jorge Miranda

s/d

in "O Tribunal Constitucional em 2007" – *O Direito* 140, 2008, II, 457-500

6. Jorge Reis Novais

6.1 Ao professor Paulo Bonavides, com o reconhecimento e a profunda admiração: Jorge Reis Novais

Lisboa, dezembro/2011

in *Contributo para uma Teoria do Estado de Direito*, Coimbra, Livraria Almedina, 2006

6.2 Ao professor Paulo Bonavides, lembrança e homenagem, Jorge Reis Novais

Em novembro/2011

in *Direitos Fundamentais: Trunfos Contra a Maioria*, Coimbra, Coimbra Editora, 2006

7. José Carlos Vieira de Andrade

Para o Sr. professor Dr. Paulo Bonavides, com a grande admiração e estima de José Carlos Vieira de Andrade

in *Os Direitos Fundamentais na Constituição Portuguesa de 1976*, 2ª ed., Coimbra, Livraria Almedina, novembro/2001.

8. José Joaquim Gomes Canotilho

8.1 Para o querido amigo professor Paulo Bonavides, relembrando a *Carta a Garcia* e com a admiração e amizade de sempre. Do J. J. Gomes Canotilho

Coimbra, junho/2010

in *Admirar os Outros*, Coimbra, Livraria Almedina/Coimbra Editora, 2010

8.2 Para o professor Paulo Bonavides, com uma intimação pessoal: este regresso às origens é, para mim, um gesto comovente de um parceiro de diálogo que sempre admirei como pessoa e como príncipe da cultura jurídica constitucional da nossa contemporaneidade. Do J. J. Gomes Canotilho

Jerusalém, 26.7.2011

in *Direito Constitucional*, Coimbra, Livraria Almedina, 1977

8.3 Para os queridos amigos, dona Yeda e Paulo Bonavides, agradecendo a generosidade e acolhimento em Jerusalém, e com os votos de podermos retribuir a amizade que toda a família nos dedicou nesta inesquecível estadia na vossa fazenda. Com um abraço coimbrão, tipo quebra costelas, de Ana e Joaquim

Jerusalém, 26.7.2011

in Dedicatória posta num exemplar do livro *Memorial do Convento*, José Saramago, ofertado por Canotilho ao professor Bonavides

8.4 Professor Paulo Bonavides: para o Mestre insigne do Direito e Cultura na Pátria brasileira, apenas um cordial abraço de admiração e amizade do J. J. Gomes Canotilho

Coimbra, maio/1994

in *Direito Constitucional*, 6ª ed., Coimbra, Livraria Almedina, 1993

9. José Manuel M. Cardoso da Costa

Ao professor Paulo Bonavides, com estima e admiração, J. M. Cardoso da Costa

21.10.1993

in *A Jurisdição Constitucional em Portugal*, 2ª ed., Coimbra, Livraria Almedina, 1992

10. José Manuel Sérvulo Correia

10.1 Ao eminente constitucionalista Paulo Bonavides, com a antiga e profunda admiração do José Manuel Sérvulo Correia

Lisboa, 2011.5.13

in "Revisitando o Estado de Necessidade", in *Em Homenagem ao Professor Dr. Diogo Freitas do Amaral*, João Caupers/Maria da Glória f. P. D. Garcia/Augusto de Athayde (orgs.), Separata, Coimbra, Livraria Almedina, 2010

10.2 Ao professor Paulo Bonavides, preclaro constitucionalista e cidadão do mundo criticamente atento ao seu tempo, José Manuel Sérvulo Correia

in *O Direito de Manifestação*, Coimbra, Livraria Almedina, 2006

10.3 Ao professor Paulo Bonavides, respeito e homenagem do José Manuel Sérvulo Correia

Julho/2005

in *Direito do Contencioso Administrativo*, Lisboa, Lex, 2005

11. Luis Cabral de Moncada

Ao meu caro colega e amigo, Paulo Bonavides, cordial homenagem do Cabral de Moncada

Coimbra, 1966

in *Filosofia do Direito e do Estado*, vol. 2, "Doutrina e Crítica", Coimbra, Atlántida Editora, 1966

12. Marcelo Rebelo de Sousa

Ao querido Mestre de Direito e de Vida, com a homenagem do admirador de sempre! Marcelo Rebelo de Sousa

Lisboa, 3.3.2010

in *Direito Administrativo Geral*, 3ª ed., t. I, Lisboa, Publicações D. Quixote, 2008

13. Paulo Ferreira da Cunha

13.1 Para o Sr. professor Paulo Bonavides, insigne Mestre de todos nós, este exemplar de pré-edição (a edição oficial só sairá em 2009), acabando de sair "da forja", em testemunho de grande estima pelo Homem e de grande admiração pelo Jurista, do amigo muito dedicado Paulo Ferreira da Cunha

E com votos de um belo Natal!

in *Filosofia Jurídica Prática*, Lisboa, *Quid Juris* Sociedade Editora, 2009

13.2 Ao emérito constitucionalista professor Dr. Paulo Bonavides, assinalando a homenagem da inauguração de uma estátua em Fortaleza, estas modestas laudas, onde também humildemente é presente, com toda a amizade e dedicação do Paulo Ferreira da Cunha

in *Filosofia Política – Da Antiguidade ao Século XXI*, Lisboa, Imprensa Nacional/Casa da Moeda, 2010

13.3 Ao Sr. professor Dr. Paulo Bonavides, exemplo de acadêmico, sobretudo pelo seu "Prefácio", que é estímulo e honra, Paulo Ferreira da Cunha

in *Constituição, Crise e Cidadania*, Porto Alegre, Livraria do Advogado, 2007

13.4 Ao insigne professor Paulo Bonavides este pequeno contributo na luta por um direito constitucional comprometido com a República e o Estado Social, com a muito grande admiração e profunda estima do dedicado discípulo Paulo Ferreira da Cunha

in *Direito Constitucional Anotado*, Lisboa, *Quid Juris* Sociedade Editora, 2008

13.5 Ao meu caro mestre, professor Dr. Paulo Bonavides, estas laudas que em parte (boa parte) à sua inspiração também se devem, mas com erros só meus, a grande admiração e amizade muito cordial e grata, Paulo Ferreira da Cunha

in *Geografia Constitucional – Sistemas Juspolíticos e Globalização*, Lisboa, *Quid Juris* Sociedade Editora, Coleção Erasmus – Ensaios e Monografias

13.6 Ao Sr. professor Dr. Paulo Bonavides, estas modestíssimas reflexões neste que é o primeiro exemplar a sair dos prelos. Com a grande admiração e a profunda estima do Paulo Ferreira da Cunha

Fortaleza, novembro/2009

in *Pensar o Estado*, Lisboa, *Quid Juris*, Sociedade Editora, 2009

13.7 Ao ilustre jurista Dr. Paulo Bonavides, muito sensibilizado pela sua amabilidade, e em sinal de grande admiração, oferta muito cordial do Paulo Ferreira da Cunha

Novembro/2001

in *Teoria da Constituição II – Direitos Humanos – Direitos Fundamentais*, Lisboa/São Paulo, Editorial Verbo, 2000

13.8 Ao caríssimo mestre professor Dr. Paulo Bonavides, estas modestíssimas *Lições Preliminares de Filosofia do Direito*, em sinal de grande admiração e profunda estima do Paulo Ferreira da Cunha

in *Lições Preliminares de Filosofia do Direito*, Coimbra, Livraria Almedina, 2009

13.9 Ao Professor Paulo Bonavides, na luta de sempre – e agora mais ainda – pelo Estado democrático e social de Direito, com um abraço muito amigo do Paulo Ferreira da Cunha

s/d

in *Fundamentos e Direitos Sociais*, Lisboa, Quid Juris, 2014

13.10 Ao meu muito caro Mestre Sr. Prof. Doutor Paulo Bonavides este livro que já parece ter incomodado alguns, em resgate e defesa de um direito pensado e em luta pela Justiça, homenagem muito cordial de Paulo Ferreira da Cunha

s/d

in *Desvendar o Direito – Iniciação ao Saber Jurídico*, Lisboa, Quid Juris, 2014

13.11 Ao caríssimo Mestre Prof. Doutor Paulo Bonavides, Príncipe das letras jurídicas e grande Amigo, homenagem muito cordial e grata do Paulo Ferreira da Cunha

s/d

in *O Contrato Constitucional* Lisboa, Quid Juris, 2014

14. Rui Medeiros

Ao professor Paulo Bonavides, nosso Mestre, homenagem simples do Rui Medeiros

in *Constitucionalismo de Matriz Lusófona*, Lisboa, Edição Babel, 2011

15. Vital Moreira

15.1 Para o professor Paulo Bonavides, meu Mestre e amigo; com um grande e cordial abraço de estima e admiração, Vital Moreira

Curitiba, outubro/2002

in *O Direito de Resposta na Comunicação Social*, Coimbra, Coimbra Editora, 1994

15.2 Para o grande Mestre professor Paulo Bonavides, com uma grande admiração pessoal e acadêmica, do Vital Moreira

Curitiba, outubro/2002

in *Carta de Direitos Fundamentais da União Europeia*, Coimbra, Faculdade de Direito de Coimbra/Coimbra Editora, 2001

16. Vitalino Canas

16.1 Ao professor Paulo Bonavides, do autor, com admiração.

LX, 14.3.2000

Vitalino Canas

in *Anuário Português de Direito Constitucional*, vol. IV/2004-2005, Separata, Coimbra, Coimbra Editora

16.2 Ao professor Paulo Bonavides, homenagem do autor, Vitalino Canas

in *Dicionário Jurídico da Administração Pública*, vol. VII, Separata

Uruguai

Ruben Flores Dapkevicius

Curitiba, 12.11.2006

Para el profesor Paulo Bonavides con afecto y esperanza de un pronto reencontro, Ruben Flores Dapkevicius

in *Amparo, "Habeas Corpus" y "Habeas Data"*, Montevidéu/Buenos Aires, Editorial B de F, 2004

Venezuela

Carlos Ayala Corao

Para el gran profesor Paulo Bonavides, con el aprecio y admiración, Carlos Ayala Corao

in *La Inejecución de las Sentencias Internacionales en la Jurisprudencia Constitucional de Venezuela (1990-2009)*, 1ª ed., Caracas, Fundación Manuel García-Pelayo, 2009

NACIONAIS

Alagoas

1. Andreas J. Krell

1.1 Ao ilustre mestre Paulo Bonavides, com os sinceros votos de admiração por sua obra, Andreas J. Krell

Maceió, 9.6.2004

in *Direitos Sociais e Controle Judicial no Brasil e na Alemanha – Os (Des)Caminhos de um Direito Constitucional "Comparado"*, Porto Alegre, Sérgio Antônio Fabris Editor, 2002

1.2 Ao grande professor Paulo Bonavides, com os cumprimentos do autor, Andreas Krell

5.3.1997

in "Diferenças do Conceito, Desenvolvimento e Conteúdo da Autonomia Municipal na Alemanha e no Brasil", *Revista de Informação Legislativa* 128, Ano 32, Separata, Brasília, outubro-dezembro/1995

2. Francisco Wildo Lacerda Dantas

Ao eterno Professor de todos nós, com a estima do Francisco Wildo Lacerda Dantas

14.1.2013

in *Revista do Tribunal Regional Federal da 5ª Região* 100, Recife, TRF-5ª Região, novembro-dezembro/2012

Amazonas

1. Aderson de Menezes

Ao ilustre professor. Paulo Bonavides, com as homenagens de Aderson de Menezes

in *Teoria Geral do Estado*, 1ª ed., Rio de Janeiro, Forense, 1958

2. Neomésio José de Souza

Ao professor Paulo Bonavides, expressão maior da Ciência Política do Brasil de hoje, e nome que honra as tradições jurídicas da terra de Clóvis Beviláqua, com as homenagens e os cumprimentos do autor, Neomésio de Souza

Manaus, 13.10.1984

in *Intervencionismo e Direito: uma Abordagem das Repercussões*, Rio de Janeiro, AIDE, 1984

Bahia

1. Antônio Gidi

Ao querido professor Paulo Bonavides submeto este pequeno trabalho, esperando suas críticas e sugestões, Gidi

in *A "Class Action" como Instrumento de Tutela Coletiva dos Direitos – As Ações Coletivas em uma Perspectiva Comparada*, São Paulo, Ed. RT, 2007

2. Bruno Espiñeira Lemos

A um dos homens que engrandecem e honram a nossa República. Verdadeiro paradigma de jurista que norteou os meus passos, e ainda norteia. Um abraço mais que fraterno.

Brasília, 9.12.2009

Bruno Espiñeira Lemos

in *Direitos Fundamentais*, Brasília, Fortium Editora, 2007

3. J. J. Calmon de Passos

Para o mestre Paulo Bonavides, com a estima e admiração do Calmon de Passos

BA, 10.12.1999

in *Direito, Poder, Justiça e Processo: Julgando os que nos Julgam*, Rio de Janeiro, Forense, 1999

4. Josaphat Marinho

Ao caro amigo professor Paulo Bonavides. Cordialmente, Josaphat Marinho

Fortaleza, 27.11.1998

in *Sociedade e Estado no Brasil na Transição do Século*, Brasília, Senado Federal/Centro Gráfico, 1955.

5. Nelson de Sousa Sampaio

5.1 Ao caro colega Paulo Bonavides, com o testemunho da minha admiração, Nelson Sampaio

Bahia, 3.5.1962

in "Delegação Legislativa e Reforma Constitucional", *Revista "Scientia Ivridica"* 45-47, t. IX, Separata, janeiro-junho/1960, Braga, Livraria Cruz, 1960

5.2 Ao ilustre colega Paulo Bonavides, ainda sob a grata recordação de nosso encontro em Fortaleza, em abril último, Nelson Sampaio

Bahia, 3.5.1962

in *O Poder de Reforma Constitucional*, 2ª ed., Bahia, Edição de Imprensa Oficial, 1961

6. Raul Affonso Nogueira Chaves

6.1 Ao ilustre professor Paulo Bonavides – buscando homenageá-lo – oferece o escrevinhador destas páginas, Raul Chaves

Setembro/1959

Fortaleza/CE

in *Da Tipicidade Penal*, Bahia, S/A Artes Gráficas, 1958

6.2 Ao eminente professor Paulo Bonavides – este exercício de oratória, posto sem intenções literárias, mas de reação ou de ação, oferecido pelo velho admirador, Raul Chaves

Março/1962, Salvador/BA

in ... *Neste dia de Esperanças* ..., Oração de Paraninfo aos Bacharelandos de 1961 pela Faculdade de Direito da Universidade da Bahia, Bahia, S/A Artes Gráficas, 1961

Ceará

1. Adísia Sá

Ao Mestre dos Mestres Paulo Bonavides, orgulho do Nordeste e força da inteligência brasileira, Adísia Sá

10.9.1985

in *O Jornalista Brasileiro (Federação Nacional dos Jornalistas Profissionais, de 1946 a 1985)*, Fortaleza, Imprensa Oficial do Ceará, 1985

2. Alcimor Aguiar Rocha Neto

Ao professor Paulo Bonavides, com a minha verdadeira estima de eterno aprendiz e já antigo admirador, Alcimor A. Rocha Neto

1.11.2005

in *Direito Constitucional e Teoria Política*, Fortaleza, Gráfica e Editora IMPRECE, 2005

3. André Dias Fernandes

Ao professor Paulo Bonavides, eminente constitucionalista e filósofo do Direito, oferece o autor o presente livro, com admiração sincera e elevada consideração.

Fortaleza, 23.10.2008

André

in *Eficácia das Decisões do STF em ADIn e ADC – Efeito Vinculante, Coisa Julgada "Erga Omnes" e Eficácia "Erga Omnes"*, Salvador, Juspodivm, 2009

4. Antônio Carlos Klein

Ao meu estimado mestre Paulo Bonavides, com a eterna admiração do A. Carlos Klein

20.9.2002

in *A Importância dos Partidos Políticos no Funcionamento do Estado*, Brasília, Brasília Jurídica, 2002

5. Arnaldo Vasconcelos

5.1 Para Paulo Bonavides, meu Mestre, com a grande estima de Arnaldo

Fortaleza, fevereiro/1978

in *Teoria da Norma Jurídica*, Rio de Janeiro, Forense, 1978

5.2 Para Paulo Bonavides, caríssimo amigo, com a estima e a admiração do Arnaldo

Fortaleza, 30.3.1998

in *Direito, Humanismo e Democracia*, São Paulo, Malheiros Editores, 1998.

6. César Barros Leal

6.1 Ao ilustre professor Paulo Bonavides, em homenagem à sua obra, reconhecida internacionalmente, e à nossa amizade, com o abraço afetuoso de seu aluno de sempre, César Barros Leal

12.8.2010

in *Execução Penal na América Latina à Luz dos Direitos Humanos*, 1ª ed. (2009), 1ª reimpr. (2010), Curitiba, Juruá Editora, 2010.

6.2 Ao ilustre amigo professor Paulo Bonavides, em cuja vida e obra busco inspiração, com o abraço fraternal do César Barros Leal

México, 4.8.2004

in *Prisión – Crepúsculo de una Era*, México, Editorial Porrúa, 2000

7. Cynara Monteiro Mariano

7.1 Ao Exmo. professor Dr. Paulo Bonavides, eterno Mestre desta autora.

Fortaleza, 8.12.2010

Cynara Monteiro Mariano

in *Legitimidade do Direito e do Poder Judiciário: Neoconstitucionalismo ou Poder Constituinte Permanente?*, Belo Horizonte, Del Rey, 2010

7.2 Ao grande mestre e amigo, professor Paulo Bonavides, em singela e humilde retribuição pela dádiva de sua confiança e amizade. Com amor, Cynara

5.10.2006

in *Controle de Constitucionalidade e Ação Rescisória em Matéria Tributária*, Belo Horizonte, Del Rey, 2006

8. Dedicatória dos Estudantes

> **Nota dos Organizadores:** Os estudantes de 1995 da disciplina Filosofia do Direito do Mestrado da Faculdade de Direito da UFC ofertaram ao professor Paulo Bonavides um exemplar do livro *Los Derechos Fundamentales en la Comunidad Europea*, de Ángel G. Chueca Sancho, Professor da Universidade de Saragoza/Espanha.
>
> Em dedicatória nele gravada, os 15 componentes da Turma expressaram gratidão ao professor Bonavides nos seguintes termos:

Algumas pessoas deixam marcas indeléveis, arautos que são de um mundo mais justo. Professor Paulo Bonavides, o Sr. é uma destas pessoas.

Os alunos do Mestrado (Turma 1995) agradecem, com profundo respeito e gratidão, pelas luminosas aulas ministradas, Lara Vieira – Kátia Magalhães Arruda – Ana Cláudia Távora Pereira – Ricardo Andrade – Ana Raquel Colares dos Santos Soares – Samuel Arruda – Clarissa – Maurício Benevides Filho – Humberto Cunha – Leocádio Tavares – Flávio Moreira – Jasmin Ximenes – Ronaldo Costa – Eduardo Rocha Dias – Regina Palácio Câmara

9. Dimas Macedo

9.1 Ao mestre Paulo Bonavides, que ilumina os meus passos no direito constitucional e de quem sou eterno admirador e devedor.

Com a velha estima do Dimas Macedo

Julho/2003

in *Política e Constituição*, Rio de Janeiro, Lumen Juris, 2003

9.2 Ao mestre Paulo Bonavides, constitucionalista maior e esteta da língua portuguesa, com a estima e admiração de sempre, Dimas Macedo

2003

in *Vozes do Silêncio*, Fortaleza, Imprensa Universitária, 2003

9.3 Ao mestre Paulo Bonavides, esteta e estilista maior, que honra a nobreza da língua portuguesa e a vanguarda do direito constitucional, Dimas Macedo

Julho/2003

in *Crítica Dispersa*, Fortaleza, FUNCET, 2003

9.4 Ao meu Mestre e meu grande amigo, professor Paulo Bonavides, com toda a gratidão.

Gramado, 29.11.2009

Dimas Macedo

in *O Discurso Constituinte – Uma Abordagem Crítica*, 3ª ed., Belo Horizonte, Fórum, 2009

10. Djacir Menezes

10.1 Ao Paulo Bonavides, o velho amigo Djacir

Ilha, 24.3.1972

in *Ideias Contra Ideologias*, Rio de Janeiro, Editado pelo Serviço de Publicações da UFRJ, 1971

10.2 Ao Paulo Bonavides, com um abraço do velho jagunço Djacir Menezes

Ilha, 19.4.1972

in *Ideias Contra Ideologias – A Revolução Silenciosa nas Universidades*, Rio de Janeiro, 1971

11. Durval Aires Filho

Ao professor Paulo Bonavides, a maior referência do direito constitucional, aqui no Ceará, no Brasil e no mundo, esta homenagem (vai à p. 363), filho de um antigo companheiro de "O Democrata". Com a grande admiração de sempre, Durval Aires Filho

Hoje, 26.11.2012

in *O Cravo Roxo do Diabo. O Conto Fantástico no Ceará*, Pedro Salgueiro (org.), pesquisa de Sânzio de Azevedo, Pedro Salgueiro e Alves de Aquino, Fortaleza/CE, Expressão Gráfica Editora, 2011

12. Ernando Uchôa Lima

Ao insigne mestre Paulo Bonavides, cujo nome é uma das glórias da inteligência brasileira, com a melhor afeição ao dileto amigo e a justa admiração e o alto louvor ao brilhante jurista, por tudo o que tem feito em favor da Cultura, do Direito e da Democracia, as homenagens do coração e do espírito de seu velho e fiel discípulo, Ernando Uchôa Lima

Fortaleza, 17.11.2013

in *Crimes e Criminosos na Literatura Machadiana*, Fortaleza, Expressão Gráfica e Editora, 2013

13. Fernando Luiz Ximenes Rocha

13.1 Ao eminente professor Paulo Bonavides, com as homenagens e a admiração de seu eterno discípulo e amigo de sempre, Fernando Luiz Ximenes Rocha

Fortaleza, 16.3.2010

in *Controle de Constitucionalidade das Leis Municipais*, 2ª ed., São Paulo, Atlas, 2003

13.2 Ao professor Paulo Bonavides, cuja vida pública – marcada pela intransigente defesa das liberdades públicas, do Estado Democrático de Direito, da autodeterminação dos povos e do respeito aos direitos fundamentais da pessoa humana – tem servido de exemplo para todos aqueles que dele se aproximam e desfrutam do privilégio de cultivar-lhe a amizade.

in *Estudos de Direito Constitucional – Homenagem a Paulo Bonavides*, José Ronald Cavalcante Soares (coord.), São Paulo, LTr, 2001, p. 95 (artigo intitulado "Hermenêutica Constitucional")

13.3 Para o professor Paulo Bonavides, com palavras de admiração sempre crescente do Fernando Luiz Ximenes Rocha

Fortaleza, 2.12.2013

in *Palavras e Admirações*, Fortaleza, Edições UFC, 2013

14. Filomeno Moraes

Ao Paulo Bonavides, com as homenagens do discípulo menos, porém, sempre muito atento aos ensinamentos do Mestre.

Fortaleza/CE, 19.6.2011

in *Contrapontos: Democracia, República e Constituição no Brasil 94 – Coleção Diálogos Intempestivos*, Fortaleza, Edições UFC, s/d

15. Francisco Meton Marques de Lima

Em primeiro lugar registramos nossa alegria em colaborar com a obra em homenagem ao professor Paulo Bonavides, timoneiro da reconstitucionalização do Brasil e da defesa da Constituição, paradigma de todos os cidadãos que sonham com uma ordem social justa.

in *Estudos de Direito Constitucional – Homenagem a Paulo Bonavides*, José Ronald Cavalcante Soares (coord.), São Paulo, LTr, 2001 (p. 84, artigo intitulado "Por que o Administrador Público da Administração Direta e Indireta Não Pode Praticar a 'Denúncia Vazia' dos Contratos de Trabalho")

16. Germana de Oliveira Moraes

16.1 Ao professor Paulo Bonavides, cujas ideias inspiraram este estudo, com a mais sincera expressão de meus agradecimentos pela confiança em subscrever o "Prefácio".

Com o abraço fraternal, Germana Moraes

Fortaleza, 24.3.2004

in *Controle Jurisdicional da Administração Pública*, São Paulo, Dialética, 2004.

16.2 Ao professor Paulo Bonavides, grande responsável pela inspiração primeira para a produção destas ideias, com a admiração e amizade de Germana Moraes

26.10.1999

in *Controle Jurisdicional da Administração Pública*, São Paulo, Dialética, 1999

17. Glauco Barreira Magalhães Filho

Ao ilustre mestre Paulo Bonavides, fonte de inspiração de todos os professores de Direito, com a estima do Glauco Filho

19.2.2008

in *Hermenêutica e Unidade Axiológica da Constituição*, 3ª edição, Belo Horizonte, Mandamentos, 2004

18. Hildebrando Espínola

Ao Bonavides – o Mestre e o amigo de longa data –, com muito afeto, Espínola

15.10.1958

in *Pressupostos da Evolução Política do Brasil*, Fortaleza, 1958

19. Hugo de Brito Machado

19.1 Ao professor Paulo Bonavides, com especial estima e crescente admiração de seu amigo e eterno aluno Hugo de Brito Machado

Fortaleza, 30.1.2003

in *Comentários ao Código Tributário Nacional*, vol. I, São Paulo, Atlas, 2003

19.2 Ao professor Paulo Bonavides, com estima e admiração de seu aluno e grande amigo Hugo Machado

Fortaleza, 29.10.2000

in *Uma Introdução ao Estudo do Direito*, São Paulo, Dialética, 2000

19.3 Ao eminente professor Paulo Bonavides, com a estima e admiração de seu amigo e aluno Hugo de Brito Machado

Fortaleza, 13.5.2009

in *Direito Tributário Aplicado*, Hugo de Brito Machado/Hugo de Brito Machado Segundo, 1ª ed., Rio de Janeiro, Forense, 2008

20. Hugo de Brito Machado Segundo

Ao professor Dr. Paulo Bonavides, jurista de reconhecimento internacional, e que, apesar disso, e de seus inúmeros compromissos, ainda encontra tempo e paciência para orientar-me, indicando livros e artigos (às vezes até presenteando-me com eles), sugerindo caminhos a serem trilhados, e sobretudo propiciando-me a convivência mais próxima, tão amável e engrandecedora. Com a admiração, a estima e gratidão do Hugo de Brito Machado Segundo

Fortaleza, 4.3.2005

in *Contribuições e Federalismo*, São Paulo, Dialética, 2005

21. J. M. Othon Sidou

21.1 Ao professor Paulo Bonavides, querido confrade e sobretudo Mestre, em homenagem à velha amizade, J. M. Othon Sidou

Rio, outubro/1998

in *Do Cheque: Doutrina, Legislação, Jurisprudência*, 4ª ed., Rio de Janeiro, Forense, 1998.

21.2 Ao emérito professor Paulo Bonavides, recordando sempre uma velha convivência, com um afetuoso abraço, J. M. Othon Sidou

Rio, fevereiro/1997

in *Processo Civil Comparado – Histórico e Contemporâneo*, Rio de Janeiro, Forense Universitária, 1997

21.3 Ao professor Paulo Bonavides – confrade e Mestre –, em testemunho de uma admiração e amizade de várias décadas, J. M. Othon Sidou

Rio, 16.12.2003

in *Fundamentos do Direito Aplicado*, Rio de Janeiro, Forense Universitária, 2003

21.4 Ao professor Paulo Bonavides, confrade, amigo e Mestre, com um fraterno abraço, J. M. Othon Sidou

Rio, dezembro/2000

in *Fiança Convencional – Legal – Judicial*, Rio de Janeiro, Forense, 2000.

21.5 Ao querido confrade, Mestre e amigo Paulo Bonavides, com afetuoso abraço, J. M. Othon Sidou

Rio, fevereiro/2004

in *Sobre o Novo Código Civil*, 2ª ed., Rio de Janeiro, Forense Universitária, 2004

22. Joaquim Pimenta

Ao colega, amigo e conterrâneo professor Paulo Bonavides, em homenagem à profundidade e brilho de sua cultura jurídica, Joaquim Pimenta

Julho/1962

in *O Homem de um Olho Só*, Rio de Janeiro, Freitas Bastos, 1962

23. José Adércio Leite Sampaio

23.1 Ao meu grande mestre Paulo Bonavides, com o abraço do José Adércio Sampaio

in *Direito Adquirido e Expectativa de Direito*, Belo Horizonte, Del Rey, 2003.

23.2 Ao conterrâneo e professor de todos e de sempre, Paulo Bonavides, com um abraço sincero e fraterno do José Adércio Leite Sampaio

in *A Constituição Reinventada pela Jurisdição Constitucional*, Belo Horizonte, Del Rey, 2002

23.3 Ao mestre e inspirador de estudos constitucionais e políticos, Paulo Bonavides, com o abraço de José Adércio

in *Direitos Fundamentais: Retórica e Historicidade*, Belo Horizonte, Del Rey, 2004

24. José Rolim da Nóbrega

Ao velho amigo Paulo Bonavides, um exemplo raro de dignidade moral e de valor cultural da minha geração, oferece José Rolim

24.4.1969

in *O Ano do Négo (Memórias)*, José Américo de Almeida, Rio de Janeiro, Gráfica Record Editora, 1938

25. Kátia Magalhães Arruda

Para Paulo Bonavides, o meu orientador e exemplo de sabedoria jurídica e dignidade, com a admiração de Kátia M. Arruda

Dezembro/1990

in *Direito Constitucional do Trabalho*, São Paulo, LTr, 1998

26. Magdaleno Girão Barroso

Ao preclaro colega e amigo Paulo Bonavides, com a admiração que me renovou a sua obra monumental sobre as Constituições brasileiras, oferece Magdaleno

Em 2.1.1995

in *O Brasil Constituinte e a Constituição de 1988*, Brasília, 1993

27. Manfredo Araújo de Oliveira

27.1 Ao amigo Paulo Bonavides, com um muito obrigado, Manfredo

Fortaleza, 2012

in *Antropologia Filosófica Contemporânea: Subjetividade e Inversão Teórica*, São Paulo, Paulus, Coleção Filosofia, 2012

27.2 Ao Caro colega Paulo Bonavides, com admiração, Manfredo

Fortaleza, 2012

in *Ética, Direito e Democracia*, São Paulo, Paulus, Coleção *Ethos*, 2010

28. Napoleão Nunes Maia Filho

28.1 Ao meu querido Mestre e amigo professor Paulo Bonavides, que imito com ousadia, mesmo sabendo que dele me separam, intelectualmente, as distâncias astronômicas, com um grande abraço do Napoleão Nunes Maia Filho

Recife/PE, 25.8.2005

in *As Normas Escritas e os Princípios Jurídicos*, Fortaleza, IMPRECE, 2005

28.2 Ao mestre Paulo, amigo que admiro, intelectual que invejo, Napoleão Nunes Maia
in *As Normas Escritas e os Princípios Jurídicos – O Dilema da Justiça nas Decisões Judiciais*, Fortaleza, 2005

28.3 Ao querido amigo e permanente mestre Paulo Bonavides, com a firme estima do Napoleão
in *As Normas Escritas e os Princípios Jurídicos*, 2ª ed., Fortaleza, IMPRECE, 2009

28.4 Ao mestre Paulo Bonavides, cuja amizade me orgulha e aprimora, cordialmente, Napoleão Nunes
Em 20.8.1980
in *A Herança Liberal e a Tentação Tecnocrática*, Fortaleza, Imprensa Universitária da UFC, 1980

28.5 Ao mestre Bonavides, poeta da Vida, geômetra da Dignidade, arquiteto da Benquerença e de Amizade, Napoleão
23.12.2008
in *Poemas Reunidos*, Fortaleza, IMPRECE, 2008

28.6 Ao mestre Paulo Bonavides, cuja amizade me enche de orgulho e vaidade – só vaidade –, com um grande abraço do Napoleão
25.1.2013
in *Direito Público: Breves Estudos de Temas Relevantes*, Fortaleza, IMPRECE, 2013

28.7 Ao meu caríssimo amigo e mentor Paulo Bonavides, com a grande admiração do Napoleão
25.1.2013
in *O Direito, a Lei e a Jurisprudência: sem Preocupações Dogmáticas*, Napoleão Nunes Maia Filho/Mário Henrique Goulart Maia, Fortaleza, IMPRECE, 2013

28.8 Ao meu querido amigo e mestre Paulo Bonavides, com o meu reconhecimento pela sua importância essencial na minha formação e agradecimento pelo favor de me brindar com sua estima, Napoleão

29.6.2013

in *As Origens das Leis Escritas e do Método de sua Aplicação Literal*, Napoleão Nunes Maia Filho/Mário Henrique Goulart Maia, Fortaleza, IMPRECE, 2013

28.9 Ao meu querido mestre Paulo Bonavides, com a minha maior estima e gratidão, Napoleão

28.5.2013

in *Muito Mais do que Ousaria Merecer – Agradecimentos e Saudações*, Fortaleza, IMPRECE, 2013

29. Nertan Macedo

Ao mestre Paulo Bonavides, o abraço e a admiração do Nertan Macedo

in *Da Provence ao Capibaribe, 1. Charles Maurras, 2. Gilberto Freyre*, Rio de Janeiro, Editora Renes, 1980

30. Oscar D'Alva e Souza Filho

30.1 Ao querido mestre e amigo Dr. Paulo Bonavides, com admiração e gratidão pelas luzes recebidas. Com o fraternal abraço de Oscar D'Alva Filho

Em 30.9.2000

in "Pensamento Institucional e Ideologia do Ministério Público Brasileiro", *Caderno Jurídico 11*, ACMP, Fortaleza, 2000.

30.2 Ao professor Paulo Bonavides, meu maior referencial intelectual e moral. Com apreço e sincera admiração do Oscar D'Alva Filho

in *Discurso em Torno dos Direitos: Positivo, Natural e Alternativo*, Fortaleza, Editora ABC, 2000

30.3 Ao querido amigo e mestre Paulo Bonavides, com a reverência intelectual e a gratidão de sempre. Com votos de Feliz 2013. Fraternalmente, Oscar d'Alva Filho

in *Cálicles: Contribuição à História da Teoria do Direito do Mais Forte*, Adolf Menzel, trad. de Oscar d'Alva e Souza Filho, Brasília, Fundação Astrojildo Pereira, 2012

30.4 Ao querido amigo, mestre e professor Dr. Paulo Bonavides, esta obra brilhante de um amigo e Professor do Mestrado de Buenos Aires (professor Ricardo Rabinovich-Berkman), que com certeza lhe trará momentos de reflexão e gratificação intelectual. Com o abraço fraternal do Oscar D'Alva Filho

15.8.2006

in *Una Viaje por la Historia del Derecho*, Ricardo Rabinovich-Berkman, Buenos Aires, Editorial Quorum, 2004

30.5 Ao professor e amigo Dr. Paulo Bonavides, com o registro efetivo de minha gratidão pelo incentivo e pelos ensinamentos recebidos. Com o abraço afetuoso de seu aluno Oscar D'Alva Filho

Em 17.6.2001

in *Pólis Grega e Práxis Política*, 2ª ed., Fortaleza, ABC Editora, 2001

31. Raimundo Bezerra Falcão

31.1 Para o professor emérito Paulo Bonavides, Mestre insuperável da palavra oral e escrita, com as homenagens do autor e discípulo.

Fortaleza, 29.12.1999

Raimundo Bezerra Falcão

in *Palavras aos Que Ainda Ouvem*, Fortaleza, UFC/Casa José de Alencar/Programa Editorial, 1999

31.2 Para o professor emérito Paulo Bonavides, exemplo maior de devotamento ao saber, com a estima do autor.

Fortaleza, 10.6.1999

Raimundo Bezerra Falcão

in *O Direito na Empresa*, Fortaleza, Inova Gráfica, 1999

31.3 Para o professor Dr. Paulo Bonavides, com os respeitosos cumprimentos do discípulo de sempre, Falcão

6.5.2013

in *Direito Econômico (Teoria Fundamental)*, São Paulo, Malheiros Editores, 2013

31.4 Para o professor emérito Dr. Paulo Bonavides, sem cuja participação este livro não teria vindo à luz, com o especial afeto do autor, Falcão

Fortaleza, 28.4.2008

in *Ensaios Acerca do Pensamento Jurídico*, São Paulo, Malheiros Editores, 2008

31.5 Para o professor Dr. Paulo Bonavides, Mestre maior, com o respeito e a estima do autor, Falcão

in *Curso de Filosofia do Direito*, São Paulo, Malheiros Editores, 2014

31.6 Para o professor Dr. Paulo Bonavides, o Mestre, com a especial admiração do autor.

Fortaleza, 13.11.1997

Falcão

in *Hermenêutica*, São Paulo, Malheiros Editores, 1997

32. Regenaldo da Costa

Ao ilustre professor Dr. Paulo Bonavides, com admiração por sua obra, cuja influência tem sido marcante para juristas, cientistas e filósofos, Regenaldo da Costa

Fortaleza, 9.5.2002

in *Ética do Discurso e Verdade em Apel*, Belo Horizonte, Del Rey, 2002

33. Roberto Amaral

33.1 Ao Paulo, amigo dileto e mui querido, com a homenagem e o apreço do Roberto Amaral

Rio, 16.4.1975

in *Intervencionismo e Autoritarismo no Brasil*, São Paulo, DIFEL, s/d

33.2 Ao querido amigo Paulo Bonavides reitero meu agradecimento pelas sugestões que muito contribuíram para a melhoria do texto, Roberto Amaral

Rio, 8.7.1974

in *O Futuro da Comunicação Escrita – Da Galáxia de Gutenberg à Aldeia Global de McLuhan*, Rio de Janeiro, Editora CD, Série Cadernos Didáticos, 1974

33.3 Ao querido e velho amigo Paulus, com o abraço do Sérgio Sérvulo e minha amizade fraterna, Roberto Amaral

Rio, 4.7.2002

in *Manual das Eleições*, 2ª ed., São Paulo, Saraiva, 2002

33.4 Ao velho companheiro de vida e de aventuras literárias, Paulo Bonavides, amizade que honra, com o abraço sempre fraterno do seu admirador, Roberto Amaral

Rio, 23.5.1991

in *Viagem e Outras Histórias*, 1ª ed., São Paulo, Brasiliense, 1991

33.5 Para Paulo Bonavides – uma amizade que se conta em dezenas de anos! –, com a admiração e o abraço fraterno do Roberto Amaral

Rio, 2.5.2005

in *O Papel do Intelectual na Política*, Fortaleza, Edições Demócrito Rocha, 2005

34. Roberto Martins Rodrigues

Ao Mestre dos Mestres e grande amigo Paulo Bonavides, que tenho a honra de ser seu permanente e atento aluno, uma lembrança de obra pioneira, de meu saudoso pai, Roberto Martins Rodrigues

Fortaleza, 19.12.2009

in *Efeitos Jurídicos do Silêncio*, José Martins Rodrigues, Fortaleza, Livraria Humberto, 1934

35. Samuel Miranda Arruda

Ao meu mestre Paulo Bonavides, com a admiração do eterno discípulo, Samuel Miranda Arruda

Fortaleza, 11.9.2006

in *O Direito Fundamental à Razoável Duração do Processo*, Brasília, Brasília Jurídica, 2006

36. Valmir Pontes

Ao eminente publicista e meu prezado amigo professor Paulo Bonavides, com as homenagens e, mais uma vez, os agradecimentos do Valmir Pontes

4.12.1978

in *Programa de Direito Administrativo*, 5ª ed., São Paulo, Sugestões Literárias, 1978

37. Willis Santiago Guerra Filho

37.1 Para mestre Paulo Bonavides, mais esse fruto da sua Escola, com a amizade incondicional e profunda admiração do Willis Guerra Filho (Willizinho)

Fortaleza, 2.5.2007

in *Processo Constitucional e Direitos Fundamentais*, São Paulo, RES Editora, 2007

37.2 Para o insuperável mestre Dr. Paulo Bonavides, com a máxima estima do Willis

Fortaleza, 31.7.2009

in *Teoria da Ciência Jurídica*, 2ª ed., São Paulo, Saraiva, 2009.

37.3 Para mestre Paulo Bonavides, mais uma vez inspirado em seu exemplo, com o abraço do Willis

Fortaleza, 1.10.2000

in *Teoria Política do Direito – Uma Introdução Política ao Direito*, Brasília, Brasília Jurídica Editora, 2000

Distrito Federal

1. Estefânia Viveiros

Ao professor Paulo Bonavides, exemplo de melhor jurista do nosso País, com admiração e carinho, Estefânia Viveiros

Brasília, 20.5.2013

in *Os Limites do Juiz para Correção do Erro Material – Coleção Andrea Proto Pisani,* vol. 4, Ada Pellegrini Grinover/Petrônio Calmon (coords.), Brasília, Gazeta Jurídica Editora, 2013

2. Fernando José Armando Ribeiro

Ao professor Paulo Bonavides, ícone maior dos publicistas brasileiros e um dos grandes responsáveis por meu entusiasmo com a vida acadêmica e com a pesquisa do Direito. Com profunda estima e admiração, Fernando J. Armando Ribeiro

Brasília, 19.5.2013

in *Constitucionalismo e Teoria do Direito*, Belo Horizonte, Del Rey, 2013

3. Suzana de Toledo Barros

Ao mestre Paulo Bonavides, de cujos ensinamentos muito me servi, com as minhas homenagens.

Brasília, 23.5.1996

Suzana de Toledo Barros

in *O Princípio da Proporcionalidade e o Controle de Constitucionalidade das Leis Restritivas de Direitos Fundamentais*, Brasília, Brasília Jurídica, 1996

Espírito Santo

1. Adriano Sant'Ana Pedra

1.1 Para o Prof. Paulo Bonavides, grande mestre de todos nós, com o meu profundo apreço e a minha grande admiração.

Vitória, 12.6.2010

Adriano Pedra

in *A Constituição Viva – Poder Constituinte Permanente e Cláusulas Pétreas*, Belo Horizonte, Mandamentos Editora, 2005

1.2 Ao eminente professor Paulo Bonavides, com a gratidão e a reverência de seu aluno Adriano Pedra

22.11.2012

in *A Constituição Viva*, 2ª ed., Rio de Janeiro, Lumen Juris, 2012

Goiás

1. Colemar Natal e Silva

1.1 Ao emérito constitucionalista, douto professor universitário Paulo Bonavides, valoroso intelectual, oferece com real apreço e admiração, Colemar Natal e Silva

in *Subsídios para um Anteprojeto de Constituição Democrática*, Goiânia, 1984

1.2 Ao brilhante cultor das letras professor Paulo Bonavides oferece, com muito apreço e cordial estima, o autor, Colemar Natal e Silva

28.7.1985

in *História de Goiás*, vol. I, Goiânia, Gráfica Editora Líder, 1979

Maranhão

1. Carlos Silva Nina

Ao paladino da constitucionalidade democrática Paulo Bonavides, com as homenagens, a admiração e o respeito do autor, Carlos S. Nina

Brasília, 4.6.2001

in *A Ordem dos Advogados do Brasil e o Estado Brasileiro*, Brasília/DF, Ordem dos Advogados do Brasil/Conselho Federal, 2001

2. Sérgio Victor Tamer

Ao mestre de todos nós, jurista Paulo Bonavides, com a admiração e as homenagens do Sérgio Tamer

Lisboa, 26.11.2003

in *Fundamentos do Estado e a Hipertrofia do Executivo no Brasil*, Porto Alegre, Sérgio Antônio Fabris Editor, 2002

Mato Grosso

1. Corsíndio Monteiro da Silva

Para Paulo Bonavides, jurista e exímio escritor, com as homenagens do Corsíndio Monteiro da Silva

Brasília, dezembro/1985

in *Universo Verbal de Dom Aquino*, Brasília, Edição do Autor, 1985

2. Gilmar Mendes

2.1 Ao eminente professor Paulo Bonavides, com admiração e apreço do Gilmar Ferreira Mendes

in *A Força Normativa da Constituição*, Konrad Hesse, trad. de Gilmar Ferreira Mendes, Porto Alegre, Sérgio Antônio Fabris Editor, 1991

2.2 Ao eminente professor Paulo Bonavides, com a admiração do Gilmar Mendes in *Die abstrakte Normenkontrolle vor dem Bundesverfassungsgericht und vor dem brasilianischen Supremo Tribunal Federal*, Berlin, Dunkker und Humblot, 1991

Minas Gerais

1. Adhemar Ferreira Maciel

Prezado professor Paulo Bonavides, aí vai meu livro. A despeito do título, que não deixa de ser pretensioso, trata-se de mero ajuntamento de artigos. Com um abraço e a velha admiração do Adhemar

Belo Horizonte, janeiro/2001

in *Dimensões do Direito Público*, Belo Horizonte, Del Rey, 2000

2. Alexandre Coutinho Pagliarini

Ao mestre Paulo Bonavides, o grande jurista do Brasil e querido amigo, com o respeito do Alexandre Pagliarini

Pouso Alegre/MG, 27.5.2005

in *A Constituição Europeia como Signo da Superação dos Dogmas do Estado Nacional*, Rio de Janeiro, Lumen Juris, 2005

3. Antônio Augusto Cançado Trindade

3.1 Ao eminente jurista professor Paulo Bonavides, em testemunho de todo o apreço acadêmico e da consideração pessoal de sempre do autor, Antônio Augusto Cançado Trindade
Brasília, 6.7.2002

in *El Derecho Internacional de los Derechos Humanos en el Siglo XXI*, "Prólogo" de Máximo Pacheco Gómez, Santiago/Chile, Editorial Jurídica de Chile, 2001

3.2 Ao caro professor Paulo Bonavides, com as expressões de todo o apreço acadêmico e as homenagens do Antônio Augusto Cançado Trindade

in *A Proteção dos Direitos Humanos nos Planos Nacional e Internacional: Perspectivas Brasileiras*, Seminário de Brasília de 1991, Friedrich Naumann Stiftung, Instituto Interamericano de Derechos Humanos, 1992

3.3 Ao caro professor Paulo Bonavides, com as expressões renovadas de todo o apreço acadêmico e consideração do autor, Antônio Augusto Cançado Trindade

Brasília, 27.5.1997

in *Tratado de Direito Internacional dos Direitos Humanos*, 1ª ed., vol. I, Porto Alegre, Sérgio Antônio Fabris Editor, 1997

3.4 Ao caro Professor Paulo Bonavides, com as expressões renovadas de todo o apreço acadêmico e consideração do autor, Antônio Augusto Cançado Trindade

Brasília, 27 de maio de 1997

in *La Nueva Dimensión de las Necesidades de Protección del Ser Humano en el Siglo XXI,* San José, Costa Rica, Impressora Gossestra Internacional, 2001

4. Carlos Mário Velloso

Ao caro confrade e prezado amigo, professor Paulo Bonavides, Mestre eminente, cordial homenagem do Carlos Mário Velloso

Rio, 2.11.1994

in *Missão Superior da Academia*, Discurso de Posse na Academia Brasileira de Letras Jurídicas, Rio de Janeiro, 1994

5. Carmen Lúcia Antunes Rocha

5.1 Para o professor Paulo Bonavides, cujas lições são imprescindíveis, tanto que sem elas este estudo não teria sido possível, nem o estudo do direito constitucional, no Brasil, teria o mesmo sabor de luta e verdade. Com a minha mais sincera admiração e sempre crescente bem querer, Carmen

Belo Horizonte, 12.11.1994

in *Princípios Constitucionais da Administração Pública*, Belo Horizonte, Del Rey, 1994

5.2 Ao eminente mestre e jurista, professor Paulo Bonavides, com admiração e respeito, Carmen Lúcia

Belo Horizonte, 9.12.1990

in *O Princípio Constitucional da Igualdade*, Belo Horizonte, Editora Lê, 1990

5.3 Para o professor Paulo Bonavides, com a minha especial admiração e respeito, Carmen

Belo Horizonte, 12.8.1991

in *Constituição e Legalidade*, Belo Horizonte, Editora Lê, 1991

5.4 Para o professor Paulo Bonavides, meu Mestre.

Belo Horizonte, 2.8.1999

in *Princípios Constitucionais dos Servidores Públicos*, São Paulo, Saraiva, 1999

6. Cid Carvalho

Ao "Magnificente Mestre" professor Paulo Bonavides as homenagens sinceras de seu grande admirador, Cid Carvalho

Belo Horizonte, 1.9.1992

in *Curso de Direitos Humanos – Realidade Jurídico-Científica*, Belo Horizonte, Imprensa Oficial de Minas Gerais, 1991

7. Elza Maria Miranda Afonso

Ao professor Paulo Bonavides, com profunda admiração, agradecendo sua honrosa visita à Faculdade.

Belo Horizonte, em 15.6.1990

Elza Miranda Afonso

in *O Positivismo na Epistemologia Jurídica de Hans Kelsen*, Belo Horizonte, Faculdade de Direito da UFMG, 1984

8. Gregório Assagra de Almeida

Ao brilhante mestre do direito constitucional brasileiro, professor Dr. Paulo Bonavides, ofereço este pequeno livro, resultado de minhas reflexões sobre o tema, ressaltando a minha profunda admiração pelo grande Mestre. Com um fraternal abraço, Gregório Assagra de Almeida

Belo Horizonte, 23.2.2007

in *Codificação do Direito Processual Coletivo*, Belo Horizonte, Del Rey, 2007

9. Joaquim Carlos Salgado

Ao professor e Mestre de todos nós, Paulo Bonavides, com admiração e amizade.

Belo Horizonte, 19.11.1996

J. Carlos Salgado

in *A Ideia de Justiça em Kant – Seu Fundamento na Liberdade e na Igualdade*, 2ª ed., Belo Horizonte, Editora da UFMG, 1995

10. José Carlos Brandi Aleixo

Professor Paulo Bonavides, ao prezado amigo e mestre da Ciência Política, conhecedor profundo da América Latina, com muita admiração e estima, José Carlos Aleixo

Brasília, 20.1.1971

in *A Integração Latino-Americana*, Brasília, Coordenada – Editora de Brasília, 1970

11. José Ribas Vieira

Ao Mestre, professor Paulo Bonavides, pela sua brilhante passagem na UFF em novembro/1992, do sempre admirador José Ribas

28.11.1997

in *Juízes – Retrato em Preto e Branco*, Eliane Botelho Junqueira/José Ribas Vieira/Maria Guadalupe Piragibe da Fonseca, Rio de Janeiro, Letra Capital Editora, 1997

12. Marcelo Cattoni

12.1 Ao professor Paulo Bonavides, grande Mestre e baluarte do direito constitucional democrático, com toda a admiração e o profundo respeito, Marcelo Cattoni

11.9.2001

in *Direito Processual Constitucional*, Belo Horizonte, Mandamentos, 2001

12.2 Ao caríssimo professor Dr. Paulo Bonavides, com a mais profunda admiração e as eternas homenagens do Marcelo Cattoni

9.7.2002

in *Direito Constitucional*, Belo Horizonte, Mandamentos, 2002

13. Maria Elizabeth Guimarães Teixeira Rocha

Ao querido amigo e Mestre, professor Bonavides, com todo o meu carinho, reconhecimento e gratidão, Maria Elizabeth G. T. Rocha

Brasília, 4.9.2007

in *O Processo Político no Brasil – Estado e Classes Sociais*, Belo Horizonte, Del Rey, 1998

14. Mário Lúcio Quintão Soares

Para o nosso grande mestre Paulo Bonavides, que esta obra mereça uma crítica, cordialmente:

Belo Horizonte, 27.7.2001

M. L. Quintão Soares

in *Teoria do Estado*, Belo Horizonte, Del Rey, 2001

15. Maurílio Neris de Andrade Arruda

Ao Mestre professor Paulo Bonavides, a quem tenho o privilégio de chamá-lo Mestre dos Mestres. Com a admiração de um discípulo, Maurílio Arruda

Belo Horizonte, 17.10.2001

in *Previdência Social do Servidor Público*, Belo Horizonte, Del Rey, 2001

16. Natália de Miranda Freire

Ao ilustre professor Dr. Paulo Bonavides, com a homenagem de quem sempre se inspirou em suas lições de constitucionalista e Mestre, Natália de Miranda Freire

Belo Horizonte, 24.10.2002

in *Técnica e Processo Legislativo*, Belo Horizonte, Del Rey, 2002

17. Patrus Ananias

Professor Paulo Bonavides, o Sr. compõe, com o professor Edgar da Mata-Machado, com Alceu Amoroso Lima, o time dos meus Mestres intelectuais e das minhas referências políticas e existenciais. Abraço fraterno do admirador Patrus

14.9.2007

in *Contribuição ao Personalismo Jurídico*, Edgar de Godoy da Mata-Machado, Belo Horizonte, Del Rey, 2000

18. Paulo Roberto de Gouvêa Medina

Ao eminente Mestre e distinto amigo professor Paulo Bonavides, com o mesmo apreço que o biografado desta obra devotava ao seu Ceará e que eu, particularmente, tenho pelo caro Professor, ofereço, juntamente com a prestigiosa Del Rey. Cordialmente, Paulo Roberto de Medina

Belo Horizonte, 26.8.2009

in *Lafayette, um Jurista do Brasil*, Belo Horizonte, Del Rey, 2009

19. Raul Machado Horta

Ao caro professor Paulo Bonavides, com estima e admiração, oferece o seu amigo Raul Machado Horta

Belo Horizonte, 29.8.1995

in *Estudos de Direito Constitucional*, Belo Horizonte, Del Rey, 1995

20. Rogério Medeiros Garcia de Lima

20.1 Ao professor Paulo Bonavides, cuja obra jurídica muito me ilumina o espírito, o afago, admiração e confraternização paraibana, Rogério Medeiros

Belo Horizonte, 31.8.2012

in *Refletindo o Direito e a Justiça*, Belo Horizonte, TJMG, 2010

20.2 Ao eminente professor Paulo Bonavides, de cuja obra tanto me vali para elaborar esta tese de Doutorado, a gratidão e a admiração de Rogério Medeiros Garcia de Lima

Recife, 1.12.2005

in *O Direito Administrativo e o Poder Judiciário*, 2ª ed., Belo Horizonte, Del Rey, 2005

21. Washington Peluso Albino de Souza

21.1 Ao caro mestre Paulo Bonavides, com o respeito e a admiração pela sua magnífica obra científica, esta homenagem do admirador Washington P. Albino

Belo Horizonte, novembro/1981

in *Do Econômico nas Constituições Vigentes*, Faculdade de Direito da Universidade de Minas Gerais, Edições da Revista Brasileira de Estudos Políticos, 1961

21.2 Ao caro mestre Bonavides, por tantas lições aqui aproveitadas, e o pedido de desculpas por entrar em seara que me não pertence, com a sempre crescente admiração do Washington Albino

Belo Horizonte, 20.7.2000

in *Constituição Econômica (Estudos)*, Movimento Editorial da Faculdade de Direito/UFMG, 2000

21.3 Ao caro amigo Paulo Bonavides, com o pedido de desculpas pelo atrevimento do autor em penetrar o campo de doutrina do consagrado Mestre. Com a reverente admiração e as homenagens do amigo Washington Albino

Belo Horizonte, março/2003

in *Teoria da Constituição Econômica*, Belo Horizonte, Del Rey, 2002

22. Washington Peluso Albino de Souza/Giovani Clark

Novembro/2008

Ao caro professor Paulo Bonavides oferecemos esta coletânea de artigos com a pretensão de provocar boas reflexões sobre as questões polêmicas do direito econômico. Um cordial abraço dos autores, Washington Peluso/Giovani Clark

in *Questões Polêmicas de Direito Econômico*, São Paulo, LTr, 2008

Pará

1. Adherbal Meira Mattos

Ao querido e insigne Mestre professor Dr. Paulo Bonavides, com a homenagem do Autor.

Belém, 22.2.2008

in *Reflexões sobre o Direito Internacional e Relações Internacionais*, São Paulo, Quartier Latin, 2007

2. Antônio Gomes Moreira Maués

Ao professor Dr. Paulo Bonavides, como prova de admiração e respeito, Antônio Maués

in *Poder e Democracia: o Pluralismo Político na Constituição de 1988*, São Paulo, USP/Faculdade de Direito (Tese de Doutorado), 1998

3. Fernando Facury Scaff/Antônio Gomes Moreira Maués

Ao Mestre dos constitucionalistas brasileiros, com admiração, F. F. Scaff

Outubro/2005

in *Justiça Constitucional e Tributação*, São Paulo, Dialética, 2005

4. Leonardo de Farias Duarte

Ao Professor Paulo Bonavides, constitucionalista de todos nós, exemplo de dedicação e generosidade acadêmicas, com a esperança de que este lhe desperte algum interesse.

Brasília, 24.10.2014

Leonardo Farias

in *Direitos Fundamentais Sociais,* Rio de Janeiro, Renovar, 2011

5.Milton Nobre

Ao mestre Paulo Bonavides, de quem sou incondicional admirador, com a minha sincera admiração.

Belém, 3.6.1981

in *Convocação e Aspectos Gerais da Constituinte*, Pará, Instituto dos Advogados do Pará/IAP, s/d

6. Orlando Bitar

6.1 Ao professor Paulo Bonavides, valor positivo da cultura jurídica cearense, oferece afetuosamente Orlando Bitar

Belém/PA, 1958

in *Das Responsabilidades do Bacharel* – Oração de Paraninfo

6.2 A Paulo Bonavides, com a estima e a simpatia fraternal do Orlando Bitar

Belém, novembro/1962

in *Da Essência do Regime Democrático*, Belém/PA, 1978

6.3 Ao Paulo Bonavides, com a amizade e admiração constante, do Orlando Bitar

Belém, 25.9.1959

in *Fontes e Essência da Constituição Britânica*, Separata da Faculdade de Direito da Universidade do Pará, Belém, 1959

7. Otávio Mendonça

Ao professor Paulo Bonavides afetuosa recordação da sua passagem por Belém, com a permanente admiração do Otávio Mendonça

Fevereiro/1989

in *Palavras do Tempo*, Belém, Editora Grafisa, 1984

8. Sílvio Meira

8.1 Ao preclaro professor Paulo Bonavides, grande estudioso dos problemas nacionais, oferta cordial de Sílvio Meira

Rio, 18.5.1986

in *Teixeira de Freitas, o Jurisconsulto do Império, Vida e Obra*, 2ª ed., Brasília, CEGRAF, 1983

8.2 Ao ilustre jurista Paulo Bonavides, glória do Ceará, cordialmente, Sílvio Meira

17.5.1990

in *Clóvis Beviláqua. Sua Vida. Sua Obra*, Fortaleza, Edições UFC, 1990

9. Zeno Veloso

9.1 Paulo Bonavides: ao meu caro Mestre e eminente jurisconsulto, verdadeiro evangelizador do Direito, da Democracia e da Liberdade, com o melhor abraço do Zeno Veloso

Belém, 21.6.2001

in *Controle Jurisdicional de Constitucionalidade*, 2ª ed., Belo Horizonte, Del Rey, 2000

9.2 Grande Paulo Bonavides, com a admiração e o afeto do Zeno Veloso

Belém, 21.9.2005

in *Comentários à Lei de Introdução ao Código Civil – Artigos 1º a 6º*, Universidade do Amazonas/UNAMA

9.3 Ao querido Mestre, eminente jurisconsulto, Paulo Bonavides, com o alto apreço do Zeno Veloso

30.10.1998

in *Condição, Termo e Encargo*, São Paulo, Malheiros Editores, 1997.

Paraíba

1. Agassiz Almeida

1.1 Para o Dr. Paulo Bonavides, pensador de vanguarda e contemporâneo de todas as gerações, esta obra. Com a admiração de Agassiz Almeida

João Pessoa, 4.4.2005

in *A República das Elites – Ensaio sobre a Ideologia das Elites e do Intelectualismo*, Rio de Janeiro, Bertrand Brasil, 2004

1.2 Para o mestre Paulo Bonavides, cujo pensamento jurídico-constitucional formou gerações, esta obra, fruto de longa pesquisa, Agassiz Almeida

João Pessoa, 30.11.2004

in *A República das Elites – Ensaio sobre a Ideologia das Elites e do Intelectualismo*, Rio de Janeiro, Bertrand Brasil, 2004

2. Alexandre da Maia

2.1 Querido mestre Paulo Bonavides, este trabalho demonstra muitas das minhas antigas e atuais inquietações, que, com certeza, foram muito inspiradas pelas suas lições de Direito e, sobretudo, de vida e de luta por um País justo e efetivamente democrático.

Um grande abraço do aluno e fã Alexandre da Maia

João Pessoa, 7.9.2002

in *Ontologia Jurídica: o Problema de Sua Fixação Teórica*, Porto Alegre, Livraria do Advogado, 2000

2.2 Para o professor Paulo Bonavides, luminar do direito constitucional e do Estado Democrático de Direito mesmo nos tempos de hoje, em que vivemos um "golpe de Estado institucional", com o carinho, a admiração e o abraço fraterno do Alexandre da Maia

Campo Grande, 1.4.2000

in *Ontologia Jurídica: o Problema de Sua Fixação Teórica*, Porto Alegre, Livraria do Advogado, 2000

3. Aluízio Campos

A Paulo Bonavides, que tanto tem contribuído para elevar a tradição de inteligência e cultura da nossa Paraíba, cordialmente, Aluízio Campos in *O Problema Institucional – Discursos Pronunciados pelo Deputado Aluízio Campos na Câmara dos Deputados*, Brasília, Centro de Documentação e Informação, 1984

4. André Vicente Pires Rosa

Caro professor Paulo Bonavides, envio-lhe este trabalho que foi minha Tese de Doutorado feito à Universidad Autónoma de Madrid. É para mim uma honra que o Sr. tenha em mãos minha obra e que, na medida do possível, faça-nos observações que, certamente, ajudar-nos-ão para nossas reflexões. Com meu respeito e admiração.

Recife, 6.6.2007

André Vicente Pires Rosa

in *Las Omisiones Legislativas y su Control Constitucional*, Rio de Janeiro, Renovar, 2006.

5. Ernani Sátyro

Para Paulo Bonavides, o conterrâneo, o parente, o amigo, o Mestre do Direito, com o abraço afetuoso de Ernani Sátyro

Brasília, 20.4.1978

in *Direito Penal Militar e Segurança Nacional – Acórdão, Votos e Despachos*, Brasília, 1977

6. Francisco Adalberto Nóbrega

Ao mestre Paulo Bonavides, espírito superior que captará melhor do que as coisas que aqui vão ditas.

Brasília, 5.10.1999

Francisco Adalberto Nóbrega

in *Deus e Constituição: a Tradição Brasileira*, Petrópolis/RJ, Vozes, 1998

7. George Salomão Leite

Ao Prof. Paulo Bonavides: ofereço esta pequena obra a um dos maiores juristas pátrios, que iniciou os debates sobre o estudo da Nova Hermenêutica. Eis, portanto, um singelo agradecimento àquele que serviu de fonte de inspiração para a construção deste trabalho. São os votos sinceros de admiração e respeito.

4.9.2002

George Salomão Leite

in *Interpretação Constitucional e Tópica Jurídica*, São Paulo, Editora Juarez de Oliveira, 2002.

8. Jerônimo Rosado Neto

Ao eminente professor Paulo Bonavides, lembrança de seu incondicional admirador e discípulo, Jerônimo Rosado Neto

18.2.2000

in *Novo Modelo Organizacional para o Brasil: o Regionalismo Autêntico*, Mossoró, Coleção Mossoroense, vol. CCXCIX, 1983

9. Joacil de Britto Pereira

Ao eminente constitucionalista paraibano e distinto amigo Paulo Bonavides, com a homenagem de Joacil de Britto Pereira

João Pessoa, 7.9.2002

in *Ascendino Leite, Escritor Existencial – Ensaio Biográfico*, Rio de Janeiro, Litteris Editora, 2002

10. João Agripino de Vasconcelos Maia

A Paulo Bonavides, exemplo de dedicação ao estudo do direito, com a minha admiração e afeto do primo João Agripino Maia

19.8.2009

in *Um Exemplo aos Bacharéis,* João Pessoa, Paraíba, 2001

11.José de Farias Tavares

Para o grande mestre Paulo Bonavides, que engrandece este estudo com o "Prefácio" consagrador, e por ser outra estrela paraibana de primeira grandeza que brilha no Brasil. J. de F. Tavares

in *Advogado na Política. O Pensamento Jurídico de Argemiro de Figueiredo*, Campina Grande, Editora da Universidade Estadual da Paraíba/ EDUEP, 1999

12. José Octávio de Arruda Melo

Ao Paulo Bonavides, grande espírito, grande professor, oferece José Octávio

Março/1979

in *Solon de Lucena – Democracia e Década de Vinte na Paraíba*, José Octávio de Arruda Melo, Ramalho Leite, Humberto Lucena e Joacil de Britto Pereira, João Pessoa, A União Cia. Editora, 1979

13. Marcílio Toscano Franca Filho

Ao eminente professor Paulo Bonavides, com a gratidão, a estima e a admiração de Marcílio Franca

Coimbra, 18.10.2008

in *O Silêncio Eloquente – Omissão do Legislador e Responsabilidade do Estado na Comunidade Europeia e no MERCOSUL*, Coimbra, Livraria Almedina, maio/2008

14. Osmundo Wanderley da Nóbrega

Ao Paulo Bonavides, com a simpatia e cordial amizade do Osmundo Wanderley da Nóbrega

in *Posse de Bens Públicos*, Dissertação apresentada à Faculdade de Direito de Santa Catarina para concurso de Professor Catedrático de Direito Civil, Florianópolis, 1955

15. Walber de Moura Agra

15.1 Para o grande constitucionalista Paulo Bonavides, com admiração, Walber de Moura Agra

in *Republicanismo*, Porto Alegre, Livraria do Advogado, 2005

15.2 Ao professor Paulo Bonavides: são poucas as pessoas que me estenderam as mãos ao longo da vida, e você foi um dos poucos. Além da admiração pela vida retilínea, dedico-lhe gratidão imensa. Um abraço de Walber de Moura Agra

in *Fraudes à Constituição – Um Atentado ao Poder Reformador*, Porto Alegre, Sérgio Antônio Fabris Editora, 2000

16. Wellington Aguiar

16.1 Ao grande mestre Paulo Bonavides, a quem admiro e ainda não tive a satisfação de conhecer, Wellington

9.12.1977

in *O Passageiro do Dia*, "Prefácio" de Mauro Mota e "orelha" de José Octávio, João Pessoa, "A União" Cia. Editora, 1977

16.2 Ao ilustre mestre Paulo Bonavides, com a admiração de sempre, Wellington Aguiar

João Pessoa, 27.9.1983

in *Um Radical Republicano Contra as Oligarquias*, João Pessoa, Secretaria de Educação e Cultura do Estado da Paraíba, 1981.

Paraná

1. Clèmerson Merlin Clève

1.1 Para o meu querido Mestre professor Paulo Bonavides, como expressão de admiração e afeto, Clèmerson Merlin Clève

in *Soluções Práticas de Direito – Pareceres*, vol. I, São Paulo, Ed. RT, 100 Anos, 2012

1.2 Ao Mestre dos Mestres e amigo Paulo Bonavides, com o abraço do Merlin Clève

in *Medidas Provisórias*, 3ª ed., São Paulo, Ed. RT, 2010

1.3 Para o meu querido professor Paulo Bonavides, com o forte abraço do Clèmerson

in *Teatro Inexperto em Duas Peças quase Distópicas*, Curitiba/PR, Artes & Textos, 2011

2. Flávio Pansieri

Ao caríssimo professor Paulo Bonavides, como forma de agradecimento por sua amizade e pela lição de vida, dedicada ao estudo do direito constitucional e à proteção do Estado Social Democrático de Direito. Com a admiração, Flávio Pansieri

14.10.2001

in *Revista da Academia Brasileira de Direito Constitucional* I, Curitiba, 2001

3. Leda de Oliveira Pinho

Ao professor Paulo Bonavides, Mestre de todos nós, que a cada lição nos desafia a perseguir o ideal de um Brasil para todos nós, hoje e amanhã, com reverência, Leda Pinho

9.6.2006

in *Princípio da Igualdade – Investigação na Perspectiva de Gênero*, Porto Alegre, Sérgio Antônio Fabris Editor, 2005

4. Zulmar Fachin

Ao prezadíssimo amigo Paulo Bonavides, com elevado apreço pessoal e profundo reconhecimento acadêmico.

Londrina/Fortaleza, 25.11.2008

in *20 Anos da Constituição-Cidadã*, "Prefácio" de J. J. Gomes Canotilho, São Paulo, Método, 2008

Pernambuco

1. Gilberto Freyre

1.1 A Paulo Bonavides, cordial abraço, Gilberto Freyre

Rio, 1975

in *O Brasileiro entre os Outros Hispanos*, Rio de Janeiro, Livraria José Olympio Editora, Coleção Documentos Brasileiros, vol. 168, 1975

1.2 A Paulo Bonavides, abraço da melhor estima e apreço, Gilberto Freyre

Recife, 1952

in *Em Torno de um Novo Conceito de Tropicalismo*, Conferência proferida na Sala dos Capelos da Universidade de Coimbra em 24.1.1952, Coimbra, Coimbra Editora, 1952

2. Gláucio Veiga

Ao Bonavides, Mestre emérito, oferece Gláucio

in *Estudos* 17/24 – *A Teoria do Poder Constituinte em Frei Caneca*, 1º vol., Recife, 1975

3. Ivo Dantas

Ao mestre e amigo Bonavides, com respeito e admiração.

Recife, 18.9.1998

Ivo Dantas

in *Direito Adquirido, Emendas Constitucionais e Controle da Constitucionalidade*, 2ª ed., Rio de Janeiro, Lumen Juris, 1997

4. Lourival Vilanova

4.1 Ao Paulo Bonavides, com a admiração do sempre amigo, Lourival Vilanova

Recife, 5.6.1985

in *Causalidade e Relação no Direito*, Recife, Edição OAB/PE, 1985

4.2 Ao amigo Paulo Bonavides. Abraços, Lourival Vilanova

24.6.1980

in "Teoria Jurídica da Revolução (Anotações à Margem de Kelsen)", *Anuário de Mestrado*, ns. I e II, Faculdade de Direito do Recife/Universidade Federal de Pernambuco, 1979

5. Marcelo da Costa Pinto Neves

5.1 Para o professor Paulo Bonavides, com a estima, a admiração e gratidão de Marcelo Neves

São Paulo, 27.1.2009

in *Transconstitucionalismo*, tese de Concurso de Professor Titular, São Paulo, 2009

5.2 Ao professor Paulo Bonavides, com a amizade e a gratidão do Marcelo Neves

23.11.1994

in *A Constitucionalização Simbólica*, São Paulo, Editora Acadêmica, 1994

5.3 Ao estimado professor Paulo Bonavides, com a admiração e o abraço fraternal de Marcelo Neves

Rio, 2.9.1999

in *Symbolische Konstitutionalisierung*, Berlin, Duncker und Humblot, 1998

6. Nelson Nogueira Saldanha

6.1 Ao prezado e ilustre amigo Paulo Bonavides, com a admiração de Nelson Saldanha

in *El Poder Legislativo – Separación de Poderes*, trad. de Mercedes Gayoso y Navarrete, Universidad Veracruzana/Facultad de Derecho, 1990

6.2 Ao muito prezado Paulo Bonavides, com a mais sincera homenagem intelectual e afetiva, Nelson Saldanha

Julho/1960

in "As formas de governo e o ponto de vista histórico", Coleção Estudos Sociais e Políticos n. 11, *Revista Brasileira de Estudos Políticos*, 1960

6.3 Para Paulo Bonavides, Mestre no assunto, Mestre em ciências e em teoria política, com o abraço do amigo Nelson Saldanha

Recife, abril/1979

in *O Pensamento Político no Brasil*, 1ª ed., Rio de Janeiro, Forense 1979

7. Palhares Moreira Reis

Para o mestre Paulo Bonavides, com a maior homenagem do Palhares Moreira Reis

in *Posse do Professor Palhares Moreira Reis como Presidente do Conselho de Curadores*, Recife, UFPE, 1992

8. Pinto Ferreira

8.1 Ao brilhante talento de Paulo Bonavides, expressão relevante do direito pátrio, com homenagem de Pinto Ferreira

Recife, 6.7.1991

in *Curso de Direito Constitucional*, 5ª ed., São Paulo, Saraiva, 1991

8.2 Ao caro e distinto amigo Paulo Bonavides oferece Pinto Ferreira

1988

in *Comissão Afonso Arinos*, Edição da Faculdade de Direito de Pernambuco/Sociedade Pernambucana de Cultura e Ensino (SOPECE), Recife, 1987

8.3 Ao caro Paulo Bonavides, uma lembrança do passado, Pinto Ferreira

1999

in *Memorial de uma Família*, 2ª ed., Recife, Editora da Faculdade de Ciências Humanas de Pernambuco, 1995

8.4 Ao caro Paulo Bonavides, afetuosamente, Pinto Ferreira

in *Novos Rumos do Direito Público*, 2ª ed., Recife, Editora da Faculdade de Ciências Humanas de Pernambuco, 1998

8.5 Ao prezado amigo Paulo Bonavides oferece como lembrança Pinto Ferreira

in *Comentários à Constituição Brasileira*, 7º vol., São Paulo, Saraiva, 1995

8.6 Ao eminente mestre Paulo Bonavides com a homenagem de Pinto Ferreira

Janeiro/1992

in *Comentários à Constituição Brasileira*, 3º vol., São Paulo, 1992

8.7 A Paulo Bonavides, um dos maiores Mestres do direito constitucional pátrio, oferece

Pinto Ferreira

13.2.2004

in *Pontes de Miranda, o Normativismo e o Antinormativismo na Filosofia do Direito*, Cia. Editora de Pernambuco, Caderno 190, Recife, 1990

9. Urbano Vitalino de Melo Filho

Ao caro Prof. Paulo Bonavides, paradigma dos juristas brasileiros, com as homenagens de Urbano Vitalino Melo Filho

Recife, 14.12.1999

in *Direito Municipal em Movimento*, Belo Horizonte, Del Rey, 1999

Piauí

1. Alberto da Costa e Silva

Ao professor Paulo Bonavides, seu antigo e constante leitor Alberto da Costa e Silva

Fortaleza, 25.10.2003

in *Um Rio Chamado Atlântico – A África no Brasil e o Brasil na África*, Rio de Janeiro, Nova Fronteira, 2003

2. Celso Barros Coelho

2.1 Ao professor Paulo Bonavides, a quem as letras jurídicas nacionais devem valiosa contribuição, com a admiração de Celso Barros

Teresina, 19.8.2011

in *Universidade em Causa*, Teresina, 1969

2.2 Ao eminente mestre Paulo Bonavides, homenagem ao seu notável trabalho de constitucionalista, com a admiração sempre crescente do Celso Barros Coelho

Teresina, 19.11.1998

in *Confronto de Ideias*, Teresina, Zodíaco, 1997

2.3 Ao mestre Paulo Bonavides, um dos mais fiéis intérpretes do pensamento de Rui Barbosa, inspirador deste trabalho, com a profunda admiração do Celso Barros

Teresina, 1.6.2000

in *Rui Barbosa – Estadista do Progresso do Brasil*, Teresina, Academia Piauiense de Letras, novembro/1994

3. Nelson Nery Costa

Ao professor Paulo Bonavides, que emprestou seu brilho, prefaciando esta modesta compilação de autores clássicos. Com sincera amizade, Nelson Nery Costa

Teresina, 26.12.2003

in *Curso de Ciências Políticas*, Rio de Janeiro, Forense, 2001

Rio de Janeiro

1. Adrian Sgarbi

Ao ilustre jurista professor Dr. Paulo Bonavides este modesto trabalho para o seu elevado juízo. Com as homenagens do autor por tudo que tem feito pelo desenvolvimento da Constituição democrática brasileira, Adrian Sgarbi

Em 3.6.1999

in *Referendo*, Rio de Janeiro, Renovar, 1999

2. Afonso Arinos de Melo Franco

2.1 Ao ilustre colega Paulo Bonavides, homenagem cordial de Afonso Arinos

Rio, julho/1975

in *Problemas Políticos Brasileiros*, Rio de Janeiro, Livraria José Olympio Editora, 1975

2.2 Ao mestre Paulo Bonavides, de seu sincero admirador Afonso Arinos

Rio, 16.11.1976

in *Direito Constitucional*, 1ª ed., Rio de Janeiro, Forense, 1976

3. Alceu Amoroso Lima (Tristão de Athayde)

Ao caro confrade Paulo Bonavides, abraço, Alceu Amoroso Lima

1973

in *Memórias Improvisadas – Diálogos com Medeiros Lima*, "Prefácio" de Antonio Houaiss, Petrópolis, Vozes, 1973

4. Aloysio Tavares Picanço

Ao eminente jurista Paulo Bonavides, com a estima e a admiração do Aloysio Picanço

28.2.2002

in *Maioridade aos Dezoito Anos*, Produção Gráfica, Digitação e Diagramação Maria José Penelua, Niterói/RJ, 2002

5. Arnaldo Niskier

Ao querido professor Paulo Bonavides, com a sincera admiração do amigo Arnaldo Niskier

Rio, 15.12.2003

in *Na Ponta da Língua 2*, Apoio Institucional Centro de Integração Empresa-Escola/CIEE, São Paulo, 2002

6. Arthur Machado Paupério

Ao professor Paulo Bonavides, com as melhores homenagens do Arthur Machado Paupério

in *Teoria Democrática do Estado*, 1ª ed., Rio de Janeiro, 1976

7. Benedito Calheiros Bonfim

Ao admirado Paulo Bonavides, com carinhoso abraço, este breviário, produto de mais de 60 anos de convívio com jovens advogados, envia Calheiros Bonfim

Rio de Janeiro, 30.8.2008

in *Conselhos aos Jovens Advogados*, Niterói, Editora Impetus, 2008

8. Bernardo Cabral

8.1 Ao professor Dr. Paulo Bonavides – referência nacional e internacional no mundo jurídico – esta *A Carta da Democracia*, em nome do autor e com profunda admiração de seu velho amigo Bernardo Cabral

Fortaleza, 7.11.2009

in *A Carta da Democracia*, Julio Aurélio Vianna Lopes, "Prefácio" de Bernardo Cabral, Rio de Janeiro, Topbooks Editora, 2008

8.2 À cultura jurídica do professor Dr. Paulo Bonavides – amigo e Mestre –, com o afetuoso abraço do Bernardo Cabral

Brasília, 1988

in *Projeto de Constituição – Parecer do Relator Sobre as Emendas Oferecidas em Plenário*, Brasília, Centro Gráfico do Senado Federal, janeiro/1988

8.3 Ao estimado Mestre e amigo Paulo Bonavides, com as homenagens do Bernardo Cabral

Brasília, 1988

in *Projeto de Constituição – Da Comissão de Sistematização*, Brasília, Centro Gráfico do Senado Federal, dezembro/1987

8.4 Ao grande amigo e Mestre, professor Paulo Bonavides – amizade que vem de longe –, abraço do Bernardo Cabral

Manaus, novembro/2013

in *Bernardo Cabral – O Cronista*, José Antônio Lopes (org.), Rio de Janeiro, Topbooks Editora, 2013

9. Caio Tácito

Ao caro Paulo Bonavides, com admiração aprofundada no convívio em terras cearenses, cordialmente, Caio Tácito

in "Educação e Cultura nas Constituições", Conferência pronunciada nas Faculdades Reunidas Nuno Lisboa e respectivos debates, *Revista CITEC – Ciência e Técnica* 45, Separata, dezembro/1984

10. Cândido Mendes

13.11.1975

Ao muito querido amigo Paulo Bonavides, na criação que a cada dia lhe deve a ciência política nacional, com a admiração e amizade de Cândido

in *O Legislativo e a Tecnocracia*, Cândido Mendes (org.), Rio de Janeiro, Imago/Conjunto Universitário Cândido Mendes, 1975

11. Carlos Roberto Siqueira Castro

Ao querido e insuperável Mestre, Paulo Bonavides. O "Prefácio" deste livro será para mim motivo de honra e alegria perenes. Sou gratíssimo por suas palavras tão sábias e gentis, que são fruto de uma antiga amizade e companheirismo de sonhos e lutas democráticas em prol de um Brasil que tanto amamos. Aceite o reconhecimento, as homenagens, a esperança e o afeto deste amigo, admirador e discípulo, Carlos Roberto Siqueira Castro

Fortaleza, 29.5.2003

in *A Constituição Aberta e os Direitos Fundamentais*, Rio de Janeiro, Forense, 2003

12. Celso Peçanha

Ao ilustre confrade professor Paulo Bonavides, lembrança amiga de Celso Peçanha

5.10.1999

in *A Planície e o Horizonte – Memórias Inacabadas*, 2ª ed., Rio de Janeiro, Kromos, 1997

13. Centro Acadêmico Cândido de Oliveira/CACO

Nota dos Organizadores: O Centro Acadêmico Cândido de Oliveira/CACO, da Faculdade Nacional de Direito da Universidade Federal do Rio de Janeiro, propôs e a FND aceitou, à unanimidade, a outorga do título de Doutor *Honoris Causa* ao professor Paulo Bonavides. Na data da outorga do galardão o Professor recebeu dos Diretores do CACO a publicação *CACO, 90 Anos de História*, em que eles fizeram a seguinte dedicatória:

Ao honorário Dr. Paulo Bonavides, que tanto nos inspira e faz brotar a semente da luta no coração dos juristas brasileiros

Com os mais sinceros votos de admiração, CACO 2013 – Gestão Pelo Direito Sempre! e seus diretores: Gildes de Sousa – Elias Jr. – Igor Alves

Pinto – Carolina Cunha Lopes – Pedro D'Angelo da Costa – Rodrigo Baccarat – Leandra Nunes Barcellos – Julia Helena Gonçalves – Natalia S. Trindade – Thiago Viana – Paulo Vitor G. Soares

14. Cláudio Pereira de Souza Neto

14.1 Para o professor Paulo Bonavides, referência maior do direito constitucional brasileiro, grande inspirador de toda uma geração, um abraço fraterno, Cláudio

10.12.2008

in *Jurisdição Constitucional, Democracia e Racionalidade Prática*, Rio de Janeiro/São Paulo, Renovar, 2002

14.2 Para o caro professor Paulo Bonavides, referência maior do direito constitucional brasileiro, com a admiração de Cláudio Pereira de Souza Neto

15.2.2006

in *Teoria Constitucional e Democracia Deliberativa*, Rio de Janeiro, Renovar, 2000

15. Daniel Sarmento/Cláudio Pereira de Souza Neto

Para o estimado professor Paulo Bonavides, exemplo de jurista em que nos inspiramos, com a amizade e admiração profunda dos organizadores.

Rio de Janeiro, 17.1.2007

in *A Constitucionalização do Direito*, Cláudio Pereira de Souza Neto/ Daniel Sarmento (coords.), Rio de Janeiro, Lumen Juris, 2007

16. Daniel Sarmento/Daniela Ikawa/Flávia Piovesan

Para o professor Paulo Bonavides, Mestre de todos os constitucionalistas brasileiros, com a amizade e profunda admiração de Daniel Sarmento, Daniela Ikawa e Flávia Piovesan

in *Igualdade, Diferença e Direitos Humanos*, Rio de Janeiro, Lumen Juris, 2008

17. Daniel Sarmento/Ingo Wolfgang Sarlet

Para o professor Paulo Bonavides, com a profunda admiração e amizade do Daniel Sarmento e Ingo in *Direitos Fundamentais no Supremo Tribunal Federal: Balanço e Crítica*, Rio de Janeiro, Lumen Juris, 2011

18. Dante Pacini

Ao insigne professor Paulo Bonavides, alto espírito da cultura e da ciência política do nosso País, homenagem de admiração do autor, Dante Pacini

Rio, 10.7.1973

in *Política e Direito (Filosofia e Ciência)*, Rio de Janeiro, Borsói, 1973

19. Diogo de Figueiredo Moreira Neto

19.1 A Paulo Bonavides, com muitas saudades, seu discípulo menor Diogo

Dezembro/1986

in "Metodologia Constitucional", *Revista da Informação Legislativa* 91, Separata, Brasília, Senado Federal/Subsecretaria de Edição Técnica, 1986

19.2 Ao querido mestre e amigo Paulo Bonavides, sempre atento a seus ensinamentos, o Diogo de Figueiredo

Novembro/2003

in *Direito Regulatório*, "Introdução" de Luís Roberto Barroso, Rio de Janeiro/São Paulo, Renovar, 2003

20. Evandro Lins e Silva

Ao prezado professor Paulo Bonavides, com a simpatia intelectual e o abraço cordial do Evandro Lins e Silva

in *De Beccaria a Filippo Gramatica (Uma Visão Global da História da Pena)*, Opúsculo: sem indicação editorial, 1991

21. Evaristo de Moraes Filho

Para o prezado amigo, professor Paulo Bonavides, com o melhor abraço do Evaristo

Rio, 12.1.1960

in *Sucessão nas Obrigações e a Teoria da Empresa*, 1ª ed., t. I, Rio de Janeiro, Forense, 1960

22. Herman Assis Baeta

22.1 Ao querido Mestre e amigo Paulo Bonavides; com a admiração e o abraço do Baeta

in *Estudos sobre o Controle Externo do Judiciário*, Brasília, OAB/Conselho Federal, 1999.

22.2 Ao grande amigo e mestre Paulo Bonavides, com a admiração e o abraço do Baeta

Brasília, 9.3.2004

in *História da Ordem dos Advogados do Brasil*, 1ª ed., Brasília, OAB Editora, 2003

23. Ivan Lins

23.1 Ao professor Paulo Bonavides, homenagem afetuosa da admiração de Ivan Lins

Rio, 17.12.1973

in *Estudos Brasileiros – Biblioteca do Estudioso*, São Paulo, Lisa, 1973

23.2 Ao professor Paulo Bonavides, homenagem afetuosa de seu amigo e admirador Ivan Lins

Rio, 17.12.1973

in *Conferência do Acadêmico Ivan Lins (da Academia Brasileira de Letras) sobre a Atuação de Pedro I e José Bonifácio na Independência*, realizada em 12.9.1972 no Tribunal de Contas da Guanabara, ao se encerrarem as comemorações do Sesquicentenário

23.3 Ao professor Paulo Bonavides, homenagem do Ivan Lins

Rio, 22.2.1965

in *Perspectivas de Augusto Comte*, Rio de Janeiro, Livraria São José, 1965

24. João Luiz Duboc Pinaud

Ao professor Paulo Bonavides, marcando, de modo modesto, a entrega da “Medalha Teixeira de Freitas”, com a estima do sempre aluno J. L. Duboc Pinaud

IAB, 12.5.1999

in *Malvados Mortos, Paty do Alferes, 1838*, Rio de Janeiro, Expressão e Cultura, 1987

25. Leonardo Boff

Ao Paulo Bonavides, pela contribuição que deu ao nosso País, Leonardo Boff

8.6.2010 (Fortaleza)

in *Responder Florindo*, Rio de Janeiro, Garamond, 2004

26. Luís Roberto Barroso

26.1 Para o professor Paulo Bonavides, Mestre e glória de todos nós, com o abraço afetuoso do Luís Roberto Barroso

in *O Controle de Constitucionalidade no Direito Brasileiro*, São Paulo, Saraiva, 2004

26.2 Para o futuro imortal e jurista maior, Paulo Bonavides, com a admiração e grande estima, Luís Roberto Barroso

Novembro/2003

in *A Nova Interpretação Constitucional*, Rio de Janeiro/São Paulo, Renovar, 2003

26.3 Para o querido professor Paulo Bonavides, com imensa admiração e muito carinho, Luís Roberto Barroso

Junho/2010

in *Curso de Direito Constitucional Contemporâneo*, 2ª ed., São Paulo, Saraiva, 2010

26.4 Para o querido professor Paulo Bonavides, o maior de todos, com o abraço afetuoso do Luís Roberto Barroso

Maio/2008

in *Vinte Anos da Constituição Brasileira de 1988: o Estado a que Chegamos*, Texto digitado remetido pelo autor, Rio de Janeiro, 2008

26.5 Para o grande jurista e querido amigo Paulo Bonavides, do discípulo e admirador Luís Roberto Barroso

Maio/2006

in *Temas de Direito Constitucional*, t. III, Rio de Janeiro/São Paulo/Recife, Renovar, 2005

27. Luiz Fux

Ao professor Paulo Bonavides, Mestre e amigo, com a admiração e o afeto de Luiz Fux

Fortaleza, 16.9.2006

in *Processo e Constituição*, Luiz Fux/Nelson Nery Jr./Teresa Arruda Alvim Wambier, São Paulo, Ed. RT, 2006

28. Luíza Cristina Fonseca Frischeisen

Para o professor Paulo Bonavides, com imensa admiração e agradecendo pela contínua inspiração, um abraço, Luíza C. F. Frischeisen

in *Políticas Públicas, a Responsabilidade do Administrador e o Ministério Público*, São Paulo, Max Limonad, 2000

29. Marcelo Cerqueira

Ao professor Bonavides, amigo fraterno, jurista incomparável, seu companheiro Marcelo Cerqueira

Curitiba, novembro/2006

in *A Constituição na História – Origem e Reforma*, 2ª ed., Rio de Janeiro, REVAN, 2006

30. Oscar Dias Corrêa

30.1 Ao prezado e eminente confrade professor Paulo Bonavides, com o mais alto apreço e a admiração de Oscar Corrêa

15.7.1999

in *Meus Versos dos Outros – Traduções de Poetas Italianos*, ed. bilíngue, Rio de Janeiro, Academia Brasileira de Letras, Coleção Afrânio Peixoto, 1999

30.2 Ao prezado e ilustre professor Paulo Bonavides, homenagem de apreço do Oscar Corrêa

6.12.1985

in *Vultos e Retratos*, Brasília, Senado Federal/Centro Gráfico, Coleção Lima Barreto, vol. 17, 1985

30.3 Ao caro e ilustre professor Paulo Bonavides, renovando-lhe a admiração, Oscar Corrêa
13.12.2003
in *Quase Ficção – Contos*, Rio de Janeiro, Academia Brasileira de Letras, 2003

31. Ricardo Aziz Cretton

Ao eminente professor Paulo Bonavides, Mestre de tantas gerações, oferece, com admiração, o Ricardo Cretton
in *Os Princípios da Proporcionalidade e da Razoabilidade e sua Aplicação no Direito Tributário*, Rio de Janeiro, Lumen Juris, 2001

32. Ricardo Noblat

Ao amigo Paulo Bonavides, orgulho de homem probo, com o respeito e a amizade de Ricardo Noblat
1.7.1985
in *O Complô que Elegeu Tancredo*, Gilberto Dimenstein/José Negreiros/Ricardo Noblat/Roberto Lopes/Roberto Fernandes, 5ª ed., Rio de Janeiro, Editora JB, 1985

33. Roberto Fernandes

Ao professor Paulo Bonavides, tantas vezes citado em conversas por Tancredo Neves, o abraço do Roberto Fernandes
1.7.1985
in *O Complô que Elegeu Tancredo*, Gilberto Dimenstein/José Negreiros/Ricardo Noblat/Roberto Lopes/Roberto Fernandes, 5ª ed., Rio de Janeiro, Editora JB, 1985

34. Roberto Mangabeira Unger

Ao Dr. Paulo Bonavides, aliado e amigo, Roberto Mangabeira Unger
Rio, 23.8.1985
in *The Critical Legal Studies Movement*, reprinted from *Harvard Law Review* 96, n. 3, janeiro/1983

35. Roberto Rosas

Ao mestre Bonavides, com o grande abraço do Roberto Rosas
in *Perfis do Mundo Jurídico*, Ribeirão Preto, Migalhas, 2011

36. Sérgio Bermudes

Ao eminente professor Paulo Bonavides, Mestre de todos os constitucionalistas brasileiros, jurista insigne, com o abraço da profunda admiração de Sérgio Bermudes

Rio, 9.10.2009

in *A Reforma do Judiciário pela Emenda Constitucional n. 5*, Rio de Janeiro, Forense, 2005

37. Vânia Siciliano Aieta/Valter Kenj Ishida/George Salomão Leite

Ao querido mestre Paulo Bonavides, exemplo maior de constitucionalista mas sobretudo de concidadão, com todo o carinho e a admiração de Vânia, Valter, George

in *A Indução e a Analogia no Campo do Direito*, Rio de Janeiro, Lumen Juris, 2002

Rio Grande do Norte

1. Adilson Gurgel de Castro/Carlos Roberto de Miranda Gomes

Ao grande Mestre do Direito, professor Paulo Bonavides, com a admiração e o respeito deste seu eterno aluno Adilson Gurgel de Castro/Carlos Roberto de Miranda Gomes

Natal, 7.8.1992

in *Curso de Direito Tributário*, Carlos Roberto de Miranda Gomes/Adilson Gurgel de Castro, 4ª ed., Natal, Cooperativa Cultural Universitária do Rio Grande do Norte, 1991

2. Andreo Aleksandro Nobre Marques

Ao meu grande Mestre, Dr. Paulo Bonavides, a quem sou grande devedor pelas lições hauridas ao longo de minha curta trajetória acadêmica. Um caloroso abraço!

Natal/RN, 9.12.2010

Andreo Marques

in *Controle de Constitucionalidade dos Atos Jurisdicionais Transitados em Julgado*, Curitiba, Juruá, 2009

3. Artur Cortez Bonifácio

Ao Grande Mestre, inspirador de uma escola jurídica, Paulo Bonavides, muito obrigado, por tudo e por você. Eterna admiração. Do autor.

Natal, 23.4.2005

Artur Cortez Bonifácio

in *Direito de Petição – Garantia Constitucional*, São Paulo, Método, 2004

4. Diógenes da Cunha Lima

4.1 Ao pontífice Paulo Bonavides, passageiro de 1ª classe do *Trem da Minha Vida*, Diógenes da Cunha Lima

13.11.2008

in *O Trem da Minha Vida*, Rio de Janeiro, Lidador, 2004

4.2 Ao Mestre dos Mestres, Paulo Bonavides, já autor das melhores memórias em nosso País, Diógenes da Cunha Lima

13.11.2008

in *O Semeador de Alegria – Uma Biografia de Dom Nivaldo Monte*, Natal/RN, Sebo Vermelho Edições, 2007

4.3 Ao Mestre de todos nós, Paulo Bonavides, todo o bem dizer do Diógenes da Cunha Lima

Natal, 25.7.2005

in *Câmara Cascudo, um Brasileiro Feliz*, 3ª ed., comemorativa dos 100 anos do nascimento de Luís da Câmara Cascudo, Rio de Janeiro, Lidador, 1998

5. E. Seabra Fagundes

Ao professor Paulo Bonavides, que figurava no rol dos amigos de meu pai, com apreço e admiração do Eduardo, E. Seabra Fagundes

2000

in *Miguel Seabra Fagundes – Guerreiro do Direito*, OAB/Conselho Federal, 1999

6. Fabiano Mendonça

Ao professor Paulo Bonavides a honra de fazer esta oferta, com o respeito de um discípulo, no desejo de aperfeiçoar posicionamento e debates para a ampliação de nossa democracia.

Natal, 30.8.2008

in *Limite da Responsabilidade do Estado*, Rio de Janeiro, Impetus, 2003

7. Marcelo Navarro Ribeiro Dantas

7.1 Recife, 19.5.2004

Ao professor Paulo Bonavides – glória dos constitucionalistas brasileiros – a homenagem humilde do seu mais modesto admirador, Marcelo

in *Princípio do Promotor Natural*, Salvador, Juspodivm, 2004

7.2 Natal, 2.6.2000

Ao professor Paulo Bonavides, orgulho do Nordeste, orgulho do Brasil, com grande admiração, a homenagem de Marcelo

in *Reclamação Constitucional no Direito Brasileiro*, Porto Alegre, Sérgio Antônio Fabris Editor, 2000

7.3 Ao professor Paulo Bonavides, com a advertência de que se trata de um trabalho de estudante e, hoje em dia, já razoavelmente desatualizado, o abraço de Marcelo

Natal, 19.10.1999

in *Apontamentos sobre o Mandado de Segurança* (Marcelo Navarro Ribeiro Dantas, estudante do Curso de Direito da Universidade Federal do Rio Grande do Norte), Natal/RN, 1984

8. Olavo de Medeiros Filho

Ao Dr. Paulo Bonavides, descendente de algumas das famílias tratadas no livro, com os cumprimentos do Olavo de Medeiros Filho

Natal/RN, 26.6.1998

in *Velhas Famílias do Seridó*, Brasília, Senado Federal/Centro Gráfico, 1981

9. Paulo Lopo Saraiva

9.1 Para o estimadíssimo amigo e Mestre de todos nós, professor Paulo Bonavides, paradigma de cultura e ética da Nação Brasileira, com o abraço e a eterna homenagem do discípulo de sempre, Paulo Lopo Saraiva

Brasília/DF, 5.12.2004

in *O Júri Popular e o Sol da Liberdade*, Natal, WP Gráfica e Editora, 2004

9.2 Ao Mestre e amigo professor Paulo Bonavides, o sábio dos sábios, com a estima do autor.

Fortaleza, 11.4.1995

in *Manual de Direito Constitucional*, São Paulo, Acadêmica, 1995

9.3 Para o mestre Paulo Bonavides, pela sua visita a Pau dos Ferros, meca jurídica do Semiárido Nordestino, viva o nosso Papa!

Pau dos Ferros, 17.3.2011

Paulo Saraiva

in *A Tetradimensionalidade do Direito*, 1ª ed., Coleção Jurística do Semiárido Nordestino

9.4 Para o mestre Paulo Bonavides, amigo, papa e parceiro, com a minha estima e reverência.

Florianópolis, 29.10.2010

Paulo Saraiva

in *O Advogado Não Pede, Advoga*, São Paulo, Ícone, 2006.

9.5 Ao amigo Paulo Bonavides, expressão maior da cultura jurídica brasileira, com a admiração e o respeito do autor.

Natal, 4.5.1984

Paulo Lopo Saraiva

in *Garantia Constitucional dos Direitos Sociais no Brasil*, Rio de Janeiro, Forense, 1983

9.6 Ao mestre Paulo Bonavides, com a amizade perene do autor. Forte abraço.

Natal, 18.10.2006

Paulo Lopo Saraiva

in *Constituição e Mídia no Brasil*, São Paulo, Academia Brasileira de Direito/MP Editora, 2006

9.7 Ao Mestre e amigo professor Paulo Bonavides, exemplo de cultura humanística e ética, com o abraço do eterno discípulo, Paulo Lopo Saraiva
Joinville, 1.7.1999
in *Fascínio de um Império Diferente*, OAB/Conselho Federal, 1996

9.8 Para o Mestre de todos nós, Paulo Bonavides, com o meu abraço.
Jerusalém, 1.7.2007
Paulo Lopo Saraiva
in *Constituição e Mídia no Brasil*, São Paulo, Academia Brasileira de Direito/MP Editora, 2006

9.9 Ao mestre Paulo Bonavides, com a amizade de sempre.
Natal, 26.2.2002
Paulo Lopo Saraiva
Ofereço à memória do "Paulinho", que foi um justo na terra e hoje é um santo no céu.
Paulo Lopo Saraiva
in *Direito, Política e Justiça na Contemporaneidade*, Campinas, Edicamp, 2002

Rio Grande do Sul

1. Antônio Paulo Cachapuz de Medeiros

Ao eminente professor Paulo Bonavides, com o apreço e a admiração do Antônio Paulo de Medeiros
Porto Alegre, 30.11.1983
in *O Poder Legislativo e os Tratados Internacionais*, Porto Alegre, Instituto dos Advogados do Rio Grande do Sul, 1983

2. Carolina Machado Cyrillo da Silva

Ao meu Mestre professor Paulo Bonavides entrego essa singela contribuição, fruto de minhas pesquisas da Filosofia do Direito. Um afetuoso abraço com todo meu respeito e admiração, Carol
Fortaleza, 24.8.2012
in *Chaïm Perelman – Da Argumentação à Justiça. Um Retorno à Aristóteles*, Porto Alegre, Linus Editores, 2007

3. Eduardo Carrion

3.1 Ao querido mestre Paulo Bonavides, referência dos constitucionalistas brasileiros, com respeito e estima do Eduardo Carrion

Em 27.9.1998

in *Apontamentos de Direito Constitucional*, Porto Alegre, Livraria do Advogado, 1997

3.2 Ao estimado professor Paulo Bonavides, grande Mestre, com o abraço afetuoso do autor, Eduardo Carrion

13.9.1985

in *Estado, Partidos e Movimentos Sociais*, Porto Alegre, EDIPAZ, 1985

4. Humberto Bergmann Ávila

4.1 Ao grande mestre Paulo Bonavides, com a admiração do seu aluno, Humberto Ávila

Porto Alegre, 12.12.2004

in *Segurança Jurídica*, São Paulo, Malheiros Editores, 2011

Nota dos Organizadores: Dedicatória seguida destes dizeres, em carta anexa:

(...) Ocioso dizer que sou seu fã e há muito tempo. Devo dizer, até, que foram suas obras que, ainda jovem, me despertaram para os grandes temas do direito público. Com a admiração do seu aluno Humberto

Porto Alegre, 12.12.2011

4.2 Ao Prof. Paulo Bonavides, meu modesto sinal de extraordinária admiração intelectual. Abraços, Humberto Bergmann Ávila

8.4.1999

in *Medida Provisória na Constituição de 1988*, Porto Alegre, Sérgio Antônio Fabris Editor, 1997

5. Ingo Wolfgang Sarlet

5.1 3.4.2008

Ao querido amigo, Mestre e incentivador Paulo Bonavides, humilde mostra de minha profunda admiração e do meu afeto! Ingo

in *Dignidade da pessoa humana e Direitos Fundamentais*, 6ª ed., Porto Alegre, Livraria do Advogado, 2005 (A obra em sua 1ª edição foi prefaciada pelo professor Paulo Bonavides)

5.2 Ao estimado professor Paulo Bonavides, como singela mostra da minha gratidão pela referência feita na última edição do *Curso de Direito Constitucional*, bem como para manifestar minha profunda admiração.

22.7.1999

Ingo Sarlet

in *O Direito Público em Tempo de Crise*, Porto Alegre, Livraria do Advogado, 1999

5.3 Ao professor Dr. Paulo Bonavides singela mostra de estima e admiração por uma trajetória que honra e ilumina todos os que se dedicam à defesa da ordem democrática, Ingo Sarlet

in *A Constituição Concretizada*, Porto Alegre, Livraria do Advogado, 2000

5.4 Ao ilustre mestre Dr. Paulo Bonavides um pouco de minhas preocupações, alicerçadas em seus ensinamentos.

Porto Alegre 26.9.2001

in *A Constituição Concretizada – Construindo Pontes com o Público e o Privado*, Porto Alegre, Livraria do Advogado, 2000

5.5 Outubro/2002
Ao querido professor Bonavides, preito de estima, admiração e gratidão, oferece o livro (já "aperfeiçoado") e a 2ª edição, Ingo Sarlet

in *Dignidade da Pessoa Humana e Direitos Fundamentais*, 2ª ed., Porto Alegre, Livraria do Advogado, 2002

5.6 Ao estimado Prof. Dr. Paulo Bonavides, com admiração profunda e sincera gratidão.

Outubro/2000

Ingo Sarlet

in *Die Problematik der sozialen Grundrechte in der brasilianischen Verfassung und im deustchen Grundgesetz*, Peter Lang, Europäischer Verlag der Wissenschaft, Frankfurt am Main/Berlin/Bern/New York/Paris/Wien, 1997

5.7 Ao professor Dr. Paulo Bonavides, com a minha mais profunda gratidão e reconhecimento pelo estímulo e incondicional apoio, na esperança de que os ajustes feitos após o "Prefácio" tenham tornado a obra mais digna das generosas palavras a mim endereçadas.

12.3.2001

Ingo Sarlet

in *Dignidade da Pessoa Humana e Direitos Fundamentais na Constituição Federal de 1988*, Porto Alegre, Livraria do Advogado, 2001

6. Ingo Wolfgang Sarlet/Roberta Gubert/André Trindade

Ao querido professor Paulo Bonavides, esta singela homenagem ao nosso maior jurista, constitucionalista e pessoa humana. São suas palavras que constam no título e inspiram esta Coletânea. Em nome dos autores e do Instituto de Hermenêutica Jurídica, Ingo Sarlet, Roberta Gubert e André Trindade

in "(Neo)Constitucionalismo, 'Ontem, os Códigos; Hoje, as Constituições'", *Revista do Instituto de Hermenêutica Jurídica* I, n. 2, Porto Alegre, 2004

Nota dos Organizadores: No informe editorial que abre o n. 2 da *Revista do Instituto de Hermenêutica Jurídica*, dois Membros Fundadores do Instituto, que integram a Comissão Editorial – André Karam Trindade e Roberta Magalhães Gubert –, assinalam:

As sugestivas palavras de Paulo Bonavides – "Ontem, os códigos; hoje, as Constituições"[*] – escolhidas para o título desta "Apresentação", demandam a realização de um debate teórico acerca da necessidade da construção de uma Teoria da Constituição que corresponde às expectativas criadas com a acelerada e incessante evolução do Estado Constitucional.

[*] Palavras proferidas durante o discurso de agradecimento ao receber a Medalha Teixeira de Freitas do Instituto dos Advogados Brasileiros, no ano de 1988.

7. Juarez Freitas

7.1 Ao grande jurista e meu muito amigo professor Paulo Bonavides, com a imensa alegria de vê-lo como uma de minhas maiores referências jurídicas e existenciais, com o abraço de Juarez Freitas

Porto Alegre, 2007

in *Discricionariedade Administrativa e o Direito Fundamental à Boa Administração*, São Paulo, Malheiros Editores, 2007

7.2 Ao grande mestre Paulo Bonavides, com a minha gratidão por seu generoso estímulo. Com amizade, Juarez Freitas

2002

in *A Interpretação Sistemática do Direito*, 3ª ed., São Paulo, Malheiros Editores, 2002

8. Lênio Luiz Streck

8.1 Ao professor Dr. Paulo Bonavides, com as homenagens do seu discípulo incondicional! Tenha certeza, Professor, que suas ideias me inspiraram (e continuam a me inspirar) profundamente, Lênio Luiz Streck

Porto Alegre, 8.4.2002

in *Jurisdição Constitucional e Hermenêutica*, Porto Alegre, Livraria do Advogado, 2002

8.2 Ao professor Paulo Bonavides, com respeito, admiração e carinho, de seu aprendiz e aluno Lênio Streck

Curitiba, 13.10.2003

in *Jurisdição Constitucional e Hermenêutica – Uma Nova Crítica do Direito*, 2ª ed., Rio de Janeiro, Forense, 2004

8.3 Para meu amigo e sempre professor Paulo Bonavides, do Lênio Streck, com carinho!

Natal, dezembro/2010

in *O que é Isto – Decido Conforme minha Consciência?*, Porto Alegre, Livraria do Advogado, 2010

8.4 Ao emérito Professor, Mestre de todos nós, Dr. Paulo Bonavides, com especialíssimo carinho do Lênio Luiz Streck

RS, 14.3.2000

In *Hermenêutica Jurídica e(m) Crise – Uma Exploração Hermenêutica da Construção do Direito*, Porto Alegre, Livraria do Advogado, 2000

8.5 Ao grande Mestre e orientador de um discípulo, abraço fraterno, Lênio Streck

Porto Alegre, 25.9.2001

in *Ciência Política e Teoria Geral do Estado*, Lênio Luiz Streck/José Luiz Bolzan de Moraes, 2ª ed., Porto Alegre, Livraria do Advogado, 2001

9. Luiz Luisi

9.1 Ao ilustre Mestre e caro amigo professor Paulo Bonavides, com devota admiração e afetuoso apreço, Luiz Luisi

Agosto/1992

in *Os Princípios Constitucionais Penais*, Porto Alegre, Sérgio Antônio Fabris Editor, 1991

9.2 Ao eminente professor Paulo Bonavides, com a estima e a admiração do Luiz Luisi

Cruz Alta/RS, 19.11.1974

in *A Função de Garantia do Direito Penal Moderno*, Comunicação ao Congresso Mundial de Filosofia, Madrid, 7-12.9.1973, Porto Alegre, Livraria do Globo, 1973

10. Marcus Vinicius Martins Antunes

Ao professor e amigo Paulo Bonavides ofereço, como sinal de reconhecimento pelo que, por seu intermédio, os gaúchos já devem ao Ceará.

Setembro/1998

Marcus Vinicius

in *Luz e Sombras – Ensaios de Interpretação Marxista*, Porto Alegre, UFRS, Centro de Estudos Marxistas/Editora da Universidade, 1997

11. Nelson Jobim

Ao professor Paulo Bonavides, com a admiração e o apreço deste seu aluno dos livros, Nelson Jobim

25.10.2007

in *Memória Jurisprudencial Ministro Orozimbo Nonato*, Brasília, STF, 2007

12. Paulo Brossard

Ao prezado e ilustre amigo professor Paulo Bonavides, que tive a honra de conhecer em Fortaleza, quando do Congresso Jurídico em homenagem à memória do mestre Clóvis, por ocasião do centenário de seu nascimento, *tem* o gosto de oferecer Paulo Brossard de S. Pinto

Porto Alegre, 20.4.1980

in *No Centenário de João Mangabeira*, Brasília, 1980

13. Paulo Peretti Torelly

Poá, 6.10.2008

Ao estimado professor Paulo Bonavides, com apreço e renovada admiração diante da lúcida reflexão forjada no "Prefácio" deste livro, minhas mais sinceras homenagens ao revigorante exemplo de compromisso democrático que tenho em sua pessoa e obra, com viva cordialidade! Paulo Torelly

in *A Substancial Inconstitucionalidade da Regra de Reeleição*, Porto Alegre, Sérgio Antônio Fabris Editor, 2008

14. Rosah Russomano

Ao eminente amigo e mestre Paulo Bonavides, com meu reagradecimento pelas generosas palavras com que apresentou esta nova edição – e que simbolizam sua mais relevante faceta –, ofereço este exemplar, que leva também minha irrestrita admiração, Rosah Russomano

Abril/1997

in *Curso de Direito Constitucional*, 5ª ed., Rio de Janeiro, Freitas Bastos, 1997

15. Sérgio Ribeiro Muylaert

Ao Ilmo. Mestre, Dr. Paulo Bonavides, esta obra menor que oferece, com esperança, o autor Sérgio Ribeiro Muylaert

31.8.1999

in *Estado, Empresa Pública, Mercado*, Porto Alegre, Sérgio Antônio Fabris Editor, 1999

SANTA CATARINA

1. César Luiz Pasold

1.1 Ao eminente professor Dr. Paulo Bonavides, renovando o meu profundo respeito acadêmico e perene admiração científica, César Luiz Pasold

Ilha de Santa Catarina, 10.10.2002

in *Prática da Pesquisa Jurídica*, 7ª ed., OAB/SC Editora, 2002

1.2 Ao emérito professor Dr. Paulo Bonavides, com a minha respeitosa homenagem e o reconhecimento pela sua imensa contribuição ao ensino e à pesquisa jurídica em nosso País. Cordialmente, César Pasold

Santa Catarina, julho/1999

in *Prática da Pesquisa Jurídica*, Florianópolis, OAB/SC Editora, 1994

1.3 Ao emérito professor Dr. Paulo Bonavides, com especial respeito acadêmico-científico e a homenagem sincera do César Pasold

Ilha de Santa Catarina, 10.8.2000

in *Técnicas de Comunicação para o Operador Jurídico*, Florianópolis, Diploma legal, 2000

1.4 Caro professor Dr. Paulo Bonavides, este é o meu "filho científico" predileto, que, nesta 3ª edição, se encontra revigorado. Desejo que este exemplar seja o portador da minha renovada homenagem ao Sr., que, sempre, estimula a reflexão criticamente responsável sobre o Estado, com os muitos votos de um excelente 2004!

Ilha de Santa Catarina, 5.1.2004

in *Função Social do Estado Contemporâneo*, 3ª ed., Florianópolis, OAB/SC Editora, 2003

2. Cláudia Servilha Monteiro

Ao professor Paulo Bonavides, ao Mestre que nos emociona, essas palavras dadas pelo entendimento entre os homens. Com admiração, Cláudia S. Monteiro

Florianópolis, setembro/2005

in *Teoria da Argumentação Jurídica e Nova Retórica*, 2ª ed., Rio de Janeiro, Lumen Juris, 2003

3. Jairo Schäfer

Ao grande "Maestro" do Constitucionalismo mundial, com minha admiração, Jairo Schäfer

9.6.2006

in *Classificação dos Direitos Fundamentais – Estado e Constituição-5*, Porto Alegre, Livraria do Advogado, 2005

4. Orides Mezzaroba

Ao professor Paulo Bonavides, com reconhecimento da grande contribuição de suas ideias e obras na elaboração deste livro. Com carinho e admiração do autor.

6.10.2004

in *Introdução ao Direito Partidário Brasileiro*, 2ª ed., Rio de Janeiro, Lumen Juris, 2004

5. Osvaldo Ferreira de Melo

5.1 Para o eminente colega Paulo Bonavides, a quem me ligam laços de amizade e admiração, com meus votos de boas-vindas a Santa Catarina, Osvaldo Ferreira de Melo

Maio/1998

in *Temas Atuais de Política do Direito*, Porto Alegre, Sérgio Antônio Fabris Editor, 1998

5.2 Para o professor Paulo Bonavides, a quem tanto admiro e estimo, com a cordialidade do Osvaldo Ferreira de Melo

Florianópolis, 2.6.1984

in *Reflexões para uma Política de Cultura*, Editora da UFSC/Movimento, 1982

6. Paulo Márcio Cruz

Ao querido professor Paulo Bonavides, com um abraço e muita admiração, Paulo Cruz

Itajaí, 20.5.2000

in *Parlamentarismo em Estados Contemporâneos: os Modelos da Inglaterra, de Portugal, da França e da Alemanha*, 2ª ed., Itajaí/Blumenau, UNIVALI/FURB, 1999

7. Rogério Portanova

Ao Mestre, amigo e inspirador das causas democráticas, professor Paulo Bonavides, com carinho e admiração, Rogério Portanova

21.4.2010

in *Desventuras Românticas e Militância Alternativa*, Florianópolis, Fundação Baiteux, 2006

8. Ruy Samuel Espíndola

8.1 Ao Mestre dos constitucionalistas brasileiros, estimado e prezado professor Paulo Bonavides, para o qual tanto devo da minha formação jurídico-humanista. Com a eterna gratidão de sempre, seu discípulo Ruy Samuel Espíndola

4.11.1998

in *Conceito de Princípios Constitucionais*, "Apresentação" do professor J. J. Gomes Canotilho, "Prefácio" do professor Clèmerson Merlin Clève, São Paulo Ed. RT, 1998

8.2 Ao querido e preclaro Mestre professor Paulo Bonavides: Professor, esta 2ª edição vai, implicitamente, dedicada à sua pessoa, já que o que justificou a sua nominação de 2ª edição foi a inclusão (p. 22), em "Apêndice", de conferência feita em sua homenagem por ocasião do Congresso ocorrido em outubro/1999 na Faculdade de Direito de Caruaru (pp. 275-288), Ruy Samuel Espíndola

Florianópolis/SC, 16.7.2002

in *Conceito de Princípios Constitucionais*, 2ª ed., "Apresentação" do professor J. J. Gomes Canotilho, "Prefácio" do professor Clèmerson Merlin Clève, São Paulo, Ed. RT, 2002

São Paulo

1. Alexandre de Moraes

Ao amigo e professor Paulo Bonavides, com sincera amizade e grande apreço

São Paulo, 13.5.2002

Alexandre de Moraes

in *Constituição do Brasil Interpretada e Legislação Constitucional*, São Paulo, Atlas, 2002

2. Alysson Leandro Mascaro

Ao professor Paulo Bonavides, Mestre e exemplo que me inspira pela justiça de nosso povo, do seu admirador Alysson Leandro Mascaro

Agosto/2008

in *Introdução à Filosofia do Direito*, São Paulo, Atlas, 2002

3. André Ramos Tavares

3.1 Ao estimado professor Paulo Bonavides, referência obrigatória nos estudos jurídico-constitucionais, pelos seus valiosos ensinamentos, com muita honra e admiração por sua vasta obra e trabalho contínuo, as homenagens sinceras do André Tavares

João Pessoa, 5.9.2002

in *Curso de Direito Constitucional*, São Paulo, Saraiva, 2002

3.2 Ao emérito jurista professor Paulo Bonavides, com toda admiração pela vida dedicada às ciências jurídicas, André Tavares

in *As Tendências do Direito Público no Limiar de um Novo Milênio*, São Paulo, Saraiva, 2000

4. Antônio Tito Costa

4.1 Ao professor Paulo Bonavides, como homenagem à sua inteligência e ao seu trabalho em favor do Direito, com admiração e a estima do Tito Costa

Fortaleza, 27.8.1971

in *Recursos em Matéria Eleitoral*, São Paulo, Ed. RT, 1968

4.2 Ao amigo Paulo Bonavides, Mestre do direito político, com a estima sempre crescente do Tito Costa

20.11.1975

in *Responsabilidade de Prefeitos e Vereadores*, São Paulo, Ed. RT, 1975

5. Arruda Alvim

Ao eminente Mestre, professor Paulo Bonavides, com a cordialidade e a admiração de Arruda Alvim

Fortaleza, 28.7.1989

in *A Arguição de Relevância no Recurso Extraordinário*, São Paulo, Ed. RT, 1988

6. Ataliba Nogueira

6.1 Ao prezado amigo e eminente colega Paulo Bonavides, com a admiração pela sua cultura e operosidade, oferece Ataliba Nogueira

17.4.1974

in *Perecimento do Estado*, São Paulo, Empresa Gráfica da Revista dos Tribunais, 1971

6.2 Ao ilustre amigo e colega Paulo Bonavides, oferece Ataliba Nogueira

São Paulo, 17.4.1974

in "A Nação", *Revista da Faculdade de Direito da USP*, Ano LXVI, Separata, São Paulo, Empresa Gráfica da Revista dos Tribunais, 1971

7. Carolina Zancaner Zockun

Ao professor Paulo Bonavides, maior constitucionalista deste País, com a admiração e o respeito de Carolina Zancaner Zockun

São Paulo, outubro/2009

in *Da Intervenção do Estado no Domínio Social*, São Paulo, Malheiros Editores, 2009

8. Cássio Scarpinella Bueno

Ao professor Paulo Bonavides, com as minhas mais sinceras homenagens e admiração; um exemplo a ser seguido! Um cordial abraço do seu "aluno" Cássio Scarpinella Bueno

São Paulo

in *Mandado de Segurança – Comentários às Leis ns. 1.533/1951, 4.348/1964 e 5.021/1966*, 2ª ed., São Paulo, Saraiva, 2004

9. Cássio Schubsky

9.1 Ao prezado professor Paulo Bonavides, luminar do Direito, esta obra de capítulos da Advocacia Pública, com apreço e abraço de seu admirador Cássio Schubsky

São Paulo, 28.7.2009

in *Advocacia Pública – Apontamentos sobre a História da Procuradoria do Estado de São Paulo*, São Paulo, Imprensa Oficial/CEPGE, 2008.

9.2 Ao prezado professor Paulo Bonavides, Colega de Direito e dos ideais de Justiça, esta obra machadiana. Com meu cordial abraço, Cássio Schubsky

São Paulo, 28.7.2009

in *Doutor Machado – O Direito na Vida e na Obra de Machado de Assis*, São Paulo, Lettera Doc/Migalhas, 2008

10. Celso Antônio Bandeira de Mello

10.1 Ao querido amigo e eminente mestre Paulo Bonavides, com um grande abraço de Celso Antonio

2009

in *Eficácia das Normas Constitucionais e Direitos Sociais*, São Paulo, Malheiros Editores, 2009

10.2 Ao eminentíssimo Mestre e muito querido amigo professor Paulo Bonavides, a quem tive a honra de citar neste livro já há várias edições, com as saudações mais cordiais do Celso Antônio Bandeira de Mello

2012

in *Curso de Direito Administrativo*, 29ª ed., São Paulo, Malheiros Editores, 2012

11. Celso de Albuquerque Mello

Ao estimado professor Paulo Bonavides, por ser importante inspirador de toda uma geração de estudiosos do direito constitucional, com a crença no potencial ético e transformador do Direito. Com minha imensa admiração

31.5.2000

in *Arquivos de Direitos Humanos*, Rio de Janeiro/São Paulo, Renovar, 1999

12. Celso Lafer

12.1 Para o professor Paulo Bonavides, com a admiração e o afeto de Celso Lafer

São Paulo, abril/2000

in *Comércio, Desarmamento, Direitos Humanos*, São Paulo, Paz e Terra, 1999

12.2 Para o professor Paulo Bonavides na convergência dos temas e dos interesses. Com todo o carinho, Celso Lafer

Lisboa, julho/1988

in *A Ruptura Totalitária e a Reconstrução dos Direitos Humanos – Um Diálogo com Hannah Arendt*, São Paulo, Rumo, 1988

13. Celso Ribeiro Bastos

13.1 Ao prezado amigo, mestre ímpar do nosso direito público, Paulo Bonavides, oferece, com todo o carinho, Celso R. Bastos

São Paulo, 23.9.1979

in *Do Mandado de Segurança*, São Paulo, Saraiva, 1978.

13.2 Ao amigo que muito quero, Mestre que muito admiro, oferece a Paulo Bonavides o Celso Bastos

São Paulo, 5.7.19 85

in *Lei Complementar – Teoria e Comentários*, tese apresentada como exigência parcial para obtenção de láurea acadêmica de Livre-Docente pela PUC/SP, 1965

13.3 Ao mestre e dileto amigo Paulo Bonavides, com a admiração e o apreço do Celso Bastos

Vitória, 13.10.1985

in *Lei Complementar – Teoria e Comentários*, São Paulo, Saraiva, 1985

13.4 Ao eminente Mestre de sempre, professor Paulo Bonavides, com os cumprimentos saudosos do Celso Bastos

São Paulo, 13.9.2002

in *Curso de Direito Constitucional*, São Paulo, Celso Bastos Editor, 2002

13.5 Ao nosso grande constitucionalista e nosso grande presidente Paulo Bonavides, com a amizade e admiração do Celso Bastos

São Paulo, 10.11.1982

in *Interpretação e Aplicabilidade das Normas Constitucionais*, Celso Bastos/Carlos Ayres Britto, São Paulo, Saraiva, 1982

14. Dalmo de Abreu Dallari

A meu mestre constante professor Paulo Bonavides, uma das primeiras expressões da Teoria do Estado e da Ciência Política no Brasil, a cuja crítica me submeto com respeito e satisfação, Dalmo de Abreu Dallari

São Paulo, 8.2.1974

in *O Futuro do Estado*, Edição do Autor, São Paulo, 1972

15. Eros Roberto Grau

15.1 Ao meu caro amigo Paulo Bonavides, com o abraço e a admiração do Eros Grau

Outubro/1985

in *A Constituinte e a Constituição que Teremos*, São Paulo, Ed. RT, 1985

15.2 Ao meu caro amigo e professor, professor Paulo Bonavides, com a admiração do Eros

Abril/2007

in *Ensaio e Discurso sobre a Interpretação/Aplicação do Direito*, 4ª ed., São Paulo, Malheiros Editores, 2006

15.3 Ao caríssimo professor Paulo Bonavides, com o abraço do Eros Grau

Outubro/1990

in *A Ordem Econômica na Constituição de 1998 interpretação e Crítica)*, São Pulo, Ed. RT, 1990

> **Nota dos Organizadores:** O Capítulo 6 da 1ª edição dessa obra (1990), intitulado "A Interpretação das Normas Constitucionais", insere à p. 170, abaixo do sumário, a seguinte frase do constitucionalista retratado neste perfil:
>
> Em matéria constitucional é mui difícil se não impossível estabelecer critérios absolutos de interpretação. *[Paulo Bonavides]*

15.4 Ao professor Paulo Bonavides, com a minha mais profunda admiração, Eros

8/2006

in *La Doppia Destrutturazione del Diritto – Una Teoria Brasiliana sull'Interpretazione*, Milão Edizione Unicopli, 1996

15.5 Ao mestre Paulo Bonavides o abraço afetuoso do Eros

Julho/1998

in *La Doble Desestructuración y la Interpretación del Derecho*, Barcelona, Editorial M. J. Bosch, 1998

16. Fábio Konder Comparato

16.1 Ao nosso maior constitucionalista vivo, o eminente professor Paulo Bonavides, oferece, com admiração e respeito, o autor Fábio Konder Comparato

São Paulo, 19.2.2003

in *A Afirmação Histórica dos Direitos Humanos*, 3ª ed., São Paulo, Saraiva, 2003

16.2 Ao professor Paulo Bonavides, companheiro do bom combate republicano e democrático.

Brasília, agosto/2010

Fábio Konder Comparato

in *Rumo à Justiça*, São Paulo, Saraiva, 2010

16.3 Ao querido amigo, professor Paulo Bonavides, com o abraço do Fábio K. Comparato

in "A Humanidade no Século XXI: a Grande Opção", *Stvdia Jvridica* 48, Colloquia-6, Separata, Conferências na Faculdade de Direito de Coimbra 1999/2000, Coimbra, Universidade de Coimbra/Coimbra Editora

17. Fernando Whitaker da Cunha

17.1 A Paulo Bonavides, com muita admiração pela sua obra, of. Fernando Whitaker

in *Democracia e Cultura – Os Pressupostos da Ação Política*, Rio de Janeiro, Freitas Bastos, 1968

17.2 Ao querido Paulo Bonavides, com o maior apreço, Fernando Whitaker

Setembro/1990

in *Comentários à Constituição*, 1º vol., Rio de Janeiro, Freitas Bastos, 1990

18. Flávia Piovesan

18.1 Ao estimado professor Paulo Bonavides, por ser a referência e a inspiração do Constitucionalismo democrático em nosso País. Com admiração infinita.

São Paulo, 31.7.2003

Flávia Piovesan

in *Proteção Judicial Contra Omissões Legislativas*, 2ª ed., São Paulo, Ed. RT, 2003

18.2 Ao estimado professor Paulo Bonavides, por sua doação e entrega à causa da dignidade humana. Com minha especial amizade e carinho, Flávia Piovesan

São Paulo, 31.7.2003

in *Temas de Direitos Humanos*, 2ª ed., São Paulo, Max Limonad, 2003

18.3 Ao estimado professor Paulo Bonavides, com a imensa gratidão pelos maravilhosos livros e as belas dedicatórias. Por tudo que simboliza a cultura do Constitucionalismo democrático e protetor do Direito, Flávia Piovesan

São Paulo, 31.5.2000

in *Temas de Direitos Humanos*, "Prefácio" de Fábio Konder Comparato, São Paulo, Max Limonad, 1998

18.4 Ao professor Paulo Bonavides, por sua monumental contribuição à cultura democrática, Flávia Piovesan

31.1.2000

in *500 Anos e o Direito no Brasil*, São Paulo, Artchip Editora, Caderno de Direito e Cidadania II, 2000

19. Gilberto Bercovici

19.1 Ao professor Paulo Bonavides, Mestre, amigo e inspirador deste trabalho, com a homenagem sincera e a amizade do amigo de sempre Gilberto Bercovici

Janeiro/2003

in *Desigualdades Regionais, Estado e Constituição*, São Paulo, Max Limonad, 2003

19.2 Ao professor Paulo Bonavides, primeiro batalhador do Federalismo Regional, com a amizade do Gilberto Bercovici

Março/2000

in *O Mito da Necessidade, Discurso e Prática do Regionalismo Nordestino*, Iná Elias de Castro, dedicatória em exemplar do livro, Rio de Janeiro, Bertrand Brasil, 1992

20. Goffredo Telles Jr.

20.1 Ao caríssimo amigo, professor Paulo Bonavides, ofereço este exemplar da 2ª edição (revista) do livro de reflexões, que lhe dediquei como prova de minha admiração. Receba o afetuoso abraço do Goffredo Telles Jr.

3.7.2006

in *O Povo e o Poder*, 2ª ed., São Paulo, Juarez de Oliveira, 2006

Com a dedicatória:

Ao Mestre Paulo Bonavides

Professor insigne da Democracia Participativa

20.2 Ao mestre Dr. Paulo Bonavides, Professor Emérito da Ciência Política, jurista insigne, vanguardeiro ilustrado da democracia participativa, caríssimo amigo, com a imensa admiração de Goffredo Telles Jr.

São Paulo, 8.4.2003

in *O Direito Quântico*, 8ª ed., São Paulo, Max Limonad, 1985

20.3 Ao caro professor emérito Paulo Bonavides ofereço, com a maior admiração e respeito, este modesto livrinho, cartilha de primeiras letras da Ciência do Direito, resumo final e despretensioso de meio século de Advocacia, de lutas sociais, de reflexões e de ardoroso magistério, Goffredo Telles Jr.

8.12.2000

in *Iniciação na Ciência do Direito*, São Paulo, Saraiva, 2001

20.4 Eminente e querido Professor, Dr. Paulo Bonavides, receba este pequeno acervo de descrições de antigas e célebres filosofias, com a saudação afetuosa de seu permanente admirador Goffredo Telles Jr.

São Paulo, 16.8.2004

in *A Criação do Direito*, 2ª ed., São Paulo, Juarez de Oliveira, 2004

20.5 Ao Mestre, Professor Emérito da Faculdade de Direito da Universidade Federal do Ceará, com sincera e imensa admiração, o velho abraço de simpatia e solidariedade de Goffredo Telles Jr.

SP, 26.7.2002

in *Revista do Instituto dos Advogados de São Paulo* 9, Ano 5, Nova Série, publicação oficial do Instituto dos Advogados de São Paulo/IASP, janeiro-junho/2002

Nota dos Organizadores: Nesse número se insere o artigo "O Poder do Povo", de Goffredo Telles Jr., em homenagem a Paulo Bonavides (pp. 40-66).

20.6 Ao insigne mestre, professor Paulo Bonavides, rogando sua compreensão, ofereço este conjunto de parolagens de um velho mestre-escola, seu permanente admirador, Goffredo Telles Jr.

São Paulo, maio/2003

in *Palavras do Amigo aos Estudantes de Direito*, São Paulo, Juarez de Oliveira, 2003

20.7 Ao preclaro Mestre, professor Paulo Bonavides, com sincera amizade e velha admiração, oferece Goffredo Telles Jr.

Fevereiro/1981

in *O Direito Quântico*, 5ª ed., São Paulo, Max Limonad, 1980.

20.8 Ao professor emérito Dr. Paulo Bonavides, Mestre dos Mestres, a admiração e a homenagem de Goffredo Telles Jr.

São Paulo, 8.82002

in *Ética – Do Mundo da Célula ao Mundo da Cultura*, 1ª ed., Rio de Janeiro, Forense, 1988

20.9 Ao caro professor Paulo Bonavides ofereço, com permanente admiração, minha singela crônica de fatos deste século e das ideias que suscitaram, Goffredo Telles Jr.

21.8.1999

in *A Folha Dobrada – Lembranças de um Estudante*, Rio de Janeiro, Nova Fronteira, 1999

20.10 Para o insigne Mestre, Dr. Paulo Bonavides, esta série de rememorações históricas, com a afetuosa saudação do admirador Goffredo Telles Jr.

in *Carta aos Brasileiros 1977 – Manifesto de Repúdio da Ditadura e de Exaltação do "Estado de Direito Já"*, Edição Comemorativa do 30º Aniversário da *Carta*, 1ª ed., São Paulo, Juarez de Oliveira, 2007

21. Ives Gandra da Silva Martins

21.1 Ao prezado amigo e Mestre, Paulo Bonavides, com admiração, oferece Ives

São Paulo, 8.4.1982

in *Estudos sobre o Amanhã Ano 2000 – Caderno n. 2*, São Paulo, IMEPA-Instituto Metropolitano de Estudos e Pesquisas Aplicadas/Resenha Universitária, 1978

21.2 Ao amigo e Mestre de todos, Paulo Bonavides, com afeto e admiração, Ives

14.8.2012

in *Princípios Constitucionais Relevantes*, Ives Gandra da Silva Martins (coord.), vol. I, Porto Alegre, Conselho Superior de Direito/Fecomércio SP, 2012

22. João Grandino Rodas

Ao ínclito professor Paulo Bonavides, com a admiração de João Grandino Rodas

Dezembro/1989

in *A Publicidade dos Tratados Internacionais*, São Paulo, Ed. RT, 1980

23. João José Leal

Ao grande arauto do Estado Democrático de Direito – professor Paulo Bonavides –, com a estima e a admiração do autor.

Brusque, 19.9.2000

João José Leal

in *Crimes Hediondos. Aspectos Político-Jurídicos da Lei n. 8.072/1990*, São Paulo, Atlas, 1996

24. José Afonso da Silva

24.1 Ao professor Paulo Bonavides, grande lutador pela democracia e pela dignidade da Pátria, o meu apreço, José Afonso da Silva

São Paulo, 8.5.2000

in *Poder Constituinte e Poder Popular (Estudos sobre a Constituição)*, São Paulo, Malheiros Editores, 2000

24.2 Ao professor Paulo Bonavides, com profunda admiração, José Afonso da Silva

2.5.2001

in *Ordenação Constitucional da Cultura*, São Paulo, Malheiros Editores, 2001

24.3 Ao professor Paulo Bonavides, com a admiração e homenagens do autor, José Afonso da Silva

São Paulo, 2.5.1981

in "Partidos Políticos e Sistemas Eleitorais (o Caso Brasileiro)", *Vox Legis*, Separata, São Paulo, Sugestões Literárias

25. José Celso de Mello Filho

No Supremo Tribunal Federal, em março/2011

Ao eminente professor Paulo Bonavides, Mestre de todos nós, cujos magníficos trabalhos na área acadêmica tanto têm enriquecido e influenciado o pensamento doutrinário em nosso País, com a minha admiração e o meu respeito intelectual, Celso

in *Constituição Federal Anotada*, 2ª ed., São Paulo, Saraiva, 1986

26. José Eduardo Faria

Agradecendo a calorosa acolhida em Fortaleza e os excelentes livros, com admiração, J. Eduardo

São Paulo, 31.7.1995

in *Direitos Humanos, Direitos Sociais e Justiça*, José Eduardo Faria (org.), São Paulo, Malheiros Editores, 1994

27. José Pedro Galvão de Sousa

Ao insigne colega Paulo Bonavides, cordial homenagem de José Pedro Galvão de Sousa

5.7.1973

in *O Estado Tecnocrático*, São Paulo, Saraiva, 1973

28. Luiz Vergílio Dalla-Rosa

Caríssimo professor e mestre Paulo Bonavides, com humildade entrego à sua prova este livro, fruto de pesquisa que em muito se inspira em sua obra e vida, Luiz Vergílio

18.9.2002

in *Uma Teoria do Discurso Constitucional*, São Paulo, Landy Editora, 2002

29. Manoel Gonçalves Ferreira Filho

Ao prezado amigo e Mestre, professor Paulo Bonavides, com estima e admiração sempre crescentes, M. G. Ferreira Filho

in *Direito Constitucional Comparado I – O Poder Constituinte*, São Paulo, José Bushatsky Editor/EDUSP, 1974

30. Marcelo Figueiredo

30.1 Ao eminente jurista professor Paulo Bonavides, com a admiração e o respeito do autor, Marcelo Figueiredo

18.6.1993

in *Teoria Geral do Estado*, São Paulo, Atlas, 1993

30.2 Ao querido amigo e colega Paulo Bonavides, o nosso "jacarandá" do direito constitucional, abraços,

Marcelo Figueiredo

In *Direito Constitucional: Estudos Interdisciplinares sobre Federalismo, Democracia e Administração Pública*, Belo Horizonte, Fórum, 2012

30.3 Ao eminente professor Paulo Bonavides, jurista ímpar e grande humanista, o abraço amigo do Marcelo Figueiredo

26.5.1999

in *O Controle da Moralidade na Constituição*, São Paulo, Malheiros Editores, 1999

31. Maria Victória de Mesquita Benevides

Ao ilustre professor Paulo Bonavides, cordialmente, Maria Victória

in *A Cidadania Ativa – Referendo, Plebiscito e Iniciativa Popular*, São Paulo, Ática, 1991

32. Maurício Zockun

Professor Paulo Bonavides, obrigado pelo exemplo de vida, cuja vida aos mais jovens indicou os exemplos a serem seguidos. Com admiração, Maurício Zockun

São Paulo, 15.12.2010

in *Responsabilidade Patrimonial do Estado*, São Paulo, Malheiros Editores, 2010, Coleção Temas de Direito Administrativo

33. Miguel Reale

33.1 Ao meu caro amigo Paulo Bonavides, com um grande abraço, oferece Miguel Reale

São Paulo, março/1959

in *Aspectos da Teoria Tridimensional do Direito*, São Paulo, USP/Empresa Gráfica da Revista dos Tribunais, s/d

33.2 Ao caro amigo Paulo Bonavides, muito cordialmente, Miguel Reale

Janeiro/1961

in *Nos Quadrantes do Direito Positivo (Estudos e Pareceres)*, 1ª ed., s/l, Gráfica Editora Michalany, s/d

34. Ney Prado

34.1 Para o prezado Paulo Bonavides, Mestre de todos nós cultores do Direito, com as homenagens sinceras do Ney Prado

30.11.2011

in *A Intervenção do Estado no Domínio Econômico: Condições e Limites – Homenagem ao Professor Ney Prado*, 1ª ed., 2ª tir., São Paulo, LTr 75, 2011

34.2 Para o especial amigo Paulo Bonavides, com particular e entusiástica admiração do Ney Prado

1.12.2011

in *Os Notáveis Erros dos Notáveis da Comissão Provisória de Estudos Constitucionais*, Rio de Janeiro, Forense, 1987

35. Pascoal Barbosa

Ao estimado amigo professor Paulo Bonavides, consumado Mestre da Ciência Política, glória da minha geração, pela sua inteligência privilegiada e admirável cultura e, acima de tudo, por seu caráter retilíneo, com a homenagem do Pascoal Barbosa

São Paulo, 1.7.1974

in *Na Defesa das Prerrogativas do Advogado*, Paulo Sérgio Leite Fernandes (Conselheiro designado), OAB/Seção de São Paulo, São Paulo, 1974

36. Paula A. Forgioni

Ao professor Bonavides, com minha mais profunda admiração.

São Paulo, dezembro/2000

in *Os Fundamentos do Antitruste*, São Paulo, Ed. RT, 1998

37. Renata Soares Bonavides de Mattos

Ao querido primo Dr. Paulo Bonavides, com muito carinho e honra por fazer parte de nossa família. Abraços afetuosos da autora Renata S. Bonavides Mattos

21.5.2003

in *Direitos do Presidiário e suas Violações*, São Paulo, Método, 2001

38. Sérgio Sérvulo da Cunha

Ao prezado professor Paulo Bonavides, com o melhor abraço do Sérgio

Santos, abril/2005

in *Jurisdição Constitucional*, Hans Kelsen, São Paulo, Martins Fontes, 2003

39. Tércio Sampaio Ferraz Jr.

39.1 Ao professor Paulo Bonavides, com a minha maior admiração e amizade, cordialmente, Tércio Sampaio Ferraz Jr.

São Paulo, 20.9.1978

in *Função Social da Dogmática Jurídica*, São Paulo, Empresa Gráfica da Revista dos Tribunais, 1978

39.2 Ao mestre Paulo Bonavides, com admiração e amizade, of. Tércio Sampaio Ferraz Jr.

São Paulo, julho/1988

in *Introdução ao Estudo do Direito*, São Paulo, Atlas, 1988

40. Valdir Florindo

Ao Mestre de todos nós, professor Paulo Bonavides, cujo reconhecimento veio antes no ambiente cultural internacional, e que agora brilha na alma de todos aqueles que cultuam as liberdades públicas neste País. Um abraço! Valdir

15.10.1998

in *Dano Moral e o Direito do Trabalho*, São Paulo, LTr, 1996

41. Virgílio Afonso da Silva

Ao professor Bonavides, com a estima e a admiração do autor, Virgílio Afonso da Silva

Dezembro/2005

in *A Constitucionalização do Direito*, São Paulo, Malheiros Editores, 2005

42. Vladimir Oliveira da Silveira/María Mendez Rocasolano

Ao querido professor Paulo Bonavides, esse livro é fruto das nossas reflexões sobre o seu marco teórico e só foi possível por causa da amizade e respeito que o Sr. conquistou na Espanha. Aproveitamos para agradecer o carinho e os ensinamentos.

Fortaleza, 12.6.2010

Vladimir Oliveira da Silveira e María Mendez Rocasolano

in *Direitos Humanos – Conceitos, Significados e Funções*, São Paulo, Saraiva, 2010

43. Weida Zancaner

Ao professor Paulo Bonavides, meu constitucionalista preferido, com amizade, Weida

São Paulo, 8.11.2001

in *Da Convalidação e da Invalidação dos Atos Administrativos*, 2ª ed., 3ª tir., São Paulo, Malheiros Editores, 2001

Sergipe

1. Carlos Ayres Britto

1.1 Ao prezado e ilustre professor Paulo Bonavides, com apreço e admiração muito antigas.

São Paulo, 25.6.1980

in *Teletempo*, Aracaju, SEC/Subsecretaria de Cultura e Arte, 1980

1.2 Para Paulo Bonavides, paradigma de cultura, educação e civismo, este meu breve passeio pelo encantado mundo da poesia.

Aracaju, 15.12.1999

Carlos Ayres Britto

in *Uma Quarta de Farinha – Poemas*, Aracaju, 1998

1.3 Para o meu ídolo Paulo Bonavides, este livro-diário. Com todo afeto e admiração, Carlinhos

Brasília, 16.11.2005

in *Varal de Borboletas*, Aracaju, Editora Jornal O Capital, Gráfica J. Andrade, 2003

OBRAS NÃO JURÍDICAS

1. Aires da Mata Machado Filho

A Paulo Bonavides, homenagem de Aires da Mata Machado Filho

3.11.1975

in *O Enigma do Aleijadinho e Outros Estudos Mineiros*, Rio de Janeiro, Livraria José Olympio Editora, 1975

2. Antônio Martins Filho

Ao prezado amigo e colega professor Paulo Bonavides, com a maior cordialidade, Antônio Martins Filho

Fortaleza, 16.5.1983

in *O Outro Lado da História*, Fortaleza, Edições Universidade Federal do Ceará, 1983

3. (Padre) Antônio Vieira

20.1 Ao mestre e amigo Paulo Bonavides, que deu os retoques neste trabalho, elaborado ao tempo que ainda cursava a Universidade Federal do Rio de Janeiro, o reconhecimento e admiração do Padre Antônio Vieira

22.8.1989

in *A Família (Evolução Histórica, Sociológica, Antropológica)*, Fortaleza, Secretaria de Cultura e Desporto/Editora Imprensa Oficial, 1987

20.2 Ao grande jurisconsulto Paulo Bonavides, a quem admiro como Mestre e estimo como irmão, Padre Antônio Vieira

in *Filosofia, Política e Problemas Jurídicos*, Fortaleza, Secretaria de Cultura, Turismo e Desporto, 1989

20.3 Ao prezado amigo Dr. Paulo Bonavides, com minha estima por suas valiosas qualidades de espírito e admiração por sua invulgar cultura jurídica e humanista, as saudações afetuosas do Padre Antônio Vieira

22.8.1989

in *Filosofia, Política e Problemas Jurídicos*, Fortaleza, Secretaria de Cultura, Turismo e Desporto, 1989

4. Ariano Suassuna

Para Paulo Bonavides, cordialmente, Ariano Suassuna

Rio, 1.9.1971

in *Romance d'A Pedra do Reino e o Príncipe do Sangue do Vai-e-Volta*, Rio de Janeiro, Livraria José Olympio Editora, 1971

5. Ascendino Leite

5.1 Ao caro e eminente conterrâneo mestre Paulo Bonavides, por seu enorme saber jurídico, seu talento de prosador a serviço do Humanismo, grande pensador que é, esta afetuosa lembrança do velho Ascendino Leite

Bessa, 20.12.1991

Feliz Natal

João Pessoa

in *Jornal Literário* – "Momentos Intemporais", 15º vol., ESN/Acauã, s/d

5.2 Ao grande e admirado mestre Paulo Bonavides, com o mais vivo apreço intelectual esta lembrança amiga, Ascendino

Natal/1998 – Cabo Branco

in *A Prisão*, João Pessoa, Editora Universitária, 1995

5.3 Ao muito caro e eminente jurista Paulo Bonavides, fundador do Humanismo brasileiro, esta singela homenagem do seu obscuro conterrâneo Ascendino Leite

7.9.2002

in *Vulgata: Livro – Misto*, 2ª ed., João Pessoa, Editora Ideia, 2002

5.4 Ao eminente mestre Paulo Bonavides, luminar do novo Humanismo brasileiro, estas homenagens do velho Ascendino

26.11.2001

in *Vulgata*, João Pessoa, Editora Ideia, 2001

6. Barros Pinho

Para o professor Paulo Bonavides, com a amizade do Barros Pinho

Fortaleza, 21.8.1980

in *Circo Encantado*, Fortaleza, Gráfica Editorial Cearense, 1975

7. Carlos Drummond de Andrade

A Paulo Bonavides, cordialmente, Carlos Drummond de Andrade

Rio, janeiro/1979

In *70 Historinhas*, Rio de Janeiro, Livraria José Olympio Editora, 1978

8. Diógenes da Cunha Lima

Ao Mestre dos Mestres, Paulo Bonavides, já autor das melhores memórias em nosso País, Diógenes da Cunha Lima

13.1.2008

in *O Semeador de Alegria – Uma Biografia de Dom Nivaldo Monte*, Natal/RN, 2007

9. Gerardo Mello Mourão

9.1 Para Paulo Bonavides, com o melhor abraço de Gerardo Mello Mourão

Rio, 2003

in *Algumas Partituras*, Rio de Janeiro, Topbooks, 2000.

9.2 Para o querido Mestre e amigo Paulo Bonavides esta *Invenção do Mar: "Carmen Saeculare"* do Gerardo de Mello Mourão

Rio, 2003

in *Invenção do Mar: "Carmen Saeculare"*, Rio de Janeiro/São Paulo, Record, 1997

10. Gonzaga Mota

Em 4.2.2013

eminente mestre Dr. Paulo Bonavides, encaminho ao Sr., orgulho do povo cearense, quatro textos de nossa autoria. Peço-lhe desculpas pela petulância, pois sou um escritor neófito.

Além de trabalhos na área técnica, no momento estou eriçando-me na literatura poética, principalmente. Cordialmente, Gonzaga Mota

Nota dos Organizadores: Do escritor, professor e ex-governador do Ceará e ex-deputado federal Luiz de Gonzaga Fonseca Mota recebeu o professor PAULO BONAVIDES o seguinte cartão, em que aquele homem público lhe envia quatro livros de que é autor (os livros enviados têm por título: *Textos para Reflexão*, *Amor e Dor – Poemas*, *Ao Vento: Poemas* e *Sonhos: Poemas*):

11. J. C. Alencar Araripe

11.1 Ao preclaro amigo Paulo Bonavides, relembrando os momentos de camaradagem que vivemos pelos caminhos do mundo, com o abraço fraterno do Araripe

in *Bárbara e a Saga da Heroína*, Rio de Janeiro/São Paulo/Fortaleza, ABC Editora, 2006

11.2 Ao dileto amigo e querido companheiro de jornal e da Europa, com o abraço muito efusivo do Araripe

Em 2.7.1966

in *A Glória de um Pioneiro – A Vida de Delmiro Gouveia*, Rio de Janeiro, Edições O Cruzeiro, dezembro/1965

11.3 Para o querido amigo Paulo Bonavides, com a admiração de sempre, Araripe

Em 14.9.1995

in *Alencar, o Padre Rebelde*, Fortaleza, Secretaria da Cultura e Desporto do Estado do Ceará, 1995

12. Jáder de Carvalho

Ao Paulo Bonavides, de alma e coração à vista, Jáder de Carvalho

4.2.1982

in *Terra Bárbara*, Fortaleza, Editora Terra do Sol, 1982

13. João Alfredo Montenegro

Ao caro amigo e eminente jurista e pensador político Paulo Bonavides, com apreço e admiração, João Alfredo Montenegro

Fortaleza, 22.3.2000

in *A Historiografia Liberal de Tristão de Alencar Araripe*, Rio de Janeiro, Tempo Brasileiro, 1988

14. João Milanez da Cunha Lima

A Paulo Bonavides, em testemunho de amizade, agradecimento e admiração, oferece o autor, João Milanez da Cunha Lima

São Paulo, 26.1.1989

in *Seta do Arco-Íris (Sonetos e Poesia Vária)*, São Paulo, IBRASA, 1989

15. Josué Montello

15.1 Ao Paulo Bonavides esta lembrança muito amiga de seu admirador e companheiro Josué Montello

Dezembro/1978

in *A Polêmica de Tobias Barreto com os Padres do Maranhão*, Rio de Janeiro, Livraria José Oliympio/MEC, Coleção Documentos Brasileiros, vol. 183, 1978

15.2 A Paulo Bonavides, esta afetuosa lembrança de Josué Montello

in *Como Presidi a Academia*, s/d, "*Ad imortalitatem*", Academia Brasileira de Letras, dezembro/1995

16. Marialva Mont'Alverne Frota

16.1 Ao ilustre mestre professor Paulo Bonavides, que encantou minha geração com as eruditas aulas de Ciência Política na Faculdade de Direito da Universidade Federal do Ceará, Marialva Mont'Alverne Frota

São Luís, 3.12.2013

in *João de Barros – Primeiro Donatário do Maranhão*, Mário Meireles, São Luís, Documentos Maranhenses-13, coleção dirigida pela Academia Maranhense de Letras, Alumar Cultura, 1996

16.2 Ao professor Paulo Bonavides, que elevou, com seu magistério, o nome venerando da Faculdade de Direito da Universidade Federal do Ceará. Com a velha estima do Marialva Mont'Alverne Frota

São Luís, 2.12.2013

in *Relação Sumária das Cousas do Maranhão, Escrita pelo Capitão Simão Estácio da Silveira Dirigida aos Pobres deste Reino de Portugal do Maranhão*, 9ª ed., Edição AML/Alumar, 2013

16.3 Para o emérito professor Paulo Bonavides, que detinha, na minha geração, a mais ilustre Cátedra da Faculdade de Direito da Universidade Federal do Ceará. Com as homenagens do Marialva Mont'Alverne Frota

São Luís, 19.11.2013

in *Obras de João Francisco Lisboa*, 4ª ed., vol. 1, São Luís/Maranhão, Edições AML, 2012

16.4 Para o professor Paulo Bonavides, marco cimeiro do Magistério Superior de minha geração, com as homenagens do Marialva Mont'Alverne Frota

São Luís, 4.2.2014

in *Traduções de Voltaire*, Manuel Odorico Mendes, São Luís, Edições Academia Maranhense de Letras, 1999

16.5 Ao egrégio Mestre e amigo professor Paulo Bonavides, ofereço-lhe este livro precioso pelo biógrafo e biografado. Com as homenagens do Marialva Mont'Alverne Frota

São Luís, 17.2.2014

in *Vida do Padre Antônio Vieira*, João Francisco Lisboa, São Luís/Maranhão, Academia Maranhense de Letras/Edições do Centenário, 2007

17. Menotti del Picchia

17.1 Para o brilhante confrade Paulo Bonavides com a grata admiração do amigo Menotti del Picchia

São Paulo, maio/1974

in *Seleta em Prosa e Verso*, Rio de Janeiro, Livraria José Olympio Editora, 1974

17.2 Este Juca Mulato é uma lembrança para Paulo Bonavides do Menotti del Picchia

1983

in *Juca Mulato*, 4ª ed., Edições de Ouro, s/d, Coleção Prestígio

18. Nélida Piñon

Ao professor Paulo Bonavides, Mestre de todos nós, este *O Presumível Coração da América*, com grande apreço e admiração, Nélida Piñon

Rio, 15.12.2003

in *O Presumível Coração da América*, Rio de Janeiro, Academia Brasileira de Letras/Topbooks, 2002

19. Pedro Calmon

A Paulo Bonavides, cordialmente oferece Pedro Calmon

Natal/1973

in *Castro Alves, o Homem e a Obra*, Rio de janeiro, Livraria José Olympio Editora, 1973

20. Pedro Nava

A Paulo Bonavides, com muita admiração, Pedro Nava

Rio, Natal/1978

in *Beira-Mar Memórias/4*, Rio de Janeiro, Livraria José Olympio Editora, 1978

21. Rachel de Queiroz

21.1 A Paulo Bonavides, a amizade velha e a admiração de Rachel de Queiroz

Rio, novembro/1970

in *As Três Marias – Romance*, 5ª ed., Rio de Janeiro, Livraria José Olympio Editora, 1970

21.2 A Paulo Bonavides, o velho abraço de Rachel de Queiroz

Rio, janeiro/1974

in *Rachel de Queiroz – Seleta*, Paulo Rónai (org.), Rio de Janeiro, Livraria José Olympio Editora, 1973

21.3 Rio, junho/1970

Ao Paulo Bonavides nosso velho Ceará, o mesmo em 15 ou 70, com o abraço de Rachel de Queiroz

In *O Quinze – 1930-1970*, 12ª ed., comemorativa do Jubileu de Esmeralda do romance, Rio de Janeiro, Livraria José Olympio Editora

21.4 Ao mestre Paulo Bonavides, sua permanente admiradora Rachel de Queiroz

21.8.1992

in *Memorial de Maria Moura*, São Paulo, Siciliano, 1992

21.5 A Paulo Bonavides com a velha simpatia de Rachel de Queiroz

Rio, agosto/1979

in *Lampião – Drama em Cinco Quadros*, 3ª ed., Rio de Janeiro, Livraria José Olympio Editora, 1979

22. Vilma Guimarães Rosa

Ao caro amigo Paulo Bonavides, o abraço muito grande e sempre muito grato de Vilma Guimarães Rosa

Rio, 29.11.1972

in *Por que Não? – Contos*, Rio de Janeiro, Livraria José Olympio Editora, 1972

23. Zélia Sá V. Camurça

À afirmação da mais alta intelectualidade científica de Paulo Bonavides junto os meus sentimentos às homenagens as mais efusivas pelo seu lugar destacado na *intelligentsia* brasileira. Com respeitos à família, cordialmente, Zélia

Setembro/1970

in *Presença da Mulher – A Educação da Mulher*, Discurso de posse no Instituto do Ceará, Fortaleza/CE, 1970

11
Amigos[1]

José Edísio de Sousa

1. **Nota dos Organizadores**: Paulo Bonavides teve na adolescência e na mocidade três grandes amigos que assim permaneceram por toda vida.

O primeiro, José Edísio de Sousa, cearense, passou a maior parte da existência nos Estados Unidos, onde se formou em engenharia e se tornou também homem de negócios. Escreveu o poema "Paulo Bonavides, Amigo Certo", comemorativo dos 80 anos do nosso homenageado. A peça faz parte desse perfil, acompanhada da carta de agradecimento que Bonavides lhe endereçou.

O segundo foi José Raimundo Costa, a respeito do qual, a pedido da Direção do jornal *O Povo*, onde ambos trabalharam, Bonavides escreveu e publicou um editorial naquela folha, sob o título: "Uma presença de 50 anos".

O terceiro, também homem de imprensa, gerenciou o matutino cearense *Gazeta de Notícias*. Chamava-se Raimundo Pascoal Barbosa. Dos três foi o mais íntimo. Depois de lutar nos campos de batalha da Segunda Guerra Mundial, integrando a Força Expedicionária do Brasil, Pascoal retornou ao Ceará, e a seguir se radicou em São Paulo. Formou-se pela Faculdade de Direito das Arcadas, exerceu a advocacia criminal com brilho e probidade, e se destacou pela bravura e altivez ao enfrentar a ditadura de 1964. Atuou então em defesa de sua classe e da profissão, que bem soube abraçar e honrar. Ficou conhecido na metrópole paulista como "o advogado dos advogados".

A amizade dele com o Professor Paulo Bonavides ficou documentada numa troca de cartas, que perdurou por mais de três décadas, até o falecimento de Raimundo Pascoal Barbosa em 2002. As cartas retratam o País da época; são textos de crítica e de impressões causadas pelas instituições e pelos costumes políticos daquele tempo.

Ligeiro fragmento dessa correspondência se reproduz na parte em que ambos fazem alusão a José Raimundo Costa.

O artigo de Paulo Bonavides, tendo por título "Uma presença de 50 anos", publicado em forma de editorial no jornal *O Povo*, edição de 1.6.1988, encerra este tópico. Nela se reuniu considerável acervo de dados sobre o constitucionalista que o Tribunal de Justiça do Estado do Ceará perpetuou, em escultura, na memória cearense, ao lado do civilista Clóvis Beviláqua, glória nacional.

Cientista político,
professor e jornalista,
jurista maior não há,
é muito longa sua lista
de honras já recebidas –
uma história nunca vista.

Não quero louvar o Paulo,
isto eu jamais consigo –
quero apenas dizer
e com grande prazer digo:
por mais de sessenta anos,
tem sido meu grande amigo.

Foi lá no velho Liceu
onde nós nos encontramos
e no Clube Liceal
trabalhamos e sonhamos,
lutando de lado a lado,
sempre juntos caminhamos.

A sorte nos separou,
seguimos nosso roteiro:
eu viajei para o Rio
onde entrei bem ligeiro
na Escola de Aeronáutica
e lá fiquei um ano inteiro.

O grande paraibano
ficou no meu Ceará
onde criara raízes
e onde nos veio honrar,
entrou para a Faculdade
para Direito estudar.

No ano quarenta e quatro
viajou todo contente

e foi para Norte América
pra conhecer nova gente,
para em Harvard estudar
e expandir sua mente.

Eu tinha deixado a farda
e engenharia estudei
também na Norte América,
e quando ao Rio voltei
numa tarde de outubro
com o Paulo me encontrei.

Ele era o mesmo amigo
e alegre me abraçou
falamos dos nossos planos,
novo livro me mostrou,
sempre o mesmo Paulo,
com ele nada mudou.

Voltando pra Fortaleza,
nova vida iniciou,
foi jornalista afamado,
na Alemanha ensinou
– mais importante de tudo,
com sua Yeda casou.

Através de muitos anos
vi sua estrela brilhar,
sua fama de jurista
pelo mundo se espalhar
mas o Paulo não deixou
nossa amizade acabar.

Nas minhas breves visitas
ao querido Ceará,
procurei sempre que pude
com o Paulo me encontrar:

ele foi sempre um amigo
sem nada mesmo mudar.

Na mais recente visita
fui em sua casa almoçar,
lá na Lagoa Redonda,
voltamos a conversar
sobre passado e futuro
sem a toada mudar.

Que outros entoem seus hinos
(coisa bem merecida)
ao grande e nobre jurista
de fama reconhecida –
eu quero falar do amigo
que enfeitou minha vida.

Doutor Paulo Bonavides,
sem orgulho ou vaidade,
é um homem de valor
que honra sua cidade,
que orgulha o seu Brasil,
e sua Universidade.

Como escritor incansável,
deixa rasto luminoso
numa obra muito vasta
de um valor grandioso –
mais importante pra mim:
é meu amigo famoso.

Muita gente tem escrito
sobre este homem querido,
do seu talento e coragem,
de brilho tão conhecido –
eu me junto a todos eles,
seu amigo agradecido.

Deixo que outros falem
do Paulo e sua rica mente,
da sua obra tão grande.
Eu só quero aqui, contente,
falar de um amigo tão nobre
que não se esquece da gente.

Não lhe ofereço medalhas
nem belo livro dourado –
eu te ofereço, meu amigo,
o meu sincero obrigado;
por tua grande amizade,
o meu abraço apertado.

A) Carta de agradecimento do Professor Paulo Bonavides

Fortaleza, 14.IX.2005

Meu Velho e querido

Amigo José Edísio de Sousa

De todas as mensagens de amizade e lembrança afetuosa que me chegaram ao transcurso dos meus oitenta anos de idade, uma das que mais de perto me tocaram o espírito e a sensibilidade foi indubitavelmente a que Você me mandou.

Estas linhas que ora escrevo não ficam todavia à altura do agradecimento devido a tão nobre e espontâneo gesto de amizade e apreço.

Ao mesmo passo me impressionou deveras a descoberta de outra face de sua personalidade literária, que já sabia privilegiada, ignorando-lhe contudo a extensão às esferas divinas da poesia.

Sua veia poética fez coar em versos admiráveis de beleza, inspiração e primor, a originalidade criativa do Colega fraterno, amigo de tantas décadas.

Eu sempre lhe rendi a homenagem de haver sido Você um dos expoentes de minha geração; dentre os meus colegas, o mais arguto, o mais talentoso, o mais pluridimensional de inteligência e aptidão.

Tenho invariavelmente cativo à memória para aplaudir nas reminiscências do passado o liceista laureado com nota máxima em todas as disciplinas do curso. Você se revelava então o ginasiano de talento cintilante, que Antônio Sales premiou, em concurso de letras, por um texto, que se me afigura a obra prima do microconto na literatura luso-brasileira de todos os tempos. Página primorosa de um prosador gigante nas primícias do engenho e da arte. Aliás, em reverência a Você, eu reestampei aquela pedra preciosa há meio século nas colunas do jornal *O Povo*.

Crônicas maravilhosas de sua lavra, eu as li em *A Ideia*, órgão literário do Liceu do Ceará, e na revista *Valor*, de Martins Filho, fundador e ex-reitor da Universidade do Ceará e meu professor nas aulas do prejurídico da praça Fernandes Vieira.

Como gostaria de vê-las restituídas ao público, a-fim-de mostrar à geração coeva a força de sua vocação literária!

Mas me parecem provavelmente perdidas, o que, a meu ver, significa um desastre para o patrimônio espiritual do Ceará.

Enxugando lágrimas de saudades dos tempos liceais, li, comovido, a mensagem poética e fraterna do orador de minha turma, que no banquete de formatura, em 1939, na Praia de Iracema, em festa de confraternidade, fez a oração de despedida aos Mestres que no estabelecimento centenário abriram com suas aulas a cada concludente os horizontes do futuro.

Você foi naquela ocasião, bem me recordo, o fiel intérprete do nosso grão-reconhecimento a velha e tradicional e querida instituição.

Dizia o douto e sábio Padre Antônio Viera que "*o melhor retrato de cada um é aquilo que escreve*". E acrescentava: "*o corpo retrata-se com o pincel, a alma com a pena*".

Devo dizer-lhe, excelente amigo, que sua pena, escrevendo a poesia que biografou numa síntese generosa a minha peregrinação ao longo da vida no atravessar dos oitenta anos, retratou a alma do amigo, cordial, lhano e sincero na fidalguia da estima e da benevolência; amigo do estofo daqueles de que se costuma dizer, no axioma da afeição, o serem sempre diante da certeza e da adversidade, da segurança e da contingência, da alegria e do sofrimento.

Esta carta atesta, pois, a gratidão de quem leu no seu poema um elogio que tem unicamente por explicação e por arrimo a sua generosidade.

Penhoradíssimo, manda-lhe o abraço da amizade o

Amigo *ex corde*

Paulo Bonavides

B) Paulo Bonavides e Raimundo Pascoal Barbosa

Em 2 de junho de 1988, estando no Recife, Paulo Bonavides escreveu carta a Raimundo Pascoal Barbosa, de São Paulo, e este lhe respondeu em 6 de junho do mesmo ano.

Dessas cartas, reproduzimos trechos referentes a José Raimundo Costa, cujo começo de vida na imprensa cearense correspondeu na mesma época ao de Paulo Bonavides e Pascoal Barbosa.

Bonavides:

Recife, 2.VI.1988

Caríssimo Amigo Pascoal,

Estou a escrever-lhe da Capital pernambucana onde cheguei ontem, e ontem mesmo proferi conferência sobre separação de poderes nas Constituições brasileiras. A exposição foi na Faculdade de Direito, seguida de um longo debate. Lastimo não estar hoje em Fortaleza para a conferência do nosso prezado Márcio Thomaz Bastos, que é convidado da OAB cearense e da Universidade Federal do Ceará.

Remeto-lhe, em anexo, recorte do editorial que escrevi para *O Povo* assinalando o transcurso dos 50 anos de trabalho do José Raimundo Costa nessa empresa. Continua ele ali, todos os dias, dando expediente. Veja só: meio século! Como o tempo passa! Eu era menino de calças curtas, aluno do Liceu, concursado como repórter, e poucos meses depois via ali um jovem entrar, pouco mais idoso do que eu, para exercer humildes tarefas, recebendo uma vassoura e um espanador, como ele próprio conta até se elevar às mais altas funções de direção da próspera empresa.

Estou amargurado com o Brasil e a farsa da transição (...). Há mais nuvens do que sol nos céus da Pátria. Vamos aguardar o desfecho dessa comédia.

O abraço amigo do

Bonavides (P.)

Pascoal:

São Paulo, 6 de junho de 1988

Caríssimo Mestre e Amigo Paulo Bonavides

Um grande abraço

(...). Recebi ainda, os recortes mandados, cuidando das comemorações do cinquentenário do José Raimundo Costa, em seu grande jornal, *O Povo*.

O seu artigo de fundo, meu caro Paulo, é uma peça de antologia, que retrata o homem de letras, o periodista insigne, o conhecedor da língua e o estilista privilegiado, que você sempre foi. Vou arquivá-lo, para relê-lo, sempre que desejar relembrar coisas bem escritas, como faço, vez por outra com os trabalhos de Chico Campos.

Ao fazer a leitura daquele trabalho, sobre o José Raimundo, voltei meio século no tempo. Recordei minha entrada na velha *Gazeta de Notícias* no dia 23 de agosto de 1935. Entrei como o Costa, varrendo o jornal. E, com cinco anos de trabalho, aos 19 anos, era gerente do jornal de Drummond.

Depois, a convocação, a guerra, a viagem para a Itália, tudo se encarregou para mudar o curso da minha vida, e vim para São Paulo. Tivesse ficado aí, tenho certeza, o jornal não sairia das mãos da viúva de Drummond. Eu tinha, ou melhor, eu o teria mantido.

C) Uma presença de 50 anos[2]

Paulo Bonavides

Costumava Napoleão dizer que os seus granadeiros traziam na mochila o bastão de marechal. Com efeito, humildes praças ascendiam das posições mais rasas e chãs ao comando de exércitos, com que os louros da vitória ou os atos de bravura, no campo da honra e das batalhas, coroavam os galões do seu generalato.

A vida empresarial em alguns sistemas produz também analogias com a carreira dos generais de Napoleão, cujas origens se buscavam no anonimato da planície social, onde quase todos tinham o mesmo ponto de partida. Haja vista a esse respeito a imagem do *self-made man*, do homem que se fez por si mesmo, que emergiu das profundidades sociais às altitudes da consagração profissional ou que abriu caminho exclusivamente por obra do próprio mérito e esforço.

As épocas de liberalismo em determinadas nações foram sempre férteis em exemplos desse teor. À sombra da livre empresa, da livre ini-

2. Este artigo, tendo por título "Uma presença de 50 anos" foi publicado como editorial no *O Povo* de Fortaleza, em 1.6.1988. Com ele, Paulo Bonavides homenageou um de seus melhores amigos na imprensa cearense, conforme já referimos: José Raimundo Costa.

ciativa, do livre exercício da atividade econômica, medraram carreiras e vocações, que podiam assim conjugar no meio social a combinação da liberdade com o princípio democrático das oportunidades, dentro de esferas desembaraçadamente competitivas. As regras da ascensão social e profissional eram aparentemente estas, posto que as dificuldades concretas nesse modelo de sociedade liberal fossem muito superiores às que existem hoje nas formas do Estado social, dotado de vasto sistema de garantias e proteções, traduzidas na oferta material da escola, do trabalho, da assistência hospitalar, do transporte e de outras facilidades peculiares a estruturas estatais, onde os programas de governo se legitimam tão somente pelo compromisso com o bem da coletividade.

Considerações desse jaez nos ocorrem a propósito de uma pessoa e de uma data que hoje flui. A pessoa é o jornalista José Raimundo Costa e a data o transcurso dos cinquenta anos de sua presença nesta Casa. Durante meio século, o Vice-Presidente da empresa *O Povo* daqui não se afastou, jamais rompendo o vínculo de trabalho indefesso que o prende a uma organização que ele viu crescer, prosperar e deitar fundas raízes de confiança, prestígio e conceito no domínio da opinião pública, até se converter, afinal, numa instituição do povo cearense.

Tem sido 1988 um ano singular na vida do jornal *O Povo*: três comemorações unem aqui o presente ao passado. A primeira delas, o centenário de nascimento do nosso fundador, Demócrito Rocha; a segunda, os 60 anos de existência da folha que assistiu às exéquias da Pátria Velha e abraçou, com todos os riscos, a causa de Juarez nas jornadas liberais da Revolução de 30, e, de último, a terceira grande festa, esta que celebramos agora, assinalando a diuturnidade da colaboração profissional de José Raimundo Costa.

De nossos companheiros é ele o primaz, por cinquenta anos de serviços feitos com a probidade de uma dedicação sem par, nunca desertando o dever no campo de batalha. Viveu conosco as alegrias e as dores do jornal, cuja existência bem-sucedida ficou perenizada pelo programa de valores que Demócrito Rocha lhe traçou, ao fazer de seus prelos uma trincheira da liberdade e do interesse público.

José Raimundo Costa é assim parte viva da história do *O Povo*, que ele pode narrar como testemunha ocular de tão largo período. Aqui entrou na infância do diário, quando este acabara de completar os primeiros dez anos de vida, resistindo a uma voragem de dificuldades que derrubaram ou puseram fora do jornalismo cotidiano, órgãos muito mais antigos e aparentemente muito mais consolidados, de uma imprensa, aliás, exposta a toda casta de pressões e óbices materiais de circulação.

Durante cinco anos – de 1938 a 1943 – Costa fincou suas raízes de trabalho nesta gazeta, sob a direção de Demócrito Rocha, que ele tão de perto viu e admirou no convívio diário da Redação. Ao longo de várias décadas se escreve, pois, a trajetória de promoção desse jornalista nos quadros da empresa: de princípio, um humilde adolescente desempenhando modestíssimas funções de auxiliar do pessoal da gerência; a seguir, um jornalista amadurecido que se elevou aos mais altos postos da organização, pelo trabalho e pelas virtudes de lealdade, devoção e caráter.

A tríplice convergência de fatos tão memoráveis neste ano de 1988 faz, por conseguinte, o júbilo de quantos militam no *O Povo*, com a certeza de que trabalham para uma empresa aberta e democrática, como em verdade democrática e aberta tem sido sempre a invariável linha de seus compromissos com a sociedade, o Ceará e a Nação. Cinquenta anos da assiduidade de Costa são cinquenta anos também da história do *OwPovo*. Penhorado, este órgão, que não pertence a grupos nem a partidos políticos, mas se constitui unicamente num patrimônio do povo cearense, rende ao querido companheiro a singela homenagem destas linhas, repassadas de profunda gratidão.

D) A volta do amigo[3]

Paulo Bonavides

Há seis anos o jovem se fora, largando pátria e amigos, rumo aos Estados Unidos. Lá casou e cria os filhos. Lá encontrou trabalho e hoje pertence a uma poderosa firma, cujos negócios giram por milhões. Na civilização do dólar, sua carreira comercial está assegurada, seu futuro é brilhante.

Sabem de onde é este jovem? Do Ceará. Nasceu na serra, filho de Pacoti. Chama-se José Edísio de Sousa, a quem me prende estreita amizade do tempo em que fomos colegas de Liceu. A vida desse rapaz encerra uma lição, que nós, brasileiros, nunca aprendemos bem. Os que frequentaram o Liceu de 1935 a 1941, hão de ter notado ali a presença de um estudante quase excepcional, que se afirmava pela robustez do talento. Entre centenares de liceístas, era um privilegiado de inteligência e aplicação.

Ao término do curso, com as melhores notas de aula, com média de merecimento raramente igualada por algum predecessor nos quase cem

3. Crônica publicada na coluna "O Povo apresenta hoje" do jornal *O Povo* de Fortaleza, em 27.6.1951.

anos de Liceu, mereceu Edísio um artigo do nosso venerando mestre e estimado jornalista, Professor H. Firmeza, em que este mostrava o quilate do estudante que se despedia dos bancos liceístas e que fora, na sucessão dos seus anos de magistério, o maior talento, a maior inteligência, a mais positiva esperança moça da geração que ele por ali viu passar.

Edísio terminou o curso com sacrifício. Rapaz pobre do interior, muito cedo teve que empregar-se. Funcionário da Light, trabalhava em dois expedientes. Mas nas aulas noturnas do Liceu obtinha os grandes êxitos de classe. Era o primeiro aluno do estabelecimento, o primeiro orador, o primeiro matemático. Cesar Campelo queria vê-lo na engenharia ou no Exército. Firmeza achava que só o Direito seria sua vocação.

Em 1940, tivemo-lo matriculado no pré-jurídico, fomos colega de turma, com Hesíodo Facó, Valnir Chagas e José Maria Campos Moreira, os novíssimos do "Campo da Filosofia", um grêmio de pensamento e letras.

No ano seguinte, partia Edísio para o Rio. Chegaram depois notícias dele como aluno na Escola de Aeronáutica.

Em 1944 em Boston, nos Estados Unidos eu sabia, por intermédio de amigos americanos, que dois cearenses estavam honrando nosso país nas escolas americanas: o médico Isnard Teixeira, nos hospitais de Baltimore, e o estudante de engenharia aeronáutica José Edísio de Sousa, na famosa academia militar de Oklahoma, em Tulsa.

Em 1948, correspondente da "Associated Press" no Rio de Janeiro, uma tarde me encontrei com Edísio. Estava, pouco havia, de volta dos Estados Unidos. Era engenheiro formado em mecânica aeronáutica por uma das melhores escolas daquele país. Custava-me vê-lo tão distante da literatura e do direito. E soube então da injustiça que as companhias brasileiras de aviação lhe queriam fazer.

Estas costumavam estabelecer dois salários; um para americanos, outro para brasileiros. Ainda que o brasileiro fosse mais competente, ganharia menos. Por que? Simplesmente porque era brasileiro.

Contra esse critério injusto, estranho, desonesto, revoltou-se o engenheiro José Edísio de Sousa. Desenganado do país que o despremiava, mudou de carreira, deslocando mais uma vez o vértice de sua profissão. Regressou aos Estados Unidos e, depois de seis anos de ausência, pude afinal abraçar o velho amigo nas ruas de Fortaleza. Não era nem intelectual, nem advogado, nem engenheiro. Era apenas rico e próspero comerciante de Nova Iorque, em visita à terra natal.

Orador do Centro Estudantal Cearense, assíduo colaborador das revistas estudantis, escreveu Edísio aos 16 e 17 anos contos e crônicas de "gente grande". Um de seus trabalhos, premiado pela revista *A Ideia*, do Liceu, em outubro de 1939, foi o conto "Ressurreição", que se segue:

"Explicação – A época é de carreiras vertiginosas. Há nos espíritos todos uma ânsia de transpor as maiores distâncias, enquanto a vida não se acaba. É tempo de operarmos a síntese nas coisas literárias, como já se faz com as substâncias alimentícias. Eis o que pensa o autor.

Desempregado, sem dinheiro e sem crédito – um trapo humano. Pensou em suicídio. Casara-se sonhando com a felicidade, com a alegria de um lar povoado de cabecinhas louras. Mas, tudo isso fora um sonho. Agora, queria desaparecer. Cinco filhos magros, doentes, de olhos mortos e a tosse angustiante da esposa – eis a realidade. E a casa apertada, suja, cheia de buracos, sem o mínimo conforto. E os credores. E as boquinhas inocentes pedindo alimento. E a mulher morrendo aos poucos, consumindo-se lentamente. E...

Para ele, só o suicídio acabaria com aquela angústia. Olhou as coisas todas da casa, num último adeus. Tomou o chapéu. Caminhou para a porta, pensando na morte. Mas, atrás de si ouviu o passo miúdo de um filhinho, perguntando na sua inocência?

– Papaizinho vai compá meu binquedô?

O desgraçado sentiu vontade louca de viver e abraçou chorando aquele pedacinho de gente.

– Vou, meu filhinho.

E saiu pensando na vida. Era preciso viver."

Como homenagem ao autor, transcrevi neste fim de crônica o conto de Edísio, expressando em nome de seus amigos a alegria de tê-lo novamente entre nós e a esperança de que um dia torne ao ofício das letras.

12
Über PAULO BONAVIDES

Este artigo de homenagem ao Professor PAULO BONAVIDES é de autoria de Friedrich Müller,[1] um dos mais consagrados e conspícuos filósofos do Direito da Alemanha de todos os tempos. Originariamente publicado no livro do Professor Dimas Macedo, intitulado "Estado de Direito e Constituição – O Pensamento Político de PAULO BONAVIDES", o artigo é agora reproduzido, com ligeiras emendas de redação e correção do texto alemão, feitas pelo próprio autor.

***

Als Dr. PAULO BONAVIDES in den Achtziger Jahren des vorigen Jahrhunderts in Deutschland war und bei mir in Heidelberg vorbeikam, hatte ich sogleich den klaren Eindruck, den man immer hat, wenn man einer außergewöhnlichen Person begegnet – ein hochdifferenzierter, Konzentration und Nachdenklichkeit ausstrahlender und dabei bescheidener Mensch. Das ist eine Eigenschaft von Jenen, die es nicht nötig haben, ihren gesellschaftlichen oder wissenschaftlichen Status eigens zu unterstreichen.

Er war von der unprätentiösen Einfachheit, die Viele an ihm kennengelernt haben, die ihm zugetan sind. Wir haben über wissenschaftliche Pläne gesprochen, über politische Fragen (die man im Recht ohnehin nicht scharf von einander trennen kann) und besonders über die Notwendigkeit, einen *materialen* (und damit wiederum politischen und sozialen) *Begriff* von Verfassung, von Rechtsstaat und Demokratie und

1. Filósofo, Constitucionalista e Pensador do Direito de projeção internacional. Professor Catedrático Emérito da Universidade de Heidelberg. Autor de *O Novo Paradigma do Direito* e da *Teoria Estruturante do Direito*, ambos publicados no Brasil (**Nota dos Organizadores**).

als deren Basis von den Grund- und Menschenrechten zu entwickeln, ihn in der Diskussion voranzubringen. Wir sind seitdem über die Jahrzehnte hin immer in Kontakt geblieben; gerade auch in Zeiten, die für Brasilien sehr schwierig waren, in den letzten Jahren der Militärdiktatur. Es hat sich dabei ergeben, dass wir bei der Formulierung der demokratische Verfassung von Brasilien ein Stück weit zusammengearbeitet haben, und zwar in der Frage der Grundrechte der Konstitution von 1988.

Dr. PAULO hatte mich 1987 im Auftrag fortschrittlicher demokratischer Juristen seines Landes aufgefordert, für die neue Verfassung einen Grundrechtsteil zu entwerfen, und ich hatte diesen Auftrag gern übernommen. Mein Entwurf war kurz gehalten, bewusst knapp und deutlich formuliert. Die Menschenrechte, die Rechte der Bürger sollten möglichst klar ausgedrückt sein, was auch ganz im Sinn von Dr. PAULO war: so unzweideutig formuliert, dass sie von der Exekutive nicht zu leicht umgangen werden könnten; dass sich undemokratisch gesonnene Politiker nicht deshalb auf sie berufen könnten, weil ihr Text zu dunkel gewesen wäre oder ihre Systematik zu komplex. Außerdem sollten sie für die Berechtigten selbst, die Staatsbürger Brasiliens, ausreichend verständlich sein. Dieser Text war dann vor der Constituinte vorgestellt worden; und Dr. PAULO hatte mich gebeten, zu kommen und meinen Entwurf vor ihren Mitgliedern zu verteidigen. Doch zwei Tage vor dem Abflug rief er mich mitten in der Nacht an und sagte: "Bleiben Sie zu Hause, wir können für Ihre Sicherheit nicht mehr garantieren". Tatsächlich ist dann in der darauf folgenden Woche die damalige Koalition des Präsidenten Sarney in der Verfassunggebenden Nationalversammlung auseinandergebrochen, weil die Fraktion der grossen Grundbesitzer des Nordens und Nordostens zunächst lieber gar keinen Grundrechtsteil mehr haben wollte.

Dieser Vorgang war sicherlich mehr als nur eine Anekdote. Er zeigt, wie es Dr. PAULO auch gegenüber Kollegen aus dem internationalen Bereich verstanden hat – hier in Fragen der Grundrechte, der Menschen- und Bürgerrechte – auf der einen Seite seine besondere juristische Kompetenz und auf der anderen die ethische und politische Verantwortung der Juristen miteinander zu verbinden, sie durch Praxis zu integrieren. Er wollte mich damals wohl vor Schlimmerem bewahren, als er sagte: "Bleiben Sie in Deutschland. Wir werden versuchen, hier die Diskussion weiterzuführen".

Wie Sie wissen, hat die neue brasilianische Verfassung durchaus eine sehr wichtige Grundrechtscharta; aber keine kurze, sondern eine lange und ziemlich komplizierte, monologisch formulierte – in der Praxis schwieriger umzusetzen, als es Dr. PAULO damals vorschwebte und als ich es auf seine Anregung hin zu realisieren versucht hatte.

Im Verlauf dieser Episode wie in vielen weiteren Fällen verstand er es über die Jahrzehnte hin, seine intellektuelle Kompetenz in Philosophie und Politologie, in Verfassungsgeschichte, Verfassungsrecht und Allgemeiner Rechtslehre mit einem politischen Engagement zu verbinden. Dass wir gerade auf dem Weg über eine so verstandene gemeinsame Arbeit Freunde geworden und geblieben sind, freut mich besonders. Ich denke, dass es Allen, die mit ihm als einem menschlich und fachlich außergewöhnlichen Kollegen zusammenarbeiten, ebenso geht. Wir haben uns seitdem in Europa und Brasilien bei vielen Gelegenheiten gesehen, bei Seminaren, auf Kongressen, bei Vorträgen in einzelnen Universitäten. Unvergesslich ist, wie PAULO BONAVIDES die Weisheit des Alters, all die Erfahrungen, die er in seinem Leben gesammelt hat, mit etwas ganz Seltenem verbindet: Er bleibt ein jugendlicher Mensch, er verliert auch nicht die wissenschaftliche Radikalität. Bei ihm ist keine falsche Altersweisheit zu spüren, die dazu geführt hätte, die Fragen, die man an die Politik und die gesellschaftliche Entwicklung zu richten hat, nur noch mit jener etwas oberflächlichen Milde zu stellen, die sich gelegentlich bei älteren Gelehrten beobachten läßt. Dr. PAULO ist nach wie vor der jugendliche Feuerkopf, der eher noch radikaler als in früheren Jahren die Problemen beim Namen nennt, der bedenkliche Entwicklungen in Politik und Gesellschaft kritisiert und gleichzeitig Vorschläge zur Verbesserung der Lage macht, so zum Beispiel in Richtung auf mehr partizipative Demokratie.

Ich kenne viele der wichtigsten heutigen Juristen Brasiliens aus Arbeitskontakten, oft auch persönlich; und sie sehen in PAULO BONAVIDES den Repräsentativsten unter ihnen. Er ist eine unverzichtbare Autorität. Ich denke, ich darf das sagen, obwohl ich nicht Brasilianer bin – aber ein Freund von ihm und ein Freund des Landes, seiner Menschen.

Dr. PAULO ist der seltene Fall eines Wissenschaftlers, der in benachbarten Fächern erstklassige Leistungen erbringt und dabei diese Disziplinen miteinander integriert – in dieser Konstellation, wie bei anderen hervorragenden Kollegen in Brasilien auch – die Integration von Rechtswissenschaft und Politologie. In diesem Sinn gehört er zu den bedeutendsten Wissenschaftlern Lateinamerikas. Er publiziert, auf gleichem Niveau, mit gleicher Intensität und in vielen Auflagen Standardwerke einerseits in der Politikwissenschaft, auf der anderen Seite im Öffentlichen Recht und dabei vor allem im Verfassungsrecht, aber auch in der Verfassungshistorie.

Er hat auf dem zuletzt genannten Gebiet, zusammen mit einem Mitarbeiter, die meines Wissens wichtigste wissenschaftliche Synthese für Brasilien geschrieben und zudem eine enorme editorische Leistung bezüglich der Quellen der gesamten brasilianischen Verfassungsgeschichte vorgelegt. Das sind Arbeiten, die schon für sich allein genommen das Lebenswerk eines bedeutenden Wissenschaftlers ausfüllen könnten. Es ist für mich immer ein Phänomen gewesen, wie es Dr. PAULO fertigbringt, zusammen mit der Historik sogar drei Disziplinen produktiv miteinander zu verbinden, wobei man dennoch kein einziges Mal, wenn man ihn persönlich trifft oder in der Diskussion erlebt, den Eindruck hat, man habe einen überarbeiteten Autor vor sich, der nur daran denkt, wie er rasch wieder an seinen Schreibtisch kommen könnte. Ganz im Gegenteil ist er ein entspannter und humorvoller, freundlich aufgeschlossener, vital diskussionsfreudiger Mensch, der für die Anderen ein offenes Ohr und ein gutes Wort hat, dem man den Stress wissenschaftlichen Arbeitens am Schreibtisch nicht anmerkt. Es gehört zu seinem Charme, wie er all das miteinander vereinbart.

Er baut Brücken zwischen den genannten Nachbarwissenschaften, Brücken zwischen Wissenschaft und Politik und auch, was heute nicht mehr selbstverständlich ist, zwischen einer klassisch literarischen und philosophischen Bildung und seinen Schriften in Rechts-, Geschichts- und Politikwissenschaft, was diesen eine besondere Tiefenschärfe verleiht.

Er ist auch ein aktiver Brückenbauer zwischen deutscher Rechtswissenschaft und Denktradition und der brasilianischen. Er hat in seinem Land viele Konzepte aus dem meinigen eingeführt und bekannt gemacht und ist, auf der anderen Seite, in Deutschland der wohl renommierteste brasilianischen Rechts- und Politikwissenschaftler unserer Epoche. Angesichts seiner Leistung ist das nicht erstaunlich.

Es war für mich eine Freude, vor einiger Zeit eine sehr interessante theoretische Arbeit von ihm zu übersetzen[2] und zu publizieren, nämlich in der angesehenen und besonders selektiven öfftentlichrechtlichen Zeitschrift *DER STAAT* (1996, pp. 583 ss.), die von lebenden ausländischen Wissenschaftlern nur ausnahmsweisc Texte bringt. Seine Arbeit “Die Entpolitisierung der Legitimitaet” (“A despolitização da legitimidade”) ist damals in Deutschland entsprechend positiv beachtet worden.

Ich wünsche mir, dass mit Hilfe wissenschaftlicher Stiftungen in Brasilien die Werke von PAULO BONAVIDES für die deutschsprachigen

2. nach Vorarbeit von Peter Naumann.

Länder im grösserem Umfang herausgebracht werden könnten. Das Problem bei so anspruchsvollen und komplexen wissenschaftlichen Texten liegt natürlich immer darin, kompetente Übersetzer zu finden. Daneben sind die finanziellen Forderungen der Verlage zu berücksichtigen. Daher appelliere ich an wissenschaftliche Stiftungen Brasiliens, für PAULO BONAVIDES auf dem Weg der wohlverdienten Verbreitung seiner Schriften in Zukunft mehr als bisher zu tun.

13
A Restauração da Legitimidade

***Carta de* Goffredo Telles Junior *a* Paulo Bonavides**

São Paulo, 21 de novembro de 2001.

Professor Emérito Paulo Bonavides,

meu eminente e caríssimo amigo.

Releio suas cartas – suas cartas encantadoras, iluminadas pelo seu idealismo, pela sua coragem e sua bondade. Releio a primeira, datada de 6 de setembro de 1999, relatando suas impressões sobre *A Folha Dobrada*. Uma imensa emoção torna a invadir-me, um sentimento de infinita gratidão, envolto numa renovada esperança, num entusiasmo pelo meu País, pela abençoada Nação, que conta com um homem como o senhor. Releio a segunda, datada de 20 de abril de 2001, com que me oferece sua obra magistral *Teoria Constitucional da Democracia Participativa*,[1] com tocante dedicatória impressa, que me transportou para o céu.

Este seu livro é o clamor do Brasil *nosso* – do Brasil *nosso*, não deles, mas é clamor de que eles precisam tomar conhecimento. É lábaro dos guerreiros da redenção nacional, baluarte erguido contra o desgoverno reinante, rota para as metas da independência e do desenvolvimento, pregação de "um Direito Constitucional de luta e resistência", pugna pela "repolitização da legitimidade". É a reprovação dos "legisladores de gabinete, que redigem e fazem passar por lei as Medidas Provisórias inconstitucionais do governo da recolonização" (p. 31).

Seu livro é o melhor protesto contra o esbulho e a usurpação perpetrados pelas elites do poder e cometidos contra a vontade popular,

1. 3ª ed., São Paulo, Malheiros Editores, 2008.

isto é, contra a fonte de que emana o Poder (p. 41). É a melhor repulsa à "*ditadura constitucional*, que desampara as instituições, (...) flagela o universo social e corrompe, com o apoio das elites privilegiadas, um sistema de poder, do qual a Nação se acha materialmente desapossada" (p. 50). É a condenação do arbítrio das Medidas Provisórias – "o mais abominável instrumento da ditadura constitucional" –, medidas que "se apresentam mais funestas que os decretos-lei, por invadirem todos os campos do Direito" (p. 75), "infâmia (...) de quem não governa para o País, mas para os banqueiros internacionais e as gigantescas empresas de capital externo" (p. 105). É a reprovação do "golpe de Estado que o Presidente reeleito começou a desferir desde que exarou centenas de Medidas Provisórias (...), no mais flagrante desrespeito à Constituição e à soberania legislativa do Congresso, e que prosseguiu ao assinar os acordos do FMI, ao fazer a política das privatizações, ao cumprir com extremo servilismo os ditames do Consenso de Washington" (p. 184).

Mas seu livro é, também, uma clara afirmação do otimismo e esperança. "O povo saberá resistir", profetiza o livro (p. 66). Não "o povo da abstração e do mito" (p. 56), não o povo de "fraude de tiranos e ditadores" (p. 26), mas o povo "na dimensão de sua eficácia participativa: o povo conduzido à esfera da realidade e da concretude", dessa realidade "tão minada, tão sabotada, tão pervertida, no processo político contemporâneo" (p. 56).

"Democracia", ensina o livro, "é o processo de participação dos governados na formação da vontade governativa" (p. 57). "Não há democracia sem participação. De sorte que a participação aponta para as forças sociais que vitalizam a democracia e lhe assinam o grau de legitimidade e eficácia no quadro social das relações de poder" (p. 51).

Em consequência, o livro adverte: "Urge introduzir, o mais cedo possível, a nova legitimidade, cuja base recomposta é (...) a cidadania redimida, sem os percalços que lhe inibem a ação soberana, sem a perversão representativa, sem o falseamento de vontade, sem as imperfeições conducentes às infidelidades do mandato e aos abusos da representação" (p. 18). "Fora da repolitização da legitimidade, criadora de uma neocidadania governante, não há democracia participativa" (p. 19).

E seu livro, Mestre Paulo Bonavides, nos consola, nos reanima, nos entusiasma. Em verdade, ele é voltado para a "renovação e o porvir" (p. 66). "A alvorada da democracia participativa se desenha nas linhas do horizonte político e esparge luz sobre as esferas teóricas onde se constrói um novo constitucionalismo de luta e resistência, abraçado com o povo, com a cidadania, com as atas da Inconfidência, com a memória da Confederação do Equador, com a campanha abolicionista de Castro Alves, Nabuco e Rui Barbosa, com as *Diretas-já* e com as jornadas do *impeachment*, que ontem mostraram como as lideranças podem sucumbir. O que jamais poderá sucumbir é o povo brasileiro" (p. 205).

Admirável livro, este! Eu gostaria de prender seu autor bem junto a mim, num longo abraço de irmão.

Sim, é verdade, existe de fato, em muitos meios pensantes da coletividade, um despertar da consciência nacional; e, no seio do povo, já pressinto uma renovada vibração daquelas fibras de brasilidade tanto tempo emudecidas pelo cinismo de um regime falacioso.

Há, sem dúvida, por toda parte, o prenúncio, a preconização de uma *reforma política profunda*, com a necessária instituição de meios eficazes para uma real participação do povo na obra legislativa do Governo. Uma reforma política *profunda*, sim, com a *redefinição de partido político*; com a exigência de um *programa de ideias nítidas*, para cada agremiação partidária; com o requisito imprescindível da *fidelidade ao programa do partido*, sob pena de perda do mandato; com a instituição de um alto e estável Conselho, para o *planejamento do futuro*.

Quero informar, egrégio Professor, que lhe dedicarei, como prova de verdadeira estima e máxima admiração, meu próximo livro, atualmente em estado de adiantada elaboração. É obra despretensiosa, mas é mais um pequeno passo em nossa velha batalha pela "concretização" de uma Democracia autêntica.

Tomo a liberdade de adiantar-lhe que a primeira tese sustentada nesse livro é, precisamente, a defesa da *participação efetiva do povo* na elaboração das leis.

Permita-me dizer-lhe que o povo, a meus olhos – o Povo de que dimana o Poder – não é *massa*, não é um todo homogêneo, mas é uma *entidade heterogênea*, em que vivem e pelejam os cidadãos do País. Estou convicto, à vista dessa realidade, de que é tempo de se ampliar o alcance dos arts. 61 e 62 da Constituição, e de se acrescentar, ao rol das entidades dotadas do direito de *iniciativa das leis*, quinze ou vinte instituições, que sejam representativas das numerosas categorias ou classes de trabalho, de cultura, de esporte, de lazer, a que pertencem os cidadãos – as *Instituições Representativas* devidamente reconhecidas por lei, mas totalmente independentes dos quadros administrativos do Governo, nas quais se inserem as pessoas, no desempenho normal dos afazeres da existência.

Estou convicto de que é chegada a hora de conferir aos agrupamentos espontâneos do Povo o direito efetivo de elaborar e propor ao

Congresso Nacional os projetos de lei de seu interesse comunitário – e, assim, de *participar*, efetivamente, da obra legislativa do Governo.

Permita-me revelar que o lamentável atraso desta carta foi motivado por impositivas razões de força maior, concernentes ao inevitável fluir das primaveras de minha "juventude"... Queira desculpar-me.

Receba, caríssimo e egrégio Mestre, as saudações sinceras de seu velho e permanente admirador,

GOFFREDO TELLES JUNIOR

14

Contribuciones de Paulo Bonavides a la Ciencia del Derecho Constitucional Iberoamericano (a Propósito de sus 86 Años)[1]

Palomino Manchego

A la reciente visita que ha realizado al Perú el catedrático emérito de la Universidad Federal de Ceará (UFC), Paulo Bonavides (Patos-Paraíba, 7.V.1923), para que se le otorgue merecidamente el título de Doctor *honoris causa* por la Universidad Inca Garcilaso de la Vega y, a la vez, sea reconocido como Profesor Distinguido de la Facultad de Derecho de la Universidad Nacional Mayor de San Marcos, Decana de América, da pie para ocupamos, con palabras muy aproximadas y, a la vez, expresivas, de sus valiosas contribuciones y del cimiento que ha construido, con orfebrería, a favor de la Ciencia del Derecho Constitucional Iberoamericano. De arranque, es preciso confesar que la profunda vocación que motiva el cultivo de su magisterio a través de los años, al igual que su incomparable y fina personalidad, influyeron sobre manera para que sus colegas peruanos, que lo admiramos y queremos le tributemos tan justo homenaje.

La personalidad del Autor

En su significado genérico, la génesis intelectual y riqueza del *currículum* de Paulo Bonavides, adviértase, no es tarea fácil de desarrollar.

1. Artigo do Professor Palomino Manchego estampado na *Revista de Derecho Jurídica*, n. 250, edição de 12 de março de 2009, Lima, Peru.

En tal sentido, empezaremos diciendo que su fructífera y dilatada vocación por la enseñanza ha sido vital para que sea reconocido como Doctor *honoris causa* por la Universidad de Lisboa (1998), Profesor Emérito de la Facultad de Derecho de la Universidad Federal de Ceará (1991) y de la Universidad Metropolitana de Santos y Doctor *honoris causa* por la Universidad Nacional de Córdoba (Argentina, 2006).

De igual forma, en el horizonte intelectual se deja ver que Paulo Bonavides es Profesor Visitante de las universidades de Colonia (Alemania, 1982), Tennessee (EEUU, 1984) y Coímbra (Portugal, 1989), Miembro Fundador de la Asociación Internacional de Derecho Constitucional (Yugoslavia, Belgrado, 1982), y Presidente Emérito del Instituto Brasileño de Derecho Constitucional (IBDC).

Escalonadamente ha sido condecorado con el Premio Carlos de Laet de la Academia Brasileña de Letras (1948), Medalla Conmemorativa de los 600 años de fundación de la Universidad de Coímbra (1989), Premio Medalla Rui Barbosa de la Orden de Abogados de Brasil (OAB, 1996), Premio Medalla Augusto Teixeira de Freitas del Instituto de Abogados Brasileños (IAB, 1999), Medalla Pontes de Miranda, Medalla al Mérito de la Escuela Superior de la Magistratura de Pernambuco (2007), Medalla Epitácio Pessoa de la Asamblea Estadual de Paraíba (2008), Medalla al Mérito Universitario de la Pontificia Universidad Católica de Río Grande del Sur, Medalla al Mérito Judicial Clóvis Beviláqua del Tribunal de Justicia de Ceará (2008), entre otros.

Es menester significar que, desde que dio principio a sus trabajos, Paulo Bonavides no sólo ha contribuido con creces, y dado cosechas ubérrimas, para el desarrollo de los conceptos y de las categorías en la Ciencia Política y en el Derecho Constitucional, sino que también tiene aportes fundamentales en el campo de la Sociología y la Filosofía del Derecho, tal como lo demuestra con la traducción directa del alemán que hizo al portugués del libro de Hans Kelsen – Ulrich Klug, que tiene por título *Normas Jurídicas e Análise Lógica* (1984). En realidad, la recia formación humanista del profesor de Ceará empieza a desarrollarse, con sumo provecho, en Estados Unidos de América, entre los años 1944-1945, casi finalizando la II Gran Guerra, donde tuvo como profesores, en la Universidad de Harvard, a Roscoe Pound (1870-1964) y Pitirim Sorokin (1889-1968).

Ahora bien, de la inmensa mole de su producción bibliográfica, todas ellas con sucesivas ediciones, destacan las siguientes obras: *Ciência*

Política (14ª edición, 2007),[2] *A Constituição Aberta* (3ª edición, 2004),[3] *Curso de Direito Constitucional* (21ª edición, 2007),[4] *Do País Constitucional ao País Neocolonial* (3ª edición, 2004),[5] *Os Poderes Desarmados* (2002),[6] *Reflexões – Política e Direito* (3ª edición, 1998),[7] *Teoria Constitucional da Democracia Participativa* (2ª edición, 2003),[8] *Política e Constituição: os Caminhos da Democracia* (1985), *Constituinte e Constituição* (2ª edición, 1987),[9] *História Constitucional do Brasil* (con la colaboración del Embajador Paes de Andrade, 4ª edición, 2002) y *Textos Políticos da História do Brasil* (con la colaboración del Ministro Roberto Amaral Vieira, 1973, 3ª edición, 2003).

De todas las obras arriba citadas, dignas de ser aclamadas, creemos que tres constituyen la piedra basal del *ethos* pensante de PAULO BONAVIDES: a) *Do Estado Liberal ao Estado Social*,[10] b) *Ciência Política* y c) *História Constitucional do Brasil*. La 1ª edición del libro *Do Estado Liberal ao Estado Social*, cuya 8ª edición del año 2007 tengo en mano segura, data de 1958. Constituye la tesis que nuestro homenajeado presentó para el concurso de la cátedra de Teoría General del Estado de la Facultad de Derecho de la Universidad de Ceará. Con anterioridad, el año de 1955, el Catedrático Emérito de la Universidad de Ceará había publicado *Dos Fins do Estado (Síntese das Principais Doutrinas Teleológicas)* que fue su tesis de libre docencia. Y, encontrándose en plena madurez intelectual, vieron la luz sus libros *Universidades da América* (1948) que, como ya se observó, obtuvo el Premio Carlos de Laet de la Academia Brasileña de Letras, *The Golden Age of Journalism in English Literatura (Defoe, Addison and Steele)* (1950) y *O Tempo e os Homens (Ensaios e Crônicas)* (1952).

El libro *Do Estado Liberal ao Estado Social*, escrito con suma claridad y atinado criterio, condensa en 8 capítulos el tránsito o recorrido que ha tenido el Estado. Es decir, desde los orígenes del constitucionalismo clásico o liberal (siglos XVIII y XIX) hasta el advenimiento del constitu-

2. 22ª ed., São Paulo, Malheiros Editores, 2015.
3. São Paulo, Malheiros Editores.
4. 30ª ed., São Paulo, Malheiros Editores, 2015.
5. 4ª ed., São Paulo, Malheiros Editores, 2009.
6. São Paulo, Malheiros Editores.
7. São Paulo, Malheiros Editores.
8. 3ª ed., São Paulo, Malheiros Editores, 2008.
9. 3ª ed., São Paulo, Malheiros Editores, 2010.
10. 11ª ed., São Paulo, Malheiros Editores, 2014.

cionalismo social (siglo XX), sin descuidar el estudio, también de capital importancia, de la democracia y de las revoluciones. La fórmula Estado de Derecho (*Rechtsstaat*) que acuñó el jurista alemán Robert von Mohl (1799-1875), o el *rule of law* de origen anglosajón, constituye el nervio central de esta obra mayor que – ¡hace 51 años ha dado a luz! – el constitucionalista brasileño Paulo Bonavides. Con lo cual, se reafirma que estamos frente a un profesor de primer orden. No se equivocó el recordado catedrático de la Facultad de Derecho de la Universidad Federal de Pernambuco, Luiz Pinto Ferreira (Recife, 1918) cuando refiriéndose al libro *Do Estado Liberal ao Estado Social* sentenció, en su momento, lo siguiente: "Con el poder de su inteligencia, Paulo Bonavides documenta bien el análisis de los problemas de la vida".

Y por lo que respecta a su libro *Ciência Política*, que cuenta con sucesivas ediciones, la última – 16ª edición – es del año 2009, totalmente actualizada, y redactado en un lenguaje depurado, con el apoyo necesario de los clásicos, como por ejemplo, Joseph Barthélemy, Paul Duez, James Bryce, Georges Burdeau, León Duguit, Maurice Duverger, Hans Kelsen, entre otros, lo ha convertido a Paulo Bonavides en el precursor de la Ciencia Política en Brasil, tal como lo ha advertido Oswaldo Trigueiro. Los 28 capítulos completados con una selecta bibliografía, un índice onomástico y un índice de materias rubrican, en todo su esplendor, el alcance y el contenido de la Ciencia Política. En suma, se trata de un aporte importantísimo para las nuevas generaciones de Brasil, traspasando el confín nacional, que ha realizado Paulo Bonavides dueño y señor de un vitalismo siempre joven y contagiante.

Después de haberse publicado la obra de Themistocles Brandao Cavalcanti que lleva por título *Las Constituciones de los Estados Unidos del Brasil* (1958), a la fecha no había un libro que complemente la historia constitucional del Brasil. Han pasado muchos años, y Paulo Bonavides – profesor nato – en compañía de su colega Paes de Andrade, que de manera acertada han redactado, en folios plenamente logrados, el libro voluminoso que lleva por título *História Constitucional do Brasil*. En dicha obra, los autores acometen la tarea de explicar de manera sistemática y heterogénea, en XV capítulos, el desarrollo histórico del Derecho Constitucional en Brasil a través de las instituciones jurídicas y políticas reconocidas en los textos constitucionales, entre Constitución Formal y Constitución Material, que estuvieron vigentes oportunamente: la Constitución del Imperio, del 25.3.1824, bajo la corona del Emperador Pedro I, la Constitución Republicana del 24.2.1891, la Constitución Republicana del 16.7.1934, la Carta Constitucional otorgada el 10.11.1937, la Constitución del 17.9.1946 y la Constitución vigente de 1988, con sus respectivas enmiendas.

"Revista Latino-Americana de Estudos Constitucionais"

PAULO BONAVIDES – maestro brasileño dotado de una ejemplar capacidad de trabajo – fundó y, actualmente, dirige con acierto la prestigiosa *Revista Latino-Americana de Estudos Constitucionais* que a la fecha tiene 9 números publicados, el último correspondiente a julio/diciembre de 2008. La *Revista* fue instituida con ocasión de la celebración del centenario de la Facultad de Derecho de la Universidad de Ceará – UFC (1903-2003). La secretaría académica, que viene a ser un cargo muy delicado en cualquier revista jurídica, recae con acierto y hondo sentido de superación en Atila de Alencar Araripe Magalhães, Haradja L. Leite S. Torrens, Julio de Assis A. Bezerra Leite, Maria Doralice S. Bonavides Haller, Renata Albuquerque Lima, Patrícia Rosset y Willis Santiago Guerra Filho.

De lo expuesto se desprende que PAULO BONAVIDES tiene el mérito de fomentar vocaciones entre su discipulado para el cultivo y el desarrollo permanente de la Ciencia del Derecho Constitucional en Brasil. Y, con la *Revista* que dirige está dejando huellas de su esfuerzo e inteligencia.

Entre los constitucionalistas extranjeros que colaboran en el último número destacan, con su sobria pluma, autores de prestigio tales como Peter Häberle, Christian Starck, Antonio Colomer Viadel, Diego Valadés, Gustavo Ferreyra, Alberto Ricardo Dalla Vía y Eduardo Ferrer Mac-Gregor. Por su contenido de alto nivel académico y por los colaboradores que vierten sus ideas sobre temas de viva actualidad, la *Revista Latino-Americana de Estudos Constitucionais* se encuentra a la altura del *Anuario Iberoamericano de Derecho Constitucional*, de la *Revista Española de Derecho Constitucional*, de *la Revista de Derecho Político*, de la *Revista de Estudios Políticos*, del *Anuario Latinoamericano de Derecho Constitucional*, de la *Revista Iberoamericana de Derecho Procesal Constitucional*, entre otros.

La presencia reciente de PAULO BONAVIDES en el Perú

La última vez que coincidimos con PAULO BONAVIDES fue a raíz de una invitación que nos formularon los organizadores para asistir en calidad de expositores extranjeros con el reputado constitucionalista de

Portugal, Jorge Miranda, al II Congresso Latino-Americano de Estudos Constitucionais, que tuvo lugar en el hotel Oásis Atlântico, ubicado en la Av. Beira Mar, 2500 (Meireles-Fortaleza-Ceará), frente a las coloridas y paradisíacas playas brasileñas. La cita académica tuvo lugar los días 3, 4 y 5 de abril de 2008, y estaba dedicada a nuestro homenajeado Paulo Bonavides. Ahora, le tocó a él devolver la visita en tierras peruanas. El programa, ajustado a una disciplina militar, se desarrolló de la siguiente manera: el viernes 17.4, del año en curso, a las 18:00 horas, Paulo Bonavides, quien llegó acompañado de su digna esposa Yeda, y de un grupo de discípulos, todos ellos dotados de un notable perfil académico, fue homenajeado con la máxima distinción que otorgó la Universidad Inca Garcilaso de la Vega: Doctor *honoris causa*. En una emotiva ceremonia, que presidió el Rector Luis Cervantes Liñán, en el Auditorio de la Facultad de Derecho, y que quedará para el recuerdo de los asistentes.

Paulo Bonavides, luego de la *Laudatio* que realizó el decano de la Facultad de Derecho y Ciencia Política, Jésus Antonio Rivera Oré, se encargó de desarrollar en una clase magistral el tema de "La integración latino-americana". Puso especial énfasis en las relaciones que existen entre Brasil y Perú, aliados en un solo destino, teniendo el siglo XXI como un gran desafío para la lucha por establecer la garantía de los derechos fundamentales en un verdadero y legítimo Estado de Derecho. El maestro Bonavides terminó su brillante conferencia recordando al célebre Inca Garcilaso de la Vega (1539-1616), a quien catalogó como guardián de los valores inmortales de la cultura inca.

El mismo día, a las 12:00 horas, Paulo Bonavides estuvo en la Facultad de Derecho y Ciencia Política de la Universidad Nacional Mayor de San Marcos acompañado de todos sus discípulos que vinieron de Brasil para dar inicio a la I Jornada Académica de Estudos Constitucionais, intitulada: "A Constituição Brasileira de 1988: 20 Anos de Debates". ¡Qué mejor momento ese día para hacer un balance global del vigésimo aniversario de la Constitución de Brasil de 1988 cuyas instituciones democráticas – por ejemplo: el presidencialismo y el *habeas data* – son referentes obligatorios, y de consulta, en el constitucionalismo de América Latina!

En el orden expositivo, Paulo Bonavides dio inicio al encuentro académico, sustentando una ponencia de hondo interés, en las actuales circunstancias: "A cidadania social na Constituição de 1988 e a democratização do Estado Brasileiro". Sostuvo con acierto que el artículo 1º, párrafo único, de la Constitución vigente de Brasil, constituye la fuerza motriz de la democracia brasileña, asentando su legitimidad sobre el principio supremo de la soberanía popular. Concluyó su tema recordando a los asistentes, muy emocionado, que la UNMSM, que tiene a cuestas 458 años de existencia, es la Salamanca de América, llena de cultura y de sapiencia.

A su turno expusieran, con incuestionable cuño propio, los colegas brasileños y discípulos de PAULO BONAVIDES: Germana de Oliveira Moraes ("A Constituição de 1988 como ponto de mutação do sistema judiciário brasileiro"), Haradja Leite Torrens ("A interpretação constitucional democrática na Constituição de 1988"), Denise Lucena Cavalcante ("Análise constitucional do sistema tributário brasileiro"), Patrícia Rosset ("O processo legislativo brasileiro"), Dimas Macedo ("Peculiaridades do processo constitucional no Brasil") y Maria Elizabeth Guimarães Teixeira Rocha ("Os direitos fundamentais na Constituição brasileira"). Al final de las exposiciones, todas ellas de profundo calado académico, nos tocó realizar un balance genérico de la Constitución brasileña de 1988, comparándola con la peruana de 1993. Huelga añadir que, la eficiente coordinación y responsabilidad de los trabajos académicos que se expusieron recayó en la Colega brasileña Carolina Soares Hissa, quien es representante del Instituto Latino-Americano de Estudos Constitucionais Prof. Dr. PAULO BONAVIDES.

Antes de concluir la velada académica, al Profesor PAULO BONAVIDES se le entregó, con cálida sugestión de simpatía, el diploma que lo acredita como Profesor Distinguido de la Facultad de Derecho y Ciencia Política de la UNMSM. Le correspondió al Profesor sanmarquino Jorge Castillo Montero otorgar tan preciado reconocimiento. Y, a continuación, al autor de estas líneas, como producto de sus aportes a los estudios de la Justicia Militar, la Ministra del Superior Tribunal Militar de Brasil, Maria Elizabeth Guimarães Teixeira Rocha, lo distinguió con la preciada Medalla Justicia Militar de Brasil, que se otorgar a raíz de la conmemoración de los 200 años. Efemérides que se celebró a lo largo del año 2008, y se rubricó con la pulcra edición de un grueso colectivo que lleva por título *Coletânea de Estudos Jurídicos (Bicentenário da Justiça Militar no Brasil)*, coordinado eficientemente por la Ministra Guimarães Teixeira Rocha y Zilah Maria Callado Fadul Petersen.

No está de más recordar que, las ponencias en mención formarán, muy pronto, parte del libro-homenaje que estamos preparando en honor del Profesor PAULO BONAVIDES con ocasión de sus 86 años. Sin duda alguna, estamos frente a un tipo humano excelente, dueño y señor de una cultura cosmopolita, persona íntegra, intachable, de inteligencia singular, y muy dinámico, tal como lo corroboró durante su breve pero fructífera estancia en Lima. Pronto lo tendremos entre nosotros para seguir aprendiendo y deleitándonos con sus sabios conocimientos jurídicos. Y ello ocurrirá con ocasión del X Congreso Iberoamericano de Derecho Constitucional que tendrá lugar en la Pontificia Universidad Católica del Perú, durante los días 16 al 19 de setiembre del presente año, a donde vendrá, como es usual en su persona, con las maletas cargadas de la doctrina constitucional brasileña. Mientras tanto, seguiremos recordando la anchura de su corazón noble y generoso que irradió en Lima – denominada Ciudad de los Reyes – y que ahora más que nunca trasunta en la plena edad de la sabiduría: ¡86 años!

15
Para uma Teoria Constitucional do Cidadão Participativo[1]

J. J. GOMES CANOTILHO

Querido amigo Professor PAULO BONAVIDES,

1. À guisa de introito: levar a carta a Garcia

Venho trazer aqui a carta a Garcia. Chegar a Fortaleza não é difícil, mas os pacatos lagartos esparramados no telhado da vossa mansão avisam o carteiro quanto aos trilhos que deve pisar. Os seus últimos telefonemas – um a desejar boa consoada de Natal e outro a informar-me da nomeação como embaixador em Lisboa do Deputado Paes de Andrade – soaram como intimação peremptória de escritor. Olho para as minhas velhas ferramentas: as canetas. Recuso-me a trocá-las por *e-mails*. Carlos Drummond de Andrade aprovaria certamente este ato de rebeldia. "Elas encerram – escreveu ele – o último segredo químico, a tinta imortal". As tabuinhas que tenho na mão foram escritas com esta tinta.

Sinto, devo confessar um grande desconforto com essa minha atitude pública. A comoção do gesto obriga-me à violação de um dos direitos mais sagrados – o direito à inviolabilidade de correspondência.

1. Carta aberta do Professor Doutor J. J. GOMES CANOTILHO, Catedrático da Universidade de Coimbra, lida durante o Congresso Jurídico Brasil 2003 – 15 anos da Constituição de 1988, celebrado em Fortaleza, com destacada participação internacional, de 10 a 13 de junho de 2003. A Carta foi endereçada ao Doutor PAULO BONAVIDES, Professor Emérito da Universidade Federal do Ceará e Doutor *honoris causa* da Universidade de Lisboa.

Gostaria, é verdade, de transmutar o meu escrito em dito lido e de passar do segredo da confissão para o espaço público das ideias. Resta-me, assim, pedir o seu consentimento para abrir esta carta, dando tranquilidade a minha consciência de ilicitude.

2. *Uma carta com um mote-simples: a cólera do imperativo categórico*

O mote da minha carta é bem simples. Um homem que escreve um "Direito Constitucional de luta e resistência" é, ele próprio, um autor resistente. Um professor que traz uma "nova" da "nova hermenêutica" é, ele próprio, um mensageiro da boa nova. Um cidadão que reclama a "repolitização da legitimidade" da política e do poder é, ele próprio, um padrão de comportamento cívico com um só rosto e uma só fé.

Estas palavras-chave – resistente, hermeneuta, cidadão – permitem-nos aproximar o homem da cidade e a cidade dos homens. Mais do que isso: permitem-nos renovar a mensagem das tábuas da lei e abrir-nos as portas da consciência e da razão.

Atrever-me-ei a glosar os seus temas e acompanhar as suas peregrinações cívicas, universitárias, políticas e comunicativas. Pode ser que no fim, em tinta muito familiar de um impressionismo "naif" se revele o perfil-tipo do teórico do direito constitucional de luta. De uma coisa eu terei certeza. Os imperativos categóricos acabarão, tarde ou cedo, por desabrochar nas tabuinhas das leis supremas sob a forma de princípios bem agarrados a duas dignidades: a dignidade raiz da pessoa humana e a dignidade orgulho dos povos.

3. *Queixas e acusações: o sopro histórico da indignação*

Retirarei do contexto freudiano a célebre junção queixa-acusação (*Ihre Klagen sind Anklagen*).

Quem lê as suas obras, facilmente compreende o destino de algumas mulheres e de alguns homens. Serão sempre resistentes, mesmo quando o mundo parece querer cortar raízes ao pensamento, a razão e as consciências. Indignam-se perante as derrotas do passado e os escândalos do presente.

Vamos ouvi-lo: "Lá fora rugia a tempestade militar. D. Pedro, à frente das tropas, cercava o edifício da constituinte. O Napoleão coroado empalmava o poder total no melhor estilo dos Braganças, galeria de reis historicamente afeiçoados ao absolutismo" (*História Constitucional do Brasil*, 4ª ed., p. 79).

Hoje, as palavras do cultor do "direito constitucional de luta" sobem de tom: "O mais recente traço da tragédia presidencialista que flagelou as quatro Repúblicas constitucionais do Brasil, se acha presente nos episódios deploráveis de corrupção transcorridos ao longo dos sucessos pertinentes à aprovação da emenda da reeleição presidencial, emenda que foi um escândalo de inconstitucionalidade sem paralelo nos anais do constitucionalismo pátrio" (*Teoria Constitucional da Democracia Participativa*[2]).

O requisitório severo do Mestre aquilo é incontornável nos seus escritos – a valoração dos acontecimentos a nível ético-político. Se, para alguns, isso corre o risco da velha filosofia da história, para nós o entusiasmo e a cólera do teórico constitucional revela um entendimento outro da história e da memória coletiva. Na óptica do nosso homenageado, não estamos nunca perante uma fenomenologia da memória. Paul Ricoeur (*La Mémoire d'Histoire*, Paris, d'Oubli, 2000) demonstra, num livro notável, as várias dimensões dos lugares da memória. O desafio moral da história não se contenta sequer com uma epistemologia da história, obrigando o narrador a ir até o coração da hermenêutica e da condição histórica. Entre a "arte da memória" (*ars memoriae*) e a "arte do esquecimento" (*ars oblivionis*) busca-se o *pathos* da memória coletiva. Memória feliz ou infeliz? História com fim ou história sem fim? História reversível ou história irreversível? História de experiências ou história das ideias? Qualquer que seja a resposta, há uma "história nossa", há "*lieux de mémoire*". Ouçamos o Mestre: "Sem perder a memória de nossos heróis, nem esquecer as lições de Tiradentes na Inconfidência Mineira, de Antonio Carlos na dissolução da Constituinte, de Frei Caneca na Confederação do Equador, de Nabuco na libertação dos escravos, de Rui Barbosa na Constituição de 1891" (*Teoria Constitucional da Democracia Participativa*, p. 224).

Em jeito de conclusão poderíamos dizer que o *quo vadis* da história é sempre um enigma e nada garante que o seu curso vai por caminhos de bem e não por veredas do mal. Mas, como se escreveu no livro "Demócrito Rocha, uma vocação para a liberdade": "por mais disfarçada que seja a opressão não deixa de ser opressão".

2. 3ª ed., São Paulo, Malheiros Editores, 2008.

4. O que faz do hermeneuta constitucional um teórico da resistência

Eis aqui uma pergunta que o povo não entenderá se as coisas não lhe forem explicadas. Tornemos então o discurso mais chão, mais terra a terra. Como podem os políticos e outras gentes que tem as leis nas suas vontades, os interesses para defender, os mistérios dos códigos para guardar, os poderes da cidade para manter, os gênios invisíveis da ordem para decifrar, contar histórias heroicas do "homem sem salário, analfabeto, sem saúde, sem casa, portanto, sem cidadania"? Estas últimas palavras pertencem – é justo aqui recordá-lo, ao célebre prefácio de Ulysses Guimarães à "Constituição Coragem" (PAULO BONAVIDES/PAES DE ANDRADE, *História Constitucional do Brasil*, p. 501).

A intriga pode formular-se em estilo mais oracular: como invocar o deus Hermes e as artes hermenêuticas para levar um pedaço de papel, escrito, para o homem e em que se diz que o homem é "o seu fim e a sua esperança", a ser glorificado como a viva voz da mensagem da boa nova?

Em português corrente, o Mestre cearense tem decifrado o segredo em muitos dos seus escritos. A procura dos princípios sagrados da dignidade humana, da justiça e da igualdade reclamam a arte da interpretação dos grandes livros. A nossa civilização é ainda a civilização dos grandes livros. Não imponham textos legais ocos ou obscuros! Não façam das leis, a começar pela Constituição, bíblias sagradas reduzidas à escrita com desprezo da escritura! Batam nas palavras dos códigos e façam-nas falar dos problemas do homem brasileiro! Mais reais do que isso façam jorrar dos vasos normativos o pão do espírito e do corpo e luzes do entendimento e da justiça na existência colectiva.

Compreende-se, assim, que também a nível de decifração das leituras (a "velha arte da hermenêutica"), o nosso mestre prossiga com a denúncia do formalismo, do positivismo, dos jogos de palavras, da sopa de letras:

"*Os constitucionalistas reacionários, aferrados, contudo, às imagens saudosas do privilégio e ao culto da autoridade e da tradição ou aos abusos de um formalismo sem limites, buscam ainda, num teorismo vã, desmembrá-los da democracia e, por essa via, invalidar o processo emancipatório dos povos do terceiro mundo.*"

A permanência é, afinal, a descoberta do caminho, quando as normas nas encruzilhadas e nos caminhos normativos se erguem fantasmas e maus encontros, procuremos a continuação da viagem marcando cada pedra com luz e justiça.

O caminhante do sertão brasileiro seguirá trilhas outras, diferentes da fome e da seca. Os sacerdotes do templo legal já não poderão ocultar-se nos sentidos duplos, pautar com eloquência feita de palavras raras mas incompreendidas pelo comum dos mortais. A hermenêutica é isso: a arte de decifrar com sabedoria e justiça, fazendo chegar a mensagem ao fundo das consciências.

5. *Aproximamo-nos, por fim, da Rosa do Povo*

O poeta que criou "Rosa do Povo" escreveu também que "o que se chama povo é tão abstrato que ele próprio não reconhece a sua imagem". Será assim? É verdade! O povo é infinito, um espaço de gente que inclui todas as gentes, um ente vivo que agrupa todos os humanos criados, uma abrangência de nós que abarca todos nós, uma imagem do globo com os continentes de pessoas, um caminho de gerações das passadas às futuras. Neste todo de todos não se veem mulheres e homens concretos, crianças que "acordam mais cedo que o céu" (Mia Couto criou a metáfora) exilados perto de ninguém, malvados de raças e raças de malvados, mães de luto e mães de luta.

O povo é, na realidade, uma abstração. Uma permanência de permanências, um instante de existências, um lugar de ausência de presenças humanas. O nosso homenageado gritará: "basta! Há um povo brasileiramente plural e pluralmente brasileiro".

"*E um representativo e oxigenado sopro de gente, de rua, de praça, de favela, de fábricas, de trabalhadores, de cozinheiras, de índios, de posseiros, de empresários, de estudantes, de aposentados, de servidores civis e militares.*"

Povo será ainda a "Cidade de Deus", Povo será ainda os "sem terra" e "com terra".

Eu sei querido Professor Paulo Bonavides, que este é o povo da sua democracia participativa e das democracias a reinventarem. A teoria do povo já está nos seus escritos. De certo, frontal e apaixonada. Mas quem terá a coragem de ser inexpressivo ou inexpresso perante fontes e escritos tão expressivos? Cada um de nós terá de reviver a vida para se aproximar deste arrebatamento cívico. Foi bom voltar a Fortaleza. O mensageiro da Boa Nova anda por aqui.

Era isto o que lhe queria dizer. O que eu lhe queria dizer era isto. A carta é sua!

Um comovido abraço do J. J. Gomes Canotilho.

16
Medalha Jorge Miranda

Min. Napoleão Nunes Maia Filho

O professor Paulo Bonavides acaba de receber da Faculdade de Direito de Lisboa a Medalha Jorge Miranda – os portugueses sabem (e sempre souberam) valorizar os seus príncipes –, num reconhecimento aos méritos do professor Bonavides – inegáveis méritos, todos proclamam –, distinguindo um brasileiro nordestino que fez do ensino do direito público a sua vocação existencial e a sua inspiração vital, e da Justiça a sua crença inabalável, pondo nela a sua confiança sem limites, apesar dos insidiosos reveses, a sua esperança invariável, apesar das súbitas desilusões, e a sua fé constante, apesar das malícias e das ingratidões.

Ninguém, ninguém mesmo, merece como o professor Paulo Bonavides essa honrosa comenda, e até diria que a sua inclusão entre os que já a receberam faz essa distinção ainda maior e ainda mais enaltecedora de quem a ostenta; Mestre de muitas gerações, o professor Paulo Bonavides é um exemplo que poucos (muito poucos) podem ter a competência de seguir; as homenagens que se prestarem à sua cultura, ao seu trabalho docente e à sua doutrina inigualável, por mais altas, por relevantes e por muitas que sejam, sempre ficarão, ao meu ver, aquém dos seus merecimentos.

O papel do professor Paulo Bonavides é de uma grandeza ilimitada; como cidadão e Mestre, é um modelo de atuação que enaltece a geração dos seus alunos, pois a sua docência impacta positivamente a compreensão da Ciência Jurídica e eleva a altitudes estratégicas a importância do Direito, na sua visão intelectual independente e agudamente filosófica, sempre submetida a aperfeiçoamentos sucessivos; o jurista que o ouve ou lê as suas obras pode até continuar a ser o mesmo de antes e, se não for ruim de condição, terá a consciência de que, se seguisse as suas diretrizes doutrinárias, seria muito mais sábio e sobretudo muito melhor nas suas atividades.

Lembro-me muito bem de um evento jurídico em Fortaleza (já vão alguns anos), ao qual esteve presente o eminente professor Jorge Miranda, da Faculdade de Direito de Lisboa – o Patrono da Medalha –, acatado e respeitado constitucionalista, reverenciado em todos os recantos do mundo acadêmico; naquela oportunidade, o professor Paulo Bonavides, em saudação ao Mestre português, disse que o professor Jorge Miranda era o maior constitucionalista contemporâneo (e o mestre Bonavides não é de fazer louvações gratuitas); pois de imediato o grande doutrinador lusitano – com o sotaque característico de falar de Portugal – pediu escusas mil por interromper o pronunciamento do seu colega brasileiro, para proclamar que o maior constitucionalista contemporâneo era ele, o professor Paulo Bonavides, a quem eram devidas as maiores reverências de todos os publicistas da atualidade.

Conheço o professor Paulo Bonavides há muitos anos (nem vou dizer quantos): foi meu Mestre no Curso de Graduação da Faculdade de Direito do Ceará, e guardo com o maior zelo a primeira edição do seu livro *Ciência Política*, de 1967, com uma dedicatória tão amigável que ainda hoje me emociona a sua leitura; depois foi meu Mestre no Curso de Mestrado de Direito da UFC, que ele ajudou a fundar, a consolidar com o seu trabalho diuturno e a dar-lhe o feitio excelente que hoje tem.

Mas a minha maior dívida – impagável dívida – ao professor Paulo Bonavides é por ser meu Mestre na vida judicial; quando a iniciei, disse-me o querido Mestre que o norte da Justiça é a equidade, o equilíbrio e o zelo pelos valores da cultura e, maximamente, o respeito às liberdades, às garantias processuais e ao patrimônio material e subjetivo das pessoas, a sua integridade, o seu bom nome e a sua boa fama.

Isso ele me disse quando me cumprimentou pela minha posse como Juiz Federal – e nunca esqueci –, e acrescentou que serão muitos os percalços que encontraria, porque é avassalador o crescimento das violências institucionais, e, se os juízes não as barrarem, a cidadania estará perdida; também nunca esqueci estas suas proféticas palavras, e procurei ser fiel às suas recomendações em todos os dias da minha judicatura. O reconhecimento português ao professor Paulo Bonavides nos enche de justo orgulho e purificada vaidade, mas também do maior despeito, porque é aqui na sua terra do coração – aqui nesta Fortaleza dos seus amores que vêm de longe – que as homenagens ao seu imenso talento intelectual, ao seu grandioso gênio criativo e aos seus longos anos de docência exemplar, percuciente e assídua devem brotar em primeira plana, com os maiores tributos e as maiores louvações à sua pessoa.

Salve, professor Paulo Bonavides, que Deus lhe prolongue a fecunda e proveitosa vida e lhe conceda sempre os seus favores!

Napoleão Nunes Maia Filho

Ministro do STJ

17

Paulo Bonavides, *Constitucionalista da Liberdade*

Celso Barros Coelho

Nota dos Organizadores: Saudação a Paulo Bonavides proferida no dia 27.5.2010 em sessão solene da Academia Piauiense de Letras Jurídicas, reunida no Plenário do Tribunal de Justiça do Estado do Piauí, pelo professor, advogado e ex-deputado federal Dr. Celso Barros Coelho.

Representando, com muita honra, os nobres Advogados, Professores e Estudantes aqui presentes, nesta saudação a Paulo Bonavides, confesso que pouco valem minhas palavras, por lhes faltar autoridade para traduzir o sentimento de admiração intelectual a quem, adequadamente, podemos chamar o Constitucionalista da Liberdade.

Usarei, pois, de início, as palavras de louvor de outro eminente constitucionalista, um dos mais destacados do Continente Europeu e muito ligado à nossa história e à nossa cultura, como é José Joaquim Gomes Canotilho, Catedrático da Universidade de Coimbra.

Em trabalho inserido no volume *Estudos em Homenagem a Paulo Bonavides*, organizado por Eros Roberto Grau, hoje Ministro do STF, e pelo jurista Willis Santiago Guerra Filho, assim se refere Canotilho a Paulo Bonavides: "Quem conhece a obra e o magistério de Paulo Bonavides não pode deixar de reconhecer, com humildade, os limites do nosso saber quando à nossa frente se perfila um dos mais notáveis cultores da juspublicística em língua portuguesa".

Esse sentimento de humildade nos domina, neste momento, ao nos dirigirmos ao grande Mestre. Mestre do direito constitucional, Mestre da cidadania e constitucionalista da liberdade.

Em toda a sua obra, já muito extensa e divulgada, desde o primeiro grande estudo de 1958, intitulado *Do Estado Liberal ao Estado Social*, até as mais recentes publicações em livros e revistas, o que observamos é a sua grande preocupação não apenas em discutir o direito constitucional e temas afins, mas em divulgar ideias, avivar e expor conceitos, para que o direito constitucional e a teoria do Estado se enriqueçam na convergência dos princípios e das regras, os quais, bastante discutidos por Hart e Dworkin, serviram de base à reforma do pensamento jurídico, libertando-o das cadeias que o prendiam ao formalismo positivista, para nos levar à nova concepção da hermenêutica, inspirada nos métodos que nos forneceram Gadamer e outros notáveis pensadores.

Na compreensão de V. Exa., como está expresso no "Prefácio" à 5ª edição do seu livro *Teoria do Estado*, publicado em 1967, esse espírito de renovação e de conciliação entre regras e princípios muito serviu para dar a essa teoria uma orientação metódica, compatível com as novas exigências da sociedade.

V. Exa., no citado "Prefácio", nos aponta conceitos sintéticos e precisos sobre o que entendemos por regras e princípios. Aí revela o que têm eles contribuído para a reforma do pensamento jurídico, na atualidade. Constitui quase um axioma o que ali está expresso em breves palavras: "O princípio no ordenamento estatal é degrau que se sobe; a regra, com ele cotejada, é degrau que se desce".

Tão feliz imagem mostra que regras e princípios, posto que contrastantes no plano doutrinário, como resulta claro do duelo entre Hart e Dworkin a que se referiu V. Exa. no aludido "Prefácio", se ajustam no momento em que o fenômeno jurídico passa pelo crivo da interpretação para a correta aplicação da norma em face do caso concreto.

Esse avanço nos leva a passar, como lembra V. Exa., do Constitucionalismo norma-regra, buscando-se, com isso, "inaugurar nos ordenamentos estatais, sobre bases mais sólidas e estáveis de normatividade, o primado da justiça e dos direitos fundamentais".

Essa tem sido a meta traçada em seus trabalhos: lutar para que os direitos fundamentais não sejam meras manifestações de intenção, mas uma conquista definitiva a valorizar os textos constitucionais e inspirar o julgador e suas decisões.

As lições que nos ministram seus livros se alinham nessa abertura inspirada naquele princípio que ilumina o art. 1º de nossa Constituição, ao colocar, como um dos fundamentos do Estado Democrático de Direito, a cidadania e a dignidade da pessoa humana.

Da compreensão do valor da dignidade da pessoa humana decorrem os postulados básicos dos direitos humanos, direitos, esses, que, a partir de sua projeção no texto das Constituições liberais de proteção da liberdade, se foram ampliando, de geração em geração, até chegarem aos direitos atuais da quarta e da quinta gerações, que é o tema da conferência que vai proferir nesse Plenário.

A simplicidade de sua pessoa e a grandeza do seu saber se aliam ao seu patriotismo, tão acentuadamente revelado na ênfase e, diríamos mesmo, na paixão demonstrada na defesa de nossos valores históricos, um dos quais repousa na nossa formação constitucional. Essa formação está retratada em livro memorável, lançado entre nós há 10 anos, sob o título *História do Direito Constitucional*, em que figura também como autor seu ilustre conterrâneo e meu colega na Câmara dos Deputados, Paes de Andrade. Outro livro valioso e clássico em nossa literatura jurídica é o *Curso de Direito Constitucional*, já na 24ª edição, o que mostra sua larga aceitação nos meios jurídicos do País. Outros livros enriquecem sua bibliografia, e não preciso aqui mencioná-los.

No seu incansável afã de divulgar o direito constitucional, de defender os seus postulados e levar aos estudiosos conhecimentos sobre as novas concepções da teoria do Estado, não se contentou apenas em escrever livros, proferir conferências e colaborar em revistas. Foi mais longe: levou a cabo a ingente tarefa de editar uma revista do porte da *Revista Latino-Americana de Estudos Constitucionais*, cujo primeiro número foi lançado em janeiro-junho/2003, marcando, como diz na "Apresentação", "o ponto culminante das Celebrações do Centenário da Faculdade de Direito da Universidade Federal do Ceará" (1903-2003), Universidade em que iniciou seu magistério e à qual tem dedicado o seu saber e a sua cultura, mesmo depois de afastado da Cátedra pela aposentadoria compulsória. Por essa importante e vitoriosa contribuição merece, igualmente, nossos louvores.

Apraz-me lembrar esses títulos, todos para mim muito íntimos, pelo hábito que tenho de os ler para assimilar as lições de um sábio, o exemplo de um patriota e a coerência de quem, podemos dizer, representa um dos mais altos padrões doutrinários do direito constitucional do Brasil e dos Países latino-americanos.

Na idade em que nos encontramos, em nível quase igual, é salutar conviver com a juventude, que alimenta sempre nosso espírito e fortalece nossa fé nos destinos do Brasil. Basta que esta juventude siga as lições de Paulo Bonavides para estar trabalhando em favor da nacionalidade e na defesa de nossa sociedade e de nossa cultura.

Concluo lembrando palavras do Dr. Marcelo Rebelo de Souza, Catedrático de Direito Constitucional da Universidade de Lisboa, na ocasião em que essa tradicional Universidade concedia a V. Exa. o título de Doutor *honoris causa*. Disse ele:

"Quem melhor do que o Sr. professor Dr. Paulo Bonavides para exprimir a riqueza criativa e a pujança da eterna juventude do Brasil, ele que foi, e será, na sua salutar insatisfação e irrequietude de pensamento, exemplo de criatividade e de incansável juventude eterna ao serviço do espírito?".

Se a nossa Academia Piauiense de Letras Jurídicas não tem legitimidade para lhe conferir o título que lhe outorgou a Universidade de Lisboa, onde seus livros têm larga aceitação, projetando-o no plano internacional, tem o direito de lhe colocar nas mãos o Diploma de Sócio Honorário, que traduz amizade, carinho e admiração à sua pessoa.

É, pois, podemos dizer, um título *ex corde*, um título do coração.

CELSO BARROS COELHO

18

PAULO BONAVIDES, um Homem à Frente de seu Tempo

LUÍS ROBERTO BARROSO

Nota dos Organizadores: O Conselho Federal da OAB divulgou, em 12.9.2013, pelo seu Serviço de Imprensa, notícia sobre o seminário que ela realizou, comemorativo dos 25 Anos da Constituição Federal. Teve o evento por Patrono o professor PAULO BONAVIDES, titular da Medalha Rui Barbosa, o mais alto galardão que a Advocacia Brasileira outorga aos seus membros.

A seguir reproduzimos o texto publicado, bem como considerável parte do discurso de saudação que fez ao homenageado, em nome da OAB, o atual Ministro do STF, Luís Roberto Barroso.

Conselho Federal da OAB

Brasília – O Ministro nomeado para o STF, Luís Roberto Barroso, fez nesta quarta-feira (10) a saudação ao Patrono do seminário 25 Anos de Constituição Federal, o constitucionalista, professor emérito de Direito e Medalha Rui Barbosa da OAB Nacional Paulo Bonavides, a quem chamou de "um homem à frente de seu tempo, um homem de ideias, o pai do Constitucionalismo democrático brasileiro". Paulo Bonavides seria homenageado no evento, mas comunicou ao Presidente Nacional da OAB (entidade que promove o seminário), Marcus Vinicius Furtado, a impossibilidade de comparecer, devido a problemas momentâneos de saúde.

"Ele foi um dos grandes construtores do Constitucionalismo democrático no Brasil – que foi a ideologia vitoriosa do século XX, derrotando inúmeros projetos alternativos, sobretudo projetos autoritários"

– afirmou Luís Roberto Barroso a respeito de Paulo Bonavides. "Constitucionalismo que significa Estado de Direito, poder limitado, respeito aos direitos fundamentais de um lado; de outro lado, a democracia, que significa soberania popular, governo do povo, vontade da maioria – esses dois conceitos que têm trajetórias diferentes se fundiram para criar o modelo ideal, o arranjo institucional ideal que se pratica no mundo contemporâneo. Pois o professor Bonavides, esse homem notável, foi um dos grandes construtores, não só teórico, mas concreto, do Constitucionalismo democrático no Brasil."

Observando que durante os 21 anos de ditadura militar no Brasil "o direito constitucional foi devastado e relegado à mais absoluta irrelevância", o também constitucionalista Luís Roberto Barroso destacou que coube especialmente a dois nomes do Direito Brasileiro "iluminar a escuridão com sua presença e com uma formulação do direito constitucional que não o deixava morrer". Ele disse que se referia a Paulo Bonavides e a José Afonso da Silva, que foi um dos palestrantes do seminário da OAB. Para ele, "o professor Bonavides foi um farol que iluminou o direito constitucional no período de trevas e que depois sobreviveu à ditadura e ajudou a conduzir o Brasil à democracia".

Em sua saudação, o Ministro nomeado do STF disse que preferia destacar a vida acadêmica e contribuições do professor Bonavides à formulação e interpretação do Direito Brasileiro, especialmente da área constitucional, ao invés de enumerar seus muitos feitos curriculares, títulos e realizações. "Prefiro fazer algumas associações entre o professor Paulo Bonavides e o direito constitucional contemporâneo e o que ele representou nesse processo de evolução e de transformação do direito constitucional". Ele acrescentou que Paulo Bonavides foi um dos ícones de sua geração: "Por isso, acho importante assinalar não seus títulos formais, mas suas contribuições formais e as muitas ideias dele que hoje utilizamos – às vezes, sem dar crédito, porque eram ideias tão poderosas que, rapidamente, se tornaram senso comum".

"Ele foi um dos primeiros autores que realizou uma interlocução efetiva e qualificada com os autores alemães, tendo introduzido o pensamento de autores alemães relevantes na doutrina do Direito Brasileiro" – explicou Luís Roberto Barroso a uma plateia atenta que lotou o auditório da OAB Nacional. Ele ressaltou que Paulo Bonavides foi especialmente importante para a introdução de cinco transformações ao direito constitucional contemporâneo no Brasil, que, em resumo, foram suas contribuições à superação do formalismo jurídico; ao surgimento de uma cultura jurídica pós-positivista; passagem da Constituição para o centro do sistema jurídico (e não mais o direito civil); a expansão da jurisdição constitucional no pós-guerra (com a criação das Cortes Constitucionais por diversos Países); e o surgimento de uma nova interpretação do Direito.

Com relação ao quinto ponto – a nova interpretação do Direito –, sobre o qual a contribuição do professor Bonavides foi fundamental, o Min. Barroso salientou: "Ele prestou uma contribuição decisiva para que os princípios passassem de terceira fonte subsidiária do Direito para ser o ponto de partida da atividade de interpretação desenvolvida pelos juízes, sobretudo. Interpretar é procurar realizar da melhor maneira possível os princípios constitucionais – e isso passou a ser a interpretação jurídica em geral, sob a condução segura do professor Paulo Bonavides".

> **Nota dos Organizadores:** Saudando o Patrono da solenidade, em nome da OAB nacional, o Min. Luís Roberto Barroso resumiu e condensou em cinco pontos a colaboração do professor Paulo Bonavides às transformações do direito constitucional contemporâneo, ou seja, abreviadamente, os seguintes:
>
> (1) "(...) a primeira grande contribuição foi para a superação do formalismo jurídico".
>
> (2) "A segunda contribuição de Paulo Bonavides foi para o surgimento no Brasil de uma cultura pós-positivista."
>
> (3) "Uma frase feliz do professor Paulo Bonavides: 'Ontem os Códigos, hoje as Constituições'. Portanto, interpreta-se todo o Direito à luz da Constituição, da lente do filtro da Constituição. E Paulo Bonavides também nesse particular foi um dos pioneiros na elaboração teórica da constitucionalização do Direito."
>
> (4) A contribuição para criar no Brasil uma justiça constitucional que já se universalizava. "E, no caso brasileiro, o professor Paulo Bonavides foi um dos teóricos e um dos elaboradores desta criação e do aprofundamento da jurisdição constitucional do Brasil (...). Há textos memoráveis do professor Paulo Bonavides sobre o controle de constitucionalidade."
>
> (5) A contribuição a um novo modelo de "interpretação constitucional que precisou desenvolver inúmeras novas categorias, que inclui a normatividade dos princípios. E aí de novo o professor Paulo Bonavides foi o pioneiro, e aqui pioneiro mesmo, nesta passagem dos princípios constitucionais para o centro da interpretação jurídica".
>
> Em seguida, leia-se, quase na íntegra, no que se refere ao Patrono do Seminário, o discurso do insigne advogado Luís Roberto Barroso, proferido na OAB nacional, às vésperas de sua posse como Ministro do STF:

Luís Roberto Barroso

Pois bem, o direito constitucional brasileiro, como o direito mundial, mas especialmente o direito constitucional brasileiro, passou, nessa sistematização que eu fiz, por cinco transformações que esquematicamente vou mencionar nesta homenagem ao professor Paulo Bonavides, porque ele contribui para todas elas.

A primeira transformação do Direito em geral foi a superação do formalismo jurídico. A superação de uma visão de que o Direito e a interpretação jurídica eram um mero enquadramento de fatos a atos normativos com a pronúncia de uma consequência jurídica. Paulo Bonavides foi um dos precursores na compreensão de que, para além da mera exegese, os juízes precisavam sim desempenhar uma atividade criativa, uma atividade integrativa. O Direito nunca foi próximo à Matemática, nem próximo à Mecânica. Sempre houve a presença da subjetividade na formulação das soluções. Portanto, a primeira grande contribuição foi para a superação do formalismo jurídico.

A segunda contribuição de Paulo Bonavides foi para o surgimento no Brasil de uma cultura pós-positivista. Expressão que, aliás, no Brasil, foi ele mesmo que cunhou, ou pelo menos foi em textos dele que li esta expressão pela primeira vez. Na medida em que o Direito não está pré-pronto na norma jurídica e que o juiz tem uma atividade construtiva e criativa deste Direito também, se o Direito não cabe inteiramente na norma, é preciso procurá-lo em outro lugar. E Paulo Bonavides, ao desenvolver a ideia do pós-Positivismo, foi um dos pioneiros nesta percepção de que interpretar também significa recorrer à Filosofia Moral, recorrer à Filosofia Política e, sobretudo, colocar no centro do sistema os direitos fundamentais e a dignidade da pessoa humana.

A terceira transformação que nós vivemos foi a passagem da Constituição para o centro do sistema jurídico. O bom e velho direito civil deixa de ser o centro do sistema, a Constituição passa a ser o centro do sistema e se dá esta constitucionalização do Direito. Uma frase feliz do professor Paulo Bonavides: "Ontem os Códigos, hoje as Constituições". Portanto, interpreta-se todo o Direito à luz da Constituição, da lente do filtro da Constituição. E Paulo Bonavides também nesse particular foi um dos pioneiros na elaboração teórica da constitucionalização do Direito.

A quarta transformação importante ocorrida no direito constitucional contemporâneo foi a expansão da jurisdição constitucional. Todos os Países do mundo saem da II Guerra com a percepção de que era importante criar uma Corte Constitucional que tutelasse os direitos fundamentais e que protegesse as regras do jogo democrático. De modo que, a partir da Constituição alemã e depois a Constituição italiana, quase todos os Países do mundo foram criando uma Justiça Constitucional que progressivamente se expandiu. E, no caso brasileiro, o professor Paulo

Bonavides foi um dos teóricos e um dos elaboradores desta criação e do aprofundamento da jurisdição constitucional do Brasil nesse sistema eclético que nós temos, que combina o modelo americano do controle incidental e difuso com o modelo de controle por via principal perante o STF. Há textos memoráveis do professor Paulo Bonavides sobre o controle de constitucionalidade.

E, por fim, uma última transformação muito relevante no direito constitucional contemporâneo foi o surgimento de uma nova interpretação constitucional.

Uma interpretação que já não cabia apenas naquele modelo tradicional de regras aplicadas mediante subsunção, mas uma interpretação constitucional que precisou desenvolver inúmeras novas categorias, que inclui a normatividade dos princípios. E aí de novo o professor Paulo Bonavides foi o pioneiro, e aqui pioneiro mesmo, nesta passagem dos princípios constitucionais para o centro da interpretação jurídica.

Nós todos fomos educados, os mais antigos, numa cultura jurídica em que os princípios eram vistos como uma fonte subsidiária do Direito, a terceira. Quem for lá na Lei de Introdução ao Código Civil verá: "Quando a lei for omissa, o juiz decidirá de acordo com o costume, a analogia e os princípios gerais do Direito".

Paulo Bonavides prestou uma contribuição decisiva para que os princípios deixassem de ser a terceira fonte subsidiária do Direito e passassem a ser o ponto de partida da atividade de interpretação desenvolvida pelos juízes, sobretudo.

Interpretar é procurar realizar da melhor maneira possível os princípios constitucionais. É isso que passou a ser a interpretação jurídica em geral sob a condução segura do professor Paulo Bonavides, que também contribuiu para a introdução no Brasil de conceitos relevantes como o reconhecimento de que normas constitucionais entram em rota de colisão.

E, quando normas constitucionais entram em colisão, a solução dos problemas exige uma figura técnica, que é a ponderação. Quando o juiz desenvolve soluções que não estão pré-prontas no ordenamento jurídico, reforça-se o seu dever de argumentação jurídica.

Quando o juiz cria o Direito e a sua função não se legitima na fórmula tradicional da separação de Poderes porque ele é que está criando o Direito, e não o constituinte ou o legislador, reforça-se o seu dever de racionalmente demonstrar por que aquela solução é a que mais adequadamente realiza a vontade constitucional. E é por essa razão que se reabilitou a argumentação jurídica no direito constitucional contemporâneo.

Eu poderia continuar aqui mais longamente expondo as muitas áreas do direito constitucional em que o professor Paulo Bonavides desbravou novos caminhos e depois prestou a sua valiosa contribuição doutrinária.

Mas acho que já está de bom tamanho parar por aqui e sair do caminho, e achei que era uma homenagem mais valiosa ao querido Professor, um dos ícones da minha geração, assinalar não os seus títulos formais, que são importantes, mas a sua contribuição material efetiva e as muitas ideias dele que nós hoje utilizamos, até mesmo sem dar crédito, um pouco porque eram ideias tão poderosas que muito rapidamente se tornaram o senso comum.

Portanto, o professor Paulo Bonavides foi um dos grandes construtores do Constitucionalismo democrático no Brasil. O Constitucionalismo democrático foi a ideologia vitoriosa do século XX, derrotando inúmeros projetos alternativos, sobretudo projetos autoritários. Constitucionalismo que significa Estado de Direito, poder limitado, respeito aos direitos fundamentais. E de outro lado a democracia, que significa soberania popular, governo do povo, vontade da maioria.

Esses dois conceitos que têm trajetórias diferentes se fundiram para criar o modelo ideal, o arranjo institucional ideal que se pratica no mundo contemporâneo. Pois, ao lado do professor José Afonso da Silva, o professor Paulo Bonavides foi um dos construtores não apenas teórico, mas concreto, do Constitucionalismo democrático no Brasil.

Talvez esse seja o maior elogio que se possa prestar a este homem notável, que, além de tudo, para quem o conhece, é figura adorável, doce, que tem um senso crítico agudo, que pensa o Brasil, mas é incapaz de dizer as críticas mais severas sem acrescentar uma palavra doce, uma palavra amena.

Paulo Bonavides viveu uma vida completa, e ao desenvolver o Constitucionalismo democrático no Brasil contribuiu ele para que nós acreditássemos no Bem e na Justiça, mesmo que eventualmente não estejam ao alcance dos olhos. Muito obrigado!

Luís Roberto Barroso

19
"Do Estado Liberal ao Estado Social"

Evaristo de Moraes Filho

Nota dos Organizadores: O jornal *Unitário*, de Fortaleza, em sua edição de 20.5.1962, transcreveu o artigo "*Do Estado Liberal ao Estado Social*", de autoria do jurista e sociólogo Evaristo de Moraes Filho, Catedrático da Faculdade Nacional de Direito e Presidente do Instituto de Ciências Sociais da Universidade do Brasil. A transcrição vinha acompanhada da seguinte nota: "Estampamos abaixo o artigo do professor Evaristo de Moraes Filho, escrito para a *Revista Brasileira de Filosofia*, sobre o livro do professor Paulo Bonavides, da Faculdade de Direito do Ceará, recentemente lançado pela Editora Saraiva, de São Paulo, o qual vem logrando ampla repercussão nos meios jurídicos e culturais do País. O livro em apreço já está sendo traduzido para o Espanhol, na Argentina".

O autor é catedrático de Teoria Geral do Estado da Faculdade de Direito da Universidade do Ceará, membro da Associação Internacional de Ciências Políticas (Genebra), do Instituto Brasileiro de Filosofia e da Sociedade Brasileira de Sociologia. Os títulos do professor Bonavides dão bem a medida da sua cultura e retrato vivo, de corpo inteiro, das manifestações do seu espírito. Não se trata de um puro jurista, destes que se confinam exclusivamente à manifestação formal, seca e murcha da norma jurídica, sem relacioná-la com o meio social que vai regular nem com os valores últimos que a informam.

Há como que uma constante crítica, na história do pensamento universal, contra os empiristas ou os juristas despidos de preocupações filosóficas. É curioso alinhá-los aqui pela diversidade dos seus significados e pela autonomia de suas manifestações. Já no mundo antigo, escreveu Cícero, no *De Legibus*: "'Não é nem no edito do pretor, como muitos o fazem hoje, nem nas Doze Tábuas, como o faziam os nossos antigos, mas nas fontes mais profundas da Filosofia que é preciso fundar a verdadeira Ciência do Direito". Com outras intenções, mas dentro da mesma linha, proclamava Lutero: "Ein Jurist, der nicht mehr denn ein Juri ist, ist ein arm Ding!" ("Um jurista, que nada mais é do que um jurista, é uma pobre coisa!"). E, nos fins do século XVIII, em *Grundlegung zur Metaphysik der Sitten*, fez Kant a célebre comparação, à maneira da fábula de Fedro de que o Direito sem tratação filosófica é semelhante a uma cabeça sem cérebro.

Foi o excessivo formalismo no império jurídico que veio cavando um fundo fosso entre os juristas e a vida em todas as suas manifestações, notadamente culturais: econômicas, sociais, políticas, metafísicas e até religiosas. O *pan-ântropos*, o *All-Mensch*, de Stoltenberg não deve ser nunca esquecido em assuntos humanos. O homem é uma realidade total, cercado de cultura por todos os lados, isto é, estruturas mistas de realidade e de valor, mas indissociáveis entre si, formando uma rede viva e de causação circular.

Por tudo isso, andou muito bem o professor Bonavides, de acordo com as determinantes da sua formação espiritual, em não separar o Estado das suas bases concretas sociopolíticas, no que estas tenham de conteúdo histórico e de prospecções ideológicas. Assim, o seu ensaio é tanto de Sociologia do Conhecimento quanto de Filosofia e de Direito. Cada vez se torna mais agudo o conflito entre a liberdade individual e a regulação ditada pelo Estado em nome dos interesses coletivos.

Desde a concepção da *polis* antiga, em que o indivíduo se dissolvia na Cidade-Estado, vendo nos interesses deste os seus próprios interesses, sem forças nem possibilidades de deslindar uma esfera individual de liberdade, até as atuais concepções do Estado Totalitário, onipresente e onipotente, com esmagamento total do indivíduo, muito caminhou a História, passando também por épocas em que o Estado não passava de mero guarda-noturno ou de simples polícia.

Composto de sete capítulos, começa o professor Bonavides pelas origens do Liberalismo moderno até chegar ao advento do Estado Social. Para isso, estuda e debate, principalmente com bibliografia de procedência germânica, o Estado Liberal e a separação dos Poderes, o pensamento político de Kant e de Hegel, o conceito de liberdade antiga e de liberdade moderna, para desembocar, finalmente, nas bases ideológicas do Estado Social, relacionando-o com a democracia.

Estamos com o autor: já soou a hora final do Liberalismo clássico, do Estado ausente, absenteísta e tranquilo diante do drama humano.

Aliás, lembramos ao autor uma pequena frase de Otto Gierke, numa conferência pronunciada no recuado ano de 1889 – "Die soziale... Aufgabe des Privatrechts" (p. 45): "Unser Privatrecht wird sozialer sein, oder es wird nicht sein" ("O nosso direito privado será social, ou não será"). E em 1932, num livro de merecido sucesso, mostrou o catedrático madrilenho José Castán Tobeñas, Ministro da Suprema Corte espanhola, que há um perfeito denominador comum das escolas sociais contemporâneas, cujas direções são convergentes no sentido do intervencionismo. E ainda agora, não há muitos anos, depois de analisar o que denominou de "místicas econômicas", não pôde Rougier deixar de optar por uma nova forma de Liberalismo, chamando-o de "construtivo", cuja finalidade seria a de impedir que os homens fizessem mau uso da sua própria liberdade. Discreto, mais regulador.

Voltado para a realidade do seu tempo, não deixa o professor Bonavides de reconhecer a massificação da vida social, característica da civilização contemporânea em todos os campos da cultura humana. Este é um dado primário. Como tratar esta civilização das massas, eis o problema. Opta o autor pelo Estado Social que concilie a liberdade do indivíduo com os legítimos interesses da sociedade, em que o Estado intervenha para melhor distribuição do bem-estar social, disciplinando a planificação com a liberdade e com a democracia. "O Estado Social – escreve –, a despeito da impiedosa crítica marxista e do colapso do Estado Liberal, constitui a palavra de esperança com que acenam estadistas e teóricos do Ocidente".

É esta também a posição do autor, que pode ser assim resumida:

"Chegamos, em suma, à conclusão de que este (o Estado Social) supera definitivamente o antigo Estado Liberal, e, segundo a tese que sustentamos, tanto se compadece com o totalitarismo como também com a democracia.

"Estado Social significa intervencionismo, patronagem, paternalismo. Não se confunde com o Estado Socialista, mas com este coexiste. O mundo moderno fê-lo uma necessidade, não importa sob que regime político.

"Na democracia moderna oferece problemas capitais, ligados às contradições internas do elemento político sobre que se apoia (as massas) e à hipótese de um desvirtuamento do poder, por parte dos governantes, pelo fato de possuírem estes o controle da função social e ficarem sujeitos à tentação, daí decorrente, de o utilizarem a favor próprio (caminho da corrupção e da plutocracia) ou no interesse do avassalamento do indivíduo (estrada do totalitarismo).

"O Estado Social da democracia se distingue, em suma, do Estado Social dos sistemas totalitários por oferecer, concomitantemente, na sua feição jurídico-constitucional a garantia de tutelar os direitos da personalidade."

Conceitua o autor como Estado Social a superação ideológica do antigo Liberalismo, diferenciando-o, no entanto, do Estado Socialista. Compatível com os mais diversos regimes políticos, aponta-o o professor Bonavides como representativo da Alemanha nazista, da Itália fascista, da Espanha franquista, de Portugal salazarista, da Inglaterra de Churchill e Attle, dos Estados Unidos, em parte, desde Roosevelt, da França, com a Quarta República principalmente, e do Brasil desde a Revolução de 30 (p. 205).

Infelizmente, não compartilhamos da crença do autor quanto à possibilidade de um Estado equidistante das classes sociais, de todas elas, fator de conciliação, mitigador de conflitos sociais e pacificador necessário entre o trabalho e o capital (pp. 206-207). Nem o próprio autor escapa ao desalento, para confessar (p. 210):

"O Estado Social que temos em vista é o que se acha contido juridicamente no Constitucionalismo democrático. Alcançá-lo, já foi difícil; conservá-lo, parece quase impossível. E, no entanto, é o Estado a que damos, do ponto de vista doutrinário, valoração máxima e essencial, por afigurar-se-nos aquele que busca realmente, como Estado de coordenação e colaboração, amortecer a luta de classes e promover entre os homens a justiça social, a paz econômica.

"A técnica para implantá-lo sem distúrbios se mostra, todavia, rodeada de problemas e dificuldades. Basta comparar a sua caracterização constitucional, a palavra dos textos, com a pobreza dos resultados obtidos na realidade. Como ele oscila frágil no meio do drama do poder (...)."

Embora sem que o autor se refira ao fato, em fins do seu governo elaborou o Presidente Truman uma extensa mensagem ao Congresso, propondo reformas sociais no seu País, denominando-as, precisamente, de implantação de "um Estudo Social". Foi rotundamente repelido pelos deputados...

O drama é sempre o mesmo, desde os tempos antigos: toda luta de classes é uma luta política, pela obtenção do poder, única e verdadeira polarização do Estado. Quem ditará os limites? Quem fixará o justo equilíbrio? E, o que é mais difícil: quem os manterá? Daí, certamente, o pessimismo do professor Bonavides. Mas de uma coisa encontra-se ele seguro: a superação ideológica do Estado Liberal clássico. Penetrou a Humanidade na época histórica do Estado Social, que poderá ser Socialista ou Democrático. Por este optou o autor, embora reconheça que não há uma contradição intransponível entre os dois. Ainda bem.

EVARISTO DE MORAES FILHO

20
Doutoramento "Honoris Causa" da Universidade de Lisboa

MARCELO REBELO DE SOUZA

Nota dos Organizadores: Publicamos na íntegra o discurso do professor Marcelo Rebelo de Sousa, Catedrático de Direito Constitucional da Universidade de Lisboa, proferido na cerimônia de outorga do título de Doutor *Honoris Causa* daquela Universidade ao professor PAULO BONAVIDES. O ato solene ocorreu em Lisboa no dia 28.1.1998.

Magnífico Reitor da Universidade de Lisboa,

vão para V. Exa. as minhas primeiras palavras. Para saudar V. Exa. perto do termo do seu derradeiro mandato reitoral. Revelou V. Exa., no desempenho das suas funções, vontade de cumprir, desejo de aceitar, disponibilidade para ouvir e consensualizar. Sacrificou V. Exa. uma certamente importante carreira docente a longos anos de representação da Universidade de Lisboa. Por tudo isto, merece uma palavra de reconhecimento.

Mas hoje, Magnífico Reitor, o que nos traz aqui, a esta Aula Magna da Reitoria da Universidade de Lisboa, é a consagração pela nossa Universidade de três personalidades da Ciência, duas das quais vultos maiores da cultura jurídica brasileira, sul-americana e lusófona.

Permita-me, pois, Sr. Reitor, que comece por cumprimentar os homenageados, e em especial os colegas em formação, irmãos nossos na língua, na História, naquela partilha de afectos, de vivências, de idiossincrasias, em que se traduz a feição lusófona de encarar e abraçar todo o Universo.

Cabe-me, por honrosa deliberação do Conselho Científico da Faculdade de Direito, a gratíssima missão de explanar junto de V. Exa., Magnífico Reitor, e do Magno Colégio de Doutores (em que saúdo tantos pares de outras formações e escolas) as razões eloquentes que alicerçaram e alicerçam a proposta de Doutoramento *Honoris Causa* do Sr. professor Dr. Paulo Bonavides. Antes, no entanto, de me afoitar nessa digressão, fascinante pela envergadura do homem e a relevância da obra, seja-me ainda autorizado evocar: cabe-me, por honrosa deliberação do Conselho Científico da Faculdade de Direito, a gratíssima missão de explanar junto de V. Exa. a que a Universidade se dirige o meu pleito de agraciação com o grau de Doutor *Honoris Causa*.

Magnífico Reitor, a Universidade a que V. Exa. ainda preside mergulha as suas raízes no tronco comum nascido no século XIII e que, durante sete séculos, com grandezas e misérias, como todas as instituições humanas, mas sempre com denodo, fez viver os estudos superiores em Portugal. Tempos houve em que lentes ilustres se ocupavam com a discussão sobre a primazia entre universidades.

Penso ser bem mais realista e enriquecedor afirmar que é uno o tronco comum em que se filia a Universidade de Lisboa, tão certo é que a Universidade de Coimbra – hoje aqui tão qualificadamente representada – se instalou inicialmente em Lisboa, e também que a nossa Faculdade de Direito deve muito do que é a uma plêiade de doutores formados e graduados na escola-irmã de Coimbra e que quiseram associar-se aos primeiros passos da Faculdade de Estudos Sociais e de Direito, nossa matriz, instituída no princípio deste século.

Herdeira de mais de sete séculos de tronco comum, a Universidade de Lisboa pode orgulhar-se do contributo que deu para a renovação cultural e científica durante o século XX; do Prémio Nobel – por sinal, o único português – que o foi enquanto seu Mestre, o professor Egas Moniz; da influência criativa na génese de tantas escolas da Universidade Nova de Lisboa, da Universidade do Porto, da Universidade do Minho, da Universidade Católica Portuguesa e de praticamente todas as restantes universidades privadas nascidas nos últimos 15 anos; da presença constante em todos os grandes debates económicos, sociais, políticos e institucionais da sociedade portuguesa ao longo de três regimes diversos e entre si bem diferenciados.

Não foi por acaso que o seu segundo Director foi figura cimeira da I República, liberal, individualista, parlamentar, que um dos seus ilustres docentes presidiu o governo na II República, antiliberal, antidemocrática e antiparlamentar, e que dois alunos seus foram os únicos Presidentes da República civis eleitos, por sufrágio directo e universal, desde sempre na história política nacional.

Quero com isto dizer, Magnífico Reitor, que a nossa Universidade soube ser nova, novíssima mesmo, em ideias, métodos, abertura à sociedade, sem desprezar nunca as lições do passado; e nunca se sentiu menorizada quando viu Mestres seus partirem para universidades nascentes ou desejarem repartir os seus estudos e saberes com uma realidade social rica, tão rica que ultrapassa sempre a imaginação mais fértil da especulação científica qualificada.

Mas se olharmos já não a Universidade que formamos, mas a Faculdade de Direito que propõe o grau hoje em apreço, então, como não recordar gerações de juristas excepcionais, de Mestres insignes, de Pedagogos notáveis.

Como não lembrar os pioneiros, tantos deles vindos de Coimbra – os Drs. Arthur Montenegro, José Tavares, Joaquim Pedro Martins, Rocha Saraiva, Abel de Andrade, José Gabriel Pinto Coelho, Lobo d'Ávila Lima, Caeiro da Mata, Carneiro Pacheco, João Magalhães Collaço, Paulo Merêa, Manuel Rodrigues, Fezas Vital, Ruy Ulrich, João Costa Leite (Lumbrales)?

Como não reter os nomes dos primeiros docentes recrutados por concurso público – regra de que a Faculdade nunca mais se afastaria: Barbosa de Magalhães, Abranches Ferrão, Vieira da Rocha, Vieira das Neves, Ludgero da Silva e Martinho Nobre de Melo – este, por sinal, mais tarde, 14 anos Embaixador português no Brasil?

Mas não para aí a gesta da nossa Escola – ela prossegue com Armindo Monteiro, o economista, o financeiro, o embaixador; Marcello Caetano, o precursor da ciência política e pai da codificação administrativa e, no fundo, do direito administrativo moderno em Portugal; Paulo Cunha, o enciclopedista, o diplomata e o autor do direito civil do novo Estado Social; Adelino da Palma Carlos, o processualista, o homem do foro; Luís Pinto Coelho, o propedeuta e o representante diplomático; Fernando Olavo, o homem da economia real; Manuel Cavaleiro Ferreira, o penalista agarrado às raízes nacionais e por isso anticlímax da penalística delas mais distante; Manuel Gomes da Silva, o filósofo, o humanista, o civilista, presente na primeira versão do Código Civil que nos rege; João de Castro Mendes, o missionário ao serviço da Escola e de tantos de os seus saberes.

Falei só dos que já nos abandonaram. E, no entanto, poderia acrescentar outros, muitos, que influíram nas revisões do Código Civil, do Código de Processo Civil, do Código Penal e do Código de Processo Penal, na feitura das leis sobre sociedades, na génese e no ajustamento da legislação do contencioso administrativo e do Código do Procedimento Administrativo. E, por último, na aprovação e nas revisões da Constituição da República Portuguesa em vigor.

Estas são, Sr. professor Dr. Paulo Bonavides, a Universidade e a Faculdade que o acolhem, de braços abertos, com a simplicidade de tudo o que é verdadeiramente importante na vida.

E que honra é para a Universidade de Lisboa e a sua Faculdade de Direito o poderem receber como seu Doutor *Honoris Causa* esse Homem do seu Tempo, esse Homem do seu Universo, esse Homem da mesma Família Cultural que é o Sr. professor Dr. Paulo Bonavides.

Antes de tudo o mais, um Homem do seu Tempo. Homem do seu Tempo, porque tem vivido este século com a avidez, a curiosidade humana e científica, o desejo de nada perder, de tudo conhecer e tocar.

É percorrer a sua formação e ver como, nascido no Ceará, era, bem jovem, Bacharel em Ciências Jurídicas e Sociais pela Faculdade Nacional de Direito da Universidade do Brasil, Doutor em Direito pela Universidade Federal do Ceará e Livre-Docente pela mesma Universidade.

É ainda recensear a sua multímoda actividade profissional e social e deparar com o aluno de Harvard aos 22 anos de idade, o laureado literário e o viajante sem parar desde os 25 anos, o jornalista incansável e já consagrado bem antes de atingir as três décadas de vida.

Homem do seu Tempo, também, porque, tendo vivido intensamente, como poucos, este século, não se limitou à posição cómoda de testemunha distante, de observador asséptico, inodoro e incolor, antes militou em causas apaixonadas, todas elas radicadas numa visão corajosa da libertação da Humanidade. Da libertação civil, política, mas igualmente económica e social. Da Humanidade, mas não da Humanidade abstracta, teórica, arquétipo; pelo contrário, da Humanidade concreta, encarnada em coordenadas específicas de espaço e de tempo.

É reter a sua fogosidade inclemente como Secretário-Geral da União Estadual dos Estudantes do Ceará e Orador Oficial do Centro Académico Clovis Beviláqua; a sua dedicação, então jovem universitário, como Assistente Técnico de Educação e Chefe de Secção de Cultura na Prefeitura de Fortaleza; o seu empenho no Conselho Técnico e na Direcção da Escola de Administração do Ceará.

É ainda relembrar o seu entusiasmo como Membro n. 1 do Sindicato dos Jornalistas Profissionais do Ceará e n. 3.029 do Sindicato do Rio de Janeiro; a sua presença marcante no Instituto do Nordeste, no Conselho Técnico da Confederação Nacional do Comércio, na Fundação Milton Campos, na Fundação Pedroso Horta, do Movimento Democrático Brasileiro.

Homem do seu Tempo, ainda, porque, tendo vivido intensamente este século e intervindo nele, soube sempre ver antes de muitos outros os acontecimentos, ensinar o que haveria de suceder, prospectivar evoluções jurídicas, sociais e políticas. Onde outros foram o realismo da fôrma que pacifica as conjunturas, ele foi o idealismo do modelo a perseguir, do processo a encetar, da busca a não deixar nunca esmorecer.

Onde muitos tiveram o encanto da segurança, do porto de abrigo, ele teve o encanto da aventura, do mar alto, mas também da ilha sonhada e um dia aproximada ou parcialmente atingida.

É reler o seu *Dos Fins do Estado*, de 1955, que antecipa o Estado Social-Providência dos anos 70; o seu *Do Estado Liberal ao Estado Social*, de 1958, síntese lapidar da última morte do Estado Liberal; a sua inesgotável *Ciência Política* – sempre actual e sempre irreverente; o seu *A Crise Política Brasileira*, de 1969, mais de 10 anos avançado quanto às debilidades críticas da ditadura militar brasileira; o seu *Reflexões – Política e Direito*, de 1973, teorizador do percurso do federalismo no final do século; o seu *Constituição e Constituinte*, de 1986, prenunciador das virtualidades mas também dos alçapões do Constitucionalismo democrático no Brasil após a Lei Fundamental de 1988.

Só que este Homem do seu Tempo é, do mesmo modo, um Homem do seu Universo. Homem do seu Universo, porque nasceu e se fez universal, nas andanças constantes que assinalaram e assinalam a sua peregrinação pelo mundo.

Sociologia Jurídica, com Roscoe Pound, e Sociologia da Fome, da Guerra e da Revolução, com Peter Sorokin, em Harvard, em 1945; Lente de Literatura Brasileira em Heidelberg, em 1952 e 1953; Jornalista visitante da Alemanha e da União Soviética em 1956; novas missões na RFA em 1958, 1974 e 1979; membro fundador da *Internationale Vereinigung für Rechts und Sozial Philosophie*, em Wiesbaden, em 1964; membro de inúmeras associações científicas americanas, francesas, espanholas, chilenas, mexicanas, argentinas; Professor Residente em Colónia, em 1982, a convite de Wiedermann e Kriele; em Tennessee, em 1984; em Coimbra, em 1989, a convite do professor Dr. José Joaquim Gomes Canotilho; Sócio da Academia de Ciências da Renânia do Norte-Westfália há menos de um ano.

Homem do Universo, ainda, porque soube entender que esse Universo começa sempre ao pé da nossa porta, na nossa terra, na nossa sociedade, no nosso País. Nunca se deslumbrou com o cosmopolitismo fácil, com a admiração internacional, com o provincianismo de tudo ver com olhos de desenraizado ou apátrida, não o sendo.

Daí o percurso que fez por terras que são as suas, ensinando no Ceará, em Canoas, no Pará, no Rio de Janeiro, em São Paulo, em Porto Alegre, em Cruz Alta, no Recife, em João Pessoa, em Brasília, ao fim e ao cabo, durante mais de 50 anos, por toda essa Nação quase Continente nossa Irmã que se chama Brasil. E não só ensinando, já que presidiu, 10 anos a fio, ao Instituto Brasileiro de Direito Constitucional, de que é Presidente Emérito; integrou e integra um sem-número de instituições, Comissões de Estudos Constitucionais e Pós-Constitucionais; é Membro da Academia Brasileira de Letras Jurídicas, com a Cadeira n. 4 de Afonso Arinos de Melo Franco; pertence à Academia Brasileira de Ciências Morais e Políticas; e ainda é Titular das Academias Cearense de Letras Jurídicas e Cearense de Letras, e Correspondente da Academia Carioca de Letras. Homem do seu Universo, finalmente, porque o seu pensamento jurídico traduz muitas das mais fundas e estimulantes preocupações doutrinárias da actualidade.

Nos métodos – constitucionalista atento ao devir, como o prova o seu *Direito Constitucional*, sucessivamente reeditado, nunca descurou a vertente histórica, como o demonstra a sua *História Constitucional do Brasil*, já em 3ª edição. Mas atendeu ainda sempre à relevância da Ciência Política e da Sociologia Política e Jurídica na compreensão da realidade constitucional. Isso mesmo decorre da sua *Ciência Política*, dos seus *Textos Políticos da História do Brasil* e mesmo da reflexão que nos traz em *A Constituição Aberta*, reeditada em 1996.

Nos conteúdos – filósofo do Direito e do Estado tanto ou mais do que jurista apegado às normas, vibra com os valores inseparáveis do personalismo, da dignidade e dos direitos fundamentais da pessoa. Deste pecúlio axiológico arranca para a defesa da democracia integral – civil, política, económica e social. Democracia que é mais do que regime político, é direito fundamental da quarta geração – após as gerações dos direitos da liberdade, dos direitos sociais e dos direitos da solidariedade, teria chegado o *momentum* do direito fundamental à democracia, centrado, também ele, na dignidade da pessoa; mas o Mestre arranca ainda para a procura do equilíbrio entre a democracia representativa, com sistema de governo parlamentar e pluripartidarismo, e a democracia directa, expressão da proximidade entre cidadãos e exercício do poder político; para a descentralização e a substancialização do federalismo; para o saneamento e a moralidade na vida partidária e cívica; para a salvaguarda do essencial do Estado Social de Direito, sem recuos perigosos antidemocráticos ou reticências equívocas de pendor neoliberal ultrapassado. Há, neste pensamento jurídico, social e político, muito de visionário, sobretudo se pensarmos que ele foi elaborado logo no início dos anos 50? Sem dúvida.

Há neste apego ao Estado Social de Direito uma energia vital, que superou as modas neoliberais puristas dos anos 80? Parece evidente.

Há nesta aposta na democracia directa, e, em geral, numa outra forma de dividir e limitar o poder político, muito de esperança na cultura cívica do poder político democrático e no papel do poder local, da iniciativa legislativa popular, do referendo, que ainda conhecem sérias resistências neste final de século e de milénio? É inevitável.

Para quem viu longe cedo e não se cansa de olhar para o futuro, não querendo envelhecer nem deixar envelhecer as suas ideias, é essa a sina inapelável, conviver com a utopia, cultivar o sonho, não ceder ao desencanto, por muito penosos que sejam – e são, tantas vezes – os caminhos das pessoas e das comunidades.

Homem da mesma Família Cultural que nos honramos de integrar é ainda o Sr. professor Dr. Paulo Bonavides.

Da mesma Família, pela língua, pela língua em que sempre escreveu Direito, como escreveu prosas não jurídicas e intervenções jornalísticas. Da mesma Família, pelo interesse com que sempre acompanhou este diálogo vivificador que fez da nossa Carta Constitucional de 1826 herdeira de tanto da Constituição imperial de 1824, que recebeu na nossa Constituição de 1911 ideias da Constituição republicana de 1991 e que, ao invés, levou até a Nação-Irmã, para mal e para bem, sugestões das nossas Constituições de 1933 e de 1976.

Da mesma Família, pela fraterna amizade com que acolheu, apoiou e estimulou estudantes e investigadores portugueses nas suas arremetidas por terras de Santa Cruz ou tems com elas conexas.

Magnífico Reitor, Srs. Doutores, se há certeza que nunca nos abandona nessa vida de missão laical que é a universitária é a de que, muito diversamente do que se passa noutras latitudes e longitudes, na universidade há gratidão.

Pode ser lenta, esquiva, timorata. Mas chega sempre. Em vida ou por morte.

E quando chega em vida, e em vida ainda cheia de sonhos e de amanhãs, bem-vinda seja ela.

Hoje, chegou a gratidão da Faculdade de Direito e da Universidade de Lisboa ao Sr. professor Dr. Paulo Bonavides.

Agradecemos-lhe o ter sido e continuar a ser um Homem do seu Século, intervindo nele, decifrando antecipadamente o seu curso.

Agradecemos-lhe o ter sido e continuar a ser um Homem do seu Universo, no espaço e nas ideias, sem nunca perder as raízes que permitem separar o universal do cosmopolita.

Agradecemos-lhe o ter sido e continuar a ser um Homem da Mesma Família Cultural, que lhe deu e lhe dá uma voz, um eco, uma expressão que, de outro modo, lhe faltaria.

E porque lhe agradecemos tudo isto, queremos que se junte aos Doutores *Honoris Causa* que, ao longo dos anos, nos foram enobrecendo. Temos a certeza de que, lá no alto, nesse Colégio Eterno de Doutores – longe das vicissitudes do imediato –, uma satisfação incontida se espelhará nos rostos de um Duguit, de um Josserand, de um Lambert, de um Politis, de um Sanchez Albornoz.

Para já não falar na voz rouca mas quente com que Waldemar Ferreira e Gilberto Freyre saudarão a consagração de mais dois irmãos desse Mundo Lusófono que o Português criou mas o Brasil tem universalizado, na riqueza criativa das suas gentes e na pujança da sua eterna juventude.

Quem melhor do que o Sr. professor Dr. Paulo Bonavides para exprimir a riqueza criativa e a pujança da eterna juventude do Brasil, ele que foi, é e será, na sua salutar insatisfação e irrequietude de pensamento, exemplo de criatividade e de incansável juventude eterna ao serviço do Espírito?

Magnífico Reitor, em nome da Faculdade de Direito, peço as insígnias de seu Doutor *Honoris Causa* para o Dr. Paulo Bonavides, da Universidade Federal do Ceará.

Lisboa, 28 de Janeiro de 1998

MARCELO REBELO DE SOUZA

21
Paulo Bonavides

Luiz Pinto Ferreira

Nota dos Organizadores: Reproduzimos o artigo intitulado “Paulo Bonavides”, de autoria de Luiz Pinto Ferreira, publicado na *Revista da Faculdade de Direito de Caruaru* 20, editada no Recife, em 1992.

O professor Pinto Ferreira, Catedrático de Direito Constitucional da Faculdade de Direito do Recife e fundador da Faculdade cuja *Revista* publicou o sobredito artigo, foi um dos mais insignes juristas do Brasil. Gozou de reputação internacional, figurando entre os fundadores do Instituto Ibero-Americano de Direito Constitucional, com sede no México.

Paulo Bonavides

Luiz Pinto Ferreira

Paulo Bonavides é um dos mais eminentes Mestres da Ciência Jurídica nacional, salientando-se além disso como uma personalidade de renome no Estrangeiro pelo seu saber especializado no campo da ciência política e do direito constitucional. Pertence à linhagem dos grandes jurisconsultos brasileiros, que têm glorificado o pensamento jurídico do País. É de relembrar que o Brasil tem tido jurisconsultos de eminência, entre eles se destacando Clóvis Beviláqua, Djacir Menezes, Paula Batista, Martins Jr., Teixeira de Freitas, Tobias Barreto, Rui Barbosa, João Mangabeira, Pedro Lessa, que se apresentam como pensadores que honram e glorificam a ciência política nacional.

Paulo Bonavides continua essa linhagem dignificando a ciência jurídica do País, que concretiza através de livros, conferências, aulas, artigos de jornal, todos representativos de uma inteligência privilegiada que conquista a admiração geral.

Nordestino, nascido em pleno coração do Nordeste, na cidade de Patos, em pleno sertão da Paraíba, no dia 10.5.1925, o seu nome logo se projetou desde a juventude. Radicou-se no Estado vizinho, o Ceará, onde desde a sua adolescência se matriculou no Liceu do Ceará, cursando Humanidades neste Colégio, que, como outros similares no Brasil inteiro, tais como o Ginásio Pernambucano e o Colégio Pedro II, recordam nomes de eminentes brasileiros que por ali passaram em sua adolescência, como em tantos outros liceus, ginásios e ateneus, que ensinavam Humanidades na época. Hoje distanciados de suas legendárias vivências pela influência desastrosa da mídia eletrônica, mergulhando o País numa noite de muita treva e pouca estrela.

O curso de Humanidades tinha raízes nobres, influenciado pela tradição cultural do Ocidente Europeu, interessado em formar o homem e o cidadão dentro do homem.

A sua vocação de professor é evidente, logo entrando como Catedrático de Direito Constitucional na Faculdade de Direito da Universidade Federal do Ceará, em concurso memorável, sendo também titular de Ciência Política da Escola de Administração daquele Estado. Ensinou também no Estrangeiro, tanto na Europa como nos Estados Unidos, com títulos numerosos, destacando-se como Professor Visitante e Conferencista na Alemanha (Colônia, Heidelberg), nos Estados Unidos (Tennessee), Portugal (Universidade de Coimbra), Yugoslávia (Belgrado), tendo ainda percorrido a União Soviética, sobre a qual escreveu interessante e oportuno artigo transcrito em um dos seus livros.

Pronunciou conferências no Brasil inteiro, inclusive uma alocução altamente louvada na Faculdade de Direito do Recife, por ocasião do I Congresso Brasileiro de Direito Constitucional, por mim realizado na Faculdade de Direito do Recife, em conferência magistral, ao fim da qual foi aplaudido de pé pela numerosa assistência.

A sua produção intelectual é vigorosa e importante pela sua qualidade e dimensão, cabendo mencionar: *Universidade da América*, com "Prefácio" de Gilberto Freire (Rio de Janeiro, 1946), que obteve o Prêmio Carlos de Laet, da Academia Brasileira de Letras; *O Tempo e os Homens* (Fortaleza, 1952); *Dos Fins do Estado*, dissertação apresentada à Congregação da Faculdade de Direito da Universidade do Ceará para o concurso de docência-livre da Cadeira de Teoria Geral do Estado (Fortaleza, 1955); *Teoria do Estado* (ed. Forense, 1967); *Ciência Política* (ed. Forense, 1967); *Reflexões – Política e Direito* (Fortaleza, 1973);

Direito Constitucional (Rio de Janeiro, Forense, 1980); *Constituinte e Constituição* (Fortaleza, 1985); *Política e Constituição: os Caminhos da Democracia* (Rio de Janeiro, 1985); e uma obra hoje clássica intitulada *História Constitucional do Brasil* (Brasília, 1989). Alguns destes livros, já com sucessivas reedições, com larga ressonância e divulgação, inclusive citados por autores estrangeiros como Canotilho, em seu livro *Direito Constitucional*.

É também autor de diversas publicações de língua estrangeira, destacando-se: *Die brasilianischen Streitkraefte, 1880 a 1910 – Innermilitärische Voraussetzungen fur politisches Handeln; Der brasilianische Sozialstaat und die Verfassungen von Weimar und Bonn*, onde analisa o Estado Social de Direito implantado em recentes Constituições brasileiras, intercaladas contudo com sucessivos golpes autoritários, em complôs palacianos que sempre atropelam a marcha do País para o autêntico regime constitucional, que é o equilíbrio entre poder, ordem e liberdade.

É de destacar a figura de humanista de Paulo Bonavides, preocupado na exposição de temas nacionais, em bem-elaborados artigos republicados depois em enorme obra com 804 páginas, já em 2ª edição, qual seja, o seu livro *Constituinte e Constituição*. Os mais palpitantes temas são focalizados nesta obra sobre a teoria da Constituição e a Constituinte, o presidencialismo e o parlamentarismo, a democracia e o nacionalismo, o federalismo, temas fascinantes da crise contemporânea, com notas de viagens aos Estados Unidos (1944-1945), à Alemanha (1952-1953) e à União Soviética (1956), e inúmeros outros temas, planejando soluções para a crise contemporânea, oferecendo sugestões valiosas dentro de um prisma de humanismo, abrindo caminho e espaços, rasgando fronteiras novas para o desenvolvimento humano. Esta obra, embora fragmentada em diversos tópicos, é uma das grandes contribuições do seu talento incomum à emancipação da cultura brasileira.

O livro intitulado *Do Estado Liberal ao Estado Social* é outra obra capital do seu pensamento. Mostra as mudanças ocorridas no clássico Liberalismo, a tendência conducente ao Estado Social de Direito. A democracia social é o caminho apontado, numa síntese de amparo às liberdades públicas e às liberdades sociais, sem as quais não existe o autêntico Estado de Direito.

As grandes revoluções nos últimos séculos no Ocidente, a Revolução Inglesa de 1688, inaugurando os delineamentos do parlamentarismo, a Revolução Norte-Americana de 1776, instaurando a democracia, a gloriosa Revolução Francesa de 1789, anunciando o império da liberdade, e afinal a Revolução Russa de 1917, hoje em crise evolutiva e vulnerando a ditadura em proveito das liberdades públicas, com as transformações ocorridas em 1991, assinalam a marcha redentora da Civilização para uma democracia social. É a forma política emergente de uma economia mista, justapondo a economia de mercado e as necessidades de estatalização da economia para a salvaguarda do desenvolvimento de um País.

É de salientar ainda o elevado posicionamento moral de Paulo Bonavides, acompanhando sempre a sua atividade pública com a sua vocação humanista e democrática, sempre cioso da salvaguarda de seu ideário. Convidado pessoalmente pelo eminente mestre Afonso Arinos para fazer parte da Comissão Provisória de Estudos Constitucionais, depois chamada popularmente Comissão Afonso Arinos, compareceu à primeira reunião. Porém logo desligou-se por causa de um posicionamento ideológico, por pretender que a Assembleia Constituinte deveria ser uma Assembleia exclusiva, devotada tão somente à elaboração de um texto constitucional básico, e não mesclada com uma votação para outros cargos de governador e mandatos legislativos normais. Pois esta convocação assim realizada afrontaria a essência de um verdadeiro poder constituinte. Desligou-se da Comissão, a sua ausência sendo realmente lastimada, pois a sua colaboração teria sem dúvida aperfeiçoado o Anteprojeto elaborado.

É de salientar ademais a sua entrada para a Academia Brasileira de Letras Jurídicas, para a qual foi eleito pela unanimidade de seus membros, saudado na ocasião por outro ilustre brasileiro, o professor Sílvio Meira, que abrilhantou também a sua posse com uma vigorosa saudação. A Academia Brasileira de Letras Jurídicas vem se desenvolvendo com extraordinário sucesso, sob o comando de J. M. Sidou, que tem dedicado grande parte de sua vida ao enobrecimento da Instituição, tendo inclusive publicado um dicionário jurídico de notável repercussão e diversos números da revista da dita entidade.

Paulo Bonavides é assim uma figura ímpar da inteligência nacional; sociólogo, jurista, pensador político e humanista, com uma produção intelectual do mais elevado quilate, reconhecida e admirada no País. Ao lado disto desenvolve uma atividade paralela de conferências, discursos, palestras, divulgando um pensamento dentro das mais belas tradições do Humanismo e do conhecimento da realidade brasileira.

22

A Presença de Paulo Bonavides em Coimbra

Paulo Lopo Saraiva

Nota dos Organizadores: Em 29.5.1989 Paulo Lopo Saraiva, Doutor pela PUC/SP e Pós-Doutor pela Universidade de Coimbra, publicou no *Correio Braziliense*, de Brasília, o artigo intitulado "A Presença de Paulo Bonavides em Coimbra", que a seguir reproduzimos:

A Presença de Paulo Bonavides em Coimbra

Paulo Lopo Saraiva

Na primeira semana do mês de abril, a Faculdade de Direito da Universidade de Coimbra realizou um curso sobre a História das Constituições Brasileiras.

O aludido curso foi coordenado pelo professor José Joaquim Gomes Canotilho, Catedrático de Direito Constitucional daquela multissecular Universidade, e ministrado pelo professor Paulo Bonavides e este articulista.

Os estudantes de Coimbra demonstraram viva atenção pelos problemas jurídicos, políticos, sociais e econômicos brasileiros, numa prova inconteste de que as relações luso-brasileiras são mantidas muito mais pelo entendimento dos dois povos que pela manifestação protocolar dos seus Governos.

"O Professor Paulo Bonavides, da Faculdade de Direito do Ceará, figura, sem favor, entre os precursores da ciência política em nosso País" – como afirmou o Min. Oswaldo Trigueiro.

Esta condição de Mestre da ciência política e do direito constitucional ficou evidenciada, mais ainda, pela presença em Coimbra deste verdadeiro manancial das letras jurídicas nacionais.

Possuidor de uma invejável cultura humanística, o Mestre do Ceará reflete, em todas as suas atitudes, o imenso cabedal de conhecimentos de que é portador, além de uma humildade franciscana, apanágio de sua personalidade ímpar.

Familiarizado com todos os grandes juristas alemães, pois fala e escreve Alemão, há 40 anos, o professor Paulo Bonavides lastreia sua produção literária nas grandes correntes jurídicas germânicas, tendo ministrado curso sobre direito constitucional em Colônia e em Knoxville/Tennessee.

Impressionou-me profundamente o respeito com que os juristas contemporâneos da Alemanha acatam as teses do Mestre cearense, considerando-o sempre como um partícipe das grandes linhas do pensamento jurídico universal.

Após ter levado a lume a original ideia do Federalismo das Regiões, hoje conhecida e comentada, no Brasil e no Exterior, o Mestre de Fortaleza abriu espaço, em Coimbra, para uma nova concepção acerca do problema constitucional brasileiro.

Por essa nova orientação, existem duas crises: a crise constitucional e a crise constituinte.

A primeira, segundo ele, pode resolver-se por meio de revisão ou da emenda constitucional.

A segunda, no entanto, por ser mais profunda, exige uma solução através do poder constituinte originário na plenitude da legitimidade – o que jamais ocorreu entre nós, como flui literalmente da exposição crítica de Bonavides.

A lição do Mestre cearense convence-nos de que a atual crise brasileira é de caráter constituinte, e não constitucional. Daí a insolvência jurídica que tem caracterizado toda nossa evolução política.

O ambiente para o exercício do poder constituinte deve ser elaborado por um processo político-ideológico, capaz de conferir legitimidade à Constituição.

Nesta linha de raciocínio, o estado constituinte é permanente, no sentido de que assegura a manutenção do sistema constitucional, permitindo sua calibração nos momentos de crise institucional.

Na sábia lição do professor Paulo Bonavides, o Brasil tem buscado solver a crise constituinte por meio de instrumentos que só se adequam à solução de crise constitucional. É este o grave erro de todas as épocas.

De outra parte, a viagem à Europa corroborou o surgimento da escola do pós-Positivismo jurídico, que tem como líderes o professor Friedrich Müller, na Alemanha, Gomes Canotilho, em Coimbra, e Paulo Bonavides, no Brasil.

A nova orientação jusfilosófica reconhece o valor da norma como elemento básico do sistema jurídico, mas não dispensa a inserção de outros valores e realidades, para efeito de interpretação, aplicabilidade e eficiência do Direito.

No decorrer do tempo, sem dúvida, essa nova abordagem será sistematizada, para melhor compreensão de suas diretrizes.

A presença do professor Paulo Bonavides em Coimbra, nesse abril de 1989, reafirmou a nossa tradição jurídica e consolidou o intercâmbio cultural, que será materializado pela instalação da Associação Hispano-Luso-Brasileira de Direito Constitucional, Instituição que congregará especialistas do Brasil, Portugal, Espanha, Argentina e outros Países latino-americanos.

A nova dinâmica nas relações jurídicas dos constitucionalistas dessas Nações propiciará uma análise comparativa atualizada da rica experiência constitucional de cada sociedade, o que reverterá em benefício da visão sistêmica de todo o ordenamento jurídico.

23
Homenagem do Conselho Federal da OAB

Nota dos Organizadores: A OAB, pelo seu Conselho Federal, homenageou o professor Paulo Bonavides na sessão plenária do dia 19.5.2014 com uma placa de honra vazada nos seguintes termos:

Ordem dos Advogados do Brasil

Conselho Federal

Homenagem que o Conselho Federal da Ordem dos Advogados do Brasil presta ao jurista Paulo Bonavides considerando os relevantes serviços prestados à Advocacia, à OAB e à cidadania.

Brasília, 19 de maio de 2014

Marcus Vinícius Furtado Coelho

Presidente Nacional da OAB

Nota dos Organizadores: A seguir, no mesmo dia a OAB nacional divulgou a seguinte notícia sobre o evento:

Conselho Federal da OAB Homenageia Paulo Bonavides em Sessão Plenária

Segunda-feira, 19 de maio de 2014

Brasília – Nesta segunda-feira, o constitucionalista Paulo Bonavides foi homenageado no Plenário do Conselho Federal da OAB. Uma placa de honra foi entregue pelo Presidente da entidade, Marcus Vinicius

Furtado Coelho, em agradecimento aos relevantes serviços prestados à Advocacia e à sociedade brasileira.

"É um jurista do Nordeste, do Brasil e do mundo. Bonavides é um dos constitucionalistas mais respeitados da História. O Min. Luís Roberto Barroso diz que, se o Brasil falasse Inglês ou Alemão, Paulo Bonavides sem dúvidas seria o maior constitucionalista de todos os tempos. É dono de inúmeras obras sobre democracia participativa, Poderes da República, governança, entre outros temas fundamentais do Estado Democrático de Direito. Fica aqui o nosso sincero reconhecimento pelos excelentes trabalhos prestados e pela sabedoria que sempre colhemos em suas palavras" – agradeceu Marcus Vinicius Furtado Coelho.

Em suas palavras, Paulo Bonavides não poupou elogios à OAB. "Esta é, em verdade, uma homenagem culminante da mais prestigiosa instituição da democracia na América Latina. Recebo comovido esta insígnia e quero agradecer profundamente à OAB por este presente. Tenho procurado ser um combatente da democracia, do Estado de Direito, do Estado Social cuja teorização busquei estabelecer sempre, desde a minha defesa de tese na Universidade Federal do Ceará, em 1958" – recordou.

O constitucionalista disse ainda que "aquele pensamento em defesa de instituições livres em uma democracia nunca morrerá". Bonavides também se mostrou orgulhoso pelo convite para presidir a primeira sessão da Comissão da OAB do Código de Processo Constitucional. "É este Constitucionalismo produzido pela revolução das ideias que queremos. Dentro desse espírito da Carta Magna de 1988, resguardamos os direitos fundamentais e evoluímos continuamente" – encerrou.

24

"Prefacio" da Edição Argentina do Livro "Del Estado Liberal al Estado Social"

RICARDO RABINOVICH-BERKMAN

Prefacio

Hay sólo una razón para que yo esté prologando este excelente trabajo del Dr. Paulo Bonavides: su generosidad para conmigo, caldeada por el afecto, que es mutuo, y que en mi caso se mezcla inseparablemente con una profunda admiración. Porque es imposible no admirar a ese hombre increíble, cuya edad cronológica es desmentida a cada instante por una actitud juvenil, que explota dentro y fuera de las aulas.

Desde que lo conocí personalmente (ya había, para entonces, leído trabajos suyos, pero me lo imaginaba diferente: las obras jurídicas a menudo son pésimas presentadoras), me impactó su energía. Fue en la Facultad de Derecho de la Universidad de Buenos Aires, cuando el Dr. Paulo llegó para recibir un homenaje de los alumnos de los cursos para el Doctorado, que le habían dedicado un libro de artículos, y para incorporarse como profesor a dicho Programa.

Como Director de los cursos, me tocaba la honra de recibirlo. El destacado profesor de Ceará, mi amigo y ex alumno, el Dr. Paulo Aragão, a quien debo el contacto, me había advertido que la persona que estábamos por atender no era un típico anciano nonagenario. Pensé que exageraba. Lejos de eso. Ni siquiera se había aproximado, en su descripción, al matrimonio de eternos adolescentes que descubrí en Paulo Bonavides y su encantadora esposa.

Y el Dr. Paulo pone esa juventud inquieta, abierta, despierta siempre a la novedad, curiosa del pensamiento ajeno, humilde ante el propio, al servicio de su vida académica, de una fecundidad increíble. Recuerdo una vez en que, con otro querido amigo, el egregio constitucionalista argentino Dr. Raúl Gustavo Ferreyra, compartíamos una mesa con don Paulo, mientras él daba una conferencia sobre la relación entre las Constituciones y la dignidad humana. De repente, Ferreyra y yo empezamos a mirarnos con preocupación. Bonavides se paraba, saltaba, gesticulaba, gritaba. Tenía al público, como acostumbra, hipnotizado, pendiente de cada uno de sus ademanes de orador latino. Pero Ferreyra y yo estábamos desesperados: "Se nos queda en cualquier momento", murmurábamos.

Pero no se quedó. Siguió más de una hora, sin bajar un decibel la intensidad dramática de su discurso. Terminó con una mano que, como si cazara un insecto volador, se alzaba abierta, se cerraba de pronto, y descendía convertida en puño. Cual un director de orquesta que concluye una sinfonía, envolvió a su auditorio en esa diestra, y al volver a abrirla hizo brotar un aplauso estrepitoso, gigante. "¿Tienen preguntas?" Y entonces yo alcé la mano, y le dije: "Profesor, el Dr. Ferreyra y yo queremos aquí saber la marca de su marcapasos, para que, cuando precisemos uno, nos pongan el mismo". El público festejó la intervención con una carcajada, pero él, inmutable, sacó del bolsillo dos tarjetas. "Acá la tienen" – me respondió.

Y... no me lo van a creer, si no lo conocen al Dr. Bonavides ... En efecto, eran las tarjetas de la fábrica del marcapasos! Esta vez, las palmas del público fueron atronadoras. Merecidamente.

A ese Maestro, a ese coloso simpático, profundo y modesto, poseedor de una cultura insondable, que nunca ha cesado de incrementar, porque es un lector sin descanso, a esa gloria del Brasil, de América Latina y del mundo, a ese hombre de Derecho y de vida, le estoy yo, que soy nada, escribiendo un prefacio. Eso es paradójico, es sobrenatural. Pero el camino de la existencia está pavimentado de milagros, y muchas más son las cosas inexplicables que las diáfanas, aunque nuestra fanfarronería humana pugne por convencernos del imperio de la racionalidad. Gracias, querido profesor Bonavides, por este orgullo que no merezco.

Esta obra no es apta para la lectura veloz. Su estilo es ameno y cordial, pero la información es tanta, a pesar del breve tamaño del libro, que se debe prestar mucha atención al recorrerla. La tentación de galopar sobre ella, pues, debida a la afabilidad coloquial del discurso y al interés candente de los temas, debe ser pues, creo, refrenada, y el lector hará bien en moderar su paso y pertrecharse con agudas herramientas de reflexión.

Este libro es raro para nuestra época, porque es profundo, y hoy solemos quedarnos en lo superficial. Esa tendencia, que mucho le debe, a mi modesto entender, a la expansión de cierto paradigma estadounidense en estos campos, se ha evidenciado en el terreno jurídico como una sandia obsesión por el estudio de los textos legales (a menudo desvinculándolos bastante de su contexto social). Cuando mucho, matizada por un análisis técnico de la jurisprudencia de los tribunales. Esa asfixia ha acabado generando, como triste corolario, la disminución o desaparición, en las carreras universitarias de Derecho, de las materias de fondo.

¿Cuáles son las anclas de profundidad, cada vez más perdidas, cada día más olvidadas, que confieren a la ciencia del Derecho, en mi humilde opinión, el más eficaz antídoto contra la intrascendencia? ¿Qué coordenadas poseen el poder místico de llevar a un trabajo doctrinario a emerger del mero nivel pedestre del manual de instrucciones, y acceder a la categoría de las obras científicas? Creo que son, justamente, aquellos abordajes que se ha procurado exterminar en estos últimos tiempos de post-Positivismo. Los que consideran la Historia, la Sociología, la Economía, la Filosofía...

A Bonavides no le da miedo navegar las aguas de esas disciplinas, todo lo contrario: le encanta. Anda a sus anchas en medio de ellas, como un piloto entrenado, porque es consciente de que la ciencia jurídica, si pierde esos puntos de vista, lo pierde todo. Pierde la razón de ser. Pierde el alma. Queda sólo un esqueleto lleno de tedio, soledad y espanto. Por eso, don Paulo abre las puertas a la Historia y a la Filosofía, y se aproxima a los asuntos que trata desde una visión diacrónica del pensamiento. El producto es una joya.

Paulo Bonavides es respetuoso del pasado. Él cree que todo lo que ha sucedido, las revoluciones, los regímenes antiguos, la polis y Roma, la estructura feudal, todo, ha dejado enseñanzas. A veces buenas, otras malas. Él prefiere destacar siempre las buenas. Advierte que, a menudo, se han realzado las malas, como cuando de la Revolución Francesa se ha enfatizado el terror, y de la Revolución Rusa se han remarcado las purgas. Pero incita a buscar lo positivo, lo útil, de cada experiencia (claro, como suele suceder, el nazismo es el límite, y tanto le duele a don Paulo, que hasta llega a minimizar, quizás excesivamente, a la resistencia alemana).

Es un enamorado de la libertad, aunque tenga, como suele suceder con los enamorados, profundas dudas acerca del ente causante de su pasión. Esas cuestiones se las plantea en los jugosos capítulos de esta obra, en clave diacrónica y filosófica. Ahonda Bonavides en los diferentes sentidos del término y del concepto de libertad, a lo largo del tiempo y del espacio, dentro de la cultura de raíz europea. Esto es algo que no siempre se hace, y merece mucha atención. Pero don Paulo, con esa sonrisa suya innata, parece convencido de que esa libertad que le encanta se va realizando, a los tropezones, en la Historia. Y que la vía privilegiada de esa concreción es el devenir de lo político. De eso se trata, en gran medida, este trabajo.

El Dr. Bonavides cree fervientemente en el Estado Social. Le preocupa que no sea confundido (y es verdad, a menudo lo es) con el Socialista. Don Paulo es terminante: el Estado Social no es Socialista, ni constituye un camino hacia éste. Es otra construcción, que se enriquece con las experiencias socialistas, pero también con las del Liberalismo. Es una forma política en la que, a su juicio, todos ganan, los capitalistas, los obreros, la sociedad en pleno.

Teme, y mucho, al Estado Social donde el sector obrero y campesino, en vez de entender el poder enorme que el voto le confiere para el bien de sus intereses, lo entregue en manos de demagogos, que se aprovechen de la dependencia que esta forma política suele generar para las clases operarias (e, incluso, la incentiven con esa intención). Es muy consciente, pues, de la pendiente inclinada hacia el totalitarismo, un totalitarismo fundado en un espectro de democracia, que puede presentarse. Ese riesgo sólo podría conjurarse de una manera: con una intensa, masiva y seria campaña permanente de educación política. Claro, la gran incógnita persiste: si quienes detentan el poder sacan buena tajada de esa ignorancia, ¿cómo se interesarán en remediarla?

Pero éste es un libro optimista. Está contagiado, de cabo a rabo, del optimismo terminal de su autor, un republicano genuino y comprometido, que se obstina tercamente (¿serán sus ancestros "cristianos nuevos" los que le han infundido esa pasión arrasadora por la verdad?) en creer en los renovados valores cultivados desde la polis helénica. Bonavides, un adolescente que se aproxima alegremente al siglo de vida, no quiere dejar un mensaje de desazón, sino de esperanza. Y lo consigue.

Admirable.

Profesor Dr. Ricardo Rabinovich-Berkman

Universidad de Buenos Aires, Facultad de Derecho, otoño/2013

25

Professor "Honoris Causa" da Faculdade Natalense para o Desenvolvimento do Rio Grande do Norte

Nota dos Organizadores: Em solenidade realizada no dia 15.8.2004 em Natal, o professor Paulo Bonavides recebeu o título de Professor *Honoris Causa* da Faculdade Natalense para o Desenvolvimento do Rio Grande do Norte/FARN, sendo nessa ocasião saudado pelo Diretor-Geral da Instituição, Daladier Pessoa Cunha Lima. Do discurso que então proferiu estampamos na íntegra a parte relativa ao homenageado, bem como uma Carta de Daladier dirigida ao mesmo:

Saudação de Daladier Pessoa Cunha Lima

Coroando esta belíssima solenidade, chegou a hora de entregar ao professor Paulo Bonavides o título de Professor *Honoris Causa*, conferido pelo Conselho Superior da Faculdade Natalense para o Desenvolvimento do Rio Grande do Norte. Pedimos ao Professor que dispense a saudação que ele bem merece, uma prática habitual nesse tipo de solenidade: ficamos, portanto, professor Paulo Bonavides, devendo-lhe essa merecida saudação, que deverá ser proferida, em momento oportuno, pelo seu discípulo e amigo, professor Paulo Lopo Saraiva. Justifica-se essa conduta pelo fato de a homenagem estar ocorrendo dentro da programação de uma colação de grau, felicíssima oportunidade para que os primeiros bacharéis de Direito da FARN, bem como seus familiares, fossem partícipes desse evento memorável. Esses concluintes já conhecem pessoalmente o homenageado, pois tiveram o privilégio de ouvi-lo na aula inaugural do curso de Direito, quando o ilustre jurisconsulto abordou o tema "As Salvaguardas da Constituição". Aquela conferência ficou como uma espécie de luz a iluminar os caminhos acadêmicos do nosso curso de Direito.

O professor Paulo Bonavides figura entre os maiores jurisconsultos brasileiros, sendo o expoente maior do País em direito constitucional. Seus pensamentos jurídicos gozam da primazia nas diversas esferas que envolvem as atividades judiciárias, sendo fontes de estudos e análises para todos os que se interessam por esse campo do Direito. Escritor primoroso, dotado de arguta inteligência e cultura vastíssima, é autor de obras jurídicas definitivas, além de trabalhos de grande valor nos campos da Política, Filosofia e Literatura. Seus livros estão nas bibliotecas de instituições culturais, principalmente universidades, de todo o Brasil e disseminados pelo mundo. O professor Paulo Bonavides já recebeu e tem recebido as maiores homenagens de instituições do País e do Exterior, a começar pela Universidade Federal do Ceará, a sua Academia de origem. Títulos como este que a FARN concede, nesta noite, já lhe outorgaram inúmeras instituições universitárias, como, por exemplo, a Universidade de Lisboa, em Portugal. É Professor Visitante das Universidades de Coimbra (Portugal), do Tenessee (Estados Unidos) e de Heidelberg (Alemanha).

Nessa cidade germânica, Heidelberg, ele construiu parte da sua formação acadêmica, nos idos da década de 50, frequentando a vetusta e famosa Universidade, onde implantou e dirigiu um Núcleo de Estudos Brasileiros. Quando resolveu voltar para o Brasil, indicou para substituí-lo na direção do Núcleo de Estudos Brasileiros o poeta paraibano João Milanez Cunha Lima, seu amigo e colega de estudos universitários no Rio de Janeiro.

No livro *Setas do Arco-Íris*, de autoria de João Milanez Cunha Lima, publicado em 1989, há uma poesia dedicada a Paulo Bonavides, que fala de um rio (Reno), de castelos, de burgos, muralhas, de ameias e de titãs nietzschianos, que nós reproduzimos agora, à guisa de fazer o Professor voltar suas lembranças para o passado vivido naquela histórica cidade da Alemanha:

Castelos Renanos

(A Paulo Bonavides)

Para que tantos castelos,
Perguntava o visitante
De um burgo a outro vagar,

Admirando as ameias
Sobre o rio a sombrear;

Que de alma taciturna
Não há neste acastelar;
Que de rija hierarquia
Aqui vieram alçar;

Que feros aços de sonhos
Não cansam de temperar;
Que asperezas puderam
Esses muros entalhar;

Quem retesou esses arcos
Para pórticos formar
Pelos quais possam titãs
Nietzschianos passar?

Que entesouram e forjam
Para em conquistas lançar,
Que este silêncio e estas urzes
Não conseguem ocultar?

Que de ímpetos ferozes
Tiveram de sopitar,
O orgulho mudo tecendo
Bandeiras por desfraldar!

Heidelberg, 1955

Professor Paulo Bonavides: pode ser que as solenidades anteriores, em que V. Exa. recebeu os títulos honoríficos que merecidamente lhe foram atribuídos, tenham sido mais pomposas, até mais obedientes ao ritual que as tradições acadêmicas recomendam. Contudo, temos certeza, nenhuma ultrapassou o nosso sentimento de que escolhemos a pessoa certa para homenagear, aquele que melhor representa a cultura jurídica do País. De modo similar, nenhuma suplantou a admiração, o respeito e a amizade que lhe dedicamos, não somente por causa da sua gloriosa vida acadêmica e cultural, mas também pela afeição que lhe tem a professora Noilde Ramalho, ao Sr. e à sua esposa, D. Yeda Bonavides, ex-aluna da Escola Doméstica de Natal. O calor humano que nos envolve neste momento só não causa combustão porque não é físico, mas pertence ao âmbito espiritual, localiza-se na esfera dos sentimentos mais nobres do ser humano, que propiciam as virtudes da gratidão e a capacidade de reconhecimento dos grandes méritos.

V. Exa., professor Paulo Bonavides, recebeu o título de Doutor *Honoris Causa* de uma das mais antigas instituições acadêmicas do mundo, a Universidade de Lisboa, e recebe, agora, da FARN, que tem apenas cinco anos de vida. Uma vetusta e uma das mais novas instituições acadêmicas conferem-lhe a mesma honraria, uma na Europa, a outra no Nordeste brasileiro. Para nós, isso representa a intemporalidade e a universalidade dos seus saberes e dos seus conhecimentos, mundialmente difundidos através dos consagrados livros e de magistrais aulas e conferências.

Repetimos, agora, o pensamento que expressamos ao Professor quando lhe comunicamos a decisão do Conselho Superior da Faculdade Natalense para o Desenvolvimento do Rio Grande do Norte. O título conferido pela FARN ao professor Paulo Bonavides honra mais a Instituição do que o próprio homenageado. Assim, pode-se concluir que esta noite é uma noite de glórias, de grandes glórias, para a nossa Faculdade.

Sua presença aqui nesta Assembleia Acadêmica da FARN, professor Paulo Bonavides, guardião maior da cidadania brasileira, para receber esta homenagem, constitui um forte estímulo para a continuidade do nosso ideal. E, como disse Rui Barbosa: "O ideal não se define; enxerga--se pelas clareiras que dão para o infinito".

Natal, 15 de janeiro de 2004

DALADIER PESSOA CUNHA LIMA

Carta de Daladier Pessoa Cunha Lima ao Professor Paulo Bonavides

Natal, 9 de fevereiro de 2004

Prezado professor Paulo Bonavides,

Conforme prometi, estou enviando, mesmo com algum atraso, os jornais que registraram sua ilustre presença em Natal, bem como o pronunciamento que fiz na solenidade de 15 de janeiro passado. Nunca é cansativo afirmar que o Sr. proporcionou um momento de rara grandeza à FARN quando recebeu o título de Professor *Honoris Causa* da Instituição. Aquela noite ficará inolvidável na história da Faculdade. Uma placa de bronze irá materializar essa condição, na qual ficará, também, registrada a homenagem que a Assembleia Acadêmica lhe prestou, denominando-o "Guardião Maior da Cidadania".

A FARN adquiriu, recentemente, o CD-ROM que contém os 10 volumes de *Textos Políticos da História do Brasil*, de sua autoria, em conjunto com Roberto Amaral, editado pela Subsecretaria de Edições Técnicas do Senado Federal, que veio enriquecer, sobremaneira, o acervo da nossa Biblioteca.

Tenho a expectativa de concluir o livro *Noilde Ramalho – Reminiscências e Confissões* (até agora esse é o título escolhido) na segunda quinzena de março, quando lhe enviarei o protótipo a fim de que o mesmo seja prefaciado. Antecipadamente, receba meu agradecimento por aceitar essa incumbência que muito prestigiará o trabalho.

Espero que, em nova oportunidade, o Sr. venha nos brindar com outra magistral conferência. A FARN tem a maior mãe do mundo, que é a professora Noilde. Gostaria de poder dizer que a Faculdade tem, também, o maior padrinho do mundo, que é o professor Paulo Bonavides.

Agradeço, mais uma vez, todas as gentilezas recebidas.

Cordialmente,

DALADIER PESSOA CUNHA LIMA

26

A "Ciência Política" na Literatura de Cordel[1]

GERSON BRAZ CAVALCANTI[2]

O Livro "Primus Inter Pares" "Ciência Política"

PELO PRESENTE TRABALHO
QUE AO ESTUDANTE CONVENCE
O BRASIL INTEIRO PRECISAVA
UM LIVRO BOM E ATRAENTE
TRABALHO ÍMPAR QUE EXALTA
A COMPANHIA EDITORA FORENSE

O LIVRO CIÊNCIA POLÍTICA
DEMONSTRA ATUALIZAÇÃO
DR. PAULO BONAVIDES
JÁ NA TERCEIRA EDIÇÃO

1. **Nota dos Organizadores**: a poesia abaixo publicada, da literatura de cordel, é de autoria de um estudante da Universidade Católica de Pernambuco (UNICAP) que a remeteu ao Professor PAULO BONAVIDES, por intermédio da Companhia Editora Forense. Faz, com a linguagem dos cantadores, o elogio do *Ciência Política*, livro do homenageado, então editado pela Forense e desde a 10ª edição, de 1994, pela Malheiros Editores (atualmente na sua 22ª edição, 2015).

2. Estudante de Ciências Sociais com habilitação em Educação Moral e Cívica – Universidade Católica de Pernambuco.

FAZ CHEGAR AOS ESTUDANTES
UMA OBRA DE TRADIÇÃO

QUISERA QUE ESSA EDITORA
FIZESSE CHEGAR AS MÃOS
DO GRANDE PROFESSOR PAULO
ESTA ANÁLISE QUE EM QUESTÃO
FAZ UM MODESTO ESTUDANTE
DA LONGÍNQUA REGIÃO

DAQUI DO MEU PERNAMBUCO
TENHO O PRAZER DE ENVIAR
ESTES VERSOS ANALISANDO
UMA OBRA ENTÃO SEM PAR
QUE AQUI NA UNICAP
PROCURARAM INDICAR

DRA. ALDA SIMONETTI
PROFESSORA TÃO BRILHANTE
NOS INDICOU ESTE LIVRO
ESTE TRABALHO QUELANTES
DR. PAULO BONAVIDES
FEZ PRESENTE AOS ESTUDANTES

VEMOS EM PRIMEIRO CAPÍTULO
CONCEITOS, IDEIAS TÃO RICAS
SOB PRIMAS DIFERENTES
TUDO EM CIÊNCIAS POLÍTICAS
EXPLICA EM BOA LINGUAGEM
O QUE NENHUM AUTOR EXPLICA

VAMOS ENCONTRAR NO SEGUNDO
RELAÇÕES BEM INFORMAIS

DA GRANDE CIÊNCIA POLÍTICA
INTRÍNSECA COM AS DEMAIS
MOSTRA TAMBÉM AMEAÇAS
ENFIM COISAS REAIS

NÃO POSSO SEQUER FALAR
PROFUNDAMENTE E ATINGIR
O MÍNIMO QUE O LIVRO EXPRESSA
POSSO ATÉ ME CONFUNDIR
ANTE A GRANDEZA DA OBRA
QUE ATINGIU O PORVIR

EM SOCIEDADE E ESTADO
OUTRO AUTOR NÃO EXPLICOU
A POPULAÇÃO E O POVO
DO MODO QUE ALEGOU
QUANDO FALOU EM NAÇÃO
AO ÁPICE ENFIM CHEGOU

SEPARAÇÃO DE PODERES
SOBERANIA E ESTADO
PREENCHE TODAS AS LACUNAS
NESTE TRABALHO HONRADO
PARABÉNS A EDITORA
PELO TRABALHO E TRAÇADO

ILUSTRE PROF. BONAVIDES
DEUS LHE DARÁ O FERVOR
O ESTUDANTE BRASILEIRO
TEM UMA OBRA DE VALOR
QUE AO MAIS INTRANSIGENTE
NOTA NO LIVRO O ESPLENDOR

ESSE MODESTO ESTUDANTE
LITERATO DE CORDEL
QUE O BRASIL O DESCONHECE
CUMPRE NA ANÁLISE O PAPEL
QUE MUITOS COLEGAS NOSSOS
DIZ QUE O LIVRO VEIO DO CÉU

PROFESSOR MEUS CUMPRIMENTOS
PARABÉNS AO CEARÁ
ENFIM TODO NORDESTINO
PODE O LIVRO FOLHEAR
CONHECER TODA A GRANDEZA
DESTA CIÊNCIA SEM PAR

NÃO É EM VÃO QUE O DESTACAM
O SEU LIVRO COM VALOR
PELOS BRILHANTES ATESTADOS
TODO ESTUDANTE APROVOU
SEM DÚVIDA PELO TRABALHO
COMPROVOU QUE É PRECURSOR

O MEU NOME É GERSON BRAZ
QUISERA ENFIM O CONHECER
PELA LINGUAGEM DO LIVRO
TODO ESTUDANTE QUE LÊ
SÃO UNÂNIMES EM ORGULHAR-SE
PELO QUE PODEM APRENDER

CONCLUO ASSIM MINHA ANÁLISE
O MÍNIMO NÃO PUDE CHEGAR
UMA OBRA DESTE PORTE
POR MAIS QUE POSSA FALAR

NÃO SE PODE DIZER TUDO
O LIVRO ENFIM É SEM PAR

***

Carta

Recife, 3 de julho de 1978

Prezado Diretor da Companhia Editora Forense

Com imenso prazer dirijo-me a V. S., e aproveito a oportunidade de dar-lhe meus cumprimentos pela obra fenomenal desta Editora, o livro *Ciência Política*, do eminente professor PAULO BONAVIDES. Desejo, que se for possível, enviar ao mesmo o que achamos de sua obra, os estudantes da UNICAP, observaram uma obra sem par e livros deste quilate são editados por quem entende do assunto didático. Se não for possível enviar ao grande mestre, solicito-lhe dessa editora para o fazê-lo, alternativa essa que nem deveria sugerir, pois sei que a frente dessa editora, tem pessoas que dignificam nosso Brasil, nosso Mundo.

Sem mais, agradeço antecipadamente e parabenizo e desejo votos de sucesso a todos que compõem, trabalham e levam a frente essa editora.

Um abraço,

GERSON BRAZ CAVALCANTI

27
O Golpe de Estado da Revisão Constitucional

Reproduz-se agora neste livro, pelo significado histórico de que se revestiu, a entrevista do Professor Paulo Bonavides à *Folha de S. Paulo*, publicada em 15 de agosto de 2005.

Contribuiu fortemente para estancar a onda golpista que intentava convocar uma assembleia constituinte de revisão da Constituição de 1988.

A proposta de Emenda, eivada de extrema inconstitucionalidade, e segundo o entrevistado, qualificada também de "terrorismo constitucional", havia sido aprovada já na Comissão de Constituição e Justiça da Câmara dos Deputados.

Mas não prosperou em razão da resistência que lhe opôs o sentimento constitucional e democrático da nação, logo que despertou para a gravidade do atentado ao regime:

Folha de S. Paulo, segunda-feira, 15 de agosto de 2005

"Proposta de rever Constituição é golpismo, afirma especialista"

A proposta de revisão constitucional aprovada na última quarta-feira na Comissão de Constituição e Justiça da Câmara deve ser vista como "ato de terrorismo" que assassina a Constituição Federal. Sugestões semelhantes, como a convocação de nova Constituinte, não podem ser encaradas senão como "golpismo terrível".

Além disso, em vez de resolver a crise – como pretendem os defensores das propostas –, tais sugestões podem agravá-la. Mudanças como as propostas criam uma situação de grave instabilidade institucional e colocam em risco as conquistas da cidadania expressas na Carta de 1988.

A análise é de Paulo Bonavides, 80, professor emérito da Faculdade de Direito da Universidade Federal do Ceará. Presidente Emérito do Instituto Brasileiro de Direito Constitucional, é ele uma das maiores autoridades em direito constitucional do Brasil.

A seguir, trechos da entrevista concedida à *Folha* na última sexta-feira, na qual Bonavides ainda afirma que as propostas de encurtar o mandato de Luiz Inácio Lula da Silva também são golpistas, diz acreditar que o Congresso caminha "célere" para abrir o processo de *impeachment* e vê na instauração da democracia participativa a única saída constitucional para a crise das instituições políticas no país.

Folha – *Como o Senhor vê as propostas de convocação de uma nova Constituinte como remédio para a crise?*

Paulo Bonavides – Essas propostas são completamente inconstitucionais. Elas atentam contra o ordenamento jurídico estabelecido com a Carta de 1988. A nossa Constituição Federal prevê uma possibilidade de mudança, a qual passa pela regulamentação mais ampla da iniciativa popular, do plebiscito e do referendo.

Fugir disso e convocar uma Constituinte para reelaborar a Constituição poderá ser um passo em falso, um retrocesso, uma queda na ingovernabilidade.

Folha – *Por que as propostas são inconstitucionais?*

Paulo Bonavides – A convocação de uma Assembleia Constituinte não pode ser feita dentro dos quadros de uma Constituição. Quem a convoca – no caso, o Congresso – é um poder constituinte de segundo grau, que se move e atua nos limites jurídicos estabelecidos pela própria Constituição.

Um poder de segundo grau, até por razões lógicas, não pode substituir-se ao poder de primeiro grau, que o criou.

Substituir o poder constituinte originário por um poder constituinte de segundo grau contraria todos os ensinamentos constitucionais. A Constituinte não pode ser encarada de outra forma senão como ato de rasgar a atual Constituição.

Folha – *Mesmo que essa Constituinte seja exclusiva ou tenha poderes limitados?*

Paulo Bonavides – Não importa de que jeito isso seja feito. Um nova Constituinte, com maiores ou menores poderes, deve ser vista como um golpe. Tanto faz ela ser exclusiva ou dotada de poderes limitados. A inconstitucionalidade será a mesma: manifesta, visível e insanável.

É preciso insistir na necessidade de resolver a crise que o país atravessa pelo emprego de uma solução constitucional, e não por um expediente de alto risco para as instituições, como seria a convocação de uma Constituinte. Esse ato equivale a um golpe de Estado, lesivo e fatal à Lei Maior.

Folha – *O Senhor considera golpismo?*

Paulo Bonavides – É um golpismo terrível. Conhecemos o golpe de Estado clássico, do qual o exemplo mais recente em nossa história foi a ditadura militar. Em geral, esse tipo de golpe tem amplo apoio da sociedade, mas, ainda assim, é feito pela força das armas e mantido com sustentação militar.

Outro tipo de golpe é o institucional, cujo exemplo foi o governo Fernando Henrique, que, silenciosamente, minou as instituições sem que o povo percebesse.

Essa Constituinte que agora se propõe configuraria um terceiro tipo: o golpe congressual. Como constitucionalista, não posso admitir que isso ocorra. O respeito à Constituição é fundamental para o bom caminhar de uma nação e para consolidar as instituições republicanas e federativas do país.

Folha – *Propostas como encurtar o mandato de Lula e antecipar as eleições também são golpistas?*

Paulo Bonavides – São. A Constituição prevê apenas duas formas pelas quais o Presidente pode deixar o cargo antes do tempo previsto: por renúncia ou por *impeachment*.

Folha – *É o caso de uma delas?*

Paulo Bonavides – Por enquanto, não. O *impeachment* nunca é bom para o país. Só deve ser usado se for, de fato, necessário. Mas, pelo volume e gravidade dos fatos mais recentes revelados nas investigações das CPIs, o Congresso está marchando célere para a abertura de um processo de *impeachment*.

Folha – *A OAB discute a possibilidade da convocação de uma nova Constituinte. Como o Senhor vê isso?*

Paulo Bonavides – Espero que os conselheiros federais do órgão não aceitem essa proposta. No dia em que a OAB levantar uma bandeira da inconstitucionalidade como essa, ficarão perdidas todas as décadas de dignidade e toda a tradição de lutas em nome do Estado Democrático de Direito.

Folha – *E quanto à proposta aprovada na CCJ, que cria a Assembleia de Revisão Constitucional e reduz o quórum para aprovação de emendas constitucionais?*

Paulo Bonavides – O projeto de emenda aprovado na CCJ é um ato de terrorismo contra a Carta Magna. Terrorismo constitucional.

Trata-se de outra singularidade, maquinada por congressistas cuja cegueira não lhes deixa perceber que, ao convocarem uma Constituinte de bolso, nos termos em que pretendem fazê-lo, estão perpetrando duas monstruosas inconstitucionalidades: a primeira está na convocação mesma de tal assembleia; a segunda, no aniquilamento do quórum constitucional do art. 60.

Nesse quórum está o coração da Carta Magna, que deixará de bater, fulminado no instante em que o alterarem. É o quórum, como garantia constitucional, talvez a maior das cláusulas pétreas [que não podem ser alteradas] tácitas. Alterá-lo é assassinar a Constituição. É imergir o país no caos, na ingovernabilidade e na catástrofe das instituições.

Folha – *Mas uma nova Constituição não poderia sanar problemas atuais? Ou seja, devemos rejeitar uma proposta que poderia ser boa para o país?*

Paulo Bonavides – Em primeiro lugar, a situação ainda não é tal que seja preciso falar em mudanças tão profundas. Precisamos perder essa mania de achar que qualquer crise requer uma mudança constitucional.

Além disso, uma nova Constituição, em vez de resolver o problema da crise em marcha, poderá até agravá-lo.

Em segundo lugar, sou parlamentarista convicto, mas nem por isso vou atuar para que essa forma de governo seja instaurada. O povo já decidiu, por plebiscito, que o nosso sistema é o presidencialista. Exauriu, portanto, a matéria. A decisão do povo deve ser respeitada como soberana.

Folha – *O Senhor receia que uma mudança possa pôr a perder os avanços da Constituição?*

Paulo Bonavides – Muito. Esse é um risco enorme. Não podemos brincar com isso. Essa mudança só poderia interessar às elites dominantes. Isso porque a Carta de 1988 é a Constituição Cidadã, a Constituição da normatividade dos princípios, a mais idônea de todas as épocas republicanas, a mais rica de potencial democrático.

Atacar a Constituição como forma de resolver a crise transformaria o Brasil em um país desconstitucionalizado. Não podemos achar que é possível resolver crises institucionais por meio do desrespeito à instituição mais forte do país. Se a Constituição pode ser refeita a cada instante, então não há Estado de Direito.

Folha *– Como resolver problemas institucionais sem causar com isso uma ruptura?*

Paulo Bonavides – A mudança possível é no sentido de transformar a democracia direta em democracia mais participativa, dando mais poder ao povo, mais presença deste na legitimação das tarefas de governo. Isso, sobretudo, com referência àqueles atos de natureza legislativa, como são as medidas provisórias. Por via destas é que ocorrem os abusos mais vexatórios à ordem constitucional por parte do Executivo.

O povo assumirá o exercício da soberania se for promulgada, por exemplo, uma emenda constitucional que faça doravante todos os atos do poder referentes a problemas institucionais ficarem sujeitos ao referendo. Ficaremos, assim, mais perto de acabar com o pesadelo desta crise sem paralelo e sem remédio até agora porque é também uma crise da ética.

Folha *– Essa é uma saída constitucional?*

Paulo Bonavides – Sim. Se o Congresso, emendando a Constituição, der ao povo poderes ativos de soberania militante e diuturna, a classe dirigente, sem destruir o ordenamento, poupará ao país mais sofrimento, mais incerteza, mais instabilidade na vida política e na conservação do regime.

A desagregação moral dos quadros representativos nos conduz à necessidade de estabelecer, pelas vias constitucionais, a democracia participativa. Isso seria o fim do presidencialismo em sua substância, sem removê-lo na forma. A democracia participativa tem capacidade para resolver no Brasil a crise das instituições e da legitimidade. Resta adotá-la.

28

A Carta e a Crise de um Povo[1]

PAULO BONAVIDES

Em mais de 60 anos de idade, nunca recebi homenagem tão sensibilizante e desvanecedora quanto esta da outorga do título de Presidente Emérito do Instituto Brasileiro de Direito Constitucional. A generosidade de Rosah Russomano, Celso Bastos, Michel Temer e de todos os que edificaram o IBDC é responsável dessa distinção, que, repito, me deixou profundamente penhorado e agradecido.

Nasceu o Instituto há nove anos da vocação coletiva dos juristas brasileiros para a liberdade e democracia, num País semeado de injustiças e atentados contra os direitos fundamentais da pessoa humana; um País, na época, atado aos ferros da ditadura, que lhe acorrentavam o futuro.

O Instituto é hoje parte de nossa própria história constitucional. Em menos de dez anos, esta Casa celebrou oito congressos, promoveu um sem-número de cursos e simpósios, debateu os grandes temas políticos da Nação e poderosamente contribuiu, ao lado de organismos outros de igual força e prestígio, como a Ordem dos Advogados do Brasil e a Conferência Nacional dos Bispos, para compelir o Governo ao exercício de uma iniciativa que trouxesse o compromisso de restaurar, em bases reconhecidamente livres, os quadros institucionais permissivos de uma ordem democrática e constitucional, assentada sobre o consenso, a confiança e o sufrágio da Sociedade.

1. **Nota dos Organizadores**: discurso que o Professor PAULO BONAVIDES proferiu em São Paulo ao ser aclamado, pelo IX Congresso Brasileiro de Direito Constitucional, Presidente Emérito do IBDC. Publicado em Brasília pelo *Correio Brasiliense*, edição de 7 de setembro de 1988.

Desgraçadamente, as medidas preconizadas pelo estamento jurídico da Nação foram desatendidas, perdendo-se a batalha da Constituinte exclusiva, do mesmo modo que se perdera a batalha das "Diretas-Já". Ultimamente, resta por derradeira esperança de vencer a crise, a Constituição que está sendo formulada, cuja virtude maior, não importa a soma dos defeitos já apontados, há de ser, se possível, a recondução do País a uma ordem fundamental senão de todo legítima ao menos presumidamente estável e regular.

A legitimidade constitucional do País é processo que se não exaure com a promulgação da Lei Maior. Se a promulgação é passo decisivo, não menos decisiva há de ser a fase subsequente de aplicação das novas regras a uma estrutura de poder e a um corpo social minados de vinte e quatro anos de abusos, de ilegitimidade e de decretos-lei.

As Constituições dos séculos XVIII e XIX se legitimavam com os direitos individuais, a separação de poderes e as garantias de organização liberal da Sociedade.

Hoje, segunda metade do século XX, as Constituições ainda conservam a mesma importância de ontem, ao contrário daquilo que o superficialismo de alguns publicistas tem frequentemente apregoado. Mas elas gravitam noutro eixo de legitimidade – o dos direitos sociais e dos vastos interesses corporativos que neles se enraízam, determinando uma nova concepção de Estado e poder. Ignorar tais direitos ou conculcá-los, significara condenar as Constituições à ineficácia, ao vazio das formas verbais sem correspondência com a realidade.

A Constituição de 1988 fundará no Brasil a novíssima República. É hora de apagar ressentimentos, pôr termo à transição e fazer navegar o barco constitucional. Faz-se mister chegar ao porto da democracia com a sociedade pluralista, sob a égide do Estado de Direito.

Não há Constituições perfeitas, mas há Constituições estáveis, à altura de cada desafio social. Esta que aí vem há de ser uma Constituição exequível, se não pertencer ao privilégio de uma classe ou ao exclusivismo de um poder.

Cumprida a tarefa de sua elaboração formal, caberá à sociedade, aos governantes, aos legisladores, aos juízes, aos cidadãos enfim, utilizando os mecanismos e as ferramentas do texto, escrever com atos de compreensão e argúcia interpretativa a Constituição viva, aquela que se aplica ao cotidiano na proteção dos direitos e na salvaguarda das franquias democráticas.

Nesse período crucial de legitimação do novo estatuto, o País ou conquistará o futuro ou será precipitado na voragem do despotismo.

Com efeito, nossa história constitucional tem sido até hoje um perpétuo antagonismo de princípios: o da liberdade e o da força, o da razão e o da violência, o da cidadania e o do absolutismo.

Ao longo desse trágico dissídio, constata-se que quase todas as Constituintes brasileiras foram coagidas ou cerceadas em sua dimensão soberana. Em 1823, pela sombra do poder imperial concorrente; em 1890, pelas limitações provenientes da ditadura do Governo Provisório; em 1933 e 1934, pela censura à imprensa e proscrição de vários políticos da Primeira República, dentre os quais Otávio Mangabeira; e em 1967, pela mutilação dos mandatos e cutelo dos Atos Institucionais suspensos sobre a cabeça dos constituintes.

Subsiste apenas a solitária exceção de 1946, mas em 1946 quem realmente lavrou a Constituição, urge recordar, foi a vontade política e majoritária dos partidos gerados no ventre da ditadura ou com esta comprometidos pela solidariedade dos interesses; enfim, aquela maioria que a máquina intacta do Estado Novo elegeu a 2 de dezembro de 1946 ao parlamento constituinte da Nação.

Mas ainda assim, muito pôde a colaboração da minoria democrática; a consequência veio a ser um sopro de liberalismo que arejou a melhor das Constituições brasileiras, tão ineptamente desfigurada e despedaçada pelo golpe de Estado de 31 de março de 1964.

A crise brasileira de 1988 deixou de ser tão somente uma crise do governo, da Constituição, dos partidos políticos, do presidencialismo, da República e da Federação, como já fora em ocasiões outras, para se transverter em algo mais grave: a crise de um povo.

Achamo-nos diante de uma conjuntura extrema na história deste País; um País onde a descrença paralisa a energia criativa da sociedade, invade todas as esferas sociais, esparge o pessimismo nas relações do poder com a cidadania, ameaça o vínculo nacional, abate os valores e desampara a fé na projeção de nosso próprio destino.

Somos, de último, uma Sociedade em que os jovens, amargurados, se arremessam à emigração, expatriando-se em busca de melhor destino.

O País do futuro tende dolorosamente a tornar-se o País do passado, da desesperança, das angústias, dos sonhos perdidos, dos desenganos, dos ideais desfeitos. Enfim, aquele País do qual Tobias Barreto diria agora, se vivo fora, como disse há cem anos, de seu pobre município, sufocado pela centralização imperial, ser o País onde "as consciências como que perderam o centro de gravidade moral e balançam-se inquietas em busca de um apoio".

Mas que apoio? – indagamos nós. Jamais, outra vez, o das lideranças carismáticas, tampouco o das intervenções militares messiânicas, muito menos do golpe de Estado branco por obra de habituais casuísmos a que o arbítrio tanto se afeiçoa.

Nesta tempestade, o farol dos náufragos é unicamente a Constituição. Mas a Constituição, se pudermos efetivamente legitimá-la por regra básica, eficaz e reordenadora das instituições.

O menos, porém, que se intenta preservar, a esta altura, selando o pacto constitucional do Estado com a Nação e a Sociedade, é – pasmem os senhores e vejam o tamanho da crise – a própria sobrevivência nacional, já de certo modo ameaçada e comprometida.

Cumpre, por conseguinte, diante de um Brasil que se desencontra com a sua história e o seu porvir, exorcizar o pessimismo e extrair do Código de 1988 as virtualidades de suas regras renovadoras que não são poucas e se forem bem aplicadas poderão espancar as trevas da pior crise institucional desde a Independência, o Império e a República.

Não poderia escusar-me, assim, a fazer estas ligeiras reflexões perante um colégio de juristas tão abalizados, tendo em vista que todos aqui presentes sentem, neste ensejo, a necessidade de colocar uma pedra de colaboração nos alicerces da nova ordem constitucional. O Brasil precisa de Constituição e não de revoluções permanentes ou redentoras, de legalidade e não de atos institucionais, de poder legítimo e não de usurpações.

A transição vai acabar. Foi a última cena de um pesadelo em que o fraco rei quis fazer fraca a forte gente, pois nas veias de milhões de brasileiros gira o mesmo sangue do povo das navegações. Inspirado ainda da poesia do vate imortal, o IX Congresso Brasileiro de Direito Constitucional conclama a Nação a apagar a vil tristeza de duas décadas e meia de governo sem república e sem federação, duas décadas e meia em que o decreto-lei valeu mais do que a Constituição. Viva, pois, o Brasil, viva o regime constitucional, viva, neste congresso de juristas, o futuro da pátria, do direito e da liberdade.

29

Reflexiones sobre Derecho Latinoamericano – Estudios en Homenaje al Profesor Paulo Bonavides Discurso em Buenos Aires

Discurso proferido por Paulo Bonavides na Faculdade de Direito da Universidade de Buenos Aires, em 22 de setembro de 2011, durante sessão solene de lançamento do livro *Reflexiones sobre Derecho Latinoamericano – Estudios en Homenaje al Profesor Paulo Bonavides*, de autoria dos doutorandos e doutorandas daquela Faculdade e dedicado ao constitucionalista brasileiro, conforme consta do título da obra.

***

Carlos Cossio, no prólogo de seu livro *Radiografía de la Teoría Egológica del Derecho*, escreveu página muito honrosa, de louvor a Fortaleza e aos estudantes com quem estabeleceu contato acadêmico durante os breves dias de estada no Brasil a convite da nossa Universidade Federal.

Agora se me oferece o grato ensejo, ao receber vossa homenagem, que deveras me comove, penhora e sensibiliza, de retribuir a tão cativante manifestação de apreço do insigne filósofo. E quero fazê-lo com igual expressão de afeto à metrópole argentina, onde hoje me acolhem com extrema benevolência e liberalidade os doutorandos da vossa Universidade.

Para tanto, farei minhas as formosas palavras com que Rui Barbosa enalteceu Buenos Aires, quando aqui esteve em 1916 numa embaixada de confraternidade, representando a nação brasileira nas celebrações do Centenário de vossa independência.

Reverenciando, pois, a majestosa cidade em rápidas linhas, repassadas de simpatia e profunda admiração, disse Rui Barbosa, que antes de se formar o estandarte azul e branco, "tinha Buenos Aires, no batismo que lhe deram, o mais vitorioso dos pavilhões: um signo que falava de benignidade, amenidade e suavidade aos corações de todas as gentes. Bons ares! Bons ares! Lenço branco de chamada aos que passam, de afeição aos que chegam, de saudade aos que partem (...) Buenos Aires! Buenos Aires!" (Rui Barbosa, in "Embaixada a Buenos Aires", *Obras Completas de Rui Barbosa*, vol. XLIII, 1916, t. I, p. 108, Fundação Casa de Rui Barbosa, Rio de Janeiro, 1981).

Nesta mesma Faculdade de Direito, em 14 de julho de 1916, pronunciou Rui uma de suas mais célebres conferências, em cujo introito traçou o perfil desta Casa onde as letras jurídicas subiram às culminâncias do saber humano.

Aquele que em verdade foi o maior amigo da Argentina em todos os tempos de nossa história disse:

"Aqui se muniram com a primeira experiência no comércio das leis os vossos magistrados, os vossos parlamentares, os vossos estadistas de mais nota. O foro, a administração, o magistério dessas vastas disciplinas, sobre as quais assenta a estrutura dos estados têm aqui o viveiro das capacidades, o laboratório das soluções, a escola dos sistemas, das teorias, das verdades comprovadas e das questões em estudo. Todo o progresso intelectual de vossa pátria transitou, em sua gestação, em sua expansão, em sua consolidação, em sua frutificação, por estas salas, por estes bancos, por estas cátedras venerandas, que o lustre dos anos gloriosos reveste dessa santidade, com que a pátina do tempo consagra os bronzes antigos" (Rui Barbosa, ob. cit., pp. 27-28).

Queremos traçar, em seguida, como principal objeto desta Conferência a linha teórica de evolução do constitucionalismo coevo, no espírito do discurso que proferimos em sessão do Instituto dos Advogados Brasileiros por ocasião da outorga da Medalha Teixeira de Freitas, quando resumimos todas essa evolução numa única frase: "Ontem os Códigos, hoje as Constituições".

Mas ali não dissemos tudo, porque faltou estabelecer o quadro discriminativo da mudança que se operava, o que agora podemos formular numa visão panorâmica de contrastes e variações ocorridas ao longo de muitas décadas. Confrontando o presente com o passado, indicaremos assim as prevalências contemporâneas desse constitucionalismo de vanguarda.

Com efeito, as tendências agora referidas se inferem do potencial principiológico da Constituição brasileira de 1988, a mais avançada, a mais aberta, a mais normativa das constituições republicanas promulgadas no Brasil desde 1891.

Vamos, portanto, prosseguir com um paralelo constitucional de feição doutrinária:

Ontem o domínio das regras, hoje o primado dos princípios. Ontem o Estado Liberal, hoje o Estado social. Ontem a democracia representativa, transitando do esplendor liberal à decadência contemporânea; hoje a democracia participativa, que é a promessa de nosso tempo às gerações porvindouras, a saber, a esperança dos injustiçados no estabelecimento de uma república de justiça e paz social. Ontem a hermenêutica da subsunção, hoje a hermenêutica da ponderação, da proporcionalidade, da razoabilidade. Ontem os direitos fundamentais de uma só dimensão, hoje os direitos fundamentais de cinco dimensões ou gerações.

Há pouco, por regra, um constitucionalismo formal, frio, dedutivista, rígido, de nenhum alcance social, indiferente a valores e princípios; doravante, por indeclinável, um constitucionalismo material, denso, principiológico, de substrato axiológico, pautando regras morais e sociais que se prendem à dignidade da pessoa humana.

Dantes, o constitucionalismo do direito puro na versão normativista de Kelsen, omisso à contextura dos valores; agora, o constitucionalismo do direito justo, concretizando a observância e a normatividade dos princípios.

Até há pouco, o constitucionalismo da retórica programática: utópico, idealista e filosófico, grandemente à margem da positividade jurídica; hoje o constitucionalismo dos direitos fundamentais inspirado da paz, da justiça e da fraternidade; que não vê apenas um povo ou uma nação, mas os povos e as nações na força e comunhão dos vínculos da solidariedade internacional.

Mas não para aí a lista comparativa das metamorfoses do constitucionalismo; o que ele era no passado, o que ele veio a ser no presente.

Senão vejamos ainda seguindo a mesma linha de comparação.

Há pouco, as Cartas Políticas lecionadas em cátedras de Universidades como textos de filosofia jurídica ou como capítulo da história constitucional do Estado Moderno; doravante as Constituições aplicadas e estudadas já na teoria dos compêndios, já nas sentenças judiciais, já nos acórdãos dos tribunais, enquanto parte viva de um direito positivo que reconhece a importância capital e superlativa dos princípios na hierarquia e escala de juridicidade do ordenamento.

Ontem o constitucionalismo das Constituições outorgadas, de baixa legitimidade; hoje, o constitucionalismo das Cartas promulgadas, obra dos colégios constituintes, que em geral exprimem na sua feitura a correlação paritária e unificadora de princípios como os da legalidade e da legitimidade. Ontem, o constitucionalismo meramente político, da monarquia constitucional, sem controle de constitucionalidade e, de ordinário, desamparado e desfalcado de garantias; hoje o constitucionalismo normativo, vivo, pulsante, ancorado na suprema jurisdição dos tribunais constitucionais. Ontem, aquele constitucionalismo estagnado, hirto, pálido, metafísico, sem rosto, por onde a vida do direito não passava; hoje, um constitucionalismo de perfil concreto, aberto, flexível às mudanças, adaptativo e, em nosso sistema, gerador de um ser político que já se move no espaço de duas cidadanias constitucionais: a cidadania política que é a cidadania da *polis* e a cidadania social que é a cidadania da sociedade.

Aquela, incorporando e concretizando os direitos da primeira geração, esta os da segunda: ambas, contudo, numa lenta progressão, que se nos afigura ininterrupta, rumo ao estabelecimento da terceira cidadania constitucional com abrangência de todas as gerações de direitos fundamentais, configurando e consagrando portanto na doutrina e na práxis o termo de um longo ciclo de evolução cujo resultado não há de ser outro senão o advento da cidadania universal, ou seja, a cidadania do gênero humano. A esta altura costumamos contemplar matéria constitucional de feição republicana cintilante, em que a preponderância valorativa da justiça tem sido o norte, a direção, o luzeiro, o rumo por onde se guia a boa jurisprudência dos sistemas constitucionais.

Desse constitucionalismo das cidadanias deriva também a versão teoricamente aperfeiçoada de um Estado de Direito cujo desdobramento contempla todas as modalidades, todas as dimensões, todas as gerações de direitos fundamentais; um Estado de Direito que se não deixa tolher nem emparedar na inflexibilidade normativa de teorias como a de Kelsen, indiferente a valores. Tal Estado assim o é por estabelecer uma concepção de pura juridicidade, ou seja, de Estado de Direito que se cinge unicamente à legalidade, mas que precisa de ser, acima de tudo, como preconiza a boa escola do neopositivismo, Estado de legitimidade, incorporando desse modo justiça, democracia e liberdade, isto é, valores superiores que o definem, sustentam e lhe dão prevalência.

A Constituição, até ontem, utopia, metafísica, filosofia da política, código de direito natural; hoje ciência e direito positivo; princípio e normatividade; teoria do Estado e carta de direitos fundamentais.

Demais disso, nessa latitude de pensamento e de abertura conceitual com que a doutrina se alarga e conquista novos espaços, a Constituição vem a ser por igual tratado de governo, livro de humanismo político, tábua ou declaração de direitos fundamentais e de garantias, que fazem o homem sentir-se livre na expressão das ideias, seguro na proteção dos direitos, tranquilo na consciência social de sua personalidade.

Se a evolução fez, portanto, esse percurso no que diz respeito às Constituições, não menos relevantes e significativos os avanços da democracia na marcha do tempo.

Em épocas da antiguidade clássica, houve o governo das cidades, a democracia da *polis*, o esplendor da civilização política tanto na Grécia, como na Roma republicana. A seguir, com a meia-idade aconteceu o arrefecimento da ideia secular de organização governativa da sociedade e depois o aparecimento do Estado-nação, em substituição do Estado--cidade.

Por derradeiro, algo já se desenha em nosso tempo no horizonte da internacionalidade: o Estado mundial, de que o primeiro passo nesse sentido fora talvez a Constituição da União Europeia, que, todavia, ainda não logrou aprovação, sem embargo do projeto já elaborado.

Enfim, na mesma projeção de universalidade, desponta a paz como direito da quinta geração.

De tal sorte, que ela acompanha de perto a caminhada da democracia – também direito fundamental, mas de quarta geração – rumo ao sobredito Estado universal, fadado a concretizar e coroar um dia o governo de todos os povos: hoje, apenas utopia, amanhã porém realidade.

A ordem dessas reflexões passa agora à consideração do Brasil, país que braceja contra a decadência de seus costumes políticos, contra a perda de seu espírito republicano, contra o amortecimento de sua consciência federativa; Brasil, posto nas convulsões da corrupção que lhe será fatal se não a debelar. Este Brasil, em suma, precisa com urgência de trasladar-se duma democracia de falsa representatividade, de sobrevivência apenas na ficção, no papel e nas aparências, em virtude de fazer da Constituição um salvo-conduto da ditadura dissimulada ou da democracia mutilada, que já arruinou três repúblicas constitucionais – a de 1891, a de 1934 e a de 1946 – para uma democracia da lealdade constitucional, da normatividade jurídica, da participação, da honra, da legitimidade, do Estado social, do decoro, da dignidade republicana, da solidariedade federativa, ou seja, portanto, da livre união e autonomia de suas unidades constitutivas. Por conseguinte, a nação almeja nesta era de crises e mazelas uma democracia de governantes honestos, de políticos com devoção à causa pública, observantes da ética e da moral, que jamais se locupletem do dinheiro público, que preservem na alma e no coração o sentimento de seus deveres de fidelidade à república, ao povo e à nação.

A essa democracia o país constitucional intenta chegar em oposição às tiranias que oprimem e às ditaduras que torturam; mas isto acontecerá unicamente quando o cidadão participativo professar um constitucionalismo de luta e resistência, fazendo da Constituição salvaguarda da cidadania e sentinela da liberdade.

A Constituição na América Latina afigura-se-nos rodeada de inimigos. Os mais sanhudos, os mais ferozes se aninham na corrupção do Congresso, na administração pública, na impunidade, na incompetência dos quadros governantes.

Urge combatê-los em todas as frentes, em todas as esferas ideológicas, em todos os postos e lugares onde as franquias do cidadão, os valores, os princípios, as franquias e os direitos humanos fundamentais estejam postergados ou sob ameaça de postergação; enfim, onde o fantasma da crise constituinte ronde as instituições.

Nunca é tarde para articular a resistência, nunca é tarde para ir ao campo de batalha pugnar pelo acatamento à ordem constitucional.

Em rigor, a consideração histórica dos avanços da democracia entende particularmente com a democracia do Estado moderno, do Estado-nação, e não com a democracia do Estado antigo, do Estado-cidade, cuja forma mais acabada teve por domicílio a *polis* grega. Aliás, esse Estado antigo viu a decadência e a queda do império romano até dissolver-se no universo feudal de uma idade média de dez séculos.

O modelo de Estado pós-idade média fez contudo a democracia ressurgir. Mas sob a forma indireta e representativa, a qual ganhava em volume, extensão e quantidade o que perdia em legitimidade, pureza e qualidade quando cotejada com o exemplo histórico da democracia ateniense na Grécia Clássica – exemplo, por excelência, de democracia direta.

Singular em tudo quanto se observa a esse respeito, é que a revolução tecnológica do século XXI, introduzindo a urna eletrônica na consulta eleitoral, tornou, desde o advento da informática, possível a instantaneidade das consultas plebiscitárias.

Com isso, removeu-se o maior obstáculo material que sustentava e reforçava o argumento da impossibilidade de estabelecer no Estado-nação a democracia direta em substituição da democracia representativa.

A crise constituinte de legitimidade das formas representativas de governo já se instalou, posto que em fase ainda recessiva no sistema. Tal sistema de democracia indireta, a longo termo, porém, se mostra fadado a desaparecer ou a ficar arquivado nos anais das instituições políticas. Com efeito, os progressos da ciência fortaleceram a democracia participativa e ao mesmo passo, conforme já dissemos, decretaram a decadência e o ocaso daquela democracia dos corpos representativos, quais se apresentam eles em sua forma atual: peremptos, decadentes, gafados de corrupção; por isso mesmo, sufocados debaixo da poeira de modelos políticos que a humanidade condena e a civilização já não perfilha.

Aqui a esta altura me volvo para um prognóstico exarado em artigo de 2008, estampado na revista *Estudos Avançados*, n. 62, da Universidade de São Paulo, em que a ideia central ali posta, no que toca ao Estado contemporâneo, era a de que este, com a democracia direta, aparelhava a nação para se tornar a nova *polis* do porvir.

Mas complementando esse pensamento faz-se mister um acréscimo inarredável ao que então escrevi, a saber, urge empreender a caminhada messiânica rumo ao futuro como parte da jornada que a formação de uma consciência de cidadania universal requer. E, em seguida, dar o grande passo precursor nesse sentido: a ratificação e a concretização do reconhecimento da democracia como direito fundamental da quarta geração.

Minhas Senhoras, Meus Senhores!

Distintos Doutorandos e Doutorandas!

A cerimônia solene e festiva desta noite de homenagem em que me destes ocasião de vir mais uma vez a esta terra tão amiga, tão fraterna, tão hospitaleira, tão abençoada, que é a vossa pátria, torrão de heróis e libertadores, onde não raro grava a história memoráveis atos de uma diplomacia de solidariedade continental, prólogo da união de nossos povos, há de ficar estampada indelével na memória de quem ora recebe, com humildade e gratidão, a láurea deste livro que me dedicastes, escrito com criatividade, engenho e devoção às letras jurídicas.

Nesta casa, nesta Universidade, neste templo do saber jurídico, já escalou os degraus da vossa tribuna, como há pouco assinalei, o nosso imortal Rui Barbosa, patrono da advocacia brasileira, fundador em meu País de uma República que libertava, ao revés de um Império que escravizava.

Aliás, proferiu ele aqui uma de suas mais belas alocuções, tecendo hino de louvor à nação que o acolhera de braços abertos quando a tirania duma ditadura o desterrara, com mão de ferro, para as amarguras do exílio.

A gratidão de Rui Barbosa à Argentina inspirou-lhe pois algumas das mais vibrantes páginas de sua eloquência e de seu gênio de tribuno. Enaltecendo o vosso contributo aos progressos da civilização, assinalou ele ao mesmo passo a inquebrantável relação de amizade que une nossos povos. E advogando nesta sala acadêmica os foros da humanidade, formulou também a célebre proposição de que não há neutralidade entre o direito e o crime.

Outro brasileiro, cujo nome também não posso deixar de declinar porquanto desde muito resplandece e se insculpe na memória argentina é Teixeira de Freitas, o civilista baiano que compartilha com Clóvis Beviláqua, jurisconsulto, a gloria da redação de dois projetos de códigos que os imortalizaram nas letras jurídicas do Brasil.

Falo de Freitas visto que em minha primeira visita a vossa República, em julho de 1948, integrando uma embaixada de estudantes da Faculdade Nacional de Direito da Universidade do Brasil, nesta mesma casa, onde ora recebo tão penhorante distinção honorífica, a saber, o livro com que me distinguistes, ouvi de colegas estudantes e de professores argentinos frequentes referências de encômios a Teixeira de Freitas pelo influxo de seu projeto na elaboração do Código Civil da Argentina. Afigura-se-me que houve aí algo comparável ao reconhecimento dos constitucionalistas portugueses a Rui Barbosa, em razão da inspiração que estes foram buscar na Carta republicana do Brasil de 1891, da qual foi veio a ser principal autor o insigne baiano.

Isto aconteceu no Portugal de 1911 quando o País, após derrubar em 1910 uma monarquia de oito séculos, promulgou sua primeira Constituição republicana. Em suma, laços na esfera do direito e da doutrina republicana muito nos honram e nos aproximam: com a Argentina, pelo Projeto de Código de Teixeira de Freitas, com Portugal pela Constituição de Rui Barbosa.

Minhas Senhoras! Meus Senhores! Caríssimas Doutorandas! Caríssimos Doutorandos da Faculdade de Direito da Universidade de Buenos Aires!

À vossa homenagem, ao vosso livro, à vossa generosidade o preito de minha gratidão.

Muito obrigado.

30
Aula Magna na Faculdade de Direito da Universidade de Buenos Aires

Nota dos Organizadores: Antes de sua partida para Buenos Aires, o professor Paulo Bonavides dirigiu, de Fortaleza, a seguinte saudação aos doutorandos da Faculdade de Direito da Universidade de Buenos Aires:

Saudação aos doutorandos da Faculdade de Direito da UBA

Aos Prezados Amigos Doutorandos da Faculdade de Direito da Universidade de Buenos Aires

Sinto-me deveras honrado e desvanecido neste ano acadêmico de 2013 pelo ensejo que se me oferece de subir à Tribuna Docente da Faculdade de Direito da Universidade de Buenos Aires e aí proferir aula e conferência, numa Instituição que tanto engrandece as letras jurídicas do Continente, inscrevendo em seus anais nomes que a história do Direito já perpetuou na América Latina com as glórias da imortalidade.

Vós sois a continuidade portanto da tradição de opulência espiritual das gerações que passaram pelas classes da vossa Universidade e dela fizeram este venerável templo de ciência e saber e renome no meio intelectual da América Latina.

Eu vos saúdo nas pessoas dos Grandes Mestres que ora atuam nas cadeiras de ensino jurídico da vossa Faculdade de leis; nomes exponenciais que o Brasil tanto admira, festeja e aplaude, quais os de Ricardo Rabinovich, Raúl Gustavo Ferreyra e Raul Zaffaroni, empenhados em estreitar os laços morais e espirituais de uma integração de valores, por onde a fraternidade e o respeito mútuo cimentam os alicerces da nossa comunhão associativa.

Com muita estima e admiração, as cordialíssimas saudações de

PAULO BONAVIDES
Janeiro de 2013

Depoimentos sobre a Aula Magna na Faculdade de Direito da UBA

Nota dos Organizadores: No dia 28.1.2013 PAULO BONAVIDES proferiu Aula Magna na Faculdade de Direito da Universidade de Buenos Aires sobre o tema "As Cinco Gerações de Direitos Fundamentais e a Ideologia das Constituições". Transcrevemos abaixo, do boletim *Derecho Al Día*, da Faculdade de Direito da UBA, a nota intitulada "El Destacado Constitucionalista Brasileño Dr. PAULO BONAVIDES Dictó una Conferencia en el Mes de Enero", estampada no n. 207, Ano 12, daquela publicação:

El 28.1.2013 el Aula Magna de la Facultad se vio colmada de público, en su mayoría estudiantes (argentinos y extranjeros) de los cursos intensivos con valor para el Doctorado, que durante ese mes desarrollan en la Casa. El motivo de la multitudinaria reunión fue la conferencia que brindó el Dr. *Paulo Bonavides*, que se encontraba, justamente, dando clase en los referidos cursos.

Llegando ya a sus nueve décadas de fecunda existencia, el profesor Bonavides es considerado el más destacado constitucionalista brasileño actual, y uno de los más reconocidos especialistas en esa rama jurídica, del Continente Americano y del mundo entero.

El Dr. Bonavides fue presentado por dos profesores titulares de la Casa, el Dr. *Raúl Gustavo Ferreyra*, que coordina el Área de Derecho Constitucional de la Modalidad Intensiva de Cursos para el Doctorado, y el Dr. *Ricardo Rabinovich-Berkman*, que dirige dicho Programa. Los acompañaron en la Mesa distinguidas docentes de la modalidad, Dras. *Flávia Piovesan* (de Brasil), *Ana Kunz*, *Nancy Cardinaux* y *Andrea Gastron*. Al introducir al ilustre Conferencista, el Dr. Ferreyra no dudó en llamarlo "decano de los juristas de Latinoamérica". A su vez, el Dr. Rabinovich-Berkman destacó la enorme importancia de tener a Bonavides en nuestra Facultad, no sólo exponiendo, sino también dando clases, y el profundo valor simbólico de que se encontrase frente a un auditorio compuesto por estudiantes provenientes de cuatro Continentes, con casi toda América Latina representada.

Tras elogiar a la Universidad de Buenos Aires y recordar las alabanzas vertidas en nuestra Casa por el gran jurista brasileño Rui Barbosa, abordó como tema "El Derecho Humano a la Paz". Su exposición, con referencias a la situación mundial actual, hizo hincapié en la atrocidad de la guerra como fenómeno de quiebre del orden jurídico, y la imperiosa necesidad de instalar a la paz como elemento central del Constitucionalismo y de la Ciencia Jurídica en general.

Terminada la exposición, los profesores Ferreyra y Rabinovich-Berkman anunciaron que iniciarían el trámite para el otorgamiento a Paulo Bonavides del Doctorado *Honoris Causa* de la Universidad de Buenos Aires.

Nota dos Organizadores: O Professor, saudado pelo Catedrático de Direito Constitucional da UBA Raúl Gustavo Ferreyra como "Decano do Direito Público na América Latina", falou para um auditório de cerca de 300 estudantes que o aplaudiram de pé, na maioria doutorandos daquela Faculdade.

A aula do constitucionalista brasileiro foi chamada "Oração de Buenos Aires" na saudação que lhe fez o professor Dr. Raúl Gustavo Ferreyra.

A repercussão dessa aula igualmente se infere da mensagem que ao professor Bonavides lhe mandou, em versos, o romanista, filósofo do Direito, sociólogo e historiador professor Dr. Ricardo Rabinovich-Berkman, Diretor dos Cursos de Pós-Graduação. Do seguinte teor a manifestação do eminente Catedrático:

Ricardo Rabinovich-Berkman

Obrigado, querido, admirado, eterno, professor Paulo Bonavides, amigo e Mestre. Receba estes humildes versos que lhe dedico desde o coração. Com todo meu afeto

Ricardo

Soneto do Elegido
Deus, às vezes, quem sabe por quê,
escolhe umas pessoas, e as faz
veículos de esperança, luz e fé,
ferramentas, na construção da paz.

Carrega-lhes nas costas energia,
derrama nas suas mentes lucidez,
infunde-lhes, contagiosa, a alegria...
Isso faz o Senhor Deus, alguma vez.

E reconheces esses elegidos,
porque lutam com sorrisos comovidos,
nas mais duras e corajosas lides.

E se tu me pedisses um exemplo,
com a certeza do bom Jesus no Templo,
dou-te o nome de PAULO BONAVIDES.

RICARDO RABINOVICH-BERKMAN
29 de janeiro de 2013

Flávia Piovesan

Nota dos Organizadores: Não menos expressivo da comoção provocada no auditório o depoimento da professora Dra. Flávia Piovesan, da PUC/SP e Professora Visitante na UBA. Assistiu ela à aula e, no dia seguinte, transmitiu também ao professor BONAVIDES, em breves linhas, a impressão que a mesma lhe causara. Escreveu a Professora Piovesan:

Querido professor Paulo Bonavides, que alegria, orgulho, emoção e privilégio ouvi-lo na UBA em tão brilhante conferência sobre o direito à paz!

Fiquei absolutamente fascinada com a sua tese. Parabéns por tudo!

Um forte abraço, com minha especial estima e admiração.

FLÁVIA PIOVESAN

31

Denúncia à Nação: a Destruição do Estado Constitucional pela Emenda do Plebiscito e da Constituinte

PAULO BONAVIDES

Nota dos Organizadores: Marcelo Cerqueira, ex-Presidente do Instituto dos Advogados Brasileiros, escreveu sobre essa denúncia artigo publicado no livro de Eros Roberto Grau e Willis Santiago Guerra Filho *Direito Constitucional – Estudos em Homenagem a Paulo Bonavides (Revisão, Reforma Constitucional e Plebiscito)*, donde extraímos o trecho inicial, a seguir reproduzido:

"Em face da aprovação da Proposta de Emenda Constitucional 554-A, de 1997, pela Comissão de Constituição e Justiça e Redação da Câmara dos Deputados, acrescentando ao 'Ato das Disposições Constitucionais Transitórias', que convoca Assembleia Nacional Constituinte (restrita aos arts. 14, 16, 27, 21-24, 30, 145-162 e conexos da Constituição Federal) e institui plebiscito para decidir sobre a atribuição de poderes constituintes aos membros do Congresso Nacional, o professor PAULO BONAVIDES dirigiu "Carta Aberta" ao Relator da matéria, [*deputado Almino Afonso*] publicada, na íntegra, na *Revista Cearense do Ministério Público* 2/169-187, Ano I, agosto/1998, Fortaleza/CE. Sob o título 'Denúncia à Nação: a Destruição do Estado Constitucional pela Emenda do Plebiscito e da Constituinte' (publicada também na obra de PAULO BONAVIDES, *Do País Constitucional ao País Colonial* (*A Derrubada da Constituição e a Recolonização pelo Golpe de Estado Institucional*), editada pela Malheiros Editores, p. 86), o ilustre Mestre demonstra, com copiosa, erudita e patriótica argumentação, a inconstitucionalidade da pretendida Assembleia e de seu plebiscito: 'Não tiveram os autores do projeto nem discernimento para o tamanho e a profundidade da lesão que abrem no organismo do regime e que lhe será fatal'. E, adiante: 'O Plebiscito da Emenda é instrumento inconstitucional, esdrúxulo, de exceção, e, por consequência, ruim de qualidade. Será criado por um Poder Constituinte de segundo grau, absolutamente privado de competência e legitimidade para fazê-lo, em razão do fim a que se vincula'. Assim, nesta obra em homenagem ao estimado professor PAULO BONAVIDES, em boa hora organizada pelos professores Eros Roberto Grau e Willis Santiago Guerra Filho, parece-me oportuno que a ele se dediquem notas sobre temas a ele tão caros e que o Mestre versa insuperavelmente".

Prezado e eminente deputado Almino Afonso:

Em meu poder, mandado por V. Exa., o texto da Proposta de Emenda Constitucional n. 554-A, de 1997, do seguinte teor:

"Art. 1º. Ao Ato das Disposições Constitucionais Transitórias da Constituição Federal de 1998 é acrescentado o seguinte artigo:

"'Art. 75. Os membros da Câmara dos Deputados e do Senado Federal reunir-se-ão unicameralmente em Assembleia Nacional Constituinte, livre e soberana, no dia 1º de fevereiro de 1999, na sede do Congresso Nacional.

"'§ 1º. O Presidente do Supremo Tribunal Federal instalará a Assembleia Nacional Constituinte e dirigirá a sessão de eleição de seu Presidente.

"'§ 2º. Os trabalhos constituintes ficarão restritos aos arts. 14, 16, 27, 21 a 24, 30, 145 a 162 e conexos da Constituição Federal.

"'§ 3º. Para efeito do disposto no parágrafo anterior, considerar-se-á matéria conexa a norma constitucional comum àqueles dispositivos, isoladamente ou combinados, em requerimento subscrito por um terço e aprovado por três quintos dos membros da Assembleia.

"'§ 4º. A Assembleia Nacional Constituinte será dissolvida em 31 de dezembro de 1999, salvo se a maioria absoluta dos seus membros decidir prorrogá-la por uma única vez, por prazo determinado não superior a 90 (noventa) sessões.

"'§ 5º. As emendas à Constituição, decorrentes do disposto neste artigo, serão promulgadas depois da aprovação de seu texto em 2 (dois) turnos de discussão e votação, pela maioria absoluta dos membros da Assembleia Nacional Constituinte."

A esse texto fez o Relator emenda aditiva constante do seguinte parágrafo:

"§ 6º. No dia 4 de outubro de 1998, por plebiscito, o eleitorado decidirá sobre a atribuição, aos membros do Congresso Nacional, dos poderes constituintes de que trata este artigo".

1. É de lastimar que no mesmo dia 4 de dezembro, data de apresentação do Relatório e da Emenda Aditiva, a Comissão de Constituição e Justiça e de Redação da Câmara dos Deputados haja, por unanimidade, opinado pela admissibilidade de ambos, aprovando nos termos do Parecer do Relator a Proposta de Emenda à Constituição n. 554, de 1997.

A Emenda suicida tramita no Congresso Nacional por iniciativa – pasme, Nação! – do líder de um dos mais respeitáveis partidos de oposição do País. Desgraçadamente, marcará ela, entre nós, uma vez promulgada, a queda da Constituição, o fim do Estado Democrático de Direito, o desmantelamento da ordem federativa, o colapso das bases que legitimam a competência dos três Poderes.

Com efeito, trata-se da mais audaciosa Proposta de Emenda Constitucional que já ousou circular pelas duas Casas da nossa organização representativa.

Por sua falsa aparência democrática – institui um plebiscito e convoca uma Assembleia Nacional Constituinte –, ela enganou, sem dúvida, seus próprios subscritores e toda a Comissão de Constituição e Justiça e de Redação da Câmara dos Deputados. Nessa Comissão, aliás, já obteve aprovação: o que é de causar assombro! Não tiveram os autores do mostrengo sensibilidade nem discernimento para apalpar o tamanho e a profundidade da lesão que abrem no organismo do regime, e que lhe será fatal.

Antes de passar às razões sobre as quais se funda tal persuasão, gostaria de lembrar e assinalar a V. Exa. que só vi algo tão aniquilante para a democracia brasileira em iniciativa de um governador de Estado, por sinal do mesmo partido do autor da presente Emenda, o qual postulava perante o Supremo Tribunal Federal se declarasse inconstitucional um artigo da Constituição!

Se tamanha aberração subiu à Corte Suprema, com a ofensa recaindo naquele ensejo sobre a integridade do sistema federativo, o novo atentado, cujas armas de execução não são de inferior calibre, é muito mais grave, porquanto não apenas abala as instituições democráticas, senão que as destrói, por inteiro, no fundamento de sua legitimidade, que é a Constituição.

O Plebiscito da Emenda é instrumento inconstitucional, esdrúxulo, de exceção e, por consequência, ruim de qualidade. Será criado por um poder constituinte de segundo grau, absolutamente privado de competência e legitimidade para fazê-lo, em razão do fim a que se vincula.

Oriundo de uma emenda aditiva do Relator à Proposta primitiva, o Plebiscito está maculado de inconstitucionalidade insanável, por prender-se indissociavelmente à regra material do § 5º do art. 75 que a Proposta busca introduzir no Ato das Disposições Constitucionais Transitórias e que anula, desqualifica e reduz a letra morta o quórum dos três quintos do § 2º do art. 60 da Constituição vigente.

A tão estrondosa inconstitucionalidade acresce outra não menos grave de imolação da Lei Maior, a saber, aquela constante do *caput* do sobredito art. 75, onde se institui a unicameralidade da nova Constituinte e se dissolve a garantia bicameral do § 2º do mencionado art. 60.

É de todo o ponto incompreensível que na instância política do Congresso haja malogrado o controle prévio do Presidente da Câmara e do Presidente da Comissão de Constituição e Justiça e de Redação, os quais não deveriam sequer ter dado curso a Proposta eivada de tão óbvias inconstitucionalidades.

Quando fatos desse jaez ocorrem, a impressão que se tem é que a guarda constitucional de intérpretes, aplicadores e fiscais da Lei Maior, aos quais incumbe no Congresso Nacional o múnus político do controle prévio de constitucionalidade, se acha adormecida, obnubilada e incapacitada ao desempenho de tão elementar dever de preservar a inviolabilidade jurídica do regime.

Afigura-se-nos, a esse respeito, que as inconstitucionalidades das Medidas Provisórias calejaram de insensibilidade considerável parte do meio congressual, afrouxando assim a vigilância nas fileiras parlamentares e deixando, ao mesmo passo, escancarada a porta à invasão de proposições designadamente inconstitucionais, cujo ingresso devia ter sido tolhido no próprio ato de sua apresentação.

O Relator mesmo, antes de oferecer a Emenda Aditiva, reconhecera já, e afirmara categoricamente, que a Proposta estava inquinada daquela eiva, e tropeçava, como tropeça, no § 4º do art. 60, razão obrigatória e indeclinável, portanto, para não fazê-la objeto de deliberação.

O mesmo Relator não poderia, por conseguinte, sem prevaricar no que toca à Constituição e à inteireza formal do processo constitucional, apresentar Emenda a Proposta que já se lhe afigurara de todo inconstitucional. O aditivo plebiscitário – em si mesmo uma agressão à incolumidade do § 2º do art. 60 – não tinha, portanto, virtude para sarar a lesão de inconstitucionalidade jacente em todos os dispositivos da redação original.

Juridicamente, tanto pelo ângulo formal como material, a Proposta absurda já chegava nula e inexistente às mãos do Relator. Não passava de um tecido de inconstitucionalidades, de uma afronta ao art. 60. E o art. 60 funciona como as colunas do templo. Se ele cair, cai a Constituição toda. Não havia pois como fazer objeto de deliberação a admissibilidade de tão infame Proposta de Emenda à Constituição.

Não tem símile em toda a história constitucional do País a violência que se aparelha contra o regime e as instituições; é o Plebiscito das ditaduras e da democracia cesariana, dissimulado em vestes constitucionais.

De estofo tão roto e esfarrapado, lembra ele por igual o de Napoleão, há cerca de 20 anos, instituindo a vitaliciedade do Consulado e estreando os primeiros passos de uma escalada rumo ao poder imperial e absoluto.

Demais disso, nada tem que ver esse Plebiscito com o modelo de *referendum* da Constituição de 1824, cuja outorga buscava legitimar-se pelo voto das Câmaras Municipais; tampouco se avizinha do plebiscito contido no Decreto n. 1, de 1889, espécie de Constituição Provisória, que proclamou a República e a Federação e pôs abaixo o Império; nem comparável ainda ao de 1937, que deveria sancionar a Carta do Estado Novo, outorgada por Vargas; muito menos com aquele criado pela Emenda Parlamentarista de 1961, a qual veio no bojo da sucessão de Jânio Quadros com o suposto desígnio de prevenir o desastre da guerra civil, tendo o plebiscito se celebrado em janeiro de 1963 e restaurado no País o sistema de governo presidencial. Não é, de último, o do art. 14 da Constituição vigente, nem o do art. 3º do Ato das Disposições Constitucionais Transitórias.

Não é nenhum deles pelas seguintes razões: em 1824, 1889 e 1937 a figura referendária fora concebida por obra de três golpes de Estado e, por conseguinte, fruto de uma vontade constituinte usurpadora e autoritária, que, não obstante, se manifestava por via originária e não se dissimulava em aparências formais de legitimidade representativa. O de 1961 compunha a válvula de segurança de um presidencialismo moribundo que se licenciava do poder e, passada a tempestade da sucessão imprevista e antecipada, decorrente do ato de renúncia do Presidente constitucional, poderia, caso malograsse o parlamentarismo, trazer de volta com os sufrágios da vontade popular o sistema presidencial de governo, como efetivamente o trouxe, mediante a consulta plebiscitária de janeiro de 1963. Restaurou essa consulta os poderes confiscados ao primeiro magistrado do País.

Quanto aos plebiscitos da atual Constituição, são dois: um de teor permanente, o do art. 14, cujo alcance jurídico se examinará em lugar adequado na sequência destas reflexões, e outro, de natureza excepcional, que já vingou e se exauriu constitucionalmente na data de sua celebração, ou seja, o do art. 2º do Ato das Disposições Constitucionais Transitórias (ADCT); ambos, porém, legítimos, de inconcussa constitucionalidade, emanados de uma vontade constituinte de primeiro grau, sem retorno nesta Constituição, salvo por ato que a destroçasse, como é a iniciativa do líder do PDT, acolhida com júbilo, apoio e simpatia nas esferas palacianas do Poder; aliás, como não poderia deixar de ser.

Criar, portanto, uma terceira modalidade de plebiscito, por obra ou impulso do poder constituinte derivado, em oposição aos valores da democracia, estampados na Carta Magna, a Constituição não admite, nem com esta é compatível, e afigura-se-nos de todo impossível; além, pois, do alcance e da iniciativa de quem ousasse fazê-lo.

Mas desgraçadamente é o que o atual Congresso, legislando em sede constituinte, onde seus poderes esbarram na própria Constituição e aí acham um limite jurídico que o inibe de excedê-los ou transgredi-los, intenta levar a cabo.

Não vamos assim corromper as urnas da sucessão de outubro, já viciadas por uma candidatura de reeleição – inédita na tradição republicana – com o golpe de Estado de uma Emenda inconstitucional, a mais feia e atroz nos anais do Congresso Nacional, desde a proclamação da República.

2. Com efeito, a Emenda do Plebiscito é inconstitucional, tanto do ponto de vista formal como material.

Sua adoção pela Comissão de Constituição e Justiça da Câmara foi um grave erro e cochilo desse órgão, cuja tarefa maior consiste em fazer o expurgo das inconstitucionalidades que enxovalham textos de projetos de lei e propostas de Emenda à Constituição que ali chegam. De tal sorte que do exame prévio e decisivo a que ficam sujeitos se lhes determine a aceitação ou rejeição.

A infidelidade básica ao Plebiscito como técnica democrática – a mais pura e legítima talvez de quantas possam em todo sistema legítimo de governo consubstanciar a essência de uma democracia semidireta – é que o fez não raro suspeito e desditoso e até funesto nos efeitos de sua aplicação ao longo de nossa história constitucional.

Mas isto em nada o invalida e com ele se pode escrever um compêndio de pedagogia política onde os que já o atraiçoaram muito teriam que ler e aprender, por não acatarem as fórmulas democráticas e constitucionais de livre desempenho do poder.

Com a Emenda vertente, a perversão plebiscitária do sistema em vigor fica a pique de acontecer ou já está acontecendo, antes mesmo que se dê execução à outra face do nosso modelo de organização constitucional: aquela da democracia semidireta prevista no parágrafo único do art. 1º e no art. 14 da Constituição, onde respectivamente se enuncia o princípio da máxima participação popular e suas correspondentes técnicas de exercício.

V. Exa., com muito brilho, lucidez e competência, tem porfiado por fazer eficaz aquilo que há de mais profundamente democrático e legítimo na fórmula política de nossa estrutura constitucional de poder. Tanto que relatou já perante o Congresso diversos projetos conducentes à regulação constitucional da matéria plebiscitária contida no sobredito art. 14.

Sabe, por conseguinte, V. Exa. que a democracia brasileira não funcionará em sua expressão acabada, genuína e legítima, se prosseguir, em rebeldia ao que determina a Lei Suprema, a omissão legislativa do Congresso Nacional tocante à reserva de lei daquele artigo.

Como a autoridade legislativa congressual no decurso de 10 anos não deu ainda execução ao mandamento do aludido dispositivo constitucional, força é assinalar que esse procedimento omissivo configura uma manifesta e escandalosa inconstitucionalidade material, que mina o ordenamento democrático do País, desde as bases.

Salvo o esporádico e solitário comparecimento aos pleitos eleitorais, mantém-se o povo no silêncio e na ausência, desapossado de veículos que afiancem uma presença participativa diuturna e direta na formação da vontade nacional, conforme prevê e determina a Carta Magna.

Vontade nacional expressa em leis e atos, cuja legitimidade poderosamente se reforça com o emprego daqueles mecanismos da soberania popular, insculpidos no art. 14 da Constituição. Se já viessem eles sendo utilizados desde os anos imediatos à promulgação da Lei Maior, outro seria o semblante da nossa democracia.

Metade da Constituição brasileira em sua forma instrumental, pertinente ao exercício dessa soberania, se acha portanto em repouso ou suspensa, aguardando o termo daquela omissão.

Em verdade, até agora só há funcionado o ramo representativo da soberania popular; e, todavia, como há funcionado mal!

Com os pulsos atados à hegemonia do Executivo, é esse ramo prisioneiro também da gestação legislativa paralela, concorrente e predominante das medidas provisórias, ditadas nos escaninhos daquele Poder e contaminadas da clandestinidade do arbítrio em que costumam gerar-se.

Os abusos e inconstitucionalidades de tais medidas tumultuam o ordenamento jurídico, humilham o Congresso e provocam em todos os ânimos um execrável sentimento de insegurança institucional.

3. Tornemos, porém, à Emenda original do líder pedetista. Deflagrou ela uma conjuração contra a Lei Maior ao querer ressuscitar, por via oblíqua, o processo revisor do art. 3º do Ato das Disposições Constitucionais Transitórias, já irremediavelmente encerrado.

A Proposta de Emenda, reiteramos, não deveria nem ao menos ter sido objeto de encaminhamento ou deliberação, e, no entanto, teve sua admissibilidade acolhida pela Comissão de Constituição e Justiça, onde recebeu do Relator um pseudocorretivo, que apenas lhe mascarou a inconstitucionalidade irreparável de que padece.

O Relator mesmo dantes confessara ser a proposta inconstitucional. E o fez nos seguintes termos:

"A convocação de nova Assembleia Constituinte, portanto, ainda que limitada, encontra empecilho absoluto no art. 60 da Constituição Federal, eis que subverte as normas de reforma constitucional e vai de encontro à separação de Poderes tal como estabelecida e 'petrificada' no Texto Magno, criando um 'quarto Poder'.

"Juridicamente, é inviável. É ato político que rompe com a ordem jurídica, deliberadamente. É ato revolucionário, no sentido de transformador. Derruba a vontade do constituinte, manifestada por meio da Constituição de 1988, para que outra se manifeste. Por isso, o instrumento que o veicula não é ato derivado da Constituição, não obstante receber a nomenclatura e a tramitação dadas às emendas constitucionais."

Com boa parte da argumentação acima expendida não há como deixar de concordar.

Mas o zelo constitucional do Relator logo se desvanece quando ele subitamente recua e num desvio de rumo se volve para o sofisma do Plebiscito, formulando a singular receita de sua Emenda Aditiva. Acontece porém que ela não afasta nem sana, conforme temos asseverado, o enorme vício de inconstitucionalidade que o inspetor mesmo da Comissão, com toda propriedade, acabara de apontar. Afogou o monstro, mas em seguida o levantou ressuscitado nas vestes humanas de sua legitimação plebiscitária.

Como é fecunda, pois, a alquimia constituinte e constitucional dos juristas da globalização, do neoliberalismo e da autocracia, quando se fingem de democratas e, com fórmulas mágicas de rábulas de laboratório, invocam o poder e a vontade do povo para consumar a destruição do Estado constitucional!

É, de último, tradição das ditaduras refinadas manter sempre abertas as portas das Assembleias e dos Parlamentos, desde que estes se sujeitem ao rolo compressor da autoridade condensada no Poder Central, não lhe contrariando os desígnios nem as soberbias com que exercita o poder pessoal.

É de estarrecer, pois, que nesse quadro de dissolução da Carta Magna estejam também conjurados e envolvidos na vanguarda do crime da inconstitucionalidade, brandindo os punhais da Emenda Revisora, do Plebiscito de fachada e da Constituinte de fancaria, nada menos que 29 deputados, supostamente oposicionistas – assim os qualifico pelas fichas de filiação partidária –, a saber, 16 do PDT, 4 do PT (ora, vejam!), 4 do PSB e 5 do PPS, todos professando *prima facie* posições esquerdistas mas dando, ao mesmo passo, o serviço à Direita arquirreacionária do País!

Aqui cabe invocar, de imediato, a figura lendária e saudosa de Ulysses Guimarães. Personalidade de estadista e político de escol, Ulysses prefaciou uma Constituição, abraçado ao culto da cidadania. E, se redivivo fora, faria verter de seus lábios, em paródia contemporânea, uma expressão de assombro, perplexidade e brutal surpresa, idêntica à do conquistador e herói das Gálias: *Tu quoque, Oppositio, filia mea!*

Após esse dia de trucidamento da Constituição pela introdução do Plebiscito, outros plebiscitos se sucederiam nas escaleiras das ambições e das tropelias executivas.

O Estado de Direito no Brasil teria selado o mesmo destino e vivido a mesma tragédia da República de Cícero e Catão: extinguir-se-ia. Mas com esta única e decisiva diferença a favor do romano: o punhal de Brutus servia a uma causa mais nobre. Lá, buscava salvar a República; aqui, assassinar a Constituição.

Aprovando a Emenda do Plebiscito, o Congresso enterra a Constituição com data marcada: 4 de outubro de 1998.

A nossa consternação maior procede, porém, da reflexão de que tudo quanto o Projeto de Emenda pretende em sua finalidade revisora da Lei Maior pode ser alcançado normalmente, sem atropelo e sem açodamento, por via constitucional legítima, pelo poder constituinte derivado, até mesmo por uma forma de plebiscito extraordinário e específico, que viria *a posteriori* com sua legitimidade robustecer o feixe volumoso das reformas introduzidas; tudo isso sem qualquer ofensa à intangibilidade da Constituição, sem romper a linha de sua inteireza, sem sair dos limites e dos parâmetros do Estado de Direito.

Ao revés, por conseguinte, da Proposta de Emenda aqui impugnada, que sobe ao patamar do absolutismo, rasga o art. 60 da Constituição, sobressalta o cidadão, intranquiliza a Nação, turva a harmonia dos Poderes e entrega o País às aventuras e incertezas de uma Constituinte de origens bastardas e objetivos suspeitos e controversos. Uma Constituinte cuja tarefa subalterna se cinge a enxertar um pedaço de Constituição numa

Constituição que já deixara de existir! Nunca fenômeno igual se produziu na história do Constitucionalismo.

4. Faz-se mister, portanto, que o constituinte de segundo grau em sua posição reformadora se mantenha estritamente em observância da pauta normativa – processual e procedimental – do § 2º do art. 60 da Constituição.

É de assinalar que a estrutura constitucional mesma de governo, derivada do parágrafo único do art. 1º, junto com o art. 14, comporta, por meio de emenda à Constituição, o estabelecimento, tanto em caráter permanente como extraordinário ou excepcional, de uma figura especial de Plebiscito que, aprofundando as raízes democráticas de legitimidade do sistema, se destine especificamente a aprovar as emendas constitucionais do Congresso ou atos de governo cuja importância faça capital e imperativa a manifestação direta da soberania popular.

Este, sim, um Plebiscito de todo distinto daquele que consta da Proposta de Emenda Constitucional n. 554, de 1997; um Plebiscito verdadeiramente constituinte e constitucional, despido de defeitos que possam afetar-lhe a juridicidade e constitucionalidade, transcorrendo, por inteiro, no âmbito da Constituição.

Com a introdução dessa nova categoria plebiscitária, o direito político no Brasil, deitando raízes profundas no subsolo da democracia, daria um passo avante, rigorosamente constitucional, em proveito de um poder popular semirrepresentativo, consoante determina o parágrafo único do art. 1º da Constituição.

Ao tomar pois o lugar daquele que consta da Emenda golpista da Constituinte, esse Plebiscito consubstancia, em rigor, um *referendum* de legitimidade, combinando em conjunção feliz três artigos-chaves da Constituição – os arts. 1º, 14 e 60 – com o escopo de fazer ativa, dinâmica e atualizada, em grau máximo de legitimação possível, a face até agora deslembrada de nossa democracia semidireta, isto é, aquela que associa o cidadão governado da democracia representativa – cidadão de segunda classe, súdito da intermediação política, eleitor que só cumpre um minuto de soberania quando vai às urnas sagrar o nome de seu tutor – ao cidadão de primeira classe, sujeito superlativo do poder, ser político completo, pessoa soberana, individualidade dotada de dimensão participativa direta, imediata e inalienável, enfim, cidadão real e ente concreto, efetivo e supremo das resoluções institucionais.

Contrasta, pois, com o Plebiscito da Emenda instituidora do Colégio Constituinte anão, aviltado por suas origens, pela nódoa da sua inconstitucionalidade, por ser de baixo quilate democrático e pela ruim qualidade de sua natureza cesariana.

Nasce ele de um crime congressual de ruptura da Constituição. Seus autores, removidos todos os escrúpulos, já não terão doravante mais empenho senão o de transverter em direito o crime que perpetraram: o direito de guilhotinar a ordem constitucional ou de fazer uma Constituição híbrida e maligna, obra de dois poderes constituintes originários; uma Constituição excêntrica, feita de retalhos, coberta de remendos, que o País não há de tolerar nem levar a sério, porque não será jamais a sua Constituição!

Deploravelmente, a Emenda do Plebiscito e da Constituinte é a entrega do ouro ao bandido pelo Congresso. Este filme de *far West* constitucional o País está prestes a assistir!

Não é possível assim por meio do mecanismo de Emenda alterar os requisitos formais que regem o processo de reforma ou revisão constitucional, quais se acham já declinados na Constituição mesma. Quem os declinou foi o constituinte de primeiro grau, cujo querer é inviolável.

Proceder doutra maneira, à margem do modelo estabelecido, quebrantando tais requisitos, tanto por intervenção restritiva como ampliativa, significaria derribar a garantia tutelar da cláusula implícita de rigidez absoluta que protege com a mesma força da cláusula explícita do § 4º do art. 60 a imutabilidade do processo de emenda.

Nisso consiste, de conseguinte, a intangibilidade formal do art. 60 da Constituição, cuja estrutura há de ficar derrancada e espedaçada por uma violência inaudita caso esta Emenda venha a consumar-se. Representa ela o mais dissolvente e desagregador atentado que o Estatuto Supremo pode padecer.

Desde aí seria o Brasil um País desconstitucionalizado, ou seja, uma Sociedade naufragada nas ruínas submersas de seu Estado de Direito.

Os constituintes congressuais de 1998 passariam à História atados à recordação desse crime de lesa-constitucionalidade, tão abominável, que não tem paralelo em todas as épocas constitucionais do Império e da República.

O crime contra a Constituição é o pior dos crimes perpetrados na esfera das liberdades de um povo. Expulsa o Direito, faz o cidadão súdito antes de fazê-lo escravo, expatria a legitimidade, fere de morte o corpo indiviso e único da Nação, suspende as garantias, confunde os Poderes, invade a independência dos tribunais, suprime o pluralismo, anula a cidadania, avilta e destrói a aliança social, cujas cláusulas um organismo político não pode desamparar nem desobedecer sem autodissolver-se ou condenar-se à pena última.

Substituir, pois, como acontece no texto aprovado pela Comissão, o poder constituinte originário, senhor de uma vontade inderrogável, que ocorre num único e definitivo momento de sua manifestação, por um poder constituinte de segundo grau não é possível, à luz de todos os ensinamentos constitucionais emanados da doutrina da liberdade, da limitação de poderes e do Estado de Direito.

A exceção só seria possível no Constitucionalismo das ditaduras e das Cartas outorgadas para o qual a Emenda foi escrita e a Nação não está sabendo.

5. Com respeito à inconstitucionalidade material da Emenda n. 554, trata-se de algo tão evidente e ostensivo que nenhum subterfúgio pode ocultar.

A Emenda tem por objetivo e fim maior a instituição de um Plebiscito de dimensão constituinte, simultâneo às eleições de 4 de outubro do ano em curso, de tal sorte que os eleitores votem poderes ao Congresso, até então um poder limitado, para se transformar em Assembleia Nacional Constituinte, livre e soberana. E ao mesmo passo lhe dá a incumbência única e exclusiva de alterar sem limites 25 artigos da Constituição e um número ainda indeterminado doutros que lhe são conexos.

O dislate teórico é patente. Subverte todos os conceitos de direito constitucional. Que espécie de Constituinte é esta, livre e soberana, mas acorrentada a uma Constituição já existente? Uma Constituinte de primeiro grau, reduzida, porém, a órgão revisor, a sapateiro de meia sola, com poderes apenas para escrever, votar e promulgar metade de uma Constituição! É algo sem equivalência nos fastos do Constitucionalismo. Algo extremamente grave, pela natureza dos desdobramentos fatais que haverá de ter sobre a estrutura do que ainda resta de pó em nosso Estado de Direito.

Rotulada de livre e soberana, quem poderia contudo atalhar-lhe a expansão de poderes? Quem embargaria assim o raio de sua ação, se seus membros invocassem o título de liberdade e soberania que lhe fora outorgado? Quem limita um poder soberano?

Supostamente depositária de prerrogativa tão culminante, quem nos ministra afinal a certeza de que os constituintes, filhos de uma falsa legitimação plebiscitária, a disfarçar-lhe a usurpação, não se furtariam ao desejo de promulgar outra Carta Magna, de índole autoritária, ao gosto neoliberal, varrendo como detritos da era social os direitos da segunda geração?

O complô material em curso não tem finalidade distinta; sabem os conspiradores que, dissolvendo o quórum qualificado do art. 60 e deliberando por maioria absoluta em uma só Câmara, terão as instituições do País ajoelhadas aos seus pés, e o direito constitucional, que já deixou de sê-lo, à sua mercê, ao alcance de seu braço, ao seu alvedrio. Esta é a meta reacionária e sombria da elite dominante, vassala de um Governo de vocação perpetuísta que inquieta a Nação.

O Plebiscito da Emenda é inconstitucional; a Assembleia Nacional Constituinte que ele busca ratificar desponta já nula de pleno direito na consciência jurídica da Nação, pois a introdução inconstitucional da técnica convocatória lhe retira formal e materialmente toda legitimidade. Povo que vota debaixo de coação não é povo livre, muito menos soberano.

Em verdade, a Emenda do Plebiscito e da Constituinte não se rege por um pensamento inclinado a aditar mais legitimidade e democracia à essência do regime – como poderiam falsamente supor, apregoar e inculcar os seus autores –, senão que intenta tirar, com o quórum reduzido e facilitado na votação das alterações constitucionais – quórum que é o seu desiderato supremo, e a espinha dorsal de toda esta Emenda funesta –, o salvo-conduto com que executar e fazer eficazes, o mais rápido possível, em forma de conteúdos constitucionais, decisões descabidas, arbitrárias, antinacionais, antidemocráticas e infratoras do Estado de Direito. Decisões que retalham a Constituição e são incomparavelmente mais letais e atrozes que as consumadas mediante medidas provisórias.

Se estas transgridem regras, aquelas violentam princípios, e é sobre princípios que se levanta o arcabouço das Constituições.

O princípio da boa-fé no uso da soberania popular, base superlativa de uma democracia genuína e estreme de vícios, é o mais ofendido e quebrantado pela velhacaria da Emenda Plebiscitária, que nos coloca já na antessala da ditadura. Logo, a Emenda ameaçadora da ordem jurídica fundamental configura logicamente um atentado à Constituição, ao contrato social, à separação de Poderes, a todas as liberdades e garantias do art. 5º da Carta Magna. Promulgada, será a certidão de óbito da Lei Maior, jamais uma emenda constitucional.

Sua aprovação – e ainda há tempo de evitá-la! – desfere, por conseguinte, um golpe de Estado tão mortal e sinistro quanto o que dissolveu a Constituinte de 1823, aquela página negra, rasgada no livro de nossas liberdades.

Transcorrido mais de século e meio, ainda não se apagou da memória da nacionalidade e da lembrança ressentida dos historiadores aquele ato de truculência imperial, gerador de uma crise constituinte, ora latente, ora explosiva, e que perdura até os nossos dias.

O golpe da Emenda também há de envergonhar a posteridade, ficando execrado na memória libertária de nosso povo com o mesmo desprezo e a mesma maldição.

Nascido do medo, da transigência, da pusilanimidade, da ignomínia, documenta ele as covardias, as fragilidades, as capitulações, o desfibramento, de toda uma geração política. Não foi para tanto que o cidadão investiu de mandato os seus deputados e senadores.

Não há outra palavra no léxico da liberdade e da compostura cívica para ferreteá-los com o estigma da deserção ao cumprimento dos deveres constitucionais que a palavra traição, fadada a recair como anátema sobre a representação de aventureiros em que se converterá o Colégio da soberania, em 1999, caso passe a Emenda do Plebiscito e da Constituinte.

6. As nossas elites, as que estão no poder, em sua maioria, não são apenas juridicamente incompetentes, ignorantes, despreparadas; são sobretudo maliciosas, covardes, egoístas, carreiristas e oportunistas.

Nunca faltaram a este País juristas da Constituição para aplicarem com singular competência profissional o direito das ditaduras e formularem o prólogo de justificação dos golpes de Estado, das Constituições outorgadas e dos atos institucionais; nem tampouco pensadores sociais para abjurarem crenças e queimarem arquivos de ideias, com a morte da memória que as mantinha vivas e as fazia circular.

Em Nação cuja classe política não raro procede com extrema mesquinhez e insensibilidade aos interesses públicos fundamentais, não é de estranhar, por conseguinte, ocorram eclipses de sensatez e boa reflexão, como este a cuja sombra se arrasta o verme de uma Emenda à Constituição, a qual, se vingar, há de produzir, como já assinalamos, consequências fatais à democracia e ao Estado de Direito.

Uma das consequências provenientes de sua introdução seria ao mesmo passo abalar, transgredir e corromper definitivamente a parte sã da democracia direta gravada nas técnicas de intervenção popular do art. 14 da Carta Magna.

Surge a Emenda do Plebiscito e da Constituinte envolta num simulacro de legitimidade, e surge significativamente antes mesmo que se institucionalizem e se cumpram os ditames constitucionais daquela reserva de lei do sobredito art. 14, onde se consagram as técnicas da forma semirrepresentativa de governo. Forma para a qual V. Exa., consoante já assinalei mais de uma vez, ofereceu tão destacada e decisiva colaboração.

Seu empenho em concretizar a reserva legal do art. 14 da Lei Maior é a caução e o testemunho de que ainda há no corpo da classe política vozes para sustentar desde as tribunas do Congresso o pensamento constitucional de defesa do regime e das instituições e portanto a lealdade aos princípios fundamentais da democracia.

O Plebiscito constituinte da Proposta liberticida, enfim, não se confunde nem se compadece com o Plebiscito legislativo e ordinário do art. 14 da Lei Maior, cuja essência democrática sempre encarecemos e louvamos.

O primeiro é ocasionado a fazer com a Constituição o que as medidas provisórias soem fazer com as leis, destroçando com frequência dois princípios de amparo da ordem jurídica: o da legalidade e o da constitucionalidade.

Já, o segundo – o Plebiscito da reserva de lei do art. 14 – será o instrumento por excelência de concretização do componente direto da soberania popular que a inércia do legislador congressual mantém há cerca de uma década por inteiro ignorado e desativado.

Desse procedimento omissivo adveio grave dano ao pleno e normal funcionamento da ordem estabelecida na Constituição, ou seja, ao regime constitucional semirrepresentativo sobre o qual se funda a nossa República Democrática de Direito (parágrafo único do art. 1º da Carta Magna).

Se a Medida Provisória já é uma espécie de arma pesada do Executivo, o Plebiscito da Proposta de Emenda Constitucional n. 554 será a sua peça de artilharia, o seu canhão; a medida provisória descumpre quase sempre a Lei Magna; o plebiscito, provido de mais força, a desmembra e altera, reforçando assim contra a democracia o poder de fogo do autoritarismo.

Em rigor, essa modalidade subversiva de Plebiscito, da qual jamais cogitaram os autores da Constituição de 1988, se aplica à convocação de Assembleias Nacionais Constituintes, rubricando com a chancela do povo ludibriado o golpe na rigidez dos textos constitucionais. Se aprovado, será sem dúvida doravante o carro de combate dos governos insubmissos ao Estado de Direito e afeiçoados às praxes e arbítrio do poder pessoal.

O passo seguinte das reformas vindouras há de ser com certeza a remoção do inciso XV do art. 49, para completar a destruição do embrião da democracia semidireta do art. 14, vinculado ao parágrafo único do art. 1º da Constituição; embrião que nunca se desenvolveu no organismo da nova democracia brasileira por razões que V. Exa. sobejamente conhece.

O inciso XV do art. 49 contém aquele mandamento que faz da competência exclusiva do Congresso Nacional autorizar referendo e convocar plebiscito.

Caminhamos, de último, para a ditadura dos plebiscitos convocatórios de Constituintes onde avulta a silhueta do Executivo desenhada com lúgubre catadura nos bastidores da crise constituinte. Amanhã, o Governo editará Constituições com a mesma sem-cerimônia e facilidade com que hoje edita medidas provisórias.

O caos constitucional instalar-se-á no Brasil, ilustrando a lenda boliviana dos juristas que não conheciam a Constituição de seu País porque não assinavam o *Diário Oficial da República*. A partir da Emenda, a Nação ficará exposta, em matéria de garantia constitucional, às incertezas, ao arbítrio, à anarquia, às fraturas e aos desmaios da segurança jurídica.

A invasão executiva na área plebiscitária se tornará frequente e inevitável, como frequente e inevitável tem sido para o Congresso Nacional dobrar-se, indolente, taciturno e sem reação, aos abusos e inconstitucionalidades das medidas provisórias.

Donos da lei e da Constituição, os globalizadores e neoliberais das reformas da Carta Magna recebem de presente de 29 deputados oposicionistas de Esquerda, subscritores da Proposta de Emenda Constitucional n. 554, um Plebiscito e uma Constituinte que podem em breve converter a Constituição, abertas as comportas do art. 60, no estatuto da autocracia.

7. Em suma, do ponto de vista da legitimidade e da constitucionalidade, a Emenda do Plebiscito e da Constituinte ficará para a Constituição de 1988 assim como o Ato Institucional do golpe de Castello Branco em 1964 ficou para a Constituição de 1946 ou a Emenda n. 1 de 1969, dos três comandantes da Junta Militar, para a Constituição de 1967. As duas Constituições sucumbiram aos atos de força da ditadura militar e só os juristas da autocracia, a partir de então, podiam continuar falando ainda hipocritamente em ordem constitucional e governo legítimo.

É o que poderá vir a acontecer também no Brasil depois de 1999, por obsolescência e atrofia do § 2º do art. 60, determinada pelas Emendas dos Plebiscitos e Constituintes de ocasião, promulgadores de Constituições de bolso, que abrirão desse modo a via larga e expressa por onde há de trafegar a máquina do regime de exceção, desembaraçada dos freios constitucionais de 1988.

A Emenda em apreço significará a revogação branca do sobredito parágrafo, que é o nervo e o coração do Estado de Direito instaurado no País pela Constituição de Ulysses Guimarães.

Promulgada, portanto, a Emenda do Plebiscito e da Constituinte, não tenhamos dúvida: a Constituição do Brasil será o Ato das Disposições Constitucionais Transitórias.

Mais artigos ser-lhe-ão acrescentados na sequência infinita doutros plebiscitos. Decididamente, se o general De Gaulle fosse constitucionalista, não diria tão somente que este não é um País sério, mas, com certeza e razão, a partir daquela Emenda, que é um País sem Constituição e uma República mais suspeita de corrupção que o reino da Dinamarca. Não a Dinamarca contemporânea, senão aquela da lenda e das murmurações sigilosas em circulação nas antecâmaras do poder e nos bastidores de sua vida pública.

O Brasil não merece, porém esse destino. Vamos salvar-lhe a dignidade, para não sermos amanhã um povo sem honra, sem Pátria, sem história. Não há dignidade – a dignidade nacional – fora da Constituição e da soberania.

8. Peço, por fim, a V. Exa. que continue, com toda a devoção, energia e autoridade de seu nome, a propugnar um Estado de Direito que concretize no País os valores da Constituição e da democracia; paladino dessa causa, V. Exa. já o foi na perseverança com que se bateu pela democracia semirrepresentativa enquanto Relator da lei disciplinadora e integrativa das técnicas plebiscitárias do art. 14 em nossa ordem constitucional.

Sua presença no campo de batalha para combater o Plebiscito ominoso da Proposta de Emenda Constitucional n. 554 é um serviço feito à Nação e às gerações futuras.

Com as saudações cívicas e a expressão cordial de simpatia e apreço do amigo certo

PAULO BONAVIDES

32

Presidencialismo: o Foco Histórico da Crise

PAULO BONAVIDES

Nota dos Organizadores: Discurso na OAB nacional proferido pelo professor PAULO BONAVIDES (1.7. 2013).

O presidencialismo do Estado Liberal, obra do golpe de Estado que proclamou a República em 15.11.1889, está morto desde a Revolução de 1930. Ele fundava a Pátria Velha, da primeira Constituição republicana de 1891.

Sobre o sepulcro dessa Pátria, nasceu, com a segunda ditadura republicana, que vai de 1930 a 1934, o presidencialismo da Pátria nova, constitucionalizado pela Carta efêmera de 1934. A queda desta ocorreu com o golpe de Estado de 10.11.1937, o terceiro da nossa história republicana. Desse golpe resultou o Estado Novo de Getúlio Vargas, uma ditadura de oito anos, que cerrou as portas das duas Casas do Congresso Nacional, decretou a extinção dos partidos políticos, aboliu a liberdade de imprensa e silenciou todas as tribunas da democracia liberal e representativa.

Mas essa ditadura caiu com o golpe de Estado de 29.10.1945; o quarto na sequência histórica do nosso presidencialismo republicano e federativo.

Fez-se então a restauração constitucional de 1946. Ela perdurou até 1964, quando aconteceu o quinto golpe de Estado desse funesto presidencialismo republicano, o qual instaurou a ditadura militar de duas décadas; página sombria de suspensão das liberdades e das garantias constitucionais.

A segunda época do presidencialismo brasileiro transcorreu portanto de 1930 a 1964.

Nesse largo período, debaixo de tempestades ideológicas e frequentes crises, tal presidencialismo se distinguiu por dois traços característicos.

Duma parte, intenta debalde ressuscitar o Estado Liberal morto em 1930; doutra parte, faz germinar o Estado Social da legislação obreira, conciliatória das relações de trabalho e capital.

O embrião da lei social apaziguadora dos conflitos no desenvolvimento daquelas relações vingou durante esse largo período, marcadamente híbrido, donde procedem tanto o Estado Social contemporâneo quanto a renovação liberal e conservadora, que passou a chamar-se Neoliberalismo em seus desdobramentos teóricos e doutrinários.

A terceira época do presidencialismo brasileiro é aquela que vai de 1964 até aos nossos dias, passa por uma ditadura militar de duas décadas e pela restauração constitucional da Carta de 1988, que ora celebra os 25 anos de seu advento, e, não obstante suas imperfeições, tem dado alguma estabilidade ao regime.

Todavia, atraiçoada pelo corpo representativo dos três Poderes da soberania nacional, não pôde ela até agora livrar o País contemporâneo da corrupção, da impunidade, da insegurança jurídica, da crise profunda nas instituições; este País cujos governantes faltaram ao povo, ora nas ruas a clamar e protestar por não ver os poderes presidenciais solvendo os problemas cruciais da Nação e da sociedade no campo da economia, do desenvolvimento, do trabalho, da justiça, da educação, da saúde e da segurança pública.

Erupção de tamanha crise veio assim na crista de uma insatisfação profunda e republicana com as políticas do presidencialismo de pão e circo, que escamoteia as soluções do desenvolvimento nacional; política fadada a conservar e perpetuar o drama desta Nação. Mas ela reage e se levanta com a revolução de seus protestos, para sair duma trilha que leva unicamente ao suicídio da República e das instituições.

A receita com que espancar as sombras duma catástrofe institucional não há de ser porém outra senão a de fortalecer a ordem constitucional e consolidar as duas cidadanias da Lei Maior de Ulysses Guimarães: primeiro, a cidadania política, com mais participação e presença do cidadão, sujeito e célula da composição democrática da ordem estabelecida; segundo, a cidadania social, com políticas de governo dirigidas à construção da sociedade justa e livre e pluralista, dos constituintes de

1997 e 1998, inspirada dos valores e princípios da paz, da dignidade humana, da civilização moral dos povos.

Nesta hora de tanta perplexidade, descontentamento e surpresa, vislumbramos sem embargo a pacificação política das classes e da cidadania. Tal acontecerá se fizermos e concretizarmos as reformas do sistema, pautadas numa linha de rigorosa e absoluta fidelidade à Constituição.

O imperativo dessa fidelidade é de todo o ponto indeclinável. Caso contrário naufragaremos no oceano de crises que serão fatais com seu semblante tríplice, compreendendo a crise *na* Constituição, a saber, a crise constitucional; a crise *da* Constituição, ou seja, a crise constituinte; e, afinal, a crise *no* governo, isto é, a crise de governabilidade, decorrência das duas antecedentes.

Com a Constituição, a democracia é a salvação; fora da Constituição haverá tão somente, na esteira do desastre, a perdição, a queda do regime, o caos, a ingovernabilidade, o antagonismo social; em suma, a ditadura dos opressores sobre os oprimidos, com aqueles reescrevendo as páginas trágicas do passado, que nossa consciência repulsa e nosso espírito abomina.

Meus caros Conselheiros da OAB!

A raiz histórica desta crise que ora abala os alicerces do presidencialismo brasileiro está, a nosso ver, na rarefação e carência atual de legitimidade democrática desse sistema de governo, que é representativo, mas pouca representatividade tem. Isto por efeito da dissolução ética e moral de seu corpo representativo, gafado de corrupção.

O presidencialismo brasileiro tem sido em todas as épocas constitucionais de sua existência uma crise constitucional permanente.

Assim vem sendo há mais de um século desde a promulgação da primeira Carta Política da República.

Querem a prova, querem a certidão histórica dessa verdade?

Toda ela se infere viva, palpável, constrangedora, irretorquível, das ditaduras que de 1889 a 1964 sobressaltaram a Nação.

Esse flagelo, a história constitucional do Brasil o certifica em melancólica sequência: ao fim do século XIX com Deodoro e Floriano; em 1930 e 1937 com Getúlio Vargas; em 1945 com a ditadura togada e efêmera de Linhares; e finalmente em 1964 com os militares do golpe de Estado, que durante 20 anos manteve o País num regime de exceção.

Ao todo, cerca de seis governos de arbítrio regendo a República à margem das garantias constitucionais!

Mas sem desenvolver e cultivar o patriotismo constitucional numa quadra tão delicada quanto esta que a democracia e a Nação ora atravessam será impossível debelar a crise.

O Brasil detesta as ditaduras, e para salvar o regime, nessa hora em que o povo despertou da letargia, a bandeira constitucional da democracia é a única que deve estar no mastro de todas as tribunas e concentrações cívicas ao lado do pavilhão da Pátria.

Com a presente mensagem de esperança na reconstrução moral do regime, que o povo está a reivindicar nas ruas, eu me honro de haver ocupado a vossa tribuna para expressar aqui toda minha confiança, toda minha fé ideológica, na democracia participativa do Estado Social, que o crime da corrupção pública não logrará jamais enterrar nesta República.

A Casa da Advocacia, que ontem foi de Sobral Pinto e Raymundo Faoro, hoje é, e será sempre, de todos os juristas e advogados brasileiros que têm na lembrança, na alma e no coração as memoráveis lições constitucionais de Rui Barbosa perante o STF, em seu glorioso magistério e apostolado em defesa do direito, da liberdade, da Constituição e da justiça.

Muito obrigado, queridos e excelentes amigos da OAB!

33
Apoio da OAB ao Plebiscito nos Limites da Constituição

Nota dos Organizadores: No dia 27.6.2013 o Serviço de Comunicação da Presidência da OAB nacional divulgou, em Brasília, a seguinte notícia sobre as manifestações populares de junho em todo o País, com as declarações do Dr. Marcus Vinícius Furtado, Presidente da OAB, e do professor PAULO BONAVIDES, titular da Medalha Rui Barbosa da OAB, relativas àqueles acontecimentos.

Para OAB, povo nas ruas quer cumprimento da Carta e não sua alteração

Quinta-feira, 27 de junho de 2013

Brasília – O que o povo está exigindo hoje nas ruas é, principalmente, o cumprimento e a efetividade da Constituição Federal de 1988; ele não reivindica alterações na Carta, mas a efetivação dos direitos previstos por ela. Estas foram as conclusões a que chegaram nesta quinta-feira (27) o Presidente Nacional da OAB, Marcus Vinicius Furtado, e o Medalha Rui Barbosa da entidade, o constitucionalista Paulo Bonavides, durante análise sobre a atual conjuntura política brasileira, em especial das manifestações de ruas.

"A OAB entende que é inconstitucional alterar a Constituição Federal seja para fazer o plebiscito ou a reforma política: não podemos correr o risco de se alterar o marco constitucional" – afirmou Marcus Vinicius Furtado. Segundo observou, essas medidas podem e devem ser adotadas, mas sem necessidade de mudança no texto constitucional, posição que – lembrou – foi explicitada pela OAB e teve concordância da presidente Dilma Rousseff na reunião da última terça-feira, no Palácio do Planalto.

Para o jurista Paulo Bonavides, não existe uma crise constitucional no País, e sim "uma crise de legitimidade nos Poderes que grita aos olhos da população". Segundo ele, o remédio para a crise está na própria Constituição brasileira e se resolve com legislação infraconstitucional. Lembrou que ele sugeriu, há tempos, que a população tivesse o poder de propor emendas constitucionais, assim como o Presidente da República, as Assembleias Legislativas e as duas Casas do Congresso Nacional, hoje os únicos Poderes que contam com essa prerrogativa. "Mas a ideia não prosperou, o que mostra que a classe política está divorciada da Constituição e do aperfeiçoamento constitucional do País" – disse.

Paulo Bonavides concordou com a análise do Presidente Nacional da OAB e do Presidente da Seccional da OAB do Ceará, Valdetário Monteiro, que também participou da reunião, de que as reivindicações surgidas nas manifestações seriam basicamente contempladas pelas disposições dos arts. 5º e 37 da Constituição de 1988 – muitas das quais, contudo, carecem ainda de efetividade. O art. 5º trata dos direitos e garantias fundamentais das pessoas, enquanto o 37 dispõe sobre a obediência que os Poderes Públicos devem prestar aos princípios da legalidade, da impessoalidade, da moralidade, da publicidade e da eficiência.

"Para citar um ponto, a Administração Pública não tem observado, por exemplo, a aplicação do princípio da eficiência aos serviços públicos" – destacou Marcus Vinicius, lembrando que a OAB propôs nesta semana ao Supremo Tribunal Federal (STF) uma ação direta de inconstitucionalidade por omissão (ADIO 24) para que seja editada a Lei de Defesa dos Usuários dos Serviços Públicos, prevista desde 1998 pela Emenda Constitucional 19. Já, Paulo Bonavides afirmou que "falta também uma disposição sobre o direito à moralidade administrativa, para combater a corrupção".

Durante a reunião, Marcus Vinicius prestou uma homenagem a Paulo Bonavides, que foi Patrono do seminário 25 Anos da Constituição Federal de 1988, organizado pela OAB no último dia 12, "por sua obra, sua grande contribuição ao direito constitucional e à democracia brasileira". Por seu turno, o jurista o presenteou com seus livros *Curso de Direito Constitucional*, na 28ª edição, e *Do Estado Liberal ao Estado Social*, em sua 11ª edição. Da reunião participaram também o Presidente da Seccional da OAB do Ceará, Valdetário Monteiro, e o advogado Ruy Samuel Espíndola, Presidente da Comissão Organizadora das Comemorações de 25 Anos da Constituição de 1988 da OAB.

34
O Presidencialismo e as Manifestações Populares de Junho de 2013

Nota dos Organizadores: Em sua edição de 30.7.2013 o jornal *O Povo*, de Fortaleza, publicou uma entrevista do professor Paulo Bonavides concedida a Valdemar Menezes, editorialista e redator daquele órgão. A entrevista versa sobre aspectos constitucionais do emprego do plebiscito na crise que ora se abate sobre o presidencialismo brasileiro.

Bonavides: Classe Política Deve Manter Olhar na Constituição[1]

Histórico defensor da democracia participativa, o jurista de renome internacional analisa efeitos dos protestos: "A classe política brasileira, neste momento em que o povo ganha as ruas para manifestar sua insatisfação com as insuficiências das respostas de suas camadas dirigentes a suas demandas, deve manter o olhar na Constituição, sem dela se afastar, e dar vazão plena aos mecanismos institucionais configurados no art. 14, referentes à participação popular, até hoje não efetivados plenamente". A declaração é do constitucionalista Paulo Bonavides, ao ser indagado pelo *O Povo* sobre as manifestações populares que sacodem o País.

Embora firme defensor da democracia participativa, não só como saída para a atual emergência, mas como efetivação plena de uma Constituição cujos preceitos participativos ainda estão truncados, sua advertência é para que não se aproveite a ocasião para distorcer o próprio projeto original, não o deixando afastar-se um milímetro do espírito e

1. Entrevista a Valdemar Menezes.

dos limites da Constituição. Ele lamenta que, apesar do fato positivo de a Carta de 1988 ter proporcionado 25 anos de estabilidade democrática, setores do Congresso não estiveram à altura de suas responsabilidades históricas e tenham emperrado a funcionalidade dos mecanismos participativos. Enquanto o art. 14 reza que a soberania popular será exercida por meio do plebiscito, referendo e iniciativa popular, o art. 49 estabelece como atribuição exclusiva do Congresso Nacional "autorizar referendo e convocar plebiscito", segundo seu inciso XV, e com isso impossibilitando que a democracia participativa se concretize na prática, pois sem que o povo possa fazer uso desse instrumento, através de projeto de iniciativa popular, o efeito desses mecanismos fica praticamente anulado. Por isso ele defende uma nova redação para o artigo, pondo fim a essa exclusividade, de forma a permitir que o povo possa recorrer a esses instrumentos da forma como foi pensada pelo constituinte originário.

Para Paulo Bonavides, se o *recall* (plebiscito em que os eleitores podem cassar o mandato do representante, através de plebiscito revogatório) fosse implantado seria um grande avanço para a democracia brasileira, ensejando mais responsabilidade aos políticos no exercício da representação, pois teriam de prestar contas aos eleitores, tornando o mandato um serviço aos representados e não um meio de atender aos interesses pessoais do representante ou às conveniências de seu partido. Por seu turno, os cidadãos se sentiriam corresponsáveis pelo exercício da representação e zelariam para que representantes e partidos atuassem coerentemente conforme o compromisso eleitoral assumido publicamente pelo candidato. Além disso – enfatizou ele –, o eleitor se sentiria motivado a ter participação ativa na política, e assim esta poderia recuperar o prestígio, atualmente muito decaído pela impossibilidade de os cidadãos intervirem para corrigir suas falhas, em face da falta de instrumentos institucionais que possibilitassem essa intervenção.

O constitucionalista também defende o direito de o povo poder apresentar, através de projeto de iniciativa popular, emendas à Constituição. Usados com a devida parcimônia e dentro dos limites estritos da Constituição, ele acredita que esses mecanismos tonificarão a democracia de forma jamais vista e darão mais segurança ao País para enfrentar qualquer possibilidade de crise institucional, que, no Brasil, sempre desembocaram em golpes de estado. O próprio povo seria convocado para sanar impasses dessa ordem, manifestando sua vontade.

Como os brasileiros gostam de se espelhar nos Estados Unidos, ele lembra que mais de uma dúzia de Estados americanos não só aproveitam as eleições convencionais para inserir nelas plebiscitos sobre questões locais (municipais e estaduais), como às vezes interrompem o mandato de um representante (quando ele tiver cumprido a metade) e elegem outro para complementar o tempo restante. Foi dessa forma que o conhecido ator Arnold Schwazzeneger obteve seu primeiro mandato de governador da Califórnia, ao se candidatar ao cargo de governador depois que o titular teve o mandato submetido a *recall* e foi destituído pelos eleitores na metade de seu exercício.

Paulo Bonavides mostra preocupações com a possibilidade de o Brasil ingressar numa crise constituinte. Para ele, é preciso se aferrar à Constituição e não permitir nenhuma saída fora do leito constitucional. A democracia participativa, segundo ele, é uma proposta que está contemplada na Constituição em seu art. 1º, parágrafo único: "Todo o poder emana do povo, que o exerce por meio de representantes eleitos ou diretamente, nos termos desta Constituição".

35
Doutoramento "Honoris Causa" da Universidade de Buenos Aires

Nota dos Organizadores: No dia 1.10.2013 a Faculdade de Direito da Universidade de Buenos Aires-UBA outorgou ao professor Paulo Bonavides o título de Doutor *Honoris Causa* numa solenidade durante a qual o agraciado proferiu a seguinte oração:

Os Três Universos da Liberdade na Evolução do Estado

A outorga deste galardão de Doutor *Honoris Causa* pela gloriosa Universidade de Buenos Aires deveras me comove e penhora.

E digo que esta Universidade é gloriosa porque nenhuma República, nenhuma Faculdade de Direito, nenhuma instituição docente no mundo teve a honra de graduar, em suas salas acadêmicas, tantos presidentes constitucionais de uma Nação quanto os que a UBA formou, e Ricardo Rabinovich, um dos vossos Catedráticos, assinalou, em "Prólogo" feliz, num dos livros da monumental Coleção intitulada "Reflexiones sobre Derecho Latinoamericano", da iniciativa dos doutorandos desta Casa.

Demais disso, apraz-me ressaltar que, entre as 14 personalidades que governaram a República Argentina e constaram dos quadros discentes da vossa Universidade, conforme destacou aquele eminente Professor, avulta a figura ímpar de Saavedra Lamas, o primeiro Prêmio Nobel da América Latina.

Pertencer pois a uma Universidade como esta, ter ingresso ao seu Colégio de Doutores Honorários, compartilhar a distinção de frequentar-

-lhe a tribuna docente, tanto condecora um currículo como recompensa uma vocação!

Eis o juízo que faço dessa láurea, e o sentimento que me desperta no ânimo agradecido o título que me outorgastes.

Sentimento que traduz de minha parte a mesma afeição, a mesma simpatia, a mesma admiração que Rui Barbosa, o fundador da nossa República constitucional após a queda do Império, tinha pelo povo argentino e pela pátria do libertador San Martín.

Buenos Aires, Capital portenha, duas vezes lhe abriu as portas da hospitalidade ao acolher, com a generosidade de seu coração fraterno, aquele que foi no Brasil o preceptor constitucional das nossas liberdades públicas e dos nossos direitos fundamentais.

Primeira vez, em 1893, como perseguido da ditadura de Floriano, que conspirava para tirar-lhe a vida.

Segunda vez, como Embaixador plenipotenciário da Nação Brasileira nos festejos comemorativos do Centenário da Independência de vossa Pátria, ocasião em que proferiu nesta Catedral da Ciência do Direito o célebre discurso sobre a paz, a guerra e a neutralidade.

Suas palavras fulminaram a conflagração de 1914 como um crime contra a Humanidade, ficando gravadas nos *Anais* desta academia onde Rui Barbosa discursou há cerca de 100 anos.

Se já vos falei tanto do brasileiro que mais enalteceu a Argentina, louvando-lhe os valores de civilização e cultura, foi porque toda a doutrina dos meus livros, em matéria constitucional, deitou as primeiras raízes de inspiração no pensamento de liberdade e na pedagogia de constitucionalidade daquele que no Brasil se revelou, como já se disse, insigne jurisconsulto e Mestre dos Mestres.

Ao escrever em 1958 a tese do concurso de Cátedra, o espelho onde vi, no rosto do Liberalismo, o ocaso duma hegemonia de dois séculos não foi outro senão a *Oração aos Moços*, obra prima de eloquência, de arte literária, de pensamento social, de doutrina política. A leitura dessa peça nos leva a colocá-lo entre os publicistas que mais cedo pressentiram o advento do Estado Social.

Veio este humanizar com a lei e a justiça as relações do capital e do trabalho. E assim inaugurar a era do Constitucionalismo social, donde brotou na contemporaneidade do século XXI a teoria que funda a República da democracia participativa e da concretização dos direitos fundamentais sobre as bases da normatividade dos princípios.

A evolução constitucional das primeiras décadas do Terceiro Milênio me transmite a impressão otimista de que em futuro não mui remoto se nos depararão instituições reformadas e legítimas duma nova era emancipatória.

Contudo, essa caminhada rumo à República do porvir unicamente acontecerá se os timoneiros da jornada puderem associar e assimilar, por via dialética, os valores de alforria que jazem nos três universos da liberdade: o da liberdade antiga, uma tese: a coletividade; o da liberdade moderna, uma antítese: a pessoa humana, o indivíduo. Ali, Platão e Hegel; aqui, Sócrates e Cristo. Mas a partir daí o terceiro universo – da síntese – abrange o gênero humano, destinatário destas reflexões.

Do ponto de vista conceitual, a evolução do Estado já conheceu, portanto, dois universos da liberdade, que um publicista genial do Liberalismo clássico do século XIX, Benjamin Constant, sem perceber-lhe talvez o teor de universalidade, os qualificou debaixo da designação de liberdade antiga e liberdade moderna.

O primeiro universo, o do Estado-Cidade ou Cidade-Estado, foi o da Grécia.

Culminou em Atenas com a democracia no século de Péricles e em Roma com a República no século de Cícero.

A Roma Imperial pôs termo, porém, a esse primeiro universo da liberdade.

E, a seguir, a sombra da servidão feudal, a noite de 10 séculos que a Idade Média fora para a Civilização, no dizer de Michelet, marcou o interregno entre os dois universos da liberdade: o da Antiguidade e o da Modernidade.

Começa o Estado Moderno, no Ocidente, com a soberania das realezas, com o Absolutismo das Monarquias de direito divino, antecessoras do segundo universo que emergiu na Inglaterra da "Gloriosa Revolução" de 1680, e, a seguir, no século XVIII, com a Constituição de Filadélfia e as Constituições da Revolução Francesa de 1791 e 1793, até expandir-se, por derradeiro, na Espanha de 1812, com a Constituição de Cádiz.

Nesse segundo universo a liberdade, de início, mais simbólica que efetiva, vive seu primeiro período. Tem sede em Constituições programáticas e unicamente concretiza as premissas da reorganização jurídica da sociedade civil quando ingressa nos códigos do Estado Liberal.

O segundo universo da liberdade na organização do Estado Moderno se condensa nessa sinopse: soberania nacional, soberania popular, forma representativa de governo, democracia indireta, separação de

Poderes, presidencialismo, parlamentarismo, federalismo, sistema de partido; todos esses componentes políticos percorrem, atravessam e padecem, na maioria dos Estados contemporâneos, a crise constituinte das instituições.

Mas, a nosso parecer, o Constitucionalismo do século XXI nos coloca às vésperas de inaugurar o terceiro universo da liberdade.

São prenúncios da nova era: a democracia participativa de um Constitucionalismo em que já prepondera a normatividade dos princípios; um Constitucionalismo de duas cidadanias: a cidadania política, por sem dúvida a mais importante herança do Liberalismo, e a cidadania social, dádiva emancipadora que a doutrina do Estado Social nos legou. Com ela abriu-se a larga artéria por onde os direitos fundamentais das cinco dimensões já proclamadas hão de circular na esteira de sua concretização, nessa caminhada para a Nação globalizadora do porvir.

O terceiro universo da liberdade se projeta assim na doutrina como aquele que estabelecerá o primado do Constitucionalismo planetário, da paz, da justiça, da dignidade e da elevação moral do ser humano. Breve chegará o momento de trafegarmos da utopia de hoje à realidade de amanhã.

A aurora desse terceiro universo desponta por obra do pensamento e da prédica dos publicistas que confiam na legitimidade que redime, a qual não poderá ser outra senão a da democracia e da paz enquanto direitos fundamentais da derradeira dimensão.

Eles hão de governar toda a família humana, todos os povos, todas as Nações, numa aliança de perpétua solidariedade e numa relação de recíproca e eterna fraternidade.

Para tanto, a grande *pólis* do futuro convocará a Constituinte dos povos, aquela que há de promulgar, com a unidade de seus valores, com a comunhão de suas ideias, com a validade de seus princípios, a Carta Magna da Humanidade.

Desses tempos de alforria já nos acercamos dando, por exemplo, os primeiros passos rumo à integração das Repúblicas do Continente; um projeto desde muito consolidado na consciência moral, política e social de nossos povos irmãos.

É hora de volvermos à lição e ao exemplo dos Libertadores, que escreveram, com sua ação revolucionária, os primeiros códigos constitucionais do contrato social no universo da liberdade moderna.

Transmite-nos a evolução do Constitucionalismo e da doutrina, nas décadas iniciais do século XXI, a forte impressão de que o começo do Terceiro Milênio há de criar, no domínio político, instituições mais sólidas, de razão e legitimidade, capacitadas a antecipar a chegada duma nova idade libertadora, provida do mais alto teor de universalidade.

Não declinamos aqui a passagem duma utopia, senão que prognosticamos o percurso duma realidade.

Os três universos da liberdade fazem na evolução do Estado, no decorrer do tempo, a nova história constitucional duma Humanidade, que tenazmente busca crescer em alforria e concretizar em instituições perenes a carta de seus direitos fundamentais.

Quero, em seguida, render aos queridos professores Eugenio Raúl Zaffaroni, Jorge Reinaldo Vanossi, Raúl Gustavo Ferreyra, Ricardo Rabinovich-Berkman e Alberto Ricardo Dalla Via minhas homenagens, meu apreço, meu reconhecimento, minha gratidão, porquanto deles partiu a iniciativa generosa de propor a concessão desse honroso e magno diploma que teve a aprovação unânime do Conselho Superior da Universidade de Buenos Aires.

As palavras acima eu as faço extensivas, por igual, a todo o corpo docente e discente da UBA e a todos desta Casa por me haverem proporcionado hoje um dos momentos existenciais mais gratos e felizes de minha vida, de minha devoção ao Magistério, do meu empenho em cultivar as letras jurídicas.

Por conclusão, eu vos digo: a cerimônia desta noite nunca a perderei de memória, porque na memória habita a gratidão; a gratidão que tem na alma dos que a possuem a eternidade do tempo!

Minhas Sras. e meus Srs.! Meus caros amigos, professores e estudantes da Universidade de Buenos Aires: muito obrigado!

Nota dos Organizadores: Transcrevemos a seguir os discursos de saudação de Raúl Gustavo Ferreira e Ricardo Rabinovich-Berkman.

Raúl Gustavo Ferreyra

Palabras Porteñas: una *Laudatio* al Profesor Dr. Paulo Bonavides

Obertura sobre Naturaleza y Cultura en Nuestro Jurista Decano[1]

Sr. Vicedecano de la Facultad, profesor Dr. Alberto Bueres; Sr. Director de la Facultad de Derecho de la Universidad Federal de Ceará,

1. Versión escrita de la disertación oral pronunciada el día 1.10.2013, en el marco de la entrega del Doctorado *Honoris Causa* de la Universidad de Buenos Aires a Paulo Bonavides. El acto se desarrolló en el Salón Rojo de la Facultad de Derecho.

profesor José Cândido Lustosa Bittencourt de Albuquerque; Sr. Presidente de la Fundación Paulo Bonavides, profesor Dr. Paulo Aragão; Sr. profesor Dr. Ricardo Rabinovich; Sr. profesor Dr. Alberto Ricardo Dalla Via; profesores; colegas; alumnos y alumnas; ciudadanas y ciudadanos: constituye un honor presentar estas palabras laudatorias. La brevedad es un imperativo porque todos deseamos deleitarnos con la *lectio doctoralis Os Três Universos de Liberdade na Evolução do Estado*.[2]

He decidido presentar diez notas, diez afirmaciones condensadas sobre la obra y personalidad del Maestro. Deliberadamente prescindiré de descripciones mayores sobre su trayectoria, porque prefiero unirme al pensamiento que nutre estas líneas, es decir, tratar de presentar a un gran hombre en el Mundo. La pretensión sincera – como se apunta: se corre el riesgo de aislar y no pronunciar determinadas y concluyentes descripciones del itinerario académico – consiste en mostrar a un “intelectual brasileño, nordestino y sudamericano”; su forja, desarrollo, perfeccionamiento e influencia. En diez minutos trataré de expresar diez ideas cuya única finalidad es obsequiar al Maestro, en reciprocidad, aunque ésta nunca pueda ser completa de mi parte.

1. *Universidad y América del Sud*

La Universidad de Buenos Aires, por unanimidad de sus autoridades, ha dispuesto conceder uno de los más altos honores al eminente jurista don Paulo Bonavides; nacido en la ciudad de Patos, en el Estado de Paraíba, Brasil, hace poco más de 90 años. Su formación, desarrollo, producción, competencia, rigor e influencia han sido, seguramente, los principales datos computados por el Consejo Superior de la Universidad de Buenos Aires para otorgarle el Doctorado *Honoris Causa*.

Debo señalar en este elogio académico, además, que esta “distinción académica” también distingue, promueve y califica la fraterna y fecunda relación bilateral entre la República Federativa del Brasil y la República Argentina. De modo sustantivo, brasileños y argentinos tenemos en común el fraterno futuro, el solidario presente en el marco racionalmente individuado de (y por) nuestras propias individuales comunitarias. Distinguir a un jurista brasileño no es un mero síntoma de

2. Por razones de salud, el maestro Bonavides no pudo leer, en persona, el texto citado. Felizmente todos los asistentes dispusimos del escrito en la misma ocasión del evento. Con igual felicidad, recibimos luego la noticia sobre la transitoriedad del malestar que había impedido la lectura.

comunidad; se trata, en verdad, del más perfecto y armonioso diálogo académico en América del Sud (siempre con "d" en homenaje a Juan Bautista Alberdi [1852],[3] jurista pionero, en plena región sudamericana).

De entre la infinidad de tangos que representan a América del Sud, resalta uno con letra de Fernando Solanas y bonita música de Astor Piazzolla, *Vuelvo al Sur* (circa 1980): "(...). Llevo el Sur, como un destino del corazón; soy del Sur, como los aires del bandoneón. Sueño el Sur, inmensa luna, cielo al revés; (...). Quiero al Sur, su buena gente, su dignidad (...)" (hay disponible una versión de Caetano Veloso). Don Paulo Bonavides es nuestro jurista decano: el más antiguo de toda la comunidad sudamericana, una comunidad de casi 400 millones de personas, que habitan un territorio maravilloso, problemático, encantado y muchas veces mágico de casi 18.000.000km^2. Que hablan, básicamente, dos lenguas. Allí, en dicha comunidad, don Paulo es el elegido. Porque apodamos "antiguo" a todo aquel ser que se deriva, que fluye, desde hace mucho tiempo.

Dejo constancia escrita inevitable, afectuosa y necesaria: conocí a don Paulo merced al eminente y distinguido jurista profesor Dr. Diego Valadés; fue él, Diego, quien nos puso en contacto, en el mismo final del siglo XX, en el Instituto de Investigaciones Jurídicas de la Universidad Nacional de México.

2. *Naturaleza y Cultura*

Por amor a la claridad y para gozar de la comprensión inmediata del auditorio, mencionaré – discretamente – que concibo a la "naturaleza" como el estado de cosas existente en nuestro mundo, antes que el *homo* fuese *sapiens*; colección de cosas naturales: animales, vegetales, minerales; materia con su propiedad universal: la energía. Y apodo "cultura", con semejante discreción y concreción, a todos los estados de cosas, concretos y abstractos, inventados, descubiertos, en fin, puestos en el mundo por el hombre desde que ha sido *sapiens*.

3. Por todos: Alberdi, Juan Bautista: *Bases y Puntos de Partida para la Organización Política de la República Argentina, Derivados de la Ley que Preside al Desarrollo de la Civilización en América del Sud y del Tratado Litoral de 4 de Enero de 1831*, 2ª ed., correjida, aumentada de muchos parágrafos y de un proyecto de Constitución concebido según las bases propuestas por el autor, Valparaíso, Imprenta del Mercurio, Santos Tornero y Cía., 1852; hay una versión disponible en la Biblioteca Nacional de Rio de Janeiro.

3. *Naturaleza*

Con sus lozanos 90 años, don Paulo es un prodigio del mundo natural. Recientemente se ha afirmado, mejor dicho, se ha insinuado, se ha conjeturado – porque el hombre siempre conjetura y refuta –, que desde tiempo inmemorial han habitado este mundo – o uno bastante semejante, si acaso no fuese o no se tratase del mismo – mucho menos de 100.000 millones pero mucho más de 50.000 millones de seres humanos. También se ha dicho que más de la mitad murió al nacer o prontamente al crecer; Johann Wolfgang von Goethe, en su *Fausto* (1808), lo anunció con belleza y sin dramatismo: "(...) todo cuando existe en la tierra debiera perecer (...)".

Una ínfima cantidad de humanos ha logrado superar, con soberana lozanía corporal y vigorosa estructura de sus pensamientos, la barrera, la frontera, casi el más allá (...) de los 90 años, y aún "se encuentran aquí", vivientes en nuestra ferviente materialidad. Don Paulo lo logró. Su mujer, Doña Yeda, compañera infaltable e infatigable en todo su itinerario, también ha superado los 80 años. Juntos han construido, con naturalidad, en pleno Nordeste brasileño, una gran familia, con siete hijos y muchos nietos.

4. *Cultura*

Don Paulo se graduó como Bachiller en Ciencias Jurídicas y Sociales en 1948 en la antigua Faculdade Nacional de Direito da Universidade do Brasil, hoy Faculdade Nacional de Direito da Universidade Federal do Rio de Janeiro. Diez años más tarde obtendría su plaza como Catedrático ("Teoría General del Estado").

Escribió más de dos decenas de libros.

Estudió y fue reconocido como Profesor distinguido, Emérito, Visitante, de universidades brasileñas, europeas y norteamericanas.

Elaboró centenares de notas, ensayos, artículos. Uno de sus últimos ensayos, que lleva como atrayente título "As bases principiológicas da responsabilidade do Estado", ha sido publicado en el *Anuario Iberoamericano de Justicia Constitucional*, editado por el Centro de Estudios Políticos y Constitucionales, Madrid, 2012, n. 16, pp. 61-67.

Hizo gran cantidad de recensiones bibliográficas de otras obras; otros también han escrito sobre su propia obra.

Recibió medallas, premios, todo tipo de distinciones, que pueblan materialmente sus escritorios y bibliotecas.

De entre los libros que prologó, el número 30 fue, en 2012, precisamente una obra del autor de estas letras: *Constituição e Direitos Fundamentais: um Enfoque sobre o Mundo do Direito*, traducción al Portugués de Carolina Machado Cyrillo da Silva y David Leal da Silva, Porto Alegre, Linus, 2012.

Pronunció enorme cantidad de dictámenes legales, opiniones jurídico-constitucionales.

Obtuvo más de 50 membresías a instituciones científicas en Brasil, América y Europa.

Recibió el Doctorado *Honoris Causa* por la Universidad de Lisboa; por la Universidad de Fortaleza, por la Universidad Federal de Rio de Janeiro (2013; en dicha oportunidad tuve el privilegio de intervenir, en el elogio "Palabras Cariocas", junto al distinguido y eminente jurista profesor Dr. Luís Roberto Barroso). A estos honores hoy se suma la Universidad de Buenos Aires.

Dio, impartió, dijo, pronunció, en fin, disertó y compuso cientos de clases, lecciones sobre derecho público, filosofía e historia en Brasil, América y Europa. En pleno enero/2013, conmovió en una lección magistral a cientos de juristas de América del Sud; una "Oración a la Paz, Desde Buenos Aires", fue el respetuoso comentario que me permití alcanzar al Maestro, luego de su disertación en el Aula Magna de la Facultad de Derecho de la UBA.

5. *Los Frutos*

Llamo así al resultado de casi 70 años de investigación, estudio y reflexión. Muy pocos juristas – alcanzan los dedos de las manos para contarlos – han tenido la generosidad y posibilidad de desplegar su tarea por siete décadas. Correspondería, pues, apodar "resultados de la obra bonavideana", porque por sus frutos se puede conocer al hombre y su mundo.

Las más importantes categorías del derecho público han sido abordadas por Bonavides. El "Estado", la "democracia", el "poder", la "Constitución y su propia historia", la "división del poder", el "control del poder", la variación o "reforma de la Constitución", la "teoría de los derechos y deberes fundamentales". Todo ha sido inventariado, todo ha sido estudiado.

Paulo Bonavides, en todas sus obras, ha trabajado de primera mano con fuentes francesas, italianas, portuguesas, estadounidenses, argentinas y alemanas. Ha tenido una especial consideración con alemanes y argentinos; en relación con la lengua alemana, Paulo Bonavides tal vez sea el constitucionalista sudamericano que con mayor intensidad y profundidad haya presentado en nuestra región la dogmática alemana y a la dogmática "panalemana": Georg Jellinek, Rudhof von Ihering, Hans Kelsen, Herman Heller, Gustav Radbruch, Fiedrich Müller, Konrad Hesse, Peter Häberle, entre otros, integran una lista de cerca de 30 juristas cuyo análisis crítico y horizonte de proyección traza en su propia obra. Son pocos los dogmáticos constitucionalistas sudamericanos que traducen, leen y que interpretan, a su vez, a la dogmática alemana (y panalemana) en su presentación original. En relación con los constitucionalistas argentinos, Bonavides también refiere e introduce la obra de Germán J. Bidart Campos y Jorge Vanossi, entre otros. En definitiva: la dogmática alemana de los siglos XIX y XX junto con la argentina son un mojón ineludible en la propia interpretación y trayectoria del Maestro elogiado.

La obra bonavideana es equilibrada. Si fuese menester redondear en pocas oraciones sus "líneas de investigación" a lo largo de su extensa carrera académica, se podría decir, primero, que con relación a la "libertad ciudadana" siempre ha intentado erigirla amplia, generosa, abierta, que pueda ser disfrutada por todos; segundo, que, respecto a la autoridad, ha planteado que ésta sea servicial, efectiva, controlada, contenida y detalladamente reglada.

No es adecuado elegir un párrafo, una página, un libro de un autor prolífico como don Paulo. Porque ha escrito decenas de miles de párrafos, miles de páginas y decenas de libros. No obstante, si se insistiese, elegiría su *Curso de Direito constitucional*, una maravilla de la exposición académica por su técnica clara y concisa. Publicado originariamente en 1980, se acerca sin prisa ni descanso a su 30ª edición actualizada. Una obra colosal por la calidad de la disertación, la penetración del análisis, la seriedad en la presentación y discusión de los temas y problemas. Bonavides ha consultado, en forma directa, cerca de un millar de fuentes para construir su *Curso de Direito Constitucional*, que integra una trilogía con su *Teoría Constitucional da Democracia Participativa* (2001) y *Do País Constitucional ao País Neocolonial* (1999).

En la edición del año 2010 del *Curso de Direito Constitucional* nuestro homenajeado señala lo siguiente, que leeré textualmente para ilustración de todos:[4] "Vive o direito constitucional a era normativa dos

4. Ruego compasión del auditorio cuya lengua nativa es el Portugués por mi dicción oral en dicha lengua.

princípios. Em verdade compõem eles a plataforma moral e jurídica do pós-Positivismo, que pôs abaixo em distintas províncias do Direito a hegemonia civilista da matriz romana, e, ao invés de ordenações e códigos, fez prevalecer Constituições na regência e organização do Estado e da sociedade. E com isso as Constituições, que ontem foram apenas direito natural, hoje são, por inteiro, direito positivo" (26ª ed., Malheiros Editores, São Paulo, p. 5).

6. *Iusnaturalismo e Iuspositivismo*

Desde hace siglos se presenta la magnífica discusión entre Positivismo e Iusnaturalismo. No tomaré partido aquí por ninguna de las dos corrientes, aunque se conozca el grado de mis afiliaciones, que, en este caso, carecen de relevancia.

7. *Normativistas*

Toscamente presentados, un grupo de ellos, los positivistas, sostienen que el Derecho es puramente una creación humana. Un producto convencional, que no se debe encontrar necesariamente ligado, presupuestado o vinculado a la Moral. Es más relevante la existencia del orden jurídico, antes que su justicia, porque la principal finalidad del Derecho es la paz.

8. *Iusnaturalistas*

También tosca y rudimentariamente, un grupo de ideas iusnaturalistas sostiene que el derecho natural fluye del orden de la naturaleza, no del social generado por el hombre. Y que el Derecho se encuentra unido a la Moral: la justicia es más importante que la existencia del propio orden jurídico.

9. *Ideas Confrontadas*

Son ideas diferentes, quizá sobre objetos diferentes. La discusión de fondo, y también la de forma, posee constituyentes ontológicos, epistemológicos, lógicos y gnoseológicos imposibles de presentar aquí. Por otro lado, no es el fin de esta contribución.

Propicio otra observación para nutrir, condensadamente, el propio tiempo y espacio de este elogio. El debate entre las dos corrientes, en algún sentido, nos devuelve a todos al “momento originario”, el mismo momento en que el hombre comenzó a razonar. ¿Hace 200.000 años? No se sabe con exactitud. Sin embargo, se me permitirá incluir aquí una imagen bien potente, una metáfora confesamente romántica. Quizá, hace miles de años un varón y una mujer, en el momento originario, sentados frente al mar, en Fortaleza, se hicieron una de estas dos preguntas o las dos al mismo tiempo: ¿Cómo es la Naturaleza? ¿Cómo es el varón [la mujer] que tengo al lado?

La respuesta a cada una de las inquietudes disparará, entre otros aspectos, si los estudios cosmológicos precedieron a los antropológicos o viceversa. Es imposible, además, intentar una definición de la disputa entre iusnaturalistas e iuspositivistas; sin embargo, en algún momento se debe elegir una consigna y un contenido argumental. La respuesta a cada una de las inquietudes nos hará más o menos positivistas, o más o menos naturalistas, porque ortodoxos son solamente aquellos que creen poco en el cambio y en su dialéctica intrínseca: uno de los fundamentos de la vida de los humanos.

10. Unión

La trayectoria de don Paulo nos permite un entreacto. Y aunque no resuelve las inquietudes de las corrientes afiliadas, sí genera una sonrisa abierta y un pensamiento lúcido.

Veamos.

(a) Para los iusnaturalistas, don Paulo es el resultado y desarrollo magnífico del orden natural, que todo lo regla por intermedio de Dios, o quien acaso lo haya reemplazado en el acto de la “creación” o simplemente la propia combinación del propio estado de cosas naturales.

(b) Para los positivistas, don Paulo es el resultado de un orden creado maravillosamente por el ser humano.

Por un momento, al menos en este elogio, ambas corrientes deberán hacer 10 minutos de silencio y escucha; no regir sus discusiones magníficas y excelsas por 10 minutos.

Percibir y pensar a la Naturaleza.

Pensar y percibir la dignidad de la razón humana.

Porque, sin duda que la empantane, al menos por los 10 minutos de esta narración, naturaleza y razón, orden natural y orden creado por el hombre se unen y se reúnen una y miles de veces, inseparable e inextricablemente, en la persona de nuestro Maestro.

Sursum corda, don Paulo! Por su tarea como jurista al hilvanar la teoría de los sistemas del Derecho, su ordenación y, ulteriormente, el orden de sus prescripciones. Por su tarea como Profesor clarividente, al presentar de modo firme y permanente nuevas "políticas jurídicas" para mejorar la convivencia de la comunidad. Finalmente, por su humanismo: tolerante, plural, indeclinable e insobornable.

Muito obrigado por sua atenta e paciente recepção dessas palavras!

Ricardo Rabinovich-Berkman

Una Breve Presentación del Profesor Paulo Bonavides, en Oportunidad de Recibir su Doctorado *Honoris Causa* de la UBA

Paulo Bonavides nació el 10 de mayo de 1923 en la árida ciudad de Patos, en el profundo desierto de Paraíba, tierra de inmigración de cristianos nuevos y de gente valiente. Fueron sus padres Fenelón Bonavides y Hermínia Femandes Bonavides. Con su esposa Doña Yeda, compañera permanente de toda la vida, tanto que hasta se colocaron los marcapasos juntos, tuvieron siete hijos, de los cuales uno los precedió en la partida, generando un dolor que los acompañaría siempre.

A los 20 años ingresó en la Facultad Nacional de Derecho de la Universidad Federal de Rio de Janeiro. Era el Brasil movido de la II Guerra Mundial. Poco antes había egresado de esos mismos claustros jurídicos cariocas otro gigante nordestino, Jorge Amado. Y al mismo tiempo que don Paulo entraba a estudiar Derecho en Rio, lo hacía en Recife una gloria más del Nordeste brasileño, Paulo Freire.

Con ambos compartiría Bonavides aspectos de su personalidad. Con Amado, su quemante preocupación por la condición humana. Con Freire, la pasión pedagógica. Con los dos, la idea de que nada puede estar encima de la dignidad humana, y que la ciencia jurídica sólo tiene sentido si es, como decía el texto de Hermogeniano recopilado en el *Digesto*, "por causa de los seres humanos".

Don Paulo realizó parte de sus estudios de grado en Harvard, y desde 1950 comenzó a dar clases de Sociología en un instituto secundario. En 1951 empezó a enseñar en la Universidad de Heidelberg, y cinco años después ingresó como Profesor Asistente de Introducción al Derecho en la Universidad Federal de Ceará, que sería su casa desde entonces. En ella se doctoró en 1958, con su tesis *Del Estado Liberal al Estado Social*, y ganó la Cátedra de Teoría General del Estado.

Desde 1978, al crearse la Maestría en Derecho, tuvo a su cargo la materia Filosofía del Derecho. Mientras tanto, nuevas casas de altos estudios del mundo se honraban de recibirlo. Entre ellas, la Universidad de Köln, la Universidad de Tennessee y la Universidad de Coimbra.

En 2010 se incorporó al cuerpo de profesores de la Modalidad Intensiva de Cursos para el Doctorado de la Facultad de Derecho de la Universidad de Buenos Aires, que tengo el orgullo de dirigir.

Se inauguraba de ese modo un lazo que hoy cuaja en esta merecida distinción que se le otorga, y que se suma a los Doctorados *Honoris Causa* dados ya por las Universidades de Lisboa, Federal de Rio de Janeiro, Nacional de Córdoba, Inca Garcilaso de la Vega y de Fortaleza, y a las numerosas distinciones que jalonan su brillante vida académica.

El profesor Paulo Bonavides, que siempre ha expresado su admiración y su afecto por la Universidad de Buenos Aires, quedará así para siempre ligado a esta Casa, para orgullo de la misma, cuya vocación de centro convocante del saber mundial y de baluarte de la dignidad humana mucho se enaltece con esta adquisición.

36
O Neoconstitucionalismo do Século XXI e as Três Idades Constitucionais do Estado Moderno

PAULO BONAVIDES

Nota dos Organizadores: A Conferência, que a seguir publicamos, foi proferida pelo Professor PAULO BONAVIDES, em 31 de agosto de 2012, em Belo Horizonte, durante a abertura do II Congresso Jurídico da ANAMAGES (Associação Nacional dos Magistrados Estaduais), ocasião em que essa entidade lhe outorgou a Medalha do Mérito Estadual ANAMAGES.

O neoconstitucionalismo do século XXI e as três idades constitucionais do Estado Moderno

1. Não é possível traçar e compreender os rumos do constitucionalismo nesta segunda década do século XXI sem primeiro conhecer as três idades constitucionais que ministram os fundamentos de sua evolução.

2. A primeira idade constitucional. A primeira idade abrange aquele longo período – longo e quase vazio – que, todavia, auspiciosamente começa com a Carta Magna de João-Sem-Terra na Inglaterra feudal do século XIII, atravessa adormecido parte da idade média e, em seguida, levanta-se abraçado às primeiras especulações filosóficas do contrato social. É o alvorecer do Estado Moderno.

Mas essa primeira idade constitucional expirou quando três revoluções célebres nas páginas da História – a "Gloriosa Revolução" inglesa de 1688, a Revolução ou Guerra da Independência dos Estados Unidos de 1776, e a Revolução Francesa de 1789 – mudaram a face do mundo inaugurando precursoramente a era das constituições. E o fizeram inspiradas da filosofia de Locke, Rousseau e Montesquieu, ou seja, daquela doutrina de liberdade que eles professaram. Essa primeira idade antecede precisamente as grandes comoções políticas dos séculos XVII e XVIII, e oferece unicamente, por amostra e paradoxo, um pálido "constitucionalismo sem constituição", parodiando a frase atribuída a Herman Heller sobre a "teoria do Estado sem Estado", de Hans Kelsen.

"Constitucionalismo" cifrado nos foros que as Cortes, em Portugal, ou os Estados Gerais – clero, nobreza e povo – em França, obtinham quando o rei convocava essas assembleias. A seguir, uma forma de poder novo, pós-idade média – gerado na teoria da soberania – legitimava as monarquias absolutas ao mesmo passo que mantinha, debaixo de sua proteção, numa aliança de interesses recíprocos, as franquias e privilégios e foros da antiga e decadente aristocracia da época feudal.

Em verdade e em rigor, a primeira idade constitucional, no que tange à concretização de direitos, pouco progresso fez fora da Inglaterra. Se considerarmos, porém, o "Instrument of Government", de Cromwell, como pertencente a essa idade, verifica-se que houve nela ligeiro avanço de inspiração constitucional.

Mas avanço confinado ao universo anglo-saxônico, onde a semente das Constituições levou ainda muito tempo até germinar nas colônias inglesas da América do Norte, com a Declaração dos Direitos da Virgínia e com a Constituição de Filadélfia. Esta, sobretudo, influenciou bastante os constituintes republicanos da América Latina.

Do ponto de vista da doutrina, a primeira idade constitucional alargou seu espaço geopolítico ao exceder os limites do mundo britânico e estender seu influxo à França dos filósofos, dos enciclopedistas, dos jacobinos do século XVIII. Foram eles que atearam o fogo da revolução e derrubaram as paredes do absolutismo. Foram eles que lavraram com seu pensamento político a primeira Declaração dos Direitos do Homem, mensagem libertadora provida dum teor de universalidade que foi direto ao coração de todos os povos.

3. A segunda idade constitucional. A segunda idade constitucional compreende duas fases históricas distintas, que transcorrem de fins do século XVIII a fins do século XX.

Corresponde a primeira fase ao constitucionalismo do Estado liberal; a segunda ao constitucionalismo do Estado social.

A revista aos dois modelos abre margem à ligeira reflexão preliminar sobre o constitucionalismo do século XXI. Este, vaticinamos, há de ser o constitucionalismo do Estado democrático-participativo, a nosso ver, derradeira versão de Estado constitucional numa evolução de mais de duzentos anos.

A segunda idade constitucional, de que ora nos ocupamos, começa nos Estados Unidos com a Declaração de Direitos da Virgínia, já referida, passa pela guerra da Independência das 13 colônias americanas, e se reforça com a promulgação da Constituição de 1787, monumento que a constituinte de Filadélfia levantou simbolizando a concretização política e jurídica da liberdade moderna.

A febre revolucionária aqueceu os primeiros tempos dessa era constitucional, que ficou estampada também nas duas Constituições da Revolução Francesa – a de 1791 e a de 1793 – e na Constituição espanhola de Cádiz, de 1812, objeto, este ano, da celebração dos dois centenários de sua promulgação.

A segunda idade constitucional é monarquista na Europa e republicana na América. Neste continente a única exceção foi a Constituição Política do Império, outorgada em 1824 por D. Pedro I, poucos meses após a dissolução da Constituinte.

As constituições a que acima aludimos compendiaram na essência de seus textos toda a doutrina e filosofia política do Estado liberal.

Desse modo reorganizaram politicamente o Estado e a sociedade, combinando o princípio da separação de poderes com a doutrina constitucional dos direitos individuais. Fizeram assim prevalecer no cotidiano das relações jurídicas, na vida e práxis do direito o jusprivatismo dos códigos. A força normativa do direito codificado ofuscava na realidade a hegemonia formal da Constituição. Era do mesmo passo a representação daquela ideologia do direito de raízes profundamente liberais e positivistas, que da França e da Alemanha se expandiu por toda a Europa pós-revolucionária do século XIX.

Permeada, todavia, de conflitos oriundos grandemente da necessidade de levar a efeito as mudanças e reformas da ordem jurídica até então estabelecida, da qual triunfara, teve a segunda idade constitucional nas correntes dominantes do novo pensamento político-social a expressão de um poder que atravessou dois séculos, moveu-se num cenário de turbulências e comoções, sepultou monarquias absolutas, inaugurou realezas constitucionais, decretou a legitimidade do Estado amparada pela progressão democrática das duas doutrinas da soberania, respectivamente – a Soberania nacional e a Soberania popular; introduziu por regra de equilíbrio nas esferas de governo o dogma principial da separação de poderes; promulgou Constituições; outorgou Cartas Políticas, fez a humanidade conhecer numa agitada sucessão histórica três modalidades de Estado: o Estado liberal, o Estado autocrático e o Estado social, consagrando duas espécies de democracia, a democracia dos direitos individuais e a democracia dos direitos sociais, esta em transição teórica para a democracia-cidadã ou democracia do cidadão participativo; professou duas legitimidades de direito positivo, a da lei nos códigos e a dos valores e princípios nas Constituições; instalou ditaduras e desferiu golpes de Estado; cruzou ciclos de instabilidade, autoritarismo e guerras civis; contemplou derrubada de regimes e afrouxamento de governabilidade; assistiu perplexa à guerra ideológica das Soberanias: a Soberania do povo e a Soberania da nação, em face da Soberania das massas, que foi a do Estado totalitário; identificou e caracterizou várias formas de Estado de Direito: umas legítimas, quais aquelas vinculadas ao Estado liberal, de Locke e Montesquieu, e ao Estado social de Harold Laski, de Leão XIII e dos utopistas do socialismo cristão e democrático; outras, porém, ilegítimas e falsificadas, que renegam e corrompem o contrato social, e se filiam à doutrina de Hegel, Rosenberg e Lenin, nas respectivas versões do Estado totalitário e opressor do século XX.

As formas legítimas preservam porém a pureza de sua inspiração, que é a liberdade; já as ilegítimas rompem os laços morais da ética governante e fomentam a corrupção, que é o câncer da democracia.

4. A terceira idade constitucional. Na fronteira da segunda com a terceira idade constitucional percebe-se a doutrina tendendo para um Estado de Direito, arrimado à promessa programática de fundar no século XXI a democracia participativa de todos os estamentos sociais e dos direitos fundamentais de todas as dimensões e, por igual, de duas grandes expressões da cidadania constitucional, que constam da Carta de 1988: a cidadania política e a cidadania social.

A partir daí se passa já do ocaso da segunda idade constitucional ao começo da terceira, ora em curso.

Com esta, a nova teoria material da Constituição proclama a normatividade dos princípios e recoloca na ordem jurídica, doravante em primeiro grau de positividade, valores que o positivismo clássico havia menosprezado e com esse menosprezo os mandara para o campo abstrato e metafísico do direito natural.

Tamanha rejeição aconteceu durante a fase mais amarga da decadência do jusnaturalismo, quando as escolas dessa corrente do pensamento jurídico viram descer ao mais baixo nível o influxo histórico que haviam exercitado sobre a ciência do Direito.

5. O neoconstitucionalismo do século XXI desenvolve e aplica, a nosso ver, uma teoria da Constituição que, em sua materialidade, feita de princípios e de cinco gerações de direitos fundamentais, não é a mesma da Escola de Zurich, muito menos a do constitucionalista italiano Constantino Mortati.

Contudo, num certo sentido, significa ela a continuidade de ambas, acrescida, porém do elemento principiológico, de que se fez menção, e que lhe imprime o traço essencial de originalidade e inovação, outorgando-lhe autonomia, conferindo-lhe reconhecimento e estabelecendo assim a distinção da nova e da velha teoria material da Constituição.

Hoje, os princípios governam na doutrina a hierarquia normativa das constituições e representam, portanto, o que há de mais avançado, de mais novo e característico e de mais sólido no constitucionalismo de nosso tempo.

Os princípios, como se vê, outrora fontes hermenêuticas de pouca valia e significado para a ordem constitucional, de súbito se tornaram a base normativa mais importante das constituições. Visível, de conseguinte, a relevância jurídica que eles tomaram em presença da realidade constitucional do século XXI. Basta estabelecer a esse respeito breve contraste entre o princípio e a regra, em termos genéricos e comparativos.

Em primeiro lugar urge assinalar que no quadro duma configuração conceitual, tanto o princípio quanto a regra são normas; mas há como distingui-los. O princípio, em geral, é continuidade e constância; a regra, com frequência, o mutável, o ab-rogável, o efêmero, sobretudo em matéria tributária, por exemplo. O princípio inculca generalidade, a regra particularidade.

O princípio se volve quase sempre para o definitivo, a regra para o provisório: a regra muda, o princípio permanece.

O princípio é algo mais, a regra algo menos. O princípio é determinante, constitutivo; a regra determinada e estatuída.

O princípio indica abstração e valoração; a regra obrigatoriedade e mandamento.

O princípio é primário; a regra, secundária.

O princípio fica; a regra passa.

Como valor e norma, o princípio é superior; a regra, inferior.

O princípio é alicerce e permanência; a regra é superfície e temporariedade.

No princípio, há mais flexibilidade quando se interpreta; na regra mais rigidez quando se aplica.

No princípio, depara-se-nos a ponderação, a proporcionalidade, a reflexão estimativa, a razoabilidade; na regra, de ordinário, a determinação única, singular, imperativa, invariável, sem extensão alternativa, portanto, sem pluralidade interpretativa.

No princípio o caminho é mais aberto, mais largo, para a justiça, para a equidade, para o humanismo, conforme há de atestar a jurisprudência; o que já não ocorre com a regra, pela estreiteza de sua via normativa, que pouco espaço concede à criatividade do intérprete quando, por ponderação, faz estimativa de valores: já para decidir, já para legitimar, já para justificar e fundamentar a solução do caso concreto.

Como símbolo, em termos de normatividade, o princípio é a Constituição, a regra é o Código. Na Constituição, confrontando princípio e regra, o princípio, *norma normarum*, se apresenta dirigente, vinculante, primário, por excelência; já a regra fica aquém, fica abaixo, fica em patamar inferior, portanto, limitada, vinculada, subordinada ao princípio; isto, todavia, ressalve-se, sem decesso na coerção, na positividade, na imperatividade, em sua apropriada esfera de aplicação.

O princípio retrata a Nova Hermenêutica em ascensão; a regra, a Velha Hermenêutica em declínio. O princípio na doutrina é o neopositivismo, a coluna onde a Constituição sustenta a legitimidade; a regra, o positivismo clássico, dedutivista, de profunda rejeição ao jusnaturalismo.

A regra se muda, a lei se revoga, o princípio se conserva.

O que estampamos acima foi tão somente simples paralelo, sem rigidez comparativa; portanto relativo, aberto, sujeito a alterações corretivas, e extraído duma doutrina que, na relação princípio e regra, não logrou ainda, em matéria tão relevante, formar a linha divisória, ou seja, fazer a distinção tão almejada. Contudo, podemos fechar o quadro com asseverar que no século XXI o princípio é a normatividade máxima nas cláusulas da Constituição.

Ontem, Montesquieu escrevia sua obra-prima sobre o espírito das leis. Com ela o século XVIII fundamentava o princípio pós-revolucionário da legalidade, que depois Napoleão consolidou nos artigos de seu Código. Hoje, no século XXI, abre-se o pórtico de uma nova era com o espírito das leis convertido em espírito das Constituições.

Esse espírito, sinopse de toda a principiologia constitucional, consagra doutrinariamente o princípio maior e supremo, que é o da dignidade da pessoa humana. Coroada fica assim a normatividade jurídica do Estado contemporâneo em sua mais avançada versão de Estado de Direito da justiça social e da legitimidade republicana.

6. O Estado social da contemporaneidade avulta como uma das grandes conquistas do século XXI, de seu neoconstitucionalismo orgânico, livre e democrático.

Suas nascentes mais remotas, suas raízes mais profundas remontam a *polis* grega, ao espírito da civilização helênica, à democracia de Atenas no século de Péricles erguendo um altar ao princípio da igualdade.

Esse princípio, da mesma força do princípio da soberania popular, perpassa e legitima a democracia constitucional do século XXI. E essa democracia aliada às correntes do constitucionalismo libertário, participativo, principiológico e fecundo, ajudou a inaugurar a era nova do humanismo social. E o fez ligada a valores do pluralismo, da concórdia e da governabilidade.

A democracia do neoconstitucionalismo nos proporciona por fundamento de sua legitimidade um Estado de Direito rejuvenescido, vazado em pauta de valores humanos, por onde a consciência da contemporaneidade nos mostra que esse é o caminho mais seguro para alcançar a liberdade, para lograr a justiça, para estabelecer a paz.

Caminho que segue em direção oposta àquela por onde trafega o governo dos opressores, dos déspotas, dos legisladores da lei injusta, dos perpetuadores da servidão do povo, dos tiranos que abominam o direito e a Constituição.

Impunidade, suborno e insegurança invadem a sociedade e abalam o país. Mas os que escalam os degraus do poder, não veem o medo já frequente estampado na fisionomia das camadas mais desprotegidas e mais humildes da sociedade, as quais não sabem articular a resistência nem levantar a voz do protesto político e social.

É portanto parcela do povo, enfraquecida, emudecida e sem ânimo de cidadania. Amanhã, já não terá, obviamente, força para resistir nem tribuna para protestar.

Marcharemos rumo à república do silêncio, do temor, da desconfiança, se errarmos o caminho da Constituição.

Esse caminho aponta, de imediato, para duas emendas regeneradoras que poderiam ser introduzidas na Lei Maior; ambas dirigidas ao reforço democrático da representação parlamentar nas duas Casas do Congresso Nacional.

A primeira, instituindo o mandato imperativo, o chamado "recall", que é o direito de revogar, pela técnica plebiscitária, o mandato do representante decaído da confiança do povo.

A segunda, consagrando a iniciativa popular em matéria de legislação constitucional, isto é, conferindo ao povo legitimação em propor emendas à Constituição, como o fazem aqueles que o constituinte de 1998 para tanto qualificou nos termos do art. 60 da nossa Lei Fundamental, a saber, os membros da Câmara dos Deputados ou do Senado Federal, o Presidente da República e as Assembleias Legislativas.

A ética da nação reprova os escândalos da desmoralização partidária no País e da infidelidade ao sistema representativo nas duas Casas do Congresso.

Com efeito, a classe política parece haver perdido a memória do passado, a lembrança das gerações que, por via de lutas gloriosas e memoráveis sacrifícios, fizeram intangível o patrimônio da independência e da unidade nacional.

O povo atraiçoado saberá, porém, ferir as batalhas constitucionais de preservação de suas liberdades.

Esse povo ainda é, na aurora deste século, o mesmo povo da Inconfidência Mineira, com Tiradentes, Protomartir da descolonização e da independência do Brasil; da Revolução Pernambucana de 1817, com Antonio Carlos redigindo as bases de uma Constituição republicana; da Confederação do Equador de 1824, com Frei Caneca escrevendo que a Constituição é a ata do contrato social; da Farroupilha, com os constituintes de Alegrete e o patriotismo de Bento Gonçalves, repulsando a aliança com Rosas; da Abolição, com o verbo de Joaquim Nabuco e a poesia de Castro Alves, mobilizando a nação para libertar escravos; da Campanha Civilista de Rui Barbosa, condenando o militarismo e a ditadura; da Revolução liberal de 1930, com as primeiras leis sociais de proteção ao trabalho e de outorga dos direitos fundamentais da segunda geração; da Força Expedicionária Brasileira e dos mortos de Pistoia, que tiveram parte nas batalhas da liberdade contra o fascismo de Mussolini e o nacional-socialismo de Hitler; da Campanha patriótica do Petróleo é nosso, que resultou na fundação da Petrobras; das Diretas-Já, de 1985, que precipitou a queda da mais longa ditadura militar nos anais de nossa história; afinal, é o mesmo povo que está vivo e imortal nas montanhas das Gerais e nos sertões do semi-árido nordestino; povo que é símbolo da nacionalidade e da pátria eterna.

As multidões nos comícios, os oradores nas tribunas, os estudantes nas universidades, os advogados no fórum, os trabalhadores nos desfiles e nas passeatas de protesto; todos enfim esculpindo a imagem do povo brasileiro; um povo que não tardará em levantar-se para exortar os governantes ao probo exercício da administração nas três esferas de poder – a federal, a estadual e a municipal – a bem da sociedade, da profissão, do interesse público e da conservação da ordem constitucional.

Só o acatamento a essa ordem, só o espírito e o sentimento de constitucionalidade evitará a crise constituinte que se acerca, à míngua de reformas políticas urgentes; crise que será funesta ao regime, à democracia e à liberdade.

Das ruínas do sistema jamais se reconstruirá uma nação desfeita ou uma república desmoronada.

A voz do povo e os órgãos de opinião impetram desagravo ao país constitucional, ofendido e humilhado com o envolvimento de políticos, partidos, governos e bancos nos crimes da corrupção.

Ante a iminência – já assinalada – duma crise constituinte, as forças sociais da resistência constitucional se devem coligar para proteger o regime, sustentar a liberdade, salvaguardar o pluralismo democrático e estancar a perda da consciência republicana e das virtudes que na ordem moral lhe são inerentes.

Se porventura assim procederem, certo será o triunfo da Constituição sobre seus inimigos e traidores.

Portanto, minhas Senhoras e meus Senhores:

Fora da Constituição, o abismo e a ditadura!

Com a Constituição, o Estado de Direito e a salvação!

Muito Obrigado.

Medalhas

1. **Medalha do Cinquentenário da ABI**
VII Congresso Nacional de Jornalistas
Rio de Janeiro – 1908-1958

2. **Medalha Gustavo Barroso – 1962**

3. **Medalha da Universidade Regional de Blumenau**
FURB 1ª Instituição de Ensino Superior (1964)
e 1ª Universidade do Interior de Santa Catarina (1986)
Blumenau – SC

4. **Medalha do Selo da Universidade de Heidelberg de 1386**
Instituída no Ano do Jubileu 1953

5. **Ministério do Interior**
Superintendência do Desenvolvimento do Nordeste – SUDENE
20 anos – 1959-1979

6. **SOPECE**
Sociedade Pernambucana de Cultura e Ensino – 4.5.1982

7. **Medalha do Instituto do Ceará**
1º Centenário – 1887-1987

8. **Medalha da Universidade Federal do Ceará**
Medalha do Mérito Científico

9. **Medalha Assembleia da República**

10. **Medalha Capistrano de Abreu – 2003**
Academia Cearense de Ciências, Letras e Artes do Rio de Janeiro

11. **Cinquentenário de Fundação do Tribunal de Contas do Ceará (50 anos)**

12. **Medalha do Mérito Cultural Lucídio Freitas**
Academia Piauiense de Letras – 1917

13. **Medalha da Faculdade de Direito**
da Universidade Federal Fluminense – 3.6.1997

14. **Medalha Pontes de Miranda**
Tribunal Federal da 5ª Região

15. **Medalha UNIVALI, da Universidade do Vale do Itajaí**
Santa Catarina

16. **Medalha Clóvis Beviláqua**

17. **Medalha do Mérito Acadêmico Farias Brito**
Faculdade Farias Brito

18. **Medalha *Lex Urbis***
Aos que serviram à causa municipalista
Instituto Brasileiro de Direito Municipal

19. **Medalha Prof. San Tiago Dantas**
Associação Nacional dos Procuradores Federais – ANPAF

20. **Medalha do Mérito Eleitoral – Des. Faustino de Albuquerque e Sousa**
Tribunal Regional Eleitoral do Ceará – 2003

21. **Medalha do Mérito Judiciário do Trabalho**
Ordem Alencarina
Tribunal Regional do Trabalho 7ª Região

22. **Medalha Terra de Vera Cruz**
500 anos do Descobrimento do Brasil
Universidade de Coimbra – Anno MM

23. **Medalha ACDT – Academia Cearense de Direito do Trabalho**
Fortaleza – Ceará

24. **Medalha Federativa do Brasil**
Ordem do Congresso Nacional

25. **Medalha *Recta Ratio***
Academia Brasileira de Letras Jurídicas

26. **Centenário da Academia Cearense de Letras**
Fundada em 15.8.1894

27. **Medalha *Forti Nihil Difficile***
Academia Cearense de Letras

28. **Medalha Soriano Neto**
Instituto dos Advogados de Pernambuco (IAP)

29. **Medalha Pinto Ferreira**
Curso de Direito da Faculdade de Ciências Humanas de Pernambuco (SOPECE)

30. **Medalha Sobral Pinto**
14ª Conferência Nacional da Ordem dos Advogados do Brasil

31. **600 anos da Universidade de Coimbra**
Coimbra – Portugal

32. **Medalha Francisco Sanches**
Universidade do Minho – Portugal

33. **Medalha Dom Afonso Henriques**
Celebrando a conquista de Lisboa aos Mouros

34. **Medalha Rei Dom Afonso de Portugal**

35. **Medalha de São Jorge**
Da Universidade de Lisboa - Portugal

36. **Medalha Teixeira de Freitas**
Instituto dos Advogados Brasileiros (IAB)

37. **Medalha Jorge Miranda**
Faculdade de Direito da Universidade de Lisboa

38. **Medalha de Honra Varela Santiago**
Liga de Ensino do Rio Grande do Norte

***39.* Medalha dos "Oitenta Anos"**
Instituto dos Advogados do Ceará

* * *

GRÁFICA PAYM
Tel. [11] 4392-3344
paym@graficapaym.com.br